DAS ATTENTAT IN DER GESCHICHTE

DAS ATTENTAT IN DER GESCHICHTE

HERAUSGEGEBEN VON
ALEXANDER DEMANDT

area

Alexander Demandt (Hrsg.):
Das Attentat in der Geschichte

Lizenzausgabe für area verlag gmbh, Erftstadt

Einbandgestaltung: Wirtzcologne, Köln
Einbandabbildung: F.K. Frhr. von Linden, Walsee/Pfalz
Satz und Lithos: Punkt für Punkt GmbH, Düsseldorf
Druck und Bindung: Bercker, Kevelaer

Printed in Germany 2003

ISBN 3-89996-001-7

Inhalt

Vorwort VII

Alexander Demandt
Darius und der »falsche« Smerdis 522 v. Chr. 1

Heinrich Schlange-Schöningen
Harmodios und Aristogeiton, die Tyrannenmörder von 514 v. Chr. 15

Werner Dahlheim
Die Iden des März 44 v. Chr. 39

Heinz Halm
Die Assassinen 1092 bis 1273 61

Jürgen Sarnowsky
Mord im Dom. Thomas Becket 1170 75

Kaspar Elm
Das Attentat von Anagni. Der Überfall auf Papst Bonifaz VIII. am 7. September 1303 91

Joachim Ehlers
Ludwig von Orléans und Johann von Burgund (1407/1419). Vom Tyrannenmord zur Rache als Staatsraison 107

Reimer Hansen
König Heinrich IV. von Frankreich 1610. Der Fürstenmord im Konfessionellen Zeitalter 123

Ilja Mieck
Wallenstein 1634. Mord oder Hinrichtung? 143

Olaf Mörke
Der Tod der *ware vrijheid*. Der Lynchmord an den Gebrüdern De Witt in Den Haag 1672 165

Thomas Gaehtgens
Davids Marat (1793) oder die Dialektik des Opfers 187

Hagen Schulze
Sand, Kotzebue und das Blut des Verräters (1819) 215

Ekkehart Krippendorff
Abraham Lincoln 1865 (mit Reflexion zu Itzhak Rabin, 4. November 1995) 233

Hans-Joachim Torke
Die Narodniki und Zar Alexander II. (1881).
Ein Vorspiel zur Revolution 251

Barbara Demandt
Das Attentat auf Kaiserin Elisabeth von Österreich
am 10. September 1898 267

Bernd Sösemann
Die Bereitschaft zum Krieg. Sarajewo 1914 295

Martin Sabrow
Mord und Mythos. Das Komplott gegen Walther Rathenau 1922 321

Sven Felix Kellerhoff
Schüsse am Ballhausplatz. Der Putsch gegen Österreichs
Kanzler Dollfuß 1934 345

Peter Steinbach
Der 20. Juli 1944 361

Jürgen Lütt
»The Light has gone out of our Lives«.
Die Ermordung Mahatma Gandhis am 30. Januar 1948 393

Knud Krakau
John F. Kennedy. 22. November 1963 409

Friedemann Büttner
Anwar el-Sadat 1981. Die »Beseitigung des ungerechten Pharao« 431

Alexander Demandt
Das Attentat als Ereignis 449

Vorwort

Im Wintersemester 1995/96 fand an der Freien Universität Berlin eine Ringvorlesung zum Thema »Das Attentat in der Geschichte« statt. Bei der Planung im April 1995 zeigte sich, daß nicht nur die Zahl der lohnenden Themen, sondern auch die der zur Mitwirkung bereiten, überwiegend Berliner Kollegen, die Zahl der sechzehn verfügbaren Montagabende überstieg. Daraufhin stellte dankenswerter Weise die Historische Gesellschaft zu Berlin ihr Vortragsprogramm unter dasselbe Thema, so daß fünf weitere Fälle behandelt werden konnten, die Eingang in dieses Buch fanden. Nicht vorgetragen wurde der Text über Dollfuß 1934. Sven Kellerhoff schrieb ihn, als ich ihm erzählte, daß mein Interesse am Attentat als Ereignis auch einen familiären Grund hat. Ein weitläufiger Verwandter war daran beteiligt und berichtete mir den Hergang 1960. Er trug noch Spuren am Körper. Die Auswahl der Themen entspricht vielleicht nicht ganz ihrer Bedeutung, sie ergab sich aus den verfügbaren Rednern. So erklärt sich die Absenz ostasiatischer Fälle, von denen aus Japan Hamaguchi (1931) und Inukai (1932) eine Behandlung verdient hätten.

Der Begriff »Attentat« wurde bewußt weit gefaßt, mindestens ein Fall ist darunter, der den Rahmen sprengt. Er erweitert aber die Typologie. Eine makabre Anregung lautete, wir sollten den letzten Abend thematisch freihalten für einen bis dahin noch zu erwartenden Anschlag. Die Ermordung Rabins hat uns das traurig in Erinnerung gerufen. Ekkehard Krippendorff hat Rabin in seine Ausführungen über Lincoln einbezogen.

Ziel der Ringvorlesung war es, einen größeren Kreis für Geschichte zu gewinnen. Die Themenwahl wandte sich bewußt ab von der unter deutschen Historikern lange Jahre dominierenden strukturanalytischen und systemtheoretischen Frageweise zugunsten einer Rückkehr zum geschichtlichen Ereignis. Schon die drei früheren Vortragsreihen »Deutschlands Grenzen in der Geschichte« (C.H. Beck 1990, 3. Aufl. 1993), »Macht und Recht. Große Prozesse in der Geschichte« (C.H. Beck 1990, ungarisch 1993, spanisch 1993, italienisch in Vorbereitung) und »Mit Fremden leben« (C.H. Beck 1995) waren gut aufgenommen worden, doch hat der Besuch der »Attentate« alle Erwartungen übertroffen. Die Diskussionen waren lebhaft und anregend. Sie sind der Endfassung der Vorträge zugute gekommen.

Den Rednern war die Aufgabe gestellt, den Vorgang selbst, seine Vorgeschichte und seine Wirkung wiederzugeben, seine historische Bedeutung zu erörtern und nach Möglichkeit auch auf die Rezeption einzugehen. Letzteres überstieg bisweilen die zeitlichen Grenzen des Vortrags. Anders als das inzwischen erschienene verdienstvolle Buch des kenntnisreichen Diplomaten J. v. Uthmann, »Attentat. Mord aus gutem Gewissen« (Siedler 1996) ist das unsere von Berufshistorikern verfaßt. Stets ist der Forschungsstand gewahrt, in mehreren Fällen liegt eine neue Interpretation vor. Daß jeder unserer Autoren den Fall auf seine eigene Weise behandelt hat, möge die Vielfalt historiographischer Stilformen vorführen.

Johannes van Ooyen im Böhlau-Verlag hat in allen gestalterischen Fragen großes Entgegenkommen gezeigt, zumal hinsichtlich der Abbildungen und des Schutzumschlags, der uns – ganz ähnlich – auch als Plakat gedient hat. Er zeigt das Geschick von Astrid Ule in Berlin.

Das Lernvergnügen, das ich selbst beim Hören dieser Vorträge genossen habe, wünsche ich auch den Lesern – zeigt doch die Geschichte unendliche Variationen der alten Themen: den immer gleichen Menschen, seine immer ähnlichen Konflikte in immer neuen Konfigurationen.

Lindheim, Pfingsten 1996 *Alexander Demandt*

Alexander Demandt

Darius und der »falsche« Smerdis 522 v. Chr.

Am 28. September 490 v. Chr.[1] besiegten die Athener unter Miltiades in der Ebene von Marathon das persische Expeditionsheer. Für das Perserreich war das eine marginale Schlappe, für die Griechen aber ein epochales Ereignis: sie wahrten damit ihre Freiheit. Das Perserheer war ausgesandt worden von Darius, dem persischen Großkönig, der das Perserreich weit über die von Kyros, dem Reichsgründer und seinem Sohn Kambyses erreichten Grenzen hinaus erweitert und durch die Provinzialordnung der Satrapien zu einer soliden Verwaltungseinheit zusammengeschmiedet hatte. Diese Strukturreform ersetzte die meisten der zuvor regierenden Vasallenkönige durch Beamte, die rechenschaftspflichtig und auswechselbar waren, so daß an die Stelle der losen Feudalstruktur der älteren Territorialverfassung eine zentralistische und entsprechend handlungsfähige Staatsordnung trat.

In Persepolis[2] errichtete Darius die gewaltigste Palastanlage, die das Altertum hervorgebracht hat, dazu eine neue Grablege der Könige am benachbarten Felsen von Naksch-i-Rustem. Darius förderte den Reichskult Ahuramazdas, der zuvor in den Quellen nicht belegt ist.

Leistung und Person des Darius sind, trotz des bei Marathon unternommenen Versuchs, den ionischen Aufstand zu rächen und Hellas zu unterwerfen, von den Griechen stets mit Hochachtung behandelt worden. Platon nannte ihn geradezu das Muster (*paradeigma*) eines guten Gesetzgebers und Königs, dessen Verordnungen das Perserreich noch immer aufrecht erhielten.[3] Darius war neben Kyros die zweite vielbewunderte Gestalt unter den persischen Großkönigen.

Das Attentat auf Smerdis ist die Geschichte, wie Darius auf den Thron gelangte. Das Achämenidenreich war eine Erbmonarchie, deren dynastische Legitimität seit Darius so populär, so stabil war, daß ein Familienfremder auch dann nicht König werden konnte, wenn er militärisch die Macht dazu besessen hätte. Das besagen nicht nur die antiken Historiker, das bestätigt auch ein Fall. Xenophon, der dabei war, beschreibt ihn in seiner »Anabasis«: Als die griechischen Söldner 401 v. Chr. in der Schlacht bei Kunaxa den König Artaxerxes Makrocheir besiegt hatten, ihr Herr, der auf den Thron strebende Bruder des Königs, der jüngere Kyros, aber gefallen war, da boten sie die Herrschaft einem persischen Adligen an, der nicht zur Königsfamilie gehörte. Dieser lehnte sie ab, weil ihm die Perser deswegen die Anerkennung verweigern würden.[4]

Die einzige Ausnahme vom Prinzip der dynastischen Erbfolge in der Geschichte des Achämenidenreiches ist der Herrschaftsantritt des Darius. Die Geschichte steht bei Herodot und klingt wie ein politischer Roman. Zunächst der historische Zusammenhang. Kambyses, der Sohn und Nachfolger des Reichsgründers Kyros, war Anfang 525 nach Ägypten gezogen und hatte es erobert. Auf dem Rückweg 522 in Syrien erreichte ihn eine Schreckensnachricht aus Susa, der Hauptstadt Persiens.[5] Ein Herold erschien im Heer und verkündete, Kambyses sei abgesetzt, und dessen jüngerer Bruder Smerdis habe den Königsthron bestiegen. Ihm seien die Perser nunmehr Gehorsam schuldig.

Diese Gefahr, schreibt Herodot, habe Kambyses vorausgesehen und deshalb seinen Gefolgsmann Prexaspes beauftragt, den Bruder Smerdis heimlich umzubringen. Herodot weiß nicht zu sagen, ob Smerdis auf der Jagd getötet oder im Roten Meer ertränkt wurde, aber ist gewiß, daß niemand etwas davon erfuhr.[6] Schon vor dem Zug nach Ägypten habe Kambyses die Palastverwaltung einem Angehörigen des medischen Stammes der Magier namens Patizeithes übertragen. Wie nun die Nachricht zum König kam, daß Smerdis die Abwesenheit seines Bruders genutzt und sich selbst zum Großkönig aufgeworfen habe, rief Kambyses seinen Gefolgsmann Prexaspes vor sich und stellte ihn zur Rede, ob er den Smerdis denn nicht befehlsgemäß umgebracht habe? Dieses wurde nun von Prexaspes bestätigt, persönlich habe er Smerdis heimlich getötet und mit eigenen Händen begraben. Der Usurpator könne daher nie und nimmer der echte Smerdis sein.

Nun ließ Kambyses den Herold kommen und fragte ihn, von wem er den Auftrag erhalten habe, den Herrscherwechsel zu verkünden, ob er ihn von Smerdis selbst erhalten habe? Dies verneinte der Herold. Den Befehl habe er von dem Palastverwalter, von dem Magier Patizeithes bekommen; den Bruder des Königs selbst aber habe er seit dem Abzug des Kambyses nicht mehr erblickt. Jetzt glaubt der König seinem Gefolgsmann Prexaspes, daß Smerdis tot ist, aber versteht nicht, wer denn der Usurpator sei.

Prexaspes indes klärt die Sache auf. Der Magier Patizeithes, der Palastverweser, habe doch illegal Nachricht davon erhalten, daß der echte Smerdis von Kambyses heimlich aus dem Wege geräumt worden sei. Er selbst, der Magier Patizeithes, hätte aber ebenfalls einen Bruder gehabt, der zufällig dem Königsbruder Smerdis zum Verwechseln ähnlich gewesen sei und zufällig überdies noch gleichfalls Smerdis geheißen habe. Diesen falschen Smerdis, den Magier, hätte nun sein mächtiger Bruder Patizeithes für den echten, den Königsbruder ausgegeben und anstelle von Kambyses zum König ausrufen lassen. Wegen der physiognomischen Ähnlichkeit aber und wegen der Übereinstimmung des Namens hätten die Perser den Betrug nicht bemerkt.

Diese Erklärung trifft Kambyses wie ein Schlag, hatte er doch im Traum den Bruder Smerdis auf dem Thron sitzen und mit dem Scheitel den Himmel berühren sehen. Er beweint nun seine Untat, daß er seinen Bruder vergeblich hat ermorden lassen, schwingt sich aufs Pferd, um so rasch wie möglich nach Susa zu reiten und den Empörer zu beseitigen. Da springt die Kappe seines Dolches ab, die Klinge fährt dem König in den Schenkel und verletzt ihn tödlich. Kambyses beruft die Großen zu sich, beschwört sie bei allen Göttern, die Schmach zu beheben, die beiden Betrüger mit List oder Gewalt beseitigen und die Herrschaft von den Medern wieder an die Perser zu bringen. Kurz darauf stirbt Kambyses, ohne Kinder zu hinterlassen oder einen Nachfolger zu ernennen.

Die heimliche Ermordung des echten Smerdis und die trügerische Thronbesteigung des falschen sind nicht das Attentat, um das es hier geht; es ist nur die Vorgeschichte dazu. Unser Attentat ist die Beseitigung des angeblichen Usurpators durch Darius. Ich sage »angeblich«, weil ich davon überzeugt bin, daß diese ganze Verwechslungsgeschichte von Darius erlogen ist und daß in Wahrheit Kambyses seinen Bruder nicht umgebracht, sondern als Verwalter, vermutlich gemeinsam mit dem Meder Patizeithes, in Susa zurückgelassen hat. Diese These hat vor hundert Jahren der Königsberger Keilschriftforscher Paul Rost[7] aufgestellt, ihm folgte der Berliner Orientalist Hugo Winckler[8], doch ist ihre Argumentation nur von wenigen Forschern akzeptiert worden.[9] Die überwiegende Zahl der Gelehrten[10] hält die Geschichte der Verwechslung für historisch. Ulrich Kahrstedt erklärte die Zweifel an der Falschheit des Smerdis für »bare Willkür«[11] und hatte Erfolg. Denn es gibt für das Recht des Darius respektable Quellenbelege. Doch will ich nicht vorgreifen, sondern die Geschichte unseres Attentats erzählen, so wie sie bei Herodot zu lesen ist.

Nachdem Kambyses in Syrien gestorben war, regierte der falsche Smerdis sieben Monate[12] mild, gerecht und unangefochten. Die Perser, schreibt Herodot, denen er auf drei Jahre die Steuern erlassen hatte,[13] hielten ihn allesamt für den echten Königsbruder und legitimen Thronerben. Und selbst der Gefolgsmann des Kambyses Prexaspes bestritt nun öffentlich, den echten Smerdis umgebracht zu haben, so daß niemand Anlaß fand, an der Legitimität des herrschenden Smerdis zu zweifeln.

Verdacht schöpfte nur ein einziger Perser, ein Freund des Darius namens Otanes. Grund für den Verdacht war, daß der neue König sich den angesehenen Persern nicht zeigte und nie den Palast in Susa verließ. Um den Verdacht zu prüfen, kam wieder ein Zufall zu Hilfe. Otanes hatte eine Tochter namens Phaidymia. Diese war eine der Frauen des Kambyses. Nach seinem Tode hatte Smerdis den Harem des Königs übernommen und schlief auch mit Phaidymia. Otanes fragte nun seine Tochter, ob sie nun mit dem Bruder des Königs oder mit dem Bruder des Magiers das Bett teile. Sie antwortete, das wisse sie selber nicht, denn sie habe den Bruder des Königs zu Lebzeiten des Kambyses nie zu Gesicht bekommen. Daher könne sie nun auch nicht sagen, ob der echte oder der falsche Smerdis ihr beiwohne. Otanes sandte daraufhin eine zweite Botschaft zu seiner Tochter, sie möge Atossa, die Schwestergemahlin des Kambyses fragen. Phaidymia erwiderte, diese bekomme sie nicht mehr zu sehen.

Nun verstärkte sich der Verdacht des Otanes. Er schickte zum dritten Male an Phaidymia und erklärte ihr, woran sie den falschen Smerdis erkenne. Ein weiterer Zufall bringt die Lösung. Dem falschen Smerdis, so berichtet Herodot, waren wegen eines schweren Vergehens von Kambyses die Ohren abgeschnitten worden. Otanes befahl seiner Tochter, nachts, wenn der König neben ihr eingeschlafen sei, nach seinen Ohren zu tasten, um festzustellen, ob er sie noch habe. Phaidymia antwortete, das sei gefährlich für sie, aber sie wolle das tun, weil es eine Schande sei, wenn ein Betrüger regiere. Nach dem nächsten Beilager wagte sie den Griff und entdeckte, daß ihr Gemahl keine Ohrmuscheln besaß. Dies teilte sie ihrem Vater mit.

Otanes wußte nun, daß er richtig geahnt hatte, und beschloß zu handeln. Er zog seine Freunde ins Vertrauen, der siebte von ihnen war Darius. Dieser behauptete, schon vorher gewußt zu haben, daß der falsche Smerdis regiere und forderte die übrigen auf, unverzüglich ans Werk zu gehen, denn wenn auch nur eine Nacht verstreiche, werde das Komplott verraten, und wenn durch niemanden anders, dann durch ihn, um dem Verräter zuvorzukommen.

Bevor ich nun die Ausführung des Attentats wiedergebe, muß ich eine kritische Bemerkung zur Geschichte von den Ohren des Smerdis anbringen. Es läßt sich nämlich zeigen[14], daß es sich um eine Erfindung handelt, die griechischen, nicht persischen Ursprungs ist. Herodot hat Erzählungen kombiniert, die nicht nahtlos ineinandergreifen.

Zunächst verwundert, daß der falsche Smerdis sich der Öffentlichkeit nicht gezeigt haben soll, obschon er dem echten doch aus so dem Gesicht geschnitten war, daß nicht einmal Mutter und Schwester den Betrug entdeckten. Offenbar liegen hier zwei ursprungsverschiedene Motive vor, die beide den Erfolg des Betrügers erklären sollen, sich aber gegenseitig überflüssig machen. Ein zweiter Hinweis auf den literarischen Charakter der Erzählung liegt in der dreimaligen Frage des Vaters, deren dritte schließlich den Erfolg bringt. Gravierender aber ist ein antiquarisches Motiv. Warum mußte Phaidymia den nächtlichen Griff riskieren? Konnte sie die Ohren denn nicht sehen?

Schon im Altertum hat man sich diese Frage gestellt. Der spätantike Autor Lucius Ampelius[15] beantwortete sie seinen Lesern mit der Behauptung, die Ohren seien von Haaren bedeckt gewesen. Selbst der neueste Herodot-Übersetzer, Walter Marg[16], schreibt, Phaidymia habe »unter die Binde« des Königs gegriffen. Herodot hat nichts dergleichen. Er unterstellt einfach, daß man die Ohren nicht sehen konnte. Woher kommt diese Vorstellung?

Den Schlüssel liefert uns die Archäologie. Wir besitzen zahlreiche Darstellungen von Perserkönigen, sowohl in der persischen als auch in der griechischen Kunst. Die persischen Königsbilder lassen das Ohr des Herrschers immer erkennen, ob er die Zinnenkrone trägt, wie Darius auf seinem Relief von Bisutun[17], oder die hochstehende Mütze, die Tiara, wie Xerxes in Persepolis. In Bisutun ist auch der Usurpator abgebildet, er liegt auf dem Boden, Darius steht auf ihm. Smerdis hat Ohren. Schon dies erweist unsere Geschichte als unhistorisch. Eine Erklärung bieten die Darstellungen des Großkönigs in der griechischen Kunst. Bis hin zum Alexandermosaik aus Pompeji ist der König stets mit einer Tiara wiedergegeben, deren Laschen die Ohren verdecken. Offenbar hat der Perserkönig diese Tracht im Felde getragen, wo ihm die Griechen begegnet sind. Sie nahmen an, er habe diese Kopfbedeckung immer benutzt, so daß man auch am Hofe nicht wissen konnte, ob der Herrscher Ohren besaß oder nicht. Der Erfinder der Otanesgeschichte war demnach ein Grieche, der den Großkönig nie am Hof gesehen hatte. Er wußte um die persische Strafe der Verstümmelung und verwendete ein erworbenes sichtbares Merkmal als Erkennungszeichen, ein Motiv griechischer Erzähltechnik seit der Wunde des Odysseus bei Homer. Aristoteles hat das in seiner Poetik systematisiert[18].

Nach diesem Exkurs müssen wir zu unserem Attentat in Susa zurückkehren. Darius zwingt die Mitverschworenen zum augenblicklichen Handeln. Er weiß auch, wie er ins Palastinnere gelangt, indem er nämlich vorgibt, eine wichtige Meldung seines Vaters aus der Persis überbringen zu müssen. Darius greift nach Herodot somit zur Lüge, um sein politisches Ziel zu erreichen. Vielleicht ahnte Herodot, was hinter der ganzen Smerdis-Geschichte steckte. Jedenfalls hat auch er es selbst mit der Wahrheit nicht so genau genommen. Er will nur das Berichtete berichten, *legein ta legomena* (VII 152), und dafür müssen wir ihm dankbar sein. Denn am schönsten sind seine ungeschichtlichen Geschichten.

Darius und seine sechs Komplizen machen sich auf zum Palast und werden unterwegs durch eine höchst seltsame Nachricht aufgehalten. Prexaspes, der Gefolgsmann des Kambyses, von dem wir gehört haben, daß er seinen angeblichen Mord am echten Smerdis erst verschwiegen und dann bestritten habe, hat vor wenigen Minuten die Tat öffentlich bekannt und damit den Usurpator denunziert. Die beiden Magier, so erfahren wir, hatten Prexaspes, der als einziger wußte, daß der wahre Königsbruder tot war, gefürchtet und ihn sich zu verpflichten gesucht. Er aber habe sich auf den Turm des Palastes gestellt, die beiden Betrüger vor den versammelten Persern entlarvt und sich dann in die Tiefe gestürzt. Diese Anekdote erklärt, weswegen die Tat des Darius in Susa gelingen konnte, weswegen ihn die Palastwache nach der (gleich zu schildernden) Tat nicht sofort erschlug.

Die Prexaspes-Geschichte ist thematisch an den bei Herodot angenommenen Tatort in der Hauptstadt gebunden. Darin liegt ein Anachronismus, denn der Palast von Susa wurde erst von Darius erbaut.

Die Verschwörer zögern, aber ein wunderbares Vogelzeichen macht ihnen Mut. Die beiden Magier würden jetzt, da sie Aufruhr fürchten, die Wachen sofort verstärken, so daß die Sieben ihnen zuvorkommen müssen und entschlossen und schnell ins Innere des Palastes vordringen. Herodot berichtet, wie sie sich von Tür zu Tür vorkämpfen, bis der Endkampf in einem finsteren Saal stattfindet und Darius höchstpersönlich, wieder durch einen glücklichen Zufall, nicht seinen Mitverschworenen Gobryas, sondern den falschen Smerdis ersticht. Das Volk von Susa, durch das Bekenntnis des Prexaspes aufgeklärt, jubelt den Befreiern zu. Die Köpfe der beiden Betrüger werden ausgestellt, ein allgemeines Morden an den Magiern in der Stadt folgt. Dies ist die Geschichte vom Attentat auf den falschen Smerdis.

Mit dem Tode des Magiers aber ist Darius noch nicht König. Zwei Fragen müssen zuvor geklärt sein. Die erste gilt der Staatsform, die zweite der Person des Herrschers. Beide Probleme löst Herodot durch Geschichten, deren Ungeschichtlichkeit längst durchschaut ist. Die erste ist das berühmte Verfassungsgespräch (III 80 ff.). Die sieben Verschwörer diskutieren die Vorzüge und Nachteile der drei reinen Verfassungen Demokratie, Aristokratie und Monarchie. Darius spricht für die letztere und überzeugt seine Freunde bis auf einen, dem daraufhin Sonderrechte zugestanden werden. Herodot bemerkt augenzwinkernd, daß die staatstheoretischen Reden, die damals gehalten worden seien, manchen Hellenen unglaubwürdig erschienen, dennoch seien sie so gehalten worden, wie er sie mitteilt. Herodot verlegt in Wirklichkeit ein Sophistengespräch von der Agora in Athen nach Susa, wo nie irgend jemand daran gezweifelt hat, daß Persien monarchisch regiert werden müsse.

Die zweite Aufgabe ist die Auswahl des Monarchen (III 84 ff.). Historisch gab es am Anspruch des Darius, des einzigen Achämeniden unter den Verschwörern, ebensowenig Zweifel wie an der monarchischen Staatsform, aber Herodot macht daraus eine Geschichte, die keiner vergißt, der sie einmal gehört hat.

Die sechs monarchisch denkenden Freunde überlegen, wer von ihnen König werden soll. Eine so wichtige Frage kann nur durch Gottesurteil entschieden werden. König soll der werden, dessen Roß am nächsten Morgen nach Sonnenaufgang als erstes wiehert. Das erzählt Darius besorgt seinem Pferdeknecht (oder Wagenlenker?), und der weiß, wie man's macht. In der Frühe werden die sechs Pferde vor das östliche Tor der Stadt geführt. Der Stallknecht aber hat zuvor seine Hand einer rossigen Stute in die Scheide gesteckt, und in dem Moment, als die Sonne aufgeht, hält er die Hand dem Hengst des Darius vor die Nüstern. Der wittert die Stute und wiehert los. Die Gottheit, so glaubt man, hat gesprochen. Die fünf Gefährten springen von den Pferden (Streitwagen?) und huldigen dem neuen Großkönig. Damit ist der Bericht Herodots über den Staatsstreich abgeschlossen.

Die legendären Motive bei Herodot sind so augenfällig, daß die Geschichte vom falschen Smerdis längst unter die Romane gerechnet worden wäre, wenn sie nicht in ihren Grundzügen einer ebenso monumentalen wie authentischen Quelle entspräche, der autobiographischen Felsinschrift des Darius bei Bisutun[19]. Sie steht neben dem Relief des triumphierenden Königs 100 Meter hoch über einer der am meisten benutzten Straßen des Perserreiches, der von Ekbatana nach Babylon; so hoch, daß niemand sie von unten lesen oder zerstören konnte. Sie ist an die Nachwelt gerichtet und enthält den Bericht darüber, wie Darius seine Thronbesteigung gesehen wissen wollte. Verfaßt ist sie keilschriftlich in drei Sprachen, Elamisch (Susisch), Babylonisch (Akkadisch) und – wenig später – auf Altpersisch (»Arisch«), das Darius – wie er glaubhaft behauptet – eigens zu diesem Zweck erstmals in Keilschrift wiedergeben ließ, nachdem es zuvor keine Schriftsprache war[20].

Abschriften wurden, wie der Text besagt und Funde bestätigen, in alle Satrapien gesandt, wir besitzen Fragmente aus Babylon und Elephantine bei Assuan in Ägypten[21]. Die Perserkönige schickten ihre Briefe den unterworfenen Völkern in deren Sprache[22], auch den Griechen[23]. Das bot die Grundlage für deren Überlieferung. Darius hat seine Version der Herrschaftsübernahme mit einem beispiellosen Aufwand propagiert und war damit erfolgreich. Sein Hauptanliegen war die Mitteilung, daß er einen Betrüger und Usurpator und nicht etwa den echten Bruder des Kambyses beseitigt habe.

Von dieser zentralen Übereinstimmung mit Herodot abgesehen enthält die Inschrift indes zahlreiche Abweichungen und Zusätze. Die Inschrift beginnt: »Ich bin Darius, der Großkönig, König der Könige, König in Persien, König der Länder, Sohn des Vishtaspa, Enkel des Arshama, ein Achämenide.« Es folgt die Reihe seiner Vorfahren, von denen angeblich acht Könige gewesen seien – was beweisbar falsch, d.h. auch für den zeitgenössischen Leser irreführend war – dann kommt die Berufung auf Ahuramazda, den höchsten Gott, den Darius immer im Munde führt, die Aufzählung seiner Provinzen und die Geschichte seiner Thronbesteigung.

Diese Geschichte unterscheidet sich von der bei Herodot zunächst durch die Namen. Der Bruder des Kambyses heißt auf der Inschrift Bardiya. Daraus ist bei Aischylos (Perser 774) »Mardos« geworden, das entsprechend dem griechischen Namen »Smerdes« zu »Smerdis« wird, während Pompeius Trogus[24] die Form »Mergis« benutzt. Darius nennt den Magier »Gaumata«. Dieser erhob sich gemäß der Inschrift in Pasargadai, der damaligen Hauptstadt[25]. Das Volk fürchtete, heißt es, er werde alle umbringen, die Bardiya kannten, um sich selbst als Bruder des Kambyses ausgeben zu können. Niemand habe Widerstand gewagt, außer ihm selbst, Darius. Unterstützt von sechs namentlich genannten Adligen habe er den Prätendenten in der Burg Sikayauvati in Medien getötet. Die Ortsangabe könnte zutreffen, die Könige lebten in den heißen Sommermonaten im medischen Bergland[26]. Herodot oder sein Gewährsmann hat die Tat nach Susa verlegt, weil dies in der griechischen Welt als Hauptstadt Persiens galt. Diese Verlegung erforderte die Erzählung vom Selbstmord des Prexaspes (s.o.).

Darius, in Einzelheiten peinlich auf Genauigkeit bedacht, gibt neben zahlreichen anderen Tagesdaten das Datum des Attentats, den 10. Bagayadi, den 29. September 522[27]. Dieser Tag wurde nach Herodot fortan jährlich als Fest begangen, alle Magier waren an ihm vogelfrei. Wahrscheinlich aber benutzte Darius ein bereits bestehendes, älteres Fest, um an Smerdis heranzukommen.

Nun zur Forschungskontroverse! Die ausführlichste Behandlung der Frage nach der Identität des Smerdis seit der Kritik von Dandamaev (1972/76) bot Josef Wiesehöfer[28]. Er hielt die Verwechslung für historisch. Auch Richard Frye, dem wir das Standardwerk über die persische Geschichte verdanken, lehnte die Einwände gegen die Unechtheit des Smerdis ab. Beide Forscher wunderte es nicht, wie der Magier von seiner Revolte gegen Kambyses im März 522 bis zu seiner Beseitigung Ende September die Öffentlichkeit über seine wahre Identität zu täuschen vermochte, sie äußerten sich nicht darüber, wie der Mord am echten Königsbruder und Thronfolger vom Aufbruch des Kambyses Anfang 525 nach Ägypten bis zum September 522, also über drei Jahre, geheimgehalten werden konnte. Darius räumt ein, daß Bardiya überall Anerkennung gefunden hatte, und aus babylonischen Keilschrifturkunden wissen wir, daß er wie Kyros und Kambyses »König von Babylon« war[29]. Frye ließ auch offen, wieso im Anschluß an die angebliche Wiederherstellung der legitimen Herrschaft durch Darius nirgends Jubel herrschte, vielmehr in allen Reichsteilen Aufstände ausbrachen und neun Fürsten sich gegen Darius erhoben, die Smerdis anerkannt hatten.

Denn dies war die unmittelbare Folge des Staatsstreichs. Der Bericht über die »Empörer« füllt den größeren Teil der Bisutun-Inschrift. Während Smerdis gemäß Darius eine große Zahl von Einzelnen, die den wahren Königsbruder gekannt hatten, töten ließ, erhoben sich gegen Darius elf Provinzen, einschließlich der Zentralgebiete Persis, Elam, Medien und Babylonien, einige von ihnen mehrfach. Selbst das Volk von Parthien, das der Vater des Darius verwaltete, erhob sich. Darius aber setzte sich durch, er hatte das Heer hinter sich. Als 28jähriger hatte er seinen König Kambyses nach Ägypten begleitet[30] und nach dessen Tod, noch vor seinem Staatsstreich, die Anerkennung der Expeditionsarmee gefunden. In seiner Suez-

Inschrift[31] behauptet Darius, nicht Kambyses, sondern er selbst habe Ägypten erobert – wiederum eine Geschichtsfälschung. Glaubhaft ist nur, daß Darius als Speerträger und Leibwächter im Heere des Kambyses eine hohe Position bekleidet hat. Das heimkehrende Heer wurde nicht aufgelöst, sondern gegen die Aufständischen eingesetzt. In 19 Schlachten besiegten Darius und seine Satrapen die Empörer; ungenau ist das »eine Jahr«, das 18 Monate umfaßte[32]. Exakt werden die Zahlen der Gefallenen protokolliert, ebenso die Strafen: den Gefangenen wurden, wie Darius stolz der Nachwelt verkündet, Nase, Ohren und Zunge abgeschnitten, ein Auge ausgestochen – dann wurden sie gepfählt und ihre Leichen an den Stadttoren aufgehängt. Seltsamerweise hat Darius gemäß der Inschrift den toten Smerdis nicht öffentlich gezeigt.

In dem Relief von Bisutun stehen die sogenannten Lügenkönige, mit gebundenen Händen und am Hals zusammengefesselt, vor dem riesigen Darius. Alle diese Empörer, so Darius, waren Lügner – sie behaupteten, Erben der alten Dynastien zu sein, was vermutlich ebenso berechtigt war wie der Thronanspruch des Smerdis. Aber Darius erklärt: sie alle logen, aber ich verkünde die Wahrheit,[33] und wer es nicht glaubt, den wird Ahuramazda bestrafen.[34]

Wenn jemand behauptet, ein anderer lüge, dann muß einer von beiden gelogen haben: Denn hat er Recht, log der andere; hat er Unrecht, log er selbst. Der Historiker muß sich entscheiden, ob Darius oder seine Gegner gelogen haben. Da diese zahlreich sind, wäre die einfachere Annahme, daß Darius gelogen hat und die Empörungen der Unterkönige, die Kyros, Kambyses und Smerdis gedient hatten, damit zu erklären sind, daß Darius ein Emporkömmling war, daß er das dynastische Prinzip verletzt hatte. Darius war, wie Platon[35] betont, kein Königssohn. Er besaß keinen Erbanspruch auf den Thron, weil – wie Darius selbst bezeugt – sein Vater Hystaspes noch lebte und in Parthien und Hyrkanien als Statthalter des Smerdis, vermutlich schon des Kambyses amtierte. Ebenso waren auch sein Großvater Arsames[36] und zwei ältere Brüder noch am Leben[37].

Wenn wir Darius der Lüge für fähig erachten, liegt es nahe, einen Schritt weiterzugehen. Mit gutem Grunde zweifeln Winckler[38] und Rost[39] daran, daß Darius überhaupt mit Kyros verwandt war. Darius will ein Neffe dritten Grades von Kyros sein, aber Stammbaumfiktionen sind nicht nur in der altorientalischen Geschichte gang und gäbe: Kyros als angeblicher Nachkomme des Astyages[40], Kambyses ein angeblicher Enkel des Apries[41], Alexander angeblich ein Sohn von Darius III usw. Es gibt keinen Grund, daran zu zweifeln, daß Darius ein Achämenide war, aber daß Kyros einer gewesen sei, stelle ich, diesmal einig mit Wiesehöfer[42], in Frage. Denn das besagt allein die auf Darius zurückführende Überlieferung. Kyros nennt sich selbst in authentischen Dokumenten nirgends einen Achämeniden, sondern führt – so im Babylon-Zylinder – als seinen Ahnherrn vielmehr

Teispes an, ein Name, der ebenfalls im Stammbaum des Darius vorkommt und die Verbindung herstellt. Die altpersischen Inschriften aus Pasargadai, in denen sich Kyros als Achämenide bezeichnet, sind von Hinz philologisch als jünger erwiesen. Darius hat sie anbringen lassen, aber nicht aus Pietät gegenüber dem Reichsgründer, sondern aus dem dynastischen Interesse, eine Verwandtschaft zu konstruieren.

Darius übertönt seinen zweifelhaften Erbanspruch durch die Berufung auf den »größten aller Götter«, Ahuramazda, den er 69 mal nennt, durch die Heirat mit Atossa, der Schwestergemahlin des Kambyses[43] und die Annahme eines Thronnamens nach assyrischer Sitte. »Darius« heißt »Der das gute Denken hochhält« – gemeint ist die Ahuramazda-Religion[44]. Er hieß zuvor Spentadata[45].

Prasek erhob 1906 gegen Rost und Winckler den Einwand, daß Darius eine Geschichtslüge dieses Ausmaßes nicht hätte durchsetzen können. Das überzeugt darum nicht, weil es Smerdis ja gemäß Darius ohne sein Einschreiten gelungen wäre. Wenn die Durchsetzung einer Version eine Frage des Machtapparates ist, dann hatte Darius fraglos die größere Möglichkeit dazu. Die Bisutun-Inschrift bezeugt ein ähnliches Legitimationsbedürfnis wie die *Res Gestae Divi Augusti*, die ja auch in die Provinzen verschickt wurden. Daß die Erzählung Herodots durch die Bisutun-Inschrift bestätigt wird, könnte man nur behaupten, wenn es sich um unabhängige Zeugnisse handelte. Das aber ist mehr als zweifelhaft. Nachdem Darius die Inschrift abgefaßt und den Text in alle Lande versandt hatte, lieferte er die Grundlage für die dann vielfältig erweiterten und abgewandelten Erzählungen, die wir nicht nur bei Herodot, sondern u.a. auch bei Platon (Gesetze 695 B, Briefe 332 A), Ktesias (bei Diodor, Nikolaos von Damaskus bzw. Photios 72), Berossos und Justin (I 9) vorfinden.

Es scheint noch eine von Darius unabhängige Nebenüberlieferung gegeben zu haben.[46] Unsere älteste griechische Quelle, die »Perser« des Aischylos von 472 v. Chr. bringt eine andere Königsliste (774 ff.), in der drei Lügenkönige auftauchen, darunter Smerdis (Mardos), der zwar als Schande für den Thron, nicht aber als illegitim bezeichnet wird.[47]

Der wahre Hergang war – ich folge im wesentlichen Rost – wohl folgender: Kambyses läßt, während er nach Ägypten zieht, seinen Bruder Smerdis, der zuvor schon als Satrap Baktrien verwaltet hatte,[48] als Statthalter in Persien zurück. Smerdis mißbraucht seine Stellung, wirft sich zum König auf und wird mit dem Tode des Kambyses rechtmäßiger Nachfolger. Religionspolitisch begünstigt er die medischen Magier, die Heiligtümer der Stammesgötter läßt er zerstören. Franz Altheim und Ruth Stiehl[49] wollten aus Smerdis einen Sozialrevolutionär machen, doch das schlug nicht an. Darius stützte sich nicht allein auf den Adel, sondern auch auf das Heer und die Ahuramazda-Anhänger, beseitigte den echten Smerdis durch seinen Staatsstreich und erklärte ihn anschließend zum falschen.

Geschichte wird von den Siegern geschrieben, heißt es. Dies gilt gewiß nicht ausnahmslos, wie zumal die Historiographie der Juden lehrt. Im allgemeinen aber stimmt es. Der unberechtigte Erfolg, den Darius mit seiner Fassung des Attentats von 522 hatte, ruht auf dem berechtigten Erfolg, den er als Staatsmann hatte. Viele große Männer haben ihren Aufstieg durch Beseitigung ihrer Rivalen beschleunigt, denken wir an Alexander und an Augustus, an Diocletian und Constantin. Die Reihe ließe sich fortsetzen bis zu Josef Stalin und Adolf Hitler. Machiavelli hat diese Taktik empfohlen. Im achten Kapitel seines »Principe« (»Über den Erwerb einer Herrschaft durch Verbrechen«) empfiehlt der Florentiner, notwendige Gewalttaten am Anfang und gründlich durchzuführen, sodann aber Milde walten zu lassen.

Darius hat es verstanden, über zweieinhalb Jahrtausende die Nachwelt über seinen Herrschaftsantritt zu täuschen. Die Rahmenbedingungen waren dafür günstig: Mit keinem Volk in der Alten Welt ist das Pathos der Wahrheit so verbunden wie mit den Persern. Drei Dinge, schreibt Herodot (I 136; 138) und nach ihm Xenophon (Kyroupädie VIII 8), lehren sie die Knaben: Reiten, Bogenschießen und die Wahrheit reden (*aléthizesthai*), denn Lügen sei bei ihnen das Schlimmste (*aischiston*). Jacob Burckhardt sah darin eine Selbstaussage des ionischen Griechen, der sich selbst die Freiheit des Fabulierens einräumte. Die persische Quelle, die Herodot zugrundelag, meinte vermutlich aber die Wahrheit nicht im Sinne der subjektiven Ehrlichkeit, sondern das Bekenntnis zur religiösen und politischen Orthodoxie. Jedenfalls war bei den Persern die Religion mit einem betonten Wahrheitsanspruch verbunden.

Dies wird nirgends deutlicher, als in der Bisutun-Inschrift. Im Namen Ahuramazdas, des wahren Gottes, kämpft Darius gegen die Lüge, die das Land erfaßt hat. Bis zum Überdruß wird das wiederholt: »Du, der du später diese Inschrift liest, sei überzeugt, daß ich tat, was ich schrieb; denke nicht, ich wäre ein Lügner. Erzähle diesen Bericht den Leuten! Verschweige ihn nicht und zerstöre die Inschrift nicht! Wenn du das tust, möge Ahuramazda dich schützen, dir ein langes Leben und zahlreiche Nachkommen schenken!«

Die Unstimmigkeiten in der Geschichte vom »falschen« Smerdis sprechen gegen die Ehrlichkeit des Siegers. Darius war – bei all seinen sonstigen Qualitäten – ein Lügner. Ironischerweise stimmt Herodot hier zu. Obschon er die Thronlüge des Darius übernimmt, läßt er ihn lügen, wo Darius mit einer erfundenen Botschaft in den Palast des Smerdis eindringt. Doppelt ironisch, daß Herodot (III 72) dem Perser bei der Gelegenheit eine sophistische Legitimation des Lügens in den Mund legt. »Alle Menschen«, so erklärt der künftige König, »denken zuerst an sich selbst.« Wer die Wahrheit rede, dem gehe es schließlich auch nur um seinen Vorteil, wie dem, der lüge – also mache es keinen Unterschied, ob man ehrlich sei oder nicht. Platon hat in seiner »Politeia« (389 BC) das Lügen für ein Gift erklärt, das, wenn von Ärzten verabreicht, Leben retten könne, und darum in der Politik ebenso notwendig wie berechtigt sei, wenn es um Erhaltung des Staates gehe. Damit legitimiert er den von ihm hochgeschätzten Darius freilich nicht, denn daß sein Putsch zur Erhaltung des Reiches unabdingbar gewesen sei, ist kaum zu erweisen.

Das Attentat des Darius auf den angeblich falschen Smerdis ist ein politischer Mythos; und der Mythos ist die Form, in der Geschichte Geschichte macht. So hält der Mythos die Geschichte am Leben und die Entlarvung des Mythos hält die Historiker am Leben. Füglich gibt es zwischen Politik und Historie immer eine fruchtbare Zusammenarbeit.

Literatur

F. Altheim + R. Stiehl, Die aramäische Sprache unter den Achaimeniden, 1963

J.M. Balcer, Herodotus and Bisitun, 1987

E.J. Bickerman + H. Tadmor, Darius I, Pseudo-Smerdis, and the Magi, in: Athenaeum 56, 1978, 239–261

P.R. Berger, Der Kyros-Zylinder etc., in: Zeitschrift für Assyriologie 64, 1975, 192 ff.

R. Borger + W. Hinz, Eine Dareios-Inschrift aus Pasargadae, in: Zeitschrift der Deutschen Morgenländischen Gesellschaft, 109, 1959, S. 117 ff.

P. Calmeyer, Dareios in Bagastana und Xerxes in Persepolis, in: Visible Religion 4/5, 1985/86, S. 76–95.

M.A. Dandamaev, Persien unter den ersten Achämeniden, 1976 (russisch 1972)

A. Demandt, Die Ohren des falschen Smerdis, Iranica Antiqua 9, 1972, S. 94–101

Ders., Antike Staatsformen, 1995

R.N. Frye, The History of Ancient Iran, 1984

E. Herzfeld, Xerxes Areios, in: Archäologische Mitteilungen aus Iran (AMI) 7, 1935, S. 82–137

Ders., Dareios Soter, in: AMI 3, 1931, S. 1–11

Ders., Smerdis und Pseudosmerdis, AMI 5, 1933, S. 125–142

C. Huart + L. Delaporte, L'Iran antique, 1952

P.J. Junge, Dareios I, König der Perser, 1944

R.G. Kent, Old Persian, 1954

W. Kleiss + P. Calmeyer (Hgg.), Bisutun, 1995

F.W. König, Der falsche Bardija. Dareios der Große und die Lügenkönige, 1938.

H. Luschey, Studien zu dem Darius-Relief von Bisutun, AMI, NF 1, 1968, S. 63–94

Ed. Meyer, Geschichte des Altertums, III 1937, IV 1 1939

Ders., König Darius I. In: E. Marcks + K. A. v. Müller (Hgg.), Meister der Politik, 1922, S. 3–35.

A.T. Olmstead, History of the Persian Empire. Achaemenid Period, Chicago 1948

A. Poebel, The Duration of the Reign of Smerdis the Magian and the Reigns of Nebukadnezzar III and Nebukadnezzar IV, in: American Journal of Semitic Languages and Literature 56, 1939, S. 121–145.

J.v. Prasek, Geschichte der Meder und Perser bis zur makedonischen Eroberung, I 1906, II 1910

P. Rost, Untersuchungen zur altorientalischen Geschichte, in: Mitteilungen der Vorderasiatischen Gesellschaft 1897, 2 (verfaßt 1896, separat paginiert)

P. Sykes, A History of Persia, 1930

L. Trümpelmann, Zur Entstehungsgeschichte des Monumentes Dareios' I von Bisutun und zur Datierung der Einführung der altpersischen Schrift, in: Archäologischer Anzeiger 1967, 281–298

J. Wiesehöfer, Der Aufstand Gaumatas und die Anfänge Dareios' I., 1978.

Ders., Das antike Persien, 1993.

H. Winckler, Altorientalische Forschungen, II 1, 1898. Darin S. 138 ff.: Aeschylos, Persae, Verse 751–767

Ders., Rezension zu J.v.Prasek, Forschungen etc. 1897, in: Orientalische Literaturzeitung 1, 1898, S. 38 ff.

Anmerkungen

[1] Ed. Meyer GdA.IV 314

[2] Beste Darstellung: der Katalog zu der in Basel, Duisburg, Mainz und München gezeigten Ausstellung »Persepolis. Ein Weltwunder der Antike, 1988/89«.

[3] Platon, Brief 3 VII 332 b; ders., Gesetze 695 CD.

[4] Xenophon, Anabasis II 2,1

[5] Herodot III 61 ff.

[6] Herodot III 30.

[7] Rost 1897, 107

[8] Winckler 1898, 43

[9] Olmstead 1948, 109 ff.; Nyberg 1954, 74 ff.; Dandamaev 1976,108 ff., 120; Balcer 1987

[10] Ed. Meyer 1922, 15 f.; Huart und Delaporte 1952, 249; Sykes 1930, 159; Herzfeld 1933, 126; König 1938; K. Erdmann, Das Iranische Feuerheiligtum, 1941; Junge 1944, 38 ff.; H. H. Schaeder, Der Mensch in Orient und Okzident, 1960, 69; Altheim 1963, 75 ff.; Wiesehöfer 1993, 21

[11] U. Kahrstedt, Smerdis. In: RE 54, 1927, S. 710 f.

[12] Poebel 1939, 131

[13] Herodot III 67

[14] Demandt 1972

[15] L. Ampelius, Liber memorialis 30

[16] Herodot, Geschichte und Geschichten, übers. von W. Marg, 1973/1990, 263

[17] »Das große Ohr, bis auf eine leichte Bestoßung der oberen Kante gut erhalten, ist sorgfältig und individuell durchgebildet.« Luschey 1968, 66

[18] Aristotels, Poetik 16, 1–3

[19] Kent 1954, 107 ff.; 116 ff.

[20] Luschey 1968, 90 f.; Wiesehöfer 1993, 38

[21] Olmstead 1948, 116

[22] Buch Esther 1,22; 3,12; 8,9

[23] Gadatas-Inschrift: Demandt 1995, 125 f.

[24] Justin I 9

[25] Für Pasargadae plädiert nach V. Floigl, Die Chronologie der Bibel, des Manetho und Berosos, 1880, 78, wieder Dandamaev 1976, 133 ff. Für eine Lokalisierung in Medien: Winckler 1898, 42

[26] Xenophon, Anabasis III 5, 15

[27] Olmstead 1948, 93; Frye 1984, 99

[28] Wiesehöfer 1978

[29] Rost 1897, 107

[30] Herodot III 139; Xenophon, Kyroupädie IV 2,46

[31] Kent 1953, 147

[32] Die Propaganda-Absicht unterstreicht R. T. Hallock, The One Year of Darius I, in: Journal of Near Eastern Studies 19, 1960, 36 ff.

[33] Treffend bemerkte Ernst Herzfeld 1933, S. 126: »Was Darius darstellen will, ist nicht Geschichte, sondern sein Recht.«

[34] DB. IV 52 ff.

[35] Platon, Gesetze 695 C

[36] Kent 144; 150

[37] Herzfeld 1931, 10

[38] Winckler 1889, 128

[39] Rost 1897, 106

[40] Herodot I 75; 91; 107

[41] Herodot III 2

[42] Wiesehöfer 1993, 337; 1978, 186 ff.

[43] Nach Winckler 1898, 44 f. ist sie die Erfinderin der Camouflage.

[44] Olmstead 1948, 103

[45] Herzfeld 1935, 83

[46] Winckler 1898, 139 ff.

[47] ebenso Xenophon, Kyroupädie VIII 8, 2; vgl. 7, 11

[48] Ktesias bei Photios 72, 37a; er heißt dort Tanyoxarkes

[49] Altheim + Stiehl 1963, 98; danach Wiesehöfer 1978, 166 f.

Heinrich Schlange-Schöningen

Harmodios und Aristogeiton, die Tyrannenmörder von 514 v. Chr.

Harmodios und Aristogeiton haben im Jahr 514 v. Chr. in Athen den Tyrannen Hipparch ermordet. Von der Antike bis in die Neuzeit hat man mit ihren Namen Tyrannensturz, Befreiung, Freundschaft und Rechtsgleichheit der Bürger verbunden. Alle diese Vorstellungen finden wir bei Friedrich Hölderlin. In seiner 1790, im Jahr nach der Französischen Revolution, verfaßten »Geschichte der schönen Künste unter den Griechen« sind es Harmodios und Aristogeiton, die Athen befreit und damit den Aufschwung zur klassischen Kunst ermöglicht haben[1]. Im »Hyperion« erinnert Hölderlin an die Tyrannenmörder als an die Heroen der Freundschaft: »Da Harmodius und Aristogiton lebten, rief endlich einer, da war noch Freundschaft in der Welt. Das freute mich zu sehr, als daß ich hätte schweigen mögen. Man sollte dir eine Krone flechten um dieses Wortes willen! rief ich ihm zu; hast du denn ... ein Gleichnis für die Freundschaft des Aristogiton und Harmodius? Verzeih mir! Aber beim Aether! man muß Aristogiton sein, um nachzufühlen, wie Aristogiton liebte, und die Blitze durfte wohl der Mann nicht fürchten, der geliebt sein wollte mit Harmodius Liebe« Und ursprünglich wollte Hölderlin auch die folgenden Zeilen in seinen Hyperion aufnehmen:

»Schmücken will ich das Schwert! mit der Myrthe Ranken!
Wie Harmodios einst und Aristogeiton,
Da sie den Tyrannen
Schlugen, da der Athener
Gleicher Rechte Genosse ward.

Liebster Harmodios, du starbest nicht!
Denn sie sagen, du seiest auf der Seel'gen Inseln,
Wo der Renner Achilleus,
Wo mit ihm Diomedes,
Tydeus trefflicher Sprosse wohnt.

Schmücken will ich das Schwert! mit der Myrthe Ranken!
Wie Harmodios einst und Aristogeiton,
Da sie bei Athenes
Opferfest den Tyrannen,
Hipparch den Tyrannen ermordeten«[2].

Diese Zeilen stammen ursprünglich nicht von Hölderlin. Vielmehr hat er ein griechisches Skolion, ein Trinklied, aus dem 5. Jahrhundert v. Chr. übersetzt. Dieses Skolion wurde im klassischen Athen bei Symposien gesungen[3]. Es war so bekannt, daß die Komödiendichter nur von »dem Harmodios« sprechen mußten, wenn sie sich für alle Zuschauer verständlich auf das Trinklied beziehen wollten[4].

Die Erinnerung an die Tyrannenmörder wurde nicht nur durch das Skolion aufrechterhalten. In den Jahren nach dem Sturz der Tyrannis schuf der Bildhauer Antenor eine Statuengruppe der Tyrannenmörder[5]. Nachdem dieses Standbild aber vom Perserkönig Xerxes während der Perserkriege aus Athen geraubt worden war, enstand bald nach 479 eine zweite Gruppe durch Kritios und Nesiotes[6]. Die Statuen der Tyrannenmörder wurden auf der Agora aufgestellt und blieben dort für lange Zeit die einzige Darstellung von Menschen inmitten einer Vielzahl von Götterbildnissen[7].

Am Grab von Harmodios und Aristogeiton spendete alljährlich einer der höchsten Beamten Athens ein Totenopfer. Das tat er außerdem für die Athener, die ihr Leben im Kampf für die Stadt verloren hatten. So standen die Tyrannenmörder im Staatskult auf einer Stufe mit den Gefallenen von Marathon und Salamis[8]. Und weil man glaubte, daß durch Harmodios und Aristogeiton die Freiheit und Demokratie Athens begründet worden sei, hat man ihre Nachkommen mit Privilegien geehrt. Sie durften auf Staatskosten speisen, sie waren von Leistungen für den Staat befreit und genossen das Vorrecht der Proedria, d.h. das Recht, im Theater in einer der ersten Reihen zu sitzen[9].

War aber das von Harmodios und Aristogeiton ausgeführte Attentat tatsächlich ein so bedeutsames Ereignis in der Geschichte Athens, wie es die Statuenaufstellung, der Staatskult und die Privilegierung der Nachkommenschaft vermuten lassen? Trifft historisch überhaupt zu, was im Trinklied berichtet wird? Daß Harmodios und Aristogeiton durch ihr Attentat nicht nur »einen Tyrannen mit Namen Hipparch« ermordet, sondern dadurch auch die Athener zu Bürgern gleichen Rechtes gemacht hätten? Schon die antiken Historiker Herodot und Thukydides haben gegen diese Überlieferung Einspruch erhoben.

Herodot stellte fest, daß durch den Anschlag zwar Hipparch ermordet, dadurch die Tyrannis aber keineswegs beseitigt worden sei. Im Gegenteil sei der überlebende Bruder des Hipparch, Hippias, nun zu einer rücksichtslosen Gewaltherrschaft übergegangen und erst Jahre später entmachtet worden[10]. Und Thukydides fügte hinzu, daß Harmodios und Aristogeiton ursprünglich gar nicht geplant hätten, die Tyrannis zu stürzen, sondern gegen Hipparch wegen einer »Liebesgeschichte«, einer ἐροτικῆ ξυντυχία, vorgegangen seien. Zur Begründung führt Thukydides an, daß das Attentat nicht gegen den herrschenden Tyrannen Hippias, sondern gegen seinen jüngeren Bruder Hipparch ausgeführt wurde[11].

Somit gab es im Athen des 5. Jahrhunderts zwei unterschiedliche Überlieferungen zu Harmodios und Aristogeiton. Die legendäre Überlieferung machte aus den Tyrannenmördern die Befreier der Stadt. Daneben hielten Herodot und Thukydides eine andere Überlieferung fest. Ihr zufolge hatten die Attentäter aus persönlichen Gründen gehandelt und den Sturz der Tyrannis nicht bewirkt.

Im Folgenden soll nun zunächst erläutert werden, wie die Tyrannis in Athen aus dem Machtkampf der Aristokraten hervorgegangen ist. In diesem Zusammenhang wird gezeigt werden, daß die Herrschaftsform der Tyrannis in der archaischen Zeit Griechenlands moralisch noch keineswegs so disqualifiziert war, wie es für uns heute selbstverständlich ist. Außerdem soll deutlich gemacht werden, daß die Tyrannis des Peisistratos den Machtkampf der Aristokraten beendete und so die Entwicklung Athens zur Staatlichkeit gefördert hat (I.). Erst vor dem Hintergrund dieser Entwicklung zur Staatlichkeit soll dann das Attentat selbst (II.) und seine Nachwirkung (III.) dargestellt und erklärt werden, warum der aus persönlichen Gründen erfolgte Anschlag zu einer politischen Tat umgedeutet wurde und als Staatslegende Bestand hatte gegenüber den Einwänden, die Herodot und Thukydides formulierten.

I.

Ἀριστεύειν, der erste und beste zu sein, ist das Bestreben des Adligen in der archaischen Zeit Griechenlands. Ihm geht es darum, im Wettkampf mit den anderen Adligen um Ehre und Anerkennung zu bestehen und dem in der Ilias formulierten aristokratischen Ziel nahe zu kommen, »immer der erste zu sein und ausgezeichnet vor anderen« – αἰὲν ἀριστεύειν καὶ ὑπείροχον ἔμμεναι ἄλλων[12].

Bei Homer bezieht sich dieses Aristie-Ideal auf kriegerische Taten. Und noch für die Adligen im Athen des 6. Jahrhunderts zählten militärische Erfolge viel, die sie für ihre Stadt erreichen konnten. Solche Erfolge verschafften Ansehen und Ansehen war eine Grundlage der Macht. Das galt für Solon, den Gesetzgeber Athens, ebenso wie für Peisistratos, den Begründer der Tyrannis in Athen[13].

Daneben aber stand für die Aristokraten der archaischen Zeit der friedliche Wettstreit, der überstädtisch und innerhalb der Städte ausgetragen wurde. Überstädtisch handelte es sich vor allem um die sportliche Konkurrenz in Olympia. Hier an der angesehensten der Disziplinen teilzunehmen, am Wagenrennen mit dem Viergespann, war nur den Vermögenderen möglich, und hier erfolgreich zu sein, verschaffte dem Siegreichen ein Prestige mit großer politischer Bedeutung. Allein mit dem Hinweis auf seinen sportlichen Erfolg illustriert Herodot die herausragende Stellung des

Kylon, der in der Mitte des 7. Jahrhunderts als erster vergeblich versuchte, Tyrann von Athen zu werden[14].

Und innerstädtisch war während der archaischen Epoche Griechenlands der Wettstreit form- und sinngebend für alle aristokratischen Lebensbereiche. Dabei ist zu bedenken, daß der gegeneinander gerichtete Wettkampf zugleich verbindend wirken konnte. Denn die einzelnen Adligen waren in diesem Wettkampf ja nicht nur Gegner, sondern auch Partner. Ob es sich um den Sport, um Dichtung und Tanz während der Symposien, um Schönheit oder um die Gunst eines jungen Mannes drehte, es ging für die Adligen immer darum, sich im innerstädtischen Wettkampf gegenseitig zu übertreffen, um untereinander Anerkennung zu finden[15].

Das archaische Athen setzte sich aus einzelnen aristokratischen und nichtaristokratischen Familien, den oikoi, zusammen. Der einzelne Aristokrat konnte an dem Wettstreit um den ersten Platz in seiner Stadt nur teilnehmen, wenn er durch die Wirtschaftskraft des eigenen Hauses zu den Reichen gehörte. Landbesitz und bewegliche Güter, darüber hinaus das, was durch Krieg, Handel und Gastfreundschaft zu erwerben war, bildeten die Voraussetzung für den Wettstreit und deshalb einen Teil des Wettstreits. »Geld ist der Mann« – χρῆματ' ἄνερ –, so heißt es um 600 v. Chr. bei Alkaios[16]. Und Solon kennzeichnet die Mächtigen in der Stadt als diejenigen, die ihres Reichtums wegen bewundert werden[17]. Aus den Gedichten Hesiods und Solons läßt sich entnehmen, daß sich die Aristokraten während des 7. Jahrhunderts rücksichtslos darum bemühten, ihren Reichtum zu vergrößern[18].

Diese Situation eines verschärften Kampfes um Ansehen und Besitz führte zum inneren Krieg, zur στάσις. Sie entstand gewöhnlich dadurch, daß einer der Aristokraten mit seiner Gefolgschaft versuchte, die Macht über die Stadt zu erringen. Solch ein Machtkampf konnte sich zwischen einigen kleinen Gruppen abspielen, ohne daß daran die ganze Gemeinde hätte teilnehmen müssen. Diesmal aber, zu Beginn des 6. Jahrhunderts, war offensichtlich die Mehrzahl der Athener betroffen, weil das Streben der Aristokraten nach Reichtum zu einer krassen Ausbeutung der Bauern geführt hatte[19]. Die Stasis wurde so gefährlich, daß die Aristokraten zu der Einsicht gelangten, gemeinsam einen Weg aus der Krise finden zu müssen. Es wurde ihnen deutlich, daß sie sich selbst in ihrem Bestreben nach Reichtum Grenzen auferlegen mußten, wenn die inneren Unruhen beendet werden sollten.

Diese Einsicht war aus der Gefahr geboren und nur vorhanden, solange die Krise anhielt. In Athen einigte man sich darauf, einen der angesehensten Männer, Solon, zum διαλλακτής zu berufen. Als Schiedsrichter und Gesetzgeber sollte Solon den inneren Frieden wiederherstellen. Zu seinen wichtigsten Maßnahmen gehörten die als »Lastenabschüttelung« – σεισάχθεια – bezeichnete Schuldentilgung und die Begrenzung des Landeigentums[20]. Grundsätzlich aber stellte Solon die Verbindung von

Reichtum, Ansehen und Macht nicht in Frage. Er erklärte in einem seiner Gedichte:

»So viele Rechte gab ich dem Volk, wie schicklich ihm zukommt,
Ehre ich weder benahm, noch auch im Übermaß gab.
Doch die Besitzer der Macht, bewundert im prangenden Reichtum,
Diesen auch dacht' ich nicht zu, Unrecht zu leiden und Schmach«[21].

Solon versuchte aber, an die Stelle des aristokratischen Aristie- und Machtdenkens eine neue, auf das Ganze der Gemeinde zielende Ethik zu setzen. Jeder Athener sollte einsehen, daß es von seinem eigenen Verhalten abhängen würde, ob die »gute Ordnung«, die ἐυνομία, die Solon durch seine Gesetze geschaffen hatte, aufrechterhalten werden könnte. Dieser neuen Ethik entsprach das sog. Stasisgesetz, das Solon erlassen haben soll:

»Da er aber sah, daß die Stadt oft in Aufruhr stand, einige Bürger jedoch aus Leichtsinn den Dingen ihren Lauf ließen, brachte er gegen diese ein eigenes Gesetz ein: Wer bei einem Aufruhr in der Stadt nicht die Waffen zugunsten einer Partei aufnehme, sei ehrlos und habe am Staat keinen Anteil«[22].

Mit dem Ausschluß aus der Gemeinschaft wurde hier derjenige bedroht, der nicht bereit war, in den Bürgerkrieg einzugreifen. Das Gesetz verpflichtete alle Einwohner zur Teilnahme am Kampf, da ein Umsturz der neuen Ordnung nur verhindert werden konnte, wenn sich alle für sie verantwortlich fühlten. Eine solche breite Beteiligung an den inneren Angelegenheiten Athens hätte es einzelnen Aristokraten unmöglich machen müssen, mit ihren Gefolgsleuten gewaltsam die Macht zu erringen.

Wie wenig Verständnis die Athener aber für Solon und seine Vorstellung von der ἐυνομία hatten, bezeugt er selbst in einem anderen seiner Gedichte. Hier berichtet Solon, was man in Athen über ihn dachte. Die Athener konnten nicht verstehen, warum Solon die Gelegenheit nicht ergriffen hatte, sich zum Tyrannen der Stadt zu machen. Solon referiert die öffentliche Meinung mit folgenden Worten:

»Solon ist kein scharfer Denker und kein Mann von klugem Rat.
Gutes wollt' ein Gott ihm geben, aber er – er nahm es nicht! ...
Schon ist voll das Netz, verblendet wagt er's nicht an Land zu ziehn,
Es entgleitet, denn es mangelt ihm der Mut wie der Verstand.
Könnt' ich solche Macht gewinnen, großen Reichtum nennen mein,
Herrscher der Athener heißen nur an einem einz'gen Tag,
Ließ ich gern zu Tod mich prügeln, gäb mein ganzes Haus daran«[23].

Genau das, »Herrscher« bzw. »Tyrann der Athener« zu werden, war das Ziel der Aristokraten, die sich auf eine Stasis einließen, auf den nicht mehr friedlichen, sondern mit gewaltsamen Mitteln geführten Wettkampf um den ersten Platz in der Stadt. Solon erklärte, froh darüber zu sein, daß er seinen Ruhm nicht dadurch beschädigt hätte, Tyrann geworden zu sein[24]. Die meisten Aristokraten seiner Zeit dagegen kannten keine bessere Möglichkeit, Ansehen zu gewinnen, als eben dadurch, Tyrann zu werden. Dafür waren sie bereit, Gewalt anzuwenden, die »harte, erbarmungslose Gewalt«, von der Solon mit Abscheu spricht und die für ihn mit der Tyrannis verbunden war[25].

Solons Einwand gegen die Tyrannis ist einer der ersten Belege für eine Verurteilung dieser Herrschaftsform[26]. Vor und auch nach Solon war »Tyrann« zunächst ein Begriff mit der einfachen Bedeutung »Herr«. τύραννος stammt nicht aus dem Griechischen, sondern vermutlich aus dem Lydischen[27]. Und soweit wir heute noch feststellen können, hat Archilochos von Paros in der Mitte des 7. Jahrhunderts den Ausdruck erstmals für den Lyderkönig Gyges gebraucht[28]. Gyges hatte um 685 seine eigene Herrschaft durch die Ermordung des Königs Kandaules gewaltsam herbeigeführt. Aber erst im 5. und 4. Jahrhundert tritt in der Bedeutung des Begriffs »Tyrannis« das Gewaltsame in den Vordergrund, wie es in der Geschichte des Gyges enthalten war und wie es Solon schon formuliert hatte. Diese Begriffsentwicklung hat ihre Ursache in den historischen Erfahrungen, welche die Griechen inzwischen mit vielen Tyrannisherrschaften gemacht hatten. Die Überlieferung verband mit einzelnen Tyrannen die Erinnerung an einen brutalen Machtgebrauch, der – wie etwa im Fall des Tyrannen von Korinth Periander – der Herrschaftssicherung dienen sollte. Die Athenaion Politeia reiht unter diese rücksichtslosen Tyrannen Hippias ein, der nach dem Attentat auf seinen Bruder Hipparch Aristogeiton gefoltert und eine große Anzahl von Athenern hingerichtet haben soll[29]. So ist für Sokrates, dann auch für Platon und Aristoteles die Tyrannis dadurch gekennzeichnet, daß ihr die Zustimmung der Beherrschten fehlt, daß sie gegen die Gesetze steht und daß sie nur auf den Vorteil des Herrschers ausgerichtet ist[30]. Von dieser Überlegung aus erscheint der Widerstand gegen die Tyrannis bis hin zum Tyrannenmord gerechtfertigt, auch wenn dies weder von Platon noch von Aristoteles ausdrücklich formuliert wird. Um aber die Intention der Aristokraten, die Tyrannen werden wollten, zutreffend zu beschreiben, muß man den Begriff des eigenen Vorteils noch durch den des Ansehens ergänzen.

Der ständige Machtkampf, die zeitweilige Errichtung einer Tyrannis und der häufige Umsturz der Machtverhältnisse sind charakteristisch für die spätarchaische Epoche der griechischen Geschichte und verleihen dieser Zeit ihre eigentümliche Unruhe und Spannung. Die aus dem Aristie-Ideal folgende Zielsetzung der Aristokraten, in ihrer Stadt der erste Mann zu sein, mußte das Gefüge ihres Standes bedrohen, sobald einige unter ihnen bereit waren, in diesem Wettstreit alle ihnen verfügbaren Mittel einzusetzen. Dann gab es für die Adligen nur noch die Alternative zwischem dem Versuch, sich dem mächtigsten unter ihnen anzuschließen, oder durch Koalitionsbildungen einen eigenen Gegenkanditaten zu fördern. Aufzuhalten war die Tyrannis nicht.

Dieser Zusammenhang wird verständlicher, wenn man berücksichtigt, daß sich die Gemeinde Athen in archaischer Zeit erst im Übergang von einem vorstaatlichen zu einem staatlichen Zustand befunden hat. Der innere Machtstreit konnte durch eine staatliche Ordnung und staatliche Machtmittel nicht beendet werden, weil dergleichen noch nicht vorhanden war. Drakon und Solon haben hier zwar die Grundlagen gelegt. Man würde aber die Wirksamkeit ihrer Maßnahmen überschätzen, wenn man annehmen wollte, mit ihrer Gesetzgebung und mit ihrer Schaffung von Rechtsinstanzen sei zugleich eine vollständige Veramtlichung der Macht erreicht und den Athenern ein Gesetzes- und Staatsbewußtsein eingegeben worden. Solon konnte an die Athener nur appellieren, gemeinsam dafür zu sorgen, daß sein Entwurf einer staatlichen Ordnung auch umgesetzt werden würde. Er konnte nur hoffen, daß sich die Athener einer neuen politischen Ethik unterwerfen würden, die dem Einzelnen Verantwortung für die ganze Gemeinde auferlegte. Dem Zustand der athenischen Gesellschaft aber, einer Gesellschaft, die erst im Begriff war, geregelte und die ganze Gemeinde betreffende Formen der politischen Willensbildung und Gesetzgebung zu entwickeln und einzuüben, entsprach noch immer die Stasis und das, was aus ihr folgen mußte, die Tyrannis.

Der erste Aristokrat, der versuchte, die Tyrannis über Athen zu errichten, war der bereits erwähnte Olympiasieger Kylon, der sich in der Mitte des 7. Jahrhunderts zum Herren der Stadt aufschwingen wollte, aber am Widerstand vor allem der Alkmeoniden scheiterte. Im Jahr 582 verlängerte dann der Archon Damasias seine Amtsführung unzulässigerweise, bis er mit Gewalt vertrieben wurde[31]. Nachdem Peisistratos 561 zum ersten Mal Tyrann geworden und für einen Zeitraum von fünf Jahren Athen beherrscht hatte, gelang es seinen Gegnern, untereinander einig zu werden und Peisistratos aus der Stadt zu vertreiben[32].

Offensichtlich bestimmte während der nächsten Jahre Megakles die Geschicke der Stadt. Zwar wird für ihn der Begriff »Tyrann« nicht gebraucht, aber seine Stellung könnte die eines Tyrannen gewesen sein. Darauf deutet die Bemerkung der Athenaion Politeia, daß Megakles nach einigen Jahren »durch innere Unruhen in Schwierigkeiten« geraten sei[33]. Aus diesem Machtkampf rettete er sich, indem er nun eine Koalition mit Peisistratos einging, die allerdings ebenfalls nur von begrenzter Dauer war. Es kam zu einem erneuten Seitenwechsel des Megakles und zu einer abermaligen Vertreibung des Peisistratos. Treffend werden diese Vorgänge durch

Aristoteles interpretiert: »Die Tyrannis geht durch sich selbst zugrunde, wenn die Teilhaber der Gewalt gegeneinander aufständisch werden«[34].

Daß dann die Tyrannis des Peisistratos seit 546 dauerhaft Bestand haben und nach seinem Tod an seine Söhne Hippias und Hipparch übergehen konnte, lag an den großen Ressourcen, über die Peisistratos inzwischen verfügte und die jene aller anderen Aristokraten Athens weit übertrafen. Um welche Mittel es sich handelte, wird durch die Berichte über Peisistratos' zweites Exil und seine Vorbereitungen zur Rückkehr nach Athen deutlich. Genannt werden seine Verbindungen zu auswärtigen Aristokraten: in Eretria auf Euböa wurde Peisistratos mit seinen Söhnen aufgenommen[35], aus Theben erhielt er Geld[36], ebenso wie von Lygdamis, einem Adligen von Naxos, der zudem persönlich mit Freiwilligen erschien. Bei ihm bedankte sich Peisistratos später damit, daß er ihn zum Tyrannen über das eroberte Naxos einsetzte[37]. Geld konnte Peisistratos außerdem aus einer von ihm selbst gegründeten Kolonie[38] und aus den von ihm ausgebeuteten Gold- und Silberminen des thrakischen Pangaion-Gebirges beziehen[39]. Eingesetzt wurde das Geld zur Anwerbung von Söldnern[40]. Diese kamen aus Thrakien und von der Peloponnes. Auf solche Weise gerüstet näherte sich Peisistratos Athen und besiegte die Gegner in einer Schlacht bei Pallene, einer ungefähr auf halber Strecke zwischen Athen und Marathon gelegenen Ortschaft[41].

Die Mittel, mit denen Peisistratos die Herrschaft erlangt hatte, sicherten dann ihren Bestand. Während einige seiner früheren Konkurrenten Athen verlassen hatten, wurden die anderen durch Peisistratos' Söldner und durch die Geiselnahme ihrer Kinder zum Stillhalten gezwungen. Die Geiseln schickte er zu seinem Gefolgsmann Lygdamis nach Naxos[42]. Peisistratos setzte aber nicht allein auf Gewalt, sondern versuchte, mit den Aristokraten, die in der Stadt geblieben waren, zu einem Ausgleich zu kommen. Auch unter seiner Herrschaft konnten sich die Aristokraten, dem Aristie-Ideal entsprechend, um Ehren und Ansehen bemühen. Der inneraristokratische Wettkampf wurde fortgesetzt, allerdings nur soweit Peisistratos' Stellung dadurch nicht gefährdet wurde.

Die Geschichten von Kallias, Militaides d.Ä. und Kimon zeigen die Möglichkeiten und die Grenzen des aristokratischen Lebens unter der Tyrannis in Athen. Alle drei hatten ihr auf großem Reichtum beruhendes Prestige durch Siege in Olympia noch verstärken können. Kallias, der von Herodot als Gegner der Peisistratiden bezeichnet wird, gebrauchte seinen Reichtum über die Grenzen Athens hinaus und zeigte sich in ganz Griechenland als ein Mann von »verschwenderischer Großzügigkeit«[43]. Er muß auf diese Weise viele Gastfreundschaften begründet und sich ein weitreichendes Verbindungsnetz geschaffen haben, ohne dieses aber gegen Peisistratos nutzen zu können. So scheint für ihn nur die Demonstration des eigenen Reichtums geblieben zu sein, um trotz der Vormacht des Peisistratos auf das ἀριστεύειν nicht zu verzichten.

Anders als für Kallias bot sich für Miltiades eine Gelegenheit, außerhalb von Athen mit Peisistratos gleichzuziehen. Ihm wurde von den Dolonkern, einem Stamm auf der thrakischen Chersones, die Herrschaft angeboten. Miltiades nahm diesen Antrag an und sammelte, offensichtlich ganz ungehindert von Peisistratos, in Athen Teilnehmer für seinen Kolonisationszug. Die Dolonker, so schreibt Herodot, machten Miltiades zu ihrem Tyrannen[44].

In der Geschichte des Kimon schließlich begegnen die verschiedensten Elemente des Verhältnisses zwischen Aristokraten und Tyrannen, – die Vertreibung aus der Stadt ebenso wie der vorübergehende Ausgleich und schließlich die tödlich endende Konkurrenz. Kimon hatte nach Peisistratos' Machtgewinn Athen verlassen und war in das Exil gegangen. Dann nutzte er einen seiner Siege in Olypia zum Ausgleich mit dem Tyrannen: Kimon war in Olympia dreimal mit ein und demselben Viergespann erfolgreich. In Athen wurde nicht nur sein Grab, sondern auch das seiner Pferde gezeigt[45]. Nach seinem zweiten Erfolg ließ er Peisistratos als Sieger ausrufen, was Peisistratos veranlaßte, ihm die Rückkehr nach Athen zu erlauben. Als Kimon später aber noch einen dritten Sieg erlangte und nicht bereit war, auch diesen Sieg, diesmal an Hippias und Hipparch, abzutreten, zeigte sich, wie gefährlich ein herausragendes Prestige für einen Aristokraten unter der Tyrannis werden konnte: Kimon wurde von den Söhnen des Peisistratos ermordet[46].

Für Peisistratos wie für seine Söhne ging es um die Frage, ob ein Adliger aufgrund seiner Mittel und seines Ansehens die Stasis in Athen neu beginnen lassen konnte. Zu ihrer Absicherung versuchten die Peisistratiden auch, die in Athen anwesenden Adligen so weit wie möglich an sich zu binden. Das aber geschah auf eine Weise, die man als vorbereitend für die spätere attische Demokratie bezeichnen kann. Denn die Peisistratiden boten den in der Stadt gebliebenen Aristokraten Möglichkeiten der Betätigung im Rahmen der sich entwickelnden Staatlichkeit, wodurch diese gefestigt und später auch abgelöst von der Macht des Tyrannen fortbestehen konnte. Ein wichtiges Beispiel dafür ist das Archontat[47].

Dieses Amt ist aus der vorstaatlichen Schiedsgerichtsbarkeit des Adels hervorgegangen und bestand darin, die Verfahren der Rechtsfindung zu leiten. Das Amt war zugleich ein Ausdruck und eine Grundlage für die herausragende Stellung seines Inhabers. Durch das Fragment einer Archontenliste, das 1936 auf der Agora in Athen gefunden wurde, ist nun belegt, daß unter den Peisistratiden auch die Angehörigen anderer adliger Familien das Amt bekleidet haben. Das Fragment umfaßt den Zeitraum von 528/7 bis 523/2, also die ersten Jahre der Herrschaft der Peisistratossöhne Hippias und Hipparch[48]. Aufsehen erregt hat vor allem, daß in der Liste der Name des Alkmeoniden Kleisthenes erscheint. Denn damit ist ein Zeugnis dafür vorhanden, daß es zwischen den Peisistratiden und den Alkmeoniden zeitweise zu einer Verständigung gekommen sein muß. Dabei hatten doch die Alkmeoniden nach Peisistratos' Sieg Athen verlassen. Und es waren die Alkmeoniden, die später, nach 514, den Sturz der Tyrannis nachdrücklich betrieben haben. Das Fragment der Archontenliste belegt, daß dieses Amt von den Peisistratiden genutzt wurde, um die Aristieansprüche anderer Adliger zufrieden zu stellen. Diese auf einen Ausgleich mit der Aristokratie gerichtete Politik mußte aber eine Wirkung für die sich entwickelnde Staatlichkeit entfalten. Zeigt die Liste doch, daß unter der Tyrannis eine regelmäßige Besetzung des Amtes stattfand. Man gewöhnte sich gleichermaßen an eine zeitlich begrenzte Amtstätigkeit und an einen gewaltlosen Wechsel der Amtsträger. In dieses Bild paßt auch der archäologische Befund. Er berechtigt zu der Vermutung, daß unter den Peisistratiden das Amtsgebäude des Archon Basileus auf der Agora errichtet worden ist[49].

Die Agora war der alte Mittelpunkt der Gemeinde. Dort wurden seit frühester Zeit die Volksversammlungen durchgeführt und die aristokratische Schiedsgerichtsbarkeit ausgeübt. Auf der Agora standen auch die für das religiöse und wirtschaftliche Leben der Gemeinde wichtigen Bauten. Und über die Agora führte die anläßlich der Panathenäen veranstaltete Prozession. Sie zog zu Ehren der Athena zur Akropolis, um dort der Göttin den Peplos, ein wertvolles, von den Frauen der Stadt gewebtes Gewand, zu bringen. Auch diese Panathenäen sind mit ihren verschiedenen sportlichen und musischen Agonen von Peisistratos eingerichtet oder zumindest gefördert worden[50]. Während des Athenafestes erlebten die Athener ihre Zusammengehörigkeit. Sie kam zum Ausdruck, wenn sich anläßlich der panathenäischen Prozession die gesamte Einwohnerschaft ordnete, um den Frauen zu folgen, die das neue Gewand der Athena zur Akropolis trugen.

Auf der Agora und während der Panathenäen verübten Harmodios und Aristogeiton ihr Attentat auf den Tyrannen Hipparch, also im räumlichen Mittelpunkt und während des kultischen Höhepunkts der Stadt Athen. Dort, wo die Tyrannen die Staatlichkeit Athens gefördert hatten, und während eines Festes, der erst unter den Tyrannen zu dem Staatsfest geworden war, erfolgte das Attentat. Und später vergewisserten sich die Athener ihres demokratischen Bewußtseins, imdem sie am gleichen Ort die Statuen der Tyrannenmörder aufstellten.

II.

Nachdem Peisistratos im Jahr 528 in hohem Alter eines natürlichen Todes gestorben war, ging die Herrschaft auf seine Söhne über[51]. Es gibt keine Anzeichen dafür, daß in diesem Moment die Tyrannis der Peisistratiden gefährdet gewesen wäre. Von nun an hielt Hippias als der Ältere die Herrschaft in seinen Händen, an der aber auch Hipparch beteiligt war[52].

Zu einer Gefährdung ihrer Herrschaft kam es erst, als Hipparch, der »lebenslustige und zu Liebschaften geneigte« jüngere Tyrann[53], Harmodios kennenlernte, einen Aristokraten aus der Familie der Gephyräer. Um ihn, den Thukydides mit den Worten charakterisiert, er sei von einer »strahlenden Jugend« gewesen[54], bemühte sich Hipparch nach Kräften. Seine Anträge aber blieben erfolglos, weil Harmodios seinem Liebhaber Aristogeiton die Treue hielt. Thukydides meint, daß schon der Versuch des Hipparch, Harmodios für sich zu gewinnen, zum Sturz der Tyrannis hätte führen können. Denn Harmodios habe Aristogeiton von den Anträgen des Hipparch berichtet, und Aristogeiton, »in wildem Liebesschmerz und in Angst, daß Hipparch mit der Gewalt seiner Macht den Geliebten zwänge, macht sofort Pläne, um, bei seiner bescheidenen Stellung, die Tyrannis zu stürzen«[55].

Bislang aber hatte Hipparch seine Macht noch nicht mißbraucht. Mit seinem Werben um Harmodios nahm er an einem der aristokratischen Wettkämpfe teil, und Harmodios hatte offensichtlich keine Schwierigkeiten, die Anträge des Tyrannen auszuschlagen. Dann allerdings machte Hipparch einen für ihn verhängnisvollen Schritt. Da er es nicht ertragen konnte, abgewiesen worden zu sein, sann er auf Rache. So wie er zurückgewiesen worden war, so wollte Hipparch nun Harmodios eine Kränkung zufügen. Dabei wollte er jedoch seine Herrschaft und die seines Bruders nicht durch einen Machtmißbrauch gefährden. »Wie er ja«, so heißt es bei Thukydides, »überhaupt in seiner Herrschaft die Menge nicht bedrückte und Ärgernis vermied; weit mehr als andere Tyrannen pflegten Hippias und Hipparch Rechttun und Vernunft«[56].

Hipparch wartete für seine Rache auf eine günstige Gelegenheit und fand sie anläßlich der Vorbereitung des Panathenäen-Festzugs[57]. Als eine der jungen Frauen, die als Trägerinnen der Opfergaben an der Prozession teilnehmen sollten, wählten die Tyrannen die Schwester des Harmodios aus. Als diese aber erschien, um die ehrenvolle Aufgabe auszuführen, wurde sie mit der Bemerkung, weder sei sie jemals ausgewählt worden noch sei sie dieses Amtes würdig, von den Tyrannen wieder fortgeschickt.

Nun fühlte sich Harmodios verletzt. Die Beleidigung seiner Schwester wollte er nicht hinnehmen. Als sich die Tyrannen damit beschäftigten, den Festzug zu ordnen, führte er gemeinsam mit Aristgeiton einen Anschlag aus[58]. Die Attentäter stürzten sich auf Hipparch und erstachen ihn. Sofort wurde Harmodios von den Leibwächtern des Hipparch erschlagen, während Aristogeiton zunächst fliehen konnte. Später wurde er gefaßt und hingerichtet.

Im Hinblick auf Anschläge, die sich gegen Tyrannen richten, unterscheidet Aristoteles zwischen zwei Zielrichtungen der Attentäter: »Die Angriffe richten sich bald gegen Leib und Leben der Herrscher, bald gegen ihre Herrschaft. Wo sie wegen Gewalttätigkeit und Übermut erfolgen, kehren sie sich gegen ihre Person. Der Übermut hat viele Formen, und jede ruft den Zorn wach. Wo der Zorn bestimmend wirkt, verfolgt der Angriff wohl meistens die Rache, nicht den Besitz der Gewalt. So geschah der Anschlag gegen die Peisistratiden infolge der öffentlichen Beschimpfung der Schwester des Harmodius und der Beleidigung des Harmodius selbst. Harmodius wollte für seine Schwester Rache nehmen, Aristogeiton für Harmodius«[59].

Worin bestand aber der Übermut des Hipparch und wodurch hatte er Harmodios so schwer beleidigt, daß dieser ein Attentat durchführte, das für ihn selbst lebensgefährlich sein mußte?

Enthalten war die Beleidigung offenkundig in dem Satz, mit dem die Tyrannen begründeten, warum Harmodios' Schwester von der Teilnahme an der Prozession ausgeschlossen wurde: »sie wiesen die Schwester ab, in dem sie erklärten, sie sei zu dieser Aufgabe gar nicht gerufen worden, weil sie nicht würdig sei«, διὰ τὸ μὴ ἀξίαν εἶναι[60].

Nun ist in der Forschung immer wieder diskutiert worden, was für eine Würde, die der Schwester angeblich gefehlt haben soll, gemeint gewesen sein könnte. Die folgenden zwei Deutungen sind wiederholt vorgeschlagen worden: Die Würdelosigkeit könnte in einer geringen gesellschaftlichen Stellung der Familie des Harmodios, der Gephyräer, begründet gewesen sein[61]. Sie könnte sich aber auch daraus ergeben haben, daß die Gephyräer erst seit kurzem in Athen ansässig waren, also nicht zu den Familien gehörten, die auf eine lange Verbundenheit mit Athen verweisen konnten[62]. Dieser zweite Erklärungsversuch kann sich auf Herodot stützen, der berichtet, die Gephyräer seien ursprünglich Phönizier gewesen und hätten vor ihrer Übersiedlung nach Athen in Böotien gelebt[63].

Diese beide Interpretationen aber können nicht überzeugen[64]. Wenn die Gephyräer aus dem einen oder anderen Grund als eine Familie von geringerem Ansehen gegolten hätten, dann wäre der Ausschluß der Schwester von der Teilnahme am Festzug begründet gewesen. Hätte Hipparch aber die Gephyräer ganz unbegründet nicht der ihr eigentlich zukommenden Würde entsprechend behandelt, dann hätte er sich in aller Öffentlichkeit als ein Tyrann gezeigt, der seine Macht willkürlich anzuwenden bereit war. Genau das aber haben die Peisistratiden, Thukydides zufolge, immer zu vermeiden gesucht[65]. So bleibt nur, daß Hipparch einen schwer nachprüfbaren Vorwurf ausgesprochen hat, der Harmodios deshalb so sehr verletzt haben muß, weil nicht sofort und in aller Öffentlichkeit klar wurde, daß er entweder gerechtfertigt oder aber nur ein Ausdruck tyrannischer Willkür war.

Brian Lavelle hat nun vor kurzem eine neue Deutung vorgeschlagen. Er verweist auf den großen gesellschaftlichen Stellenwert, den in der archaischen und klassischen Epoche Griechenlands die Tugend und Keuschheit der unverheirateten jungen Frau hatte. Und dies nicht etwa nur für ihre eigenen Heiratsaussichten, sondern auch für die Ehre und Stellung ihrer Familie. Lavelle zeigt außerdem, daß sich die Begriffe, die für das »Würdigsein« von Frauen gebraucht wurden, also z.B. das gerade zitierte ἄξιος εἶναι in der Beleidigung des Hipparch, auf den Bereich des Sexuellen beziehen[66].

Σωφρονεῖν, besonnen, enthaltsam, keusch zu sein, das war für die Frauen des antiken Griechenlands das wichtigste Gebot. Die jungen Frauen wurden im Haus gehalten und beaufsichtigt, weil man vermutete, aufgrund eines schwachen Willens seien sie der Gefahr ausgesetzt, von ihrem sexuellen Trieb beherrscht zu werden. Aus diesem Grund wurden sie so früh wie möglich verheiratet. Ihre Heiratsaussichten hingen aber ganz entscheidend davon ab, daß ihr Ruf unbeschadet blieb. Schon der bloße Verdacht bedrohte die Ehre der jungen Frau und ihrer Familie[67].

Das Gegenteil zum entehrenden Verdacht und schlechten Ruf, der Begriff der Ehrhaftigkeit, begegnet in einem Zeugnis aus dem 3. Jahrhundert v. Chr., in dem die Teilnahme der jungen Frauen an den Prozessionen thematisiert wird. So wie im Thukydides-Zitat wird hier das ἀξίωμα, das gute und auf Keuschheit beruhende Ansehen der jungen Frauen, als Kriterium für ihre Teilnahme angeführt: »Es sind die angesehenen jungen Frauen«, so schreibt Philochoros, »welche die Körbe, in denen die Opfergaben liegen, zur Göttin tragen, sowohl bei den Panathenäen, als auch bei den anderen Festen«[68].

Hipparch hatte es durch seine Beleidigung erreicht, Harmodios auf äußerste zu kränken. Ahnte er aber nicht, wie gefährlich eine solche Beleidigung für ihren Urheber werden konnte? Harmodios blieb doch, wenn er die Ehre seiner Schwester und seiner Familie wiederherstellen wollte, nur die Möglichkeit, den Beleidiger zu töten. Wenn man die Schuld nicht auf Seiten des jungen Frau finden konnte, dann mußte derjenige bestraft werden, der die Beleidigung ausgesprochen und die Famile der Beleidigten in der Öffentlichkeit bloßgestellt hatte, auch, wenn es sich um den Tyrannen handelte[69].

Durch das Attentat auf Hipparch wurde die Tyrannis nicht gestürzt, aber die Herrschaft des Hippias war doch erschüttert. Seine innerstädtische Residenz erschien Hippias nun nicht mehr als sicher. Deshalb veranlaßte er, Munichia, den im Osten des Piräus gelegenen Hügel, zu befestigen[70]. Außerdem versuchte er, seine auswärtigen Beziehungen zu verbessern. Er verheiratete seine Tochter Archedike mit Hippoklos, dem Tyrannen von Lampsakos. Thukydides erklärt diese Verbindung mit den guten Beziehungen, die Hippoklos zum Perserkönig Dareios gehabt habe[71]. Tatsächlich fand Hippias später, nach seiner Vertreibung aus Athen, in Lampsakos und dann bei Dareios Zuflucht.

Die Tyrannis wurde nach 514 härter. Überliefert wird, daß Hippias eine große Anzahl von Athenern habe umbringen lassen[72]. Offensichtlich fand in Folge des Attentats die bisherige Verständigungspolitik zwischen den Peisistratiden und den in Athen gebliebenen Aristokraten ein Ende. Auch die Alkmeoniden unter jenem Kleisthenes, der 524 das Archontat bekleidet hatte, haben Athen möglicherweise erst jetzt, nach 514, verlassen.

Die aus Athen Geflohenen versuchten von nun an, die Tyrannis gewaltsam zu stürzen. Zunächst aber zeigte sich Hippias in der Lage, seine Herrschaft zu verteidigen. Er fügte den Alkmeoniden und ihren Verbündeten eine verheerende militärische Niederlage zu, als diese Leipsydrion, eine Siedlung auf dem nördlich von Athen gelegenen Gebirgszug des Parnes, zu einer Festung auszubauen versuchten, von der aus sie gegen Athen hätten vorstoßen können[73]. Erst als im Jahr 510 Sparta auf Seiten der Verbannten in den Kampf um Athen eintrat, wendete sich das Blatt. Zwar konnte Hippias einen ersten Angriff der Spartaner abwehren. Ein zweiter Versuch Spartas führte dann aber zum militärischen Erfolg. Hippias zog sich auf die Akropolis zurück. Hier hätte er vielleicht nur zu warten brauchen, bis die Spartaner wieder abgezogen wären. Denn auf eine Belagerung wollten diese sich nicht einlassen. »Die Peisistratiden« so bemerkt Herodot, »wären von den Spartanern auf keinen Fall zum Abzug gezwungen worden«[74]. Als die Spartaner aber durch Zufall die Kinder der Peisistratiden in ihre Hände bekamen, begann Hippias zu verhandeln. Nachdem ihm der freie Abzug unter Mitnahme seines Eigentums zugestanden worden war, verließ er die Stadt[75]. Nach über fünfzig Jahren war die Tyrannis in Athen beendet.

Der Sturz der Tyrannis führte aber sogleich zu einem Neubeginn der Stasis, die Athen so oft schon erlebt hatte. Es gab noch immer kein friedliches Verfahren, um die politische Macht unter den Aristokraten oder der ganzen Bürgerschaft Athens zu verteilen. Für die Alkmeoniden war das Eingreifen Spartas zunächst eine große Hilfe gegen die Peisistratiden gewesen. Nach dem Ende der Tyrannis aber zerbrach diese Koalition. Denn Sparta verfolgte nun sein Ziel, in Athen eine Oligarchie einzusetzten, indem es den athenischen Aristokraten Isagoras, den Gegenspieler des Kleisthenes, unterstützte[76]. Auch Kleisthenes wird nicht sogleich eine demokratische Politik im Sinn gehabt haben. Auch für ihn wird es anfangs nur um die Frage gegangen sein, wie er Einfluß und Macht in der Stadt gewinnen konnte[77]. Aber er muß bald erkannt haben, daß eine große Mehrheit der Athener nicht mehr bereit war, eine Tyrannis oder eine Oligarchie, die Herrschaft eines Einzelnen oder einer kleinen Gruppe, zu akzeptieren. Schon am Sturz der Tyrannis waren die Einwohner der Stadt beteiligt gewesen. Gemeinsam mit den Spartanern hatten sie Hippias auf der Akropolis belagert[78].

Es war im Verlauf der neu ausgebrochenen Stasis, wie aus der Athenaion Politeia hervorgeht, eine Reaktion des Kleisthenes auf eine für ihn ungünstige politische Entwicklung, als er »das Volk auf seine Seite brachte und die politische Gewalt der Masse übertrug«[79]. Möglich war eine solche Maßnahme des Kleisthenes aber nur, weil die Athener die Angelegenheiten in ihrer Stadt nicht mehr einigen wenigen überlassen wollten, weil sie also die

Politik als ihre eigene Sache entdeckt hatten. Es ist daran zu erinnern, daß diese Entdeckung durch die Peisistratiden vorbereitet worden war; unter ihnen hatten sich die Athener an erste Formen der Staatlichkeit gewöhnt. Nach der Tyrannis konnte Kleisthenes zu einem persönlichen Machtgewinn nur noch durch Vorschläge kommen, die darauf abzielten, den absoluten Machtgewinn eines Einzelnen zu verhindern. So zeigt sich in der Beteiligung vieler Einwohner Athens am Machtkampf, daß sich nunmehr, nach den Jahrzehnten der Tyrannis, die Bürger für ihre Stadt verantwortlich fühlten, wie es ein Jahrhundert zuvor Solon gewünscht hatte. Aus der Erfahrung von Staatlichkeit unter der Tyrannis und gegen die erneuerte Stasis wurde es die Sache aller, Regeln der Machtverteilung festzulegen und so eine Verfassung zu entwickeln, die später als Demokratie bezeichnet wurde. Von nun an konnten die Aristokraten nur noch in diesem Rahmen um ihre Stellung wettkämpfen.

Auch nachdem die Spartaner aus Attika wieder abgezogen waren, fühlten sich die Athenern von außen bedroht. In Sparta bedauerte man bald, die Tyrannis gestürzt zu haben. Hippias wurde nach Sparta eingeladen und sollte erneut zum Herrscher über Athen eingesetzt werden[80]. Mit diesem Plan konnte sich Sparta bei seinen Bundesgenossen allerdings nicht durchsetzten. Hippias verließ daraufhin Griechenland und gelangte nach Sardes, in das Herrschaftsgebiet des persischen Großkönigs Dareios. Dort soll Hippias Herodot zufolge »alles gegen die Athener in Bewegung gesetzt« haben. »Er verleumdete sie bei Artaphrenes«, dem Bruder des Dareios, der als Statthalter in Sardes residierte, »und tat das Möglichste, Athen in seine und des Dareios Gewalt zu bringen. Als die Athener von dem Treiben des Hippias erfuhren, schickten sie Boten nach Sardes, weil sie nicht zulassen wollten, daß die Perser den Verbannten aus Athen Glauben schenkten. Artaphrenes aber forderte sie auf, Hippias wieder in die Stadt aufzunehmen, wenn ihnen ihr Leben lieb sei«[81]. Dieses Verlangen lehnten die Athener ab. Für Herodot sind die Athener gerade dieser Zumutung wegen, sich erneut Hippias zu unterwerfen, zu entschiedenen Gegnern der Perser geworden. So sei zu erklären, warum die Athener bereit waren, den Ionischen Aufstand gegen den Großkönig zu unterstützen. Dieser Aufstand bildet die Vorgeschichte zu den Perserkriegen.

Als Dareios dann 491 ein Heer zur Unterwerfung Griechenlands ausschickte, gehörte Hippias zu den Begleitern des Feldherrn Datis. Hippias war es, der die Perser zur Schlacht in die Ebene von Marathon führte[82]. Und hier erinnerte auf Seiten der Griechen der athenische Polemarch Miltiades seinen Kollegen Kallimachos, der am Tage der Schlacht den Befehl innehatte, an Harmodios und Aristogeiton: »Bei dir, Kallimachos, liegt jetzt die Entscheidung, ob du die Athener zu Sklaven machen oder befreien willst und dir ein Denkmal ewigen Ruhmes sicherst, den nicht einmal Harmodios und Aristogeiton besitzen. Seit Athen besteht, schwebte es nie in so großer Gefahr wie jetzt. Unterliegen die Athener den Medern, dann liegt auf der Hand, was sie unter Hippias leiden müssen. Wenn aber unsere Stadt siegt, dann kann sie die mächtigste in Griechenland werden«[83].

III.

Obgleich Hippias nach dem Attentat, dem sein Bruder Hipparch zum Opfer gefallen war, an der Macht blieb und erst vier Jahre nach dem Anschlag aus Athen vertrieben werden konnte, galten schon während der Perserkriege Harmodios und Aristogeiton als die Befreier Athens. Ihnen wurden die ersten Standbilder überhaupt errichtet, die in Athen an die Taten von Menschen und nicht von Göttern erinnerten. Sie erhielten gemeinsam mit den Gefallenen der Perserkriege ein alljährliches Totenopfer. Die Mitglieder ihrer Familien wurden privilegiert. Wie weit die Fürsorge für die Familie der Gephyräer ging, erzählt Plutarch in seiner Vita des Aristeides: Als das Volk von Athen erfuhr, »daß eine Enkelin des Aristogeiton in Lemnos sehr dürftig lebte und wegen ihrer Armut keinen Mann bekommen konnte, ließ es sie nach Athen kommen, verheiratete sie mit einem Mann von guter Abkunft und gab ihr das Gut in Potamos als Aussteuer«[84].

Obwohl Herodot und Thukydides betonen, daß Harmodios und Aristogeiton Athen nicht befreit, sondern aus privaten Gründen einen der Tyrannen ermordet hatten, hat keiner der späteren attischen Redner Kritik an der Legende geübt. Vielmehr bezeichnete etwa Demosthenes die Tyrannenmörder als die größten Wohltäter Athens[85]. Es war verboten, Sklaven mit ihren Namen zu benennen[86], so wie es auch untersagt war, irgendwelche spöttischen Äußerungen über Harmodios und Aristogeiton zu machen[87].

Aus der Tat der Tyrannenmörder wurde die Gründungslegende des athenischen Staates[88]. Zu dieser Legendenbildung kam es, weil sich die Athener nach 510 nicht daran erinnern wollten, daß die Vertreibung der Peisistratiden weniger ihr eigenes Verdienst als das der Spartaner gewesen war. Und Sparta selbst muß durch seinen Versuch, in Athen eine Oligarchie zu installieren bzw. später Hippias zurückzuführen, zu diesem Erinnerungsverlust beigetragen haben. Zur Selbstvergewisserung gegen die Bedrohungen von außen hat man in Athen das Loblied von Harmodios und Aristogeiton, von ihrem Attentat auf den Tyrannen und ihrer angeblichen Befreiung der Stadt gesungen[89].

Ein Ausdruck dieser Staatslegende war auch das Standbild der Tyrannenmörder, von dem sich nicht nur die Aristokraten, sondern auch alle übrigen Athener in ihrer Eigenschaft als Bürger angesprochen fühlen konnten. Denn dieses Standbild konnte seine Betrachter, wie Burckhardt

Fehr dargelegt hat, je nach ihren eigenen Voraussetzungen sowohl an die aristokratische Ethik als auch an die bürgerlichen Tugenden erinnern, an die Disziplin, die sich im Kampf der Hoplitenphalanx bewähren mußte, oder an die Gleichheit aller Bürger vor dem Gesetz[90].

Während wir über die Gestaltung des ersten, von Antenor geschaffenen Standbildes nichts Genaues wissen, wurde eine römische Kopie der zweiten, nach 480 von Kritios und Nesiotes hergestellten Gruppe 1859 in Neapel von Carl Friedrichs identifiziert. Seitdem ist es möglich, Darstellungen von Harmodios und Aristogeiton auf antiken Vasen zu erkennen und vor diesem Hintergrund zu diskutieren, wie die zweite Gruppe ursprünglich ausgesehen haben muß[91].

Aufschlußreich ist der Aufstellungsort der Statuen. Als Verkörperung des neuen athenischen Selbstbewußtseins standen die Statuen des Harmodios und Aristogeiton auf der Agora, auf dem Platz, der unter den Peisistratiden zum Mittelpunkt des Staates Athen geworden war. Die Agora war der Schauplatz des Attentats auf Hipparch gewesen und wurde im 5. Jahrhundert zu dem Ort, an dem die Athener zusammenkamen, um jeder neuen Tyrannis vorzubeugen. Wahrscheinlich in der unmittelbaren Nähe der Statuengruppe wurde das Scherbengericht, der Ostrakismos, durchgeführt. Wer immer von den Athenern in Verdacht geriet, eine Tyrannis errichten zu wollen, mußte für zehn Jahre die Stadt verlassen, wenn 6000 oder mehr Stimmen gegen ihn zusammenkamen. Gerade für ein solches auf den Erhalt der Demokratie ausgerichtetes Verfahren konnte es kein geeigneteres »Bildprogramm« geben als die Statuen der Tyrannenmörder[92].

Wie bedeutsam den Athenern diese Statuengruppe war, läßt sich daran ablesen, daß in ihrem Umfeld keine anderen Statuen aufgestellt werden durften[93]. Dieses Verbot wurde nur zweimal außer Kraft gesetzt. Zunächst, nachdem in den Kämpfen, die auf den Tod Alexanders des Großen folgten, Demetrios Poliorketes Athen der Herrschaft des Kassander bzw. seines Statthalters Demetrios von Phaleron entrissen hatte. Im Jahr 307 wurde ein Kult für Demetrios Poliorketes und seinen Vater Antigonos Monophtalmos als den Befreiern und Rettern Athens eingerichtet; sie erhielten goldene Standbilder, die auf der Agora nahe bei Harmodios und Aristogeiton aufgestellt wurden[94]. Drei Jahrhunderte später erwiesen die Athener diese Ehre dann Cassius und Brutus. Auch sie sollten Statuen im Umfeld der Tyrannenmördergruppe erhalten[95]. Nach dem Tod Cäsars versuchten die Athener, sich auf die richtige Seite zu stellen. Um Cassius und Brutus auszuzeichnen, haben sie die Heroen ihrer Geschichte ins Spiel gebracht, – Harmodios und Aristogeiton, die Athen von der Tyrannis befreit haben sollten. Ein Fragment der Inschrift von der Basis der Brutus-Statue ist 1936 gefunden worden und belegt, daß die Zeit zwischen der Ankunft des Brutus in Griechenland im August 44 v. Chr. und den Niederlagen der Cäsarmörder bei Philippi im Oktober und November 42 v. Chr. ausgereicht hat, den Beschluß auch auszuführen[96].

Später erst konnte man wissen, daß Cassius und Brutus mit ihrem Attentat letztlich erfolglos bleiben sollten, daß sie zwar Cäsar ermorden, aber die Monarchie in Rom nicht verhindern konnten. Bis zum Anschlag auf Cäsar waren Harmodios und Aristogeiton, wie Cicero schreibt, auch in Rom »in aller Munde«[97]. Dann aber wurde die Tat von Cassius und Brutus zu dem Attentat der Antike, auf das man in Zukunft Bezug nahm, um das Problem von Tyrannenherrschaft und Tyrannenmord zu diskutieren. In diesem Zuammenhang wurden dann Harmodios und Aristogeiton nur noch selten erwähnt. So etwa von Etienne de la Boétie, der in seinem um 1550 geschriebenen »Discours de la servitude volontaire« (»Von der freiwilligen Sklaverei«) den Lesern Mut zur Freiheit machen wollte und an die erfolgreichen Tyrannenmörder der Antike erinnerte, an Harmodios und Aristogeiton, Thrasybulos und den älteren Brutus, an Valerius und Dion und schließlich an Cassius und den jüngeren Brutus.

Daß Cassius und Brutus in der Dichtung wie in der politischen Literatur weit häufiger begegnen als Harmodios und Aristogeiton, liegt in der größeren historischen Bedeutung ihres Opfers begründet und in der Erfolglosigkeit ihrer Tat. Weil trotz ihres Attentats in Rom an die Stelle der Republik die Monarchie trat, wurden ihnen ein zwiespältiger Nachruhm zuteil. Denn sie hatten mit Cäsar den Begründer der Monarchie umgebracht, im Rückblick also eine göttergegebene oder, nachdem das Römische Kaisertum christlich geworden war, gottgegebene Herrschaft in Frage gestellt. Deshalb verurteilte Dante sie zum Aufenthalt in der Hölle, während Saint Just kein besseres Vorbild kannte, um Ludwig XVI. unter die Guillotine zu bringen. Harmodios und Aristogeiton dagegen waren letztlich zweifach erfolgreich gewesen. Zwar hatten sie die Tyrannis in Athen nicht gestürzt. Trotzdem schrieb man ihnen diese Tat zu und machte sie zu den Gründungsheroen der attischen Demokratie. Und auch ihr eigentliches Ziel, für das sie bereit waren, ihr Leben einzusetzen, das Ziel, sich an Hipparch zu rächen, hatten sie erreicht.

Literatur

P. Barceló, Basileia, Monarchia, Tyrannis. Untersuchungen zu Entwicklung und Beurteilung von Alleinherrschaft im vorhellenistischen Griechenland, Stuttgart 1993.

H. Berve, Die Tyrannis bei den Griechen, Bd. I/II, München 1967.

Etienne de La Boétie, Von der freiwilligen Knechtschaft. Übs. und herausgegeben von H. Günther, Frankfurt 1980.

St. Brunnsåker, The Tyrant-Slayers of Kritios and Nesiotes. A Critical Study of the Sources and Restorations, Stockholm 1955 ([2]1971).

W. Donlan, The Aristocratic Ideal in Ancient Greece. Attitudes of Superiority from Homer to the End of the Fifth Century B.C., Lawrence 1980.

V. Ehrenberg, Das Harmodioslied, Wiener Studien 69, 1956, 57–69
V. Fadinger, Griechische Tyrannis und Alter Orient, in: Anfänge politischen Denkens in der Antike, hg. von K. Raaflaub, 1993, 263ff.
B. Fehr, Die Tyrannentöter. Oder: kann man der Demokratie ein Denkmal setzen? Frankfurt 1984.
Ch. W. Fornara, The Cult od Harmodius and Aristogeiton, Philologus 114, 1970, 155–180.
Claudia Gafforini, I tirannicidi e i caduti in guerra, in: »Dulce et decorum est pro patria mori«. La morte in combattimento nell'antichità, hg. von Marta Scordi, Mailand 1990, 37–45.
A. W. Gomme/A. Andrewes/K. J. Dover, A Historical Commentary on Thucydides, Oxford 1970.
Marga Hirsch, Die athenischen Tyrannenmörder in Geschichtsschreibung und Volkslegende, Klio 20, 1926, 129–167.
K. Kinzl (Hg.), Die ältere Tyrannis bis zu den Perserkriegen, Darmstadt 1979.
K. Kinzl (Hg.), Demokratia. Der Weg zur Demokratie bei den Griechen, Darmstadt 1995.
F. Kolb, Die Bau-, Religions- und Kulturpolitik der Peisistratiden, Jahrbuch des Deutschen Archäologischen Instituts 92, 1977, 99–138.
F. Kolb, Agora und Theater, Volks- und Festversammlung, Berlin 1981.
B. M. Lavelle, The Nature of Hipparch' Insult to Harmodius, American Journal of Philology 107, 1986, 318–331.
M. Ostwald, The Athenian Legislation against Tyranny and Subversion, Transactions of the American Philological Association 86, 1955, 103–128.
A. J. Podlecki, The Political Significance of the Athenian »Tyrannicide«-Cult, Historia 15, 1966, 129–141.
A. E. Raubitschek, The Brustusstatue in Athens, in: Atti del Terzo Congresso Internazionale di Epigrafia Greca e Latina (1957), Rom 1959, 15–21.
P. J. Rhodes, A Commentary on the Aristotelian Athenaion Politeia, Oxford 1981.
H. G. Schmidt-Lilienberg, Die Lehre vom Tyrannnenmord. Ein Kapitel aus der Rechtsphilosophie, Tübingen 1901.
H. A. Shapiro, Art and Cult under the Tyrants in Athens, Mainz 1989.
K. Schefold, Die Tyrannenmörder, Museum Helveticum 1, 1944, 189–202.
M. Stahl, Aristokraten und Tyrannen im archaischen Athen, Stuttgart 1987.
M. W. Taylor, The Tyrant Slayers. The Heroic Image in Fifth Century B.C., Athenian Art and Politics, New York 1981.
K.-W. Welwei, Die griechische Polis. Verfassung und Gesellschaft in arachischer und klassischer Zeit, Stuttgart 1983.

Anmerkungen

[1] Frankfurter Ausgabe, Bd. XVII, S. 41 ff.

[2] »Reliquie von Alzäus«: Frankfurter Ausgabe, Bd. XVII, S. 443 ff.

[3] Athenaios, 15,695. Ehrenberg, 1956, 69 ff. bietet eine Interpretation der einzelnen Stropen; vgl. auch Tylor, 1981, 51 ff. Vgl. außerdem Brunnsåker, 1955, 84 ff.,

und Tylor, 1981, 71 ff. zu einem Simonides zugeschriebenen Epigramm auf einer Statuenbasis, die mit der Gruppe des Antenor in Verbindung gebracht werden kann.

[4] Vgl. Athenaios 10,445 f.; 11,503d (Antiphanes); J. M. Edmonds, Fragments of Attic Comedy, II, Leiden 1959, S. 165 f. Nr.4, S. 199 Nr. 85. Vgl. auch Aristophanes, Lysistrata 632; Acharnenses 979; 1053.

[5] Pausanias, I,8,5; vgl. Plinius, naturalis historia 34,16 f.; Schefold, 1944; 200 ff.; Brunnsåker, 1955, 39 ff.; Taylor, 1981, 34 ff.

[6] Marmor Parium, Z. 70 f.: IG XII,5,1, S. 108, Nr. 444; vgl. Brunnsåker, 1955, 33 ff.; Fornara, 1970, 155 ff.; Taylor, 1981, 37 ff.

[7] Demosthenes, XX (contra Leptinem), 70; vgl. Taylor, 1981, 26; 33.

[8] Athenaion Politeia 58,1; vgl. Taylor, 1981, 18 ff.; Gafforini, 1990, 37 ff.

[9] Vgl. Podlecki, 1966, 129; Taylor, 1981, 10 ff.; Gafforini, 1990, 42 ff.

[10] VI,123.

[11] VI,54.

[12] Ilias, 6,208.

[13] Peisistratos' Stellung wird in der Athenaion Politeia mit der Bemerkung erläutert, er habe wegen seiner Taten im Krieg gegen Megara »in größtem Maße Ansehen« genossen: σφόδρ' εὐδοκιμώτατος (14,1; vgl. Hdt. I,60).

[14] V,71; vgl. Thuk. I,126.

[15] Vgl. W. Donlan, 1980, 57 f.; 62 f.; Stahl, 1987, 87.

[16] Frühgriechische Lyriker, Bd. 3, Berlin 1981, S. 94 (Nr. 101).

[17] Athenaion Politeia, 12,1: οἳ δ' εἶχον δύναμιν καὶ χρήμασιν ἦσαν ἀγητοί.

[18] Vgl. Stahl, 1987, 85.

[19] Vgl. Plutarch, Solon, 13, über die Kleinbauern Attikas: »Entweder bearbeiteten sie das Land für die Reichen und lieferten den Sechsten der Erträge ab ..., oder wenn sie unter Verpfändung ihres Leibes Schulden aufgenommen hatten, so wurden sie von den Gläubigern abgeführt und dienten teils im Lande als Sklaven, teils wurden sie in die Fremde verkauft. Viele waren auch genötigt, ihre eigenen Kinder zu verkaufen« (Übs. Ziegler). Der Athenaion Politeia zufolge führte diese Situation in Athen zu einem Aufstand des Volkes gegen die Adligen (ἀντέστη τοῖς γνωρίμοις ὁ δῆμος) bzw. zu einer στάσις, zum inneren Krieg (5,1 f.). Die Athenaion Politeia, im vierten Jahrhundert im Umfeld des Aristoteles entstanden, erklärt aber die Ereignisse der Vergangenheit durchweg mit ihr zeitgenössischen Vorstellungen. In jener Stasis zu Beginn des 6. Jahrhunderts standen sich gewiß nicht Adel und Demos, Reiche und Arme in zwei getrennten Lagern gegenüber.

[20] Athenaion Politeia, 6,1; Aristoteles, Politik 1266 b 15; vgl. Plutarch, Solon, 14.

[21] Athenaion Politeia, 12,1 (Übs. Dams); vgl. Plutarch, Solon, 18.

[22] Athenaion Politeia, 8,5 (Übs. Dams): ... ὁρῶν δὲ τὴν μὲν πόλιν πολλάκις στασιάζουσαν ...

[23] Plutarch, Solon, 14 (Übs. Ziegler).

[24] Plutarch, Solon, 14.

[25] Plutarch, Solon, 14.

[26] Vgl. auch das Gedicht von Solons Zeitgenossen Alkaios, in dem die Stadt Mytilene beklagt wird, die Tyrannis des Pittakos erdulden zu müssen: Frühgriechische Lyriker, Bd. 3, Berlin 1981, S. 90 (Nr. 87).

[27] Vgl. Fadinger, 1993, 265.

[28] Frühgriechische Lyriker, Bd. 2, Berlin 1981, S. 22 (Nr. 22).

[29] 18,5–19,1.

[30] Sokrates: Xenophanes, Memorabilia 4,6,12; Platon: Politikos 291 d–e; 292 c; 293 a–e; Aristoteles: Politik 1279 b5; 1311 a.

[31] Ath. Pol. 13,2.

[32] Ath.Pol. 14,3: ὁμοφρονήσαντες; Hdt. 1,60: φρονήσαντες οἵ τε τοῦ Μεγακλέος στασιῶται καὶ οἱ τοῦ Λυκούργου ... – Als Gegner des Peisistratos erscheinen die Anhänger des Alkmeoniden Megakles und des Eteobutanden Lykurg.

[33] 14,4: περιελαυνόμενος; vgl. Hdt. I, 60.

[34] Politik 1312 b 9 (Übs. Rolfes).

[35] Herodot, I,61; vgl. Athenaion Politeia 15,1 f.

[36] Herodot, I,61.

[37] Athenaion Politeia, 15,2 f.; vgl. Herodot, I,61.

[38] Athenaion Politeia, 15,1: Rhaikelos in der Nähe von Therma, dem heutigen Thessaloniki.

[39] Athenaion Politeia 15,2; vgl. auch Herodot, I,64.

[40] Herodot, I,61.

[41] Herodot, I,62 ff.; Athenaion Politeia, 15,2.

[42] Herodot, I,64.

[43] Herodot, VI,122.

[44] VI,34 ff. (VI,36:τύραννον κατεστήσαντο).

[45] Herodot VI,103.

[46] Herodot VI,103. Vgl. Stahl, 1987, 117 ff.

[47] Zum folgenden vgl. Stahl, 1987, 145 ff.

[48] Hg. von B. D. Meritt, Hesperia 8, 1939, 59 ff.; vgl. Stahl, 1987, 146.

[49] Vgl. Stahl, 1987, 234 ff.

[50] Stahl, 1987, 246 ff.; vgl. Shapiro, 1989, 20; 40 f.

[51] Athenaion Politeia, 17,1 ff.

[52] Athenaion Politeia, 18,1. Anders Thukydides, I,20; VI,54: Herrschaft nur des Hippias.

[53] Athenaion Politeia,18,1.

[54] VI,54.

[55] VI,54 (Übs. Landmann). Hier ist Thukydides in seiner Darstellung offenkundig von der Legende, Harmodios und Aristogeiton hätten die Tyrannis gestürzt, die er eigentlich zurückzuweisen versucht, beeinflußt.

[56] VI, 54 (Übs. Landmann).

[57] Panathenäen: Thukydides, VI 56; Athenaion Politeia, 18,2.

[58] ἡ πρᾶξις: Athenaion Politeia, 18,2; τὸ ἔργον bzw. οἱ ξυνομωμοκότες: Thukydides, VI,56. Thukydides und die Athenaion Politeia berichten, daß die Verschwörer zunächst auch Hippias hätten umbringen wollen, sich dann aber verraten geglaubt und mit der Ermordung des Hipparch »den ganzen Anschlag verdorben« hätten (Ath. Pol., 18,3; vgl. Thuk., VI,56f.).

[59] Politik 1311 a; vgl. 1312 b (Übs. Rolfes).

[60] Thukydides, VI,56.

[61] Diese Auffassung vertritt z. B. Dover, 1970, in seinem Kommentar zum sechsten Buch des Thukydides.

[62] Vgl. Lavelle, 1986, 319 Anm. 5.

[63] V,57; vgl. auch V,61.

[64] Vgl. zum Folgenden Lavelle, 1986, 319 f.

[65] Thukydides, VI,54.

[66] Lavelle, 1986, 320 ff.

[67] Vgl. Lavelle, 1986, 322.

[68] F. Jacoby, Die Fragmente der Griechischen Historiker, III b, Leiden 1950, S. 100 328 (Fr. 8); vgl. Lavelle, 1986, 325.

[69] In der Athenaion Politeia liegt eine Version der Attentatsgeschichte vor, die sich von der des Thukydides unterscheidet. Hier rückt anstelle des Hipparch Thessalos in den Vordergrund, ein Sohn des Peisistratos aus seiner Ehe mit der Argiverin Timonassa, »von rauher Lebensart und übermütig« (18,2).Nachdem Thessalos mit seinen Werbungen bei Harmodius erfolglos geblieben war, soll er seinen Zorn nicht beherrscht und um sich zu rächen die Teilnahme der Schwester des Harmodios an den Panathenäen verhindert haben. Entspricht dieses Detail dem Bericht des Thukydides, so ist dagegen die Beleidigung, von der auch die Ath. Pol. erzählt, unmittelbar auf Harmodios bezogen: ihn habe Thessalos als μαλακός, als » weichlich« bezeichnet. Der Inhalt dieser Beleidigung, die zum Attentat führt, liegt wieder im Sexuellen, diesmal in dem Vorwurf, der Adressat sei unmännlich (vgl. Lavelle, 1986, 328 ff.). Die Athenaion Politeia belegt, daß im Athen des 4. Jahrhunderts keine eindeutige Überlieferung zur Vorgeschichte des Attentats verbreitet war. Damit ergänzt sie Thukydides, der ja festgestellt hat, zu seiner Zeit wüßten die Athener nichts Genaues über die Tyrannis der Peisistratiden und deren Sturz.

[70] Athenaion Politeia, 19,2.

[71] VI,59.

[72] Thukydides, VI,59; vgl. Athenaion Politeia, 19,1.

[73] Athenaion Politeia, 19,3.

[74] V,65 (Übs. Feix). Vgl. Herodot, V,62 f.; Thukydides, VI,59, und die Athenaion Politeia, 19,4 zum gemeinsamen Vorgehen der Spartaner und der Alkmeoniden bzw. zur Rolle Delphis. Vgl. Stahl, 1987, 120 ff.

[75] Herodot, V,65; Athenaion Politeia, 19,6.

[76] Athenaion Politeia, 20,3; vgl. Aristoteles, Politik 1312 b.

[77] Vgl. K. Raaflaub, Einleitung zu Kinzl (Hg.), 1995, 8 ff.; H. Kinzl, Athen: Zwischen Tyrannis und Demokratie (Athens: Between Tyranny and Democracy, 1977), in: Kinzl (Hg.), 1995, 214 ff.

[78] Herodot, V,64; vgl. Athenaion Politeia, 19,5 f.

[79] 20,1 (Übs. nach Dams).

[80] Herodot, V,91 f.

[81] V,96 (Übs. Feix).

[82] Herodot, VI,107.

[83] Herodot, VI,109 (Übs. Feix); vgl. Taylor, 1981, 45.

[84] Aristeides, 27,4 (Übs. Ziegler).

[85] XIX (de falsa legatione), 280; vgl. Taylor, 1981, 13 f.

[86] Aulus Gellius, Noctes Atticae 9,2,10; vgl. Taylor, 1981, 27.

[87] Hypereides, 2,3; vgl. Taylor, 1981, 27 ff.

[88] Vgl. Ehrenberg, 1956,69. »Schöpfungslegende der Demokratie«.

[89] Zur Diskussion über die Fragen, wer aus innenpolitischen Gründen die Harmodios-Legende aufgebracht haben und wann das Trinklied auf die Tyrannenmör-

der entstanden sein könnte, vgl. Ehrenberg, 1956, 58; 66 ff.; Podlecki, 1966, 130 ff.; Fornara, 1970, 158 ff.; Taylor, 1981, 55 ff.; Gafforini, 1990, 40 ff.

[90] Fehr, 1984, 34 ff.

[91] Das Standbild von Neapel zeigt Aristogeiton als den Älteren mit Bart und kräftigem Körper, auf dem die einzelnen Muskelpartien deutlich zu sehen sind. Harmodios dagegen ist bartlos, er hat einen jugendlichen, glatt gearbeiteten Körper. Umstritten ist die Stellung der beiden Figuren zueinander: standen sie nebeneinander, Rücken an Rücken oder versetzt? Am wahrscheinlichsten ist letzteres. Anders als es die fehlerhaft rekonstruierte Statuengruppe in Neapel zeigt, holte Harmodios ursprünglich nämlich mit seinem rechten Arm weit über dem Kopf aus, um das Schwert mit aller Wucht zu führen. So sind die Tyrannenmörder z.B. auf einer in Boston befindlichen athenischen Kanne dargestellt. Vgl. Schefold, 1944, 191 ff.; Brunnsåker, 1955, 143 ff.; Fehr, 1984, 9 ff.; 29 ff.

[92] Unsicher ist, an welchem Ort in Athen die erste, von Antenor geschaffene Tyrannenmördergruppe aufgestellt war, nachdem sie aus Persien zurückgebracht worden war (Kerameikos oder Agora; vgl. Brunnsåker, 1955, 37 ff.). Das Verdienst, die von Xerxes nach Susa verbrachten Statuen nach Athen zurückgeschickt zu haben, wird sowohl Alexander d.Gr. zugeschrieben (Plinius, naturalis historia, 34,70; vgl. Arrian, Anabasis, 3,16,7f.) als auch Antiochos (Pausanias, I,8,5) bzw. dessen Vater Seleukos (Valerius Maximus, 2,10, ext.1). Auf dem Weg von Persien nach Athen reisten die Statuen über Rhodos, wo sie von den Bewohnern der Insel empfangen und in einem Tempel beherbergt wurden (Valerius Maximus, 2,10, ext.1: Rhodii quoque eas urbi suae adpulsas, cum in hospitium publice invitassent, sacris etiam in pulvinaribus conlocaverunt).

[93] Vgl. Taylor, 1981, 26; Gafforini, 1990, 39 Anm. 5.

[94] Diodor, 20,46,2.

[95] Cassius Dio, 47,20,4.

[96] Vgl. Raubitschek, 1959, 15 ff.

[97] Tusculanae disputationes, I, 116.

Werner Dahlheim

Die Iden des März 44 v. Chr.

Im tiefsten Kreis der Hölle, dort, wo alles zu Eis erstarrt ist, regiert Luzifer, der Herr des Schattenreiches. Ausgestattet mit drei Gesichtern, eine Fratze der himmlischen Dreieinigkeit, aber ohne eigene Macht, vollstreckt er das Strafgericht Gottes:

»In jedem Maul zermalmten seine Zähne,
wie man den Flachs bricht, einen Sünder, so
daß drei zugleich er auf der Folter hatte. ...
'Die schwerste Pein dort oben leidet dieser.
Judas Ischariot ist es', sprach mein Meister...
'Der an der schwarzen Fratze Baumelnde
ist Brutus, schmerzverkrümmt, und spricht kein Wort.
Der andre, stark gebaut, ist Cassius.«

(Dante, Inferno 34, 55–68; Übers.: Vossler; der feiste Cassius ist eine Verwechslung mit dem Catilinarier Lucius Cassius [Cicero, Catilina 3,7]; der Caesarmörder war nach Plutarch, Caesar 62, hager)

Der Verräter des göttlichen Sohnes und neben ihm, ewiger Pein ausgeliefert, die Mörder des ersten von Gott bestimmten Kaisers: entschlossener ist das Urteil über die Verschwörer gegen das Leben Caesars nie wieder gefällt worden. Denn sie sind Sünder: Wie Judas die himmlische, so haben sie die von Gott verfügte irdische Ordnung verraten.

Was für Dante noch gewiß war, ist längst zweifelhaft geworden: Die Ordnung Roms und der Welt auf eine neue Zukunft hin ist nicht die Sache Caesars gewesen. Was aber dann? Denn in dem, was Caesar war und was er wollte, muß der Grund gefunden werden, warum sich in den ersten drei Monaten des Jahres 44 sechzig mächtige Männer gegen ihn verschworen.

Das Ende des Bürgerkrieges

Fünf lange Jahre dauerte der Bürgerkrieg, und die Unerbittlichkeit, mit der er den Kampf um Sein oder Nichtsein forderte, hatte jedes Wort, das von Versöhnung sprach, verstummen lassen. Selbst Caesars Politik, den besiegten Adel zu schonen, verkam in den Augen seiner schärfsten Gegner zur Gnade eines Usurpators. Aus seinen Händen wollte keiner von ihnen sein Leben entgegennehmen: »Ich mag nicht«, rief Cato in seiner letzten Stunde, »dem Tyrannen noch Dank abstatten für sein rechtswidriges Tun. Denn er handelt wider das Recht, wenn er als Herr die begnadigt, über die zu herrschen ihm nicht zukommt« (Plutarch, Cato 62,2; Übers.: Strasburger). Von denen, die so dachten, waren im Frühjahr 45 die meisten gefallen; die letzten wehrten sich in Spanien vergeblich; bei Munda gewann Caesar auch die letzte, entscheidende Schlacht gegen die Pompeianer. Am 12. April ließ er den Kopf ihres Anführers Gnaeus Pompeius auf dem Marktplatz von Sevilla (Hispalis) aufspießen: Sein entstelltes Antlitz sollte aller Welt kundtun, daß nun der Krater der Bürgerkriege geschlossen und für Rom die Zukunft wieder offen war.

Sie zu meistern zeigte der Sieger keine Eile. Bis Juni 45 blieb er in den spanischen Provinzen, war dort unermüdlich tätig und reformierte die Herrschaft Roms. Allerorten trieb er Geld ein, um mit der Beute die Mäuler seiner nimmersatten Gefolgsleute zu stopfen. Ihnen diente Ende Juni auch der Zug nach Norden in die Gallia Narbonensis, wo er das in den Wirren des Krieges immer wieder Verschobene tat: In die seit 118 blühende Kolonie Narbo Martius (Narbonne) führte er die Veteranen der X. und in die neugegründete Stadt Arelate (Arles) die der VI. Legion und gab den Haudegen, die mit ihm schon in Gallien gekämpft hatten, eine neue Heimat. Die dortigen Gemeinden belohnte das latinische Recht für ihre Treue: Es verschaffte ihren Honoratioren das römische Bürgerrecht und wies ihnen den Weg zu glanzvollen Karrieren.

Auch der September verstrich. Inzwischen auf seinem Gut bei Labici, südöstlich der Hauptstadt, angekommen, schrieb Caesar sein Testament und genoß mit Kleopatra die warmen Tage des Herbstes. Die Königin Ägyptens war vor Monaten bereits mit dem gemeinsamen Sohn Caesarion, ihrem Bruder und Gatten Ptolemaios XIV. und einem großen Hofstaat nach Rom gekommen; dort hatte sie sich in den Gärten Caesars jenseits des Tiber für einen längeren Aufenthalt eingerichtet. Niemand wußte, was daraus werden sollte. Aber sie war da und dem Diktator augenscheinlich wichtiger als die Staatsgeschäfte in Rom.

Eher belanglose Dinge, dachten die einen; höchst beunruhigende, sagten die anderen. Die Skeptiker unter ihnen sahen sich bestätigt: Sie glaubten schon längst nicht mehr an die von vielen erhoffte Wiederkehr der Ereignisse der Jahre 81–79. Denn Caesar war anders als Sulla, der nach der Restauration des Staates die Diktatur niedergelegt und auf seinen Landgütern bei Kyme die Jagd, das Meer und die Einsamkeit genossen hatte. Ihr Kronzeuge war ernst zu nehmen, denn es war der Diktator selbst, der jede Erinnerung an den vermeintlich vorbildlichen Republikaner Sulla als penetrant und lästig abtat: »Sulla sei ein Analphabet gewesen (*nescisse litteras*), als er die Diktatur niederlegte«, beschied er barsch lästige Mahner. Und wer die Botschaft nicht verstehen wollte, mußte sie unverblümt hören: »Die Republik ist ein Nichts«, hieß es dann, »ein Name ohne Körper und greifbare Gestalt (*nil esse rem publicam, appellationem modo sine corpore ac specie*)« (Sueton, Caesar 77).

In den Jahren der Märsche und Siege war Caesar nur wenige Monate in Rom gewesen. Die Art, in der er und seine Paladine dort die Regierungsgeschäfte erledigten, ließen niemanden zweifeln, wer der Herr der Stadt war. Nun: damals herrschte Krieg, und vieles, was in normalen Zeiten Anstoß erregt hätte, erschien in seinem Schatten entschuldbar. Jetzt aber war Frieden, und er forderte von dem Heimgekehrten als Ausweis der rechten republikanischen Gesinnung Respekt vor den ordentlichen Staatsorganen. Caesar muß die dahinter stehende Erwartung auf Unterwerfung unter das für jeden gültige Maß als Herausforderung empfunden haben. Jedenfalls hielt er sich nicht daran, ja es schien so, als ob ihm die öffentlich zur Schau getragene Verachtung der republikanischen Institutionen und ihrer Träger eine heimliche Befriedigung verschaffte. Viele erinnerten sich jedenfalls an die komödiantisch inszenierte Wahl eines Konsuls für einen Tag: Als am 31. Dezember 45 das Volk zur Wahl der Quästoren zusammentrat, überraschte ein eiliger Bote den die Wahl leitenden Caesar mit der Nachricht, der amtierende Konsul Fabius Maximus sei soeben verstorben. Sofort ließ Caesar die Wähler nach Zenturien gliedern und die Wahl eines Konsuls durchführen: Mittags war für die verbliebenen Stunden des Tages ein gewisser Caninius Rebilus zum Konsul gekürt, der als Legat Caesars Anspruch auf Belohnung hatte.

Ein spontaner Einfall, bei dem die Lust am eigenen Witz jedes politische Kalkül beiseite schob. Cicero honorierte zähneknirschend den Spaß; unter diesem Konsul, höhnte er, habe niemand gefrühstückt, und Schlimmes sei während seiner Regierung auch nicht passiert: »er bewies nämlich eine ans Wunderbare grenzende Wachsamkeit, da er während seiner ganzen Amtszeit kein Auge zutat«; nun müsse jedermann eilends zur Gratulation aufbrechen, sonst habe der Konsul bereits sein Amt niedergelegt, bevor man an seine Tür geklopft habe (Plutarch, Caesar 58,1, Cicero, An seine Freunde 7,30,1).

Die Komik dieser oder anderer Inszenierungen täuschte natürlich niemanden über die dahinter lauernde Drohung, jedes Amt und seinen Träger jederzeit und nach Belieben entmachten zu können. Vielen Angehörigen der alten politischen Elite sprach der große Rechtsgelehrte Sulpicius Rufus daher aus dem Herzen, als er im März 45 seinem Grimm freien Lauf ließ: »Alles ist uns entrissen, was dem Menschen nicht weniger lieb sein sollte als seine Kinder«, schrieb er im März 45 an Cicero und nannte auch gleich, was damit nur gemeint sein konnte: »Vaterland, Ehre, Würde und alles, was das Leben schmückt (*patriam, honestatem, dignitatem, honores omnis*).« Das Leben, so fuhr er anklagend fort, habe keinen Sinn und die neue Generation keine Zukunft mehr, da das elterliche Erbe nicht mehr gewahrt werden könne und eine ordnungsgemäße Bewerbung um die Staatsämter nicht mehr möglich sei (Cicero, An seine Freunde 4,5,2; 5). Die große

Mehrheit seiner Standesgenossen sah die Dinge ebenso: Caesars Herrschaft brach offen und ungeniert mit der Tradition und gab die von ihr geheiligten Institutionen der Lächerlichkeit preis.

Neue Pläne: Die Fortsetzung des imperialen Krieges

Was aber wollte Caesar mit der Macht, die ihm der Sieg über seine Feinde an die Hand gegeben hatte? Und wie groß war der Spielraum wirklich, Altes zu restaurieren oder Neues einzurichten? Vor Illusionen warnte bereits im Herbst 46 der hellsichtige Cicero: »Wir sind«, schrieb er an seinen alten Freund Paetus, »von Caesar abhängig, er selbst aber von den Verhältnissen« (An seine Freunde 9,17). Diese aber gehorchten den Folgen des Bürgerkrieges, und die Wunden, die er Staat und Gesellschaft geschlagen hatte, wollten nicht kurzfristig heilen. Dafür brauchte es Zeit, und viel davon besaß der alt gewordene Diktator nicht mehr. Schon gar nicht konnte er geduldig warten, bis seine Gegner vor ihm ins Grab stiegen. Gewiß kein Grund zur Resignation, wohl aber zur genauen Prüfung, was in den verbleibenden Jahren an sinnvollen Taten noch möglich war. Die Früchte seiner Mühen ruhig zu genießen, sagt Plutarch, sei nicht seine Sache gewesen: »Vielmehr sehnte er sich nach neuem Ruhm, als sei der alte schon verbraucht und abgenutzt« (Caesar 58). Vertrauen wir diesem Urteil, so begräbt es unter sich alle modischen Spekulationen, die Caesar vor der riesigen Aufgabe des Staatsaufbaus in die Außenpolitik flüchten oder ihn gar in Todesahnungen an der eigenen Zukunft verzweifeln lassen. Nein, an den Tod zu denken machte keinen Sinn. Dafür war er ihm zu oft begegnet, und immer hatte das Glück auf seiner Seite gestanden. Was ihn stattdessen umtrieb, war das Empfinden, in Rom leeres Stroh zu dreschen. Die Geschäftigkeit, zu der ihn Tag für Tag der Regierungsalltag nötigte, diente keinem großen Werk mehr. Eben dies stand aber noch aus und es forderte eine Dimension, die ganz unerhört war.

Es fand sich fast von selbst dort, wo eine Aufgabe wartete, für die Caesar wie kein zweiter berufen war: die Fortsetzung des imperialen Krieges. Seine Pflichten waren klar, seine Notwendigkeiten auch. Ihnen zu dienen hatte Caesar in Gallien gelernt und dabei die Erfahrung aller großen Soldaten gemacht: Der Krieg gewährte die Befriedigung aller Leidenschaften, forderte Phantasie und Tatkraft, schenkte in Feldlagern, Märschen und Schlachten eine Selbsterfüllung, der sonst nichts gleichkam. So war Caesar auf den Schlachtfeldern von Bibracte bis Alesia dem Krieg hörig geworden. Die Zeitgenossen haben dies sehr klar erkannt: »Da schien es«, schrieb Plutarch über den ins Feldlager aufbrechenden gallischen Prokonsul, »als habe er ein neues Leben von ganz anderer Art begonnen« (Plutarch, Caesar 15). Dieses Leben sollte jetzt, nach den verlorenen Jahren des Bürgerkrieges, seine Erfüllung finden.

Nach dem Schauplatz des großen Krieges brauchte nicht gesucht werden, ihn kannte jeder Römer: Das Partherreich und der Orient. Für einen Feldzug dorthin war Rom bestens gerüstet, da die Provinzen in den Jahren des Bürgerkrieges ungeachtet aller Verwüstungen ruhig geblieben waren und viele kampferprobte Legionen nur auf den Befehl warteten, einem entschlossenen Mann bis an die Grenzen der bekannten Erde zu folgen. Und wer, wenn nicht der größte aller römischen Krieger, konnte diese Aufgabe meistern, die so sehr dem römischen Traum von der Weltherrschaft entsprach? Nur wer über Caesar hinaus dachte, mußte das mühselige Werk innerer Reformen für wichtiger halten als den spektakulären Flug der Legionsadler in den Orient (Cicero, An Atticus 13,31,3).

Um seinen Erfolg zu sichern, hatte Caesar das Räderwerk der römischen Militärmaschine im Herbst 45 in Gang gesetzt: In Makedonien und Griechenland formierten sich sechs Legionen als Kerntruppe einer Invasionsarmee von sechzehn Legionen und zehntausend Reitern, in den illyrischen Häfen rüstete man sich für die Übernahme weiterer Verbände aus Italien, und umfängliche Truppenbewegungen von Pontos bis Ägypten dienten dem Schutz Syriens. Wer das Gras wachsen hörte, wußte natürlich auch Bescheid über die Kriegsziele und maß sie an den Taten Alexanders: So sollte der Feldzug die Donau abwärts nach Rumänien führen, wo das Reich des Dakerkönigs Burebista die makedonische Provinz gefährdete; der eigentliche Angriff auf das Partherreich könne nach den Erfahrungen des Crassus in der syrischen Wüste nur von Armenien aus erfolgen; der Rückmarsch sei über Südrußland, die Donau entlang, nach Gallien geplant (Plutarch, Caesar 58,6–7; glaubwürdiger Sueton 44,1–3).

Sichere Informationen besaßen nur wenige Eingeweihte, und sie bezogen sich auf die erste Phase des Feldzuges. Die Erfahrungen des gallischen Krieges hatten Caesar nachhaltig darüber belehrt, daß Kriege ihre eigenen Gesetze schreiben und Erfolg und Mißerfolg ihre Ziele jeweils neu bestimmen. Seine Pläne wird er daher der Öffentlichkeit nur soweit mitgeteilt haben, wie dies nötig war, um die Begeisterung zu schüren. Viel bedurfte es dazu nicht. Denn niemand in einem Volk, das seinen Soldaten den ersten Platz einräumte, nahm an diesem Feldzug Anstoß. Seinem Meister versprach er zweierlei: die Hoffnung, als Sieger zu den Auserwählten zu gehören, an die sich Menschen erinnern würden, solange es sie gab, und die Gewißheit, die schier übermächtige Pflicht zur Reform des Staates einer Zukunft anvertrauen zu können, die sie besser als die Gegenwart tragen konnte. Denn gaben das Glück und die Götter dem Feldherrn den Sieg, so konnte der heimkehrende gewiß sein, widerspruchslos und andächtig gebeugte Knie vorzufinden. Dann mußte über kurz oder lang selbst der Fluch des Bürgerkrieges von seinen Schultern genommen werden, dann – wenn überhaupt – bestand Hoffnung, die Republik neu zu ordnen.

Dictator in perpetuum

Anfang Oktober 45 zog Caesar in Rom ein und richtete mit gewohnter Pracht seinen fünften Triumph aus. Viele weinten, denn der sich dort in strahlender Spendierlaune auf dem Wagen des Triumphators als Sieger über Spanien bejubeln ließ, feierte in Wahrheit als erster Römer einen Sieg über die eigenen Bürger, die die spanischen Schlachtfelder deckten. Verbittert und voll Haß auf einen Sieger, der dies seinem Volke antat, blieb der Volkstribun Pontius Aquila sitzen, als der Wagen des Triumphators an der Bank der Volkstribunen vorbeifuhr. »Fordere doch Aquila«, rief ihm der empörte Caesar zu und schüttelte die Faust, »fordere als Volkstribun die Republik von mir zurück« (Sueton, Caesar 78,2). Es kam ihm wohl kaum in den Sinn, wie genau er damit die Länge des Weges ausmaß, den er seit dem Rubikon zurückgelegt hatte: Dort hatte er noch von der Pflicht gesprochen, die verletzten Rechte der Volkstribunen und damit die Ordnung der *res publica* verteidigen zu müssen; hier kannte er nur noch Zorn und Verachtung für einen Tribunen, der für die Solidarität aller römischen Bürger eintrat. Es ist leicht nachvollziehbar, was in ihm vorging, als er jenes Mannes ansichtig wurde. Hatte er doch auch in diesem Krieg Milde bewiesen und viele seiner Gegner begnadigt; warum erkannte dieser Verstockte nicht wie jeder Einsichtige, daß diese Politik die Gegensätze in einer ansonsten so gewalttätigen Gesellschaft einebnen half?

Demonstrationen wie die des Aquila wirkten wie eine unverhüllte Drohung. Aus ihr war nur eine Lehre zu ziehen: Die mit dem Schwert errungene Macht mußte in Rom auf besondere Weise gesichert werden, wollte der Diktator sie nicht verlieren, während er Krieg im fernen Orient führte. Auch den weit Mächtigeren mahnte das Schicksal Sullas im Jahre 88 zur Vorsicht. Diesen hatten seine Feinde bereits wenige Wochen nach seinem Auszug in den Krieg gegen Mithridates als Staatsfeind verfemt und um die Früchte seines Sieges betrogen: Statt der ruhmvollen Eroberung von Ktesiphon war ihm die fluchwürdige Aufgabe zugefallen, Rom ein zweites Mal zu bekriegen.

Die Opposition in Rom reagierte auf die Planung eines neuen Orientfeldzuges zurückhaltend; selbst nach dem Tode Caesars war keine Stimme zu hören, die den Diktator wegen der drohenden Entfesselung der Kriegsfurie angeklagt hätte. Nein, dieser Krieg war populär, zumal die anlaufende Propaganda alles tat, an die seit zehn Jahren im syrischen Wüstensand bleichenden Knochen der unter Crassus gefallenen Legionäre zu erinnern und Rache für die Toten zu fordern (Dio 43,51,1). An eine neue Niederlage dachte niemand: Der kleine Mann vertraute blind den erprobten Künsten des Soldaten Caesar, den großen lockten die Hoffnung auf Ruhm und lukrative Offizierspatente, beide blendete die Aussicht auf riesige Beute. Vergeblich warnte die Geschichte der letzten Jahrzehnte: Noch immer hatte der Sieger eines großen imperialen Krieges einen besonderen Platz im Staat beansprucht und erhalten; dieser hier würde alles haben wollen.

Was Wunder, daß vielen die Zukunft der Republik in düsterem Licht erschien. Schon die ersten Auswirkungen der Kriegsvorbereitungen schokkierten: Für drei Jahre, die voraussichtliche Dauer des Feldzuges, wurden die wichtigsten Magistrate im voraus bestimmt, und erneut und diesmal für Jahre drohte die Kabinettsregierung der caesarischen Kanzleivorsteher. Es bedurfte wenig Phantasie sich auszumalen, wie diese Männer, die das Dienen zu ihrer Lebensaufgabe gemacht hatten, in gewohnter Geschäftigkeit den Staat lenkten, während es den Senatoren noch gestattet war, jede Siegesmeldung aus dem Osten mit neuen Ehren zu belohnen. Langfristig drohte die künftige Machtstellung des omnipotenten Herrn der Welt aus dem Gesichtsfeld des überhaupt noch Vorstellbaren zu entschwinden. Wilde Gerüchte, Caesar plane, Alexandria oder das alte Troja zu seiner künftigen Hauptstadt zu machen, zeigen, wie aufgeregt und närrisch die Spekulationen wucherten (Sueton, Caesar 79).

Was aber brauchte Caesar, um während seiner Abwesenheit seine Macht zu sichern? Gewiß königliche Machtbefugnis, aber ebenso gewiß nicht das jedem Römer verhaßte Diadem eines Königs. »Ich bin Caesar und nicht König«, rief er am 26. Januar der Menge zu, die ihn am Stadttor als *rex* begrüßte (Sueton, Caesar 79,2; Appian 2, 450). Wer immer noch zweifelte, wurde wenige Tage später eines Besseren belehrt, wie wir von Cicero wissen, der Monate später dem Antonius vorwarf, er habe in den Fasten unter »Lupercalia« eintragen lassen, »der Konsul M. Antonius habe C. Caesar, Diktator auf Lebenszeit (*dictatori perpetuo*), auf Befehl des Volkes die königliche Würde angetragen, aber Caesar habe sie abgelehnt« (2. Philippica 87). Dies ist nicht mißzuverstehen: Der Diktator verzichtete fürs erste auf jedes Experiment mit monarchischen Herrschaftsformen und dehnte die ihm bereits für zehn Jahre übertragene Machtbefugnis auf den Rest seines Lebens aus.

Die diktatorische Gewalt war aber nur eine Säule der Macht; sie trug den Rechtstitel, ohne den in Rom nicht gehandelt werden konnte. Eine zweite bauten eine Reihe von Ehrungen, mit denen der Senat die Allmacht, die der Diktator ebenso begehrte, wie er sie für seine Gefolgschaft brauchte, sakral umhüllte; sie trug den Segen des Himmels. Ihn durfte eine Herrschaft beanspruchen, die sich am heiligen Tun des Stadtgründers orientierte, aber die lastende Erinnerung an den königlichen Tyrannen vermied und sein Diadem zurückwies. Das neu geschaffene Zeremoniell des öffentlichen Auftretens unterstrich diesen Anspruch und verlieh ihm Anschauung: die Füße Caesars zierten die hohen purpurfarbenen Schuhe seiner sagenumwobenen Vorfahren, der Könige von Alba Longa, sein Haupt bedeckte ein goldener Kranz, der das Herrschaftszeichen der etruskischen Könige von Rom war, und seinen Körper umhüllte eine Toga, die nicht nur wie die der kurulischen Magistrate einen roten Saumstreifen auf weißem Grund trug, sondern durchgehend aus rotem Stoff gewebt war. Eine solche Toga trug auch der triumphierende Feldherr, und von ihr wußte jeder Römer, daß sie das Gewand Jupiters und der alten Könige Roms zugleich war.

Jetzt noch auf die Restauration der Republik unter Caesar zu hoffen wäre töricht gewesen. Nichts mehr konnte den Abstand zwischen ihm und seinen aristokratischen Standesgenossen überbrücken. In ihren Augen war er auf dem Weg in eine Zukunft, in der ihr für die Republik einst so segensreicher Anspruch auf die alleinige Macht im Staate gebrochen wurde. Schon jetzt fällte der Diktator seine Entscheidungen ohne sie, hinter verschlossenen Türen und im Kreis seiner engsten Vertrauten. »Für Rat (*consilium*) und Autorität (*auctoritas*) war kein Platz mehr«, kommentierte Cicero (Über die Pflichten 2,2). Er beschrieb damit sehr genau, wo die Diktatur auf Lebenszeit den Lebensnerv der Senatsaristokratie traf und ihre Hoffnungen auf bessere Zeiten zerstörte. Statt der ersehnten gleichberechtigten Teilhabe an der politischen Macht war nun zu erwarten, daß der aus dem Orient heimkehrende Sieger in Rom eher die Proskynese einführen als die Freiheit der Republik wiederherstellen würde. Gründe genug für einen Mord.

Der Widerstand formiert sich

Feinde hatte Caesar seit seinem Konsulat reichlich und ihre Schar wuchs stetig seit den ersten Tagen des Bürgerkrieges. Jetzt, in den ersten Wochen des Jahres 44, waren sie zu einer diffusen Masse angewachsen, die wenig oder nichts miteinander verband. Denn zu ihnen gehörten Republikaner, ehemalige Pompeianer, enttäuschte Caesarianer, gemaßregelte Generäle, großherzige Idealisten und kleine Neider. Die Gegnerschaft zu Caesar machte sie nicht zu Freunden, so daß es eines besonderen Anlasses bedurfte, damit sie in einer Atmosphäre gegenseitigen Mißtrauens doch zusammenfanden.

Einer von ihnen muß sich als erster ein Herz gefasst haben, und es spricht alles für den hageren Gaius Cassius Longinus: ein an der syrischen Grenze erfolgreicher Soldat, der im Bürgerkrieg der Fahne seines alten Patrons Pompeius gefolgt und nach dessen Tod ins Lager des Siegers geeilt war, wo ihn lukrative Legatenstellen erwarteten. Am ersten Januar 44 nahm er auf dem Amtssessel eines Prätors Platz. Die Quellen sprechen mit Nachdruck von einer Verletzung der *dignitas*, die damit verbunden gewesen sei: Denn die angesehenste Prätorenstelle, die des *praetor urbanus,* habe nicht er, sondern der ungeliebte Kontrahent Brutus erhalten (Appian 2, 466; Plutarch, Brutus 7,1–3). Damit aber noch nicht genug der Kränkung: Die Krönung jeder politischen Laufbahn, das Konsulat, hatte der

Diktator für das Jahr 41 Brutus versprochen, nicht aber Cassius, obwohl auch er energisch und nicht minder berechtigt seinen Finger gehoben hatte (Velleius 2,56,3). Am schwersten aber muß ihn getroffen haben, daß für ihn, den erfahrenen General und genauen Kenner des Orients, im großen Partherkrieg keine Rolle vorgesehen war (Appian und Florus mochten es gar nicht glauben und fabulierten, für das Jahr 43 hätte Caesar Cassius zum Statthalter Syriens mit prokonsularischem imperium designiert). An seiner Stelle sollten namenlose Offiziere, aufgestiegen im Schatten Caesars und Soldaten aus Beruf und Leidenschaft, die Legionen in den Krieg führen, der alle Träume von Reichtum, Macht und Ansehen erfüllen konnte. Cassius, daran war nicht zu zweifeln, war in Ungnade gefallen.

Am deutlichsten tritt dank Ciceros unermüdlicher Feder der republikanische Flügel der Opposition ins Licht der Geschichte. Sein Held wurde Marcus Iunius Brutus, ausgestattet mit dem Namen des ersten Konsuls, der die Könige verjagt und die Republik begründet hatte. Die Erinnerung daran verfolgte den sichtlich geschmeichelten Enkel: Im Januar 44 fand er morgens zum erstenmal Zettel auf seinem Prätorenstuhl, auf denen er las, »Brutus, du schläfst« oder: »Wenn du noch lebtest, Brutus!«, womit nur vordergründig die Statue des ersten Brutus auf dem Forum gemeint war (Appian 2,469). Selbst in seinen Privatgemächern ließ ihn der mahnend erhobene Zeigefinger der Republik nicht allein. Seit dem Sommer 45 schaltete in seinem Haus Porcia, Tochter des republikanischen Märtyrers Cato und Witwe des M. Bibulus, des unglücklichen Amtskollegen und Widersachers Caesars im Jahre 59. Vieles mahnte, alle drängten ihn, die Opposition gegen Caesar anzuführen und das Äußerste zu wagen.

Brutus zögerte. Von seiner Mutter Servilia, der einflußreichen Geliebten Caesars, im Haß auf Pompeius, den Mörder seines Vaters, erzogen, hatte er trotzdem für diesen gekämpft. Nach Pharsalos jedoch streckte er, hoffend auf die Milde des Siegers, die Waffen. In den kommenden Jahren mit Ämtern und Ehren überhäuft, sonnte er sich in der Gunst Caesars: 46 amtierte er als Statthalter im diesseitigen Gallien, 44 saß er auf dem Stuhl des Prätors und das Geld, das er so liebte, floß reichlich in seine Taschen. Was sollte ihn bewegen, eine weitere glanzvolle Karriere für den zweifelhaften Ruhm auszuschlagen, der Mörder seines Freundes und Wohltäters zu werden?

Gewiß konnten dies nicht die verklärten Heldengestalten aus den Geschichtsbüchern. So verliebt Brutus auch in seine Stammtafel sein mochte, und so sehr es seiner Eitelkeit schmeicheln mußte, das Gewissen der Republik spielen zu dürfen – als es wirklich ernst wurde, entschieden das hier und heute, unbeeinflußt von den Schatten imaginärer Tyrannenmörder. Gewiß war es auch nicht der realitätsferne Glaube an die Idealität der Staatsordnung der Väter, wie sie Cicero so kunstvoll und bewegend beschwor. Die republikanische Verfassung hatte seit den Gracchen viele tiefgreifende Veränderungen erfahren, und ihre Lebensfähigkeit gründete nicht zuletzt auf der Flexibilität, mit der sie sich handhaben ließ.

Zudem: Brutus war ein Ehrenmann, der stolz und eigensinnig auf Recht und Ordnung achtete und daher schwer von der Notwendigkeit eines Mordkomplotts zu überzeugen war. Da hatten die es leichter, die sich von Caesar gekränkt oder um Geld und Ämter betrogen sahen oder eine private Rechnung zu begleichen hatten. Für Brutus mußte es auch klarere, handgreiflichere Gründe geben als die allgemeine Verzweiflung am Zustand der Republik. Sie fanden sich, als Caesar mit der Diktatur auf Lebenszeit den Alleinherrscher proklamierte. Erst dieser Schritt bedrohte das Zentrum der staatlichen Ordnung, den Machtanspruch der Senatsaristokratie. Nicht einmal seinem Vater, wenn er von den Toten auferstände, so schrieb er im Juli 43 an Cicero, würde er durchgehen lassen, »daß er mit meiner Zustimmung mehr gelte als Senat und Gesetze« (Briefwechsel Cicero/Brutus 25,5; 26,6 Kasten). Denn wer sich über sie erhob, zerstörte damit den Lebensinhalt der römischen Elite:

Da waren ihr ungebrochener Wille zur Macht, die mit niemandem geteilt werden sollte, und die dazugehörigen Spielregeln, die den aristokratischen Wettstreit um Provinzen und Ämter erträglich machten. Das eine setzte die lebenslängliche Diktatur, das andere die Kabinettsregierung der caesarischen Kanzleichefs außer Kraft. Da waren weiter die Ämter, Provinzen und Kriege, die Reichtum, Ansehen und Ruhm verschafften. Die Verfügung darüber raubte das Machtmonopol des Alleinherrschers, der nach seinem Gutdünken gab und nahm. Da war schließlich das Bewußtsein von der Würde und Ehre eines Standes, der in drei Jahrhunderten eine Stadt in Mittelitalien zur Herrin der Welt gemacht hatte. Dessen Häupter wollten nicht Diener werden, sondern Herren bleiben. Diesen Anspruch bedrohte der künftige Monarch, der Gehorsam, nicht Rat oder Autorität verlangte.

Als Brutus zum Haupt der Verschwörung wurde, bekam sie Profil und Zulauf. Über sechzig Männer fanden sich zusammen, entschlossen, den Diktator zu töten, bevor er den Spuren Alexanders folgen konnte. Denn kehrte er bekleidet mit dessen Ruhm zurück, war im allgemeinen Siegestaumel an Widerstand nicht mehr zu denken. Fast alle Verschwörer waren angesehene Bürger und Senatoren oder Ritter von Rang, Mitglieder einer alten, annähernd geschlossenen Führungsschicht also. Keiner von ihnen legte es darauf an, umjubelter Sprecher der Massen zu werden – als es in den ersten 24 Stunden nach der Tat darauf angekommen wäre, versagten sie denn auch, fanden das Wort nicht, das eine verstörte hauptstädtische Bevölkerung auf ihre Seite hätte bringen können.

In der vordersten Reihe der Verschwörer standen auffallend viele und bewährte Generäle Caesars, die jetzt nicht mehr zögerten, das Bündnis mit den Anhängern des toten Pompeius einzugehen. Zu ihnen gehörten etwa Gaius Trebonius und Decimus Brutus; der eine Sohn eines Ritters, Legat in Gallien, 45 für seine Dienste im Bürgerkrieg mit dem Konsulat belohnt und designierter Statthalter der reichen Provinz Asia; der andere Admiral in Gallien und im Bürgerkrieg, seit 48 Statthalter im jenseitigen Gallien, designierter Konsul für das Jahr 42, nach Octavian Haupterbe Caesars und sein Freund.

Beide verkörpern, worum es den Caesarianern ging, als sie die Dolche gegen ihren einstigen Abgott hoben. Ihr Platz an der Seite Caesars war herausragend – gewiß. Aber ihr kometenhafter Aufstieg war nicht das Resultat unbedingter Treue zu sich und den eigenen Idealen, sondern eine Abfolge von Anpassungen und Verleugnungen gewesen. So tauschten sie ihre gewiß glänzende Zukunft gegen ein ungewisses Schicksal ein, weil ihre Welt nicht die von Lohn und Gehorsam, sondern von Herrschaft und Kampf war. Der Diktator gab ihnen Reichtum und Ämter, die sie alle so gierig forderten. Aber sie wollten beides in gewohnter aristokratischer Selbstherrlichkeit, die sie Freiheit, *libertas*, nannten: unkontrolliert und ungehemmt. Sie waren habsüchtig, ehrgeizig, gewalttätig und hochmütig, wie es den Herren der Welt geziemt. Aber sie waren keine Diener, sie wollten sein wie Caesar: »Wir wünschen«, schrieben Brutus und Cassius im Juni 44 an Antonius, und es war, als wäre Caesar der Adressat, »Wir wünschen dich in einem freien Staate groß und geehrt zu sehen, wollen nicht deine Feinde sein, aber wir stellen unsere Freiheit höher als deine Freundschaft« (Cicero, An seine Freunde 11,3,4). Diese hatte gewiß viel gegeben, jene aber versprach unendlich mehr: z.B. das wundervolle Gefühl, endlich wieder einen eigenen Triumph feiern zu können: »Ich bin mit meiner Armee in die Alpen vorgedrungen«, jubelte Decimus Brutus im September 44 und forderte den Triumph, »denn ich habe mit den kriegslustigsten Stämmen gekämpft, viele Kastelle eingenommen, viele zerstört« (Cicero, aaO. 11,4). Für diese Freiheit hatte Decimus mit den Gegnern Caesars paktiert und darunter reinen Gewissens die Wiederherstellung der »Verfassung der Väter« verstanden (vgl. Appian 2,462).

In der Liste der Verschwörer fehlte der Name Cicero. Vielleicht erschien er nicht verläßlich genug, da Caesar ihn seit vielen Jahren hofierte. Vielleicht war er aber nur deswegen nicht dabei, weil er alt und kein Mann der schnellen und entschlossenen Tat war. Der Gedanke an Tod, Verbannung und Armut, da hatte Brutus schon recht, machte ihn zittern, und zum Fanatiker taugte er nicht (Briefwechsel Cicero/Brutus 26,4 Kasten). Die diesem eigene wilde Entschlossenheit besaß Brutus, und Caesar wußte es: »Was dieser junge Mann will«, notierte er mißtrauisch schon bei der ersten Begegnung, »weiß ich nicht; aber alles, was er will, das will er mit Nachdruck« (Plutarch, Brutus 6). Cicero war anders, und wer dafür Beweise brauchte, mußte nicht lange suchen. Im Frühjahr 49 war der Unschlüssige in Rom geblieben, als bei Kriegsausbruch seine Standesgenossen ins Lager des Pompeius flohen, und er hatte dafür eine Erklärung zur Hand gehabt, die aus seiner Not noch eine Tugend machte: »Ich sage mir: dieser Caesar ist auch nur ein Mensch und kann schließlich, wer weiß wie, einmal ums Leben kommen; Rom aber und unser Volk müssen für alle Ewigkeit erhalten bleiben.« (An Atticus 9,10,3).

Männer dieses Zuschnitts schwingen gemeinhin keine Dolche. An ihrer Einstellung braucht allerdings niemand zu zweifeln: So rief Brutus unmittelbar nach der Tat den Namen Cicero und beglückwünschte ihn zur wiedergewonnenen Freiheit. Von soviel unverdienter Wertschätzung gerührt, spuckte Cicero noch auf das Grab des toten Caesar (»Mögen die Götter ihn noch im Tod verderben!«: Atticus 15,6) und genoß es sichtlich, als ihm Antonius vorwarf, er sei der geistige Vater des Mordes gewesen.

Die Iden des März

Die Zeit drängte zur Eile: Der Tag der Abreise Caesars ins Feldlager rückte näher. War er erst einmal dort, schützte ihn die lebende Mauer seiner Soldaten vor jedem Angriff. An Mord konnte man ohnehin nur denken, weil Caesar seine spanische Leibwache auflöste, die ihm auch in Rom mit gezücktem Schwert auf Schritt und Tritt gefolgt war. Der Senat hatte ihm zwar eine neue Garde aus Senatoren und Rittern bewilligt – die sicher weniger anstößig war, als die Truppe spanischer Reisläufer –, aber Caesar machte keinen Gebrauch davon. Besorgte Warnungen, an denen es nicht fehlte, schlug er in den Wind: »Es ist besser, einmal zu sterben, als ständig den Tod zu erwarten« (Velleius 2,57,1). Erneut wollte der Diktator bekunden, daß er kein Tyrann sei, der sich hinter Schwerbewaffneten verstecken müsse. Er unterstrich dies noch durch den Erlaß einer allgemeinen Amnestie für alle Gegner. Jetzt kehrten auch die letzten, die der Krieg und die Einsamkeit verschont hatten, aus dem Exil zurück.

Noch einmal stellte sich monarchische Großmut gegen aristokratische Selbstherrlichkeit. Es änderte natürlich nichts. Den Verschwörern machten andere Dinge zu schaffen. Die Situation in Rom begann sich bedrohlich zu verändern. In unmittelbarer Nähe der Stadt sammelten sich größere Veteranenverbände, die auf ihre Ansiedlung vornehmlich in Kampanien warteten. In die Stadt hinein strömten täglich mehr von ihnen, die ihrem vergötterten Feldherrn bei seinem Aufbruch in den Osten das Ehrengeleit geben wollten. Und schließlich biwakierten reguläre Truppen in der Stadt. Sie hörten auf das Kommando des Lepidus, der als *magister equitum* Stellvertreter Caesars und Statthalter der Gallia Narbonensis und des diesseitigen Spanien war.

Wie eine Erlösung muß daher die Nachricht aufgenommen worden sein, daß Caesar den Senat für den 15. März in die Kurie des Pompeius einberufen und sein Erscheinen angekündigt habe. Zweifel konnte es nun nicht mehr geben. Der Senat, das Herz der republikanischen Ordnung, mußte der ideale Ort für die Tat sein: Dort, so berichtete die neueste Version der Stadtchronik, war Romulus von den Senatoren zerissen worden, als seine tyrannischen Neigungen den Staat bedrohten (Livius 1,16,4), dort hatte mit der Vertreibung des letzten Königs die Republik ihren Ausgang genommen. Dort mußte jetzt auch der stürzende Diktator bezeugen, Rom selbst habe ihn getötet.

Es gab natürlich Gerüchte und gewiß auch Vermutungen. Aber es fand sich kein Verräter. Dabei hatten es die Verschwörer an jeder Vorsicht fehlen lassen: Der Kreis der Eingeweihten war groß, und die Auseinandersetzungen über Ort und Zeit der Tat waren lang und heftig gewesen. In der klatschsüchtigen Weltstadt, in der jede Information in rasender Eile kolportiert wurde, grenzte es ans Wunderbare, daß der Plan nicht ruchbar wurde.

Dies zeigt aber auch, daß es Caesar ernst war, als er seine Leibwache entließ. Er wollte seine Standesgenossen überzeugen oder – wenn dies nicht möglich war – ohne sie seinen Weg zu Ende gehen. Aber bespitzeln wollte er sie nicht. Vor allem aber war er überzeugt, daß seine Gegner wie er wußten, daß sein Tod erneut den Bürgerkrieg auslösen würde. »Nicht so sehr in seinem eigenen Interesse«, dozierte er des öfteren, »als in dem der *res publica* liege es, daß er am Leben bleibe; er habe schon längst überreichlich Macht und Ruhm erlangt; wenn ihm etwas zustoße, werde die *res publica* nicht ruhig bleiben und unter desto schlechteren Bedingungen Bürgerkriege bestehen müssen.« (Sueton, Caesar 86,2). Vielleicht liegt hier – neben seinem übersteigerten Selbstbewußtsein – der wichtigste Grund für seine Sorglosigkeit. Sicher ist nur, daß er seine Feinde falsch einschätzte.

Diese bereiteten sich gründlich vor: Trebonius sollte Antonius vom Sitzungssaal in den entscheidenden Minuten fernhalten; Decimus Brutus fiel die Aufgabe zu, im benachbarten Theater des Pompeius seine Gladiatoren zum Eingreifen bereitzuhalten; Tillius Cimber, auch er Günstling Caesars, übernahm es, im Saal mit einem Gnadengesuch, dem sich die übrigen Verschworenen anschließen wollten, das Opfer von seiner Umgebung zu trennen; Brutus war ausersehen, nach der Tat ihre Gründe dem Senat darzulegen. Anschließend mußte der Leichnam Caesars in den Tiber geworfen, seine Güter konfisziert und alle seine Maßnahmen für ungültig erklärt werden. Nur dann konnte jedermann verstehen, daß ein Tyrann seiner verdienten Strafe zugeführt wurde. Denn so hatte es die Republik in der Vergangenheit immer gehalten: Wer die Hand gegen den Staat erhob, dessen Eigentum war verwirkt, sein Haus wurde zerstört, und auf seine Anhänger warteten die ordentlichen Gerichte.

Vieles kam anders. Caesar war am Abend des 14. März Gast im Hause des Lepidus. Das Gelage hatte sich in die Länge gezogen, so daß sich Caesar am Morgen des 15. März verspätete. Erst gegen elf verließ er sein Haus, begleitet von Decimus Brutus, den die besorgten Verschwörer als engen Freund des Diktators entsandt hatten, um nach der Ursache der Verspätung zu forschen. Endlich betrat er gegen Mittag die Kurie, in Gedanken bereits weit von ihr und den Sorgen Roms entfernt: *expeditionem Parthicam meditans*, heißt es bei Florus (2,13). Die Senatoren erhoben sich zur Begrüßung von ihren Sitzen; vor der Tür blieb Marcus Antonius, von Trebonius in ein sorgfältig vorbereitetes Gespräch verwickelt: Man hatte guten Grund, den Mut dieses Generals zu fürchten, den Brutus nicht töten wollte.

Als Caesar seinen Amtssessel erreichte, der unter der Statue des Pompeius stand, umringten ihn die Verschwörer und flehten gemeinsam mit Cimber um Gnade für dessen Bruder. Als sich Caesar, belästigt durch das aufgeregte Geschiebe und Gedränge, erhob, riß ihm Cimber die Toga von der Schulter. Jetzt stürzte sich der erste auf den Diktator und stieß mit dem Dolch zu. Caesar zog seinen Schreibgriffel und verteidigte sich heftig. Nun fielen alle über ihn her: überstürzt, sich selbst im Wege, bald selber blutend, aber getreu dem Schwur, jeder müsse mindestens einmal zustechen.

Caesar, der sich immer noch wehrte und zu fliehen versuchte, hörte wohl noch die Schreie Hunderter Senatoren, die von ihren Bänken aufsprangen. Aber nur zwei faßten sich ein Herz und versuchten, ihn zu retten. Es war zu spät. Als der Schwerverletzte von allen Seiten gezückte Dolche auf sich gerichtet sah, zog er die Toga über den Kopf. Sterbend suchte er Halt an der Statue des Pompeius, vor der er schließlich niederfiel. Der Tod hatte beide Krieger wieder zusammengeführt, deren Ehrsucht und deren unersättlicher Tatendrang die Republik so tief gebeugt hatten.

Die Senatoren, die Magistrate, die Zuschauer – alle stürzten kopflos ins Freie. Nur ein einziger Schrei soll gehört worden sein: »Schluß mit der Herrschaft des Tyrannen«. Marcus Antonius riß sich die Insignien des Konsuls vom Leibe und floh: Er war sicher, daß der nächste Anschlag nur ihm gelten konnte. Das gleiche tat Lepidus, der bei Freunden versteckt die Entwicklung abwarten wollte. Vor der Kurie steigerte sich die Panik, als die Gladiatoren des Decimus Brutus zum Schutz der Verschwörer anrückten. Aus dem nahe gelegenen Theater stürzten die Zuschauer auf die Straße und vermehrten die allgemeine Verwirrung noch. Bald erweckten ganze Straßenzüge den Eindruck, der Bürgerkrieg tobe in Rom (Dio 44,20).

In der Kurie hatten sich die Bänke inzwischen geleert. Die Mörder, die dort noch ausharrten, verloren die Kontrolle über den Ablauf der Ereignisse und begannen zu improvisieren. Der Aufruhr und das Geschrei, das in den Saal drang, stifteten Verwirrung und Angst auch in ihren Reihen. An die geplante Proklamation, mit der der Senat die Wiedergeburt der Republik feierlich verkünden sollte, dachte keiner mehr. So zogen sie schließlich zum Forum: Die blutigen Dolche sichtbar in der Hand, auf die Filzkappe (*pileus*) zeigend, die die Sklaven am Tag ihrer Freilassung aufsetzten, riefen sie das Volk zur Freiheit auf.

Dies war nun allerdings ein schwieriger Gesprächspartner: Denn die Freiheit, nach der man schrie, war in den letzten Jahrzehnten ein rein aristokratisches Gut geworden und beinhaltete bestenfalls den Anspruch der führenden Familien, wie bisher im Senat eigennützig und souverän über Ämter und Kommandos verfügen zu können. »Ich werde«, schrieb Brutus 43 an Atticus, »Krieg führen gegen außerordentliche Imperien, Gewaltherrschaft und eine Macht, die sich über die Gesetze hinwegsetzen will« (Briefwechsel Cicero/Brutus 26,6 Kasten). Dies waren in der Tat die erklärten Feinde senatorischer Machtvollkommenheit. Was aber ging dies die kleinen Leute auf den Straßen Roms und ihre Rechte an? Nichts. Zumal nicht einer unter ihnen und ihren Nachbarn war, der sich nicht der Wohltätigkeit Caesars erfreut hätte; in ihren Augen mußte die Welt das Andenken an einen solchen Mann segnen und nicht verfluchen. Also wandten sie sich ab, ballten die Faust in der Tasche und warteten auf ihre Führer (Florus 2,17,2). So blieben Brutus und seine Freunde allein; gedeckt durch Gladiatoren und Sklaven, besetzten sie das leicht zu verteidigende Kapitol.

Im Grunde war das Spiel bereits jetzt verloren: Jede Ordnung war mit der Flucht der Magistrate aufgelöst, der Senat kopflos und desorientiert, das Chaos in den Straßen nicht mehr lenkbar und Pläne für diesen Fall nicht zur Hand. Und da war noch der Tote; er lag in seinem Blut zu Füßen des steinernen Pompeius: allein und unbeachtet. Erst Stunden später schlichen drei Sklaven in die Kurie und trugen ihn verstohlen und auf Umwegen nach Hause; ein Arm baumelte aus der Sänfte, in die sie ihn gelegt hatten. Der tote Caesar war dem Zugriff seiner Mörder entkommen, sein so oft gepriesenes Glück hatte ihn an den Iden des März nicht gänzlich im Stich gelassen. Niemand konnte ihn nun als Feind des Vaterlandes in den Tiber werfen. Die Verschwörer hatten auch diese Chance verspielt.

Die Macht des Toten

Daß niemand wußte, wie es weitergehen sollte, war kein Zufall. Vor dem Attentat war nicht strittig, wofür und wogegen man sich stellen mußte. Jetzt kam die Undurchsichtigkeit der Verhältnisse zurück, jetzt war es mit eindeutigen Parteinahmen vorbei, jetzt galt es wieder zu lavieren und zu taktieren, Bündnisse zu schließen, Kompromisse auszuhandeln. Just hierfür jedoch hatten Brutus und die Männer um ihn keine Pläne geschmiedet. Sie wollten keine geschlossene Gruppe bleiben, schon gar nicht gemeinsam Politik machen. Vorsorgen dieser Art traf man bei einem Staatsstreich, nicht bei einer Befreiungstat. Nichts sollte die Rechtlichkeit der eigenen

Sache ins Zwielicht bringen. Den meisten genügte die Gewißheit, daß es ein Ende mit der Diktatur haben müsse; alles Weitere war die Sorge eines anderen Tages. Die wenigen, die über ihn hinaus dachten, lähmte die Angst, daß jeder Schritt zuviel, jede beliebige Veränderung des Status quo den Bürgerkrieg provozieren müsse.

So setzte Brutus durch, daß Antonius geschont wurde, obwohl er Konsul und damit nach Caesars Tod Herr der Exekutive war. Mangel an Konsequenz nannten das damals viele, denn die Rechtmäßigkeit des Tyrannenmordes allein beseitige nicht die Tyrannei. Ciceros Kritik traf die vorherrschende Meinung: »Die Tat wurde mit männlichem Herzen, aber mit kindischem Verstand ausgeführt. Denn wer sah nicht, daß man der Monarchie einen Erben hinterließ?« (An Atticus 14,2,1).

Dieses Urteil floß leicht aus der Feder, als alles vorbei und entschieden war. Gegen seine vielbeschworene Treffsicherheit spricht, daß Antonius' Verhältnis zu Caesar nicht frei von Spannungen und seine Freundschaft mit Brutus stadtbekannt war. Auch Antonius war ein großer Herr, dem das Dienen nicht in den Sinn kam. Auch für ihn und seine aristokratische Weltsicht war die Republik die beste aller möglichen Staatsordnungen. Antonius dachte also wie Brutus über den Staat. Die Möglichkeit, daß sie sich verständigten, war durchaus vorhanden. Die Frage war nur: wann und zu welchen Bedingungen?

Doch auch Antonius hatte nur den Handlungsspielraum, den ihm die Verhältnisse in der Hauptstadt einräumten. Und diese stellten ihn gegen die Verschwörer – wie immer er über sie und ihre Tat denken mochte. Er war Konsul, ihm gab die Verfassung das Gesetz des Handelns an die Hand. Die Richtung wiesen die Veteranen, die zahlreich in der Stadt versammelt waren (s.o.). Dicht gedrängt und militärisch geordnet unter ihren alten Feldzeichen, umlagerten sie die Tempel und warteten auf den letzten Marschbefehl, der sie als Bauern und Rentner in blühende Landschaften entlassen sollte. Jetzt, nach dem gewaltsamen Tod ihres Feldherrn und Patrons hatten sie allen Grund, um ihre künftige Existenz zu bangen (Appian 2,501; 507).

Und da war auch noch Lepidus, der als einziger reguläre Truppen in der Stadt kommandierte. Mit diesen rückte er in das Zentrum vor und besetzte in der Nacht zum 16. das Forum. Dort hielt er am Morgen flammende Ansprachen und zeigte sich entschlossen, seinen toten Imperator zu rächen (Dio 44,2). Antonius konnte sich dem nicht entziehen, wenn er das Heft in der Hand behalten wollte. So stellte er sich an die Spitze der Unruhen und rief mit Lepidus weitere Veteranen Caesars aus den Kolonien nach Rom, damit sie dort ihre Landlose gegen die Mörder Caesars verteidigten (Nikolaos 27, 103). Sie kamen von Tag zu Tag zahlreicher und verstärkten ihre Kameraden in der Stadt. Diese waren inzwischen nicht untätig geblieben. Bereits in der Nacht zum 17. randalierten sie gemeinsam mit der städtischen Plebs, die den Tod ihres spendabelsten Gönners betrauerte. Sie drohten allen den Tod an, die versuchen sollten, sie um den Lohn ihrer Siege und Leiden zu betrügen.

Noch einmal traten die Soldaten für ihren Feldherrn ein, an dessen magische Kraft sie geglaubt und dem sie alles zu verdanken hatten. Warf man seine Leiche in den Tiber und tilgte sein Andenken, so war auch für sie alles verloren. Und sie hatten gute Gründe, die Herrschaft des Senats zu fürchten: Wann immer in den vergangenen Jahrzehnten die Verteilung von Ländereien auf der Tagesordnung stand, hatten die führenden Optimaten erbitterten Widerstand geleistet. Erst Caesar hatte ihre Macht gebrochen und seinen Veteranen Land gegeben. Nichts davon durfte wieder rückgängig gemacht werden.

Antonius nutzte die Stimmung. Zwar war es den Verschwörern und ihren Anhängern am Nachmittag des 16. gelungen, unter Zurschaustellung ihrer aristokratischen Würde im feierlichen Zuge zum Forum zu gelangen. Brutus hielt dort eine große Rede über Freiheit, Recht und Gesetz und ließ durch Flugblätter verbreiten, kein Veteran brauche um sein Land zu fürchten. Doch das Volk reagierte abweisend und feindselig. So blieb wiederum nur der Rückzug auf das Kapitol – er wirkte wie eine Niederlage. Antonius zögerte nun nicht länger. Am Abend entschloß er sich, den Senat für den kommenden Tag einzuberufen: Unter dem Druck der Veteranen sollten die entscheidenden Beschlüsse gefaßt werden, die den Verschwörern den Weg zur Macht im Staate verschließen sollten.

Die Vorbereitungen dauerten die ganze Nacht: Die Attentäter bestürmten durch Boten die Senatoren, jeder Einschüchterung zu trotzen, Antonius und Lepidus mobilisierten die Veteranen, die den Tempel der Tellus, in der die entscheidende Senatssitzung stattfinden sollte, seit den frühen Morgenstunden zu belagern begannen. Die ganze Stadt war in Aufruhr, als die ersten Senatoren durch das Spalier von Soldaten, die Lepidus als Schutztruppen aufgeboten hatte, den Sitzungssaal betraten. Als der Prätor Cornelius Cinna nahte, wankten die Absperrungsketten unter dem wütenden Ansturm der Veteranen: Dieser Mann hatte seine prätorischen Insignien am 15. abgelegt und öffentlich erklärt, ihm sei sein Amt zuwider, da er es der widerrechtlichen Entscheidung eines Tyrannen verdanke. Die Veteranen interpretierten richtig: Hier war einer, der die Maßnahmen Caesars für nichtig hielt, und das betraf auch die ihnen zugeteilten Ländereien.

Die Position der Männer um Brutus war verzweifelt schlecht, auch wenn die ersten Rededuelle erkennen ließen, daß die Mehrheit des Senats ihren republikanischen Eifer durchaus teilte. Antonius hatte die besseren Karten, und er spielte sie entschlossen aus. Kalt erinnerte er die Senatoren daran, daß ein Beschluß, der Caesar zum Tyrannen erkläre, nach den geltenden Gesetzen zwingend zur Folge habe, daß seine Leiche geschändet werden müsse und alle seine Verfügungen zu annullieren seien. Dies betreffe aber nicht nur die Landlose der Veteranen; vielmehr müßten auch alle von Caesar verliehenen Ämter und Würden – darunter mehrere hundert Senatssitze – für null und nichtig befunden werden.

Dies gab den Ausschlag – aus sachlichen und aus persönlichen Gründen. Caesars Dekrete und Gesetze zu beseitigen hieß in Italien und den Provinzen das Chaos heraufbeschwören; alle verteilten Reichtümer, Ämter und Würden einzuziehen bedeutete eine erneute Umwälzung der politischen Elite und bedrohte allzu viele mit dem politischen und sozialen Absturz. Die wilden Rufe und Tumulte vor dem von Veteranen umstellten Tempel erinnerten ohnedies seit Stunden daran, daß die dort Versammelten die moralische und rechtliche Vernichtung ihres Helden als Signal zum Bürgerkrieg hören würden. Jetzt stellte sich nach den Veteranen auch das Werk Caesars schützend vor den Toten.

Der Senat beugte sich. Er fand eine Regelung, die nach außen ein Kompromiß war, tatsächlich jedoch den Sieg des Antonius besiegelte: Alle Verfügungen (*acta*) Caesars – darunter seine noch unveröffentlichten Pläne im Besitz des Antonius – wurden für rechtsgültig erklärt. Seine Mörder erhielten »Amnestie« – ein Antrag Ciceros, dem zur rechten Zeit Begriff und Beispiel aus der Geschichte Athens einfielen. Am Abend wurde die hergestellte Eintracht durch gemeinsame Gastmähler besiegelt.

Aber es kam noch schlimmer. Am folgenden Tag garantierten spezielle Senatsbeschlüsse den Veteranen die bereits zugeteilten Landlose und die noch nicht erfüllten Ansprüche (Appian, 2,565). Das Testament Caesars wurde anerkannt und ein öffentliches Staatsbegräbnis für den 20. März beschlossen; die Leichenrede sollte Antonius halten. Der kluge Bankier Atticus warnte: Alles sei verloren, wenn Caesar im feierlichen Leichenbegängnis zu Grabe getragen werde (An Atticus 14,10,1). Er sollte recht behalten.

Am Morgen des 20. März strömten Zehntausende auf das Forum und füllten den Platz und die umliegenden Straßenzüge. Nur mühsam wurde der Bahre, auf der der tote Imperator lag, der Weg gebahnt. Freunde und Staatsbeamte trugen sie vor die Rednertribüne, begleitet von den Klageliedern der Sänger. Antonius hieß den öffentlichen Herold das Dekret des Senats vom Anfang des Jahres verlesen, das dem Toten unerhörte Ehren zugedacht hatte und das mit dem Eid endete, alle Senatoren wollten den Geehrten mit ihrem Leben schützen (Sueton, Caesar 84,2). Dann bestieg er selbst die Rednertribüne, pries die Kriegstaten Caesars und beklagte den Tod des Freundes, dessen blutbefleckte Kleider er in einer dramatischen Geste von der Bahre riß und der Menge zeigte. Am Schluß verlas er den Auszug des Testaments, der jedem Römer 300 Sesterzen zusprach und dem Volk die Gärten jenseits des Tibers öffnete. Was immer Antonius sonst noch gesagt haben mag – es wird sich nicht klären lassen, da Cicero fern geblieben war und die Berichte des Sueton, Appian und Dio widersprüchlich sind. Am Ende seiner Rede jedenfalls schlug die Stunde des Volkszorns.

Denn als sich der Trauerzug wieder zu ordnen versuchte und der Leichnam zu dem Scheiterhaufen, der auf dem Marsfeld errichtet war, gebracht werden sollte, stürzte die Menge auf die Bahre zu und hielt den Kondukt an. Hunderte türmten aus eilig herbeigeschafften Stühlen, Tischen und Bänken einen Scheiterhaufen, auf den der Tote gezerrt wurde. Als die Flammen aufloderten, warf die weinende Menge ins Feuer, was sie hatte: die Musiker ihre Posaunen, die Frauen ihren Schmuck, die Männer ihre Kleider und die Veteranen ihre Waffen, die sie so oft für den Toten geschwungen hatten. In dem wild lodernden Brand und unter dem Jauchzen und Schreien der außer Rand und Band geratenen Menge verbrannte der Eroberer Galliens, der fluchbeladene Sieger des Bürgerkrieges, der Abgott seiner Soldaten und der begnadete Krieger, der den Traum vom großen Feldzug ans Ende der Welt nun nicht mehr verwirklichen konnte.

Das immer neu genährte Feuer brannte lange. Viele stürzten sich auf die Häuser der Mörder und verwüsteten, was ihnen in die Hände fiel. Der Rachekrieg hatte begonnen. Der Schatten des Toten begann zu leben und forderte Genugtuung. Sie wurde ihm überreich zuteil.

Der Schatten des Toten

»Was unsere Helden vollbringen konnten«, lobte Cicero, als er am 10. April Bilanz zog, »haben sie getan – herrlich und ruhmreich. Für das Weitere bedarf es Geld und Soldaten; an beiden fehlt es uns« (An Atticus 14,4). Beides galt es nun zu beschaffen. Denn für die kommenden Jahre sollte das Gesetz gelten, dessen Herrschaft Cicero bereits im Herbst 46 kommen sah: »Denn geschehen wird, was die wollen, die die Macht in der Hand haben. Und die Macht wird immer bei den Waffen sein« (An seine Freunde 9,17,2).

Brutus und Cassius fanden sie, ihre Gegner natürlich auch. Und keiner von ihnen dachte daran, sie vor der endgültigen Entscheidung aus der Hand zu legen. Jetzt sollte dem Sieger alles gehören. Wer von den Verschwörern Glück hatte, fiel auf den Schlachtfeldern des neuen Bürgerkrieges; andere wurden gehetzt und auf der Flucht erschlagen oder zogen, umstellt, den Selbstmord vor. »Von seinen Mördern aber«, schrieb rückblickend Sueton, »überlebte ihn fast keiner länger als drei Jahre, und keiner starb eines natürlichen Todes. Nachdem sie alle verurteilt waren, fand der eine auf diese, der andere auf jene Weise ein gewaltsames Ende, ein Teil durch Schiffbruch, ein anderer in der Schlacht. Einige nahmen sich mit demselben Dolch, mit dem sie Caesar verletzt hatten, das Leben« (Caesar 89).

Die Zukunft gehörte jetzt für viele Jahrhunderte den Alleinherrschern und nicht mehr der Republik. Denn obwohl sie an der Leiche Caesars triumphierte, wurde sie mit ihm begraben. Trotzdem darf das schnelle Scheitern ihrer Verteidiger und ihr (vom Ende her besehen) dilettantisches Vorgehen nicht zu dem Schluß führen, es wäre ihnen vornehmlich um eine subjektive Geste, das Setzen eines moralischen Zeichens in einer ansonsten ohnehin verlorenen Welt gegangen. Ganz im Gegenteil: Auch sie waren wie ihre Feinde bereit, die überkommenen Spielregeln der Republik außer Kraft zu setzen, um zu gewinnen. Ihr Scheitern empfanden sie denn auch als Niederlage, und daß andere daraus einen moralischen Sieg machten, lag allein an der wilden Entschlossenheit, mit der sie bis zum letzten Atemzug um die Macht kämpften. Es entsprach dies ihrer Herkunft und ihrem aristokratischen Selbstverständnis. Und erst als alles, was ihnen an Macht und Ehre wichtig schien, im Angesicht des Todes bedeutungslos geworden war, verliehen andere ihren Taten eine zeitlose Würde, schufen ihnen das Anrecht auf eine anhaltende Erinnerung. Vor ihr wogen Sieg oder Niederlage nichts. Denn sie maß allein nach moralischen Kriterien.

Die Zukunft hörte auch nicht auf Caesar. Ihm blieben die Rache und das richtige Urteil über die Folgen seines gewaltsamen Todes, der nichts heilen, sondern alles verschlimmern würde. Anders als Alexander, von dem eine neue Epoche der griechischen Geschichte ihren Ausgang nahm, ist Caesar Teil einer zusammenbrechenden Rechtsordnung und in die Verantwortung für ihre Zerstörung eingebunden. Der Adoptivsohn und monarchische Neugründer Roms, Augustus, rächte seinen Tod durch Gesetz und Krieg. Den Staat, die Herrschaft, das Reich aber baute er nach Vorstellungen auf, die nichts dem politischen Werk Caesars schuldeten. Allein die Götter liehen ihm weiterhin ihre Gunst, denn Jupiter ließ ihn durch Venus, die Stammutter der Julier, unter die Sterne versetzen:

»... ihres Caesar
Seele entreißt sie dem Leib, sie läßt die eben verhauchte
nicht in die Lüfte sich lösen und bringt sie den himmlischen Sternen,
fühlt im Tragen, wie sie von Licht und Feuer erfaßt wird,
gibt aus dem Busen sie frei, die höher fliegt als der Mond und,
nach sich ziehend weit einen feurigen Schweif von Flammen,
glänzt als ein Stern.«
(Ovid, Metamorphosen 15,844 ff.; Übers.: E. Rösch)

Literatur

Übersichten über die Quellen zu jedem behandelten Ereignis finden sich bei M. Gelzer, Iunius (Brutus), in: Pauly + Wissowa (Hgg.), Realencyclopädie der klassischen Altertumswissenschaft, Band 19, 1918, Sp. 973 ff. und T.R.S. Broughton, The Magistrates of the Roman Republic II, Cleveland 1952 (zu den Jahren 46–41).

Die moderne Forschung erschließen H. Gesche, Caesar, Darmstadt 1976, S. 142 ff., J. Bleicken, Geschichte der römischen Republik, 4. Auflage 1992, S. 87 ff. und K. Christ, Caesar. Annäherungen an einen Diktator, München 1994 (dort findet sich auch ein Überblick über die Rezeptionsgeschichte).

Münze des Caesarmörders Brutus. Brutus selbst prangt wie ein hellenistischer Monarch auf der Vorderseite der Münze, die mit ihrer Rückseite – die Filzkappe des freigelassenen Sklaven zwischen zwei Dolchen – die Befreiung Roms von einem Monarchen feiert.

Heinz Halm

Die Assassinen 1092 bis 1273

Im Jahre 1152 fand in Tripolis an der Libanonküste eine Konferenz der drei Kreuzfahrerstaaten statt, die der König von Jerusalem, Balduin III., einberufen hatte. Der König selber war mit seiner Mutter und den Großen seines Reiches erschienen; aus Antiochia war die Fürstin Konstanze mit dem Patriarchen und seinen Bischöfen angereist; Gastgeber war der Graf von Tripolis, Raimund II. aus dem Haus der Grafen von Toulouse. Eine internationale Konferenz also mit hochkarätiger Besetzung – eine Zielgruppe, von der ein Attentäter nur träumen kann.

Als die Fürstin nach Antiochia heimkehrte, gab ihr Graf Raimund mit einigen Rittern ein Stück Weges das Geleit, doch »als er, nichts Böses ahnend, durch das Stadttor einritt, wurde er am Eingang des Tores [...] von den Dolchen der Assissinen niedergestreckt und fand ein klägliches Ende. [...] Als die Ermordung des Grafen bekannt wurde, geriet die ganze Stadt in Aufregung; die Bevölkerung eilte zu den Waffen und machte alle, die ihre Sprache oder ihre Kleidung als Fremde verriet, ohne Unterschied nieder, da sie in ihnen die Mörder vermutete.« (Wilhelm von Tyros, *Chronicon*, 17, 19).

Der Anschlag auf den Grafen von Tripolis im Jahre 1152 ist der erste Mord dieser Art an einem christlichen Fürsten. Der Chronist nennt die Attentäter *assissini* und erklärt dazu:

»In der Provinz von Tyros, die Phönizien heißt, gibt es in der Umgebung des Bistums Antaradus [heute Tartûs] ein Volk, das zehn Burgen mit dem dazugehörigen Umland besitzt. [...] Diese haben die Gewohnheit, sich ihren Herrn nicht aufgrund erblicher Nachfolge, sondern nach dem Vorrang des Verdienstes selbst zu geben und einen Meister zu wählen, den sie, alle anderen Ehrentitel verschmähend, den Alten (*senex*) nennen, dem sie sich dermaßen zu Unterwerfung und Gehorsam verpflichten, daß es nichts Hartes, Schwieriges oder Gefährliches gibt, das sie nicht auf des Meisters Geheiß inbrünstig zu erfüllen trachten. Wenn ihm und seinem Volk etwa irgendwelche Fürsten mißliebig oder verdächtig sind, gibt er einem – oder auch mehreren – der Seinen einen Dolch, und dieser strebt dorthin, wohin er befohlen worden ist, ohne zu erwägen, wie die Sache ausgehen könnte und ob er davonkommen würde [...] Diese Leute nennen die Unsrigen wie auch die Sarrazenen *assisini*, ohne daß wir wissen, wovon dieser Name abgeleitet ist.« (Ibid., 20, 29).

Der zweite frühe abendländische Bericht über die syrischen Assassinen findet sich in der Slavenchronik des Lübecker Abtes Arnold. Dieser ist selber nie im Heiligen Land gewesen; sein Gewährsmann ist ein Straßburger Domherr namens Gerhard, der 1175 als Gesandter Kaiser Friedrich Barbarossas zu Sultan Saladin nach Kairo und Damaskus gereist war:

»Merke, daß es im Gebiet von Damaskus, Antiochia und Aleppo in den Bergen ein Volk der Sarrazenen gibt, das in ihrer eigenen Umgangssprache *Heysessini* und auf Romanisch *segnors de montana* [die Alten vom Berge] heißt. [...] Sie wohnen in den Bergen und sind nahezu unüberwindlich, da sie sich in schwer befestigte Burgen zurückziehen. Ihr Land ist nicht sehr fruchtbar; daher leben sie von der Viehzucht. Sie haben auch ihren eigenen Herrn, der nicht nur allen Sarrazenenfürsten nah und fern größte Furcht einflößt, sondern auch den christlichen Nachbarn und ihren Großen, denn er hat die Gewohnheit, sie auf außergewöhnliche Weise umzubringen. Höre, wie er das macht! Dieser Fürst hat in den Bergen viele wunderschöne Paläste, von sehr hohen Mauern derart umschlossen, daß der Zugang nur durch eine kleine, sorgfältig bewachte Tür möglich ist. In diesen Palästen läßt er zahlreiche Söhne seiner Bauern von der Wiege an großziehen und sie verschiedene Sprachen lernen – Latein, Griechisch, Romanisch, Sarazenisch und andere mehr. Ihnen wird von ihren Lehrern von frühester Jugend an bis zur Erreichung des Mannesalters gepredigt, sie müßten dem Herrn dieses Landes in allen seinen Worten und Vorschriften gehorsam sein; wenn sie das täten, dann würde er ihnen die Wonnen des Paradieses geben [...]. Merke wohl, daß sie, da sie von der Wiege an in den Palästen eingeschlossen sind, außer ihren Doktoren und Magistern nie einen anderen Menschen zu Gesicht bekommen und auch keine andere Disziplin erlernen, bis sie schließlich vor den Fürsten gerufen werden, um jemanden umzubringen. Wenn sie nun vor dem Fürsten erscheinen, fragt er sie, ob sie seinen Befehlen gehorchen wollten, damit er ihnen das Paradies zuteil werden lasse. Sie aber werfen sich so, wie sie es gelernt haben, ohne Widerspruch und ohne Schwanken ihm zu Füßen und antworten inbrünstig, sie wollten in allem, was er befehle, gehorchen. Daraufhin gibt der Fürst jedem von ihnen einen goldenen Dolch und schickt ihn aus, einen von ihm ausersehenen Fürsten zu töten.« (*Arnoldi Chronica Slavorum*, VII, 8)

Die beiden zitierten Berichte sind sachlich und nüchtern; es fehlen noch alle märchenhaften Ausschmückungen. Doch schon bei Arnold von Lübeck setzt die Legendenbildung ein. Am 28. April 1192 – zwei Jahre nach Barbarossas gescheitertem Kreuzzug – wurde in Tyros der König von Jerusalem, Konrad von Montferrat, von zwei Assassinen ermordet – für Arnold der Anlaß, einige Geheimnisse der Assassinen zu »enthüllen«: ihr Oberhaupt, der »Fürst der Berge« (*princeps de montanis*), auch »der Alte des Fürstentums« (*principatus senex*) genannt, betöre junge Leute durch einen Rauschtrank und gaukele ihnen so das Paradies vor, um sie sich gefügig zu machen und sie für die von ihm geplanten Mordtaten zu benutzen; manche stürzten sich auf seinen Befehl von der Mauer in den Tod; »am seligsten aber, so versichert er, seien diejenigen, die Menschenblut vergössen und zur Strafe dafür umkämen.« (*Op. cit.*, IV, 16).

Hier taucht zum ersten Mal das Motiv des Drogenrausches auf, mit dessen Hilfe der Alte vom Berge sich seine Mordbuben gefügig gemacht haben soll, indem er sie einen Blick in das verheißene Paradies tun ließ. Noch weiter ausgeschmückt ist diese Legende in dem bekannten Bericht des Marco Polo (*Milione* XLI–XLIII). Marco Polo lokalisiert den »Alten vom Berge« in Persien; für die christlichen Autoren der Kreuzfahrerstaaten dagegen saß er in Syrien; sie wußten lange Zeit nicht, daß die Assassinen von einem Zentrum in Iran aus gesteuert wurden. Der erste Autor, dem dies klar wurde, war der spanische Jude Benjamin von Tudela, der auf seiner Orientreise im Jahre 1167, auf der er bis nach Bagdad gelangte, erfuhr, daß eine in Iran beheimatete Sekte, »die auf Berggipfeln lebt«, mit dem »Alten im Land der Assassinen« – also in Syrien – in Zusammenhang stand. (*The Itinerary of Benjamin of Tudela*, ed./trad. M. N. Adler, 53 f.) Erst zu Beginn des 13. Jahrhunderts weiß auch der Bischof von Akkon, Jacques de Vitry, daß die Sekte »weit im Osten« beheimatet ist, »nach der Stadt Bagdad und Teilen der Provinz Persis hin«. Und als der flämische Franziskaner Wilhelm von Rubruck 1253 im Auftrag König Ludwigs IX. des Heiligen von Frankreich an den Hof des mongolischen Großkhans reiste, erfuhr er in Iran, daß die Berge der Assassinen im Norden des Landes – südlich des Kaspischen Meeres – lägen.

Arnold von Lübeck bezeichnet die *Heysessini* als eine »Sekte«, die indes an keinen Gott glaube und den Islam gänzlich mißachte, ja sogar Schweinefleisch esse; auch Wilhelm von Tyros weiß zu berichten, daß sie vierhundert Jahre lang dem islamischen Gesetz treu gewesen seien, bis der Alte vom Berge, »angewidert von der unreinen Lehre, die er mit der Muttermilch eingesogen«, sich von dem »Verführer Mohammed« abgewandt und alle religiösen Vorschriften über Bord geworfen habe. Daran ist etwas Wahres, doch wußten die christlichen Autoren über die religiösen Vorstellungen der Assassinen nichts Genaues.

In den islamischen – arabischen und persischen – Quellen werden die *assassini* der Lateiner *al-bâtiniyya* genannt, vom arabischen *al-bâtin*, »das Innere, das Verborgene«, im Sinne von »geheime Bedeutung«, da die Anhänger der Sekte jedem Koranvers, jedem Gebot oder Verbot des islamischen Gesetzes, einen geheimen Sinn unterlegten, der nur den Eingeweihten bekannt war. Man könnte den Namen also mit »Allegorisierer« wiedergeben. Wir kennen diese Sekte heute unter dem Namen »Ismailiten«; ihr Oberhaupt, der Agha Khan, hat es auch in Europa zu gesellschaftlicher Prominenz gebracht. Die *assassini* der Kreuzfahrer oder die *bâtiniyya* der Muslime sind ein Zweig der Ismailiten-Sekte, die wiederum zu dem größeren Kreis der schiitischen Bekenntnisse gehört.

Die religiösen Doktrinen und die Geschichte der Ismailiten sind erst seit dem Beginn des 19. Jahrhunderts eingehend erforscht worden, doch ist uns heute die jahrhundertelang geheimgehaltene Literatur der Ismailiten zugänglich; sie ist durch zahlreiche Editionen – auch durch Publikationen ismailitischer Wissenschaftler, die in England oder den USA wirken – erschlossen. Die wissenschaftliche Erforschung der Originalquellen hat mit den uralten Legenden, Vorurteilen und bösartigen Verleumdungen, denen die Ismailiten ausgesetzt waren, gründlich aufgeräumt. Die Ismailiten sind Schiiten, die die Nachfolge des Propheten Mohammed dessen Nachkommen vererbt glauben. Wie die sog. Zwölfer-Schiiten Irans verehren sie eine Reihe von Imamen – Oberhäuptern des Islam –, in denen sich die göttliche Weisheit vererbt; der heutige Agha Khan gilt ihnen als der leibliche Nachkomme und rechtmäßige Erbe des Propheten in der 49. Generation. Die Ismailiten-Sekte ist um etwa 850 erstmals nachweisbar; damals beginnt innerhalb des Kalifenreiches von Bagdad ihre Mission und konspirative Tätigkeit, die vom Irak ihren Ausgang nimmt; innerhalb von nur einem Vierteljahrhundert überziehen die »Rufer«, die ismailitischen Werber und Missionare, die gesamte islamische Welt – vom Maghreb bis zum Indus, vom Kaspischen Meer bis zum Jemen – mit einem Netz konspirativer Zellen, deren Ziel es ist, den Widerstand gegen den Kalifen von Bagdad zu organisieren, den sie als Usurpator verwerfen, und das Kommen eines verheißenen messiasähnlichen Retters aus dem Geschlecht des Prophten, des Mahdi (arabisch »der Rechtgeleitete«), vorzubereiten. Die Erwartung eines nahe bevorstehenden Umschwungs und Neubeginns ist der Kern der Botschaft: die Endzeit wird bald anbrechen, die bestehende politische Ordnung muß hinweggeräumt werden, um dem gottgewollten Reich des Mahdi Platz zu machen. Im Jahre 909 hat diese religiös-politische Propaganda – die zunächst das Mittel des Meuchelmordes nicht kennt – ihren ersten großen Erfolg: die Ismailiten gründen im heutigen Tunesien ein schiitisches Gegenkalifat unter der Dynastie der Fatimiden, d.h. der Nachkommen Fatimas, der Tochter des Propheten Mohammed. 969 besetzen die Fatimiden Ägypten und gründen dort ihre neue Hauptstadt Kairo, und von da an bis zum Ende der Fatimiden-Dynastie 1171 ist Kairo der Mittelpunkt des ismailitischen Islam; der fatimidische Kalif von Kairo, der nicht nur über Nordafrika und Ägypten, sondern auch über Palästina und Syrien herrscht, ist das Oberhaupt der Sekte. Die heutigen Agha Khane führen ihren Stammbaum auf diese Kairiner Kalifen zurück. Die Fatimiden-Kalifen in Kairo sind allerdings für die Serie von Mordanschlägen der »Assassinen« nicht verantwortlich; einer von ihnen ist sogar selbst Opfer eines Assassinats geworden. Die Attentate haben in der religiösen Lehre der Ismailiten keinerlei Verankerung; auch in den geheimsten Schriften der Sekte, die wir heute alle kennen, ist nirgendwo davon die Rede. Es handelt sich tatsächlich um politisch motivierte Attentate, nicht etwa um religiöse Ritualmorde.

Die politische Konstellation der islamischen Welt – die Rivalität zwischen dem sunnitischen Kalifat in Bagdad und dem schiitisch-ismailitischen Kalifat in Kairo – bildet also den Rahmen für das Auftreten der Assassinen; die Kreuzfahrer sind dabei nur eine Randerscheinung. Die Attentate richten sich vor allem gegen Repräsentanten des östlichen Kalifats: Kalifen, Wesire, Gouverneure, Richter und Prediger – also gegen das sunnitische *establishment*. Doch – wie schon gesagt – es ist nicht der Kalif in Kairo, der dahinter steckt, sondern eine Gruppe von Kairo abtrünniger radikaler Aktivisten, denen die mühsame Überzeugungsarbeit der ismailitischen Missionare zu lange dauerte und die die verheißene Endzeit herbeizwingen wollten, indem sie die Repräsentanten der herrschenden Ordnung aus dem Wege räumten: wer die Feinde der gottgewollten Erneuerung beseitigt, beschleunigt das Kommen des verheißenen Endreichs.

Der Gründer dieser Gruppe, Hasan-e Sabbâh (Hasan, Sohn oder Nachkomme des Sabbâh), ist uns sehr gut bekannt, da seine Autobiographie (fragmentarisch) erhalten ist. Ursprünglich Zwölfer-Schiit, gehörte er also jener Hauptrichtung der Schia an, die heute in Iran Staatsreligion ist; er wurde in Ghom (Qom), dem heutigen Zentrum der iranischen Schiiten, geboren. Bald jedoch geriet er an ismailitische Werber, die ihn für die Sekte gewannen; nach seiner Autobiographie spielte eine schwere Krankheit eine Rolle bei dem Entschluß zur Konversion. 1071 oder 1072 legte er das Gelübde ab, das ihn an die Sekte band; nach Ausbildung und Wanderjahren in Iran und Irak kam er 1078 über Damaskus und Beirut nach Kairo, wo er etwa drei Jahre lang blieb, um selbst zum Missionar ausgebildet zu werden. 1081 finden wir ihn wieder in Isfahan, und in den nächsten neun Jahren bereiste er als Missionar seiner Sekte ganz Iran.

Die Taktik der Ismailiten war seit zweihundert Jahren immer dieselbe: zunächst gründeten sie geheime Zellen, entweder in den großen Metropolen, wo sie nicht besondern auffielen – etwa in Bagdad selber oder in Aleppo, Isfahan oder Samarkand –, oder in abgelegenen Gebirgsregionen, die von der Zentralgewalt kaum oder gar nicht zu kontrollieren waren – wie die Kleine Kabylei im heutigen Algerien, das jemenitische Hochland oder Dailam, die Gebirgsketten südlich des Kaspischen Meeres. Die Dailamiten – Iraner mit einem eigenen Dialekt – waren damals noch kaum islamisiert; sie spielten im Orient vom 10. bis 12. Jahrhundert eine ähnliche Rolle wie die Schweizer in Europa seit dem 15. Jahrhundert: die Söhne der Bergbauern, die auf ihren Almen kein Auskommen fanden, verdingten sich als Söldner in den Heeren der Kalifen und Sultane. Ismailitische Gemeinden gab es in Dailam schon seit dem Bestehen der Sekte, und auf dieses unzugängliche Bergland konzentrierte Hasan-e Sabbâh seine Missionstätigkeit.

Die zweite Phase der ismailitischen Mission – nach der Errichtung eines Netzes von Gemeinden und konspirativen Zellen, das von Andalusien bis Indien reichte – zielte ab auf die Gewinnung von befestigten Stützpunkten, vor allem Burgen in abgelegenen Gebieten, von denen der Kampf gegen das Kalifat von Bagdad nun mit militärischen Mitteln weitergeführt werden konnte. Am 4. September 1090 gelang Hasan-e Sabbâh ein spektakulärer Coup: er brachte die Burg Alamût in seine Hand. Alamût liegt auf einem über 1800 m hohen Felsen in einem Hochtal des Elburs-Massivs, zwischen Teheran und dem Kaspischen Meer. Hasan-e Sabbâh hatte die Besatzung der Burg, die einem lokalen Adligen gehörte, mit seinen Leuten unterwandert und erschien schließlich selbst verkleidet auf der Burg; als er sich dann zu erkennen gab, gab der Burgherr auf, ließ sich zur Abfindung einen Wechsel über 3000 Golddinare ausstellen und zog ab. Für fünfunddreißig Jahre hat Hasan-e Sabbâh nun das Felsennest nicht mehr verlassen – von 1090 bis zu seinem Tod im März 1124, und während dieser Zeit hat er die Fundamente für die mehr als anderthalb Jahrhunderte währende Aktivitäten der Assassinen gelegt.

Bis zu diesem Zeitpunkt hatte Hasan-e Sabbâh – wie alle anderen ismailitischen Agenten und Missionare auch – im Namen des Fatimiden-Kalifen von Kairo gewirkt. Im Jahre 1094 aber, vier Jahre nach der Einnahme von Alamût, nutzte er einen Thronfolgekonflikt und ein Schisma, um sich von Kairo loszusagen; er und seine Nachfolger in Alamût haben die letzten Fatimiden-Kalifen nicht mehr als ihre Imame und Oberherren anerkannt. Damit beginnt 1094 – zwei Jahre vor dem Beginn des ersten Kreuzzuges – die selbständige Entwicklung jenes radikalen Zweiges der Ismailiten, den wir »Assassinen« nennen (und den die Ismailiten selber als Nizârîs bezeichnen, da sie in dem erwähnten Schisma sich auf die Seite des Thronfolgers Nizâr geschlagen hatten).

Von Alamût aus betrieb Hasan-e Sabbâh nun also Mission auf eigene Rechnung, nicht nur in den Bergen von Dailam, sondern auch in anderen Gegenden Irans, vor allem in Nordostiran (Kôhistân), wo seit 1091/92 um die Städte Zûzan, Qâ'in, Tabas und Tûn eine Art ismailitischer Kleinstaat entstand. Ferner brachte Hasan weitere Burgen in Nordiran in seine Hand; die spektakulärsten Erfolge gelangen ihm 1096, als einer seiner Gefolgsleute, Buzurg-Ummîd, die Burg Lamassar einnahm, die nicht weit von Alamût auf einem steilen Felsen über dem Flußtal des Schâh-Rûd liegt; von diesem Buzurg-Ummîd stammen wohl die heutigen Agha Khane tatsächlich ab. Und im selben Jahr 1096 besetzten die Ismailiten die Burg Girdkûh, die die Straße von Rey (Teheran) nach Ostiran beherrscht; dieses uneinnehmbare Felsennest sollte sich am längsten von allen Assassinenburgen behaupten. Wenig später gelang den Leuten Hasans die Einnahme der Burg Schâhdiz in der Nähe von Isfahan; damit war eine der großen Metropolen des Reiches unmittelbar bedroht, doch die Zentralmacht konnte, obwohl sie mehrere Armeeen gegen die Burgen ausschickte, keine von ihnen einnehmen. Und nun beginnt die Serie von Attentaten, mit denen der Herr von Alamût, der ja selber über keine feldtauglichen Armeen verfügte, den Staat des Bagdader Kalifen und des eigentlichen weltlichen Machthabers, des Sultans aus der türkischen Familie der Seldschuken, zu erschüttern versuchte.

Das erste Opfer, das durch den Dolch eines Assassinen fiel, war am 16. Oktober 1092 Nizâm al-Mulk, der Wesir des Sultans, ein erbitterter Feind der Ismailiten, der vergeblich versucht hatte, sie zu vernichten. Durch eine aus Alamût stammende Quelle (Raschîd ad-Dîn) sind wir über die Vorbereitung des Anschlags unterrichtet; danach ließ Hasan-e Sabbâh seine jungen Leute kommen und fragte: »'Wer von euch ist willens, dieses Land von dem Übeltäter Nizâm al-Mulk Tûsî zu befreien?' Ein Mann namens Bû Tâhir Arrânî legte die Hand auf sein Herz, um seine Bereitschaft anzuzeigen.« Was dann geschah, verzeichnen die Chroniken der Zeit (hier Ibn Khallikân in der Biographie des Wesirs): Der Wesir »war in Begleitung des [Sultans] Malik Schâh auf dem Wege nach Isfahan. In der Nacht zum Samstag, dem 10. Ramadân 485 [der Hidschra] brach er das Fasten und bestieg dann wieder seine Sänfte. Als er in das Dorf Sahna in der Nähe der Stadt Nihâvend kam [...], stellte sich ihm ein dailamitischer Junge in den Weg, der wie ein Sufi [Derwisch] gekleidet war und der etwas Schriftliches in der Hand hatte. [*Es war üblich, Herrschern, Wesiren oder anderen hohen Beamten bei ihren Reisen oder Ausritten Zettel mit Petitionen oder Beschwerden zuzustecken.*] Da rief der Junge dem Wesir einen Segenswunsch zu und bat ihn, den Zettel entgegenzunehmen, und der streckte seine Hand aus, um ihn zu ergreifen; der Junge aber stieß ihm einen Dolch ins Herz. Man trug den Wesir in sein Zelt, wo er starb; der Mörder aber wurde auf der Stelle getötet, als er zu fliehen versuchte, denn er stolperte über einen Zeltstrick und fiel hin.«

Es war dies der erste von etwa fünfzig Anschlägen, die den Assassinen gelangen; manche schlugen allerdings auch fehl. Auf der Burg von Alamût feierte man jeden gelungenen Mord mit einem Freudenfest, und man registrierte die Namen der Opfer und der Täter in einer Art Ehrenliste, die überliefert ist. Die von Alamût gesteuerten Anschläge sind politische Attentate, die sich gezielt gegen die herrschende Zentralgewalt – das Bagdader Kalifat und das Sultanat der Seldschuken – richtet; eine »Strategie des kalkulierten Terrors« (B. Lewis, *Die Assassinen*, 75).

Es wurde Mode, Brustpanzer unter der Oberkleidung zu tragen. 1103 wurde der Mufti von Isfahan in der Moschee der Stadt ermordet; 1107 fiel im ostiranischen Nischâpûr der Wesir Fakhr al-Mulk, der Bruder des Nizâm al-Mulk, 1108 der Kadi von Isfahan, einer der erbittertsten Gegner der Ismailiten; auch ihn erwischten sie in der Moschee, trotz des Harnischs, den er trug; im selben Jahr wurde der Kadi von Nischapur getötet. Die sunnitischen Muftis, Kadis und Freitagsprediger waren besonders beliebte Ziele, weil sie in ihren Fatwas (Rechtsgutachten) und in ihren Predigten die Ismailiten zu Nichtmuslimen oder – schlimmer noch – zu Apostaten erklärten. 1121 schlugen die Assassinen erstmals in Kairo zu;

drei aus Syrien eingeschleuste Männer streckten den Wesir und höchsten Militär al-Afdal nieder; allerdings verstummten die Gerüchte nicht, der fatimidische Kalif selber habe die Assassinen kommen lassen, um sich seines übermächtig gewordenen Ministers zu entledigen.

Als Hasan-e Sabbâh 1124 ohne Söhne starb, folgte ihm der schon erwähnte Buzurg-Ummîd, der Herr der Burg Lamassar, der Ahnherr der künftigen sechs Herren von Alamut und Vorfahr der späteren Aga Khane. Während seiner vierzehnjährigen Herrschaft (1124–1138) verzeichnet die Ehrentafel von Alamût eine Reihe prominenter Opfer: 1126 wurde der Gouverneur von Mossul am Tigris von acht Assassinen ermordet, die sich als Derwische verkleidet hatten – eine beliebte Tarnung, denn die Derwische wurden als heilige Männer hoch verehrt und hatten bei ihren Bettelgängen überall Zutritt. 1127 wurde der Wesir Mu'în ad-Dîn, ein notorischer *hardliner* im Vorgehen gegen die Ismailiten, von zwei jungen Assassinen, die bei ihm als Reitknechte Dienst genommen hatten, erstochen. 1130 ermordeten Assassinen in Kairo erstmals einen Fatimidenkalifen, al-Âmir, und 1139 traf es erstmals auch einen Bagdader Kalifen, al-Mustarschid; auch hier hielt sich übrigens das Gerücht, daß der Seldschukensultan Mas'ûd sich der Assassinen bedient habe. Dann fielen kurz nacheinander die Gouverneure von Isfahan, von Täbriz und Marâgha (Aserbeidschan) sowie der Mufti von Qazvîn (westlich von Teheran). 1131 war der Emir von Damaskus, Buri, von zwei Assassinen, die sich als türkische Söldner verkleidet hatten, erstochen worden; die Attentäter wurden auf der Stelle von der Leibwache in Stücke gehackt.

Unter dem dritten Großmeister von Alamut, Buzurg-Ummîds Sohn Muhammad I. (1138–1162), verzeichnet die Liste vierzehn Morde, z. B. an dem abgesetzten Bagdader Kalifen ar-Râschid in Isfahan, dem Seldschukensultan Dâwûd (1143) in Täbriz, auf den vier Attentäter angesetzt waren, und an den Kadis von Hamadân und von Tiflis (Georgien), die in ihren Fatwas die Ismailiten als Abtrünnige für vogelfrei erklärt hatten.

Seit 1106 operierten die Sendboten von Alamût auch in Nordsyrien in unmittelbarer Nähe der 1098/99 gegründeten Kreuzfahrerherrschaften; der normannische Fürst von Antiochia, Tankred, war der erste christliche Fürst, der mit ihnen zusammenstieß, als er ihnen 1106 die Burg Apameia (Afâmiya) am Orontes wegnahm. Seit dem Jahr 1133 gelang es den Assassinen, mehrere Burgen im syrischen Küstengebirge in ihre Hand zu bringen – sei es durch Kauf oder gewaltsam. Die erste war 1133 al-Qadmûs auf dem Kamm des Gebirges; weitere Burgen folgten, als wichtigste 1140 Masyâf am Osthang des Gebirges, am Rande der Orontes-Senke. Die Burg von Masyâf wurde zum Mittelpunkt des kleinen syrischen Territorialstaates der Assassinen, mit dem es die Kreuzfahrer vor allem zu tun hatten und wo sie ihren *segnor de montana* oder *senex principatus*, ihren *Alten vom Berge* lokalisierten. Der kleine Bergstaat der syrischen Assassinen lag auf der

Nahtstelle zwischen dem islamischen und dem christlich-fränkischen Machtbereich. Da der Hauptgegner der Assassinen aber das östliche Kalifenreich war, kamen Attentate auf christliche Fürsten recht selten vor, ja es gab gelegentlich sogar begrenzte Koalitionen zwischen Kreuzfahrern und Assassinen. Christliche wie muslimische Fürsten sollen sich der Assassinen bedient haben, um ihre Gegner aus dem Weg räumen zu lassen.

In der halb sagenhaften Gestalt des Alten vom Berge ist der Herr von Alamût, Hasan-e Sabbâh, verschmolzen mit dem Herrn von Masyâf, Râschid ad-Dîn Sinân, einem aus Basra im Irak stammenden ismailitischen Missionar, der, nachdem er in Alamût seine Ausbildung erhalten hatte, nach Syrien geschickt worden war, um die Leitung der dortigen Burgen zu übernehmen. Von Masyâf aus hat er dreißig Jahre lang – von 1162 bis zu seinem Tod 1192 – an der Spitze des syrischen Assassinenstaates gestanden, der sich unter seiner Führung sowohl politisch wie auch religiös weitgehend von Alamût unabhängig gemacht zu haben scheint.

Ein gefährlicher Feind erwuchs den Assassinen in Sultan Saladin. Der kurdische Condottiere riß 1171 die Macht in Kairo an sich, machte dem fatimidischen Kalifat ein Ende und verhalf dem Sunnitentum wieder zur Vorherrschaft; 1174 dehnte er seine Macht auch auf Syrien aus. Damit stand den Kreuzfahrern wie auch den Assassinen zum ersten Mal ein ägyptisch-syrischer Einheitsstaat gegenüber, der beiden gefährlich werden konnte. Es verwundert nicht, daß Râschid ad-Dîn Sinân seine Assassinen auf Saladin ansetzte; zweimal entging der Sultan nur knapp den Anschlägen. Von da an war er auf seine Sicherheit bedacht; er soll im Feldlager nur noch in einem eigens konstruierten hölzernen Turm geschlafen haben. 1176 belagerte Saladin den Alten vom Berge Râschid ad-Dîn Sinân in seiner Burg Masyâf, mußte die Belagerung jedoch abbrechen. 1192 wurde, wie schon erwähnt, der König von Jerusalem, Konrad von Montferrat, in Tyros von Assassinen ermordet, die sich als christliche Mönche verkleidet hatten. Es war die letzte Aktion des Râschid ad-Dîn Sinân, der wenig später in Masyâf starb.

Im 13. Jahrhundert wandeln sich die drei assassinischen Herrschaftsgebiete – die syrischen Burgen um Masyâf, das Gebiet um Alamût und das ostiranische Kôhistân – zu fast normalen Territorialstaaten mit erblichen Dynastien, die sich in den bunten politischen Flickenteppich des Kalifenreiches einfügen und von ihren sunnitischen Nachbarn geduldet, anerkannt und gelegentlich sogar als Verbündete gesucht werden. Erleichtert wurde dies dadurch, daß der sechste Großmeisters von Alamût, Dschalâl ad-Dîn Hasan III. (1210–1221), sich von den religiösen Lehren der Ismailiten abkehrte und sich den Sunniten näherte; er schloß sogar mit dem Kalifen von Bagdad ein Bündnis. Infolge dieser religiösen Restauration konnten die Assassinen nun in die panislamische Front gegen die Kreuzfahrer eingebunden werden. Die Folge dieses Wandels war, daß fortan keine Anschläge mehr auf muslimische Große stattfanden, dagegen mehrere Kreuzfahrer den Assassinen zum Opfer fielen. Als Kaiser Friedrich II. 1227 ins Heilige Land kam, hielt er es daher für nötig, sich das Wohlwollen des Herrn von Masyâf mit Geschenken im Wert von 80 000 Golddinaren zu erkaufen. Doch schon bald wendete sich das Blatt: der Johanniterorden überzog das Gebiet der Assassinen mit Krieg und machte sich den Alten vom Berge sogar tributpflichtig. Die Assassinen hielten sich anderweitig schadlos: sie versuchten nun, den Schrecken, der noch immer von ihrem Namen ausging, in klingende Münze zu verwandeln: sie drohten christlichen wie muslimischen Fürsten mit Anschlägen, auf die sie verzichteten, wenn man sie entsprechend bezahlte – »Schutzgelderpressung« nennt man das heute. Als 1250 König Ludwig IX. von Frankreich auf seinem Kreuzzug nach Akkon kam, dauerte es daher auch nicht lange, bis die Emissäre des Alten vom Berge vor ihm erschienen – malerische Gestalten, darunter »ein Jüngling, der hielt drei Messer in der Faust, von denen jedes im Heft des andern steckte. Diese Messer hätte er dem König gereicht als Zeichen der Herausforderung und Kampfansage«, wenn der König die Gesandten nicht empfangen hätte. »Hinter dem, der die drei Messer hielt, kam ein anderer, der hatte um den Arm ein langes, grobes Tuch gewunden, das hätte er dem König als Leichentuch dargeboten, wenn er die Aufforderung des Alten vom Berge zurückgewiesen hätte« (Joinville, *Histoire de Saint Louis*). Doch das drohende Auftreten macht auf die Kreuzfahrer keinen Eindruck mehr; die Großmeister des Johanniter- und des Templerordens springen mit den Abgesandten des Alten vom Berge recht grob um, drohen, sie zu ersäufen und verlangen in harschen Worten den fälligen Tribut, den der Alte vom Berge dann auch kleinlaut zahlt. Ein bretonischer Franziskaner, Bruder Yves, besucht sogar den Alten vom Berge auf seiner Burg Masyâf; er berichtet: »Wenn der Alte ausritt, lief vor ihm ein Ausrufer her, der eine dänische Axt mit einem langen Stiel trug, der ganz mit Silber überzogen war und voll von Messern, die darin steckten; der rief aus: ›Wendet euch um vor dem, der den Tod der Könige in seiner Hand trägt!‹« (Joinville). Den Tod der Könige trug der Alte vom Berge zwar schon lange nicht mehr in seiner Hand, doch die Furcht ging noch immer um. Joinville, der Begleiter und Biograph König Ludwigs des Heiligen, berichtet, wie er selbst einmal, als sein König in Sidon die Messe hörte, mißtrauisch einen der Meßdiener – »groß, schwarz, hager und ganz struppig« – ins Auge faßte, weil er ihn für einen möglichen Assassinen hielt – zu Unrecht, wie sich dann herausstellte.

Nur sechs Jahre nach diesen Ereignissen kam der Anfang vom Ende der Assassinen. Die Mongolen wollten in ihrem Reich die Assassinen nicht als Staat im Staate dulden. Als der Enkel Dschingis Khans, Hülägü, 1256 von Zentralasien her in Iran einfiel, setzte er sich als erstes Ziel, die Assassinen-Burgen zu unterwerfen. Der Khan hätte sich wohl mit einer förmlichen

Unterwerfung des letzten Großmeisters von Alamût, Rukn ad-Dîn Khûrschâh (1221–1256), begnügt, doch der versuchte zu taktieren, und so begannen die Mongolen ihre Belagerungsringe um die Burgen der Assassinen zu legen. Als erster kapitulierte der Großmeister selber mit der Burg Maimûndiz; er wurde von Hülägü ehrenvoll aufgenommmen und begleitete den Khan auf dessen weiteren Feldzügen. Die meisten Burgen kapitulierten daraufhin auf Geheiß ihres Herrn und Meisters kampflos; Alamût ergab sich Anfang Dezember 1256; die Besatzung zog ab, und die Mongolen besetzten die Burg. Hülägüs Wesir, der Iraner Dschuwainî (Juvaini), erhielt die Erlaubnis, die Bibliothek von Alamût zu sichten; ihm verdanken wir die Zitate aus der Autobiographie des Sektengründers Hasan-e Sabbâh, die sich dort fand. Da die meisten Bücher jedoch ketzerischen Inhalts waren, ging die Bibliothek mit der ganzen Burg in Flammen auf. Lamassar ergab sich erst 1258 – im selben Jahr, als Bagdad von den Mongolen eingenommen wurde –, und Girdkûh konnte erst 1270 bezwungen werden. Danach brauchte Hülägü seinen Gefangenen nicht mehr; zunächst ließ er dessen Angehörige und sein Gesinde umbringen; ihn selber verbrachte man in die Mongolei an den Hof des Großkhans Möngke, der ihn aber nach Persien zurückschickte; auf dem Weg dorthin wurde der letzte Großmeister von Alamût abseits der Straße gelockt und umgebracht.

Die Burgen der syrischen Assassinen fielen kurz darauf, aber nicht durch die Mongolen, sondern durch den neuen Herrn von Ägypten und Syrien, den Mamlukensultan Baibars von Kairo (1260–1277). Dieser ließ 1271 den letzen syrischen »Alten vom Berge«, Rukn ad-Dîn, nach Kairo deportieren; in den Jahren 1271 bis 1273 wurden die letzten Burgen eingenommen. Die Bevölkerung der Dörfer wurde jedoch nicht zum sunnitischen Islam zwangsbekehrt; zwar erklärten die Muftis sie in ihren Fatwas für Ungläubige und Nichtmuslime, aber nicht um sie auszurotten, sondern um sie besteuern zu können: sie mußten – ähnlich den Christen und Juden – eine Kopfsteuer zahlen, und dies bis in die Zeit der Osmanen. Noch heute ist die Bevölkerung der Region von Masyâf und al-Qadmûs ismailitischen Glaubens.

Zum Schluß muß der geheimnisvolle Name *»Assassinen«* erklärt werden, der schon in Dantes *Divina Commedia* in der Bedeutung von »Meuchelmörder« vorkommt (Inferno XIX, 48: *lo perfido assesin*). Nach der eingangs zitierten Bemerkung Wilhelm von Tyros' wurde der Name auch von den Arabern verwendet: »Die Unsrigen wie die Sarrazenen nennen sie *assissini*, ohne daß wir wissen, wovon der Name abgeleitet ist.« Erst 1809 gelang dem französischen Orientalisten Silvestre de Sacy in einer dem *Institut de France* vorgelegten Denkschrift die Lösung des Rätsels. Die syrischen Assassinen werden in den syrisch-ägyptischen Chroniken meist als *fidâ'iyyûn* (Gen./Dat./Akk.: *fidâ'iyyîn*) – »Selbstaufopferer« – genannt, mit einem Wort, das in der Form »Fedayin« auch in die Sprache unserer

Medien eingegangen ist. Daneben aber kommt, wie de Sacy entdeckt hatte, bei den ägyptischen und syrischen Chronisten – etwa bei Abû Schâma (1203–1264), Ibn Muyassar (1231–1278) oder Ibn ad-Dawâdârî (gest. 1331) – der Name *al-haschîschiyya* vor – die Haschischiten. Das Wort ist von arabisch *haschîsch* abgeleitet, das ursprünglich einfach »Gras« bedeutet, dann aber besonders den Indischen Hanf und das daraus gewonnene Rauschgift bezeichnet. Dem Wort *Haschîschiyya* (kollektiv) oder *Haschîschiyyûn* (Plural) entspricht das *heyssessini* des Arnold von Lübeck und das *assissini* des Wilhelm von Tyros. Der Name kommt indes nur in den arabischen Quellen vor, und zwar ausschließlich als Bezeichnung der syrischen Sekte; in den iranischen Quellen findet er sich nicht. Warum aber wurden die Sektierer in Syrien als »Haschisch-Leute« bezeichnet? De Sacy nahm an, daß sie tatsächlich Drogen nahmen. Dies aber wird von keiner einzigen unserer Quellen behauptet – schon gar nicht, daß sie ihre Anschläge im Rausch begangen hätten; die Präzision von Planung und Ausführung wäre mit Leuten, die *high* waren, auch gar nicht möglich gewesen. *Haschîschî* ist wahrscheinlich ein syrisches Slangwort, das soviel wie »nicht ganz klar im Kopf« bedeutet (B. Lewis, *Die Assassinen*, S. 27–29); »bekifft« wäre vielleicht ein adäquates Äquivalent. Aber dieses Schimpfwort bezog sich wohl eher auf die für Sunniten wie Schiiten gleichermaßen abstrusen religiösen Lehren der Sekte, und nicht auf tatsächlichen Drogengenuß.

Quellen

Wilhelm von Tyros (Guillaume de Tyr), *Chronicon*, ed. R. B. C. Huygens, Turnhout 1986.

Arnold von Lübeck, *Arnoldi Chronica Slavorum* (MGH Scriptores Rerum Germanicorum), ed. G. H. Pertz, Hannover 1868.

Jean de Joinville, *Histoire de Saint Louis*, deutsch von Eugen Mayser: *Das Leben des heiligen Ludwig*, Düsseldorf 1969.

Juvaini, *The History of the World-Conqueror*, engl. von J. A. Boyle, Manchester 1958, II, 666–725.

Literatur

de Sacy, Silvestre, *Mémoire sur la dynastie des Assassins et sur l'origine de leur nom*, in: *Mémoires de l'Institut Royal* IV (1818), 1–85.

Nowell, Charles E., *The Old Man of the Mountain*, in: *Speculum* 22 (1947), 497–519.

Lewis, Bernard, *The Sources for the History of the Syrian Assassins*, in: *Speculum* 27 (1952), 475–489.

ders.: *The Assassins. A Radical Sect in Islam*. London 1967. (Deutsch: *Die Assassinen*. Frankfurt a. M. 1989).

Hodgson, Marshall G. S., *The Order of Assassins. The Struggle of the Early Nizari Isma'ilis Against the Islamic World*, Den Haag 1955.
Daftary, Farhad, *The Isma'ilis. Their History and Doctrines*, Cambridge 1990.
ders.: *The Assassin Legends. Myths of the Isma'ilis*, London 1994.

Jürgen Sarnowsky

Mord im Dom

Thomas Becket 1170

»Niemand bedauert die Notwendigkeit gewaltsamen Vorgehens aufrichtiger als wir. Aber leider gibt es Zeiten, in denen Gewalt der einzige Weg ist, auf dem soziale Gerechtigkeit sichergestellt zu werden vermag. Zu andrer Zeit würden wir einen Erzbischof durch Parlamentsbeschluß verurteilen und ihn in aller Form rechtens als Hochverräter bestrafen, und niemand würde es auf sich nehmen müssen, daß man ihn deshalb einen Mörder schelte. Und in noch späterer Zeit würde selbst ein so maßvolles Verfahren unnötig geworden sein. Aber wenn wir jetzt eine gerechte Unterordnung des kirchlichen Machtwillens unter die Wohlfahrt des Staates erreicht haben, so wollen Sie daran denken, das wir es sind, die den ersten Schritt dazu getan« (Werke, 1, 78). Mit diesen Worten wendet sich einer der vier Ritter, die gerade Thomas Becket, den Erzbischof von Canterbury, erschlagen haben, in T. S. Eliots »Mord im Dom« an das Theaterpublikum. Die Täter erhalten bei ihm ausführlich Gelegenheit zur Rechtfertigung ihrer Tat, für die sie Themen wie Verrat, Undankbarkeit und Eigensinn variieren. Eliot geht es vor diesem negativen Hintergrund aber um etwas völlig anderes: um eine Rückbesinnung auf christliche Werte, die er im Verhalten des Erzbischofs verwirklicht sieht.

Wie Eliot haben sich auch andere Dichter und Autoren vom Schicksal Beckets angezogen gefühlt, von Douglas Jerrold 1830 über Alfred Tennyson bis zu Christopher Fry und Jean Anouilh, und dies mit jeweils anderen Motiven in Dichtungen umgesetzt. So hat z.B. Conrad Ferdinand Meyer in seiner Novelle »Der Heilige« die Ereignisse vor dem Hintergrund der Konflikte zwischen den Normannen und Angelsachsen geschildert – Thomas Becket ist bei ihm der Sohn eines Angelsachsen und einer vornehmen Sarazenin – und die Heiligkeit seiner Hauptperson infragegestellt; Jean Anouilh behandelt in seinem Drama »Becket oder die Ehre Gottes« vor allem die enge Beziehung zwischen Becket und König Heinrich II. von England und die Ursachen für ihre Entfremdung. Fasziniert haben alle gleichermaßen wohl das Ungeheuerliche der Tat, des »Mords im Dom«, und ihre Voraussetzungen.

In der Geschichte der Attentate kommt dem Anschlag auf Thomas Becket insofern eine Sonderstellung zu, als ihm praktisch keinerlei Planung vorausging, und obwohl die Täter lange bekannt sind, läßt sich die Frage der Schuld nur bedingt abschließend beantworten. Es lohnt sich somit, diesen Kriminalfall noch einmal aufzurollen. Dazu soll zunächst der Tathergang geschildert werden, dann das Motiv und damit die Vorgeschichte, und abschließend wird kurz nach den Folgen der Tat zu fragen sein.

Der Tathergang läßt sich leicht rekonstruieren, haben doch fünf Augenzeugen und eine Reihe weiterer Biographen darüber berichtet. Am Vormittag des 29.Dezember 1170, an einem Dienstag, hatte Thomas Becket, der Erzbischof von Canterbury, zunächst wie gewöhnlich an den verschiedenen Altären der Kathedrale gebetet. Wohl gegen zwei Uhr nachmittags nahm er mit seinem Haushalt in der Halle des erzbischöflichen Palastes die einzige Hauptmahlzeit des Tages ein. Danach zog er sich mit seinen Beratern in seine Kammern zurück. Kurze Zeit darauf erschienen vier Ritter des Königs mit wenigen Begleitern vor dem Torhaus, William de Tracy, Reginald FitzUrse, Hugh de Morville und Richard le Breton. Sie ließen ihre Begleitung vor dem Tor und wurden in den Hof vor den Palast geführt, wo sie ihre Waffen ablegten. Als sie in die große Halle kamen, saß dort gerade das Personal beim Essen, das den Erzbischof bedient hatte. Es war gegen drei Uhr nachmittags, als Thomas schließlich über die Ankunft der Ritter informiert wurde.

Als die Ankömmlinge hereingeführt wurden, sprach der Erzbischof mit einem der Mönche. Während sich die Ritter zu seinen Füßen setzten, fuhr Thomas in seinem Gespräch fort und nahm zunächst keine Notiz von ihnen. Erst einige Zeit später begrüßte er sie, erhielt jedoch von den Rittern keine Antwort; einer von ihnen soll mit einem gemurmelten »Gott helfe dir« reagiert haben (Mats.2, 431). Beim nun folgenden Wortwechsel sprach Reginald FitzUrse für die Gruppe der Ritter. Er kündigte an, er und seine Begleiter hätten eine Botschaft vom König, und fragte, ob der Erzbischof diese öffentlich oder privat entgegennehmen wolle. Thomas wollte seine Kleriker zunächst entlassen, rief sie aber zurück, nachdem ihm die Bedeutung der Angelegenheit und die bedrohliche Haltung der Besucher bewußt geworden war. Reginald FitzUrse begann mit einer Reihe von Klagen gegen den Erzbischof; so warf er ihm vor, daß er sich nach seiner Rückkehr aus dem Exil nicht dem Sohn des Königs, dem jungen Heinrich, in Winchester gestellt und daß er auf der Seite des Königs stehende Bischöfe exkommuniziert hatte. Er forderte deshalb die Aufhebung der verhängten Strafen. Der Erzbischof antwortete mit dem Verweis auf die Autorität des Papstes, in dessen Namen die Exkommunikationen erfolgt waren. Die Auseinandersetzung nahm an Schärfe zu, als Reginald offen mit einem Angriff auf den Erzbischof drohte und dieser die Ritter an die ihm zur Verfügung stehenden geistlichen Strafen erinnerte. Daraufhin erklärte FitzUrse den zwischen Heinrich II. und Thomas Becket vereinbarten Frieden im Namen des Königs für aufgehoben und forderte die inzwischen zahlreich zusammengeströmten Kleriker auf, den Raum zu verlassen, wohl, um den Erzbischof gleich an Ort und Stelle zu arrestieren. Als sich niemand bewegte, gab er stattdessen die Anweisung, Becket an der Flucht zu hindern, und verließ mit den anderen den Palast, um sich zu bewaffnen. In einer heftigen Reaktion folgte ihnen Thomas an die Tür und rief: »Wißt, daß ich nicht zurückgekehrt bin, um zu fliehen,« und: »Hier, hier werdet ihr mich finden« (Mats.1, 131; 2, 433).

Während die Ritter mit dem Ruf »Zu den Waffen!« in den Hof liefen (Mats.3, 136), drangen ihre durch den Lärm aufmerksam gewordenen Begleiter in den Hof ein und riegelten das Tor gegen mögliche Hilfe von außen ab. Inzwischen diskutierten Thomas und seine Gefährten die voraufgegangenen Ereignisse. Einer seiner Berater, Johann von Salisbury, hielt dem Erzbischof vor, er hätte die ohnehin zu allem bereiten Ritter nicht unnötig provozieren sollen. Während einige auf die drohende Gefahr hinwiesen, entgegnete Thomas: »Wir müssen alle sterben, und wir dürfen nicht aus Angst vor dem Tod vom Recht abweichen. Ich bin eher bereit, für Gott sowie für Recht und Freiheit der Kirche Gottes den Tod auf mich zu nehmen, als jene es sind, mir diesen zuzufügen« (Mats.4, 74).

Inzwischen war es den Rittern gelungen, erneut in den Palast einzudringen. Zwar hatten zwei Diener die große Tür zur Halle verbarrikadiert, doch waren einige der Gegner mit ortskundigen Helfern von hinten durch ein Fenster in das Gebäude gelangt. Nachdem die Diener und die Geistlichen aus der Halle geflohen waren, hatten die Eindringlinge die große Tür wieder geöffnet und den vier Rittern und ihrer Begleitung den freien Zugang zu den erzbischöflichen Gemächern ermöglicht. Die Freunde des Erzbischofs rieten ihm nun auch zur Flucht. Thomas war aber nur dazu zu bewegen, den Palast zu verlassen, weil die Zeit für den Vespergottesdienst herangekommen war. Während die kleine Prozession der verängstigten Kleriker hinter dem Vortragekreuz des Erzbischofs durch den Kreuzgang in den Kathedrale zog, ließ er – wohl zum Schrecken seiner Begleiter – mehrfach anhalten, um sich zu vergewissern, daß alle in Sicherheit waren.

Im Chor der Kathedrale hatte die Messe der Mönche begonnen, und Einwohner der Stadt warteten im Kirchenschiff auf den Beginn des Gottesdiensts, während langsam die Dunkelheit einbrach. Die Mönche hatten angesichts des Lärms bereits um das Leben Beckets gefürchtet und begrüßten ihn erleichtert. Als sie die Kirche verbarrikadieren wollten, ließ er dies jedoch nicht zu. Kurz darauf kamen vom Kreuzgang her auch Reginald FitzUrse und die anderen Ritter in die Kathedrale, mit gezogenen Schwertern und Äxten in den Händen. FitzUrse rief: »Wo ist Thomas *Beketh*, Verräter an König und Reich?« und: »Wo ist der Erzbischof?« Dieser antwortete auf die zweite Frage: »Hier bin ich, nicht der Verräter des Königs, sondern Priester; was wollt ihr?« (Mats.2, 435; 4, 76) Erneut weigerte er sich, den exkommunizierten Bischöfen Absolution zu erteilen, und erklärte, er sei bereit zu sterben, doch solle man seine Gefährten schonen. Diese hatten sich allerdings – mit zwei Ausnahmen – ohnehin schon ängstlich versteckt. Daraufhin versuchten die Ritter, Thomas zu ergreifen und ihn auf den Rücken William de Tracys zu werfen, um ihn aus der Kirche zu bringen und dann zu töten oder auch nur gefangenzunehmen. Dies scheiterte, doch waren die Angreifer nun nicht mehr zu halten. Reginald ging mit dem Schwert auf den Erzbischof los und griff nach seinem Mantel, wurde aber abgeschüttelt und fast umgeworfen. Zwei andere Ritter trafen Thomas mit flachen Klingen. Als sich FitzUrse wieder erhob, schlug er voller Zorn mit dem Schwert auf den Kopf des Erzbischofs, doch wurde die volle Wucht des Schlags noch einmal durch einen der Kleriker abgefangen, der sich ihm entgegenwarf. Als der Erzbischof aber in die Knie ging, hieben William de Tracy und Richard le Breton auf ihn ein, und er starb. Die triumphierenden Ritter verließen die Kirche und begannen, den erzbischöflichen Palast zu plündern. Zuerst suchten sie nur nach Briefen des Papstes und belastendem Material, dann aber nahmen sie auch alle Wertsachen mit. Einer von ihnen kehrte am nächsten Morgen noch einmal zurück, rief die Kleriker zusammen und drohte ihnen, den Leichnam den Hunden vorzuwerfen, wenn sie ihn nicht ohne Aufsehen bestatten würden. Diese waren unsicher über die Haltung des Königs und uneinig in der Bewertung Beckets. Nachdem der Leichnam über Nacht vor dem Hochaltar aufgebahrt worden war, wurde er deshalb angesichts der Drohungen rasch in der Krypta bestattet.

Die Ermordung Beckets mußte den Zeitgenossen aus zwei Gründen ungeheuerlich erscheinen: einmal darum, weil das Opfer einer der höchsten Würdenträger der Kirche war, ein Erzbischof, zugleich der Primas von England, zum andern aber auch, weil der Mord auf geheiligtem Boden, in einer Kirche und vor einem Altar, stattfand. Ein Aufschrei der Empörung ging durch Europa, der sich selbst mit der Reaktion auf moderne Attentate wie die Ermordung Präsident Kennedys vergleichen läßt. Zugleich stellte sich die Frage nach der Schuld, vor allem – da die eigentlichen Täter ja bekannt waren – die Frage nach der Schuld des Königs, auf den sich die vier Ritter immer wieder berufen hatten. Um die Rolle Heinrichs II. besser verstehen zu können, muß zunächst geklärt werden, welches Motiv der König für ein Komplott gegen den Erzbischof gehabt haben konnte; und dafür bedarf es eines Überblicks über die lange Vorgeschichte.

Thomas Becket war der wohl 1120 geborene Sohn eines Londoner Kaufmanns normannischer Abstammung, d.h., Französisch war wahrscheinlich seine erste Sprache, anders als dies die – zugegeben, schön erfundene – Legende bei Conrad Ferdinand Meyer nahelegt. Der von ihm selbst nie benutzte Beiname »Becket«– er nannte sich Thomas von London – geht vielleicht auch auf einen Ort in der Normandie zurück. Die zumindest anfangs gute wirtschaftliche Lage der Familie erlaubte es, den Sohn nacheinander zur Ausbildung auf die Schule der Augustiner-Chorherren in Merton, auf Schulen Londons und dann sogar zum Studium nach Paris zu senden. Obwohl er daraus manchen Nutzen für seine spätere Karriere gezogen haben mag, war er in Paris wenig erfolgreich, vielleicht auch, weil er sich schon zuvor durch die Verbindung zu einem Adligen einen aristokratischen Lebensstil angewöhnt hatte. Einige Zeit nach seiner Rückkehr aus Paris trat er in den Haushalt eines Verwandten und Freundes der Familie ein, bei Osbert Huitdeniers (Achtpfennig), der als einflußreicher Londoner Bürger und »Bankier« enge Beziehungen zum königlichen Hof unterhielt. Bei ihm blieb Thomas etwa zwei Jahre, wohl von 1143 bis 1145, und lernte dort die kaufmännische Buchführung seiner Zeit. Unterstützt von seinem Vater, aber durch die Vermittlung Dritter, kam er dann in den Haushalt des Erzbischofs Theobald von Canterbury, der aus derselben Region der Normandie wie sein Vater stammte und möglicherweise sogar ein entfernter Verwandter war. Theobald hatte einen Kreis erfahrenener und gelehrter Männer um sich versammelt, aus dem immerhin vier Erzbischöfe und sechs Bischöfe hervorgehen sollten; zudem stand er – in angelsächsischer Tradition – nominal als Abt der an der Kathedrale lebenden Mönchsgemeinschaft vor, mit der es jedoch immer wieder zu Spannungen kam. Thomas traf somit auf anregende Bedingungen, hatte jedoch zunächst gegenüber den älteren Beratern des Erzbischofs einen schweren Stand. Es gelang ihm dann aber, zu den engeren Vertrauten des Erzbischofs aufzusteigen, und er übernahm diplomatische Missionen unter anderem an die römische Kurie. Zu seiner Versorgung wurden ihm nach und nach verschiedene kirchliche Ämter übertragen, so an den Kathedralkirchen der Bistümer London und Lincoln. 1154 berief ihn Theobald schließlich zum Archidiakon an der Kathedrale von Canterbury; dazu wurde er noch Propst von Beverley. Zu diesem Zeitpunkt hatte Thomas bereits die niederen geistlichen Weihen erhalten; vor seiner Erhebung zum Archidiakon war er dann zum Diakon geweiht worden. Obwohl er mit 34 Jahren bereits relativ alt war, stand ihm damit eine weitere kirchliche Karriere offen.

Doch nun griff mit dem kurz zuvor auf den Thron gelangten Heinrich II. die konkurrierende Macht des Königtums entscheidend in sein Leben ein. Der junge, erst 22jährige, König mußte daran gehen, die Folgen des langjährigen, bitteren Bürgerkriegs unter seinem Vorgänger Stephan zu beseitigen, und Erzbischof Theobald wollte verhindern, daß sich dies zum Nachteil der Kirche vollzog. So wurde Thomas auf seinen Vorschlag hin Ende 1154 oder im Januar 1155 zum königlichen Kanzler berufen. Daraus entwickelte sich nach anfänglichen Problemen eine enge persönliche Beziehung zwischen den ihrer Herkunft nach so unterschiedlichen Männern. Thomas, der sein Archidiakonat in Canterbury behielt und durch Vertreter verwalten ließ, führte seinen schon zuvor recht weltlichen Lebensstil am königlichen Hof weiter und fand schließlich auch an der Beteiligung an militärischen Unternehmungen Gefallen; Heinrich wurde durch das Auftreten und die persönlichen Qualitäten seines Kanzlers angezogen. Ausgestattet mit weiterem Grundbesitz, begründete Thomas einen eigenen

Haushalt, in den die großen Adligen Englands und Frankreichs ihre Söhne zur Ausbildung entsandten; 1162 wurde ihm sogar der Sohn und Erbe des Königs, der jüngere Heinrich, anvertraut. Etliche Ritter leisteten ihm Lehenseide, darunter drei seiner späteren Mörder. Seine finanziellen Möglichkeiten gingen so weit, daß er dem König einmal drei Schiffe schenken konnte, die er zuvor bauen und ausrüsten ließ. Ungeachtet seines großzügigen Umgangs mit weltlichen Gütern blieb er wohl jedoch grundlegenden Normen einer geistlichen Lebensführung verpflichtet, anders als dies zum Teil in der modernen dichterischen Rezeption dargestellt wird.

Thomas lebte von seiner Berufung zum Kanzler bis zum Mai 1162 fast ohne Unterbrechung am Hof Heinrichs II. Dies bedeutet, daß er sich vorwiegend in Frankreich aufhielt, in den mit dem französischen Königtum umkämpften Besitzungen Heinrichs, d.h. in der Normandie, Anjou und Aquitanien; zugleich mußte er damit den rastlosen Zügen des Königs folgen, der, temperamentvoll und energisch, seinen Hof von früh bis spät in Bewegung hielt. Längere Zeit in England verbrachte Heinrich nur am Anfang seiner Regierung, als er die innere Ordnung des Landes wieder herstellen mußte, und 1157/58. Thomas nahm dabei zunächst auf die königliche Politik nur geringen Einfluß, sondern war im wesentlichen nur für die Ausfertigung der Schriftstücke zuständig; in England beteiligte er sich aber auch an der königlichen Finanzverwaltung und fungierte gelegentlich als Richter; dabei vertrat er die Interessen des Königs auch gegenüber geistlichen Institutionen. Als Heinrich II. 1159 im Rahmen einer allgemeinen Erhebung von Subsidien als Ersatz für Kriegsdienste auch die Bischöfe und Klöster in großem Umfang heranzog, machten die empörten Prälaten dem Kanzler den Vorwurf, er hätte die Kirche vor Abgaben schützen müssen. Möglicherweise hatte er tatsächlich zumindest für eine Befreiung Canterburys und Rochesters gesorgt, doch war andererseits die Anregung für die Abgaben wahrscheinlich von ihm selbst ausgegangen. Diese Beteiligung an der Steuererhebung für Heinrichs Kriege in Frankreich stellte später dann auch Beckets Biographen vor Probleme.

Im April 1161 starb Erzbischof Theobald von Canterbury, und Thomas wurde die Verwaltung der weltlichen Besitzungen der Erzdiözese übergeben. Heinrich II., der anders als die durch den Investiturstreit in ihren Möglichkeiten eingeschränkten kontinentalen Herrscher weitgehenden Einfluß auf die englische Kirche besaß, zögerte jedoch die Entscheidung über eine Neubesetzung noch hinaus. Die Tradition forderte die Berufung eines Mönchs, wie auch Theobald aus der normannischen Abtei Bec nach Canterbury gekommen war. Ein möglicher Kandidat war deshalb Gilbert Foliot, Bischof von Hereford und Cluniazenser, dessen Erhebung wegen seiner strengen Lebensführung und seines schwierigen Charakters wohl aber auch von der englischen Kirche nicht begrüßt worden wäre. Vielleicht hatte deshalb schon der verstorbene Erzbischof den Kanzler, Thomas

Becket, als seinen Nachfolger vorgesehen. Einen ersten Hinweis auf die Möglichkeit seiner Erhebung zum Erzbischof von Canterbury könnte Thomas schon im Januar 1162 erhalten haben, doch wurden Heinrichs Absichten erst offenkundig, als er im April den Kanzler und eine Reihe wichtiger Prälaten nach England schickte, um die englischen Großen zu einer Lehenshuldigung für seinen Sohn zu bewegen: Zugleich sollten seine Gesandten nämlich für die Wahl von Thomas sorgen, und der jüngere Heinrich wurde bevollmächtigt, seinen Vater bei der Erhebung des Erzbischofs zu vertreten. Thomas war zunächst nicht bereit, das Amt zu übernehmen, und soll dem König geantwortet haben: »Was für einen gottesfürchtigen und heiligen Mann willst du auf diesen Stuhl setzen! Du wirst zweifellos die Erfahrung machen: Wenn durch Gottes Fügung diese Entscheidung fällt, wirst du dich rasch von mir abwenden. Unsere Freundschaft, die jetzt so eng ist, wirst du in erbitterten Haß verwandeln« (Mats.3, 181; Th.v.F., 3033). Heinrich gab jedoch nicht nach, und schließlich ließ sich Thomas überzeugen. Noch im Mai wurde er gewählt, zuerst durch die Mönche der Kathedrale von Canterbury, dann durch eine Synode der Bischöfe, Äbte, Prioren und weltlichen Amtsträger in Westminster.

Der König hatte sich durch die Erhebung seines Kanzlers eine stärkere Einbindung der Kirche erhofft, doch sollte es bald gerade wegen der Frage weltlichen Einflusses auf die Kirche zum Konflikt mit dem Erzbischof kommen. Ein erstes Anzeichen bot schon die Wahlsynode in Westminster: Als dort Bedenken gegen die weltliche Stellung des Gewählten erhoben wurden, forderte der Bischof von Winchester im Namen der Geistlichkeit, Thomas von allen weltlichen Verpflichtungen zu befreien. Dies wurde schließlich durch den Sohn des Königs auch gewährt. Es ist unklar, was damit im einzelnen gemeint war, eine Befreiung von weltlichen Lasten oder auch von Ämtern. Nach der Priesterweihe, der Weihe zum Erzbischof und dem Empfang des vom Papst gewährten Palliums war jedoch für Thomas nichts mehr wie zuvor. Er nahm mehr und mehr eine geistliche Lebensführung an, und innerhalb kurzer Zeit hatte er das Amt des Kanzlers niedergelegt – die vom König gewünschte Verbindung der beiden Ämter ließ sich nicht aufrechterhalten. Zuerst blieb das Verhältnis zwischen Heinrich und Thomas freundlich, noch auf einer Synode in Tours im Mai 1163. Im Juli kam es aber zu ersten Spannungen, unter anderem über die Bestrafung eines Kanonikers aus Lincoln, der im Verdacht stand, einen Ritter ermordet zu haben, aber von einem geistlichen Gericht freigesprochen worden war. Als der Fall vor den König gebracht wurde und dieser eine neue Verhandlung forderte, zog der Erzbischof den Fall an seinen Gerichtshof. Wieder wurde der Kleriker vom ursprünglichen Vorwurf freigesprochen, diesmal jedoch wegen der dabei geäußerten Beleidigung eines königlichen Richters exiliert, sehr zum Unwillen des Königs, der eine strenge Verurteilung gefordert hatte.

Die Folge war, daß der Konflikt um die geistliche Immunität auf der Synode zu Westminster im Oktober 1163 offen ausbrach. Eigentlich sollte die Frage des Verhältnisses der beiden Erzbistümer Canterbury und York behandelt werden, doch dann lenkte Heinrich die Debatte auf das Problem der von Klerikern verübten Verbrechen. Diese müßten mit derselben Härte wie die Verbrechen von Laien bestraft werden, ein Verlust der Weihen und Klosterhaft reiche nicht aus, und im übrigen stehe es allein dem König zu, jemanden ins Exil zu schicken. Überdies leitete er aus kirchenrechtlichen Bestimmungen die Forderung ab, daß ein von einem geistlichen Gericht verurteilter Kleriker anschließend dem königlichen Gericht zur Bestrafung zu übergeben sei. Dies berührte das lange zwischen weltlichen und geistlichen Institutionen umkämpfte Recht eines eigenen geistlichen Gerichtsstands, die Frage des *privilegium fori*, das in England später als auf dem Kontinent durchgesetzt worden war. Der Erzbischof und die anderen Bischöfe antworteten unter Hinweis auf die umfangreichen rechtlichen Grundlagen des *privilegium fori* und betonten, daß sich ein degradierter Geistlicher nur für seine späteren, nicht aber für seine früheren Untaten vor dem weltlichen Gericht verantworten müsse. Zudem hoben sie das Recht der Bischöfe hervor, die Strafe des Exils oder einer Buß-Pilgerfahrt verhängen zu können. Durch diesen Widerspruch geriet Heinrich in Wut und ließ sich auf keine weitere Debatte ein, sondern fragte die Bischöfe, ob sie bereit wären, das königliche Gewohnheitsrecht einzuhalten. Thomas bejahte dies mit Unterstützung aller, fügte aber einschränkend hinzu, »unter Wahrung seines (geistlichen) Standes« (Mats.3, 273). Dies war dem König zu wenig, er wollte uneingeschränkte Zustimmung, so daß die Synode abrupt endete. Bevor Heinrich am nächsten Morgen London verließ, forderte er vom Erzbischof alle von ihm noch aus seiner Zeit als Kanzler verwalteten weltlichen Besitzungen zurück.

Thomas war sich nicht sicher, wie er sich gegenüber der Forderung Heinrichs, das königliche Gewohnheitsrecht zu akzeptieren, verhalten sollte, und da die Bischöfe nicht mehr hinter ihm standen und auch Papst Alexander III. zur Mäßigung riet, suchte er den Ausgleich. Als er sich aber gegenüber dem König zur uneingeschränkten Anerkennung bereitfand, forderte dieser ein öffentliches Bekenntnis des Erzbischofs auf einer Versammlung der Barone und Bischöfe. Dazu kam es im Januar 1164 in Clarendon, einem Jagdhaus des Königs bei Salisbury. Als Thomas sein Zugeständnis wiederholt und auch die anderen Bischöfe zur Zustimmung bewegt hatte, trat eine nicht erwartete Entwicklung ein: Heinrich ordnete nämlich daraufhin an, die gewohnheitsmäßigen königlichen Rechte schriftlich niederzulegen. So entstanden 16 Artikel, die sogenannten »Konstitutionen von Clarendon«, von denen zumindest sechs Kontroversen auslösen mußten. Danach sollten gewisse rechtliche Streitigkeiten auch unter Beteiligung Geistlicher vor dem königlichen Gericht verhandelt werden;

dem Klerus wurde untersagt, ohne Erlaubnis des Königs das Land zu verlassen (etwa für eine Reise zum Papst); Appellationen an die Kurie sollten unterbunden werden; die Exkommunikation königlicher Lehens- und Amtsträger bedurfte der Zustimmung des Königs, wie die Wahl der Erzbischöfe, Bischöfe, Äbte und Prioren unter der Ägide des Königs stattzufinden hatte. Diese Bestimmungen waren keine Erfindung Heinrichs und seiner Berater, sondern gingen auf von den normannischen Königen Englands seit 1066 tatsächlich wahrgenommene Rechte zurück. Zugleich widersprachen sie aber der seit längerem geübten Praxis und der Entwicklung des Kirchenrechts seit dem Investiturstreit. Mit der schriftlichen Fixierung des königlichen Gewohnheitsrechts war Heinrich somit einen Schritt zu weit gegangen; der Klerus konnte diese Formulierungen nicht akzeptieren. Thomas nahm zwar seine Kopie der Konstitutionen entgegen, besiegelte sie jedoch nicht, sondern erbat sich Bedenkzeit; der von Heinrich um Bestätigung gebetene Papst folgte dieser Aufforderung nur für wenige, unstrittige Klauseln.

Damit trat zunächst Ruhe ein, bis falsche Anschuldigungen eines Lehnsträgers dem König den Vorwand zum Vorgehen gegen den Erzbischof lieferten. Auf der Synode von Northampton im Oktober 1164 ließ er Thomas zunächst wegen Verletzung seiner feudalen Pflichten verurteilen, um dann Klage auf Klage gegen ihn vorzubringen. Der Erzbischof wurde von einem Teil der Bischöfe, unter anderem vom inzwischen zum Bischof von London erhobenen Gilbert Foliot, gedrängt, auf sein Amt zu verzichten, doch hätte dies bedeutet, die Berechtigung der Vorwürfe des Königs einzugestehen und sich dessen Strafen ohne Schutz auszusetzen – Gefängnis war das wenigste, das ihm dann drohte. Thomas entschloß sich, auszuharren, und appellierte – gegen die »Konstitutionen von Clarendon« – an den Papst. Die Appellation steigerte den Zorn Heinrichs, und es kam zu heftigen Auseinandersetzungen. Die unter sich zerstrittenen Bischöfe weigerten sich, sich an einer Verurteilung des Erzbischofs zu beteiligen, und wurden vom König schließlich davon aufgrund des Versprechens befreit, beim Papst die Absetzung von Thomas zu erwirken. Die Barone befanden dann zwar den Erzbischof des Hochverrats für schuldig, doch wurde die Strafe – wohl lebenslange Haft – nicht verkündet, weil sich keiner dazu bereitfinden wollte und Thomas schließlich während des nun entstehenden Tumults die königliche Burg verlassen konnte. Um Mitternacht ritt er aus Northampton und floh dann, in wechselnden Verkleidungen, aus England.

Damit begann für den Erzbischof die sechs Jahre, von 1164 bis 1170, währende, bittere Zeit des Exils. Einer der Gründe für die lange Frist bis zur vorläufigen Regelung der Probleme war die schwierige Lage des Papstes, den beide Seiten um eine Entscheidung angingen. Alexander III. lag im Streit mit dem Kaiser, Friedrich I. Barbarossa, der in den Auseinandersetzungen um die Stellung von Papsttum und Kaisertum nacheinander mehrere Gegenpäpste unterstützte. Der Papst, der deshalb 1162 nach Frankreich gekommen war, brauchte die Hilfe Heinrichs II., auch wenn er die ihm von Thomas nochmals vorgetragenen »Konstitutionen von Clarendon« entschieden ablehnte. Er lavierte deshalb zwischen den Parteien und griff nur ein, wenn Heinrich mit dem Übergang zum Gegenpapst drohte, wie 1166, als der Erzbischof die Helfer des Königs exkommuniziert hatte. Zunächst konnte auch Heinrich auf Zeit spielen, hätte doch etwa der Tod des Erzbischofs – oder der des Papstes – zu einer völlig neuen Lage führen können. Dann jedoch sah er sich gezwungen, seinen Sohn, den jüngeren Heinrich, zum König krönen zu lassen, um die Herrschaft seiner Familie abzusichern. Diese Krönung konnte jedoch im Prinzip nur der Erzbischof von Canterbury, also Becket, vornehmen. Deshalb kam es schließlich im Januar 1169 zu einer Begegnung zwischen Heinrich und Thomas, bei der dieser vor dem König erklärte: »In der ganzen Sache, die zwischen Euch und mir steht, mein Herr, unterwerfe ich mich Eurer Gnade und Eurem Willen...«, dann aber hinzufügte: »unter Wahrung der Ehre Gottes« (Mats.3, 423) – eine Formulierung, die in den Titel von Anouilhs Becket-Drama Eingang fand. Damit waren die Verhandlungen ebenso gescheitert wie danach im Dezember 1169, als Heinrich nicht bereit war, den von Thomas für das formale Ende der Feindseligkeiten geforderten Friedenskuß zu leisten.

Beide Seiten waren mittlerweile jedoch der Auseinandersetzungen müde. Als Heinrich seinen Sohn im Juni 1170 durch den Erzbischof von York krönen ließ, reagierte der Papst damit, daß er Thomas die Vollmacht erteilte, die Beteiligten an der Krönung zu exkommunizieren, königstreue Bischöfe zu suspendieren und über England das Interdikt zu verhängen, also alle geistlichen Handlungen zu untersagen. Bevor dies wirksam wurde, leitete der König von sich aus Verhandlungen ein, die sehr schnell zu einem Ergebnis führten, als er Thomas die erneute Krönung des jüngeren Heinrich versprach. Der König fand sich auch mit einer Bestrafung der dem Erzbischof widerstehenden Bischöfe ab; zugleich wurden Regelungen über die Rückgabe der dem Erzbistum zustehenden Güter getroffen. Im Juli 1170 begegneten sich Erzbischof und König bei Fréteval mit »einer so großen Vertrautheit..., als wenn niemals zwischen uns irgendeine Zwietracht gewesen wäre«, wie Becket an den Papst schrieb (Mats.7, 327).

Der Erzbischof wollte erst nach Canterbury zurückkehren, wenn die komplizierten Fragen der Rückgabe seines Besitzes geklärt waren, so daß zunächst einige Zeit verging. Thomas war sich offenbar auch unschlüssig, wie er sich gegenüber seinen Gegnern unter dem Klerus verhalten sollte, und bat zunächst den Papst um die Ausfertigung einzelner Bullen, um dann je nach dem Verhalten der Bischöfe entscheiden zu können. Am Vorabend seiner Abreise aus Frankreich im November 1170 entschied er sich jedoch anders und exkommunizierte aufgrund der päpstlichen Vollmacht den Erzbischof von York und die Bischöfe von London, Gilbert Foliot, und von Salisbury, die die Krönung Heinrichs des Jüngeren vorgenommen hatten. Hatte schon die noch immer nicht abgeschlossene Rückgabe der Besitzungen Canterburys zu Verbitterung in England geführt, die sich schon bei seiner Landung in Sandwich beinahe in einem Übergriff entlud, mußte Thomas nun endgültig auch mit feindlicher Stimmung im englischen Klerus rechnen. Als sich die Exkommunizierten mit der Bitte um Absolution an ihn wandten, war er nur gegenüber den Bischöfen von London und Salisbury zum Entgegenkommen bereit; der Erzbischof von York sollte sich an den Papst wenden. Die drei Geistlichen reisten daraufhin zu Heinrich II. in die Normandie und berichteten ihm über ihre Begegnung mit Thomas. Nicht so sehr die Nachricht der Exkommunikation, die dem König wohl schon bekannt war, als vielmehr der Bericht über das Verhalten Thomas', der angeblich an der Spitze einer Schar von Rittern durch das Land zog, führte zu einem Wutausbruch Heinrichs. Wohl, als einer der Bischöfe sagte: »Solange Thomas lebt, Herr, werdet ihr keine guten Tage haben, noch ein friedliches Königreich, noch ruhige Zeiten« (Mats.3, 128), soll er sein Gefolge als Feiglinge beschimpft und geschrien haben: »Wie könnt Ihr es geduldig zulassen, daß ich so lange von einem gemeinen Kleriker verspottet werde!« (Mats.4, 69; 1, 122) Ob er so oder anders seinem Zorn Luft machte, auf jeden Fall verstanden dies vier seiner Ritter als Aufruf zum Handeln. William de Tracy, Reginald FitzUrse, Hugh de Morville und Richard le Breton reisten unbemerkt vom Hof des Königs ab, um gegen den Erzbischof vorzugehen. Was dann folgte, ist bereits geschildert worden.

Angesichts der damit umrissenen Vorgeschichte des »Mords im Dom« stellt sich die Frage nach der Beurteilung der jeweiligen Schuld neu. Unbezweifelbar ist die Tat der Ritter, auch wenn es zunächst wohl nicht ihre Absicht war, den Erzbischof zu töten, und ein guter Anwalt auf Totschlag im Affekt plädieren könnte. Tatsächlich wurden sie alle nur mit schweren Bußen belegt und hatten unter anderem an einem Kreuzzug oder einer Pilgerfahrt ins Heilige Land teilzunehmen, vielleicht sogar für 14 Jahre; sie wurden also – anders als vielleicht zu erwarten – nicht zum Tode verurteilt. Sie oder ihre Nachkommen trugen vielmehr sogar zu den vielen frommen Stiftungen zur Ehre des heiligen Thomas von Canterbury bei.

Schwieriger ist dagegen die Schuld des Königs zu bestimmen. Schon 1166, bei der Exkommunikation seiner Vertrauten, hatte er einen ähnlichen »angevinischen« Wutausbruch wie im Weihnachten 1170, nur daß sich niemand fand, ihn von »den Belästigungen durch einen Mann zu befreien« (Mats.5, 381). Sein Verhalten hat – soweit wir es aus den Quellen wissen – mit einem Mordauftrag wenig gemein, und Schuld am Tod des Erzbischofs trifft ihn insofern vor allem, weil er sich zu wenig unter Kontrolle hatte. Diese Schuld hat er auch selbst eingestanden und sich im Mai 1172 den päpstlichen Bedingungen für eine Buße unterworfen, nachdem er sich – auch vor den bald nach der Tat eintreffenden päpstlichen Legaten – für längere Zeit nach Irland zurückgezogen hatte. Zu den von Heinrich geforderten Zugeständnissen gehörte die Ausrüstung von 200 Rittern für das Heilige Land, die Teilnahme an einem Kreuzzug, die Rückgabe der Besitztümer des Erzbistums von Canterbury an die Kirche, die Erlaubnis kirchlicher Appellationen an Rom und der Verzicht auf die der Kirche schädlichen Bestimmungen des königlichen Gewohnheitsrechts. Im Juli 1174 leistete der König schließlich noch Buße am Grab des inzwischen auf Initiative seiner ehemaligen Gefährten heilig gesprochenen Erzbischofs: Nach einer am Grab durchwachten Nacht bat er um Verzeihung und ließ sich von Mönchen der Kathedrale geißeln. Allerdings bedeutete das Einlenken Heinrichs nur bedingt einen Sieg der geistlichen über die weltliche Gewalt, denn in bezug auf die faktisch recht starke Stellung des Königtums gegenüber der englischen Kirche änderte sich nur wenig. Die gesamte »Becket-Kontroverse« war entgegen der Deutung T.S.Eliots, die im eingangs zitierten Plädoyer der Ritter faßbar wird, etwas anderes als eine moderne Konfrontation von »Staat« und »Kirche«, etwas anderes als etwa der Bismarcksche Kulturkampf. Es ging weniger um die Trennung der beiden Gewalten als vielmehr um die Frage der Vorherrschaft in beiden, selten klar zu trennenden Sphären. Wenn die Könige die Wahl von Bischöfen und Äbten kontrollieren wollten, interessierte sie weniger deren geistliche als deren weltliche Stellung, denn Bischöfe und Äbte waren zumeist nicht nur bedeutende Grundherren, sondern spielten wie der Adel im Lehnswesen eine zentrale Rolle. Es gehört in diesen Zusammenhang, daß Heinrich Romreisen und Appellationen an den Papst zu unterbinden und die geistliche Gerichtsbarkeit einzuschränken suchte, um die Geistlichen stärker an das Königtum und seine Interessen anzubinden. Heinrichs Haltung gegenüber der Kirche muß im Kontext seiner Bemühungen um die Reform von Recht und Verwaltung Englands gesehen werden. Nach den Wirren unter seinem Vorgänger Stephan stellte er, unterstützt von fähigen Ratgebern, die starke Position des englischen Königtums wieder her und schuf die Grundlagen für die weitere Entwicklung der englischen Verfassung. Die Auseinandersetzung mit dem Erzbischof ließ jedoch seine dunklen Seiten hervortreten. Daß Thomas nun entschieden für kirchliche Prinzipien eintrat, traf ihn – angesichts der vorherigen Bindung – vor allem persönlich. Die daraus erwachsende, leidenschaftliche Feindseligkeit hinderte ihn lange daran, einen vernünftigen Kompromiß zu suchen, und erklärt wohl noch den Ausbruch, der zum Anschlag führte.

Es muß in diesem Zusammenhang aber auch erlaubt sein, nach einer »Schuld« des Opfers zu fragen. Wie Heinrich II. entschieden auf den Rechten des Königtums bestand, beharrte Thomas Becket unversöhnlich auf den Rechten der Kirche, nachdem er endgültig die Seiten gewechselt hatte. Dabei folgte er, ähnlich wie Heinrich, älteren Vorbildern, den Kirchenreformern, die die Kirche seit der Zeit des Investiturstreits, seit dem 11. Jahrhundert, aus dem weltlichen Zugriff lösen wollten, um sie den ursprünglichen Idealen näherzubringen. Ihre Erfolge, faßbar u.a. im Wormser Konkordat von 1122, waren durch Heinrichs Vorgehen bedroht. Wenn der Erzbischof darin nicht von allen englischen Bischöfen unterstützt wurde, so auch nicht vom in seiner Lebensführung vorbildlichen und begabten Bischof von London, Gilbert Foliot, war dies auch eine Folge der schwierigen Charaktere, die hier aufeinandertrafen. Foliot sah sich durch die Wahl von Thomas zum Erzbischof zurückgesetzt und stellte sich deshalb mit aller Energie auf die Seite des Königs; auf der anderen Seite gehörten Kompromißbereitschaft und Flexibilität nicht zu den Charakterzügen Beckets. Die Haltung des Erzbischofs war allerdings durch eine gewisse Unberechenbarkeit gekennzeichnet, die gelegentlich zu abrupten Änderungen seiner Politik führte, mit denen niemand – nicht einmal der Kreis seiner Berater – gerechnet hatte. Das spiegelt sich auch in seinem Konflikt mit Heinrich II.: So überraschend wie der Ausgleich mit dem König war die – nach langem Zögern aufblitzende – plötzliche Härte, mit der er diejenigen Bischöfe verfolgte, die die Krönung des jüngeren Heinrich betrieben hatten. Wenig kompromißbereit war er daneben z.B. gegen jene, die den Besitz seiner Kirche nicht herausgeben wollten: Noch nach seiner Predigt am Weihnachtstag 1170 verkündete er gegen sie kirchliche Strafen. Mangelnde Flexibilität zeigt dann schließlich auch sein Verhalten am Tag des Mordes: Vorsichtige Mäßigung der erregten Angreifer oder auch Flucht kam für ihn nicht in Frage, selbst wenn die Kirche und die leicht zu erreichende Krypta vielfachen Schutz geboten hätten, bis Hilfe von außen herbeigerufen worden wäre. Er vertraute auf die Rechtmäßigkeit seiner Entscheidungen – und vielleicht auch auf die Unangreifbarkeit seiner Person. Ob er am Ende das Martyrium gesucht hat, muß fraglich bleiben; sicher trug aber sein Verhalten zu seinem Tod bei.

Es war dann aber dieses gewaltsame Ende, nicht sein Eintreten für die »Freiheit« der Kirche, das Thomas zum Heiligen machte. Fast ebenso schnell, wie sich die Nachricht und der Schock über seinen Tod im christlichen Europa verbreiteten, wurden erste Wunder von seinem Grab berichtet. Bereits sechs Tage nach dem Mord, am 4.Januar 1171, gewann eine arme Frau namens Britheva ihr Augenlicht zurück, nachdem ihr einer der Lappen aufgelegt worden war, mit denen das Blut des Märtyrers entfernt wurde. Bald darauf verspürte ein Kleriker mit gelähmter Zunge Besserung, nachdem er eine Nacht am Grab verbracht hatte und mit Blut behandelt wurde. Das Blut des Märtyrers oder mit Blut getränkte Stücke Stoff wurden schon bald wie Reliquien gesammelt, auch wenn die Mönchsgemeinschaft an der Kathedrale angesichts der theologischen und praktischen Probleme dieser Form von Verehrung zunächst nur zurückhaltend reagierte. Wenn Canterbury im Laufe der Zeit mehr und mehr zu einem der wichtigsten mittelalterlichen Wallfahrtszentren wurde – vergleichbar, wenn auch nicht ganz so bedeutend, wie Santiago de Compostela oder Rom, lag dies an der breiten Unterstützung, die die Verehrung des heiligen Thomas von Canterbury überall fand; neben Ludwig VII. von Frankreich trug später auch Heinrich II. selbst zum Kult bei. Wie kaum einer der »neuen« Heiligen des Mittelalters wurde Thomas in allen Regionen der lateinischen Christenheit verehrt. Frühe bildliche Darstellungen (bis zum Anfang des 13.Jahrhunderts) finden sich so nicht nur in England, sondern in Sens und Chartes, in Monreale, Anagni und Spoleto sowie in Braunschweig; seine Verehrung im skandinavischen Raum bezeugt die um 1200 angefertigte Übersetzung einer der zahlreichen englischen Lebensbeschreibungen ins Alt-Isländische. Erst ein anderer Heinrich – Heinrich VIII. – sollte in der Reformationszeit mit dem Befehl zur Zerstörung des Schreins der Verehrung Thomas Beckets ein Ende bereiten.

Literatur

Quellen zur Geschichte Thomas Beckets

Materials for the History of Thomas Becket, Archbishop of Canterbury, hrsg. James C.Robertson und J. Brigstocke Sheppard, 7 Bde. (Rerum Britannicarum Medii Aevi Scriptores [Rolls Series], 67, 1–7), London 1875–1885 [ND 1965]. (vollständigste Sammlung der Quellen)

Thomas von Froidmont: Die Vita des heiligen Thomas Becket Erzbischof von Canterbury, hrsg. u. übers. Paul Gerhard Schmidt, Stuttgart 1991. (lat.-dt. Ausgabe einer aus wichtigen Quellen kompilierten jüngeren Vita)

The Letters of John of Salisbury, hrsg. W.J.Millor, H.E.Butler u. C.N.L.Brooke, 2 Bde., Oxford 1955–1979. (Briefe eines Beraters und Freunds des Erzbischofs)

The Letters and Charters of Gilbert Foliot, hrsg. Adrian Morey und C.N.L.Brooke, Cambridge 1967. (Dokumente zur Haltung eines wichtigen Gegenspielers des Erzbischofs)

Literatur zur Geschichte Thomas Beckets

Frank Barlow: Thomas Becket, London 1986. (beste neuere Biographie)

David Knowles: Thomas Becket, London 1970. (prägnanter Überblick)

Pierre Aubé: Thomas Becket, Paris 1988 [dt.Zürich 1990]. (oberflächlich, nicht auf dem neuesten Stand)

Edwin A.Abbot: St.Thomas of Canterbury. His Death and Miracles, 2 Bde., London 1898 [ND 1980].

Beryl Smalley: The Becket Conflict and the Schools, Oxford 1973.

Raymonde Foreville: Thomas Becket dans la tradition historique et hagiographique, London 1981.

dies.: L'Église et la royauté en Angleterre sous Henri II Plantagenêt (1154–1189), Paris 1943.
W.L.Warren: Henry II (English Monarchs), London 1973. (mit ausführlicher Behandlung der Kontroverse)
Adrian Morey, C.N.L.Brooke: Gilbert Foliot and His Letters, Cambridge 1965.
Charles Duggan: The Becket Dispute and the Criminous Clerks, in: Bulletin of the Institute for Historical Research, 35 (1962), S.1–28.
H.Mayr-Harting: Henry II and the Papacy, 1170–1189, in: Journal of Ecclesiastical History, 16 (1965), S.39–53.

Zur literarischen Verarbeitung des Stoffes

Brita Püschel: Thomas a Becket in der Literatur, Bochum-Langendreer 1963.
Russell Lucien Longtin: A Comparative Study of the Characterizations of Thomas Becket, Henry II and Eleonor of Aquitaine as Presented in Selected Dramatic Literature, Ph.Diss., University of Michigan, 1981.
(die Dramen z.B. in folgenden Ausgaben:)
T.S.Eliot: Werke (dt.), Frankfurt a.M. 1966.
Jean Anouilh: Meisterdramen (dt.), Berlin usw. 1967.

Zum historischen Kontext

Reinhold Kaiser: »Mord im Dom« – Von der Vertreibung zur Ermordung des Bischofs im frühen und hohen Mittelalter, in: Zeitschrift der Savigny-Stiftung für Rechtsgeschichte, Kan.Abt. 79 (1993), S.95–134.

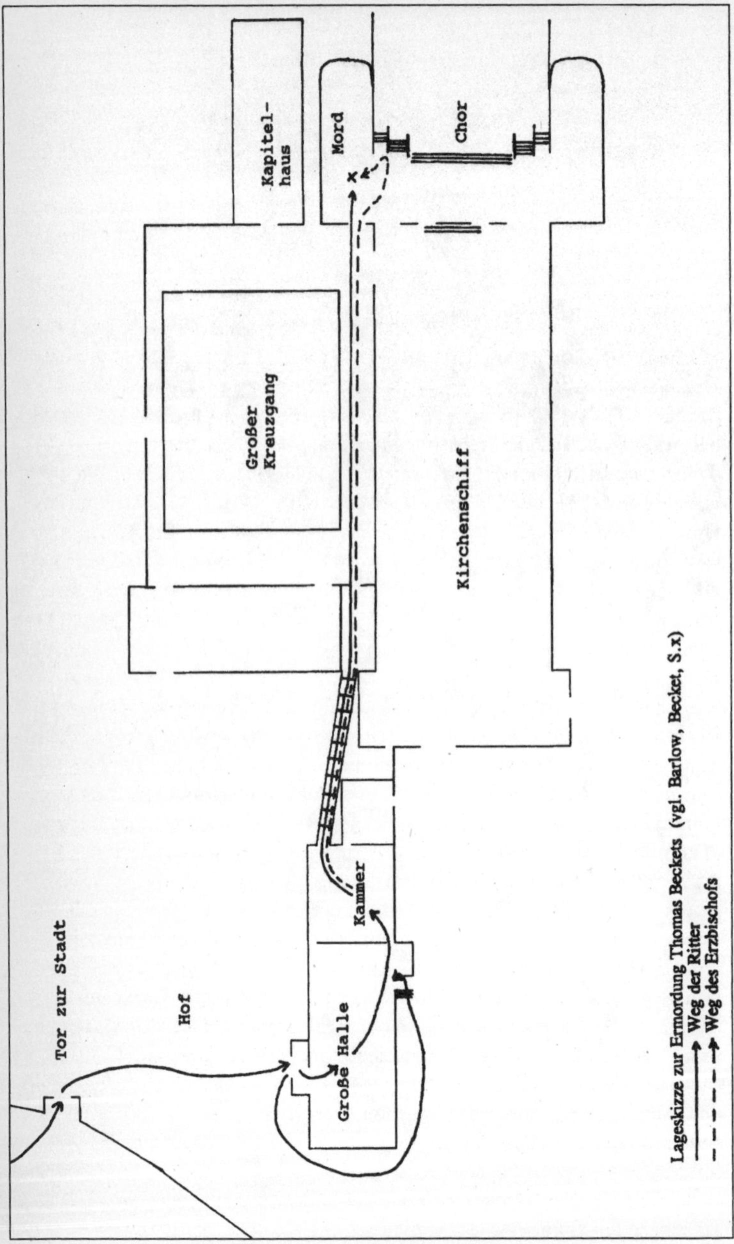

Lageskizze zur Ermordung Thomas Beckets (vgl. Barlow, Becket, S.x)

Kaspar Elm

Das Attentat von Anagni

Der Überfall auf Papst Bonifaz VIII. am 7. September 1303

I.

In zahlreichen Annalen und Chroniken aus der ersten Hälfte des 14. Jahrhunderts ist von einem Ereignis des Jahres 1303 die Rede, das als das Attentat von Anagni in die Geschichte eingegangen ist: von dem auf Papst Bonifaz VIII. ausgeführten Überfall, der fünf Wochen später, am 11. Oktober, in Rom den Tod des Nachfolgers Petri zur Folge hatte. Die Nachricht davon verbreitete sich längst nicht so schnell und so weit, wie das der Fall war, als am 13. Mai 1981 auf Papst Johannes Paul II. ein Attentat verübt wurde. Anders als man annehmen könnte, war die Reaktion auf das »Attentat« von Anagni auch längst nicht so stark wie die auf die Schüsse von 1981 von der Vorstellung bestimmt, daß eine Gewaltanwendung gegen den *Pontifex Maximus* nicht als ein gewöhnliches Verbrechen, sondern als ein Sakrileg anzusehen sei. Kein Wunder, hatte es doch, wie die Historiographen des 14. Jahrhunderts wußten, bis dahin in der Geschichte des Papsttums immer wieder Handgreiflichkeiten im Umgang mit dem Bischof von Rom gegeben. In einem stimmten die Geschichtsschreiber des 14. und die öffentliche Meinung des 20. Jahrhunderts jedoch überein. Sie waren davon überzeugt, daß sich die jeweilige Gewalttat nicht in erster Linie gegen den Stellvertreter Christi oder gar gegen die Person des Papstes richtete, also nicht primär auf persönliche oder religiöse Gründe zurückzuführen sei, sondern das Ergebnis von Machinationen offen oder verdeckt operierender politischer Mächte gewesen sein müsse. Für die *Annales Colmarienses Maiores*, die der Nachricht aus Anagni nicht mehr Platz einräumen als der Vermählung des Grafen von Eptingen mit einer Baseler Bürgerstochter, dem Lob des jungen Weines und des eben erst geernteten Obstes, geht die Tat auf den König von Frankreich zurück, der nach dem Tode des Papstes vor dessen römischen Palast sein *Vexillum* als Siegeszeichen aufgepflanzt habe (S. 229). Die Chronik von Modena und die Annalen von Siena und Parma sehen in den *Columpnenses*, der ghibellinisch gesinnten römischen Adelsfamilie der Colonna, ja ganz allgemein in den papstfeindlichen Ghibellinen die Hintermänner des Attentates. Ihre Meinung teilt auch der Florentiner Chronist Dino Compagni, heißt es bei ihm doch: »Della sua morte molti ne furono contenti e allegri ... e spezialmente ... i Bianchi e Ghibellini, perché era loro cordiale nimico«, dem gewissermaßen entschuldigend hinzugefügt wird, »ma i Neri se ne contristoron assai« (S. 163). Der französische Chronist und Satiriker Geoffroy de Paris, der offenbar mehr wußte als er sagte, zog sich hingegen mit der sibyllinischen Feststellung »Je n'en sais rien, mes Dieux set tous« aus der Affäre (S. 128). Andere Quellen wissen mehr als Gott, denn sie wissen sogar von Dingen zu berichten, die sich überhaupt nicht zugetragen haben. Der Dominikaner Nikolaus Trivet gibt an, Bonifaz sei nach Rom verschleppt und dort gefangen gesetzt worden, wo die Päpste ihre eigenen Gegner zu inhaftieren pflegten, nämlich in der Engelsburg (S. 399). Die Annalen von Heiligkreuz und eine Fürstenfelder Chronik schließlich stellen das Ereignis so dar, wie man sich heute das Attentat auf einen Papst des Mittelalters vorstellt. Der Papst sei, so die *Chronica de gestis principum* aus Fürstenfeld, von seinen Feinden mit vergiftetem Wein umgebracht worden: *Papa Bonifacius ... emulos habuit, qui eum, ut fertur, veneno mixto poculo ... necaverunt* (S. 24).

Wir brauchen uns nicht auf Gerüchte und noch weniger auf phantasievolle Ausschmückungen einzulassen, was den genauen Verlauf des Überfalls auf Bonifaz VIII. und seinen Ausgang angeht. Wir sind darüber besser unterrichtet als über viele andere an Bedeutung vergleichbare Ereignisse der mittelalterlichen Geschichte. Wir verfügen nämlich neben solch aufschlußreichen Quellen wie den Akten der von 1305 bis 1312 in dieser Sache geführten Prozesse über nicht weniger als drei aus der unmittelbaren Umgebung des Papstes stammende Berichte, die detailliert über das Geschehen selbst Auskunft geben. Zwei von ihnen, die Relationen von Vienne und Troyes, haben am Hof Bonifaz' VIII. wirkende Kleriker zum Verfasser, beruhen also auf »Insiderwissen«. Der dritte, der sogenannte Kurtisanenbericht, stammt von einem Augenzeugen, nämlich dem Engländer William Hundleby, der sich als Prokurator des Bischofs von Lincoln in Anagni aufhielt und diesem noch vor dem Tode des Papstes brieflich mitteilte, was er erlebt hatte. Angesichts der großen Zuverlässigkeit dieser den Ereignissen nahestehenden Quellen läßt sich der dramatische Verlauf dessen, was sich vom 7. bis 9. September 1303 in Anagni abspielte, in fast allen Details rekonstruieren.

II.

Bonifaz VIII. hielt sich am Tage des Überfalls schon fast drei Monate, genauer seit Anfang Juni, in Anagni auf. Das war nicht außergewöhnlich. Seit dem 11. Jahrhundert hatte die rund zwei Tagesreisen südöstlich von Rom gelegene Stadt oberhalb des Sacco immer wieder Päpste beherbergt, die in ihrem dortigen *palacium* so wichtige politische Geschäfte wie den 1176 von Alexander III. mit Kaiser Friedrich Barbarossa geschlossenen Friedensvertrag zum Abschluß brachten. Bonifaz VIII. und seine Vorgänger suchten in Anagni nicht nur Zuflucht vor der in Rom herrschenden Sommerhitze, sondern auch Schutz vor ihren einheimischen und auswärtigen Feinden. Daß sich der Papst, was seine Sicherheit anging, diesmal getäuscht hatte, erwies sich am 7. September 1303. Beim frühen Morgenlicht, noch in halber Dunkelheit, drangen Sciarra Colonna, Rinaldo da Supino, Goffredo da Ceccano und Guillaume de Nogaret an der Spitze von mehreren hundert Bewaffneten in die kleine von Mauern und Toren umgebene Stadt ein, ohne dabei auf nennenswerten Widerstand zu stoßen. Die Tore waren offen, die Mauern nicht besetzt. Goffredo Bussa, der Befehlshaber der päpstlichen Schutztruppe, hatte sich, so sagte man später, mit dem Geld der Peruzzi, der Florentiner Bankiers, bestechen lassen. Die mit der Stadtglocke zusammengerufene Bürgerschaft dachte nicht daran, die Eindringlinge abzuwehren oder gar aus der Stadt hinauszuwerfen. Der *populus* von Anagni stellte vielmehr den stadtbekannten Erzfeind, *inimicus capitalis*, des Papstes, Adenolfo di Mattia, als *capitaneus* an die Spitze der *militia*, was bedeutete, daß man mit den Eindringlingen gemeinsame Sache zu machen bereit war. Unter diesen Umständen war es nicht schwer, in die im Nordosten der Stadt gelegenen Residenzen der drei sich damals in Anagni aufhaltenden Kardinäle einzudringen, diese auf schmähliche Weise in die Flucht zu jagen und sich über ihren Besitz herzumachen. Gleichzeitig bzw. kurze Zeit danach drang man durch die engen Gassen bis zu den heftig verteidigten Palästen des Papstes und seines Neffen, des Markgrafen Pietro Caetani, vor. Angesichts der Unmöglichkeit, sich lange gegenüber den Angreifern behaupten zu können, erbat Bonifaz von Sciarra eine zeitlich begrenzte *treuga*, also einen Waffenstillstand, um zu erfahren, was er von ihm wolle. Als der Papst auf dessen »Kapitulationsbedingungen«, er nannte sie einen *durus sermo*, ablehnend reagierte, schritt man zur Tat (Hundleby, S. 192–94). Der bewaffnete Haufe, Robert Holtzmann spricht von einer geldgierigen Soldateska (S. 89), dem sich nicht nur die städtische Miliz, sondern auch zahlreiche Familiaren des Papstes angeschlossen hatten, nahm den Papstneffen und dessen Sohn gefangen, drang durch das in Brand gesteckte Tor der benachbarten Marienkirche in den Papstpalast ein und begann alles, dessen man habhaft werden konnte, zu plündern und zu zerstören – eingeschlossen den Kirchenschatz samt Reliquien, liturgischen Gewändern und Kultgeräten. Die Initiatoren des Überfalls hatten zunächst anderes zu tun, als sich auf diese Weise am Eigentum der Kirche und des Papstes zu bereichern. Sie drangen ins Innere des *palacium*, bis in die *aula* und in die *camera* des Papstes vor, wo ihnen der fast Siebzigjährige erregt, jedoch nicht ängstlich und ergeben entgegentrat.

III.

Was waren die Motive derjenigen, die sich zum Überfall auf den Papst zusammentaten? Sciarra Colonna, der in den meisten Quellen als der eigentliche Anstifter des Überfalls bezeichnet wird und in Anagni tatsächlich als eine Art Condottiere auftrat, sah in Bonifaz VIII. nicht in erster Linie den Priester, den Bischof von Rom und das Haupt der *Ecclesia universalis*, sondern einen persönlichen Feind, der ihn und sein Geschlecht nicht nur um Macht und Ansehen gebracht, sondern auch so tief gedemütigt hatte, daß er nichts lieber getan hätte, als ihn umzubringen: *Voluit libenter interficere papam*, so drückt es William Hundleby aus (S. 192). Sciarra und seine Familie, die ihre Ursprünge bis auf Julius Caesar glaubten zurückführen zu können, hatten in der Tat Grund, in Benedetto Caetani, der um 1235 als Sohn eines wenig begüterten kampanischen Adeligen in Anagni geboren worden war, einen Widersacher zu sehen, der mit der Rücksichtslosigkeit eines »Newcomers« alle ihm als Kardinal, päpstlichem Legaten und schließlich als Papst zur Verfügung stehenden Mittel genutzt hatte, um den Angehörigen seiner Familie – nicht zuletzt auf ihre, der Colonna, Kosten – zu Macht und Einfluß zu verhelfen. Er machte ihnen, den Mitgliedern einer der mächtigsten Familien Roms, die päpstliche Legaten, Senatoren und mehrere Kardinäle hervorgebracht hatte, ihre Position in Latium streitig und versuchte, ihren Widerstand gegen seine Erwerbs- und Arrondierungspolitik mit Konfiskationen, Verbannungen und Inquisitionen zu brechen. Am 10. Mai 1297 hatte Bonifaz VIII. in der Sentenz *In excelso throno* die Familie der Colonna insgesamt als Feinde der *res publica Romanorum*, Rebellen gegen die Kirche und Unruhestifter in Stadt und Land exkommuniziert sowie die exponiertesten Mitglieder des Geschlechts, die Kardinäle Jakob und Peter Colonna, ihrer Ämter enthoben und mit dem Entzug ihrer Pfründe bestraf. 1299 war er so weit gegangen, die ihm verhaßte Familie als Ketzer zu verfolgen sowie Palestrina, ihre Stadt, dem Erdboden gleichzumachen (Reg. Bon. VIII, 2388).

Die Colonna waren die mächtigsten und angesehensten , aber nicht die einzigen Opfer der Erwerbspolitik Benedetto Caetanis und seiner Verwandten. Sie waren auch nicht die einzigen, die sich ihr, so gut sie konnten, in den Weg stellten. Der Papst und seine Nepoten, in erster Linie sein Bruder Roffredo und dessen Sohn Pietro, der eigentliche »Capostipite« des sich so rasant im Aufstieg befindlichen Geschlechts, hatten daher nicht nur weitgespannte Pläne, sondern auch viele Gegner. Das Feld ihrer Aktion, das zugleich das Lager ihrer Feinde war, erstreckte sich von der Mark Ancona bis in die Marittima und von der Toskana über Latium bis in die Campagna und die Terra del Lavoro. Der Schwerpunkt ihrer Aktivität lag jedoch im Südosten Roms zwischen der *Via Sublacense* und der *Via Casilina*, im Dreieck zwischen Anagni, Alatri und Ferentino, der engeren Heimat ihrer Familie. Hier hatten sie durch Kauf und Tausch, nicht selten aber auch auf nicht ganz legalem Wege umfangreichen Grundbesitz erworben, wichtige Kastellaneien und Herrschaften wie diejenigen in Fumone und Castro an sich gebracht und in den Städten eine führende Rolle übernommen. Hier war daher die Animosität ihrer Konkurrenten und deren Bereitschaft zu bewaffnetem Widerstand am größten. Das beweist nicht nur ihre Beteiligung am Überfall in Anagni, sondern auch die sich vor und nach dem Attentat in der ganzen Region ausbreitende Aufstandsbewegung. Die Exponenten des Widerstandes waren die führend an dem Überfall auf den Papst beteiligten »signori nobili« Goffredo da Ceccano und noch entschiedener Rinaldo da Stupino, der Podestà von Ferentino. Beide waren Angehörige von in Südlatium und der Campagna verbreiteten Familien, die mit den Caetani nicht nur wegen ihrer Erwerbspolitik abrechnen wollten, sondern auch an ihnen für persönliche Kränkung und erlittenes Unrecht Rache zu nehmen trachteten. Das verband sie mit den *cives* und *nobiles* von Anagni. An die Spitze dieser Unzufriedenen und Gekränkten stellte sich, wie bereits gesagt, am Morgen des 7. Septembers Adenolfo di Mattia, dessen Palazzo 1297 von dem Papstneffen Pietro in Beschlag genommen worden war. Er gehörte der in Anagni bis zum Auftreten der Caetani einflußreichen Familie der Conti an, die ähnlich wie die Colonna der Kirche eine Reihe bedeutender Kardinäle und Päpste gestellt hatte und sich wie ihre römischen Standesgenossen durch die Caetani benachteiligt fühlte.

Wer weiß, mit welcher Härte, ja Brutalität Familien und Parteien in den italienischen Kommunen des Due- und Trecento ihre Streitigkeiten austrugen, und sich vorstellt, welcher Haß und welche Rachsucht sich bei Angehörigen sowohl hochadeliger als auch kleiner und bescheiden lebender Adelsfamilien aufstauen kann, wenn sie eine Minderung ihres Prestiges zu befürchten haben, wird sich auch dann ein Bild davon machen können, welche Stimmung unter den Opponenten der Caetani herrschte, wenn diese nicht *expressis verbis* in den Quellen beschrieben wird. Es kann kein Zweifel daran bestehen, daß eine solche Stimmung nicht nur aufgeheizt wird, sondern zu geradezu umstürzlerischen Konsequenzen führen kann, wenn sich mit ihr eine ideologische Komponente verbindet. Und das war bei den Colonna tatsächlich der Fall. Die kaiserfreundlich gesinnte und in Opposition zu den Päpsten stehende Familie hatte ein offenes Ohr für die Kritik nicht nur der Ketzer, sondern auch der Bettelmönche an einem Papsttum, das in seiner Macht und seinem Glanz so wenig mit dem übereinstimmte, was der Wanderasket und Wundertäter aus Galiläa vorgelebt und gefordert hatte. Die Colonna waren – aus Überzeugung oder Taktik – mit den radikalen Exponenten der franziskanischen Armutsbewegung, den Spiritualen, ein Bündnis eingegangen. Sie, die konsequentesten Söhne des hl. Franz, hatten in dem als Verlegenheitskandidaten zum Papst gewählten und am 24. August 1294 als Cölestin V. auf den Stuhl Petri gelangten Eremiten Petrus vom Morrone nicht nur ein Vorbild, sondern auch eine apokalyptische Gestalt gesehen. Sie hielten ihn, gestützt auf Joachim von Fiore, für den *Papa angelicus*, den Engelpapst, der das dritte Zeitalter der

Heilsgeschichte, das Zeitalter des Heiligen Geistes, einleiten und einen *Ordo novus* gründen würde. Daher waren sie denn auch zutiefst erschüttert, als der fromme, zur Leitung der Kirche unfähige Papst schon am 13. Dezember 1294 in einem »gran rifiuto«, wie es Dante ausdrückt (Inf. III, 60), resignierte und von seinem bereits am 24. Dezember des gleichen Jahres gewählten Nachfolger nach vergeblichen Fluchtversuchen bis zu seinem Tode am 19. Mai 1296 in dessen unweit von Anagni gelegenen Kastell Fumone in Haft gehalten wurde. Der Papst, der dem Engelpapst folgte und ihn gefangensetzte, war aber niemand anders als der damalige Kardinalpresbyter von S. Martino ai Monti, Benedetto Caetani. Es versteht sich von selbst, daß die Spiritualen die Rechtmäßigkeit seiner Wahl anzweifelten und ihm unterstellten, seinen Vorgänger zur Abdankung gezwungen, ja ermordet zu haben. Wenn sich die Spiritualen gegen Bonifaz wandten und mit den Colonna eine Art Bündnis eingingen, dann nicht wegen seiner Hausmachtpolitik. Sie sahen in Bonifaz, dem in Todi, Spoleto und Bologna ausgebildeten Kanonisten und im Dienst der Kurie vom Kapellan und Notar zum Kardinal, päpstlichen Legaten und Papst aufgestiegenen Administrator, der zunehmend Prestige gewann, Macht kumulierte und Reichtümer anhäufte, das Gegenbild des armen und weltabgewandten Engelpapstes Petrus vom Morrone. Er war für sie nicht mehr der Nachfolger Petri, des Fischers vom See Genezareth, sondern der Nachfolger der römischen Imperatoren, das Haupt und der Gesetzgeber einer ganz der Welt zugewandten Kirche, von der sie gehofft hatten, sie würde durch eine *Ecclesia spiritualis*, eine Kirche der Geistbegabten, Armen und Friedfertigen, abgelöst werden. Aus ihren Kreisen dürfte denn auch das Papst Cölestin in den Mund gelegte *Dictum* stammen, wonach Bonifaz, der wie ein Fuchs auf den Stuhl Petri gelangt sei, zwar wie ein Löwe regieren würde, aber wie ein Hund sterben müsse: *Intrabis ut vulpes, regnabis ut leo, morieris ut canis* (Grundmann, Papstprophetien, S. 33).

Hinter denen, die nichts lieber wollten, als den Papst zu töten, mit dem Ruf »Muoia il papa« auf den Lippen seinen Palast stürmten und ihm prophezeiten, er würde wie ein Hund sterben, standen andere, die den Zorn, den Rachedurst und die Waffen der Aufständischen für ihre eigenen Zwecke nutzten und so aus dem, was als Adelsrevolte bald in Vergessenheit geraten wäre, ein Ereignis von historischer Bedeutung machten. Damit ist in erster Linie Guillaume de Nogaret gemeint, der in den Quellen nur am Rande der Ereignisse auftaucht, tatsächlich aber in der *tragedia* von Anagni eine Hauptrolle spielte. Guillaume trat dem Papst am 7. September zweifellos mit nicht geringeren Emotionen gegenüber als die Adeligen aus Latium, der Campagna und Anagni. Er stammte aus Saint-Felix-Lauragais in der Diözese Toulouse, das im 12. und 13. Jahrhundert ein Zentrum des Albigensertums gewesen war. Ja, er soll nach Auskunft nicht immer zuverlässiger Quellen einen Großvater gehabt haben, der von der Inquisition als Ketzer verurteilt und danach hingerichtet wurde. Aber dennoch trat er nicht als Rächer seines Vorfahren vor den Papst. Er handelte vielmehr im Dienste des Königs von Frankreich und ließ sich dabei weniger von seinen Emotionen als vielmehr von politischem Kalkül leiten. Der Jurist, der in Montpellier studiert und eine Lehrtätigkeit ausgeübt hatte und zunächst als Richter in der Justizverwaltung der Seneschallei Baucaire und der Hauptstadt Paris tätig gewesen war, wurde 1303 von Philipp IV. in den königlichen Rat berufen und damit in den Kreis jener Legisten aufgenommen, die erheblichen Anteil an der Formulierung, Durchführung und Propagierung seiner Politik hatten. In dieser Funktion war er zusammen mit Guillaume de Plaisians entscheidend an der Zuspitzung der schon zu Beginn der neunziger Jahre einsetzenden Spannungen, der *discordia*, zwischen Philipp dem Schönen und Bonifaz VIII. beteiligt. Der Streit hatte begonnen mit Problemen, die die Finanzen und die Politik betrafen, genauer das Recht des Papstes, den Klerus von Frankreich zu besteuern, sein Eingreifen in das Verhältnis zwischen Aragonesen und Anjous, die Anerkennung des Habsburgers Albrecht als deutschen König, die Einsetzung von Bischöfen und die Einberufung von Nationalkonzilien. Er wurde grundsätzlicher, steigerte sich zu einer Art Zweikampf zwischen Papst und König, zwischen weltlicher und geistlicher Gewalt und erreichte seinen Höhepunkt, als Guillaume de Nogaret, um einer drohenden Exkommunikation des Königs zuvorzukommen, am 12. März 1303 in seiner dem Staatsrat vorgetragenen Rede *Fuerunt pseudoprophete* den Papst der Ketzerei beschuldigte, *ad probandum ipsum perfectum hereticum esse* entsprechende »Beweise« vorlegte und schließlich die Einberufung eines Konzils forderte, das ihn aburteilen und an seiner Stelle einen neuen Papst bestellen sollte (Dupuy, S. 56–59). Bonifaz davon zu unterrichten, die Promulgation der von ihm geplanten Bulle *Super Petri solio* und die in ihr ausgesprochenen Sanktionen gegen den König zu verhindern sowie ihn vor das geplante Konzil zu laden, das waren, wie Nogaret in seinen späteren Verteidigungsschriften betont, seine Intentionen, als er sich am 2. September von seinem Aufenthaltsort in der römischen Campagna auf den Weg nach Anagni machte und sich im Bündnis mit der lokalen Opposition den Zugang zur *camera* des Papstes verschaffte.

IV.

Was geschah am Nachmittag des 7. September, der für die Gegner des Papstes »il giorno della vendetta« werden sollte, wie man es ausgedrückt hat. Sciarra soll, so heißt es in den Quellen, weder seine Zunge noch seine Hand in Zaum gehalten, sondern den Papst beschimpft und geschlagen haben. Zu schweren Tätlichkeiten oder gar zum Totschlag ist es jedoch nicht gekommen. Man beließ es vielmehr bei lautstarken und von Drohgebärden begleiteten Wiederholungen der schon am Morgen während der *treuga* erhobenen Forderung nach Rehabilitierung und Entschädigung der Colonna, nach Auslieferung des Kirchenschatzes an das Kardinalkollegium, Amtsverzicht und Aburteilung des Papstes. Der von nur wenigen Getreuen, zwei *cubicularii*, umgebene Pontifex, im Ornat und mit einem Kreuz in der Hand, reagierte darauf mit Festigkeit und Würde. Er versprach den Colonna Genugtuung. Auf die Forderung , die Tiara niederzulegen und auf sein Amt zu verzichten, antwortete er jedoch in seiner Muttersprache mit den Worten »Ec le col, ec le cape«, womit er sich eher zum Tod als zur Resignation bereiterklärte. Seine Herausforderer drangen nicht weiter auf ihn ein, ließen ihn, von einigen ihrer Anhänger bewacht, zurück und kümmerten sich, wie Giovanni Villani sagt, »del papa non più che d'un malfattore o ribaldo qualsiasi« (VIII, 63). Wie sie weiter mit ihrem hohen Gefangenen umgehen sollten, bereitete ihnen offenbar große Kopfschmerzen. Keine der vorliegenden Quellen berichtet, was auf den dem Attentat folgenden Beratungen, die sich vom Nachmittag des Samstag bis zum Abend des folgenden Sonntag hinzogen, verhandelt wurde. Es fällt jedoch nicht schwer sich vorzustellen, was die vom Groll gegen den selbstbewußten und herrschsüchtigen Papst erfüllten »Attentäter« zu besprechen hatten. Sie hatten sich allesamt einzugestehen, daß keine der Erwartungen, die sie mit dem Unternehmen verbunden hatten, in Erfüllung gegangen war. Die Colonna und die sich ihnen anschließenden Anagnesen hatten es trotz allen Ungestüms nicht zur Ermordung des Papstes kommen lassen. Sie hatten ihn auch nicht zur Abdankung zwingen können und dürften sich wenig von seiner dauernden Gefangennahme versprochen haben. Guillaume de Nogaret, der nach seinen eigenen Angaben, mit den erforderlichen Bevollmächtigungen ausgestattet, dem Papst die gegen ihn erhobenen Anklagen mitteilen, ihn vor Gericht laden und zur Einberufung eines Konzils hatte auffordern wollen, mußte sich eingestehen, daß die Ausschreitungen derjenigen, mit deren Hilfe er sich den Zugang zum Papstpalast hatte verschaffen können, die förmliche Ausführung seines Auftrages unmöglich gemacht hatten. Als klugem Politiker und ausgepichtem Juristen mußte es ihm klar sein, daß weitere Gewalttätigkeit und längere Gefangennahme ihn und die französische Krone ins Unrecht setzen würden und an eine erzwungene »Überstellung« des Papstes nach Frankreich unter den gegebenen Umständen nicht zu denken war. Erst am Montag, dem 9. September, kam es zu einer Entscheidung über das weitere Vorgehen. Sie wurde jedoch weder von Sciarra Colonna noch von Guillaume de Nogaret und ihren jeweiligen Anhängern getroffen, sondern fiel auf einer Versammlung des *populus Anagnie*. Die Anagnesen beschlossen in Abwesenheit des Capitano Adenolfo und der aufrührerischen *nobiles*, Bonifaz die schon am Vormittag des 7. September von ihm erbetene Hilfe zu leisten, sich mit

Gewalt Zugang zu seinem Palast zu verschaffen und ihn zu befreien. Wenige Stunden später stand Bonifaz, vom Volke mit dem Ruf *Vive, pater sancte* umjubelt, auf dem Marktplatz, der *magna platea.* Er dankte mit Tränen in den Augen Gott und allen Heiligen, vor allem aber den *boni homines et mulieres* seiner Vaterstadt für die Befreiung, sprach alle mit Ausnahme derjenigen, die sich am Kirchenschatz vergriffen hatten, von Sünden und Sündenstrafen frei, stellte den Colonna Wiedergutmachung in Aussicht und bat in einer das Volk tief beeindruckenden Weise als ein *pauper sicut Job* um ein wenig Brot und Wein, damit er seinen Hunger und Durst stillen könne – eine Bitte, der die Frauen der Stadt so bereitwillig nachkamen, daß man nicht wußte, wohin mit all dem Brot und all dem Wein. Als am Ende der Papstpalast für das Volk geöffnet wurde und alle, die *boni et mali, parvi et magni,* mit dem Nachfolger Petri *sicut cum alio pauperimo homine,* wie mit irgendeinem anderen einfachen und armen Menschen, reden konnten, erreichte der Wille zur Versöhnung seinen Höhepunkt (Hundleby, S. 197).

Die Überlegungen, die zu dem plötzlichen Stimmungsumschwung der Bewohner von Anagni geführt hatten, waren weitaus weniger emotional, als man angesichts der allgemeinen Rührseligkeit annehmen könnte. Die Vertreter des »popolo« dürften erkannt haben, daß der Aufstand gegen den Papst eine Stärkung des Adels und der benachbarten Städte zur Folge haben würde. Man hatte sich offenbar nicht nur in der Versammlung, sondern auch auf den Straßen und Plätzen vor Augen geführt, welche Konsequenzen die Gefangennahme oder gar Ermordung eines Papstes für die Stadt und ihre Bewohner haben würde: Exkommunikationen, ein langdauerndes, das öffentliche Leben stillegendes Interdikt, den Verlust wichtiger Einnahmequellen und schließlich die Schande, die ein solches Vorgehen in aller Welt über die Bürger, ihre Kinder und Kindeskinder bringen würde.

Schon bald kehrte man zur Normalität zurück. Der Papst begab sich am folgenden Freitag unter dem Schutz der Orsini nach Rom, zunächst in den Lateranpalast, dann in den Vatikan, wo er sich vor den ihm weiterhin feindlich gesinnten Römern sicherer fühlte. Hier starb der seit langem an einer schweren Nierenkrankheit leidende Benedetto Caetani am 11. Oktober, wohl weniger an den körperlichen als vielmehr an den seelischen Folgen der Ereignisse von Anagni. Schon vor seinem Tode, am 17. September, hatte sein alter Verbündeter, Karl II. von Anjou, als Vertreter der nächstgelegenen weltlichen Gewalt den Befehl erteilt, all diejenigen, die sich an den Schätzen der Kirche, des Papstes und der Kardinäle bereichert hatten, zu ergreifen und zu bestrafen. Die Kommune von Anagni entzog allen, die sich aktiv an dem Aufstand beteiligt hatten, die Bürgerrechte, was bedeutete, daß sie die Stadt und ihr Umland zu verlassen hatten. Am 6. November verurteilte der Dominikaner Niccolò di Boccasini, der am 22. Oktober, also nur elf Tage nach dem Hinscheiden des Papstes, zu dessen Nachfolger gewählt worden war und als Benedikt XI. die *Cathedra Petri* bestiegen hatte, die Attentäter als *iniquitatis filii, primogeniti Satanae et perditionis alumpni* (Reg. Ben. XI, Nr. 1099), was ihn jedoch nicht daran hinderte, mit der französischen Seite Verhandlungen aufzunehmen, um die negativen Folgen des Attentats möglichst gering zu halten. Als sie für ihn und die Kirche unbefriedigend verliefen, erklärte er am 7. Juni 1304, genau einen Monat vor seinem Tode, in der in Perugia promulgierten Bulle *Flagitiosum scelus* feierlich, daß alle, die an dem *summum nefas* beteiligt gewesen waren, der Exkommunikation verfallen seien und sich in einer Frist von zwei Wochen der Exekution dieser Sentenz zu stellen hätten. Gleichzeitig gab er dem Ereignis eine theologische Deutung, die schon in den Berichten der Augenzeugen angeklungen war, von Dante im 20. Gesang des »Purgatorio« in modifizierter Form wiederaufgenommen wurde und heute noch von vielen Gläubigen als zutreffend angesehen wird. Benedikt XI. rückte den Papst, der von seinem eigenen Volk verraten und von den Seinen verlassen, von Kriegsknechten geschmäht und geschlagen worden war, drei Tage in Todesangst gelebt hatte und auf fast wunderbare Weise von ihr befreit worden war, in die Nähe Jesu Christi, machte aus dem Attentat von Anagni die Passion des *Vicarius Christi* (Reg. Ben. XI, Nr. 1276).

Das alles hatte, um bei dem schon von den zeitgenössischen Quellen verwandten Bild der Tragödie zu bleiben, keine andere Funktion als die eines retardierenden Momentes. Der König von Frankreich und seine Berater dachten nicht daran, noch nachträglich vor dem herrschgewaltigen Papst, dem großen Gesetzgeber und Staatsmann, der seine eigene Würde und die des Papsttums mit Worten und Taten, Bildern, Statuen und Bauten vor aller Welt sichtbar gemacht hatte, zurückzuweichen und seinen in der Bulle *Unam sanctam* auf provozierende Weise erhobenen Anspruch auf die *plenitudo potestatis*, die Überordnung der geistlichen über die weltliche Gewalt, anzuerkennen. Sie distanzierten sich zwar formell von dem Attentat, nahmen aber keineswegs die am 12. März 1303 von Nogaret in seiner vor dem Staatsrat gehaltenen Rede erhobenen Vorwürfe gegen den der Amtserschleichung, Simonie, Ketzerei und anderer Verbrechen beschuldigten Papst Bonifaz VIII. zurück. Sie betrieben vielmehr mit noch größerem Nachdruck als zuvor die Vorbereitung für das, was man als den Prozeß gegen das Andenken Bonifaz' VIII. bezeichnet. Eines der Ergebnisse dieser Bemühungen war eine lange Liste von Vergehen, die den Verstorbenen als Simonisten, Götzenanbeter, Zauberer, Gottesleugner und als Mörder erscheinen lassen sollte. Der Nachfolger Benedikts XI., der Franzose Clemens V., wußte, was es bedeuten würde, wenn einer der größten seiner Vorgänger als Ketzer verurteilt und, was die Folge gewesen wäre, sein in Alt-St. Peter in dem von ihm selbst zu Lebzeiten errichteten Mausoleum beigesetzter Leichnam nachträglich verbrannt werden würde. Clemens V. war sich darüber im klaren, daß es in diesem Prozeß nicht um die Person des Papstes, um den machtbewußten, schroffen und ehrgeizigen Benedetto Caetani aus Anagni ging, sondern um den römischen Pontifex, um das Papsttum und sein moralisches Ansehen. Der sich seit 1307 in Avignon aufhaltende, von einer schweren Krankheit geplagte und eher zögerlich als zielstrebig agierende Bertrand de Got, tat denn auch alles, um den in Vorbereitung befindlichen Prozeß gegen den Verstorbenen zu verhindern, ja er fand sich insofern zu einem Kompromiß bereit, als er dem König den *bonus zelus*, den guten Willen, bescheinigte und seinen Helfern eine *absolutio ad cautelam* erteilte (Schmidt, Bonifaz-Prozeß, S. 412 ff.). Der Preis, den er dafür zu zahlen hatte, war hoch. Er kam der Forderung der Franzosen nach der Vernichtung von Bonifazbriefen, der Kanonisierung des Engelpapstes Cölestin V. sowie der Rekonziliierung Nogarets nach und entschied sich 1312 auf dem Konzil von Vienne, der rücksichtslos und mit grausamer Härte von Philipp und seinen Helfern betriebenen Aufhebung des Templerordens zuzustimmen, um nicht gegen seinen fast zehn Jahre toten Vorgänger so vorgehen zu müssen, wie man es von ihm verlangte. Weder der mehr oder weniger glückliche Ausgang des Attentates von Anagni noch der Verzicht des Königs auf die Durchführung des Prozesses gegen das Andenken Bonifaz' VIII. gaben den Päpsten und der Kurie Anlaß, sich eines Erfolges zu rühmen. Die Tatsache, daß sich die Nachfolger Petri zunächst vorübergehend und seit 1307 für nicht viel weniger als 70 Jahre in Avignon im Einflußreich des Königs von Frankreich aufhielten, hätte sie Lügen gestraft. Das Attentat von Anagni, die Verlegung der Kurie von Rom nach Avignon und die erzwungene Aufhebung eines Ordens, der sich mit Nachdruck für die Kirche und das Hl. Land eingesetzt hatte, liefern vielmehr den Beweis dafür, daß der Niedergang des Papsttums als einer Universalmacht, der mit dem Kampf zwischen Friedrich II. und Gregor IX. eingesetzt hatte und in der Auseinandersetzung zwischen Bonifaz VIII. und Philipp dem Schönen beschleunigt worden war, auch im 14. Jahrhundert nicht aufzuhalten oder gar rückgängig zu machen war, sondern erst in der Mitte des folgenden Jahrhunderts, nach Schisma und Reformkonzilien, zu einem vorübergehenden Stillstand kommen sollte.

Literatur

Annales Colmarienses Maiores, hrsg. von Ph. Jaffé, Monumenta Germaniae Historica (= MGH), SS XVII, Hannover 1861, 202–32

Annales Parmenses Maiores, hrsg. von G. H. Pertz, MGH, SS XVIII, Hannover 1863, 663–790

Annales Senenses, hrsg. von J. F. Boehmer, MGH, SS XIX, Hannover 1866, 225–35

Arnold, B., Die Erwerbung des Kastells Sismano durch Kardinal Benedikt Caetani (Bonifaz VIII.) im Jahre 1289, Quellen und Forschungen aus italienischen Archiven und Bibliotheken (= QFIAB) 71 (1991) 164–94

Baethgen, F., Quellen und Untersuchungen zur Geschichte der päpstlichen Hof- und Finanzverwaltung unter Bonifaz VIII., QFIAB 20 (1928/29) 114–95. Auch in: Ders., Mediaevalia (Schriften der MGH 17,1) Stuttgart 1960, 228–95.

Balthasar, K., Geschichte des Armutsstreites im Franziskaner-Orden bis zum Konzil von Vienne (Vorreformationsgeschichtliche Forschungen 6) Münster 1971.

Baluze, E. – Mollat, G. (Hrsg.), Vitae paparum Avenionensium, 4 Bde., Paris 1914–28.

Beck, H. G. J., William Hundleby's Account of the Anagni Outrage, The Catholic Historical Review 32 (1946/47) 190–220

Becker, H.-J., Die Appelation vom Papst an ein allgemeines Konzil (Forschungen zur kirchlichen Rechtsgeschichte und zum Kirchenrecht 17) Köln 1988

Benz, E., Ecclesia spiritualis. Kirchenidee und Geschichtstheologie der franziskanischen Reformation, Stuttgart 1934

Boase, T. S. R., Boniface VIII, London 1933

Bock, F., Bonifacio VIII nella storiografia francese, Rivista di Storia della Chiesa in Italia 6 (1952) 248–59

Borgolte, M., Petrusnachfolge und Kaiserimitation. Die Grablegen der Päpste, ihre Genese und Traditionsbildung, (Veröffentlichungen des Max-Planck-Instituts für Geschichte 95) Göttingen 1989

Brambilla Ageno, F., Sull'invettiva di Jacopone da Todi contro Bonifacio VIII, Lettere italiane 16 (1994) 373–414

Caetani, G., Domus Caietana. Storia documentata della famiglia Caetani I, Sancasciano 1927

Catracchia, B., Ferentino e il Rettorato di Campagna e Marittima, Bollettino dell' Istituto di storia e di arte del Lazio meridionale 5 (1967/68) 31–51

Chronica Urbevetana, hrsg. von L. Fumi, ²Rerum Italicarum Scriptores (= RIS) XV, 5, Città del Castello 1902, 199–204

Chronicon de gestis principum, hrsg. von J. F. Boehmer, Fontes Rerum Germanicarum I, Stuttgart 1843

Chronicon Mutinense Johannis de Bozano, hrsg. von T. Casini, ²RIS XV,4, Bologna 1917–19

Continuatio tertia Sanctacrucensis, hrsg. von W. Wattenbach, MGH, SS XXIV, Hannover 1879, 53–57

Cortonesi, A., Terre e signori nel Lazio medioevale nei secoli XIII–XIV, Neapel 1986

Coste, J., I primi Colonna di Genazzano e i loro castelli, Latium 3 (1986) 27–86

Ders., Les deux missions de Guillaume de Nogaret en 1303, Mélanges de l'École française de Rome, Moyen Age 105 (1993) 299–326

Denifle, H., Die Denkschriften der Colonna gegen Bonifaz VIII. und der Cardinäle gegen die Colonna, Archiv für Literatur- und Kirchengeschichte des Mittelalters 5 (1889) 493–529

Digard, G. (Hrsg.), Les Registres de Boniface VIII, Paris 1884–1950

Ders., Un nouveau récit de l'attentat d'Anagni, Revue des questions historiques 43 (1888) 557–61 (Vienner Resolution)

Ders., Philippe le Bel et le Saint-Siège de 1285 à 1304, 2 Bde., Paris 1936

Dino Compagni, La Cronica delle cose occorenti ne' tempi suoi, hrsg. von I. de Lungo, ²RIS IX,2, Città del Castello 1907–16

Dossat, Y., Guillaume de Nogaret, petit-fils d'hérétique, Annales du Midi 53 (1941) 391–401
Dupré Theseider, E., Bonifacio VIII, papa, in: Dizinario Biografico degli Italiani XII, Rom 1970, c. 146–70
Dupuy, P., Histoire du différend d'entre le pape Boniface VIII et Philippes le Bel, roy de France, Paris 1655 (ND Tucson 1963)
Dykmans, M., D'Innocent III à Boniface VIII. Histoire des Conti et des Annibaldi, Bulletin de l'Institut historique belge de Rome 45 (1975) 19–221
Ehrle, F., Zur Geschichte des Schatzes, der Bibliothek und des Archivs der Päpste im vierzehnten Jahrhundert, Archiv für Literatur- und Kirchengeschichte des Mittelalters 1 (1885) 1–48, 228–364
Elm, K., Der Templerprozeß (1307–1312), in: A. Demandt (Hrsg.), Macht und Recht. Große Prozesse in der Geschichte, München 1990, 81–101, 297–99
Falco, G., I comuni della Campagna e della Marittima nel Medio Evo, Archivio della Società Romana di storia patria 47 (1924) 117–87; 48 (1925) 5–94; 49 (1926) 127–302
Favier, J., Philippe le Bel, Paris 1978
Fawtier, R., L'attentat d'Anagni, École française de Rome. Mélanges d'archéologie et d'histoire 60 (1948) 153–79
Fedele, P., Per la storia dell'attentato di Anagni, Bullettino dell'Istituto Storico Italiano per il Medio Evo 40 (1921) 195–232
Finke, H., Aus den Tagen Bonifaz VIII. Funde und Forschungen (Vorreformationsgeschichtliche Forschungen 2) Münster 1902
Fornaseri, G., Il conclave perugino del 1304–1305, Rivista di Storia della Chiesa in Italia 10 (1956) 321–44
Geoffroy de Paris, La chronique métrique, hrsg. von A. Diverrès (Publications de la Faculté des lettres de l'Université de Strasbourg 129) Paris 1956
Giovanni Villani, Historia universalis, hrsg. von L. A. Muratori, RIS XIII, Mailand 1728
Grandjean, Ch., Le Registre de Benoît XI., Paris 1905 (Reg. Ben. XI)
Grundmann, H., Die Papstprophetien des Mittelalters, Archiv für Kulturgeschichte 19 (1928) 77–138. Jetzt in: Ders., Ausgewählte Aufsätze II (Schriften der MGH 25,2) Stuttgart 1977, 1–57
Ders., Bonifaz VIII. und Dante, ebd. 227–54
Herde, P., Cölestin V. 1294 (Peter vom Morrone). Der Engelpapst. Mit einem Urkundenanhang und Edition zweier Viten (Päpste und Papsttum 16) Stuttgart 1981
Holtzmann, R., Wilhelm von Nogaret. Rat und Grosssiegelbewahrer Philipps des Schönen von Frankreich, Freiburg i. Br. 1898
Holtzmann, W., Zum Attentat von Anagni, in: L. Santifaller (Hrsg.), Festschrift Albert Brackmann, Weimar 1931, 492–507
Hundleby, William, siehe Beck, H.G.J.
Ladner, G. B., Die Statue Bonifaz' VIII. in der Lateranbasilika und die Entstehung der dreifach gekrönten Tiara, Römische Quartalsschrift 42 (1934) 35–69
Ders., Die Papstbildnisse des Altertums und des Mittelalters II: Von Innozenz II. zu Benedikt XI. (Monumenta di antichità cristiana II, 4) Città del Vaticano 1970
Langlois, Ch.-V., Les papiers de Guillaume de Nogaret et de Guillaume de Plaisians au Trésor des chartes (Notices et extraits des manuscrits de la Bibliothèque nationale 39,1) Paris 1909, 211–54

Lévis Mirepoix, A. P. M. J. Duc de, L'Attentat d'Anagni. Le conflit entre la papauté et le roi de France. 7 septembre 1303 (Trente journées qui ont fait la France) Paris 1969
Maccarrone, M., Il sepolcro di Bonifacio VIII nella Basilica Vaticana, in: A. M. Romanini (Hrsg.), Roma Anno 1300, Rom 1983, 753–71
Maier, A., Due documenti nuovi relativi alla lotta dei cardinali Colonna contro Bonifacio VIII, in: Dies., Ausgehendes Mittelalter 2 (Storia e letteratura 105) Rom 1967, 13–34, 491–92
Marchetti-Longhi, G., Anagni di Bonifacio VIII. Studio storiografico topografico, Bollettino dell'Istituto di storia e di arte del Lazio meridionale 3 (1965) 168–206
Ders., Agnani nel ricordo di Dante, ebd., 5–12
Melville, M., Guillaume de Nogaret et Philippe le Bel, Revue d'histoire de l'église de France 36 (1950) 56–66
Michael, E., Die Rolle Nogarets bei dem Attentat auf Bonifaz VIII., Zeitschrift für katholische Theologie 16 (1982) 367–72
Mohler, L., Die Kardinäle Jakob und Peter Colonna. Ein Beitrag zur Geschichte des Zeitalters Bonifaz' VIII. (Quellen und Forschungen aus dem Gebiet der Geschichte 17) Paderborn 1914
Muldoon, J., Boniface VIII's Forty Years of Experience in Law, Jurist 11 (1971) 449–77
Nicholaus Trivetus, Annales sex regum Angliae, hrsg. von Th. Hog, London 1845
Nüske, G. F., Untersuchungen über das Personal der päpstlichen Kurie 1254–1303, Archiv für Diplomatik 20 (1974) 39–240; 21 (1975) 243–431
Newhall, R. A., The Affair of Anagni, The Catholic Historical Review 1 (1921) 277–95
Paravicini Bagliani, A., Il Corpo del Papa (Biblioteca di cultura storica 204) Turin 1994
Partner, P., The Lands of St. Peter. The Papal State in the Middle Ages and the Early Renaissance, London 1972
Pieri, M., L'attentato contro Bonifazio VIII. Studio storico, Turin 1903
Pinkl, E.-M., Papst Bonifaz VIII. im Urteil der Geschichtsschreiber seiner Zeit, Maschinenschrift. Magisterarbeit, München 1984
Reinhardt (Hrsg.), Die großen Familien Italiens, Stuttgart 1992
Rodenberg, C., Die Bulle des Papstes Bonifacius VIII. gegen die Cardinäle Jakob und Peter von Colonna vom 10. Mai 1297, Historisches Jahrbuch 19 (1879) 192–199
Ruiz, T. F., Reaction to Anagni, The Catholic Historical Review 65 (1979) 385–405
Scandone, F., Documenti sulle relazioni tra la corte angioina di Napoli, Papa Bonifazio e i Colonna, Archivio storico per le provinzie Napoletane 41 (1961) 221–236
Schmidinger, H., Ein vergessener Bericht über das Attentat von Anagni, in: Mélanges Eugène Tisserant V, 2 (Studi e testi 235) Città del Vaticano 1964, 373–88 (Fragment aus Troyes)
Schmidt, T., Papst Bonifaz VIII. und die Idolatrie, QFIAB 66 (1986) 75–107
Ders., Der Bonifaz-Prozeß. Verfahren der Papstanklage in der Zeit Bonifaz' VIII. und Clemens' V. (Forschungen zur kirchlichen Rechtsgeschichte und zum Kirchenrecht 19) Köln–Wien 1989

Ders., Zwei neue Konstitutionen Papst Clemens' V. zur Restitution der Colonna (1306), in: H. Mordek (Hrsg.), Papsttum, Kirche und Recht im Mittelalter. Festschrift für Horst Fuhrmann zum 65. Geburtstag, Tübingen 1991, 335–45

Scholz, R., Die Publizistik zur Zeit Philipps des Schönen und Bonifaz' VIII. Ein Beitrag zur Geschichte der politischen Anschauung des Mittelalters (Kirchenrechtliche Abhandlungen 6–8) Stuttgart 1903

Ders., Zur Beurteilung Bonifaz' VIII. und seines sittlich-religiösen Charakters, Historische Vierteljahresschrift 9 (1906) 470–515

Seidelmayer, M., Papst Bonifaz VIII. und der Kirchenstaat, Historisches Jahrbuch 60 (1940) 78–87

Sommerlechner, A., Die Darstellung des Attentates von Anagni, Römische historische Mitteilungen 32/33 (1990/91) 51–102

Stoob, H., Die Castelli der Colonna, QFIAB 51 (1971) 207–49

Strayer, J. R., The Reign of Philip the Fair, Princeton 1980

Strnad, A. A., Giacomo Grimaldis Bericht über die Öffnung des Grabes Papst Bonifaz' VIII. (1605), Römische Quartalsschrift 61 (1966) 145–202

Thomas, L., La vie privée de Guillaume de Nogaret, Annales du Midi 16 (1904) 161–207

Ullmann, W., Die Bulle »Unam sanctam«: Rückblick und Ausblick, Römische historische Mitteilungen 16 (1974) 45–77

Zappasodi, P., Anagni attraverso i secoli, Veroli 1908

Zimmermann, H., Papstabsetzungen des Mittelalters, Graz–Wien–Köln 1968

Joachim Ehlers

Ludwig von Orléans und Johann von Burgund (1407/1419)

Vom Tyrannenmord zur Rache als Staatsraison

Der Abend des 23. November 1407 war durch den frühen Wintereinbruch sehr kalt. Paris hatte sich zurückgenommen, ungewohnt still. Die Frau des Wächters der Porte Barbette sah in ihrem Haus in der Rue Vieille-du-Temple nach den schlafenden Kindern, als sie von außen Geräusche hörte: Schritte, Flüstern, Hufschlag, plötzlichen Lärm. »Ich bin der Herzog von Orléans!« rief eine entsetzte Männerstimme, und als die Frau ans Fenster trat, sah sie ihn auf dem Pflaster knien: Die Hand, mit der er sein Maultier gelenkt hatte, war abgehauen, und eben spaltete der Schlag einer Axt ihm den Schädel bis zum Unterkiefer. Die Täter konnten im Tumult einer beginnenden Feuerbrunst entkommen, denn sie hatten brennende Fackeln in die Fenster der nächsten Häuser geworfen und als Hindernis für Pferde Krähenfüße auf den Weg gestreut. Diese Spur wurde noch in der Nacht verfolgt. Sie führte von der Rue des Blancs-Manteaux in die Rue Saint-Denis und von dort durch die Rue Mauconseil. Sie endete am Hôtel d'Artois, dem Stadtpalast des Herzogs von Burgund.

Das Opfer, Ludwig Graf von Valois, seit 1392 Herzog von Orléans, war der jüngere Bruder König Karls VI. von Frankreich. Während der König von früh an die Jagd liebte, das ritterliche Leben und die hocharistokratisch-höfische Gesellschaft, entwickelte sich Ludwig mit seiner zarten Konstitution und dem ausgeprägten Sinn für scharfsinniges Argumentieren zum Favoriten der Gelehrten und Gebildeten. Beim Tod ihres Vaters waren die Brüder zwölf und acht Jahre alt gewesen, so daß eine Regentschaft bestellt werden mußte, die bald durch Herzog Philipp von Burgund dominiert wurde, den Bruder des verstorbenen Königs. Bis zu seinem zwanzigsten Lebensjahr ertrug Karl die Bevormundung, obwohl er vom Connétable Olivier de Clisson und von seinem Bruder Ludwig schon lange gedrängt worden war, das Joch abzuschütteln. 1388 versammelte er schließlich die wichtigsten Großen des Reiches in Reims, ließ den Bischof von Laon eine programmatische Rede zugunsten persönlicher Herrschaft des Monarchen halten und entließ die Regentschaft.

Er berief die alten Ratgeber seines Vaters zurück, aber die gewichtigste Stimme im Conseil hatte Ludwig, damals Herzog der Touraine. Wichtigstes Ziel der neuen Regierung waren Reformen zur Sanierung des Steuerwesens. Der seit 1339 nicht aufgehobene Kriegszustand mit England bedingte große Ausgaben, vor allem aber stand ein Italienzug bevor, der Papst Urban VI. zugunsten Clemens VII. aus Rom vertreiben und mit der französischen Vorherrschaft in Italien die imperiale Stellung Karls VI. begründen sollte. Alle diese Pläne zerrannen in der Regierungskrise des Sommers 1392.

Am 5. August 1392, zwei Monate, nachdem er seinen Bruder Ludwig zum Herzog von Orléans ernannt hatte, brach Karl VI. während eines Jagdausfluges unter dem ersten Anfall einer sich künftig in periodischen Schüben steigernden Geisteskrankheit zusammen, die bis heute medizinisch nicht klar bestimmt werden konnte. Sie machte den König immer wieder regierungsunfähig, führte aber durch dazwischenliegende Zeiten der Gesundheit des physisch robusten, hoch trainierten Mannes nicht zur Errichtung einer dauerhaften Vormundschaft, sondern zur fallweisen Improvisation. Wieder regierte die mächtige Verwandschaft, unter der diesmal freilich Ludwig von Orléans die Hauptrolle spielte. Seit drei Jahren war er mit Valentina Visconti verheiratet, Tochter des Giangaleazzo von Mailand, und er verfolgte deshalb mit Eifer mehrere Projekte in Italien, die sich ihm geradezu angeboten hatten. Papst Clemens VII. richtete seine Hoffnung auf den Bruder des regierenden Königs von Frankreich und bot Ludwig Teile des Kirchenstaates als Lehen an, wenn er den anderen Papst, Urban VI., stürze. Schon damit wäre die Apenninhalbinsel zumindest mittelfristig an die französische Monarchie gebunden worden, und damit rechneten auch andere italienische Staaten: Florenz schlug vor, die mailändische Herrschaft gemeinsam aufzuteilen; der Adel von Genua wollte sich und die Stadt Karl VI. unterstellen, wenn der nur die Kommune beseitigte. Ludwig von Orléans sah die Gelegenheit, ein von Ost nach West über die Halbinsel reichendes »Königreich Adria« aufzubauen, aber Philipp von Burgund durchkreuzte diese Pläne. Seit 1396 war die französische Italienpolitik, schon bisher ohne Sinn für Proportionen und geopolitische Tatsachen betrieben, bloßes Anhängsel der Rivalität zwischen den Herzögen von Burgund und Orléans.

Wic sehr Frankreich in diesen Jahren unter dem Gegensatz zweier einander widerstreitender außenpolitischer Konzepte litt, zeigt sich auch im Verhältnis zu England. König Richard II. wollte das Herzogtum Aquitanien seinem Onkel Johann von Lancaster übergeben und es war zu befürchten, daß Johann dort eine neue Linie des Hauses Plantagenet begründen werde. Das hätte den endgültigen Verlust der Hälfte Frankreichs bedeutet, weshalb Ludwig auf Kriegsrüstung drang. Philipp von Burgund dagegen war wegen der Tuchindustrie seiner flandrischen Gebiete und deren Abhängigkeit von den Wollimporten aus England am Frieden interessiert, zumal da er sein eigenes Herrschaftsgebiet zum Nachteil des Kaisers vergrößern wollte. Burgund hatte eine eigene Staatsraison entwickelt, der die Bedürfnisse der Monarchie nachgeordnet wurden. Deshalb stand Philipp auch im großen Schisma der abendländischen Kirche nicht auf der Seite seines Neffen.

1378 war auf Druck der stadtrömischen Bevölkerung Urban VI. zum Papst gewählt worden, der sich freilich bald die nichtitalienischen Kardinäle zu Feinden machte. Sie wichen von Rom nach Anagni aus und wählten am 20. September den Kardinal Robert von Genf als Papst Clemens VII. Damit leiteten sie eine folgenreiche politische Spaltung der westlichen Christenheit ein, denn Clemens konnte Frankreich, Kastilien und Aragòn auf seine Seite bringen und siedelte im Juni 1379 nach Avignon über, während König Wenzel, Richard II., die skandinavischen Reiche, Polen und Ungarn bei der römischen Oboedienz blieben. Zum Kampf beider Päpste um Vernichtung des Konkurrenten und breite Anerkennung gehört auch der schon erwähnte Plan Clemens VII. zur Gründung eines ihm verbundenen oberitalienischen Reiches unter Ludwig von Orléans, während Philipp von Burgund sich mit Rücksicht auf seine Absichten gegenüber England und dem Römischen Reich von Avignon abwandte.

Der Gegensatz zwischen den beiden Valois-Herzögen kann also nicht nur als kirchenpolitischer Dissens verstanden werden, denn er griff weit darüber hinaus in die Beziehungen der europäischen Mächte. Philipp von Burgund suchte ein Bündnis mit dem Pfalzgrafen Ruprecht von Wittelsbach, während Ludwig von Orléans König Wenzel gegen Ruprecht unterstützen wollte, so daß die Deutschland belastende Rivalität der Häuser Wittelsbach und Luxemburg ihr französisches Pendant in der wachsenden Feindschaft zwischen Burgund und Orléans hatte. Das Große Schisma wurde zum Angelpunkt der europäischen Politik, deren Lager sich in den Oboedienzen von Avignon und Rom wiederfanden. Niemand, der das Schisma als Werk seiner Interessen benutzte, konnte einen Weg aus der Kirchenspaltung weisen. Erste Lösungsvorschläge kamen deshalb von einer Institution, die seit hundert Jahren unter päpstlichem Druck gestanden hatte, sich in der Krise aber bewähren sollte.

Die Universität Paris hatte sich ursprünglich für Clemens VII. entschieden, aber Anfang des Jahres 1394 machte sie einen überraschenden Vorschlag: Beide Päpste sollten freiwillig zurücktreten und damit den Weg zur Wahl eines akzeptablen Nachfolgers öffnen. Es war bei allen theologischen und kirchenrechtlichen Vorbehalten kein Wunder, daß diese *via cessionis* von der Universität Paris gewiesen wurde, denn ihr wissenschaftliches Ansehen war mächtig und sie war auf ein solches Gutachten seit langem vorbereitet. Die umfassende Gewalt des Papsttums hatte sie im Verein mit den Königen seit Philipp dem Schönen angezweifelt; 1324 hatte ihr Rektor, Marsilius von Padua, im *Defensor pacis* die Gleichheit des Priesteramtes für alle seine Träger gefordert, und die Erfolge der Pariser Theologen auf den großen Konzilien der nächsten Jahre sollten den Rang der Universität immer wieder bestätigen und steigern. Diese Kirchenversammlungen wurden deswegen entscheidend, weil keiner der Päpste rücktrittswillig war, so daß schließlich die konziliare Theorie mit ihrer Auffassung siegte, daß ein allgemeines Konzil als höchste Instanz der Kirche auch den Papst richten könne.

Fünfzehn Jahre sollten vergehen, bis das Konzil in Pisa zusammentreten konnte, Jahre, die zum großen Teil von Verhandlungen des englischen mit dem französischen Hof bestimmt waren. Die Engländer begriffen schnell, daß Frankreichs Abwehrkräfte sich in einem schleichenden Territorialisierungsprozeß verzehrten, der dadurch entstanden war, daß die untereinander konkurrierenden großen Apanagefürsten die Kronverwaltung in ihren Gebieten nicht mehr ungehindert arbeiten ließen. Burgund war der Extremfall, aber auch im Berry, im Orléanais und in der Bretagne suchten die Prinzen von Geblüt ihren Vorteil aus der Krankheit des Königs. Auch unter diesem Aspekt muß die seit 1401 offene Feindschaft zwischen Philipp von Burgund und Ludwig von Orléans gesehen werden; sie steigerte sich noch dadurch, daß Philipp mit Hilfe der Königin Isabeau den Einfluß seines Neffen auf die Regentschaft zurückdrängte. Der Herzog von Burgund hielt sich seit langem den größten Teil des Jahres über in Paris auf, denn nicht nur der erstrebte Einfluß auf die Regierung Frankreichs, sondern auch die Verwaltung der eigenen Länder machte ihm die Stadt zum idealen Standort: Paris liegt geographisch ziemlich genau in der Mitte zwischen Flandern und Burgund, von hier aus war mit Kurierdiensten auf festen Routen die gesamte, ohnehin fast durchweg schriftliche Regierungs- und Verwaltungsarbeit zu leisten. Während sein Staat an Effizienz gewann, litt die Krone unter dem Konflikt der Herzöge, denn viele Amtsträger des kranken Königs ergriffen im Laufe der Zeit für die eine oder die andere Seite Partei, ließen sich bestechen oder verfolgten eigene Geschäfte.

Als Philipp von Burgund am 27. April 1404 starb, war sein Sohn und Nachfolger Johann mit dem Beinamen *Sans Peur*, Ohnefurcht, schon 32 Jahre alt und auf seine Aufgabe entsprechend vorbereitet. Am Königshof aber nahm jetzt Ludwig von Orléans die leitende Stellung ein und handelte, während Johann noch mit den umfangreichen Nachlaßregelungen seines Vaters beschäftigt war. Wichtige Staatsämter besetzte Ludwig jetzt mit seinen Anhängern; er unterbrach die laufende, hohe Subvention des burgundischen Staatshaushaltes aus der königlichen Kasse, veranlaßte Steuererhebungen zur Finanzierung eigener Projekte und ließ sich zum *Lieutenant du roi*, zum Königsstellvertreter für die Guyenne, die Picardie und die Normandie ernennen. Damit aber weckte er den Widerstand der Parteigänger Burgunds am Hof Karls VI.; sie versicherten Johann Ohnefurcht ihre Loyalität, so daß der Herzog im August 1405 an der Spitze seiner Armee nach Paris marschierte und das Land damit an den Rand eines Bürgerkrieges brachte, denn Ludwig sammelte jetzt seinerseits Truppen zur Eroberung der Hauptstadt und lehnte einen Vermittlungsvorschlag der Universität ab. Erst am 16. Oktober kam es angesichts wachsender Unruhe der Pariser Bevölkerung zu einem Friedensschluß, und am 7. November hielt Jean Gerson, Kanzler der Universität und der Kathedrale Notre-Dame, vor dem versammelten Hof eine große, unter dem Titel *Vivat rex* berühmt gewordene Ansprache, in der er das politische Denken jener Jahre auf eindringliche Formeln brachte: Der König sei keineswegs nur Herr des Staates, sondern vor allem das Haupt eines wohlorganisierten Gesellschaftskörpers, der ohne monarchische Spitze ebensowenig existieren könne wie der König ohne die Gesellschaft, in der jedes Glied seinen festen, durch Dienst am Ganzen legitimierten Platz habe. Auf solcher Ordnung ruhe alle Königsherrschaft, die nur in Verbindung mit dem Conseil und den Generalständen rechtens ausgeübt werden könne.

Es war eine schöne Rede, in der ein ideales System als Normalzustand geschildert wurde, so daß die politische Realität des Tages umso greller als verwilderte, schwer gestörte Ordnung erscheinen mußte. In der Tat hatten die Ausführungen keinen anderen Zweck als den Nachweis, daß Ludwig von Orléans für diese Störung und für die aus ihr folgende Staatskrise verantwortlich sei. Durch ihn hatte der Herzog von Burgund mitsamt seinem großen Anhang die führende Position im Reich verloren, vor allem aber gab es nun keinen Zugang mehr zum französischen Steueraufkommen. Großenteils aus dieser Quelle aber war die berühmte burgundische Hofhaltung finanziert worden, dieser Hof wiederum war das wichtigste Mittel der burgundischen Diplomatie. Die Krise war schwer, und sie verlangte eine rasche Lösung.

Auf dem Pflaster der Rue Vieille-du Temple war ein Vorschlag dazu gemacht worden. Als oberstes Gericht der Monarchie begann das Parlement seine Ermittlungen und zwei Tage später konnte der Protokollführer notieren, daß der Herzog von Burgund sich zu der Tat bekannt habe: *Le duc de Bourgogne disait et maintenait qu'il avait fait occire le duc d'Orléans son cousin germain*. Der Bürgerkrieg, bekannt als Kampf zwischen Bourguignons und Armagnacs, nahm seinen Anfang. Zwölf Jahre später sollte Johann von Burgund auf der Brücke von Montereau unter den Axthieben der Gegenpartei fallen.

Vorerst blieb die Stimmung in der Stadt schwer kalkulierbar ruhig, die Reaktion des Hofes ungewiß. Ludwig von Orléans war wenig beliebt gewesen und hatte die Herzen der Pariser Bevölkerung niemals gewinnen können, die doch so großen Anteil am Schicksal des kranken Königs nahm. Hauptgrund für die Abneigung war die Steuerlast, aber das Gebräu wirkte emotional und von den Parteiführern angeheizt, im ganzen hatte Paris sich mehr für Burgund als für Orléans entschieden. Um seinen Vetter zu provozieren, hatte Ludwig als Devise *Je l'ennuie* gewählt, »ich hasse ihn«, und sie um das Emblem eines Knotenstocks schreiben lassen. Johann reagierte sehr geschickt in der Sprache seiner flandrischen Lande mit dem Wort *Ic houd*, »ich halte stand«, das heute in der französischen Form »Je maintiendrai« Bestandteil des königlich-niederländischen Staatswappens ist. Angesichts der unsicheren Lage unmittelbar nach dem Attentat war Standhalten allerdings gefährlich, und so verließ der Herzog von Burgund mit kleinem Gefolge die Stadt fluchtartig nach Norden.

Im Dezember unterrichtete er die flandrische Ständeversammlung über den Vorgang und ließ in Gent eine umfangreiche Erklärung bekanntgeben, die seinen folgenden politischen Weg erkennen ließ. Als Rundschreiben an alle Könige, Herzöge, Grafen und übrigen Fürsten, an Klerus und Laien, veröffentlichte er seine Anklage Ludwigs von Orléans, der schwer gegen die Pflicht aller verstoßen habe, den König zu unterstützen. Deswegen habe das Attentat der Monarchie gedient und sei damit gerechtfertigt. In Paris wirkte das überzeugend, so daß man mit Ungeduld die Rückkehr Johanns erwartete. Nach intensiven Verhandlungen mit dem französischen Hof, die der Herzog zur juristischen Fundierung seiner Position führte und nicht etwa in der Absicht, Vergebung zu erlangen, zog er Ende Februar nächsten Jahres wieder in die Hauptstadt ein. Am 8. Mai 1408 begab er sich an der Spitze eines großen Gefolges zu Pferd durch Straßen, die von jubelnden und segenswünschenden Bürgern verstopft waren, zum Hôtel Saint-Pol, dem königlichen Stadtpalast, wo alle Türen bis auf eine fest verschlossen waren. Geladene Gäste mußten einzeln eintreten und wurden scharf kontrolliert. Der Herzog kam als Letzter, gekleidet in einen roten, mit goldenen Blättern bestickten Samtmantel. Wenn er den Arm hob, konnte man das Panzerhemd sehen, das er darunter trug. Er nahm auf der Bank der Prinzen von Geblüt Platz, neben dem Dauphin, dem König von Sizilien, den Herzögen von Berry und von der Bretagne. Am Ende des Saales waren die Vertreter der Universität mit dem Rektor an der Spitze und die Repräsentanten der Stadt versammelt, an den Längsseiten der Kanzler und die Räte des Herzogs von Burgund mit den wichtigsten Mitgliedern seines Hofes, ihnen gegenüber der Prêvot von Paris, der Kanzler von Frankreich, die Mitglieder des Parlements und des Grand Conseil. Der König war krank. Alle aktiven Protagonisten des politischen Theaters waren anwesend, die entscheidenden Kräfte konnten sich messen: Die Prinzen von Geblüt und die Fürsten, die Universität und die Stadt Paris.

Vor diese Versammlung trat der Pariser Universitätstheologe Jean Petit und trug seine *Justification du duc de Bourgogne* vor, eine vier Stunden dauernde Explikation der These, daß der Anschlag auf den Herzog von Orléans ein Tyrannenmord gewesen und sein Urheber als Verteidiger der legitimen Königsrechte zu preisen sei. Der damals 45jährige Normanne Jean Petit war ein typisches Produkt des Pariser Universitätsmilieus: Gebildet in allen Disziplinen der Sieben Freien Künste, seit 1405 Doktor der Theologie und Professor, scharfzüngig und aggressiv zu allen politischen Streitfragen Stellung nehmend, immer auf seiten der Mehrheit. Seit 1406 zahlte ihm der Herzog von Burgund eine *pension*, ein festes Gehalt, denn die forschen Ausfälle Petits gegen das avignonesische Papsttum waren ihm sympathisch. Es wäre freilich ein Mißverständnis, in Jean Petit die käufliche Kreatur der Mächtigen zu sehen, denn er war ein angesehener und deshalb weitgehend unabhängiger Mann, der mehrmals vor dem Königshof und vor dem Parlement als Kritiker des päpstlichen Finanzgebarens und als leidenschaftlicher Verteidiger der alten gallikanischen Kirchenfreiheit aufgetreten war. Nun stellte er sein wissenschaftliches Ansehen in den Dienst der burgundischen Sache, und er tat es mit dem feinsten Instrument, das die Zeit kannte: der aristotelischen Logik.

Sein Syllogismus bestand aus den beiden Praemissen »Es ist erlaubt und verdienstvoll, einen wirklichen Tyrannen, der als Verräter außerdem des Majestätsverbrechens schuldig ist, zu töten« (Oberbegriff) und »Der Herzog von Orléans war ein Verräter und wirklicher Tyrann« (Unterbegriff) sowie dem den beiden Praemissen gemeinsamen Mittelbegriff »wirklicher Tyrann.« Als Conclusio ergab sich zwangsläufig die sichere Gewißheit, daß der Herzog von Burgund ein erlaubtes und verdienstvolles Werk tat, als er Ludwig ermorden ließ. Die Darlegung geschah nach dem üblichen akademischen Verfahren und war langwierig: Eingeteilt in vier Artikel rollte der Beweisgang ab, mit drei *exempla* im zweiten und zwölf Gründen im dritten Artikel, acht anerkannten Wahrheiten im vierten und neun evidenten Propositionen als Abschluß. Die Beispiele kamen aus der Bibel, der Patristik, dem römischen und dem Kirchenrecht, den Werken antiker und nachantiker Autoren.

Tyrannenmord und Tötung im Interesse des Staates legitimierte Jean Petit im Namen der Theologischen Fakultät, und er dachte vermutlich nicht an die Folgen, die seine Doktrin haben mußte. Die Mörder des Herzogs von Burgund haben sich 1419 nicht um die Theorie ihres Tuns gekümmert, aber in den Religionskriegen hat man sich mehrfach auf Petit berufen, so daß nach dem Attentat auf Heinrich IV. die Fakultät vom Parlement angewiesen wurde, Jean Petits Propositionen zu verdammen. Im Mai 1408 aber konzentrierte man sich auf das Tagesgeschehen und auf die luzide Sicht des Redners. Ludwig, so hörte die Versammlung, habe nach der Krone gestrebt und den König ermorden wollen. Er habe Hexenkünste benutzt, um den Bruder krank zu machen, ihn dann mitsamt dem Dauphin vergiften und die Königin mit ihren Kindern nach Luxemburg entführen wollen; er habe gegenüber England das doppelte Spiel des Verräters ebenso gespielt wie gegenüber dem schismatischen Papst; er war für die Kriegsverbrechen seiner Leute verantwortlich und für die Plünderung der öffentlichen Finanzen. Vier Stunden lang hörte die Versammlung schweigend zu; nur der elfjährige Dauphin flüsterte seinem treuen Kammerherrn Charles de Savoisy die Frage ins Ohr, ob denn der gute Onkel Orléans den König wirklich habe töten lassen wollen.

Nachdem der Herzog von Burgund im Anschluß an die Rede Jean Petits mit einem Bekenntnis die Verantwortung übernommen hatte, ging jeder seiner Wege. Am folgenden Tag unterzeichnete Karl VI. eigenhändig den Gnadenbrief und bestätigte damit Johann von Burgund als Gewinner eines jahrelangen Kampfes. Paris war wiederum sein fester Stützpunkt geworden, und er konnte für drei Jahre in der Stadt residieren. Während dieser Zeit baute er das alte Hôtel d'Artois mächtig aus; sein heute noch in Resten erhaltener Turm, die *Tour Jean-sans-Peur* in der Rue Etienne-Marcel, ist ein Zeugnis für das Machtbewußtsein und zugleich für das Sicherheitsstreben eines Mannes, der seinem Beinamen keineswegs immer Ehre machen konnte; diese Festung inmitten der Stadt war ein Monument der Staatskrise, die Frankreich seit 20 Jahren heimsuchte.

Anfang dieser Krise war die Krankheit Karls VI. gewesen; der jahrzehntelange Ausfall des Königs blieb letzter Grund aller folgenden Kämpfe, des Suchens nach einer neuen Ordnung und der verlorenen Sicherheit. Frankreich war auf dem Weg zum institutionalisierten Staat zwar weit fortgeschritten, verdankte seine politische Einheit aber der monarchischen Theorie und bestand aus Fürstentümern, Regionen, aristokratischen Verwandtschaftsgruppen, die der König mit seiner Verwaltung hochlegitimiert beisammenhielt. Wurde der Monarch persönlich handlungsunfähig, dann mußte diese Einheit in dem Maße an Kohärenz verlieren, in dem die Königsfamilie ihrerseits Fraktionen bildete. Daß es bei zwei Gruppierungen blieb, ist Indiz für den festen, in langer Geschichte erworbenen inneren Zusammenhalt. Er mußte sich allerdings auch dann bewähren, wenn der englische König seinen von 1328 an erhobenen Anspruch auf die Krone Frankreichs aktualisierte und dafür französische Bundesgenossen suchte.

Vorerst arbeitete der Sohn des Ermordeten, Karl von Orléans, mit eigenen Rechtsgutachtern gegen das von Jean Petit begründete Urteil und brachte eine Koalition mit den Herzögen von Bourbon, Berry und Bretagne, den Grafen von Clermont und Alencon zusammen, für die er als Führer seinen Schwiegervater gewann, Graf Bernhard von Armagnac. Am 15. April 1411 konstituierte sich diese Partei der *Armagnacs* auf Schloß Gien an der Loire und beschloß, eine Armee gegen Burgund aufzustellen und sich um die Neutralität des englischen Königs zu bemühen, der Johann Ohnefurcht Unterstützung zugesagt hatte. Als die Eroberung von Paris nicht gelang, bereitete Graf Bernhard einen Vertrag mit Heinrich IV. von England vor, was in der französischen Öffentlichkeit weithin als skandalös empfunden wurde. Im August ließ der König die Armagnacs ächten, anschließend exkommunizierte sie der Bischof von Paris. Johann Ohnefurcht blieb Regent Frankreichs, mußte aber mit Gegnern rechnen, die nicht immer leicht zu erkennen waren und sich um ein neues Zentrum zu scharen begannen: den Anfang 1413 sechzehn Jahre alt gewordenen Dauphin Karl.

Während sich diese Konstellation zu formen begann, brach am 28. April 1413 unter Führung des Abdeckers Simon le Coustelier mit dem Beinamen *Caboche*, der Dickkopf, in Paris ein Aufstand aus, der die besonders gewalttätigen Anhänger der Bourguignons aus der breiten städtischen Unterschicht auf die Straße brachte. Caboche stand wohl schon seit fünf Jahren auf Johanns Pensionenliste; jetzt wurde der Schläfer geweckt, um Sympathisanten der Armagnacs einzuschüchtern und die sozial-reformerischen Versprechen des Herzogs von Burgund zu popularisieren. Trotz großer, bis in die Gesetzgebung hinein sichtbarer Erfolge untergrub diese Revolte aber Johanns Stellung nicht zuletzt deshalb, weil auch der Thronfolger persönlich belästigt wurde und den Urheber namhaft machte. Im Laufe des Sommers vereinte der Jurist Jean Jouvenel des Ursins, Vater des bekannten Chronisten, Teile des Bürgertums, die Universität und Anhänger der Armagnacs zu einem Bündnis gegen den Terror der Cabochiens, so daß der Herzog von Burgund am 23. August nach Flandern ausweichen mußte. Paris öffnete sich den Armagnacs, die nun eine große Verfolgungswelle gegen die Bourguignons innerhalb der Pariser Bürgerschaft und in den Regierungsämtern entfesselten, während sie die beiden großen Korporationen der Universität und des Parlements nicht behelligten, sondern mit Erfolg umwarben.

Angesichts dieser Lage erhielten die schon lange angebahnten anglo-burgundischen Beziehungen einen neuen Akzent durch englische Bündnisangebote, die im Mai 1414 auf der Konferenz von Leicester zu vertragsähnlichen Absprachen führten. Erst im Vorjahr hatte der 26jährige Heinrich V. den Thron bestiegen und sich von Anfang an bemüht, das Ansehen des Hauses Lancaster durch äußere Erfolge zu bessern. Der in Frankreich schwelende Bürgerkrieg bot gute Aussichten für eine Invasion, und am 14. August 1415 landete Heinrich V. eine 12.000 Mann starke Armee in der Seinemündung bei Harfleur. Johann Ohnefurcht schlug sich nicht auf die englische Seite, blieb aber dem französischen Heer fern, das am 25. Oktober bei Azincourt auf die Engländer traf. Der greise Herzog von Berry hatte von einer Schlacht abgeraten, weil er als Knabe die englischen Langbogenschützen bei Poitiers erlebt hatte und deren Stärke gegenüber der klassischen Panzerreitertruppe des Königs von Frankreich mit Recht fürchtete. Heinrich V. trug den Angriff denn auch mit diesen Schützen vor, unter deren Pfeilhagel die Reiter Karls VI. bewegungsunfähig und leichte Opfer der folgenden Kavallerieattacke wurden. Geringen englischen Verlusten standen auf französischer Seite mehrere tausend Gefallene gegenüber, denn Heinrich V. hatte den Angriffsdruck nicht durch Einzelkämpfe oder Lösegeldabsprachen mindern lassen wollen und deshalb streng verboten, Gefangene zu machen. Nur fürstliche Gegner wurden geschont, wenn sie sich ergaben, so daß die Herzöge von Orléans und von Bourbon als seltene Beute nach England geführt wurden, während der

Connétable Karl von Albret, die Herzöge Eduard von Bar und Johann von Alençon, auch die beiden Brüder Johanns Ohnefurcht, Herzog Anton von Brabant und Graf Philipp von Nevers, kämpfend fielen.

Die Folgen der Niederlage waren verheerend, materiell und moralisch, innen- und außenpolitisch. Heinrich V. durfte sich zu weiteren Schlägen ermuntert fühlen und plante wahrscheinlich schon damals die Eroberung der Normandie mit dem gegenüber früherer Politik viel weiter gesteckten Ziel der dauernden militärischen Besetzung und Integration in den englischen Reichsverband. In Frankreich mußten sich die Fraktionen neu formieren, weil die Armagnacs einen Teil ihrer Führer durch Tod oder Gefangenschaft verloren hatten.

Dennoch konnte Johann Ohnefurcht seine frühere Position als Regent vorerst nicht wiedererlangen und mußte darüber hinaus Verluste an Sympathie in der öffentlichen Meinung befürchten, weil sein Sprachrohr Jean Gerson durch die Cabochiens persönliche Unbill erlitten und daraufhin die Fronten gewechselt hatte. Auf dem Konstanzer Konzil trat Gerson so energisch gegen die Tyrannenmordlehre Jean Petits auf, daß die moralischen Fundamente der burgundischen Politik erschüttert wurden. Zeitweise verlor das Konzil seinen eigentlichen Verhandlungsgegenstand, die Reform der Kirche, darüber aus den Augen, aber letztlich konnte sich Gerson gegen die Vertreter des Herzogs nicht durchsetzen.

Der Vorgang wirkte aber als Alarmsignal. In der instabilen Dreierkonstellation Armagnacs–Bourguignons–England war Heinrich V. die stärkste Kraft, Johann von Burgund auf dem Feld der französischen Reichspolitik kaum legitimiert und folglich die schwächste. Im Oktober 1416 traf der Herzog deshalb in Calais mit Heinrich V. zusammen, und im folgenden Sommer begannen gleichzeitig die Eroberung der Normandie durch die Engländer und der burgundische Marsch auf Paris. Dort saß die vom Dauphin Karl und Bernhard von Armagnac geführte Reichsregierung zwar noch fest im Sattel, aber ihre Stellung wurde durch eine sehr persönliche Entscheidung der Königin katastrophal und nachhaltig erschüttert.

Voll Haß auf ihren Sohn verließ Isabeau die Hauptstadt und flüchtete sich zu Johann von Burgund. Beide bildeten zunächst in Chartres, dann in Troyes eine Gegenregierung, erklärten Parlement und Rechnungskammer von Paris für aufgelöst und bauten in Troyes mit Hilfe eines hochprofessionellen burgundischen Verwaltungsstabes neue Institutionen auf. Damit waren die Armagnacs in Paris eingeschlossen, ihrer Einkünfte beraubt und kapitulationsreif. In der Nacht zum 29. Mai 1418 öffnete eine Gruppe burgundisch orientierter Bürger die Porte-Saint-Germain, so daß Johann die Stadt handstreichartig erobern konnte. Im letzten Moment gelang dem Dauphin die Flucht, aber alle identifizierbaren Anhänger der Armagnacs, an ihrer Spitze Graf Bernhard selbst, wurden in den nächsten Tagen ohne Erbarmen verfolgt und ermordet. Diese dritte Welle der Gewalt innerhalb von fünf Jahren diskreditierte Paris als Wirtschafts- und Finanzplatz endgültig; die Italiener verlegten ihre Bankfilialen nach Brügge und Genf, das ökonomisch starke Bürgertum war dezimiert, auch die Gewerbe hatten ihre Leistungskraft durch den Tod vieler Meister und Gesellen, durch Zerrüttung von Betrieben und Vermögen, weitgehend eingebüßt. Darüber hinaus schien die Stadt für keine der Bürgerkriegsparteien mehr verläßlich und sicher als Residenz, so daß der Thronfolger in Bourges, Isabeau und Johann von Burgund weiterhin in Troyes residierten.

Wie stark diese kontradiktorisch ineinander verwobenen Bestrebungen, die sich vielfach schwer durchschaubar kreuzenden und überlagernden, für den Historiker in jedem Falle wenig erfreulichen und dem entfernten Beobachter kaum intensive Anteilnahme abringenden Handlungsstränge in ihrem Ablauf von Personen bestimmt waren, ist mit Händen zu greifen. Keine Strukturgeschichte erklärt den Entschluß der Königin, mühsam ringt die Gesellschaftsgeschichte mit dem Phänomen hocharistokratischer Verhaltensweisen, wenig überzeugend wirken für sich genommen die realpolitischen Ansätze der traditionellen Ereignisgeschichte. Wir müssen zwar die Tatbestände erheben, ihre Gründe suchen, die innere Rationalität der Abläufe erkennen, aber wir dürfen die letztlich unberechenbare Größe der Persönlichkeit in einer überwiegend personal bestimmten Welt nicht unterschätzen. Handelnde Zeitgenossen jedenfalls kannten das personale Prinzip, dem sie selbst unterworfen waren, und daraus ergab sich die Hochschätzung fürstlicher Existenz im Gemeinwesen, die Bedeutung des regierungsfähigen Monarchen, und – negativ – das Kalkül mit dem Attentat als Möglichkeit zur Lösung politischer Probleme.

Unter diesen Voraussetzungen mußte der Dauphin ein wesentliches Hindernis für die Absichten des Herzogs von Burgund sein, denn Karl beanspruchte den Titel eines Regenten von Frankreich in Vertretung seines Vaters, richtete in Poitiers sein Parlement mit Kompetenz für die gesamte Monarchie ein und in Bourges eine Rechnungskammer, die ihre Forderungen im Namen des Königs erhob und vor allem südlich der Loire anerkannt wurde. Karl hielt außer dem Dauphiné und der reichen Handelsstadt Lyon die Gebiete um Tours und Bourges, Auvergne, Berry, Bourbonnais und Languedoc; seine Verbündeten waren die Häuser Anjou und Orléans mit ihren Stammlanden und großen Herrschaftsräumen im Norden zwischen den Flüssen Aisne und Oise. Von hier aus begannen erfolgreiche Feldzüge, die Johann Ohnefurcht im Januar 1419 aus Paris in die Champagne vertrieben.

Im gleichen Monat nahm Heinrich V. Rouen und verhandelte danach mit beiden französischen Lagern, stellte aber so hohe Forderungen, daß ein Ausgleich zwischen Karl und dem Herzog von Burgund möglich schien, um den englischen Druck abzufangen. Als Heinrich V. im Sommer noch weiter vorrückte, stimmte Johann auf Anregung des Dauphins nach vorsichtigem Zögern einer persönlichen Begegnung zu, die am 10. September 1419 in Montereau, am Zusammenfluß von Seine und Yonne, 88 km südöstlich von Paris, stattfinden sollte. Diplomatischem Brauch der Zeit entsprechend hatte man die Zusammenkunft auf einer Brücke anberaumt, über dem als neutral geltenden Flußlauf, und man hatte auf der Brücke hölzerne Schranken errichtet, von verschließbaren Pforten durchbrochen, innerhalb derer verhandelt werden sollte. Zwischen diesen Barrieren wurde der Herzog von Burgund nach kurzem Wortwechsel vom Thronfolger und einigen seiner engsten Berater mit Äxten angegriffen und getötet. Die näheren Umstände der Tat sind widersprüchlich überliefert: Während Karl verbreiten ließ, er habe im Verlauf eines spontan ausgebrochenen Streits in Notwehr gehandelt, behauptete die burgundische Seite von Anfang an, daß dem Anschlag ein wohlüberlegter, bis ins Detail vorbereiteter Plan zugrunde gelegen habe.

Vieles spricht dafür, daß diese Version richtig ist. Karl hat seinen Mittätern große Pensionen gezahlt und sie in seiner Umgebung behalten. Diese Leute, besonders Jean Louvet und Tanguy du Chastel, hatten für ihr Tun starke Motive, die sich mit denen des Thronfolgers weitgehend deckten: Rache für den Mord an Ludwig von Orléans, politische Ziele und Sorge um die eigene Zukunft. In welchem Ausmaß Rache ein langfristig wirkender Antrieb zu politischem Handeln sein konnte, zeigt das Verhalten des burgundischen Hofes in den nächsten Jahren. Der Versuch, den Bürgerkrieg durch Beseitigung des Konkurrenten zu beenden, schien nicht aussichtslos, und alle Beteiligten dürften nach den Erfahrungen der letzten Jahre von persönlicher Furcht getrieben worden sein, weil jeder nach dem Sieg der Gegenpartei mindestens Besitzverlust und Zusammenbruch seiner gesellschaftlichen Stellung erwarten mußte. Dem Dauphin schließlich stand das Schicksal Richards II. von England vor Augen, der vor neunzehn Jahren im Gewahrsam Heinrichs V. den Tod gefunden hatte. In offener Situation, angesichts der englischen Macht in Frankreich und eingedenk der notorischen Härte Johanns von Burgund im Verfolgen seiner Ziele lag es nahe, ihm zuvorzukommen.

Vier Tage später erreichte die Todesnachricht Johanns Sohn Philipp in Gent. In den nächsten Wochen, während der 23jährige mit der komplizierten Regierungsübernahme in den burgundischen Ländern beschäftigt war, rief ihn der Hof Karls VI. nach Troyes, und Heinrich V. unterbreitete ein Verhandlungsangebot. Sorgfältig prüfte der herzogliche Rat alle erkennbaren Vor- und Nachteile solcher Allianzen. Eine Anerkennung Heinrichs V. als König von Frankreich konnte den Frieden bringen, das Leiden durch Krieg und Bürgerkrieg endlich beenden. Wie sehr dieser Gesichtspunkt für die Bevölkerung zählte, erwies ein angloburgundisches Vorabkommen, das zu Weihnachten 1419 die Einschließung von Paris aufhob und den freien Warenverkehr wieder zuließ, dessen Vorteile die Stadtbewohner mit sichtlicher Dankbarkeit gegen die Urheber genossen.

Philipp hatte die Sitzung des Conseil geleitet und die Rationalität beobachtet, mit der seine Räte Nutzen und Nachteil aller Schritte für ihren Herrn abwogen. Jenseits der Analyse trieben ihn freilich erbitterte Trauer und ein so starkes Verlangen nach Rache für den Vater, daß alle Beteiligten darin bald einen berechenbaren Grundzug seines Verhaltens erkannten. Während Heinrich V. militärische Hilfe für einen Vergeltungszug gegen den Dauphin versprach, wurde die burgundische Propaganda nicht müde, das Attentat als ungeheuerliches Verbrechen immer wieder im Bewußtsein möglichst vieler Menschen lebendig zu halten. In Montereau errichtete Philipp ein Kanonikerstift mit zwölf Praebenden als Memorialkirche für Herzog Johann, von dessen heimtückischer Ermordung eine Schrifttafel über dem Portal kündete. Ähnliche Inschriften konnte man bald in Paris, Gent und Dijon lesen, vor allem aber auch in Rom, Jerusalem und Santiago de Compostela, den drei größten Wallfahrtsorten der Christenheit. Alle Welt sollte Täter und Opfer kennen, der Dauphin moralisch so vernichtet werden wie Heinrich II. nach dem Mord an Thomas Becket; das politische Ende der französischen Monarchie avancierte zum Staatsziel Burgunds.

In diesem Sinne verhandelte Philipp mit dem Hof von Troyes, damit man dort den Wünschen Heinrichs V. nachgäbe. Im Frühsommer 1420 kam ein Vertragswerk zustande, das die innere Verfassung Frankreichs nicht so sehr berührte wie seine dynastische Ordnung, die europäische Mächtekonstellation stärker als die Bewohner der beteiligten Reiche. Am 20. Mai traf der englische König in Troyes ein und am folgenden Tag wurde der Vertrag in der Kathedrale beschworen: Heinrich V. sollte Karls VI. Tochter Katharina zur Frau bekommen und einziger Erbe des gegenwärtig regierenden Königs von Frankreich sein, nach dessen Tod die Nachfolge antreten, aber sofort alle Regierungsvollmachten erhalten. Auch seine Erben sollten England und Frankreich vereint behalten. Der Dauphin wurde enterbt und verbannt, weil er, so ein im Namen Karls VI. an die Bürger von Paris geschriebener Brief, den Herzog von Burgund ermordet habe. Keine der vertragschließenden Parteien sollte je wieder mit ihm verhandeln, jeder Untertan Karls VI. einen Eid auf den Vertrag von Troyes leisten.

Diese abschließenden Bestimmungen verraten etwas von der Unsicherheit, mit der die Urheber ihr Werk betrachtet haben, das weder juristisch noch politisch fundiert war. Der regierungsunfähige Karl VI. war, wie ein später eingeholtes Gutachten der Universität Bologna bescheinigen sollte, keineswegs berechtigt, den Sohn zu enterben. Politische Grundlage des Abkommens war ein dynastisches Denken, das die Entscheidung über Reiche und Kronen den Königsfamilien allein zusprach und in dieser Form spätestens seit 1328 überholt war. Gleichzeitig wurde die Voraussetzung jeder Dynastie, die Legitimität, mit Füßen getreten. Am 23. Dezember 1420 saßen Karl VI. und Heinrich V. gemeinsam über den Thronfolger zu

Gericht, während Nicolas Rolin als burgundischer Generalprokurator ihn des Mordes beschuldigte.

Wir alle kennen den Ausgang der Geschichte dieses Angeklagten, von dem der burgundische Historiograph Georges Chastellain gesagt hat, daß er aus elenden Anfängen zu einem glorreichen Ende gekommen sei. Die politische Biographie Karls VII., den die Jungfrau von Orléans zur Reimser Krönung führte, der die Engländer aus Frankreich vertrieb und keine Hand rührte, als sie die Pucelle in Rouen verbrannten, ist von den Erfahrungen des Bürgerkriegs gezeichnet. Als letzter Widerpart der angloburgundischen Koalition zum Schutz vor Attentaten durch seine Umgebung abgeschirmt, bis zur Verhaltensstörung mißtrauisch, verkörperte er zugleich einen politischen Typus, den Philippe de Commynes in seinen Mémoires immer wieder beschrieben und aus der Feindschaft zwischen Frankreich und Burgund historisch erklärt hat. Als Ludwig XI. im August 1475 den englischen König Eduard IV. bei Picquigny an der Aisne traf, ebenfalls auf einer Brücke und zwischen Gittern, *comme on faict aux caiges de lyons*, wie man es bei Löwenkäfigen macht, erinnerte Commynes an die von ihm mehrfach angesprochene Bestialität der Fürsten und an die historische Erfahrung, die zu solchen Vorsichtsmaßnahmen zwang: Die Brücke von Montereau und die Rue Vieille-du-Temple.

Literatur

Die wichtigste Monographie zum Thema, zugleich ein vorzügliches Panorama der Zeit und ihrer Gesellschaft, verfaßte einer der besten Kenner des französischen Spätmittelalters: Bernard Guenée, Un meurtre, une société. L'assassinat du duc d'Orléans, 23 novembre 1407. Paris 1992. Dort werden die wichtigsten gedruckten und ungedruckten Quellen genannt.

Für einen nichtspezialisierten Leserkreis, aber aus souveräner Beherrschung der Quellen und der neueren Forschung, schrieb Françoise Autrand, Charles VI. La folie du roi. Paris 1986, die politische Biographie Karls VI. Gleichzeitig erschien das in der Fragestellung weniger originelle, aber gut an die Quellen führende Buch von R. C. Famiglietti, Royal Intrigue. Crisis at the Court of Charles VI, 1392–1420. New York 1986.

Die publizistische Bewältigung des Attentats in der rue Barbette untersuchten Alfred Coville, Jean Petit. La question du tyrannicide au commencement du XVe siècle. Paris 1932, und Bernard Guenée, Les campagnes de lettres qui ont suivi le meurtre de Jean sans Peur, in: Annuaire-Bulletin de la Société de l'Histoire de France 1994, S. 45-65.

Zur allgemeinen Staatstheorie in Frankreich, mit der diese Quellen zu vergleichen sind, Jacques Krynen, Idéal du prince et pouvoir royal en France à la fin du moyen âge. Paris 1981. Ders., L'empire du roi. Idées et croyances politiques en France XIIIe–XVe siècle, Paris 1993.

Für Karl VII. gibt es außer dem materialreichen, aber aus royalistisch-patriotischer Sicht verzeichnenden Werk von G. Du Fresne de Beaucourt, Histoire de Charles VII. 6 Bde., Paris 1881–1891, die Biographie von Malcolm Vale, Charles VII. Berkeley 1974.

Die burgundische Seite behandelt im Überblick Richard Vaughan, Valois Burgundy. London 1975, dem auch die maßgeblichen Biographien der hier beteiligten Herzöge verdankt werden: Richard Vaughan, John the Fearless. New York 1966;

Ders., Philip the Good. New York 1970.

Über die Parteikämpfe Bernard Schnerb, Les Armagnacs et les Bourguignons. La maudite guerre. Paris 1988.

Zum Hundertjährigen Krieg Jean Favier, La guerre de Cent ans. Paris 1980.

Christopher Allmand, The Hundred Years War. Cambridge 1987.

Philippe Contamine, La guerre de Cent ans. 5. Aufl. Paris 1989.

Die Bedeutung der Stadt Paris im Krieg und in den hier behandelten innerfranzösischen Auseinandersetzungen zeigt Jean Favier, Paris au XVe siècle, 1380–1500. Paris 1974.

Das Parlament von Paris kann als Korporation verstanden und gewürdigt werden, seit Françoise Autrand, Naissance d'un grand corps de l'Etat. Les gens du Parlement de Paris, 1345–1454. Paris 1981, seine Mitglieder auf breiter prosopograhischer Grundlage vorgestellt hat.

Reimer Hansen

König Heinrich IV. von Frankreich 1610

Der Fürstenmord im Konfessionellen Zeitalter

Die Ermordung König Heinrichs IV. von Frankreich am 14. Mai 1610 war kein singuläres oder gar zufälliges historisches Ereignis, das man im Rahmen seiner unmittelbaren Zusammenhänge und Auswirkungen für sich behandeln, verstehen und erklären könnte. Sie war der letzte und erfolgreiche Anschlag auf sein Leben in einer Reihe geplanter, versuchter und ausgeführter Attentate, und sie war darüber hinaus ein geradezu exemplarischer Fall des Fürstenmords im Konfessionellen Zeitalter. Wie er waren auch sein direkter Vorgänger auf dem französischen Königsthron, Heinrich III., und der führende Kopf der aufständischen Niederlande, Prinz Wilhelm von Oranien, von religiösen Fanatikern ermordet worden. Königin Elizabeth von England ist zu wiederholten Malen von konfessionell motivierten Attentatsversuchen bedroht gewesen. Und ihr Nachfolger, Jakob I., hat gar durch das – noch rechtzeitig aufgedeckte – *Gunpowder Plot* während der feierlichen Eröffnung der dritten Sitzung des ersten Parlaments unter seiner Regierung im Jahre 1605 aus unversöhnlichem Glaubenshaß mitsamt den Lords und Commons in die Luft gesprengt werden sollen. Zu den zentralen Ereignissen der Biographie Heinrichs IV. gehört in diesem Kontext namentlich auch die Bartholomäusnacht 1572, in der er und sein bourbonischer Vetter, der Prinz von Condé, nur knapp dem Meuchelmord entgehen konnten, dem die übrige Führung der Hugenotten um Coligny zum Opfer fiel, ebensosehr aber auch die von Heinrich III. befohlene Ermordung der Häupter der Liga, Henri und Louis de Guise, zu Blois im Jahre 1588.

Es ist in der bemessenen Zeit eines Vortrags nicht möglich, im Rahmen meines Themas aber auch nicht erforderlich, die Geschichte des Fürstenmords im Konfessionellen Zeitalter im einzelnen auszubreiten. Der Hinweis auf die gleichsam spektakulären Beispiele möge vorerst genügen, um den epochalen historischen Zusammenhang der Ermordung Heinrichs IV. von Frankreich hinreichend zu kennzeichnen. Er wird vor allem bei der Deutung, Beurteilung, Einordnung und Erklärung der Ereignis- und Verlaufsgeschichte des Attentats vom 14. Mai 1610 wieder aufzunehmen und jeweils unter den wechselnden Gesichtspunkten seiner Erörterung weiter auszuführen sein. Der faktische Hergang des Attentats, seine unmittelbaren realgeschichtlichen und seine ursächlichen Zusammenhänge sowie seine direkten Aus- und längerfristigen Nachwirkungen sind vor gut drei Jahrzehnten in der ebenso gründlichen wie umsichtigen Monographie des Historikers an der Sorbonne Roland Mousnier *L'Assassinat d'Henri IV 14 Mai 1610* eingehend und umfassend untersucht worden. Sie ist 1964 erschienen und liegt seit 1970 unter dem Titel *Ein Königsmord in Frankreich. Die Ermordung Heinrichs IV.* auch in deutscher Übersetzung vor.

Mousniers Monographie ist ohne Zweifel immer noch die maßgebliche historische Darstellung des Themas, sie hat selbst durch die jüngste großangelegte wissenschaftliche Biographie Heinrichs IV. von Jean-Pierre Babelon aus dem Jahre 1982 keine bemerkenswerten Korrekturen erfahren und wird es umso weniger in den folgenden Ausführungen, die ihr großenteils verpflichtet bleiben, sich aber hinsichtlich der historischen Einordnung und Erklärung – dem Untertitel entsprechend – weniger an einem übergreifenden Themenkomplex der französischen Geschichte als vielmehr an dem einschlägigen europäischen Kontext der Glaubenskonflikte des 16. und 17. Jahrhunderts orientieren. Während Mousnier das tödliche Attentat auf Heinrich IV. in den Rahmen des Doppelproblems von Tyrannenmord und Festigung der absoluten Monarchie, *du tyrannicide et l'affermissement de la monarchie absolue,* in Frankreich stellt, soll es im folgenden über seine konkreten biographischen, motiv- und wirkungsgeschichtlichen Bezüge hinaus vor allem dem exemplarisch skizzierten Zusammenhang des Fürstenmords im Konfessionellen Zeitalter zu- und untergeordnet werden. Anders als in den meisten der voraufgegangenen Vorträge wird das Attentat selbst, der Hergang der Ermordung König Heinrichs IV. von Frankreich am 14. Mai 1610, nicht zu Beginn, sondern gleichsam erst an Ort und Stelle erzählt werden. Als singuläres Ereignis bedarf es, um recht verstanden werden zu können, der historischen Einordnung und Erklärung; und es erschließt sich dem historischen Verständnis erst in den bündigen Zusammenhängen der äußeren Biographie Heinrichs IV. im Rahmen der französischen und der europäischen Geschichte des Konfessionellen Zeitalters. Im ersten Teil der folgenden Ausführungen soll daher zunächst der einschlägige historische Kontext in seinen Grundzügen erarbeitet werden; im zweiten gilt es dann, die Ermordung Heinrichs IV.darzustellen, einzuordnen, zu erklären und zu beurteilen.

I.

Das Konfessionelle Zeitalter der europäischen Geschichte umfaßt die traditionellen Epochen der Reformation und der Gegenreformation, der katholischen Reform und der Glaubenskriege. Es erstreckt sich vom letzten Viertel des zweiten Jahrzehnts des 16. bis zur Mitte des 17. Jahrhunderts und ist erfüllt von leidenschaftlich, nicht selten geradezu fanatisch geführten Konflikten der konfessionell zerstrittenen okzidentalen Christenheit. Heinrichs IV. Biographie, seine Persönlichkeit und sein Verhalten, sein Denken und Handeln sind bei aller unverwechselbaren Individualität zutiefst von diesem Zeitalter geprägt worden. Aber anders als die unversöhnlichen Protagonisten, Philipp II. von Spanien und Elizabeth I. von England, vertrat er – wie auch Wilhelm von Oranien – ein undogmatisches, pluralistisches Christentum der konfessionellen Glaubens- und Gewissensfreiheit. Diese prinzipielle Haltung zum Kernproblem des Zeitalters war eine Frucht seiner persönlichen Lebenserfahrungen von Kindheit an, und es gibt nach allem, was wir darüber wissen, keinen berechtigten Grund, sie – wie es von seiner bis in unsere Gegenwart immer wieder geschehen ist – als zynischen Opportunismus in Zweifel zu ziehen. Das in diesem Zusammenhang gern zitierte geflügelte Wort anläßlich seiner Konversion im Jahre 1593, Paris sei eine Messe wert, ist – wie manch anderes mit seinem Namen verbundene Bonmot – ein apokryphes Diktum. Es ist ihm erst nachträglich in unverkennbarer Absicht von protestantischer Seite zugeschrieben worden.

Insgesamt hat Heinrich im Verlauf seines Lebens sechsmal die Konfession gewechselt, viermal allein bis zu seinem 20. Lebensjahr und überdies meist nicht in freier, selbstverantwortlicher Entscheidung. 1553 geboren, hat er nach dem Willen seiner Eltern, des Ersten Prinzen von Geblüt im Königreich Frankreich, Antoine de Bourbon, Duc de Vendôme, und Jeanne d'Albret, der Thronerbin des kleinen pyrenäischen Königreichs Navarra, die christliche Taufe im römisch-katholischen Glauben empfangen. Kurz darauf – um die Mitte der 50er Jahre – wandten sich die Eltern dem Calvinismus zu, der Vater freilich nur vorübergehend. Am Hof zu Paris kehrte er bald zum alten Glauben zurück. Die Mutter dagegen, inzwischen regierende Königin von Navarra, blieb der neuen Konfession bis an ihr Lebensende in tiefer, fester Glaubensgewißheit verbunden. 1560 trat sie mit ihren beiden Kindern Henri und Catherine in aller Form durch Abschwören des alten und Gelöbnis des neuen Bekenntnisses zur reformierten Glaubenslehre über und führte sie im Königreich Navarra ein. So wurde Heinrich bereits im frühesten Knabenalter zum Hugenotten. Als der Vater ihn 1561 zur weiteren Erziehung am königlichen Hof behielt, wurde er zum alten Glauben zurückgeführt. Antoine de Bourbon fand schon bald darauf im Jahre 1562 zu Beginn des ersten konfessionellen Bürgerkrieges den Tod, und Heinrich vollzog unter dem Einfluß der Mutter einen erneuten Wechsel zum reformierten Bekenntnis. Der neunjährige Knabe, der nunmehr auch Erster Prinz von Geblüt des Königreichs Frankreich geworden war, verblieb am Pariser Hof und erhielt mit Duldung der bestimmenden Königinmutter Katharina von Medici zwei hugenottische Lehrer. Als Erbprinz von Navarra hatte er sichere Aussicht auf den Thron der pyrenäischen Zwergmonarchie, als Erster Prinz von Geblüt war er überdies Anwärter auf den französischen Königsthron, falls die regierende Dynastie der Valois einmal erlöschen sollte, was 1562 allerdings kaum ernstlich in Betracht kommen konnte.

Das Kernproblem des Zeitalters, die konfessionelle Frage, war Heinrich mithin von frühester Kindheit an auf das unmittelbarste und vitalste vertraut. Sie hatte die Eltern, den Hof und das Land zutiefst entzweit und war schließlich in erbitterten konfessionellen Bürgerkriegen zum Ausbruch gekommen, die Frankreich im weiteren Verlauf des 16. Jahrhunderts bis in die Grundfesten erschüttern und für gut ein Menschenalter um den inneren Frieden bringen sollten. Sie sind in einseitiger Kennzeichnung als *Hugenottenkriege* in die Geschichtsbücher eingegangen, waren indes Glaubens- und Bürgerkriege zugleich, die von zwei zunehmend politisch und militärisch organisierten Konfessionsparteien geführt worden sind: zum einen der hugenottischen, die sich gegen die lebensgefährliche weltliche und kirchliche Verfolgung ihrer Bekenntnisgemeinschaft zur Wehr setzte und für die freie Ausübung des reformierten Glaubens stritt; und zum anderen der römisch-katholischen, die – im Bunde mit dem Papst und dem König von Spanien – die reformierte Lehre als Ketzerei bekämpfte und die Hugenotten gewaltsam zum alten Glauben zurückzwingen wollte. Der herausragende Kopf der hugenottischen Führung war bis zur Pariser »Bluthochzeit«, der Bartholomäusnacht 1572, der Admiral von Frankreich, Gaspard de Coligny; die Führung des katholischen Lagers, das sich 1576 als *Liga* organisierte, lag in der Hand der Herzöge von Guise.

Der königliche Hof stand von Anfang an gegen die Hugenotten, hatte sich aber unter der Ägide Katharina von Medicis im Gegensatz zur katholischen Partei immer wieder zum Ausgleich mit ihnen bereitgefunden. Hiervon zeugen die verschiedenen kurzlebigen Edikte und Verträge, die den Reformierten jeweils unterschiedlich bemessene Glaubens- und Kultfreiheit einräumten, den konfessionellen Bürgerkrieg aber nur zu unterbrechen, nicht jedoch auch zu beenden vermochten. Auch der Plan Katharinas, den Prinzen von Navarra mit ihrer Tochter Marguerite zu verheiraten, stand ganz offensichtlich im Dienste ihrer Bemühungen um Ausgleich und Aussöhnung mit den Hugenotten. Daß daraus die Pariser »Bluthochzeit« werden sollte, hatte wohl kaum in ihrer oder ihrer Söhne – König Karls IX. wie Herzog Heinrichs von Anjou – Absicht gelegen, sondern war vermutlich das Ergebnis eines von Philipp II. und Parteigängern der Guise angezetteltenten Komplotts zur Ermordung der hugenottischen Führung, dem der überrumpelte und ultimativ unter Druck gesetzte König nachgegeben hatte. Der achtzehnjährige Bräutigam, der kurz zuvor nach dem plötzlichen Tod seiner Mutter als Heinrich III. König von Navarra geworden war und sich nun als Gefangener in der Hand des Königs befand, hat – wie auch sein Vetter und Weggefährte, der Prinz Henri de Condé – dem Schicksal der übrigen hugenottischen Führung wohl nur entgehen können, indem er dem übermächtigen politischen und konfessionellen Außendruck des Hofes nachgab und erneut zum alten Glauben konvertierte. Erst im Frühjahr 1576 gelang es ihm, wie zuvor bereits seinem Vetter, dem Hof zu entkommen, ins Lager der Hugenotten und damit zum reformierten Bekenntnis des christlichen Glaubens zurückzukehren. Condé und Navarra fiel die Führung der als Partei reorganisierten Hugenotten zu. Sie leiteten fortan ihren militärischen Kampf wie ihre politischen Verhandlungen.

1574 war der erst ein Jahr zuvor zum König von Polen gewählte Herzog von Anjou seinem Bruder als Heinrich III. auf den französischen Thron gefolgt. Als 1584 sein jüngster Bruder und letzter erbberechtigter Sproß der Valois-Dynastie starb, war der gut zwei Jahrzehnte zuvor noch recht unwahrscheinliche Fall eingetreten: Heinrich von Navarra war nunmehr unmittelbarer Thronerbe des Königreichs Frankreich geworden. Heinrich III. hat sich angesichts der bedrohlichen Verselbständigung der Liga zunehmend an diesen Gedanken gewöhnt und sich schließlich mit dem seit Condés Tod 1588 unbestrittenen Haupt der hugenottischen Partei sogar förmlich verbunden. Als er dann im Jahre 1589, gut 7 Monate nach den Morden von Blois, selbst Opfer eines tödlichen Attentats geworden war, hat er auf dem Sterbelager die umstehenden Mitglieder des Hofes aufgefordert, den anwesenden Heinrich von Navarra als seinen legitimen Nachfolger anzuerkennen und ihm als neuem König alsbald den Treueid zu leisten. Den Nachfolger mahnte er, zum alten römisch-katholischen Glauben zurückzukehren.

Das Königreich Frankreich war in seinem überkommenen Selbstverständnis eine katholische Monarchie, der König ein durch die Salbung mit dem heiligen Öl von Saint-Denis zu Reims geweihter Herrscher, dem wundertätige Heilkräfte zugeschrieben wurden. Seit dem Ausgang des Mittelalters führten die Könige von Frankreich unter den christlichen Herrschern Europas den offiziellen Ehrentitel *rex christianissimus, le roi très chrétien,* allerchristlichster König. Unter Ludwig IX., dem Heiligen, war die ausdrückliche Selbstverpflichtung des Königs in den Krönungseid aufgenommen worden, daß er Ketzer in seinem Lande ausrotten wolle. Vor dem aktuellen Hintergrund der direkten Anwartschaft Heinrichs von Navarra auf den französischen Thron hatte Heinrich III. 1588 auf Druck der Liga im »Heiligen Unionsedikt« noch einmal ausdrücklich bekräftigt, daß er alle Ketzer aus dem Lande verbannen wolle, daß der König von Frankreich katholisch sein müsse und niemals ein Häretiker sein dürfe. Die wenige Monate danach zu Blois versammelten ligistischen Generalstände hatten überdies darauf bestanden, diese Bestimmungen in die *lois fondamentales*, die Grundgesetze des Königreichs, aufzunehmen.

Mit Heinrich IV. war somit eingetreten, was eigentlich unmöglich und daher von vornherein ausgeschlossen sein sollte: ein protestantischer – und das hieß im logischen Verständnis der umrissenen Zusammenhänge – ein häretischer König. Nun fehlte Heinrich IV. bei Antritt der Nachfolge des letzten Königs aus dem Hause Valois die Weihe der Salbung und Krönung. Nach der in Frankreich herrschenden Staatstheorie, einer reifen Ausformung der Lehre von den beiden Körpern des Königs, wäre sie freilich keine notwendige Bedingung gewesen, denn ihr zufolge stirbt der politische Körper des Königs nie: *Le roi ne meurt jamais*. Im Moment des Todes des natürlichen Körpers tritt ein anderer ohne förmlichen Rechtsakt dessen Nachfolge an: *Le mort saisit le vif*. Der Herold verkündet den Vorgang in einem Zuge: *Le roi est mort! Vive le roi!* In der Verfassungswirklichkeit der französischen Monarchie hatte die Weihe mit Salbung und Krönung jedoch ein so großes Gewicht, daß bis ans Ende des Ancien Régime kein König auf sie verzichtet hat. Auch Heinrich IV. nicht. Er führte seit dem Tode Heinrichs III. im Einklang mit der Lehre von der Unsterblichkeit des Königs den Titel *par la grace de Dieu Roi de France et de Navarre*, genoß aber im andauernden konfessionellen Bürgerkrieg kaum mehr als die Anerkennung der eigenen Partei.

De facto war Heinrich von Navarra in den 80er Jahren – um seinen Biographen Jean Pierre Babelon zu zitieren – bereits so etwas wie ein »protestantischer Vizekönig Frankreichs«[1] geworden. Und Robert Holtzmann schreibt, daß nach dem Tode Heinrichs III. »wenigstens ein Teil der Nation eine Zeitlang einen protestantischen König anerkannt« habe[2]. Hierzu zählte im wesentlichen auch die gemäßigte royalistisch-katholische Partei der sogenannten »Politiker« zwischen Hugenotten und Liga. Sollte indes der Krieg beendet und Friede unter den Konfessionsparteien gestiftet werden, war dies schwerlich unter einem König zu erreichen, den die Mehrheit seiner Untertanen für einen Häretiker hielt. Die Liga hatte daher Heinrichs IV. Onkel, den Kardinal Charles de Bourbon, als Karl X. zum neuen König von Frankreich erklärt. Nach dessen Tod im Jahre 1590 war ihr Anführer und Generalstatthalter des Königreichs (*lieutenant général de l'État et de la Couronne de France*), der Herzog Charles de Mayenne, ein Bruder von Henri und Louis de Guise, ihr Prätendent, während Philipp II. einen Rechtsanspruch seiner Tochter Isabella Clara Eugenia aus der Ehe mit der Schwester der letzten Valois-Könige Elisabeth geltend machte.

In dieser Situation griff Heinrich IV. die Bereitschaft des gemäßigten Teils der Liga auf, ihn zu akzeptieren, wenn er sich mit dem Papst aussöhnen und in den Schoß der Kirche zurückkehren würde. Es seien, schrieb er seinem Vetter, dem Prinzen Francois de Conti, am 10. Mai 1593 diejenigen, die nicht unter die Herrschaft des Spaniers fallen möchten. Diese Furcht und die lange Dauer des Krieges hätten in ihnen den Wunsch reifen lassen, ihren Frieden mit ihm zu machen, wenn er ihren Glauben annähme: *de s'accomoder avec moy, si j'estois de leur religion*. Und auch ihre Chefs, die anderes im Schilde führten, zeigten nichtsdestoweniger die gleiche Absicht, weil sie nicht zu erkennen geben wollten, daß sie sich von etwas anderem als ihrem Glauben hätten bestimmen lassen. Nach reiflicher Abwägung dieser Umstände meint er wörtlich: »Ich habe gedacht, kein besseres Heilmittel finden zu können, als eine Anzahl Prälaten zu mir zu rufen, um mich mit ihnen über meine Unterweisung zu verständigen«. Das werde auch den allgemeinen Wunsch der ihn anerkennenden katholischen Untertanen zufriedenstellen. Er erachtetet seine Konversion einerseits als *formalité,* andererseits als eine für das Land so bedeutende und notwendige Gelegenheit (*ceste occasion sy importante et necessaire à cest Estat*) und als ein so gutes und vorteilhaftes Werk (*un sy bon oeuvre, sy profitable*), daß er bereit ist, sie zu vollziehen, und entschieden um ihre Unterstützung wirbt. Er ist davon überzeugt, daß sie mit Gottes Hilfe, wenn sie ihm denn gefallen solle, die Frucht tragen werde, die dem Verlangen der rechtschaffenen Leute entspreche: *avec l'ayde de Dieu, qui en fera, s'il luy plaisit, sortir le fruict conforme au desir des gens de bien*[3].

Diese wenigen authentischen Zitate mögen hier genügen, um hinreichend zu belegen, wie unzutreffend das apokryphe Diktum *Paris vaut une messe* die eigentlichen, leitenden Motive Heinrichs IV. für seine letzte und wohl entscheidende Konversion wiedergibt. Dem undogmatischen Christen mochte der persönliche Schritt angesichts seiner festen, direkten Glaubensbindung und Heilsgewißheit nicht mehr als eine Formalität erscheinen; für den König von Frankreich war die Konversion ein öffentlicher Akt von größter politischer Bedeutung und staatsmännischer Verantwortung, der sorgsam bedacht und – namentlich gegenüber den Hugenotten wie gegenüber der katholischen Kirche – ausgeführt werden mußte. Die feierliche Konversion erfolgte am 25. Juli 1593 in Saint-Denis zu Reims, die Weihe durch Salbung und Krönung am 27. Februar 1594 in der Kathedrale zu Chartres. Sie öffneten Heinrich IV. die Stadttore von Paris und ermöglichten ihm schließlich im Wege einer großzügigen allgemeinen Amnestie die Überwindung des konfessionellen Bürgerkriegs. 1595 erteilte Papst Clemens VIII. dem König, der zehn Jahre zuvor zusammen mit dem Prinzen von Condé von Papst Sixtus V. zum rückfälligen Ketzer erklärt worden war, die Absolution.

Als 1597 die letzten lokalen und regionalen Kämpfe des Bürgerkriegs beendet waren, machte er sich daran, die konfessionelle Frage durch eine politische Lösung dauerhaft zu überwinden. Er hatte in seinem Glaubensbekenntnis anläßlich der Konversion ausdrücklich versprochen, sich gemäß seiner Unterweisung durch Prälaten und Doktoren auch von allen der heiligen Lehre der Kirche entgegeggesetzten Meinungen und Irrtümern loszusagen; und er hatte darüber hinaus bei seiner Krönung die Ketzer-Klausel Ludwigs des Heiligen beschworen. 1596 hatte er mit dem Edikt von Traversy die Wiedereinführung der katholischen Religion für das ganze Königreich angeordnet. Die reformierte Lehre war für ihn indes keine Häresie, sondern eine christliche Konfession, die in der katholischen Monarchie den Schutz der Glaubens- und Gewissensfreiheit durch den König genieße. Aus dieser Überzeugung erließ er 1598 das Edikt von Nantes, das seinen einstigen Konfessionsverwandten und politischen Weggefährten im wesentlichen uneingeschränkte Gewissensfreiheit und Rechtsfähigkeit sowie ungehinderten Zugang zu allen öffentlichen Ämtern im ganzen Königreich, freie Ausübung des Glaubens jedoch nur in deutlich räumlicher Einschränkung und daneben – in einer Zusatzregelung – gut hundert militärische Sicherheitsplätze für den Zeitraum von acht Jahren garantierte. Die inhaltlichen Bestimmungen waren zur Hauptsache den für die Hugenotten günstigen älteren Edikten aus der Zeit der konfessionellen Bürgerkriege entnommen, die er bereits im Jahre 1591 wieder in Kraft gesetzt hatte.

Diesem Zusammenhang der kurzlebigen vertraglichen Vereinbarungen zwischen den Waffengängen entstammt freilich auch die diskriminierende gegnerische Fremdbezeichnung der protestantischen als vorgeblich reformierter Konfession: *religion prétendue réformée* im auffälligen Unterschied zur katholischen in ihrer üblichen Selbstbezeichnung als *religion catholique, apostolique et romaine.* Sie findet sich erstmals im Frieden von Beaulieu 1576 und ist seitdem durchweg beibehalten worden. An solchen lebendigen Relikten der konfessionellen Bürgerkriege tritt die Ambivalenz des Edikts von Nantes deutlich zu Tage. Heinrich IV. hatte es aufgrund seines undogmatischen, pluralistischen Christentums zweifellos als Toleranzedikt verstanden wissen wollen, denn die von ihm intendierte konfessionelle Glaubens- und Gewissensfreiheit bedurfte, um gelebt werden zu können, der bereitwilligen öffentlichen Akzeptanz und Toleranz durch die jeweils andersgläubige Konfession.

Es konnte aber auch ebensogut – wie der Augsburger Religionsfrieden, der 1555 im benachbarten Heiligen Römischen Reich Deutscher Nation die Konfessionskriege beendet hatte – als bloßes Koexistenzedikt verstanden werden. So gesehen, bestimmte es kaum mehr als eine provisorische, durch die voraufgegangene Entwicklung erzwungene und der Gegenseite nur widerwillig konzediertete gewaltlose Koexistenz, nicht jedoch wirksame Toleranz und wirklichen Frieden als notwendige Bedingungen konfessioneller Glaubens- und Gewissensfreiheit. Maßgeblich war indes, daß der König selbst entschieden für das Edikt eintrat und es auch gegenüber allen Widerständen, insbesondere aus den Parlamenten, den obersten Gerichtshöfen des Königreichs, energisch durchsetzte. Unter einem dogmatisch gebundenen König ließ sich das Edikt, wie sich dann unter den Nachfolgern Heinrichs IV. zeigen sollte, zunehmend restriktiv zulasten der *religion prétendue réformée* handhaben und schließlich sogar im vorgeblichen Einklang mit seiner eigentlichen Intention aufheben.

Die radikalen Anhänger beider Religionsparteien waren von Anfang an nicht mit dem Ausgang der konfessionellen Bürgerkriege zufrieden gewesen. Und schon gar nicht mit der Haltung Heinrichs IV. Den einen erschien er als Verräter an der hugenottischen Glaubenssache, den anderen als ein häretischer Usurpator der katholischen Monarchie Frankreich, beiden als ein hinterlistiger, heuchlerischer und zynischer Opportunist. Wenn die Waffen auch schwiegen, die politischen Pamphlete und die konfessionelle Agitation, vor allem der Prediger, wollten nicht zur Ruhe kommen. In dieser auch nach dem Edikt von Nantes fortdauernden vergifteten öffentlichen Atmoshäre entstanden, gediehen und reiften Pläne und Aktivitäten, die die Ermordung des Königs im Schilde führten. Heinrich IV. ist zeit seines Lebens von Attentaten bedroht gewesen. Seine Biographin Madeleine Marie Louise Saint-René Taillandier weiß von »insgesamt achtzehn Attentatsversuchen«, und Roland Mousnier erwähnt »etwa 20 Anschläge« auf sein Leben[4]. Größere Beachtung widmet er dem vereitelten Attentat von Pierre Barriere, einem ehemaligen Schiffer und späteren Reiter der Liga, im Jahre 1593, mehreren Mordplänen des flämischen Dominikaners Ridicauwe in den Jahren 1593–97 und dem Attentat des Studenten der Rechte Jean Chastel im Jahre 1594, bei dem der König an der Lippe verletzt wurde und einen Zahn verlor, vor allem aber dem Meuchelmord, dem *Assassinat d'Henri IV.* durch Francois Ravaillac am 14. Mai 1610, der ja den Ausgangs- und ständigen Bezugspunkt seiner umfassenden Monographie bildet. Damit wäre das zentrale Ereignis und zugleich der zweite Teil meines Vortrags eingeholt.

II.

Der königliche Hof im Louvre befand sich an diesem Tag, nach dem Kalender neuen Stils: Freitag, dem 14. Mai 1610, inmitten geschäftiger Vorbereitungen. Tags zuvor hatte die feierliche Krönung der Königin Maria von Medici, seit einem Jahrzehnt zweite Gemahlin Heinrichs IV., in Reims stattgefunden. Tags darauf war ihr feierlicher Einzug durch die Porte Saint-Denis in Paris geplant. Der König selbst stand überdies im Aufbruch zu einem riskanten Feldzug, der am kommenden Montag beginnen sollte und zum einen – im Erbstreit um die Herzogtümer Jülich und Kleve – gegen die deutsche, zum anderen – in der Auseinandersetzung um den militärischen Einfluß in Oberitalien – gegen die spanische Linie des Hauses Habsburg gerichtet war. Am frühen Nachmittag, um zwei bis drei Uhr, hatte er eine Karosse anspannen lassen, um den unpäßlichen *surintendant des finances,* seinen alten Gefolgsmann, Kampf- und Weggefährten Maximilien de Béthune, Duc de Sully, im Arsenal aufzusuchen. In seiner Gesellschaft befanden sich die Herzöge de Montbazon und d'Épernon, die Marschälle de Lavardin, de Roquelaure und La Force, der Marquis de Mirebeau und sein erster Stallmeister Liancourt sowie ein kleines Gefolge.

Eine Begleitung durch die Garde hatte er abgelehnt. In der offenen Karosse hatte Épernon rechts neben dem König Platz genommen, ihnen gegenüber saßen Montbazon und Lavardin. In der engen Rue de la Ferronnerie am großen Friedhof des Franziskanerklosters Aux Saints-Innocents mußte sie anhalten, weil ein mit Wein und ein mit Heu beladener Wagen den Fahrtweg versperrten. In diesem Augenblick stieg unversehens ein Mann auf ein Rad der Karosse und stieß dem König zweimal einen Dolch die Brust. Ein dritter Stoß ging fehl, der Dolch glitt ab und traf den Mantel Montbazons. Nach dem ersten Stich rief der König: *Je suis blessé*, ich bin verwundet[5]. Es sollten seine letzten Worte sein; Blut strömte ihm aus dem Mund. Épernon deckte einen Mantel über ihn, ließ den Attentäter festnehmen und die Karosse direkt zum Louvre zurückfahren. Als man dort ankam, war der König bereits tot. Der zweite Stich hatte den linken Lungenflügel getroffen, die Hauptschlagader knapp über dem Herzen durchschnitten und unmittelbar zum Tode geführt.

Als Attentäter stellte sich der 31jährige François Ravaillac aus Angoulême heraus. Nach seinem Beruf befragt, gab er an, 14 Jahre lang als Gehilfe beim Gerichtshof tätig gewesen zu sein, bis er in Schuldhaft geraten sei. Zuletzt habe er 80 Schüler im Beten unterwiesen und sei dafür von deren Eltern mit Geld und Naturalien entlohnt worden. Er entstammte bettelarmen, zerrütteten Familienverhältnissen und war, nachdem Vater und Schwestern die Familie verlassen hatten, aus Anhänglichkeit bei seiner frommen Mutter geblieben. Als gläubiger Katholik hatte er ein geregeltes Ordensleben angestrebt und war als Laienbruder bei den Feuillants, einer Kongregation des Zisterzienserordens, eingetreten, aber nach kurzer Zeit schon ausgeschlossen worden, weil er während der Andacht Visionen gehabt habe. Nachdem es ihm trotz inständiger Bitten verweigert worden sei, das Ordenskleid zurückzuerhalten, habe er versucht, Jesuit zu werden, sei aber abgelehnt worden, da er bereits einem anderen Orden angehört habe. Ravaillac war sich in den Verhören nach dem Attentat bewußt, mit der Ermordung des Königs *une grande faute*, eine große Fehltat begangen zu haben, für die er Gott, die Königin, den Dauphin, den Hof und die ganze Welt um Verzeihung bitte. Er bedauerte die Tat, war aber davon überzeugt, daß er vor Gott Gnade finden werde, da sie, wenn auch in sündhafter Verblendung und Versuchung durch den Teufel, *pour Dieu*, für Gott begangen worden sei. Gott werde ihm daher die Gnade zuteil werden lassen, bis zum Tod in gutem Glauben, Hoffnung und vollkommener Liebe bleiben zu können. Und er hoffe, daß Gott barmherziger und seine Passion größer sei als die Tat, die er begangen habe, damit er errettet und nicht verdammt werde. »Welcher Katholik«, fragt Roland Mousnier, »erkennt in dem bußfertigen Sünder, der demütig seine Schuld bekennt, die Fürbitte der Jungfrau und der Heiligen erfleht und alles von den Verdiensten Jesu Christi und der Barmherzigkeit Gottes erwartet, nicht seinen Bruder?«

Was aber hatte ihn bestimmt, so eklatant gegen das fünfte Gebot zu verstoßen und die Mordwaffe gegen die geheiligte Person des Königs zu erheben? Seine Richter waren fest davon überzeugt, daß er Komplizen gehabt habe und ließen bis zu seiner grauenhaften Hinrichtung nicht davon ab, ihn nach Mittätern und Hintermännern auszuforschen. Sie waren geradezu von der Obsession beherrscht, Heinrich IV. sei das Opfer eines Komplotts geworden, daß es aufzudecken gelte. Ravaillac beteuerte jedoch und blieb auch unter den entsetztlichen Qualen der Folter dabei, den Königsmord allein begangen zu haben. Er sei entschlossen gewesen, den König zu töten, weil er die vorgeblich reformierte Konfession nicht in die katholische, apostolische und römische Kirche habe zurückführen wollen, obwohl er die Machtvollkommenheit dazu gehabt habe: *pour ce qu'il n'avait voulu, comme il en avait le pouvoir, réduire la religion prétendue réformée à l'Église catholique, apostolique et romaine*[6]. Ravaillac war davon überzeugt, daß die Protestanten aus Rache für die Bartholomäusnacht die Katholiken ermorden wollten, ja daß sie schon damit begonnen hätten und der König sie dabei decke. Heinrich IV. habe sich mithin nicht nur geweigert, die protestantischen Ketzer zu bekehren, er sei auch zu ihrem Komplizen geworden. Überdies habe er gehört, der König beabsichtige, Krieg gegen den Papst zu beginnen und den Heiligen Stuhl nach Paris zu überführen. Das waren die leitenden Gründe, die der Katholik Ravaillac für seine Tat geltend machte, den König gleichsam aus berechtigter Notwehr zu töten. Das Verhör ergab, daß er bereits zweimal zuvor, Weihnachten 1609 und Ostern 1610, in der Absicht nach Paris gekommen war, den König zu ermorden, aber unerwartete Umstände ihn daran gehindert hatten.

Auch wenn das Verhör Ravaillacs und weitere Untersuchungen keine Indizien für Mittäter ans Licht brachten, wollten Spekulationen über Hintermänner oder ein Mordkomplott nicht verstummen. Da war die letzte Affaire des leidenschaftlichen Liebhabers Henri IV. um die blutjunge Charlotte de Montmorency, die er an den nunmehr Ersten Prinzen von Geblüt, den gleichnamigen Sohn seines Vetters Henri de Condé, verheiratet hatte, um sie an den Hof und damit an seine Nähe zu binden. Condé aber war – der Zudringlichkeiten des Königs überdrüssig – mit seiner Frau eigenmächtig außer Landes gegangen, noch dazu in die benachbarten Niederlande, wo sie sich unter den Schutz der Statthalter des spanischen Königs begaben. In diesem Zusammenhang, mehr aber noch aufgrund ihres politischen Ehrgeizes, geriet selbst die Königin in Verdacht. Sie hatte endlich nach langem Drängen die Krönung erreicht, die sie berechtigte, im Falle der Abwesenheit des Königs oder bei seinem Tode während der Minderjährigkeit des Dauphins die Regentschaft zu führen.

Und da war vor allem der bevorstehende Feldzug, der die seit dem Friedensschluß zu Vervins mit Spanien im Jahre 1598 andauernde äußere Ruhe mit ungewissem Ausgang beenden würde. Weil die Besetzung der Herzogtümer Jülich und Kleve zugunsten zweier protestantischer Reichsfürsten, des Markgrafen von Brandenburg und des Pfalzgrafen bei Rhein zu Neuburg, geplant war, konnte der Feldzug nicht nur als Ausdruck des fortgesetzten habsburgisch-französischen Gegensatzes, sondern auch als Wiederaufleben der alten konfessionellen Parteilichkeit Heinrichs IV. erscheinen. 1610 hatten sich bereits die Parteien des heraufziehenden Dreißigjährigen Krieges, die protestantische Union und die katholische Liga, gebildet; und es ist – wie man in der einschlägigen Literatur gelegentlich lesen kann – bei kontrafaktischer Betrachtung durchaus denkbar, daß der geplante Feldzug schon den Ausbruch dieses wohl schrecklichsten konfessionellen Krieges der europäischen Geschichte hätte auslösen können. Noch Mousnier bezeichnet es angesichts eines drohenden großen Krieges zwischen Frankreich und Habsburg durchaus als verständlich, wenn viele zeitgenössische Historiographen der Meinung gewesen seien, Ravaillacs Dolchstoß sei fürwahr zur rechten Zeit gekommen.[7]

Mögliche Motive einer konspirativen Aktion zur Ermordung Heinrichs IV. lagen mithin auf der Hand. Das gilt schließlich auch für Ravaillacs Gründe, obwohl sich ihr Gehalt bei historischer Betrachtung rasch in spekulative Gerüchte und phantastische Befürchtungen verflüchtigt. Nichtsdestoweniger bestimmten sie sein Handeln, ja, waren sie keineswegs singulär, sondern hatten in dem feindseligen Klima der auch nach dem Edikt von Nantes andauernden konfessionellen Agitation im Wege einer kollektiven Psychose in vielen Köpfen und Herzen Verbreitung gefunden. Der blinde Haß auf die andersgläubige Bekenntnisgemeinschaft hatte einen religiösen Fanatismus hervorgebracht, der auch vor Mord und Totschlag nicht zurückschreckte. Die konfessionellen Bürgerkriege waren 1562 nach dem sogenannten »Blutbad« ausgebrochen, das unter der Verantwortung des führenden Kopfes der sich formierenden katholischen Partei, des Herzogs François de Guise, an der reformierten Gemeinde der Ortschaft Vassy begangen worden war. Knapp ein Jahr später wurde der Herzog das Opfer des ersten Attentats der Konfessionskriege, begangen von dem 26jährigen Hugenotten Poltrot de Méré in der Überzeugung, wie er bei seinem Verhör aussagte, damit Gottes Willen zu tun. Es folgen die Pariser »Bluthochzeit« der Bartholomäusnacht, die Ermordung des Herzogs Henri de Guise und seines Bruders, des Kardinals Louis de Guise, Söhne von François de Guise, auf Geheiß König Heinrichs III. und schließlich dessen Ermordung durch den 22jährigen Dominikanermönch Jacques Clément.

Fragt man nach den Rechtfertigungsgründen der Attentäter, so sticht zunächst die im Konfessionellen Zeitalter zweifellos höchste und gewichtigste Berufung auf Gott ins Auge. Sie ist unabhängig von der konfessionellen Zugehörigkeit und findet sich beim Protestanten Poltrot de Méré wie beim Katholiken François Ravaillac. Bei näherer Betrachtung ergeben sich jedoch bei allem religiösen Fanatismus zwei grundsätzlich voneinander verschiedene Rationalisierungen, die sich auf die Theorie und Praxis der politischen Verfassung des frühmodernen Staates im Konfessionellen Zeitalter zurückführen lassen. Die Ermordung des Oberherrn von Gottes Gnaden wie des Königs von Frankreich durch einen Untertanen bedarf der Legitimation aufgrund der christlichen Glaubenslehre durch Gottes Willen, die des Unterherrn oder eigenen Lehnsmannes wie der Brüder de Guise durch Heinrich III., aber auch des auswärtigen Nebenherrn wie in zahlreichen Mordplänen Philipps II. gegen benachbarte europäische Monarchen kann auch allein als ein Erfordernis politischer Staatsraison gerechtfertigt werden. Diese Form der Rationalisierung kam vor allem in der auf Machiavelli zurückgreifenden Doktrin von der Mordbefugnis der Obrigkeit zum Ausdruck, jene in den Lehren der sogenannten Monarchomachen beider Konfessionen, die – streng genommen – als Tyrannomachen bezeichnet werden sollten, da sie nicht den legitimen Monarchen, sondern dessen illegitime Entartung, den Tyrannen, bekämpften.

Die protestantischen Monarchomachen gingen zwar weit über die Lehren Martin Luthers und Johannes Calvins hinaus, banden jedoch den Aufruf der Bevölkerung zum gewaltsamen Widerstand gegen einen Tyrannen an die explizite Entscheidung der ständischen Amtsträger und staatlichen Zwischengewalten. Diese deutliche Differenzierung zwischen den befugten offiziellen Vertretern und den unbefugten privaten Einzelpersonen des Volkes war bei den ligistischen Monarchomachen nicht oder nur ansatzweise vorhanden. Es ist daher wohl kaum ein bloßer Zufall, daß sich unter den Attentätern der konfessionellen Bürgerkriege nur ein hugenottischer Fürstenmörder findet. Auch war von den differenzierten Rationalisierungen der gelehrten monarchomachischen Schriften in der Agitation und Indoktrination der Prediger nicht allzu viel übriggeblieben, geschweige denn in den Köpfen der Attentäter.

Der bedeutendste und einflußreichste politische Theoretiker der Liga, Jean Boucher, möge hier als aufschlußreiches Beispiel in einer Person dienen. Er hatte es in seiner Karriere als akademischer Lehrer der Philosophie und Theologie zum Doktor, Prior und 1580 schließlich sogar zum Rektor der Sorbonne gebracht; er war überdies Prediger von Saint-Benoît geworden und galt gewiß zu Recht als das eigentliche Haupt der Pariser Liga. Er war geistiger Wegbereiter und monarchomachischer Theoretiker der Fürstenmorde an Heinrich III. und Heinrich IV., und er hat 1590 zusammen mit dem Bischof von Senlis, Guillaume Rose, eine neue Bartholomäusnacht gefordert, die sich nicht nur gegen die Hugenotten, sondern alle *modérés*, mithin selbst gemäßigte Katholiken richten sollte. Ein zuverlässiger Zeuge, der Anhänger der Partei der »Politiker« und gemäßigte Katholik Pierre de L'Estoile berichtet in seinen *Mémoires-Journeaux* von einer Fastenpredigt Bouchers aus dem Jahre 1591, in der er dazu aufgefordert habe, Heinrich IV. und seine Anhänger totzuschlagen und auszurotten. Es sei höchste Zeit, zum Dolch zu greifen; noch nie habe es so notgetan. Hatte er in seinem Aufruf zum Tyrannenmord an Heinrich III. noch die alte Geschichte bemüht und den König als wiedererstandenen Nero angegriffen, so diffamierte er Heinrich IV. schlichtweg als Hund, den er am liebsten eigenhändig erwürgen würde. Das sei das wohlgefälligste Opfer, das man Gott bringen könne: *le plus plaisant et agréable sacrifice qu'on eust sceu faire à Dieu*[8]. Nimmt es da noch Wunder, daß für derlei Verhetzungen empfängliche Gemüter wie Jacques Clément, Pierre Barriere, Ridicauwe, Jean Chastel und schließlich François Ravaillac auch wirklich zum Dolch griffen, um den König zu ermorden?

Die ideen- und wirkungsgeschichtlich zweifellos bedeutendste Schrift der protestantischen Monarchomachen erschien 1579 unter dem Titel *Vindiciae contra tyrannos,* Strafgericht gegen die Tyrannen, unter dem Pseudonym Stephanus Junius Brutus. Stephanus war der erste Märtyrer des christlichen Glaubens, Junius Brutus bekanntlich der Mörder Iulius Caesars. 1581 folgte eine Übersetzung ins Französische; insgesamt erschienen bis 1689, dem Jahr der *Glorious Revolution*, vierzehn lateinische, zwei französische und drei englische Ausgaben. Die Verfasserfrage ist bis heute nicht abschließend geklärt, am wahrscheinlichsten gilt die Autorschaft von Philippe Duplessis-Mornay und Hubert Languet. Ersterer war einer der vertrautesten Berater Heinrichs von Navarra, seit 1589 Gouverneur von Saumur, seit 1590 auch Staatsrat der Krone, letzterer ein von dem Wittenberger Reformator und Humanisten Philipp Melanchthon geprägter Diplomat und Publizist in schwedischen und kursächsischen Diensten. 1579 finden sich beide seit langem miteinander befreundeten Männer an der Seite Wilhelms von Oranien. Das *Plakkaat van Verlatinge,* womit die Generalstände der Utrechter Union 1581 den König von Spanien Philipp II. der Herrschaft über die Niederlande für verlustig erklärten, da er versucht habe, unter dem Vorwand der Religion eine Tyrannei zu errichten, ist unverwechselbar vom Gedankengang der *Vindiciae contra tyrannos* geprägt.

Philipp II. hatte bereits seit gut einem Jahrzehnt versucht, den führenden Kopf der aufständischen Niederlande, Wilhelm von Oranien, im Wege eines Attentats ermorden zu lassen. 1582 wurde der Prinz nach mehreren mißratenen Anschlägen von der Kugel des Attentäters Jean Jauregui im Gesicht schwer verletzt. 1584 gelang schließlich nach weiteren fehlgeschlagenen Attentatsversuchen der ferngesteuerte Fürstenmord: Oranien erlag dem Pistolenschuß des 26jährigen religiösen Fanatikers Bathasar Gerard. Philipps II. Mordpläne galten insbesondere auch der englischen Königin Elizabeth I. und – im Zusammenwirken mit der Liga – der Führung der Hugenotten. Sein wahrscheinlich maßgeblicher Anteil an der Bartholomausnacht wurde bereits erwähnt, auch geriet er bezeichnenderweise sofort in den Verdacht, bei den mißlungenen Anschlägen auf Heinrich IV.

und beim rätselhaften Tod seines Vetters Condé die Hände im Spiel gehabt zu haben. Derlei Verdächtigungen sind weder erwiesen noch widerlegt worden. Und sie werden sich aus der Distanz von mittlerweile vier Jahrhunderten wohl kaum noch aufklären lassen. Sie blühten seinerzeit gleichsam in der öffentlichen Meinung Europas und führen deutlich vor Augen, was man dem spanischen König zutraute. Er wurde schließlich sogar – freilich unzutreffenderweise – der Ermordung des eigenen Sohnes, des Infanten Don Carlos, seiner Gemahlin Elisabeth von Valois und seines Vetters, des Römischen Kaisers Maximilian II., bezichtigt.

In den Verdacht der Urheberschaft der Attentate auf Heinrich IV. geriet indes auch der Jesuitenorden. Und das Pariser Parlament sah ihn im Zusammenhang des Attentats von Jean Chastel aufgrund theologischer Lehrmeinungen zum Tyrannenmord als so sehr belastet an, daß es Priester und Schüler aller Kollegs »als Verderber der Jugend, Unruhestifter und Feinde des Königs wie des Staates« aus dem Lande verwies. Mousnier kommt nach gründlicher Untersuchung der einschlägigen Quellen zu dem Ergebnis, daß das Verfahren des Parlaments allem Recht widersprochen habe, ja als Schauprozeß gehandhabt worden sei und daß das Urteil jeder Grundlage entbehre. Es habe als Vorwand gedient, politisch gegen eine Personengruppe vorgehen zu können, die mißliebig gewesen sei. Die Gesellschaft Jesu habe niemals einen Menschen angestiftet, einen Herrscher zu töten, der gewaltsam an die Macht glangt sei. Sie habe gelehrt, daß dies allein Gottes Werk sein könne. Mit der Ausweisungsbegründung gegen die Jesuiten hätte das Parlament billigerweise auch die Augustiner, Dominikaner und Kapuziner außer Landes schicken müssen[9]. Man wird Mousnier angesichts des äußeren und formalen historischen Befunds wohl schwerlich widersprechen können, aber ebensowenig auch der substantiellen Einsicht, daß es von dem allgemeinen theologischen Lehrsatz, es sei legitim, einen als Häretiker außerhalb der Kirche stehenden und damit zum Tyrannen entarteten Herrscher zu töten, ohne hinreichende theoretische, praktische und institutionelle Vorkehrungen nur einen Schritt zu entsprechendem privatem Handeln, zum Fürstenmord ausmacht. Heinrich IV. hat die Jesuiten übrigens 1603 zurückgeholt und sie mit seinem Schloß La Flèche an der Sarthe beschenkt, in dessen Kapelle – seinem Vermächtnis entsprechend – in einem Schrein aus Marmor und Gold sein Herz beigesetzt worden ist.

Franklin L. Ford hat in seiner umfassenden historischen Abhandlung über den politischen Mord die Frage gestellt, ob Ravaillac in Anbetracht der kriegerischen Vorhaben Heinrichs IV., wenn auch »von den schlechtesten Absichten erfüllt, nicht den Ruhm seines Opfers« gerettet habe[10]. Und auch Ernst Hinrichs gibt in seinem vorzüglichen biographischen Porträt Heinrichs IV. zu bedenken, ob es nicht »vielleicht Glück für den König und seinen Nachruhm« gewesen sei, daß seine letzten Pläne nicht mehr zur

Ausführung gelangt seien[11]. Es ist im Grunde die gleiche Frage nach einer möglichen sinnvollen Bedeutung der Attentate für ihre Opfer, wie sie in den voraufgegangenen Vorträgen und Diskussionen wiederholt erörtert worden ist: von Iulius Caesar über Thomas Beckett bis Mahatma Gandhi und Anwar es Sadat. Und sie wird gewiß auch bei künftigen Themen wieder zu hören sein. Etwa bei Walther Rathenau, dessen Biograph Peter Berglar allen Ernstes meint, daß seine Ermordung »für ihn vielleicht eine Gnade« gewesen sei[12]. Ich möchte mir eine solche Frage, die wohl in den meisten Fällen mehr über ihren Autor als über seinen historischen Gegenstand ans Licht bringen dürfte, nicht zu eigen machen, will aber abschließend noch auf das historische Problem eingehen, das sie enthält. Hinrichs betont gewiß zu Recht, daß der geplante Feldzug ein »unkalkulierbares Abenteuer« und überdies »wegen der außenpolitischen Schieflage – der allerchristlichste König im Einsatz für deutsche Ketzer! – zutiefst unpopulär« gewesen sei[13]. Doch dürfte er, auch wenn der kalkulierte Rahmen sich nicht hätte einhalten lassen und er bereits zum Auftakt des großen Dreißigjährigen Krieges geworden wäre, nach allem, was sich in einer kontrafaktischen Betrachtung mit Sicherheit über ihn aussagen läßt, in der Verfassung des Heiligen Römischen Reiches von vornherein politische Maßstäbe gesetzt haben, die erst jenseits des Westfälischen Friedens realisierbar geworden sind.

So eindeutig, wie man auf den ersten Blick meinen könnte, trat der König von Frankreich nämlich gar nicht »im Einsatz für deutsche Ketzer« auf den Plan. Zum einen war das Zusammengehen des *rex christianissimus* mit protestantischen Reichsfürsten seit Franz I. und Heinrich II., deren katholisches Bekenntnis gewiß nicht in Frage steht, eine feste außenpolitische Größe in der antihabsburgischen Orientierung der französischen Monarchie. Zum anderen hatte Heinrich IV. auch für die katholischen Untertanen der Herzogtümer Kleve und Jülich sowie der Grafschaft Mark wirksame Vorsorge getroffen, indem er die beiden »possidierenden« Reichsfürsten lutherischer Konfession, die er im Erbfolgestreit gegen den Römischen Kaiser Rudolf II. unterstützte, den Markgrafen Ernst von Brandenburg, Bruder des regierenden Kurfürsten Johann Georg, und Johann Wilhelm, den ältesten Sohn des Pfalzgrafen Philipp Ludwig bei Rhein zu Neuburg, als neue Landesherrn über seinen Gesandten bei der protestantischen Union veranlaßte, ihnen freie Glaubensausübung zuzusichern. Sie entsprachen dieser Bedingung , indem sie sich gemeinsam am 14. und 21. Juni 1609 gegenüber den klevisch-märkischen und jülich-bergischen Landständen ausdrücklich verpflichteten, *die Catholische Römische, wie auch andere christliche Religion wie sowol im Römischen Reich als den vorstehenden Fürstenthumb Cleve und Graffschaft von der Marck in offentlichen Gebrauch und Übung auch in diesem Fürstenthumb Jülich an einem jeden Ort offentlich zu üben und zugebrauchen, zuzulassen, zu continuiren und zu manuteniren und daruber Niemand an seinem Gewissen noch Exercitio zu turbiren, zu molestiren, noch zu betrüben*[14].

Diese Vereinbarung ging weit über den Augsburger Religionsfrieden und den künftigen Westfälischen Frieden hinaus, die nur die Bekenntnisfreiheit des weltlichen Landesherrn, nicht aber die Glaubens- und Gewissensfreiheit der im Reich praktizierten christlichen Konfessionen zuließen. Sie übertrug das Prinzip des Edikts von Nantes in der Handschrift Heinrichs IV. auf drei Territorien des Heiligen Römischen Reiches Deutscher Nation und hatte damit die dauerhafte Lösung der konfessionellen Frage konzeptionell vorweggenommen. Um sich jedoch in den Köpfen und Herzen, im Denken und Handeln, in der Mentalität und im Verhalten der europäischen Christenheit durchsetzen zu können, bedurfte sie noch der Erfahrung eines halben, von religiösem Fanatismus und blutigen Kriegen erfüllten Jahrhunderts. Bei aller Reserve gegen eine Personalisierung der Geschichte und bei aller Skepsis gegenüber den realen, konkreten Gestaltungsmöglichkeiten historischer Persönlichkeiten: die Ermordung Heinrichs IV. war angesichts dessen, was Europa im Konfessionellen Zeitalter noch bevorstehen sollte, ein schwerlich zu überschätzender Verlust. Unter allen Fürsten, Feldherrn und Staatsmännern, die nunmehr Einfluß auf das konfessionelle und politische Schicksal Europas nehmen sollten, ist niemand seines Schlages. Dabei wäre gerade eine Politik aufgrund seiner in reicher Lebenserfahrung erworbenen Einsichten in die Kernproblematik des Konfessionellen Zeitalters vorzüglich gerüstet gewesen, konfessionelle Intoleranz, religiösen Fanatismus und Glaubenskrieg auf Dauer zu überwinden.

Literatur

Angesichts der knapp bemessenen Möglichkeiten für Anmerkungen und Hinweise sind in den Fußnoten nur Zitate belegt worden. Alle Titel, die hier angeführt werden, erscheinen dort nur in Kurzform. Die folgende Auswahl konzentriert sich auf das nötigste und bevorzugt Werke mit weiterführenden Literaturhinweisen. Die nach wie vor maßgebliche historische Darstellung der Ermordung Heinrichs IV. ist: Roland Mousnier, L'Assassinat d'Henri IV 14 Mai 1610, Paris 1964; dt.: Ein Königsmord in Frankreich. Die Ermordung Heinrichs IV. (= Propyläen Bibliothek der Geschichte), Berlin 1970. Dort sind die einschlägigen ungedruckten und gedruckten Quellen zusammengestellt. Unter den gedruckten Quellen zur Geschichte Heinrichs IV. soll hier – trotz mancher Schwächen und Mängel – für das behandelte Thema als besonders ergiebig hervorgehoben werden: Recueil des lettres missives de Henri IV. Hrsg. v. J. Berger de Xivrey u. J. Guadet, 7 Bde., 2 Suppl.-Bde., Paris 1843–1860, 1872–1876. Dazu u.a.: Mémoires-journaux de Pierre de L'Estoile. Hrsg. v. G. Brunet, A. Champollion, E. Halphen u.a., 12 Bde, Paris 1875–1896; Ph. Duplessis-Mornay, Mémoires et correspondence. Hrsg. v. A.-D. de la Fontenelle de Vaudoré u. P.-R. Auguis, 12 Bde., 1824 f.; Th.-A. d'Aubigné, Sa vie à ses enfants. Hrsg. v. G. Schrenk, Paris 1986. Eine konzise Quellensammlung zur Geschichte der konfessionellen Bürgerkriege bietet: Julien Coudy, Les guerres de religion, Paris 1962; dt.: Die Hugenottenkriege in Augenzeugenberichten, Düsseldorf 1965. Das Edikt von Nantes: Religionsvergleiche des 16. Jahrhunderts II. Bearb. v. Ernst Walder (= Quellen zur Neueren Geschichte 8), Bern ^{2}1961. Schriften der calvinistischen Monarchomachen: Beza, Brutus, Hotman. Calvinistische Monarchomachen. Hrsg. u. eingel. v. Jürgen Dennert (= Klassiker der Politik 8), Köln u. Opladen 1968. – Zur Biographie Heinrichs IV. vor allem: Jean-Pierre Babelon, Henri IV, Paris 1982. Daneben die ältere, partiell überholte, literarisch meisterliche Darstellung von Madeleine Marie Louise Saint-René Taillandier, Henri IV avant la messe. L'école d'un roi, Paris 1934; dies., Le cœur du roi. Henri IV. après la messe, Paris 1937; dt. beide Bände in einem: Heinrich IV. Der Hugenotte auf Frankreichs Thron, München ^{3}1947, Neudruck 1995. Vorzügliche Porträts auf dem jeweiligen Stand der Forschung: Heinz-Otto Sieburg, Heinrich IV., in: Die Großen der Weltgeschichte. Hrsg. v. Kurt Fassmann, 5, Zürich 1974, S. 418–437; Ernst Hinrichs, Heinrich IV. 1589–1610, in: Französische Könige und Kaiser der Neuzeit. Von Ludwig XII. bis Napoleon III. 1498–1870. Hrsg. v. P. C. Hartmann, München, S. 143–170, 461–464. Zu einzelnen Aspekten: Walter Platzhoff, Die Theorie von der Mordbefugnis der Obrigkeit im XVI. Jahrhundert (= Historische Studien 54), Berlin 1906; Robert Holtzmann, Französische Verfassungsgeschichte von der Mitte des neunten Jahrhunderts bis zur Revolution (= Handbuch der mittelalterlichen und neueren Geschichte, Abt. 3), München u. Berlin 1910, Nachdruck 1965; Percy Ernst Schramm, Der König von Frankreich. Das Wesen der Monarchie vom 9. zum 16. Jahrhundert. Ein Kapitel aus der Geschichte des abendländischen Staates,1: Text, Weimar ^{2}1960; Jean-Louis Bourgeon, L'assassinat de Coligny (= Travaux d'histoire éthico-politique 51), Genève 1992; Denis Crouzet, La nuit de la Saint-Barthélemy. Un rêve perdu de la Renaissance, Paris 1994; Ilja Mieck, Heinrich III. 1574–1589, in: Französische Könige und Kaiser der Neuzeit (s.o), S. 120–142, S. 459–461; Hermann Vahle, Boucher und Rossaeus. Zur politischen Theorie und Praxis der französischen Liga (1576–1595), in: Archiv für Kulturgeschichte 56 (1974), S. 313–349; Hartmut Kretzer, Calvinismus und französische Monarchie im 17. Jahrhundert (= Historische Forschungen 8), Berlin 1975; Ralph E. Giesey, The royal funeral ceremony in Renaissance France, Genf 1960; frz.: Le roi ne meurt jamais. Les obsèques royales dans la France de la Renaissance, Paris 1987; ders., Cérémonial et puissance souveraine. France, XVe–XVIIe siècles, Paris 1987; Uwe Schultz, Heinrich IV. – ketzerischer Tyrann oder Vorkämpfer der Toleranz? Verurteilung und Hinrichtung des Königsmörders Ravaillac, in: ders. (Hrsg.), Große Prozesse. Recht und Gerechtigkeit in der Geschichte, München 1996, S. 148–156.

Anmerkungen

[1] Babelon, S. 281

[2] Holtzmann, S. 311

[3] Recueil des lettres missives de Henri IV, 3 (1589–1593), S. 768–771

[4] Saint-René Taillandier, S. 270; Mousnier, S. 89

[5] Dieses und die folgenden Zitate: Mousnier, Chapitre I und II, S. 5, 12, 13, 14

[6] Ebd., S. 17

[7] Ebd., S. 121

[8] Mémoires-journaux de Pierre de L'Estoile, 5: Journal de Henri IV 1589–1593, S. 76

[9] Mousnier, S. 211 f

[10] Franklin L. Ford, Der politische Mord von der Antike bis zur Gegenwart, Reinbek bei Hamburg 1992, 243

[11] Hinrichs, S. 169

[12] Peter Berglar, Walther Rathenau. Seine Zeit. Sein Werk. Seine Persönlichkeit, Bremen 1970, S. 70

[13] Hinrichs, S. 168 f

[14] Die Gegenreformation in Westfalen und am Niederrhein. Actenstücke und Erläuterungen zusammengestellt von Ludwig Keller. Dritter Teil 1609–1623 (= Publicationen aus den K. Preußischen Staatsarchiven 62), Leipzig 1895, Nr. 59, S. 144

Ilja Mieck

Wallenstein 1634
Mord oder Hinrichtung?

Dieser Aufsatz stellt insofern eine Besonderheit dar, als er das einzige bedeutsame Attentat zum Gegenstand hat, das in der Frühen Neuzeit innerhalb des Deutschen Reiches stattfand. Da es auch im hohen und späten Mittelalter lediglich zwei Angriffe auf Leib und Leben prominenter Persönlichkeiten des öffentlichen Lebens gegeben hatte (Philipp von Schwaben 1208, Adolf von Nassau 1308), wird man die Ermordung Wallensteins – etwa im Gegensatz zu Frankreich, wo allein im 16. und 17. Jahrhundert fast ein Dutzend erfolgreicher Attentate verübt wurde – als ein für Deutschland äußerst ungewöhnliches Ereignis ansehen können.
Sicher wird man daraus nicht den Schluß ziehen dürfen, daß die Deutschen derartige Aktionen aus lauter Friedfertigkeit prinzipiell ablehnten, doch hat sich die Wissenschaft mit dem Phänomen des Attentats bisher zu wenig beschäftigt, um solche Fragen beantworten zu können. Daß West- und Mitteleuropa im Hinblick auf die Häufigkeit von Attentaten vor allem in der Frühen Neuzeit enorme Unterschiede aufweisen, könnte an der unterschiedlichen konfessionellen Entwicklung liegen:

In den protestantisch gewordenen Territorien Nord- und Mitteldeutschlands dominierte die Lehre Luthers, die selbst gegenüber einer ungerechten staatlichen Obrigkeit keinen Widerstand zuließ. Nach der auf das Bibelwort »Gebet dem Kaiser, was des Kaisers ist und Gott, was Gottes ist« (Matth. 22, 21) zurückgehenden Zwei-Welten-Lehre waren die Untertanen gegenüber den weltlichen Amtsträgern zu Gehorsam verpflichtet und hatten sich dem unergründlichen Ratschluß Gottes zu fügen; sie durften zwar murren und für eine Änderung der Verhältnisse beten, aber nicht handeln. Dementsprechend wurde auch die theoretische Auseinandersetzung über das Widerstandsrecht in Deutschland längst nicht so intensiv geführt wie im westlichen Europa.

Ganz andere Auffassungen entwickelte dagegen die in der Schweiz und in weiten Teilen Westeuropas vorherrschende calvinistische Lehre. Einige ihrer bekanntesten Vertreter führten eine äußerst lebhafte Debatte über das Widerstandsrecht, obwohl umstritten ist, inwieweit sich die Wortführer auf Calvin selbst berufen konnten. Ihren Höhepunkt erreichte diese Auseinandersetzung im späten 16. Jahrhundert, als unzählige Pamphletisten während der französischen Bürgerkriege laut und vernehmlich Partei ergriffen. Es genügt in diesem Zusammenhang, auf den vorangehenden Aufsatz über die Ermordung Heinrichs IV. hinzuweisen und an die erregte Publizistik zu erinnern, die zu den Attentaten auf die Brüder Guise, auf Heinrich III. und den ersten Bourbonenkönig eine oftmals haßerfüllte Begleitmusik spielte.

Außerdem führte die Internationalisierung des Konfessionskonflikts im Zeitalter Philipps II. dazu, daß auch die Widerstandsdiskussion westeuropäische Dimensionen annahm: Höchst engagierte Debatten entwickelten sich über die Schriften des Schotten Buchanan, des Spaniers Mariana und einiger französischer Autoren wie Hotmann, Duplessis-Mornay und Boucher. Sie alle bekämpften die tyrannischen Auswüchse der monarchischen Regierungsform und werden deshalb, sehr vereinfachend und pauschalisierend, mit dem Sammelbegriff »Monarchomachen« bezeichnet.

Eine in ihrer Grundtendenz ähnliche Gruppe, die ihre Attacken obendrein aus verschiedenen konfessionellen Lagern führte, gab es in den anderen Teilen Europas nicht. Auch im Deutschen Reich wurden im späten 16. und frühen 17. Jahrhundert vergleichbare theoretische Auseinandersetzungen kaum geführt. Dagegen spitzten sich die konfessionellen Konflikte auf dramatische Weise zu: Mit einer Verzögerung von mehreren Jahrzehnten erreichte der Konfessionskrieg 1618 auch Deutschland. Der Bürgerkrieg in Frankreich war eine Art Vorstufe zum Dreißigjährigen Krieg in Mitteleuropa. Denkt man daran, daß Sachsen, Pfälzer, Hessen, Brandenburger, Österreicher und Bayern mit- oder gegeneinander kämpften, so gut wie immer im Namen der einen oder der anderen Religion, wird man auch diese militärische Auseinandersetzung als konfessionellen Bürgerkrieg bezeichnen können.

Zu den beherrschenden Gestalten der ersten Hälfte des Dreißigjährigen Krieges gehörte Wallenstein. Seine Siege hatten Kaiser Ferdinand II. in den Jahren 1629/30 auf den Höhepunkt seiner Machtstellung geführt, und niemand konnte sich zu diesem Zeitpunkt vorstellen, daß nur vier Jahre später derselbe Herrscher seinen Generalissimus umbringen lassen würde. Wie es dennoch dazu kam, soll im Rahmen dieses Aufsatzes, den ich in sechs Abschnitte gegliedert habe, erörtert werden.

Erstens wird die Mordaktion selbst, die am 25. Februar 1634 in Eger stattfand, in aller Kürze zusammenfassend geschildert. Es schließen sich zweitens einige Bemerkungen zur Literaturlage an. Im dritten Abschnitt werden die Motive erläutert, die zu der förmlichen Verurteilung Wallensteins führten. Viertens ist über die beiden Versuche zu berichten, dieses Urteil zu vollstrecken. Thema des fünften Kapitels sind die schon vor der Mordaktion eingeleiteten Konfiskationen, durch die über fast alle an der Bluttat Beteiligten ein warmer Regen von Belohnungen herniederging. Im sechsten und letzten Abschnitt werden die juristischen Nachspiele sowie der ein Jahr später beginnende Prozeß gegen einige angebliche Verschwörer analysiert, mit dem die Affäre Wallenstein ihr amtliches Ende fand.

I. Die Mordaktion oder: Ein Attentat mit acht Opfern

Die Aktion, der am Abend des 25. Februar 1634 in der böhmischen Stadt Eger Wallenstein und vier seiner Offiziere zum Opfer fielen, spielte sich an zwei verschiedenen Schauplätzen ab:

1. Im Speisesaal der Burg tafelten gemeinsam sieben Offiziere, darunter die beiden engsten Vertrauten Wallensteins, die Generäle Ilow und Trčka. Sie wurden begleitet von Kinsky, dem Chef der böhmischen Emigranten, und vom Hauptmann Niemann, einem der Sekretäre Wallensteins. Diese vier waren von den drei anderen Offizieren zum Essen eingeladen worden, nämlich von Gordon, Leslie und Butler, die sich insgeheim dem Kreis der Verschwörer gegen Wallenstein angeschlossen hatten. Plötzlich stürmten vierzehn Soldaten unter dem Kommando der Hauptleute Geraldin und Deveroux in den Speisesaal, es entwickelte sich ein Handgemenge, und in einigen Minuten war alles zu Ende. Die vier Eingeladenen waren tot und drei Diener mit ihnen.

2. Wallenstein selbst logierte mit einigen Dienern in einem etwas bequemeren Haus in der Nähe des Marktplatzes. Müde und krank, hatte er sein Zimmer den ganzen Tag lang nicht verlassen. Am späten Abend, wahrscheinlich zwischen 22 und 23 Uhr, drangen sechs Dragoner des Regiments Butler, wiederum unter dem Kommando von Deveroux, in sein in der ersten Etage gelegenes Zimmer ein. Wallenstein wurde durch einen Hellebardenstoß, der die Brust durchdrang, getötet, der Leichnam anschließend zum Schloß geschafft. Im ganzen gab es also acht Tote an diesem Abend, darunter waren drei Diener, von denen nicht einmal die Namen bekannt sind. Soweit die kurze, in ihren wesentlichen Zügen nicht umstrittene Darstellung der blutigen Vorgänge vom 25. Februar 1634.

II. Zur Forschungslage oder: Fast alles ist umstritten

Generationen von Historikern haben seitdem versucht, Licht in diese Angelegenheit zu bringen. Golo Mann schätzte in seiner 1971 publizierten Wallenstein-Biographie die Zahl der zu diesem Thema vorliegenden Bücher und Aufsätze auf fast 3.000 (Mann, S. 1185). Seitdem sind weitere Untersuchungen erschienen, darunter eine Dissertation, die sich dadurch auszeichnet, daß sie das Ende der Wallenstein-Affäre in neuem Licht sieht. Da sich die folgende Analyse auf die letzten zwei oder drei Monate in Wallensteins Leben konzentriert, kann auf eine Darstellung der gesamten Vorgeschichte verzichtet werden. Sie läßt sich beispielsweise in den beiden Wallenstein-Biographien von Golo Mann und Hellmut Diwald gut nachlesen.

Lediglich zwei Probleme, mit denen sich die Forschung viel beschäftigt hat und die für eine Beurteilung des Falles Wallenstein wichtig sind, sollen vorab erörtert werden. Dabei geht es zuerst um die Frage, ob sich Wallenstein möglicherweise des Hochverrats schuldig gemacht hat. Die Forschung ist heute einhellig der Meinung, daß dieser Vorwurf unberechtigt ist. Weder wollte er König von Böhmen werden noch plante er, wie es der tschechische Historiker Pekař vorgab, die Vernichtung der Macht des Hauses Habsburg; ebensowenig hatte er die Absicht, die Reichsverfassung durch einen auf seine Armee gestützten Staatsstreich über den Haufen zu werfen.

Da sich der Vorwurf des Hochverrats bei genauer Überprüfung als nicht stichhaltig erwies, rückte eine andere Frage in den Mittelpunkt der Debatte: Hat Wallenstein, ja oder nein, die ihm gegebenen Vollmachten in seinen Friedensverhandlungen mit den Kriegsgegnern Schweden, Sachsen und Brandenburg überschritten? Da wir die Abmachungen von Göllersdorf, mit denen er in sein zweites Generalat berufen wurde, nicht kennen, läßt sich diese Frage nicht eindeutig beantworten. Hellmut Diwald meint, daß der Kaiser Wallenstein »freiwillig zum Diktator« gemacht habe und daß dieser »bis zu seiner Ermordung als unbeschränkter Diktator..., als Heerführer und Staatsmann, der frei und unabhängig über Krieg und Frieden befindet«, aufgetreten sei (Diwald, S. 485).

Eine andere Auffassung, die eine nicht so weitgehende Bevollmächtigung Wallensteins annimmt, vertritt Golo Mann. Wenn man die sehr unabhängige Politik Wallensteins der Jahre 1632 und 1633 genauer analysiert, sieht es wohl eher nach der zweiten Variante aus, denn es scheint, daß er in seinen Verhandlungen nicht selten an die Grenzen der ihm zugestandenen Kompetenzen stieß, vielleicht sogar gelegentlich darüber hinausging. Da seine geheimen Verhandlungen mit den Kriegsgegnern, seine bisweilen irritierenden militärischen Manöver, seine schwankenden und zögernden Handlungen den Hof in Wien in zunehmendem Maße irritierten, kann man wohl davon ausgehen, daß er mehr tat als mit den ihm zugesicherten Kompetenzen vereinbar war. Golo Mann sah es sicher richtig, wenn er bemerkte: »Der Legat sollte er sein, der oberste Deputierte, wie schon zur Zeit des Lübecker Friedensschlusses« (Mann, S. 832); man kann hinzufügen: mehr nicht.

Aber Wallenstein handelte wie ein Staatsmann, der sich als Friedensstifter Europas sah. Dieser Plan umfaßte, wenn wir den Forschungen des finnischen Historikers Suvanto folgen, drei Hauptpunkte: Die Vereinigung der protestantischen und katholischen Heere Deutschlands, die Rückkehr zum politisch-konfessionellen Status des Jahres 1618 und den Krieg gegen alle diejenigen Mächte, die mit einem Frieden in Deutschland nicht einverstanden wären. Ein derartiges Projekt war weit davon entfernt, von den ultra-katholischen Kreisen in Wien um den Kaiser gebilligt oder gar geteilt zu werden. Wallenstein bereitete keine Verschwörung gegen Wien vor, aber er führte eine wirklich unabhängige Politik, die mit den Absichten der kaiserlichen Autorität nichts zu tun hatte. Deswegen mußte er heimlich agieren und alles daran setzen, um seine Ziele zu verschleiern.

Die Situation wurde durch zwei Probleme komplizierter: Erstens besaß der General nicht mehr die Gesundheit und nicht mehr die Energie, um ein solch gefährliches Unternehmen zum guten Ende zu führen. Außerdem wollte er zu viele Sachen auf einmal. In all seinen Kontakten mit den emigrierten Böhmen, den Schweden, den Sachsen, den Brandenburgern und den Franzosen wollte Wallenstein freie Hand behalten und keine voreiligen Entschlüsse fassen müssen. Wenn er verräterische Ideen hatte, hat er sie jedenfalls nicht realisiert. Immer wenn seine Verhandlungspartner nach seinen Vollmachten fragten, um umfassende Friedensverhandlungen zu führen, zog sich Wallenstein sofort zurück. Dieses Zögern, dieses Zaudern, diese Vorsicht hat Gottfried Lorenz geradezu als »ein Charakteristikum Wallensteins« bezeichnet (Lorenz, S. 33), der persönlich weder die Fähigkeiten eines Diplomaten noch die eines Verschwörers hatte.

Aber die kompromittierenden Indiskretionen, die Gerüchte, falsche Nachrichten, das Mißtrauen gegenüber seinen politischen Aktivitäten, seine bisweilen undurchsichtigen militärischen Manöver, dies alles formte einen idealen Grund, um in Wien daran zu glauben, daß der General ein Komplott gegen den Kaiser vorbereitete.

III. Die Motive der Verurteilung oder: Die Kunst der Juristen

Das feindselige Mißtrauen, das sich am Wiener Hof je länger desto stärker gegen Wallenstein aufbaute, wurde noch dadurch geschürt, daß Wallenstein mehrfach kaiserliche Befehle nicht ausführte. Wenn es ihm gut und richtig erschien, handelte er nach seinem eigenen Gutdünken und setzte sich über die kaiserlichen Direktiven hinweg. Die beiden Hauptpfeiler, auf denen die Anti-Wallenstein-Partei in Wien das Phantasiegebäude einer Verschwörung des Generals konstruierte, waren also erstens einige unbestreitbare, aber recht isolierte Fälle von Ungehorsam und zweitens ein ganzes Gebirge von Gerüchten, Verdächtigungen und Mißtrauen. Ein neuerer Kommentar dazu lautet: »Wer wollte, konnte aus all dem ein brisantes Gemisch herstellen« (Lorenz, S. 37).

Am Willen, diesen zu gefährlicher Größe aufgestiegenen Feldherrn auszuschalten, mangelte es nicht; erstens war Wallenstein in jeder Beziehung zu mächtig geworden; außerdem bedrohte er das konservative Programm des katholischen Universalismus, dem eine völlige Rekatholisierung Deutschlands als erstrebenswertes Ziel erschien. Wallenstein war dagegen überzeugt, »daß nicht ein ›Siegfriede‹ Ferdinands II., sondern nur ein Kompromißfriede den Krieg im Reich beenden und eine Lösung der Probleme der Reichspolitik erlauben würde« (Lutz, S. 242). Noch im Dezember 1633 schloß Wallenstein eine Unterredung mit dem kaiserlichen Rat Trauttmansdorff mit den Worten: »... man muß Frieden machen, sonst wird alles unsererseits verloren sein« (Lorenz, S. 341 f.). Diese Bemerkung war bestens dazu geeignet, die ohnehin gereizte Stimmung gegen Wallenstein in Wien weiter anzuheizen. Es hatte sich nämlich herausgestellt, daß sich Wallenstein wieder einmal einem kaiserlichen Befehl widersetzt hatte: Anstatt dem Kurfürsten von Bayern zu Hilfe zu eilen, wandte er sich nach Böhmen, um dort die Winterquartiere zu beziehen.

»Ich habe ... ungern vernommen«, tadelte daraufhin der Kaiser am 9. Dezember 1633 seinen General, »daß Sie ... Ihre Gedanken dahin verändert haben, sich wiederum zurück in [= nach] Böhmen zu wenden«, und er bekräftigte seinen ursprünglichen Befehl als »meine endliche Resolution, dabei ich ... gänzlich beharre und verbleibe« (Hallwich, Bd. 2, S. 155 f.). Niemals vorher hatte Wallenstein einen solchen Brief des Kaisers erhalten, der alle Diskussionen abschnitt und den einfachen und ehrlichen Gehorsam verlangte. Zusätzlich wurden zwei kaiserliche Räte zu Wallenstein entsandt, um ihm die Ausführung des kaiserlichen Befehls nahezulegen.

Wallenstein versammelte daraufhin seine Offiziere und ließ sich bestätigen, daß aus militärischen und logistischen Gründen seine Befehle die einzig richtigen seien. Dem Kaiser schrieb er am 17. Dezember, der von ihm, Ferdinand, befohlene Marsch würde den völligen Ruin der noch verbleibenden Truppen bedeuten (Toegel, S. 217). Der Briefwechsel setzte sich zwar noch fort, aber faktisch war der Bruch mit dem Schreiben vom 17. Dezember vollzogen, aus dem hervorging, daß Wallenstein kaiserliche Befehle verweigerte und den Kaiser im übrigen zwischen den Zeilen wissen ließ, daß er von militärischen Dingen nichts verstehe. Die Entscheidung des Kaisers, sich von Wallenstein auf die eine oder andere Weise zu trennen, muß in diesen Tagen gefallen sein, denn er beauftragte einen seiner Räte mit der Anfertigung eines Rechtsgutachtens. Bartholomäus Richel, der immer gut informierte bayerische Gesandte, schrieb am 28. Dezember nach München, daß es jetzt nur noch um die Frage »de modo« ginge, also um die Art und Weise der Trennung des Kaisers von seinem Generalissimus (Kampmann, S. 114, Anm. 58).

Am 11. Januar 1634 erhielt Ferdinand das erbetene Rechtsgutachten, das der Geheime Rat Gundaker von Liechtenstein angefertigt hatte (Lorenz, S. 364–371). In diesem Exposé wurde Wallenstein des Ungehorsams und des Verdachts auf Verrat für schuldig befunden und seine Absetzung verlangt. Ein dreiköpfiger Geheimer Rat sollte die Sachlage noch einmal überprüfen und auch überlegen, ob bei erwiesenem Hochverrat die Möglichkeit eines gewaltsamen Todes Wallenstein juristisch gerechtfertigt sei: »Permittiert's aber die iustitia, so ist's zu exequieren« (ebd., S. 370).

Das Gutachten hatte die Richtung, in der weiter zu verfahren war, recht deutlich vorgezeichnet, als zwei Ereignisse zur Beschleunigung des Verfahrens beitrugen:

1. Am 12. Januar hatte Wallenstein seine Offiziere zusammengerufen, die ihn bestürmten, auf keinen Fall seinen Rücktritt, den er in Erwägung gezogen hatte, zu realisieren. 49 Offiziere schwuren ihm bedingungslose Treue, freilich mit dem Zusatz »solange ... der Herzog in seiner kaiserlichen Majestät Dienst verbleiben oder der Kaiser ihn ... gebrauchen werde« (Pekař, Bd. 1, S. 598). Diese Passage wurde zwar vom General Ilow mündlich verlesen, sie fand sich aber nicht in dem geschriebenen Text des sogenannten Ersten Revers von Pilsen (Lorenz, S. 372–374), der natürlich einige Tage später in Wien bekannt war. Die ganze Aktion vom 12. Januar war eine Dummheit, denn dieses Dokument – mit oder ohne einschränkende Passage – war interpretierbar und enthielt alles, um den Wiener Hof zu beunruhigen.

2. In einem geheimen Schreiben informierte Piccolomini, einer der engsten Mitarbeiter Wallensteins, den Wiener Hof von einem gewaltigen Projekt des Feldherrn, der die europäische Landschaft von Neapel und Sizilien bis nach Polen und Burgund, einschließlich des Deutschen Reiches, umstürzen wollte. Alle waren empört und schockiert, und niemand ahnte, daß dieser große Plan vor allem ein Phantasieprodukt Piccolominis war, der in der Tat, wie es ein Historiker genannt hat, »ein ungeheures Lügengebäude« aus unfertigen Planspielen und »gelegentlichen leidenschaftlichen Phantasien des Feldherrn« aufgebaut hatte (Srbik, S. 108).

Der Erste Pilsener Revers und der Bericht von Piccolomini entschieden über das Schicksal Wallensteins. Wie das Gutachten empfohlen hatte, wurde eine Kommission von drei hohen Beamten eingesetzt, um noch einmal die Situation zu prüfen. Es waren die Geheimen Räte Eggenberg und Trauttmansdorff sowie Anton Wolfradt, der Bischof von Wien. Ihr Urteil wurde durch ein kaiserliches Geheimdekret vom 24. Januar übernommen, das über Wallenstein die Reichsacht verhängte.

Seit der Dissertation von Christoph Kampmann, die 1993 erschien, wissen wir, daß sich der Kaiser mit diesem Verfahren auf dem sicheren Boden des geltenden Reichsrechts bewegte, denn eine solche Achterklärung ohne öffentliches Verfahren war möglich, wenn der Delinquent der »notorischen Reichsrebellion« beschuldigt wurde. Es war das Dokument von Pilsen, das vom Geheimen Rat als Bestätigung der Verratsvorwürfe gewertet wurde und als Beweismaterial für die »notorische«, also offen zu Tage liegende, Reichsrebellion diente. Dieses Sonderverfahren war von den kaiserlichen Juristen seit einiger Zeit entwickelt und bereits mehrfach seit Beginn des Dreißigjährigen Krieges angewendet worden, beispielsweise bei der Ächtung des Pfalzgrafen 1621. »Der Kaiserhof legte Wallenstein seit dem Ersten Pilsener Revers somit Verbrechen zur Last, die in der rechtlichen Theorie und Praxis des Kaiserhofs eindeutig den Tatbestand der *notorischen reichsrebellion* erfüllten« (Kampmann, S. 170).

IV. Die Vollstreckung des Urteils oder: Das kaiserliche Komplott

Kernpunkt des kaiserlichen Geheimbefehls vom 24. Januar 1634 (Helbig, S. 21–23) war die Absetzung Wallensteins. Von der Ächtung ist in dem Dokument zwar expressis verbis nicht die Rede, doch ergab sie sich zwangsläufig aus dem Sachverhalt der notorischen Reichsrebellion. Dafür spricht auch die Tatsache, daß die kaiserliche Weisung, Wallenstein gefangenzunehmen, wohl am gleichen Tag durch den Zusatz »oder zu töten« ergänzt wurde (Kampmann, S. 121, Anm. 88). Dennoch ist es zumindest etwas kühn, das kaiserliche Edikt vom 24. Januar 1634 als »Ächtungsdekret« zu bezeichnen (Diwald, S. 533; Lorenz, S. 379), da im Text dieses (von Lorenz sogar gekürzt abgedruckten) Dokumentes von der Ächtung selbst mit keinem Wort die Rede ist. Die von Kampmann durchgängig benutzte Bezeichnung »Erstes Absetzungspatent« (S. 196 ff.) ist deshalb treffender und sollte aus prinzipiellen Erwägungen bevorzugt werden.

Das strikter Geheimhaltung unterliegende Dekret vom 24. Januar 1634 sah im einzelnen folgende Maßnahmen vor: Die vorläufige Ersetzung des abgesetzten Wallenstein durch Gallas; der Übergang der Gehorsamspflicht der Soldaten von Wallenstein auf seine Generäle Gallas, Aldringen und Piccolomini; die Lösung sämtlicher Offiziere (außer zwei namentlich nicht genannten »Rädelsführern«), die den Pilsener Revers unterschrieben hatten, von ihrem dort geleisteten Eid und ihre Amnestierung.

Gallas gehörte zu den wenigen, denen ein Exemplar dieses Dekretes zugestellt wurde. Zusammen mit Piccolomini sollte er sich Wallensteins bemächtigen, ihn gefangennehmen oder töten. Nur vier oder fünf Personen kannten diese Befehle und die vorgesehene Aktion, die sich »in secreto et celeritate« (Kampmann, S. 122), also schnell und heimlich, abspielen sollte. Um Wallenstein zu täuschen, hielt der Kaiser die offizielle Korrespondenz mit ihm aufrecht. »Hochgeborener lieber Oheim und Fürst«, redete er seinen längst abgesetzten und faktisch geächteten Feldherrn noch am 13. Februar an, und verabschiedete sich mit den Worten »und bleibe deroselben ... mit kaiserlichen Hulden wohlgewogen ... Euer Liebden gutwilliger Freund Ferdinand« (Toegel, S. 236 f.).

Der ahnungslose Wallenstein befand sich in Pilsen, zusammen mit dem General Gallas, der Anfang Februar ein Exemplar des kaiserlichen Geheimdekretes erhielt. Am 11. Februar kam der zweite der Offiziere, die sich Wallensteins – tot oder lebendig – bemächtigen sollten, Piccolomini. Sehr schnell einigten sich die beiden, daß die militärische Situation zur Zeit in Pilsen nicht geeignet war, um eine direkte Aktion gegen Wallenstein zu unternehmen. Während Ferdinand in Wien in diesen spannungsreichen Tagen »vor lauter Sorg schier keinen Schlaf mehr haben [könne], sintemalen sich die execution so lange verweile« (Kampmann, S. 126), verabschiedeten sich die beiden freundlich von Wallenstein und verließen die Stadt Pilsen, Gallas am 12., Piccolomini am 15. Februar. Mit ihrem Abmarsch war der erste Plan, Wallenstein gefangenzunehmen oder zu töten, gescheitert.

Ich bin der Meinung, daß das angebliche militärische Risiko nur ein vorgeschobenes Argument war, das dennoch viele Historiker ernst nahmen. In Wirklichkeit hatten die beiden Generäle, so wenig sie sich im Prinzip um ein einzelnes Menschenleben scherten, in diesem Fall Hemmungen und Skrupel, gegen einen alten und kranken Mann, der ihnen gegenüber voller Vertrauen war, etwas zu unternehmen. Es war etwas anderes, einen Gegner in offener Feldschlacht zu besiegen, an einer Verschwörung teilzunehmen oder ein Attentat vorzubereiten als vor ihrem nach wie vor vertrauensvollen Chef als Verräter aufzutreten und ihn offenen Auges umzubringen. Nur der tschechische Historiker Pekař hat dies so gesehen: »Aber weder Gallas noch Piccolomini«, so schreibt er, »getrauten sich, ... in Pilsen offen dem Herzog entgegenzutreten« (Pekař, Bd. 1, S. 657).

Sowie er Pilsen verlassen hatte, ergriff Gallas wieder die Initiative. Durch eine einzige Maßnahme verlagerte er die Wallenstein-Affäre auf eine ganz neue Ebene: Am 13. Februar sandte er nämlich eine Weisung an mehrere Obristen, daß sie künftig nicht mehr Wallenstein, Ilow oder Trčka zu gehorchen hätten, sondern Gallas, Piccolomini und Aldringen. Damit gab zum ersten Mal einer der Verschwörer eine öffentliche Stellungnahme ab und warf dadurch gleichzeitig die bisher vom Hof verfolgte Taktik der Geheimhaltung über den Haufen. Mit dieser Mitteilung Gallas' an die Obristen wurde die Affäre Wallenstein zu einer öffentlichen Angelegenheit. Verantwortlich für diesen Kurswechsel war einzig und allein Gallas, der zu einer Publizierung des kaiserlichen Geheimdekrets vom 24. Januar keineswegs autorisiert war. Nach seinem Versagen in Pilsen, wo er den Generalissimus weder verhaftet noch getötet hatte, war dies eine Flucht nach vorn, durch die er die Verschwörer in Wien in einen gewissen Zugzwang brachte.

Gallas schickte Aldringen nach Wien, dem es bei einer Audienz am 18. Februar gelang, den kaiserlichen Hof von der neuen Strategie zu überzeugen. Die geänderte Generallinie manifestierte sich noch am gleichen Tage in dem sogenannten »Proskriptionspatent«, das auch als »Zweites Absetzungspatent« bezeichnet wird. Dieses Dokument (Helbig, S. 32–35), in dem von einer »Proskription«, einer Ächtung, wiederum nicht die Rede ist, bestätigte den Wechsel an der Spitze der Armee, ging aber dabei sehr ausführlich auf die Ursachen ein und wurde noch am gleichen Tag in Wien, wenig später in Prag gedruckt. Ein zweites Dekret, ebenfalls vom 18. Februar, war »An die hohen Offiziere der kaiserlichen Armee« gerichtet und informierte sie über den Machtwechsel von Wallenstein/Ilow/Trčka zu den neuen Herren (Lorenz, S. 391–393). Für weitere Publizität der Angelegenheit sorgten nicht weniger als elf Briefe, die Ferdinand am 18. und

19. Februar schrieb (Hallwich, Bd. 2, S. 463–473) und in denen er beispielsweise die »boshaftigen Machinationen meines gewesten Feldhauptmanns« anprangerte, der – so am 21. Februar im vornehmen Latein – »ob enorme proditionis ac perfidiae manifestum crimen« aller Funktionen enthoben worden sei (ebd., S. 472 f.).

Zwischen den kaiserlichen Absetzungsdekreten vom 24. Januar und vom 18. Februar, die beide in der juristischen Form eines mandatum avocatorium generale, eines offenen kaiserlichen Avocatorialmandats (Kampmann, S. 21 und 172), Wallensteins Entmachtung verfügten, bestanden fundamentale Unterschiede. Das erste Patent war geheim, und außer den Initiatoren kannten es nur die vier oder fünf beauftragten »executores«. Gegen ältere Auffassungen hat Christoph Kampmann nachweisen können, daß der Kaiser dem Zweiten Absetzungsdekret die größtmögliche Publizität zu geben bemüht war. Diese neue Sichtweise räumt nicht nur zahlreiche Widersprüche und Unsicherheiten der bisherigen Forschung aus dem Wege, sie folgt auch einer sachimmanenten Logik und erscheint insgesamt überzeugend.

Gegenüber der Öffentlichkeit, die man mit dem Zweiten Absetzungspatent erreichen wollte, mußten der Kaiser und seine Ratgeber erheblich mehr an Informationen bieten als in den früheren, geheim gebliebenen Texten, die nur an wenige Personen gegangen waren. Das betraf insbesondere das Offizierstreffen von Pilsen, dem die kaiserliche Argumentation von Anfang an einen hohen politischen Stellenwert beigemessen hatte: Schließlich wurde Wallenstein seit dieser Zusammenkunft als »notorischer Reichsrebell« angesehen.

Dennoch hieß es im Patent vom 24. Januar lediglich, »daß einige unserer ... Offiziere bei ihrer ... in Pilsen abgehaltenen Versammlung etwas weit gegangen (sind) und sich in mehr eingelassen haben, als sich rechtmäßig gebührt« (Lorenz, S. 380). Dagegen behauptete das Zweite Patent vom 18. Februar, daß auf der gleichen Versammlung »eine ganz gefährliche, weit aussehende Konspiration und Verbündnis wider Uns und Unser hochlöbliches Haus« ausgebrütet worden sei. Wallenstein habe nicht nur geplant, »uns ... von unserem Erbkönigreich, Land und Leuten zu vertreiben, unsere Krone und Zepter ihm selbst ... zuzueignen«, sondern seine Absicht sei sogar gewesen, »uns und ... unser hochlöbliches Haus gänzlich auszurotten«. Dem verdienstvollen General, der Habsburg mehrmals vor dem Zusammenbruch bewahrt hatte, warf der Kaiser schließlich »seine meineidige Treulosigkeit und barbarische Tyrannei« vor, »dergleichen nicht gehört noch in Historiis zu finden« (Helbig, S. 33 f.). Das war der neue Ton, mit dem Kaiser Ferdinand die zweifellos etwas mißtrauische Öffentlichkeit von den Majestätsverbrechen Wallensteins zu überzeugen versuchte. Mit der Publikation des Patentes vom 18. Februar war die Jagd auf Wallenstein endgültig eröffnet – »dies alles, ohne daß von Pilsen auch nur das matteste Vorzeichen einer Rebellion, eines hochverräterischen Unternehmens ausgegangen wäre« (Mann, S. 1084).

Die Generäle schreckten nicht davor zurück, wilde Gerüchte über eine unmittelbar bevorstehende Militäraktion Wallensteins gegen die Erblande zu verbreiten; man wird darin eine von Gallas ausgehende Schutzbehauptung sehen können, der sich wegen seines Versagens in Pilsen in einem persönlichen Rechtfertigungszwang befand. Ferdinand erschien sogar »ein offener militärischer Konflikt« (Kampmann, S. 138) kaum noch vermeidbar; er ließ sich aber durch Gallas, der die Stadt Linz decken sollte, trösten, der ihm am 22. Februar schrieb, er hoffe, »mit den meineidigen bald fertig zu werden« (Hallwich, Bd. 2, S. 474).

Gleichzeitig mit den militärischen Manövern verlagerte der Kaiser den Wallenstein-Konflikt auf eine andere, ganz neue Ebene. Seit dem 19. Februar ergingen mehrere Befehle, die böhmischen und schlesischen Besitzungen der drei »hauptverschworenen« Wallenstein, Ilow und Trčka zu inventarisieren und zu konfiszieren. Zugleich wurde diesen Gebieten die Zahlung einer Sondersteuer von 900.000 Gulden auferlegt.

Von all diesen Dingen wußte Wallenstein nichts. Er wunderte sich zwar etwas, daß Gallas nicht wie vereinbart zurückkam, setzte aber seine umfangreiche Korrespondenz unverdrossen fort. Am 20. Februar rief er noch einmal seine Offiziere zusammen, um ihnen zu erklären, daß er niemals daran gedacht habe, irgendetwas gegen den Kaiser oder den katholischen Glauben zu unternehmen und daß der von ihnen in Pilsen geschworene Eid selbstverständlich die Treue gegenüber dem Kaiser und der katholischen Religion beinhalte. Dieser sogenannte Zweite Revers von Pilsen (Lorenz, S. 397–399), den etwa 20 Offiziere unterzeichneten, änderte nichts an der Situation; die kaiserliche Entscheidung, Wallenstein zu stürzen, war längst gefallen.

Überraschend problemlos vollzog sich der Wechsel im Oberbefehl der Armee. Es gab kein Aufbegehren, keine wallensteinfreundlichen Aktionen, keine Offiziersrevolten zugunsten des abgesetzten Feldherrn – dafür sorgten die unglaublichen Beschuldigungen, die das vom Kaiser unterzeichnete Zweite Absetzungspatent enthielt und die durch Briefe und Proklamationen weitere Publizität erhielten. So erfuhren die niederösterreichischen Landstände am 20. Februar von zwei Delegierten Ferdinands, daß Wallenstein nicht nur »Krone und Zepter« gewinnen wolle, sondern in den Erblanden auch eine gewaltige Güterumverteilung »bis an die italienischen Grenzen« plane (Kampmann, S. 142). Kaum jemand konnte sich vorstellen, daß all diese Vorwürfe nur aus der Luft gegriffen waren und lediglich der maßlosen Diffamierung Wallensteins dienten.

Ein nach Prag entsandter Bote kehrte am 21. Februar nach Pilsen zurück und berichtete von den Maueranschlägen, die Wallensteins Abberufung publik machten und alle Regimenter anwiesen, den Befehlen von Wallenstein, Ilow und Trčka ab sofort nicht mehr zu folgen. Keiner von den dreien wußte, was man ihnen eigentlich vorwarf; sie kannten weder das Erste noch das Zweite Absetzungspatent noch die genauen Umstände, die zu diesen Dekreten geführt hatten. Es war wie beim preußischen General York, der nach der Unterzeichnung der Konvention von Tauroggen im Januar 1813 nicht zurücktrat, weil, wie er sagte, ein preußischer General seine Entlassung nicht durch die Zeitung erführe. Auch Wallenstein hörte eher zufällig von seiner Abberufung, aber er reagierte anders als York: Er akzeptierte die neue Situation, verzichtete auf jeden Versuch, sich der kaiserlichen Entscheidung politisch, moralisch oder militärisch zu widersetzen und beschloß, mit den ihm verbliebenen Truppen aus den habsburgisch kontrollierten Territorien zu fliehen.

Am 22. Februar morgens verließ Wallenstein Pilsen, begleitet von Ilow, Trčka und Kinsky sowie von etwa 1400 Soldaten – »in der größten Unordnung« und »in unbeschreiblicher Panik«, wie ein Beobachter notierte (Mann, S 1104). Auch war Wallensteins damalige körperliche Verfassung nicht die beste: »Als er im Februar 1634 nach Eger zog, war der Arthritiker und neurasthenische Psychopath ein Schwerkranker, fast ein Sterbender, dem nur noch kurze Lebenszeit zuzumessen war« (Srbik, S. 339, Anm. 33). Am 24. nachmittags erreichte man Eger. Von dort schrieb Wallenstein, der sich von allen verlassen sah, an die Kommandeure der sächsischen und der schwedischen Truppen, daß sie ihm einige Regimenter zu Hilfe schicken sollten; aber sowohl Arnim als auch Bernhard von Weimar glaubten an eine Falle und reagierten nicht, während die kaiserlichen Truppen Eger einschlossen.

Der letzte Akt des Dramas entzog sich der präzisen Planung der Verschwörer. Die zentrale Rolle spielten drei Söldner-Offiziere, die mit den bisherigen Abläufen nicht das geringste zu tun hatten: Johann Gordon aus Schottland, der Stadtkommandant von Eger; Walter Butler aus Irland, Chef eines Regiments, das mit Wallenstein nach Eger gekommen war; Walter Graf Leslie, ebenfalls schottischer Herkunft und Oberstleutnant im Regiment Trčka-Gordon.

Butler, der inzwischen insgeheim auf die kaiserliche Seite getreten war, lud die beiden anderen in sein Quartier ein, wo die drei, in englischer Sprache, die Situation diskutierten. Während dieser Zeit überbrachte ein Bote aus Pilsen dem Generalissimus das geheime Absetzungsdekret vom 24. Januar. Zum ersten Mal las Wallenstein den amtlichen Text seiner Entlassungsurkunde. Man weiß nicht, ob Leslie, der den Boten begleitet hatte, dieses Dokument ebenfalls gesehen hat, aber er sah die Reaktion von Wallenstein, der seinen Zorn nicht zurückhalten konnte und offen von seinen Kontakten mit Sachsen und Schweden sprach. Angesichts dieses Eingeständnisses glaubten Leslie, Gordon und Butler, daß eine Aktion gegen den General gerechtfertigt sei. Sie beschlossen, ihn und seine Getreuen am nächsten Tag gefangenzunehmen.

Aber am Morgen des 25. Februar änderten sie ihre Meinung, weil ein Abgesandter Piccolominis, der Oberst Diodati, ihnen die »nötigen Weisungen« erteilt und sie auch über das Zweite Absetzungspatent, das bekanntlich die ausführliche Begründung enthielt, informiert hatte (Kampmann, S. 147 f. mit Anm. 210). Am frühen Vormittag wurden die drei von Ilow gebeten, ihn in seinem Quartier aufzusuchen. Dort versuchte er ohne jede Heimlichkeit, sie auf Wallensteins Seite zu ziehen und versprach ihnen dafür die großzügigsten Belohnungen. Er verlangte von ihnen sogar einen Eid, künftig nicht mehr dem Kaiser, sondern nur noch Wallenstein zu dienen. Um aus dieser bedrohlichen und zugleich peinlichen Situation wieder herauszukommen, haben die drei diesen Eid geleistet. Gordon bemerkte drei Tage später, daß sie von Ilow faktisch dazu gezwungen worden seien, da er sie sonst nicht aus dem Haus gelassen hätte (Srbik, S. 178).

Nach dieser Treuebekundung fühlte sich Wallenstein erleichtert. Er glaubte an die Zuverlässigkeit der Garnison von Eger und des Regiments Butler. Noch einmal entfaltete er hektische Aktivitäten und schrieb mehrere Briefe, um die schwedischen und sächsischen Truppen zum Eingreifen zu bewegen. Gordon und Leslie erhielten von ihm den Befehl, am nächsten Tag den Bürgermeister und den Stadtrat von Eger zusammenzurufen, um dem General Treue zu schwören und eine Sondersteuer von 4.000 Talern zu seiner Disposition zu stellen (Srbik, S. 180 f.).

Diese Maßnahmen Wallensteins haben die drei Offiziere wohl endgültig umgestimmt: Etwa gegen Mittag beschlossen sie, die Verräter nicht zu verhaften, sondern ohne weitere Verzögerung an Ort und Stelle umbringen zu lassen. Durch Wallensteins Rebellion, so erklärten Gordon und Butler einen Tag später, seien die kaiserlichen »Erbkönigreiche und Lande in äußerste Gefahr gestürzt« worden, so daß sie sich zum Vorgehen gegen Wallenstein entschlossen hätten (Kampmann, S. 148, Anm. 210). Sie entschieden sich damit für die direkte und wirksamste Methode, um Wallenstein und seine wichtigsten Anhänger, deren Verrat am Kaiser offenkundig geworden war, zu beseitigen. Gegen 23 Uhr war das blutige Geschäft erledigt, acht Tote lagen in der Burg zu Eger.

Mit dem Blick auf die Vorgeschichte dieser Bluttat muß unterstrichen werden, daß die drei Offiziere in juristischem Sinne nur ausführende Organe einer konzertierten Aktion gegen einen Mann gewesen sind, der vom kaiserlichen Hof als »notorischer Reichsrebell« angesehen und dementsprechend geächtet worden war. Dieses Urteil setzte ihn in einen rechtsfreien Raum und öffnete den Weg zu seiner Tötung und zur legalen Konfiskation seiner mobilen und immobilen Besitzungen. Die Mörder von Eger vollstreckten nur das in den kaiserlichen Dekreten vom 24. Januar und 18. Februar implizit enthaltene Todesurteil.

Der erste Versuch war gescheitert, weil Gallas und Piccolomini vor einer direkten Aktion zurückgeschreckt waren, der zweite hatte Erfolg, weil drei

Offiziere der zweiten Garnitur bereit waren, die Durchführung der Exekution zu übernehmen. Dabei spielte natürlich auch der Gedanke an eine ordentliche Belohnung von kaiserlicher Seite keine geringe Rolle. Skepsis war dagegen angezeigt im Hinblick auf die großzügigen Versprechungen, die ihnen Ilow noch am 25. Februar vormittags im Namen Wallensteins gemacht hatte, dem zu diesem Zeitpunkt realiter nichts geblieben war als die Hoffnung auf bessere Zeiten. Für die Offiziere gab es keinen Zweifel, aus welcher Ecke die größeren Belohnungen fließen würden.

V. Die Konfiskationen oder: Ein Taumel um Geld und Gut

Die Hoffnungen und Erwartungen wurden nicht enttäuscht. Die Mörder wurden zuerst bedacht: Für Butler und Gordon gab es je 500 Taler, für Leslie 1500, für die in Eger stationierten Soldaten einen zusätzlichen Monatslohn, doch war das nur ein Anfang. Der Sohn des Kaisers begab sich am 29. Februar nach Pilsen, um die gerechte Verteilung der sogenannten Rebellengüter zu überwachen. Die administrative Abwicklung, die von Konfiskationskommissaren geleitet wurde, entsprach den Enteignungsverfahren, die man schon 1628 und 1631 gegen andere »notorische Reichsrebellen« durchgeführt hatte. Vier Tage nach der Mordaktion wurde damit begonnen. Wallenstein allein besaß 24 Territorien und 55 Lehnsgüter, die auf 9,2 Millionen Gulden geschätzt wurden. Das Ergebnis dieser Umschichtung von Immobilien, die mehrere Jahre dauerte, war beachtlich: »Die Einziehung und Neuvergabe der Güter des Herzogs von Friedland und seiner *adhaerenten* gehört zu den größten Besitzverschiebungen in der neueren Geschichte Böhmens« (Kampmann, S. 180). Aber diese Transaktionen hatten noch eine andere Konsequenz: »Wallensteins ›terra felix‹ verschwand nach der Tragödie von Eger und wurde in den Händen von Wallensteins Mördern zu einer weiteren ›terra deserta‹, wie das übrige Böhmen« (Polišenský, S. 154).

Von den drei sogenannten »Groß-Exekutoren« (Mann, S. 1157) erhielt Gallas den größten Teil: die Herzogtümer Friedland und Reichenberg, die fast die gesamte »terra felix« Böhmens umfaßten; außerdem einen gewaltigen Anteil an den Territorien von Trčka, dazu das Stadtpalais des Grafen Kinsky in Prag sowie 500.000 Gulden in bar. Sein neuer Immobilienbesitz machte Gallas »mit einem Schlag zu einem der größten Grundbesitzer des Königreichs« (Kampmann, S. 183).

Während Piccolomini die Grafschaft Nachod und 215.000 Gulden erhielt, mußte sich Aldringen, der zweite Offizier nach Gallas, mit dem Haus Trčkas in Prag und der Herrschaft Teplitz begnügen, die auf knapp 100.000 Gulden geschätzt wurde. Sehr reichhaltig wurden auch die direkt für die Bluttat Verantwortlichen bedacht: Butler wurde Oberst, Graf und kaiserlicher Kammerherr, erhielt die Herrschaften Hirschberg, Perstein und Teschen sowie 225.000 Gulden. Leslie wurde ebenfalls zum Oberst befördert und bekam neben der Herrschaft Neustadt mehrere Güter aus dem Besitz Trčkas und 132.000 Gulden. An Gordon fielen die friedländischen Herrschaften Smirdar und Striwan sowie 178.000 Gulden. Für ihre unerschrockene Haltung wurden die eigentlichen Mörder Deveroux, Macdaniel und Geraldin mit 40.000, 30.000 bzw. 12.000 Gulden, teils in Land, teils in bar ausgezeichnet. Selbst in der österreichischen Hauptstadt verlangte alle Welt plötzlich nach Belohnungen: »Eine brausende Jagd nach Auszeichnungen, Beförderungen, goldenen Ehrenketten, Regimentern, Gütern, Bargeld, Adelstiteln, Palästen, Silber setzte am Wiener Hof ein« (Diwald, S. 543). Und ein tschechischer Historiker urteilte 1971: »Die Habgier der Herren Generäle war wahrlich skandalös, und der kaiserlichen Kasse blieb nichts von den ungeheuren Konfiskationen übrig. Die Erben der Generäle besaßen die konfiszierten Güter bis zur Mitte des 20. Jahrhunderts« (Polišenský, S. 155). Es scheint, daß nur vier Personen darauf verzichtet haben, Belohnungen für kaisertreues Verhalten einzufordern: Der Geheime Rat Questenberg sowie die drei »Todesrichter« Trauttmansdorff, Eggenberg und Wolfradt.

Mit ihrem Verdikt, daß Wallenstein ein »notorischer Reichsrebell« sei, hatten sie der Ächtung Wallensteins und der darauf beruhenden Exekution die juristische Absicherung verschafft, doch das war nur wenigen Eingeweihten bekannt, da das Verfahren in derartigen Fällen im geheimen ablief; deshalb bestand auch weiterhin ein starkes öffentliches Interesse an der Aufklärung der Affäre Wallenstein, dem sich auch Kaiser Ferdinand stellen mußte.

VI. Juristische Nachspiele oder: Macht geht vor Recht

Unmittelbar nach der Ermordung Wallensteins wurde die Frage öffentlich diskutiert, warum der Kaiser auf die Gelegenheit verzichtet hatte, seinen General gefangenzunehmen und ihm einen Prozeß zu machen. Die juristischen Ratgeber Ferdinands blieben konsequent. In einem umfangreichen Exposé, das sie vermutlich Ende Juni 1634 vorlegten (Hallwich, Bd. 2, S. 527–533; Analyse: Srbik, S. 266–271; zur Datierung: ebd., S. 426, Anm. 60), bestätigten sie, daß Wallenstein und seine »mitverschworenen« seit dem ersten Revers von Pilsen als »notorische Reichsrebellen« betrachtet wurden, da sie sich »in manifesto et permanente crimine laesae Maiestatis, rebellionis et perduellionis« befunden hätten (Hallwich, Bd. 2, S. 529). In diesem Fall war ein öffentlicher Prozeß nicht erforderlich.

Diese Auffassung wurde durch den Kaiserlichen Rat am 5. Juli übernommen. Nachdem man noch die Armeechefs konsultiert hatte, veröffentlichte die kaiserliche Regierung im Oktober 1634 einen Bericht, der die letzte offizielle Stellungnahme Ferdinands zum Untergang seines Generalissimus bleiben sollte. Er trug den Titel: »Ausführlicher und gründlicher Bericht der vorgewesenen Friedländischen und seiner adhaerenten abscheulichen Prodition« und präsentierte die bekannten Argumente der kaiserlichen Juristen nun auch einer breiteren Öffentlichkeit. Damit war für den Kaiser die Angelegenheit Wallenstein erledigt: Den »notorischen Reichsrebellen« hatte seine gerechte Strafe getroffen.

Es bleibt allerdings eine Frage, die im Zusammenhang mit den Forschungsergebnissen von Christoph Kampmann noch erörtert werden muß. Wallenstein war verurteilt und hingerichtet worden, weil er sich angeblich der »notorischen Reichsrebellion« schuldig gemacht hatte, doch wurden neben dem Generalissimus am 25. Februar noch vier andere Offiziere getötet. Waren sie ebenfalls »notorische Reichsrebellen«? Nur unter dieser Voraussetzung wäre ihre Ermordung ohne Prozeß gerechtfertigt gewesen. Um darauf eine Antwort geben zu können, müssen wir die vier Opfer getrennt betrachten. Zuerst Ilow und Trčka, dann Kinsky und Niemann.

Das kaiserliche Geheimdekret vom 24. Januar hatte neben Wallenstein »noch zwei andere Personen ... als Rädelsführer« genannt und von der allgemeinen Amnestie ausgeschlossen (Lorenz, S. 380). Zumindest indirekt wurden diese beiden, deren Namen geheim blieben, damit auf eine Stufe mit dem notorischen Reichsrebellen Wallenstein gestellt, doch auch im Zweiten Absetzungspatent vom 18. Februar erschienen ihre Namen nicht. Dagegen ist in einem Brief Ferdinands vom gleichen Tage von Wallenstein und »auch seinem Anhang, dem Ilow und Trčka« die Rede (Hallwich, Bd. 2, S. 463), doch kann man diese eher beiläufige Erwähnung nicht als amtliche Erklärung dafür werten, daß es sich bei Ilow und Trčka ebenfalls um »notorische Reichsrebellen« handelte.

Es bleibt also offen, wann (und ob überhaupt) auch für Ilow und Trčka der Tatbestand der »notorischen Reichsrebellion« amtlich notifiziert wurde; da auch Kampmann dieser Problematik nicht nachgegangen ist, läßt sich diese Frage beim gegenwärtigen Forschungsstand nicht beantworten. Nur wenn Ilow und Trčka ebenfalls als »notorische Reichsrebellen« angesehen wurden, war die Rechtslage eindeutig: Die automatische Konsequenz dieser Einschätzung waren die Ächtung und die legitime Beschlagnahme der Güter dieser beiden, die als Mitverschworene galten. Der Kaiser hätte in diesem Fall auf dem Boden der Legitimität gestanden, als er am 25. Februar nicht nur die Beschlagnahme der Güter Wallensteins, sondern auch die seiner beiden »adhaerenten« Ilow und Trčka befahl (Hallwich, Bd. 2, S. 484 f.).

Demgegenüber waren die Ermordungen des Grafen Kinsky und des Hauptmanns Niemann, die ebenfalls am 25. Februar erfolgten, reine Willkürakte, die auf keine Weise legitimiert waren. Die Namen dieser beiden Opfer finden sich nicht in einem einzigen Dokument, in dem von der Wallensteinschen Verschwörung die Rede ist; keiner von beiden hatte den Ersten Revers von Pilsen unterzeichnet, auf dem allein der Vorwurf der »notorischen Reichsrebellion« beruhte. Weder der eine noch der andere gehörte zu den herausgehobenen Personen, die in der kaiserlichen Korrespondenz oder in den verschiedenen Rechtsgutachten als »adhaerenten« Wallensteins, als Rädelsführer oder Mitverschworene, angesehen wurden.

Natürlich kannte man am Wiener Hof die engeren Mitarbeiter Wallensteins, aber davon gab es noch mehr, und außer Wallenstein, Ilow und Trčka gehörte niemand von ihnen zum Kreis der »notorischen Reichsrebellen«. In dem neuen Buch von Christoph Kampmann, der die juristische Situation um die Ereignisse von Eger zum erstenmal sehr genau untersucht hat und das Faktum der »notorischen Reichsrebellion« ans Tageslicht fördern konnte, wird der Hauptmann Niemann überhaupt nicht erwähnt. Es bleibt also zu konstatieren, daß Kinsky und Niemann ermordet wurden, weil sie durch einen unglücklichen Zufall zu den auf die Burg eingeladenen Offizieren gehörten. Daß sich die Mörder um diese juristischen Unterscheidungen nicht kümmerten, versteht sich von selbst; auch jeder andere wäre, wie auch die drei Diener, in dieser Situation umgebracht worden.

In dieser Perspektive, die von der bisherigen Forschung nicht beachtet worden ist, versteht man besser den Mut von Elisabeth Kinsky geb. Trčka, die auf einen Schlag ihren Mann und ihren Bruder verloren hatte und daraufhin dem Kaiser einen Brief schrieb. Die Kühnheit dieses Vorgehens hat die kaiserlichen Räte offensichtlich so beeindruckt, daß sie in ihrem juristischen Exposé vom Juni 1634 diese Petition erwähnten und inhaltlich kurz resümierten. Die Witwe »des hingerichteten Wilhelm Kinsky«, Elisabeth, habe, so liest man dort, den Kaiser schriftlich gebeten, »wider die executores der Meuchelmörder ihres Mannes die justitiam ihr zu erteilen« (Hallwich, Bd. 2, S. 528). Wir wissen nicht, ob die Witwe Kinskys die juristischen Subtilitäten dieser Affäre kannte, aber es ist trotzdem bemerkenswert, daß sie zwar von den Mördern ihres Mannes sprach, nicht aber von den Mördern ihres Bruders Trčka, der in der amtlichen Lesart – vermutlich – als notorischer Reichsrebell galt. Auch die Formulierung »des hingerichteten« verdient in doppelter Hinsicht Beachtung: erstens zeigt sie die offizielle Auffassung von der Ermordung Wallensteins, die als Exekution eines ergangenen Urteils hingestellt wird, und zweitens illustriert sie die Kaltschnäuzigkeit, mit der das juristische Gutachten über die Tatsache hinwegging, daß es sich gerade bei der Ermordung Kinskys um einen durch nichts gerechtfertigten Willkürakt handelte.

Jedenfalls mußten die juristischen Ratgeber Ferdinands auf diese, wie es wörtlich heißt, »ungemein heikle Frage« (Srbik, S. 268) eine plausible Antwort finden. Das gelang ihnen, indem sie die Frage umgingen: Sie benutzten den juristischen Trick, nicht isoliert von den einzelnen Opfern der Blutnacht von Eger zu sprechen, sondern die Exekutionen als eine Einheit zu betrachten. Auf diese Weise konnte man sich mit der Erklärung begnügen, daß die Strafaktion durch die verschiedenen kaiserlichen Edikte gerechtfertigt sei. Auch den denkbaren Vorwurf, daß man doch wenigstens nachträglich einen Prozeß hätte führen können, wiesen die Räte mit dem juristisch nicht gerade zwingenden Argument zurück, daß »nach bereits fürgegangener Execution wider die Personen sich dergleichen auch nicht wohl mehr schicken würde« (ebd., S. 528).

Um sich in dieser in der Tat ungemein heiklen Frage nicht zu weit vorzuwagen, haben die Räte in ihrem umfangreichen Rechtsgutachten nicht ein einziges Mal die Namen der Opfer erwähnt. Entgegen der unterschiedlichen juristischen Ausgangslage, sahen sie die vier als eine Gruppe und nannten sie pauschal »offene und in flagranti crimine begriffene Schelme und proditores« (ebd., S. 533).

Diese Scheinargumentation, in der die juristische Genauigkeit dem politischen Willen geopfert wurde, fand auch Eingang in den gedruckten kaiserlichen Schlußbericht, in dem von »Friedland mit seinen hingerichteten complicibus« die Rede war. Diese pauschale Verurteilung ermöglichte es, gegen alle fünf Opfer von Eger die gleichen Maßnahmen zu ergreifen, nämlich »damnationem memoriae et confiscationem omnium bonorum als consequentia« (ebd., S. 530). Außerdem wurde durch diese Formulierung die amtliche Lesart, daß es sich bei der Ermordung Wallensteins um eine »Hinrichtung« gehandelt habe, in aller Öffentlichkeit noch einmal bestätigt.

Weil die Exekution Wallensteins und seiner *adhaerenten* trotz aller Bemühungen des Kaisers im Gespräch blieb, entschloß sich Ferdinand doch noch, die angebliche Verschwörung Wallensteins im Rahmen eines Prozesses aufzudecken. Das war ein nicht weniger heikles Vorhaben, denn seine Juristen sahen sehr wohl, daß in der ganzen Affäre Beweise weitgehend durch Behauptungen ersetzt worden waren. Schon in ihrem Exposé vom Juni 1634 hatten sie vorgeschlagen, einige Anklagepunkte fallenzulassen, weil sie beim besten Willen nicht zu beweisen wären. Sollte der Kaiser es dennoch versuchen, »würde es allerhand Nachdenken verursachen und er (= Wallenstein, I.M.) wenigstens in diesen Punkten für absolut und unschuldig gehalten werden« müssen (ebd., S. 533).

Nach langen Vorbereitungen wurden schließlich sechs Offiziere angeklagt. Anders als Kinsky und Niemann hatten sie alle den Ersten Pilsener Revers und bis auf einen auch den zweiten, der aber politisch folgenlos war, unterschrieben. Eigentlich wären die sechs unter die im ersten Absetzungsdekret verkündete Amnestie gefallen, aber die Juristen lieferten flugs die Interpretation, daß sich diese Zusage nur auf den beim Ersten Pilsener Revers geleisteten Treueid, nicht aber auf die spätere »Friedländische Konspiration« bezogen habe.

Der Prozeß fand vor einem Kriegsgericht in der Freien Reichsstadt Regensburg statt. Wegen der kriegerischen Umstände begann er erst Mitte

März 1635. Trotz aller Anstrengungen des Gerichts, das aus 16 Offizieren zusammengesetzt war, konnte kein einziger Beweis einer Verschwörung präsentiert werden. Dennoch wurden fünf der sechs Angeklagten zum Tode verurteilt, der Fall des sechsten wurde an ein anderes Gericht übergeben. Selbst die sogenannte »scharfe Frage«, eine dreistündige Folter, die einer der Angeklagten über sich ergehen lassen mußte, brachte keine neuen Fakten. Das Ergebnis dieses Prozesses war beschämend, der Kaiser verbot die Veröffentlichung der Urteile; »er wußte, warum« (Mann, S. 1154).

Mit einer Ausnahme wurden die Urteile vom Hofkriegsrat, der in zweiter Instanz urteilte, in lebenslange Haft umgewandelt. Lediglich der General Schaffgotsch wurde am 23. Juli 1635 in Regensburg hingerichtet, während die Mitverurteilten noch vor dem Ende des gleichen Jahres ihre Freiheit zurückerhielten.

Obwohl der Wiener Hof weiterhin nach Beweisen für die Friedländische Konspiration suchte, endete die Affäre faktisch mit der Hinrichtung von Schaffgotsch, dem einzigen, der von einem Gericht verurteilt worden war. Wallenstein, Ilow und Trčka wurden hingerichtet als notorische Reichsrebellen, ohne die Möglichkeit gehabt zu haben, auf die Anschuldigungen zu antworten, und Kinsky und Niemann wurden ermordet, ohne jede Rechtfertigung, weil sie zufällig zusammen mit Ilow und Trčka zu Abend aßen. Weder die gefundenen Dokumente noch die Verhöre konnten den kaiserlichen Verdacht erhärten, daß Wallenstein ein Komplott gegen den Kaiser und das Haus Habsburg vorbereitet hatte.

Die Qualifikation Wallensteins als »notorischer Reichsrebell« spielte sich zwar in juristisch korrekten Formen ab, aber auch sie war auf Vermutungen und Verleumdungen gegründet. Die kaiserliche Justiz suchte nicht die Wahrheit, sondern bemühte sich, ein juristisches Gebäude zu konstruieren, um den politischen Ambitionen des Kaisers und der radikal katholischen Anti-Wallenstein-Partei die notwendige Legitimation für die Beseitigung des zu mächtig, sicher auch zu eigenmächtig gewordenen Generals zu schaffen. Auch die jüngsten Untersuchungen, die der Wallenstein-Forschung in der Tat neue Perspektiven gewiesen haben, konnten noch längst nicht alle Fragen klären, die sich vor allem auf die »mitverschworenen« beziehen.

Dennoch wird sich an der grundsätzlichen Einschätzung nichts mehr ändern: »Was in Eger geschah, war ein Meuchelmord« (Diwald, S. 546). Dem stimmte schon eine kaiserfreundliche Flugschrift von 1634 zu – »man mag das Kätzlein putzen oder schmücken wie man will« (ebd.). Oder, mit den Worten eines modernen Wallenstein-Biographen: »Die Exekution an dem Herzog von Friedland und alles Folgende waren ein kaiserlicher Strafakt – ein Akt, hätte man später gesagt, politischer Justiz« (Mann, S. 1160).

Literatur

Die beste Einführung in die gesamte Wallensteinforschung bieten die beiden Biographien von Hellmut Diwald, Wallenstein, München/Esslingen 1969 (Neuauflage Frankfurt am Main/Berlin 1987), und von Golo Mann, Wallenstein. Sein Leben erzählt von G.M., Frankfurt am Main 1971. Wissenschaftlich überholt, aber immer noch lesenswert ist die quellengestützte Untersuchung von Leopold von Ranke, Geschichte Wallensteins, Berlin 1869 (Sämtliche Werke, Bd. 23, Leipzig 1880; neu herausgegeben von Hellmut Diwald, Düsseldorf 1967). Als einzige aus der Feder Rankes stammende Biographie ist dieses Werk auch historiographisch von Interesse.

Unentbehrlich für jede Forschung sind die beiden umfangreichen Quellenwerke von Friedrich Förster, Albrechts von Wallenstein ... Briefe und amtliche Schriften aus den Jahren 1627 bis 1634 ..., 3 Bde., Berlin 1828/29, und Hermann Hallwich (Hg.), Wallensteins Ende. Ungedruckte Briefe und Akten, 2 Bde., Leipzig 1879, obwohl die Qualität dieser Editionen modernen wissenschaftlichen Ansprüchen nicht immer genügt. Wenn möglich, sollte daher auf Karl Gustav Helbig, Der Kaiser Ferdinand und der Herzog von Friedland während des Winters 1633–1634, Dresden 1852, zurückgegriffen werden. Neue Quellen präsentiert Miroslav Toegel (Hg.), Der schwedische Krieg und Wallensteins Ende. Quellen zur Geschichte der Kriegsereignisse der Jahre 1630–1635 (= Documenta bohemica bellum tricennale illustrantia, Bd. 5), Prag 1977, während Gottfried Lorenz (Hg.), Quellen zur Geschichte Wallensteins (= Freiherr vom Stein-Gedächtnisausgabe, Reihe B [Neuzeit], Bd. 20), Darmstadt 1987, sich darauf beschränkt, bereits bekannte Quellen in einer handlichen Studienausgabe zusammenzustellen.

Es liegen drei Forschungsberichte vor, die besonders auf die Kontroversen der Wallensteinfrage eingehen: Angeregt durch das Buch von Pekka Suvanto, Wallenstein und seine Anhänger am Wiener Hof zur Zeit des zweiten Generalats 1631–1634, Helsinki 1963, erschien die Studie von Georg Lutz, Wallenstein, Ferdinand II. und der Wiener Hof, in: Quellen und Forschungen aus italienischen Archiven und Bibliotheken 48 (1968), S. 207–243; anläßlich einer neuen Quellenedition zur Geschichte des Dreißigjährigen Krieges wurde auch die Wallensteinfrage diskutiert: Josef Polišenský, Der Krieg und die Gesellschaft in Europa 1618–1648 (= Documenta bohemica bellum tricennale illustrantia, Bd. 1), Prag 1971, S. 152–162: Die Wallensteinfrage, ihr Stand und ihre Probleme; der jüngste Forschungsbericht findet sich in dem oben erwähnten Werk von Gottfried Lorenz (Hg.), Quellen ..., S. 1–53: Einleitung.

Auf die Neuinterpretation von Josef Pekař, Wallenstein 1630–1634. Tragödie einer Verschwörung, 2 Bde., Berlin ^{2}1937 (die erste Auflage [in tschechischer Sprache] erschien bereits 1895; auf der zweiten erweiterten Auflage [Prag 1934] beruhte die deutsche Übersetzung), antwortete (in der zweiten Auflage seines Buches) Heinrich Ritter von Srbik, Wallensteins Ende. Ursachen, Verlauf und Folgen der Katastrophe, Wien 1920, Salzburg ^{2}1952. In der schon 1947 fertiggestellten Neuauflage, die als »glänzende Darstellung« gilt, entwarf Srbik »ein in seiner Differenziertheit glaubwürdiges Wallensteinbild« (Lutz, Wallenstein, S. 208).

Für eine Neubewertung des Ausgangs der Wallenstein-Affäre plädiert mit überzeugenden Argumenten Christoph Kampmann, Reichsrebellion und kaiserliche

Acht. Politische Strafjustiz im Dreißigjährigen Krieg und das Verfahren gegen Wallenstein 1634, Münster 1993, doch bleiben auch nach dieser sehr quellennahen Untersuchung besonders hinsichtlich der ebenfalls ermordeten Offiziere einige Fragen offen. Eine Zusammenfassung dieser Problematik auf dem neuesten Stand mit ergänzenden Fragestellungen (und ausführlichem Anmerkungsapparat) bietet Ilja Mieck, L'assassinat de Wallenstein en 1634, in: Yves Bercé/Philippe Boutry (Hg.), Complots et conjurations dans l'Europe moderne, Rom 1996 (im Druck).

Olaf Mörke

Der Tod der *ware vrijheid*

Der Lynchmord an den Gebrüdern De Witt in Den Haag 1672

Zu der gleichen Zeit, zu der in den Niederlanden der Philosoph Baruch de Spinoza wirkte, von dessen Schriften Heinrich Heine sagte, man werde bei ihrer Lektüre »angeweht wie von den Lüften der Zukunft«[1] – zu der gleichen Zeit, zu der Christiaan Huygens, der Sohn des weltläufigen Literaten und Politikers Constantijn Huygens, in Den Haag zu einem der Begründer der modernen empirischen Naturwissenschaften wurde – zu der gleichen Zeit, zu welcher der Wandel von magischer zu rationaler Weltinterpretation in der niederländischen Republik so weit forgeschritten war, wie sonst nirgends in Europa[2] – zu dieser Zeit, zu der, aus der Vogelflugperspektive historischer Überblicksdarstellung betrachtet, die niederländische Republik als Hort der Modernität und politischer wie religiöser Duldsamkeit in Europa erscheint, kam es zu dem Mord an den Gebrüdern Johan und Cornelis de Witt.

Dieses Ereignis legt offen, wie wenig die allein auf den Aspekt Modernität reduzierte Perspektive über die politische und soziale Befindlichkeit der Republik im 17. Jahrhundert aussagt. Vielmehr wird in der Momentaufnahme der Ereignisse vom 20. August 1672, dem Tag des Verbrechens, deutlich, wie unzureichend die politisch-soziale Verhaltensstruktur der niederländischen Bevölkerung für die in der Republik knospenhaft aufscheinenden Elemente der Modernität, den öffentlich-freien Diskurs über Politik und die Rationalität entpersonalisierter Herrschaft im Rahmen eines durch Interessenvielfalt gekennzeichneten Ständeregiments, gerüstet gewesen ist. Es wird auch deutlich, wie unter dem dünnen Firnis jener Rationalität Magie und Orientierung an einem Politikverständnis, das nicht bürokratisch-rationale Strukturen, sondern Leistung bzw. Fehlleistung eminenter Personen in den Mittelpunkt stellte, die Oberhand gewannen.

Um dies zu erklären, gehe ich in drei Schritten vor. Zunächst skizziere ich Vorgeschichte und Vorbedingungen der Ereignisse, die sich am 20. August 1672 in Den Haag abspielten, ehe ich im zweiten Schritt deren rituellen Charakter und Bedeutung für die politische Kultur in der Republik darstelle. Abschließend widme ich mich der Frage, ob die politische Gestalt der Republik in den beiden Jahrzehnten vor 1672 zu Bedingungen führte, welche die Tat begünstigten.

I.

Zu Vorbedingungen und Vorgeschichte: Das Jahr 1672 ist in die niederländische Geschichte als *het rampjaar*, das Katastrophenjahr, eingegangen. Das Land drohte den Krieg mit Frankreich, England und deren deutschen Verbündeten zu verlieren, die Wirtschaft lag darnieder, Staatsverschuldung und Steuerdruck schürten Unmut. Als Folge der massiven militärischen Bedrohung – die Truppen des französischen Sonnenkönigs standen in Utrecht, nur wenige Kilometer vor Amsterdam, dem politischen und wirtschaftlichen Zentrum der Republik – und des wachsenden innenpolitischen Drucks trat Johan de Witt am 4. August 1672 von seinem Amt als Ratspensionär von Holland, der bei weitem wichtigsten Provinz der Republik der Vereinigten Niederlande, zurück. In dieser Funktion, nach heutigen Begriffen eine Kombination der Aufgaben eines Ministerpräsidenten, Außen- und Innenministers, stand er seit 1653 an der politischen Spitze Hollands und der gesamten Republik. Er war Symbolfigur des Regimentes der *ware vrijheid*, der ›wahren Freiheit‹, wie es von seinen Anhängern genannt wurde. Eines Regimentes der Stände, in dem die urbanen Eliten der großen Städte der Provinz Holland, die sogenannten Regenten, das Sagen hatten.

Diesen war es 1650 gelungen, die neben den Ständen zweite Säule des Politiksystems, die Statthalter aus dem Fürstenhaus Oranien-Nassau, aus der institutionalisierten Politik auszuschließen. Die vor allem mit militärischer Macht ausgestatteten Statthalter verkörperten ein kräftiges Element fürstlicher Herrschaftstechnik im Rahmen des republikanischen Staates. Die Ambitionen vor allem des jungen Wilhelm II., Statthalter in den Jahren 1647 bis 1650, zum Ausbau seines Einflusses gegenüber den Ständen legten zum zweitenmal nach 1619, als im Zuge der Auseinandersetzung mit dem Statthalter Moritz von Oranien der holländische Ratspensionär Johan van Oldenbarnevelt nach einem fadenscheinigen Prozeß hingerichtet worden war, die Konfliktanfälligkeit der institutionellen Konstruktion der Republik offen. Die beiden Hauptpole dieser Konstruktion, die ständische Gewalt der bürgerlich-aristokratischen Regenten der holländischen Städte, mit Amsterdam an der Spitze, auf der einen Seite, der Statthalter und seine umfangreiche Klientel auf der anderen Seite, konnten nur zusammenwirken, wenn das Regelsystem wechselseitigen Interessenausgleichs von allen Seiten anerkannt wurde. Wilhelm II. hatte sich in seiner jugendlichen Unerfahrenheit darüber hinweggesetzt und zur Unterstreichung seines Machtanspruchs auf Kosten der Stände das mächtige Amsterdam militärisch bedroht. Auf dem Höhepunkt der Auseinandersetzung starb er plötzlich an den Pocken, gerade vierundzwanzigjährig.

Der Tod Wilhelms II., dem erst posthum ein Sohn, der spätere Wilhelm III. geboren wurde, veranlaßte deshalb die Provinzialstände unter der

Führung Hollands, diese Konstellation aufzulösen, indem man in fünf der sieben Provinzen das Statthalteramt abschaffte. Lediglich in den abseits gelegenen Provinzen Friesland und Groningen, in denen seit dem Ende des 16. Jahrhunderts nicht die Oranier, sondern ein anderer Zweig des Hauses Nassau diese Funktion bekleideten, wurde sie beibehalten. Erst 1672, wenige Tage vor dem Mord an Johan und Cornelis de Witt, wurde mit dem einundzwanzigjährigen Wilhelm III. von den Ständeversammlungen Hollands und Zeelands wieder ein Statthalter berufen. 1674 und 1675 folgten die Stände der rückeroberten Provinzen Utrecht, Overijssel und Gelderland diesem Beispiel. Der neue Amtsinhaber vereinte auf seine Person Kompetenzen, die unter seinen Vorgängern nicht ihresgleichen hatten.

Als politischer Faktor ausgeschaltet waren die Oranier aber auch in den statthalterlosen 1650er und 1660er Jahren mitnichten. Ihre dem patriarchalen alteuropäischen Fürstenbild verhaftete herrschaftsmythologische Überhöhung zu *vaders des vaderlands*, Vätern des Vaterlandes, lebte vor allem unter der Masse der Bevölkerung fort, die nicht an der Macht der bürgerlichen Regentenelite partizipierte. Für sie verkörperte sich das Land weiter in der Gestalt des jungen Fürsten. Geschürt durch permanente Propaganda, durch populäre Pamphlete und öffentliche Auftritte, blieben die Familie der Oranier und vor allem Wilhelm III. als Prätendent auf das Amt seiner Vorväter als Machtfaktor präsent.

Selbst die für die niederländische Kunst so charakteristische Genremalerei widmete sich dem Thema. Auf das Jahr 1660, den Höhepunkt der Ständeherrschaft, datiert ein Gemälde Jan Steens. Es trägt den Titel *Der Geburtstag des Prinzen von Oranien*. Die in einer Schenke spielende ausgelassene Szene zeigt eine Gruppe von Zechern, die sich um einen Mann schart, der einen Trinkspruch auf den Prinzen ausbringt. Mit gezücktem Schwert prostet der knieende Wirt einem mit einer orangefarbenen Schleife geschmückten Bild zu, das vermutlich Wilhelm II. darstellt, den Vater des Geburtstagskindes. Dekorationen mit Orangen und Orangenzweigen weisen unzweideutig darauf hin, worum und um wen es geht. »Mehrere pro-oranische Inschriften erläutern die Ansichten der Versammelten. Auf dem Zettel im Vordergrund steht der in entschiedenem Ton gehaltene Trinkspruch: *Op de gesondheyt van het nassauss basie in de eene hant het rapier in de andere hant het glaesie* [...] [Auf die Gesundheit des kleinen nassauischen Herrn, in der einen Hand das Schwert, in der anderen das Gläschen, O.M]. Die von der Decke hängende Krone trägt das Motto: *Salus patriae suprema lex esto* [...]. In der politischen Konstellation um 1660 [...] bedeutet die Feier des Prinzengeburtstages ein Bekenntnis zur Sache der Oranier, die ja auch in den von Steen bevorzugt dargestellten Kreisen, der städtischen Handwerkerschicht, wesentliche Unterstützung fand.«[3] Dieses Gemälde paßt in den Kontext der populären Oranierverehrung. Die Kombination der Verehrung eines Fürsten mit der republikanischen Zentralnorm des *salus patriae*, des vaterländischen Gemeinwohls, kollidierte zwar auffällig mit dem entpersonalisierten Profil der Ständeherrschaft, entsprach aber dem Erlebnishorizont der breiten Masse der Stadtbevölkerung. Der Konflikt zweier Politikkonzepte, der in den Tagen vor dem De-Witt-Mord seinen Höhepunkt erreichte, zeichnete sich ab.

Das populäre personalisierende Politikkonzept der Oranier wurde unter anderem von großen Teilen der calvinistischen Geistlichkeit unterstützt. Sie versprachen sich von den Oraniern die Förderung ihres Anpruchs auf den Primat der reformierten Kirche über die Politik. Ihre Interpretation des republikanischen Staates als *Neuem Israel* verband sich aufs beste mit der patriarchalen Komponente der Oranierinterpretation. Wilhelm III. wurde zum neuen Moses, der sein Volk aus der Gefangenschaft in die Freiheit führt. Für den Prädikanten Vollenhove ist der Oranier derjenige, der *ons den hoet der vryheit weêr opzette, als Neêrlants Vader* (»der uns den Hut der Freiheit wieder aufsetzte, als Vater der Niederlande«), wie er 1672 in einem Gedicht auf Wilhelm schrieb.[4] In der Panegyrik geistlicher Dichter trat das personal-patriarchale politische Identitätsmuster des Fürsten als gottbegnadetem Heroen gegen die sich mit einem solchen Muster nicht vertragende Interpretation des republikanischen Freiheitsgedankens der Protagonisten der Ständeherrschaft an.[5]

Die militärische Krise des Frühjahrs und Frühsommers 1672 erschien den Vertretern der reformierten Orthodoxie nachgerade als göttliches Strafgericht über das die Interessen des Landes und des wahren Glaubens verratende Regiment De Witts und seiner Gefolgsleute.

In der Tat war bereits mit dem 1667 erfolgten französischen Versuch einer Annexion der spanischen Niederlande das De Wittsche Konzept einer vorsichtigen Annäherung an das katholische Frankreich gründlich gescheitert und damit die Basis der auf friedliche Koexistenz setzenden regentischen Außenpolitik zerstört. Handgreiflich wurde dieses Scheitern dem Mann auf der Straße erst im Jahr 1672. Der wachsende Druck, der sich vor allem in lautstarken und gewalttätigen Demonstrationen entlud, führte zur Rückkehr Oraniens auf die Bühne offizieller und institutionalisierter Politik.

Als sogar prominente Anhänger De Witts für eine Beteiligung Wilhelms III. zumindest an der militärischen Führung des Landes plädierten, sollte dies ein Zeichen der Kompromißbereitschaft gegenüber der aufgebrachten Masse setzen. Auf diese Weise versuchte die Führung des Landes, wenigstens den inneren Frieden wiederherzustellen, ohne den keine Chance bestand, sich im Kampf gegen die äußeren Gegner doch noch zu behaupten oder wenigstens glimpflich aus der Affäre zu ziehen.

Schritt für Schritt mußten selbst die konsequentesten Verfechter antioranischer Politik vermeintliche Grundsatzpositionen aufgeben. Zunächst begrenzt auf eine Feldzugsaison, berief man Wilhelm in das Amt des militärischen Oberbefehlshabers. Johan De Witt blieb noch Ratspensionär. Die Kompromißlinie war aber nicht zu halten. Die Situation eskalierte, so daß es längst nicht mehr um einen rationalen Interessenausgleich ging, sondern zunehmend um ein Entweder-Oder. Die Zügel glitten De Witt vollends aus der Hand. Ein Mindestmaß an politischem Konsens unter den Parteiungen der politischen Elite sowie zwischen dieser und der nicht an der institutionalisierten Politik beteiligten Masse der Bevölkerung war mit ihm nicht mehr zu erreichen.

Gerade des Konsenses mit letzterer hätte es aber bedurft, denn das korporativ-bürgergenossenschaftliche Selbstverständnis einer städtisch geprägten Politikkultur wie der holländischen lebte davon, daß sich die Bürger als Sachwalter des Gemeinen Nutzens und als Kontrolleure der darauf verpflichteten politischen Funktionsträger zumindest fühlen konnten. Wo dieses Gefühl verletzt wurde und wo der Eindruck entstand, den Funktionsträgern gehe Eigennutz vor Gemeinutz, kam es in den spätmittelalterlichen und frühneuzeitlichen Städten immer wieder zu Bürgerunruhen, die das Ziel verfolgten, den Gemeinnutz als Prinzip zu restituieren. Gerade in dem hochurbanisierten Holland mußte dieses Muster greifen.[6]

Unruhige Zeiten sind eine Küche der Gerüchte. Die Köche indes bleiben meist im Verborgenen. So auch diejenigen, die in Umlauf setzten, Johan de Witt habe in dieser schwierigen Zeit sein Kapital außer Landes gebracht und es auf der Bank von Venedig dem Zugriff der Steuerbehörden entzogen, die Geld für die Landesverteidigung benötigten.[7] Das erwies sich später als haltlos, wurde in der aktuellen Situation jedoch zu gerne geglaubt. Welch besseren Beweis für die Verletzung des Gemeinen Nutzens durch den Ratspensionär hätte es geben können? Das schürte den Haß der zunehmend mit Abgaben belasteten Bevölkerung gegen Johan. Bei einem Attentat im Juni 1672 wurde er erheblich verletzt. Drei namentlich bekannte Attentäter flohen in das Militärcamp Wilhelms III.; man hat sie niemals strafrechtlich belangt. Ein vierter wurde unmittelbar nach der Tat gefaßt und am 29. Juni in Den Haag enthauptet.

Das Attentat und der Prozeß gegen den einen Täter heizten die Anti-De-Witt-Stimmung aber nur noch weiter an. Sie entlud sich in Unruhen in fast allen Städten Hollands und Zeelands. Sie zu beenden, sahen die in den provinzialen Ständeversammlungen vertretenen Stadtmagistrate nur einen Weg: die Proklamation Wilhelms zum Statthalter. Am 9. Juli erfolgte seine Vereidigung vor den holländischen Ständen.

Indes, die Propagandakampagne gegen De Witt war damit keineswegs beendet. In populären Flugschriften, welche als zentrales Medium der öffentlichen Meinungsbeeinflussung für die gesamte Zeit der niederländischen Republik so typisch waren, bündelten sich die wohl auch schon vor den Ereignissen des 20. August im Umlauf befindlichen Vorwürfe gegen die Gebrüder, vor allem gegen Johan. Ein Pamphletist behauptete, Johan habe geplant, als Vizekönig von Ludwig XIV. Gnaden Holland zu unterjochen. Ein anderer, De Witt habe beabsichtigt, seinen Sohn mit einer Französin zu verheiraten. Andere gingen noch weiter, indem sie in die Welt setzten, er habe die Republik für Gold an Frankreich verkaufen wollen, außerdem galt er als Atheist. Als neuer Cromwell sei er ein Usurpator gewesen, der nur selbst die Position des oranischen Statthalters einnehmen wollte und eigenmächtig Posten an seine Spießgesellen verschachert habe. Ihm und auch seinem Bruder Cornelis wurden Habsucht, Überheblichkeit und Eigennutz vorgeworfen.[8]

Die Pamphlete zeigen ganz deutlich eines: Man stilisierte die Gebrüder De Witt zum fleischgewordenen Gegenbild alteuropäischer Tugenden.

Den Gipfel erreichte die Kampagne am 24. Juli mit der von der holländischen Anklagebehörde veranlaßten Verhaftung von Cornelis de Witt. Cornelis war seit 1652 Mitglied der Maas-Admiralität und im zweiten und dritten niederländisch–englischen Seekrieg seit 1665 Deputierter der holländischen Stände bei der Flotte sowie Altbürgermeister der Stadt Dordrecht. Also auch ein wichtiger Mann, wenn auch im Vergleich zu seinem Bruder eher im Hintergrund.

Der Barbier und Wundarzt Willem Tichelaar, ein Mann von zweifelhaftem Ruf, hatte ihn angezeigt, da Cornelis ihn, Tichelaar, angestiftet habe, Wilhelm III. zu töten, wofür er ihm 30.000 Gulden und ein lukratives öffentliches Amt versprochen habe. Alle spricht dafür, daß Tichelaar sich damit für eine 1670 erfolgte Bestrafung wegen Störung der öffentlichen Ordnung rächen wollte, welche von einem Beamten ausgesprochen wurde, der im Auftrag von Cornelis gehandelt hatte. Trotz der offensichtlichen Haltlosigkeit der Anschuldigungen wurde das Verfahren gegen Cornelis eröffnet.

Der holländischen Strafverfolgungsbehörde blieben nur zwei Möglichkeiten. Sie mußte entweder gegen Cornelis vorgehen, oder Tichelaar des Meineids überführen und ihm den Prozeß machen. Dabei hätte allerdings die Gefahr bestanden, daß man auf die Spur seiner Hintermänner gekommen wäre, eine Spur die möglicherweise direkt in das Lager des Oraniers hätte führen können.[9]

Man entschied sich für den ersteren Weg und folgte so dem Trend der aufgereizten Massenstimmung. Ob aus Furcht um das eigene Leben oder aus Besorgnis darüber, mit dem anderen Weg die Unruhe weiter anzuheizen, sei dahingestellt. Auf jeden Fall war deutlich geworden, daß die Gebrüder De Witt jeglichen Rückhalt verloren hatten. Am 4. August trat Johan als Ratspensionär zurück. Wilhelm III. stand unangefochten an der Spitze des Staates. Trotzdem ging die Pamphletenhetze gegen die De Witt weiter. Man brandmarkte sie weiter als Landesverräter und Verschwörer gegen das Leben des Prinzen.

II.

Soweit zur Vorgeschichte der Ereignisse des 20. August. Ich komme nun zu diesen selbst. An jenem Tag wurde Cornelis das Urteil des obersten Gerichts von Holland eröffnet. Ein außerordentlich befremdlicher Spruch auch nach den Maßstäben damaliger Rechtsprechung und ein Zeugnis für die Hilflosigkeit einer in die Mühle eines politischen Aufruhrs geratenen Justiz, die es nicht wagte, eigenständig Stellung zu beziehen. Das Urteil sprach nicht definitiv aus, daß Cornelis sich der Anklagepunkte wirklich schuldig gemacht habe. Dafür gab es auch keinerlei Beweise. Er wurde, weil es, wie es in der sehr knappen Urteilsbegründung nicht näher spezifiziert hieß, »der Sache dienlich sei« (*'t ghene ter materie dienende is*) –, seiner Ämter für verlustig erklärt und auf Lebenszeit aus der Provinz Holland ausgewiesen.[10] Damit hatte das Gericht weder das juristische Ziel eines gerechten Urteils erreicht, das nur auf Freispruch hätte lauten können, noch trug es zur Beruhigung der politischen Lage bei, da es die Volkswut nicht befriedigen konnte.

Am Tag des Urteils versammelte sich eine aufgebrachte Menge um das Gefängnis und forderte die Todesstrafe für Cornelis, außerdem bedrohte sie auch seine Richter mit Tod und Plünderung ihrer Häuser, falls sie sich ihrem Begehren widersetzen sollten. Nur ein massives Aufgebot der Haager Bürgergarden, das später noch durch drei Kompanien regulärer Kavallerie verstärkt wurde, hielt die Menschen vorerst im Zaum. Die Tichelaarschen Anschuldigungen reichten den Demonstranten aus, um einzig im Tod des Angeklagten die gerechte Strafe zu sehen.

Aber darum allein ging es gar nicht. Der Vorwurf an Cornelis, den Tod des Oraniers geplant zu haben, bildete nur eine Etappe in der Eskalation der Anti-De-Witt-Kampagne. Sie sollte ja nicht nur ihn, sondern auch seinen Bruder treffen, der noch viel massiver im Kreuzfeuer der Beschuldigungen stand. Der Prozeß war per se nicht in der Lage, das Problem, das mehr als durch Cornelis durch Johan verkörpert wurde, aus der Welt zu schaffen.

Nach der Urteilsverkündung, noch am Morgen des gleichen Tages, wollte der unweit des mitten in Den Haag liegenden Gefängnisses wohnende Johan seinen Bruder dort abholen, um ihn zunächst in sein Haus zu bringen. Mit Mühe konnte ihm der Weg zu Cornelis gebahnt werden. Jetzt passierte das, was als zweiter Prozeß gegen die De Witts bezeichnet werden kann, der Prozeß des Volksgerichts, das sein Urteil längst gesprochen hatte und nun zur Vollstreckung schritt. So wurden die im folgenden beschriebenen Ereignisse auch von Zeitgenossen gesehen. Ein kurz danach in mehreren Auflagen erschienenes Pamphlet in Form einer Urteilsbegründung brachte es schon im Titel auf den Punkt: *Sententie Van den generalen Hove van Nederlandt, Tegens Mr. Cornelis de Wit, [....] en Mr.*

Jan de Wit, [...] Gepronuntieert voor langh, en ge-executeert den 20 Augusti 1672 (»Urteil des allgemeinen Gerichtshofes der Niederlande gegen Herrn Cornelis de Wit und Herrn Jan de Wit, seit langem ausgesprochen und vollzogen am 20. August 1672«). Als Unterzeichner fungierten *ter Ordinantie van de Gemeente* (»im Auftrag des Gemeinen Mannes«) *de Borgery van de 7. Provintien, en alle Liefhebbers en Vorstanders van Godts Kerck, en 't Lieve Vaderlandt* (»die Bürger der sieben Provinzen und alle Freunde und Anhänger von Gottes Kirche und des geliebten Vaterlands«).[11]

Die propagandistische Publizistik erhob den Mob zum Vollstrecker des Volkswillens, welcher wiederum als Träger der politisch-sozialen Normen dargestellt wurde. Sie spielte damit auf genossenschaftlich-kommunale Politiktechniken und Legitimationsmuster an, die sich im lokalen Handlungsrahmen einer Stadtgemeinde als durchaus funktionstüchtig im Sinn einer Öffnung des politisch-sozialen Systems für Kritik und personelle Erneuerung der politischen Elite und anschließender Konsenserneuerung zwischen Bürgerschaft und Stadtregiment erwiesen. Jedoch unter den Bedingungen einer politischen und wirtschaftlichen Großmacht und eines komplexen Flächenstaates – und dies war die niederländische Republik im 17. Jahrhundert – gerieten Aktionsformen stadtbürgerlicher Konsensfindung, zu denen auch Bürgeraufläufe und Gewalt androhende Demonstrationen gehörten, zum Anachronismus. Sie dienten lediglich den Interessen von politischen Elitegruppierungen – hier den Gegnern der statthalterlosen Ständeherrschaft –, ohne die Chancen auf institutionalisierte politische Partizipation für die Träger solcher Aktionen zu erweitern. Gleichwohl, der anonyme Autor des fingierten Urteils formulierte post festum die Legitimation für die im folgenden geschilderten Geschehnisse.

Während Johan sich noch bei seinem Bruder im Gefängnis aufhielt, wurde aufgrund wahrscheinlich unbeabsichtigter Fehlinformationen das Gerichtshof und Gefängnis schützende reguläre Militär abgezogen. Nur noch die Bürgergarden hielten Wache. In diesen selbst standen sich rivalisierende Gruppen gegenüber. Ein Teil war durchaus gewillt, die Schutzfunktion gegenüber dem Gericht und dem Verurteilten wahrzunehmen. Ein anderer stellte sich auf seiten der aufgebrachten Menge und ermöglichte dadurch mit, was dann geschah. Am Nachmittag des 20. August um halb fünf drang der Führer des sogenannten blauen Fähnleins der Bürgergarden, der Silberschmied Verhoeff, mit etlichen Bewaffneten in das Gefängnis ein. Sie zerrten Jan und Cornelis ins Freie, wo sie sofort niedergemacht wurden.

Vier Kupferstiche aus einem unmittelbar nach dem 20. August entstandenen Pamphlet skizzieren das Geschehen. Ich unterteile in zwei systematisch zu differenzierende Gruppen. Die ersten beiden Abbildungen vergegenwärtigen den Mord als physische Vernichtung der Gebrüder De Witt.

Ich zitiere in eigener Übersetzung den Kommentar zu den ersten beiden Abbildungen:

> Nr. 1 zeigt Johan de Witt, dem mit einer Pieke in den Kopf gestochen wurde und dem man mit einer Muskete einen Schlag auf die Brust versetzte. Den Bruder schlug man mit Fäusten und Degenknäufen nieder und bedrohte ihn mit einem Vorschlaghammer. Die Bürger saßen sogar auf den Hausdächern und zielten mit Gewehren auf ihn.[...] Zwei Kompanien Bürgergarden standen auf dem Platz.
>
> Nr. 2 zeigt den Ruward van Putten [ein Amt, das Cornelis bekleidete, O.M.], dem der Japanische Rock [...] in Stücken vom Leibe gerissen wurde. Ein Pistolenschuß traf ihn in die Hüfte, mit dem Degen stach man ihn in die linke Brustseite, einer schlug mit einer Hellebarde auf seinen Kopf, andere prügelten ihn mit Musketenkolben. Der gestürzte Johan wurde von den Bürgern zur Seite gestoßen [...].

Johan und Cornelis waren tot. Man sollte meinen, damit sei der Rachedurst der Menge gestillt gewesen. Dem war nicht so. Die Tötung der beiden reichte nicht aus. Durch das, was am Abend des 20. August geschah, wurden sie noch einmal in einem ausgeklügelten Hinrichtungsritual symbolisch vernichtet. Man tilgte sie und mit ihnen das von ihnen verkörperte Regiment der *ware vrijheid* gleichsam aus der Geschichte politischer Legitimität in der Republik, indem man die Brüder ihrer Ehre beraubte.

Der dritte und vierte Stich vergegenwärtigen das abendliche Geschehen. Auch der Kommentar dazu sei in Übersetzung zitiert.

> Nr. 3 präsentiert die Leichname der beiden De Witt, ihrer Nasen, Ohren, Finger und der anderen Glieder beraubt. So wurden sie an Stricken auf das Schafott geschleift, Johan mit einer Unterhose bekleidet, Cornelis nackt. Die Plünderer protzten mit Johans samtenen Mantel und seinen Hosen etc. und mit des Ruwards [Cornelis, O.M.] Japanischem Rock. Wiederum standen die Bürger [gemeint sind vermutlich die Bürgergarden, O.M.] ordentlich Spalier.
>
> In Nr. 4 sieht man die Körper der De Witt an den Sprossen des Wippgalgens auf der Richtstätte, nasen-, ohren, zehen- und fingerlos. Der eine wird gespalten wie ein Schwein, die Därme ausgeweidet, das Herz aus der Brust gerissen [...] Ein Ostindienfahrer hat Lunge und Leber an einen Pfahl gebunden und präsentiert der Menge jauchzend die anderen Körperteile. In Reih und Glied stehen zwei Kompanien der Bürgergarden dabei und zwei weitere auf dem Vijferbergh [in unmittelbarer Nähe, O.M.].[12]

Diese Schilderung deckt sich mit den zahlreichen anderen, die ebenfalls als Flugschriften überliefert sind. Manche von ihnen heben Details hervor, die besonders bemerkenswert erschienen. So das Aufhängen an den Füßen mit dem Kopf nach unten, einer Hinrichtungsart, die man vor allem für jüdische Delinquenten vorgesehen hatte.[13] Der an sich schon entehrende Charakter einer Hinrichtung durch Hängen wurde durch die Assoziation mit der Schlachtung eines Schweines, dessen Kadaver man zum Zweck des Ausweidens auch an den Hinterbeinen aufzuziehen pflegt, noch verstärkt. Das Schwein als Teufels- und Hexentier hielt dazu her, die Entehrung zu pontenzieren.

Die Kommentatoren waren sich dessen wohlbewußt. Ebenso, wie sie auch in der Lage waren, die Zeichenhaftigkeit anderer Handlungsdetails im allgemeinen Politikkontext zu deuten. Ein Pamphlet brachte dies schon im Titel auf den Punkt: *Spiegel van Staet, vertoont in Mr. Kornelis en Ian de Witt*, sinngemäß übersetzt »Der Staat, sich widerspiegelnd in den Herren Cornelis und Jan de Witt«.[14] Was sie dem Staat angetan, das geschähe nun mit ihnen selbst. Auch dieses Pamphlet präsentiert im Bild die Leichen der beiden am Sprossengalgen. Der Begleittext, im Original in Reimform, erklärt jeden Schritt des Strafrituals:

> So wird Verrat gestraft, und das ist das Ende der Witten, die durch Geltungsdrang und Eigensucht das Land ins Elend stürzten [...] Sie, die, obwohl gefragt, die Sonne Oraniens nicht ehren wollten, sondern lieber im Land das Unterste nach Oben kehrten. [...] Sie, die für die Ehre des Landes nur Spott übrig hatten, sind nun auf dem Schafott um ihr Treiben gebracht worden. Wie durch ihren Verrat viele Städte verlorengingen, so hat man ihnen nun zu Recht ihre Glieder abgeschnitten. Die Ohren, die so manchem Schelmenstück Gehör schenkten [...], Ihre Schwurfinger, mit denen sie das Ewige Edikt bekräftigten [im Ewigen Edikt von 1667 sollten das Institut der Statthalterschaft in Holland endgültig abgeschafft werden, O.M.], die haben sie zum Lohn jetzt schändlich verloren. Ihre Hände, mit denen sie die Kraft des Landes niederdrückten, die hat man jetzt zur Strafe von ihrem Leibe abgehackt. Ihre Herzen, die das Herz des Landes gebrochen hatten, brach man ihnen mit Macht aus dem Leib [...].

Ein ganzer Kanon magischer Analogiebildungen bestimmte das Maß der Metzelei an den Gebrüdern De Witt, ganz in Anlehnung an im 16. und 17. Jahrhundert verbreitete Hinrichtungsrituale. Dazu gehörte der auch im vorliegenden Fall stattfindende Verkauf von Gliedmaßen der Gerichteten als Glücksbringer und Abwehrzauber. Wichtiger aber sind die Hinweise auf die Bedeutung des magischen Rituals. Die an den Leibern der Getöteten vollzogenen Handlungen sollten und mußten in ihrer Zeichenhaftigkeit den vermeintlichen Verbrechen entsprechen. Nur dadurch waren die Tötung und das Fleddern der Leichen nicht als roher Gewaltakt eines Pöbels, sondern als Strafaktion erklär- und legitimierbar.

Die politische Lage, für welche die Gebrüder die Verantwortung getragen haben sollen, wurde als Verkehrung der Welt empfunden, das Unterste wurde nach Oben gekehrt. Die De Witt waren für die Akteure der zweiten, rituellen Tötung und deren publizistische Propagandisten Repräsentanten einer verkehrten Welt, da sich ihre Politik nicht mit den korporativen Ordo-Vorstellungen von einer stabilen Welt- und Sozialordnung vertrug, in der sich niemand zum Herren aufzuschwingen erdreisten durfte, der nicht, wie der Fürst – die »Sonne Oraniens« –, dazu geboren worden war. Deshalb war die physische Vernichtung der Brüder mehr als eine Strafe für zwei Individuen. Durch ihr Tun hatten sie, so der Pamphletist, auch die Ehre des Landes, als dessen legitimen Sachwalter sich die aufgebrachte Masse sah, verletzt. Dadurch erhielten Tötung und Leichenschändung die Qualität eines Aktes kollektiver Reinigung und Wiederherstellung der kollektiven Ehre.

Die De Witt mußten dafür büßen, daß sie eine Rolle spielten, eine individuelle Karriere machten, die ihnen von den Verfechtern dieser Vorstellungen nicht zuerkannt wurde. Im politischen Lebenslauf beider Männer konnten diejenigen, die ihren Haß so planvoll an ihnen ausließen, ihre Vorstellungen nicht nur von der kollektiven Normenordnung, sondern auch von individueller Lebensgestaltung nicht mehr wiederfinden. Der Verfasser des bereits erwähnten Pamphletes *Spiegel van Staet* faßte diese Ansicht moralsierend in folgende Reime: *Soo gaet het met den mensch, wanneer hy is gekomen/tot Staet en hoogh Gesag, begint hy stracx te droomen/Na meerder Herrschappy; maer eer hy komt in top,/Soo krijgt hy eyndelijck ellendig wel de schop* (»So geht es einem Menschen, der zu großer Macht gelangt. Sofort beginnt er er, von noch mehr Macht zu träumen. Doch ehe er die oberste Stufe erklommen hat, erhält er den verdienten Stoß, der ihn zu Fall bringt«).[15] An Johan und Cornelis wurde ein drastisches Exempel für den Hochmut, der vor dem Fall kommt, statuiert.

Es soll in der Nacht auf den 21. August zu Kannibalismus gekommen sein, das Blut der Brüder sei getrunken und Leichenteile gegessen worden. Die Analogie zwischen der Verstümmelung der De Witt, ja deren kannibalischer Vernichtung, und der durch sie angeblich verschuldeten Verstümmelung und Vernichtung des Staates wird durch den Historiker Willem Frijhoff als Ritus zur Rekonstitution der alten Ordnung gewertet. Er weist darauf hin, daß 1572 in der Pariser Bartholomäusnacht mit dem Körper des hugenottischen Admirals Coligny und im gleichen Jahr in der zu den radikal-calvinistischen Aufständischen übergegangenen holländischen Stadt Leiden mit dem des katholischen Priesters und Humanisten Cornelis Musius genauso verfahren wurde. Durch Märtyrerbücher und Predigten sei das Volk mit dieser Vorgehensweise vertraut gewesen. Sie lieferten das Programm für die allem Anschein nach absichtsvoll inszenierte Vernichtung der De Wittschen Leiber.[16]

Es war nun keineswegs nur der tobende Mob, der sich solcher Praktiken befleißigte. Diese wurden nicht nur von den Pamphletisten in den Tagen danach aus voller Überzeugung gutgeheißen. Vielmehr waren an den Aktionen selbst Männer beteiligt, deren Position in der sozialen Hierarchie sie aus der Masse derjenigen heraushob, die möglicherweise aus bloß blindem Haß und ohne Wissen um die politischen Implikationen ihres

Handelns agierten. Der Anführer der Bürgergarde, welche die Gebrüder aus dem Gefängnis zerrte, um sie unmittelbar darauf zu töten, der Silberschmied Verhoeff, gehörte schließlich zu einer Berufsgruppe, die »als kulturelle Elite unter den Handwerksämtern galt«.[17] Man mag sein Verhalten als das eines unbeherrschten Feuerkopfes abtun, der 1677 wegen kriminellen Verhaltens in anderen Sachen zu einer langjährigen Zuchthausstrafe verurteilt werden sollte.[18] Als Angehöriger einer bürgerlichen Schützengilde zählte er jedoch zu einer Bevölkerungsgruppe, die sich als bewußter Sachwalter des stadtgemeindlichen Normenrahmens sah.

Noch deutlicher wird die absichtsvolle Normenorientierung im Fall des prominenten reformierten Theologen Simonides. Unter der Menge an der Richtstätte soll er, ein ausgewiesener Angehöriger der Bildungselite, einer der eifrigsten gewesen sein, als es um die Rechtfertigung der Leichenfledderung ging. Er war es, der die Verstümmelung der Leiche Johans als Strafe für die Verstümmelung des Vaterlandes durch die Politik De Witts legitimierte. Wenig später sollte er in öffentlicher Predigt den Mord als »Rache und Werk Gottes« bezeichnen.[19]

Sein Verhalten ist Indiz für das hartnäckige Weiterleben einer magischen Weltinterpretation unter Illiteraten wie Literaten gleichermaßen. Simonides akzeptierte, ja forderte das magische Ritual geradezu durch seine aufstachelnde Rede heraus. Er vertauschte die magische Weltinterpretation in einer konkreten Lebenssituation gegen seine theologische Glaubensordnung. In Anlehnung an Peter Burke sieht Willem Frijhoff darin ein Indiz für die fundamentale Bikulturalität frühneuzeitlicher Eliten. Dies bedeutet, daß sie einerseits in der Lage waren, dem von den Universitäten und Hohen Schulen vertretenen Kulturmuster zu folgen, zu dem im 17. Jahrhundert in den Niederlanden neben den Traditionen des Humanismus und der reformierten Theologie auch die Rationalität der *scientific revolution* gehörte, daß sie andererseits aber in der Tradition der ›Volkskultur‹ mit ihrer magischen Orientierung standen.[20]

Diese Interpretation kommt dem Sachverhalt schon recht nahe, trifft ihn jedoch nicht vollends. Innerhalb von Tagen oder gar innerhalb von Stunden Weltinterpretationen zu vertauschen, das klingt nach dem bewußten Hängen des Mäntelchens nach dem Wind oder nach dem pathologischen Befund der Schizophrenie. Es besitzt jedoch wenig Erklärungswert, wenn man kurzerhand einen Großteil der Meinungsträger in der Republik zu pathologischen Fällen erklärt. Denn Simonides stand nicht allein. So wie er dachten viele auch seiner Standesgenossen.

Man sollte wohl besser als von der dichotomischen Bikulturalität von der Mehrdeutigkeit eines normativen Systems sprechen. Es sind im konkreten Fall der Niederlande des 17. Jahrhunderts nicht zwei Kulturen gewesen, die aufeinander stießen. Die politische Kultur der Republik – ihr institutioneller Rahmen und die Praxis des reflektierten und gelebten politisch-sozialen Systems – vereinte in sich die Gleichzeitigkeit mehrerer gleichgewichtiger Optionen. Dazu gehörte am einen Extrem der Traum vom *Neuen Israel* der reformierten Orthodoxie, der sich für viele mit einer patriarchal-charismatischen Interpretation der Rolle des oranischen Fürstenhauses als dem Hüter der Republik als Heilsgemeinschaft verband. Dazu gehörte aber auch am anderen Extrem die Interpretation der Republik, wie sie in den 1660er Jahren der Leidener Publizist und Textilfabrikant Pieter de la Court, mit dem auch Johan de Witt in engem Kontakt stand, formulierte.

In seiner Denkschrift *Interest van Holland* entwickelte De la Court, beeinflußt von Machiavelli, Hobbes und Descartes, das Konzept einer konsequent säkularisierten und rationalen Staatsräson, die sich an den politischen und ökonomischen Interessen des holländischen Handelsbürgertums orientierte.[21] Obwohl Pieter und sein Bruder Johan de la Court in der Grundsätzlichkeit ihrer Anschauungen Außenseiter blieben, brachten sie das Regiment der *ware vrijheid* auf den theoretischen Punkt. Der in ihren Schriften aufscheinende Begriff von individueller Freiheit und Leistung [22] findet sich in negativer Formulierung als Eigensucht, Habgier und Gottlosigkeit in den gegen die Brüder De Witt gerichteten Pamphleten wieder. Für den Großteil der Bevölkerung, der sich weiter den korporativen und religiösen Traditionswerten verpflichtet fühlte, stellte das reine Ständeregiment die Welt auf den Kopf. Er erkannte nicht, daß die offene Verfassung der Republik auch diese Option zuließ, für die sich ein Teil der politischen Eliten 1650 entschieden hatte. Nur so erklärt sich, warum neben dem sogenannten ›Gemeinen Mann‹ selbst Angehörige der gebildeten Eliten, Geistliche, Politiker und Autoren von politischen Kampfschriften, den Haager Doppelmord nicht nur billigend in Kauf nahmen, sondern rechtfertigten.

Diese Gleichgewichtigkeit verschiedener politisch-normativer Optionen unter dem Dach der republikanischen Politikkultur ermöglichte einerseits das magische Ritual des Mordes. Es ermöglichte aber auch andererseits über mehr als zwanzig Jahre das von den Gebrüdern De Witt repräsentierte Regiment der ständischen Kollektivorgane, das keineswegs permanent als Zwangs- und Unrechtsregime empfunden wurde – weder von den Eliten noch vom ›Gemeinen Mann‹. Auch wenn es in den 1650ern und 60ern immer eine gewichtige Opposition gegen die Ständeherrschaft gab und sich das Statthalterhaus großer Popularität erfreute, so war auf keinen Fall vorhersehbar, daß die Ständeherrschaft am Nachmittag und Abend des 20. August 1672 im Blut der Gebrüder De Witt ertränkt werden sollte. Und eine Vernichtung nicht nur der De Witt, sondern des von ihnen vertretenen Herrschaftssystems sollte es sein, was an diesem Tag geschah.

Das nahtlose Ineinandergreifen von nonverbaler Aktion und unmittelbar danach erfolgender publizistischer Verarbeitung in den Pamphleten, welche diese Aktion einerseits multiplizierten und andererseits ihren symbolisch-rituellen Charakter kommentierten, macht deutlich, daß es sich bei dem Mord und der Verstümmelung der De Witt um eine Form der Vergegenwärtigung eines politischen Altenativprogrammes zum Regiment der wahren Freiheit handelte. Nicht nur die Beteiligung eines prominenten Prädikanten, sondern auch die erklärend rechtfertigenden Kommentare in den Pamphleten sind eindeutiges Anzeichen dafür, daß es sich nicht um eine Entgleisung des entfesselten Pöbels handelte, sondern daß dieser sehr wohl ausdrückte, was auch in gewissen Kreisen der Litterati gedacht und – wichtiger noch – gewünscht wurde.

Noch Tage nach dem Mord, als Angehörige und Freunde die sterblichen Überreste vom Schafott geholt und im Familiengrab der De Witt beigesetzt hatten, riß man die Wappenschilde der Gebrüder von der Grabstätte und zerschlug sie auf der Gerichtsstätte. Dies sei geschehen, wie man in einem neutral gehaltenen Bericht liest, weil »man nicht allein die Personen, sondern selbst ihr Andenken von der Erde tilgen wollte« – *willende niet alleen de Personen/maer selfs hare gedachtenisse van der aerden wech doen vegen.*[23] Diese scharfsinnige Beobachtung eines Zeitgenossen, der sich nicht mit den Tätern gemein machte, ist auch ein Indiz dafür, daß es sich am 20. August nicht um einen einmaligen wilden Blut- und Racherausch handelte, sondern um das symbolische Ungeschehenmachen des politischen Systems der vergangenen 22 Jahre, dessen Illegitimität durch die rituelle Vernichtung der Gebrüder De Witt unter Beweis gestellt werden sollte.

Warum nun richtete sich der Haß so plötzlich gegen dieses System? Sicherlich bildete die Besetzung durch die französischen Truppen den Anlaß. Man hatte schlicht Angst und fand in den De Witt einen Sündenbock für die verzweifelte Lage des Landes und der durch wachsenden Kriegssteuerdruck bedrängten Bevölkerung. Die gegen Cornelis gerichtete Denunziation setzte die holländischen Stände unter Handlungszwang, sollten die Unruhen im Land nicht noch schlimmer werden. Der Krisendruck wurde so übermächtig, daß er sich ein Ventil verschaffen mußte. Dessen Opfer wurden die De Witt.

Das mag eine zutreffende Teilerklärung sein, die jedoch nicht ausreicht, denn noch nach Jahren, als längst keine aktuelle äußere Bedrohung mehr bestand und der Statthalter Wilhelm III. fest im Sattel saß, erschien es den Anhängern der Brüder De Witt zu risikoreich, um an die Öffentlichkeit zu treten und an sie zu erinnern. Es stand also mehr dahinter. Damit sind wir bei dem abschließenden Punkt angekommen, der Frage, ob das Regiment der *ware vrijheid* von 1650 bis 1672 zu Bedingungen führte, welche die Tat begünstigten.

III.

Das langanhaltende Totschweigen der De Witt gründete in einem fundamentalen Defizit des reinen Ständeregiments, welches jedoch erst unter den Bedingungen des politischen und sozialen Notstandes handlungsauslösend wirkte. Indem es seine Protagonisten als Ausdruck der *ware vrijheid* interpretierten, zeigten sie, daß es für sie mehr als das Ergebnis eines situationsbedingten Pragmatismus war. Es entsprach ihrem politischen Normenverständnis. Große Teile des ›Gemeinen Mannes‹, derjenigen Bevölkerungsgruppe, die weder vor noch nach 1650 – und auch nicht nach 1672 – an der institutionalisierten Politik partizipierten,- sahen sich durch dieses Ständeregiment jedoch nicht repräsentiert.

Als Kollektivorgan, in dem gewissermaßen per definitionem keinem Individuum das Recht zukam, Politik aus eigener Vollmacht treiben zu können, war es geeignet, Politik zu administrieren, kaum dazu, diese in der Krise kreativ zu gestalten. Es schuf lediglich die organisatorischen Rahmenbedingungen für die Entfaltung eines tendenziell auf den individuellen ökonomischen Erfolg ausgerichteten Politikinteresses. Schwerfällige Abstimmungsmechanismen und langwierige Konsensfindungswege zwischen den verschiedenen Ebenen von Staatlichkeit, den Städten, den Provinzialständen und den Organen des republikanischen Gesamtstaates, machten es krisenungeeignet. Es funktionierte nur, solange alles seinen gewohnten Gang ging und man in der breiten Bevölkerung nicht über die normativen Grundlagen von Politik nachdachte. In dem Moment, wo man damit begann, wurde deutlich, daß der Grundkonsens zwischen den Regenten der *ware vrijheid* und der Bevölkerung fehlte. Der ereignisarme Politikalltag hatte die Zentralnormen des Gemeinen Besten und der republikanischen Freiheit nicht unter den Zwang der inhaltlichen Überprüfung gestellt. Jetzt wurde deutlich, wie unterschiedlich diese Zentralnormen verstanden werden konnten.

Die Kriege mit England und Frankreich in den späten 1660ern und 1672 schufen eine Notstandssituation, in der sich zwangsläufig der Ratspensionär Johan de Witt zur zentralen Leitungsfigur aufschwingen mußte, sollte Handlungsfähigkeit bewiesen werden. Dazu besaß er allerdings qua Amt keine Legitimation, die dem ›Gemeinen Mann‹ hätte einsichtig gemacht werden können. Das Image als Emporkömmling und Usurpator, der das Gemeine Beste verletzte, ergab sich zwangsläufig aus der Diskrepanz zwischen der allgemein anerkannten Funktion seines Amtes als Sachwalter ständischer Routine und den aktuellen politischen Erfordernissen.

Das über Jahrhunderte verinnerlichte stadtbürgerlich-kollektive Wertesystem, welches in der niederländischen Republik die ständische Komponente des Politiksystems dominierte, kollidierte mit der Rolle der Republik als europäischer Großmacht, welche ihr aus der ökonomischen Potenz zuwuchs. Das gilt für beide Zweige des politisch-sozialen Denkens, die in dieser Wertetradition wurzelten. Für die Protagonisten der *ware vrijheid* mündete die stadtbürgerliche Vorstellung von *pax* und *concordia,* von Friede und Einigkeit, in ein außenpolitisches Konzept von friedlichem Handel und Wandel als Vorausetzung für die Wohlfahrt des Gemeinwesens, das die militärische Option allenfalls aus Gründen der Defension zuließ. Dies war angesichts der militärischen Machtpolitik der politischen Konkurrenten England und Frankreich in den 1660er und frühen 1670er Jahren nicht durchzuhalten. Als Johan de Witt unter dem Druck der wachsenden außenpolitischen Spannungen Allianzen zunächst 1662 mit Frankreich und 1668 mit England und Schweden einging, bewies er immerhin die Bereitschaft, sich auf das militärische Mächtespiel einzulassen. Er scheiterte, weil weder England noch Frankreich den prinzipiellen Defensivcharakter der niederländischen Politik akzeptierten. Erst die Offensivpolitik Wilhelms III. nach 1672 sicherte den politischen Erfolg im Mächteeuropa.[24]

Auch die politische Mentalität der nicht am Regiment der *ware vrijheid* beteiligten Stadtbürger war bezüglich der Großmachtrolle der Republik zunächst funktional defizitär. Korporative Vorstellungen von *pax, concordia* und Gemeinem Besten begrenzten Politik auf die Kirchturmperspektive der eigenen Gemeinde und die Wahrung der althergebrachten Privilegien der städtischen Bürgerfreiheit. Als deren Sachwalter profilierten sich im 17. Jahrhundert gerade die Bürgergarden. Nicht ohne Grund waren sie in Den Haag maßgeblich am Massaker gegen die De Witt beteiligt. Seit dem Ende des 16. Jahrhunderts hatten sie in der institutionalisierten Politik an Einfluß verloren. Die Verflechtung der großen Städte mit der Weltwirtschaft und die Professionalisierung einer überstädtischen Administration auf Provinz- und Gesamtstaatsebene begünstigten die Herausbildung einer zunehmend oligarchischen politischen Elite, der auch die De Witt angehörten. Wiederholt brachen im 17. Jahrhundert städtische Unruhen aus, in denen die Schützengilden ihren Anspruch als Normenbewahrer traditioneller Bürgerfreiheit aufrechtzuerhalten suchten.[25] Angesichts der Erfordernisse der europäischen Politik gerieten ihre Aktionen zu einem Anachronismus.

Das Defizit im Normenhorizont des ›Gemeinen Mannes‹ wurde, im Unterschied zu dem der Verfechter der *ware vrijheid*, von einem anderen Element aufgefangen: durch dessen Verehrung für den Oranierstatthalter. Ihn erhob man zum Garanten der eigenen Rechte gegenüber der bürgerlichen Politikelite, da er vermeintlich über den persönlichen Interessen jener Elite stand. Als charismatischer Vatergestalt gestand man dem Fürsten seitens der Masse der Bevölkerung das Recht auf politisches Handeln außerhalb des stadtbürgerlichen Normensystems gerade deshalb zu, weil man sich von ihm dessen Bewahrung versprach. Dazu zählte auch der Schutz vor dem äußeren Feind.

Auch einem Bürger wie Johan de Witt dieses Recht zuzugestehen, hätte vorausgesetzt, daß der ›Gemeine Mann‹ als politischer Akteur zur rationalen, reflektierenden Bewältigung aktueller politischer Anforderungen in der Lage gewesen wäre. Dies wiederum hätte vorausgesetzt, daß er sich über die vorbewußten, mentalitären Grundlagen des eigenen Politikverständnisses hätte hinwegsetzen können. Gerade dazu war die Masse der Bevölkerung nicht in der Lage. Ihr Politikverständnis blieb vorbewußt und in unreflektierten Normen verhaftet, die ausschließlich der polarisierenden, zur Differenzierung unfähigen Dichotomie von Gut und Böse, von Heil und Unheil folgten.

Ein Einblattdruck aus dem Jahr 1672, der sich in seiner schlichten Sprache an den einfachen Mann auf der Straße wandte, reduzierte die komplizierte Konstellation der Interessengruppen beispielhaft auf solch ein binäres Schema. Sein Titel *d'Opgaande Oranje Son, en 't dalende Wit* – »Die aufgehende Oraniersonne und das untergehende Weiß« (Wit!) – brachte Gut und Böse auf den Begriff einer Hell-Dunkel-Metaphorik, die sich im Text fortsetzte, wo es in Anspielung auf De Witt hieß: *Het WIT dat is nu swart* (»Das Weiß, es ist nun schwarz«).[26] Solche Metaphorik ermöglichte dem ›Gemeinen Mann‹ wohl Orientierung in der politischen Landschaft, aber nur in dem Sinn, daß es ihn zur Vernichtung des vermeintlich Bösen aufstachelte.

An dieser Stelle offenbart sich die Ambivalenz der Politiktechnik, über die Verbreitung von Pamphleten Öffentlichkeit herzustellen. Die Häufung von Pamphleten, in denen politische Fragen diskutiert werden, kann im Fall der niederländischen Republik allenfalls unter den Normalbedingungen des politischen Alltagsgeschäftes als Ausdruck eines rationalen öffentlichen Politikdiskurses charakterisiert werden. In der Fundamentalkrise von 1672 zeigte sich jedoch die andere Seite des Pamphletierens. Die Pamphlete vervielfältigten Herrschaftspropaganda, die nicht der innovativen Lösung einer Krise durch das »öffentliche Räsonnement«[27], sondern lediglich der Bestätigung eines eingespielten Mentalitätsmusters diente, in dem auch die Propagandisten selbst gefangen waren. Das Konzept der politisch gestaltenden Mündigkeit, welches Dissens als legitime Möglichkeit akzeptierte, um in rationaler Debatte zu einem Ergebnis zu kommen, griff noch nicht Platz.

All das, was ich dargestellt habe, mag verstehbar machen, was mit den Gebrüdern De Witt geschah. Es sieht ganz so aus, als habe es keine Verantwortlichen für die Tat gegeben, als hätten die Täter so gehandelt, weil sie nicht anders konnten.

Es ist, wenn auch nicht öffentlich, bereits Ende des 17. Jahrhunderts der Verdacht geäußert worden, Wilhelm III. habe als Anstifter hinter der Tat gestanden. Der Historiker Robert Fruin hat Ende des 19. Jahrhunderts den Nachweis geführt, daß von einer Verantwortung im strafrechtlichen Sinn keine Rede sein kann.[28] Sind also die Gebrüder De Witt lediglich beklagenswerte Opfer der Verhältnisse geworden? Sind auch die direkten Täter frei von Verantwortung, weil sich ihr Handeln aus ihrer Mentalität erkären läßt? Die Antwort lautet: nein. Auch nach dem damals geltenden Strafrecht hatten sie sich eines Verbrechens schuldig gemacht. Sie sind nicht verfolgt worden, weil es politischer Opportunität entsprach.

Die Tat zu verstehen, ist Aufgabe des Historikers als Richter. Verstehen darf freilich nicht den Unterschied zum Einverständnis verwischen. Vor einiger Zeit beklagte Kurt Sontheimer, daß in der Historiographie die Tendenz bestünde, alles so lange zu differenzieren und in seiner komplexen historischen Einbettung zu sehen, »bis von der politischen und moralischen Verantwortung der Handelnden und Denkenden so gut wie nichts mehr übrigbleibt«.[29] Dieser Gefahr ist vor allem der Historiker ausgesetzt, der sich mit einer länger zurückliegenden Vergangenheit beschäftigt, weil die Handlungsbegründungen scheinbar oder wirklich so weit von unseren gegenwärtigen Wertmaßstäben entfernt sind. Das sich im Fall der Propaganda gegen die De Witt offenbarende Muster der Legitimation einer Massenpsychose, die zum Verbrechen führt, das Suchen und Finden von Sündenböcken, die pars pro toto zu Schlachtopfern werden, der Ruf nach dem charismatischen Führer, all das ist freilich so fremd nicht. Ohne sich in bloßer Analogie zu ergehen, kann man aus dem präsentierten Fall lernen. Er schafft Klarheit über Handlungsbedingungen und Handlungsmöglichkeiten, indem man vor der Folie der Ereignisse vom 20. August 1672 darüber nachdenkt, wo die Gemeinsamkeiten und Differenzen zwischen der damaligen und der gegenwärtigen Politikkultur liegen und wie letztere zu gestalten ist, damit das Opfer des Sündenbocks etwas weniger wahrscheinlich wird.

Literatur

Blom, H.W., I.W. Wildenberg (Hgg.), Pieter de la Court in zijn tijd. Aspecten van een veelzijdig publicist (1618–1685), Amsterdam u. Maarssen 1986

Burke, Peter, Popular culture in early modern Europe, London 1978

Davids, Karel, Jan Lucassen (Hgg.), A miracle mirrored. The Dutch Republic in European perspective, Cambridge 1995

Haitsma Mulier, E.O.G., The myth of Venice and Dutch republican thought in the seventeenth century, Assen 1980

Geyl, Pieter, Democratische tendenties in 1672, in: Ders., Pennestrijd over staat en historie. Opstellen over de Vaderlandse Geschiedenis, Groningen 1971, S. 72–129

Israel, Jonathan, The Dutch Republic. Its rise, greatness, and fall (1477–1806), Oxford 1995

Lademacher, Horst, Die Niederlande. Politische Kultur zwischen Individualität und Anpassung, Berlin 1993

Mörke, Olaf, ›Stadtholder‹ oder ›Staetholder‹? Die Funktion des Hauses Oranien und seines Hofes in der politischen Kultur der Republik der Vereinigten Niederlande im 17. Jahrhundert, Habilitationsschrift Gießen 1994 (erscheint 1996 in der Reihe ›Niederlande–Studien‹ des Zentrums für Niederlande-Studien, Münster)

Mörke, Olaf, ›Oranje in 't Hart‹ Oder: Wie man diskursiv den Diskurs austreibt. Überlegungen zur propagandistischen Instrumentalisierung von Öffentlichkeit in der niederländischen Republik im Krisenjahr 1672, in: Monika Hagenmaier, Sabine Holtz (Hgg.), Krisenbewußtsein und Krisenbewältigung in der Frühen Neuzeit, FS Hans–Christoph Rublack, Frankfurt am Main 1992, S. 277–290

Price, J.L., Holland and the Dutch Republic in the seventeenth century. The politics of particularism, Oxford 1994

Rooijakkers, Gerard, Theo van der Zee (Hgg.), Religieuze volkscultuur. De spanning tussen de voorgeschreven orde en de geleefde praktijk, Nijmegen 1986

Roorda, D.J., Partij en factie. De oproeren van 1672 in de steden van Holland en Zeeland: een krachtmeting tussen partijen en facties, Groningen 1961

Rowen, Herbert H., John de Witt: Grand pensionary of Holland (1625–1672), Princeton 1978

Rowen, Herbert H., John de Witt. Statesman of the ›True Freedom‹, Cambridge 1986

Schilling, Heinz, Der libertär–radikale Republikanismus der holländischen Regenten. Ein Beitrag zur Geschichte des politischen Radikalismus in der frühen Neuzeit, in: Geschichte und Gesellschaft 10 (1984), S. 498–533

Waardt, Hans de, Toverij en samenleving. Holland 1500–1800, Den Haag 1991

Anmerkungen

[1] Heinrich Heine, Zur Geschichte der Religion und Philosophie in Deutschland, in: Ders., Werke, Bd. 4, Frankfurt am Main, S. 44–165, hier: S. 93.

[2] Hans de Waardt, Toverij en samenleving. Holland 1500–1800, Den Haag 1991, S. 243 f., 277–291.

[3] Christopher Brown, Holländische Genremalerei im 17. Jahrhundert, München 1984, S. 187 f.

[4] Johannes Vollenhove, D'Oranjeboom herlevende in den Doorluchtigsten Vorst en Here Willem Hendrik, Prins van Oranje en Nassau [...], in: Anton van Duinkerken, P.J.G. Huincks (Hgg.), Dichters om Oranje. Oranjepoëzie van Willem de Zwijger tot heden, Baarn 1946, S. 153–156. Zum *Neuen Israel*: G. Groenhuis, Calvinism and national consciousness: The Dutch Republic as the New Israel, in: A.C. Duke, C.A. Tamse (Hgg.), Britain and the Netherlands, Bd. 7: Church and State since the Reformation, Den Haag 1981, S. 118–133.

[5] Dazu ausführlich: Olaf Mörke, ›Stadtholder‹ oder ›Staetholder‹? Die Funktion des Hauses Oranien und seines Hofes in der politischen Kultur der Republik der Vereinigten Niederlande im 17. Jahrhundert, Habilitationsschrift Gießen 1994 (erscheint 1996 in der Reihe ›Niederlande-Studien‹ des Zentrums für Niederlande-Studien, Münster).

[6] Zu den Stadtunruhen: Eberhard Isenmann, Die deutsche Stadt im Spätmittelalter: 1250–1500. Stadtgestalt, Recht, Stadtregiment, Kirche, Gesellschaft, Wirtschaft, Stuttgart 1988, S. 190–198; Marc Boone, Maarten Prak, Rulers, patricians and burghers: the Great and the Little traditions of urban revolt in the Low Countries, in: Karel Davids, Jan Lucassen (Hgg.), A miracle mirrored. The Dutch Republic in European perspective, Cambridge 1995, S. 99–134.

[7] Herbert H. Rowen, John de Witt: Grand Pensionary of Holland (1625–1672), Princeton 1978, S. 841.

[8] Ebd. S. 853.

[9] Ebd. S. 865.

[10] Das Urteil wurde als Pamphlet verbreitet. Alle hier zitierten Pamphlete sind nachgewiesen in: W.P.C. Knuttel, Catalogus van de Pamfletten-Verzameling berustende in de Koninklijke Bibliotheek, 9 Bde., Supplement- und Registerband, 's-Gravenhage 1890–1920 (im folgenden zitiert als: Knuttel), hier: Nr. 10188.

[11] Knuttel 10408–10411.

[12] Knuttel 10196.

[13] Richard van Dülmen, Theater des Schreckens. Gerichtspraxis und Strafrituale in der frühen Neuzeit, München 1985, S. 137.

[14] Knuttel 10203.

[15] Ebd.

[16] Willem Frijhoff, Vraagtekens bij het moderne kersteningsoffensief, in: Gerard Rooijakkers, Theo van der Zee (Hgg.), Religieuze volkscultuur. De spanning tussen de voorgeschreven orde en de geleefde praktijk, Nijmegen 1986, S. 71–98, hier: S. 88.

[17] Ebd.

[18] Knuttel 11539.

[19] Nieuw Nederlandsch Biografisch Woordenboek, Bd. 10, Leiden 1937, Spalte 920; Lia van Gemert, De Haagsche Broeder-Moord: Oranje ontmaskerd, in: Literatuur 1 (1984), S. 268–276, hier: S. 272.

[20] Frijhoff (wie Anm. 16), S. 84; Peter Burke, Popular culture in early modern Europe, London 1978, S. 23–29.

[21] M. van der Bijl, Pieter de la Court en de politieke werkelijkheid, in: H.W. Blom, I.W. Wildenberg (Hgg.), Pieter de la Court in zijn tijd. Aspecten van een veelzijdig publicist (1618–1685), Amsterdam u. Maarssen 1986, S. 65–91; Horst Lademacher, Die Niederlande. Politische Kultur zwischen Individualität und Anpassung, Berlin 1993, S. 189–191.

[22] Heinz Schilling, Der libertär-radikale Republikanismus der holländischen Regenten. Ein Beitrag zur Geschichte des politischen Radikalismus in der frühen Neuzeit, in: Geschichte und Gesellschaft 10 (1984), S. 498–533, hier: S. 521–523.

[23] Knuttel 10204.

[24] Wouter Troost, Een maritieme of continentale diplomatie? De buitenlandse politiek van Johan de Witt tot Willem V, in: Karel Davids u.a. (Hgg.), De Republiek tussen zee en vasteland. Buitenlandse invloeden op cultuur, economie en politiek in Nederland 1580–1800, Leuven u. Apeldoorn 1995, S. 273–286, hier: S. 274 f.

[25] Paul Knevel, Burgers in het geweer. De schutterijen in Holland (1550–1700), Hilversum 1994, S. 323–367; die Rolle der Schützengilden in politischen Konflikten, auch in denen des Jahres 1672, integriert in eine klare Strukturanalyse des poli-

tischen Systems der Republik: J.L.Price, Holland and the Dutch Republic in the seventeenth century. The politics of particularism, Oxford 1994, S. 90–108.

[26] Knuttel 10276.

[27] Als Kennzeichen einer modernen »bürgerlichen Öffentlichkeit« qualifiziert dies: Jürgen Habermas, Strukturwandel der Öffentlichkeit. Untersuchungen zur Kategorie der bürgerlichen Öffentlichkeit, Darmstadt u. Neuwied 1987 (17. Aufl), S. 42.

[28] Robert Fruin, De schuld van Willem III en zijn vrienden aan den moord der gebroeders De Witt, in: Ders., Verspreide Geschriften, Bd. 4, 's-Gravenhage 1901, S. 357–376.

[29] Kurt Sontheimer, Wider die Leisetreterei der Historiker, in: DIE ZEIT, 4. Nov. 1994, S. 15 f., hier: S. 15.

Thomas W. Gaehtgens

Davids Marat (1793) oder die Dialektik des Opfers

Das Attentat auf den Revolutionsführer Marat ist bis heute, neben dem Sturm auf die Bastille und der Enthauptung Ludwigs XVI., im allgemeinen Bewußtsein dieses politischen Umbruchs eines der herausragendsten Ereignisse der Französischen Revolution geblieben. Die zeitgenössischen Zeugnisse, die literarischen Verarbeitungen und die wissenschaftlichen Darstellungen sind kaum noch von einem einzelnen zu erfassen. Zu der Unmenge an Literatur treten noch die malerischen Darstellungen, unter denen das berühmte Gemälde Jacques-Louis Davids besonders herausragt. Davids Werk, dessen Faszination ungebrochen ist und daher auch diesem Band als Umschlag dient, muß in den Ausführungen des Kunsthistorikers über unseren Gegenstand einen zentralen Platz einnehmen. (Abb. 1)[1] Die überwältigende Flut von Informationen schriftlicher und bildlicher Art über den Mord hat jedoch keine eindeutigen Einsichten gebracht. Weder der Vorgang selbst, noch die Umstände, die zu ihm führten, geschweige Charakter und Motive der handelnden Personen sind für uns heute klar faßbar. Die ungewöhnliche Faszination des Ereignisses ist für die Zeitgenossen und die Nachwelt Anlaß geworden, immer neue Deutungen des Geschehens vorzutragen. Gerade weil jedermann von der Nachricht und den Umständen so betroffen war, so scheint es, verwischten sich die Berichte und Nachrichten. Schriftsteller und Künstler nutzten den Mord zu ihren eigenen, von den historischen Umständen oft weit entfernten Aussagen. Ja, das schauerliche Ereignis konnte zur Vorstellung des Attentats an sich werden. Attentäter konnte es zu eigenem Tun anregen. Der Mörder Kotzebues, Sandt, trug Jean Pauls Broschüre über den Mord an Marat in der Tasche.[2] Konsequenterweise hat die historische, literatur- und kunstwissenschaftliche Forschung längst die Rezeptionsgeschichte des Attentats als eigenes Thema erkannt.[3] Vielleicht ist die Analyse der Wirkung überhaupt das einzige Forschungsfeld, das noch Einsichten verspricht. Denn, wie es wirklich gewesen ist, kann im Sinne Rankes kaum noch rekonstruiert werden.

Das Attentat

Dennoch bleibt nach den Prozeßakten unbestritten, daß sich am Abend des 13. Juli 1793 Marie Anne Charlotte de Corday d'Armont zur Wohnung Jean-Paul Marats in der Rue des Cordeliers in Paris Zutritt verschaffte.[4] Zweimal war sie bereits zurückgewiesen worden. Ein von ihr vorbereitetes Billet benötigte sie nicht. Es endete mit den Worten: *J'espère que vous ne me refuserés pas, voyant combien la chose est interessante. Suffit que je sois bien malheureuse pour avoir droit à votre protection.*[5] Es gelang ihr, sich mit einem Angestellten in die Wohnung hineinzudrängen. Marat vernahm die lautstarke Auseinandersetzung im Eingang, als sie wieder aus der Wohnung gewiesen wurde, und befahl, sie zu sich zu lassen. Er befand sich in einem engen Raum, der nur mit einer Landkarte und zwei Pistolen an den Wänden geschmückt war. Eines schweren Hautekzems wegen pflegte er längere Zeit, wie auch in diesem Moment, in der Badewanne zuzubringen, da das mit Heilkräutern versetzte Wasser den Juckreiz linderte. Seine Lebensgefährtin, Simonne Évrard, führte die Corday in den Raum und verließ ihn. Charlotte wandte sich an Marat und teilte ihm mit, daß in Caen eine Rebellion geplant sei. Ihre Unterhaltung dauerte knapp eine Viertelstunde. Sie nannte ihm eine Liste der Anführer. Marat notierte die Namen und antwortete: *C'est bien, dans peu de jours je les ferai tous guillotiner.*[6] Daraufhin zog Charlotte Corday ein Messer heraus und stieß es Marat in die Brust. Marat konnte noch um Hilfe rufen. Simonne eilte herbei, ein Tumult entstand. Ein Angestellter, Laurent Bas, der in einem benachbarten Raum Zeitungen falzte, schlug mit einem Stuhl auf Charlotte Corday ein und warf sie zu Boden. Nach kurzer Zeit kam weitere Hilfe. Marat wurde noch lebend aus der Badewanne gehoben und auf sein Bett gelegt. Doch auch die herbeigeholten Ärzte konnten dem Sterbenden nicht mehr helfen. Charlotte Corday war inzwischen gefesselt und verhaftet worden. Berichte, daß sie friedlich aus dem Haus spaziert sei, in einem vor dem Hause wartenden Fiaker geduldig auf ihre Festnahme gewartet habe, sind wohl Legende. In ihrem ersten Verhör gestand sie die Tat und sagte aus, allein gehandelt zu haben: *...ayant vu la guerre civile sur le point de s'allumer dans toute la France et persuadée que Marat était le principal auteur de ce désastre, elle avait préféré de faire le sacrifice de sa vie pour son pays.*[7] Nach ihrem Prozeß wurde sie bereits vier Tage später, am 17. Juli 1793, im roten Gewand der Mörder guillotiniert.

Charlotte Corday

Wer war die Attentäterin? Wer war Charlotte Corday? Seit ihrer Tat konnte auf zweierlei Weise über sie geschrieben werden. Einerseits erschien sie als blutrünstige Konterrevolutionärin und als Verteidigerin der Adelsprivilegien. Um ihrem Stand wieder die angestammten Rechte zu erkämpfen, habe sie den heimtückischen Mord an dem vom Volke geliebten *Ami du Peuple* angezettelt. Andererseits konnte sie als neue Judith, als Befreierin von einem der wüstesten Revolutionäre und Blutsauger, der bereits zu einem frühen Zeitpunkt des Umsturzes gefordert hatte, es müßten Köpfe rollen, gefeiert werden. Weder die eine noch die andere Perspektive erklärt befriedigend die Tat. Die Fakten bleiben bis heute spröde und forderten bereits unmittelbar nach dem Ereignis zu phantasiereichen Darstellungen oder den eigenen politischen Überzeugungen entsprechenden Deutungen heraus. Charlotte de Corday d'Armont war die Tochter eines Landadeligen aus der Normandie. Die Familie war keineswegs ausreichend begütert, um den wirtschaftlich schweren Zeiten der Epoche vor der Französischen Revolution standhalten zu können. Zwei Söhne flohen in die Emigration, und der Vater sah sich nicht in der Lage, seinen beiden Töchtern eine standesgemäße Aussteuer zu geben. Charlotte wuchs in einem Stift auf, ohne dem Orden der Benediktinerinnen allerdings beizutreten. Nach der Auflösung der Klöster wohnte sie bei einer Tante in Caen. Dort erlebte sie die politischen Auseinandersetzungen aus der Perspektive der Provinz, die den gemäßigten Girondisten und nicht den extremen Montagnards zuneigte. Eine Liebesaffäre mit dem Advokaten Bougon-Langrais brachte keine erfüllte Beziehung, vermittelte ihr aber Einblicke in das politische Geschehen. Sie las als Verehrerin von Rousseau und dessen *Contrat Social* die gemäßigten Journale, wie den *Courrier français* und das *Journal* von Perlet.

Im Jahre 1793 wurde Caen die Hauptstadt der Föderalisten. Der General Wimpfen, gegen den Marat heftig polemisierte, zog in der Hauptstadt der Normandie Truppen zusammen, um den Konvent von den extremistischen Revolutionären zu befreien. Im Juni 1793 floh eine Gruppe von Abgeordneten der Gironde, unter ihnen Pétion und Barbaroux, nach Caen. Marat und Robespierre galten ihnen als die gefährlichsten politischen Gegner, denen sie vorwarfen, eine Tyrannei in Paris errichten zu wollen. Am 18. Juni 1793 ließ Barbaroux einen Anschlag verteilen, in dem es hieß: *Français, levez-vous et marchez, non pour battre les Parisiens, mais pour délivrer, pour protéger l'unite de la République une et indivisible...*[8] Charlotte Corday nahm an diesen turbulenten und dramatischen Vorgängen Anteil. Sie war nicht nur Zeugin, sondern offenbar leidenschaflich bewegt über die Wirren, in die die Nation gestürzt war. Wie sie in dem späteren Prozeß aussagen sollte, war sie keine unbedingte Parteigängerin der geflohenen Girondisten, aber sie war mit ihnen bekannt.[9] Marat, den Wimpfen *le plus vil des hommes* genannt hatte, galt ihnen als gefährlicher und exzentrischer Politiker, der zum Terror aufrief und Frankreich ins Unglück stürzte. Warum sich Charlotte Corday zur Mordtat entschloß, ist so eindeutig nicht zu bestimmen. Der Ruin ihrer Familie – der Vater hatte mittlerweile Haus und Hof aufgeben müssen –, das Erlebnis von staatlicher Willkür und ihre persönliche unbefriedigende Lebenssituation mögen zusammengewirkt haben. Im Prozeß und in ihren schriftlichen Äußerungen betonte sie immer wieder glaubwürdig, daß sie die Tat aus Vaterlandsliebe begangen habe. Sie habe die Republik begrüßt, Frankreich aber vom Bürgerkrieg befreien wollen und allein und aus freiem Entschluß gehandelt. Alle Verschwörungstheorien, die – wie in solchen Fällen üblich – rasch verbreitet und politisch-propagandistisch in Szene gesetzt wurden, fallen auf der Grundlage der Dokumente in sich zusammen. Ihre Kontakte zu den geflohenen Girondisten nutzte sie, um sich für eine Jugendfreundin, Mlle. de Forbin, einzusetzen, die vergeblich als ehemalige Kanonikerin auf ihre Rente wartete. Barbaroux schrieb auf Gesuch von Charlotte am 7. Juli an einen Freund, den Abgeordneten Duperret. Zu diesem Zeitpunkt muß ihr Entschluß festgestanden haben. Mit dem Empfehlungsschreiben brach sie am 9. Juli 1793 unter dem Vorwand, sich für die Freundin einzusetzen, nach Paris auf, in Wahrheit, um am 14. Juli im Konvent Marat zu ermorden.

Charlotte Corday reiste mit der Gewißheit, nicht wieder zurückkehren zu können. Von ihrem Vater verabschiedete sie sich nicht, schrieb ihm aber am 9. Juli einen Brief. In ihm führte sie aus, sie gehe nach England, *parce que je ne crois pas qu'on puisse vivre en France heureux et tranquille, de bien longtemps.*[10] In Paris stieg sie am 11. Juli im Hotel de la Providence an der Place des Victoires ab. Am folgen den Tage suchte sie den Abgeordneten Duperret auf, wobei sie erfuhr, daß Marat nicht mehr an den Sitzungen des Konvents teilnahm. Am Morgen des 13. erstand sie ein Messer unter den Arkaden des Palais Royal und wurde, zunächst zwei Mal ohne Erfolg, in der Rue des Cordeliers bei Marat vorstellig, bevor ihr am Abend die bereits geschilderte Tat gelang.

Jean-Paul Marat

Marat hatte zum Zeitpunkt des Mordes den Höhepunkt seiner politischen Wirkung bereits hinter sich. Populär, aber nicht unbedingt mächtig, könnte sein politischer Einfluß beschrieben werden. In mehreren Jahren intensivster schriftstellerischer Tätigkeit hatte er seinen Aufstieg in die Reihe der Revolutionsführer erkämpft. Dabei hatte er ein Bild von sich gezeichnet, das ihn als einen kompromißlosen, die Ziele der Revolution mit allen Mitteln verfolgenden Extremisten zeigte; wir würden heute sagen: ein Fundamentalist. Marat war zunächst Arzt, Wissenschaftler und Philosoph gewesen und hatte durch viele Publikationen seine Forschertätigkeit unter Beweis gestellt.[11] Allerdings blieb ihm die Anerkennung durch die *Académie des Sciences* versagt.[12] Aus Groll und in der Erwartung sich dort besser entfalten zu können, verließ er Frankreich zu einem 10jährigen Aufenthalt in England. Dort verfasste er, auf Rousseaus *Contrat Social* aufbauend, eine Reihe von philosophischen und politischen Abhandlungen, wie 1773: *A Philosophical Essay on Man* und 1774: *The Chains of Slavery.* Diese Essays vermittelten Marats bereits frühe Überzeugung, daß eine Verfassung noch keinen ausreichenden Schutz gegen den Despotismus darstelle. Der Bürger müsse stets vor Vertrauensseligkeit gegenüber der Staatsführung gewarnt werden. Institutionen wie die Armee, die Kirche und die Verwaltung gelte es unablässig zu überwachen. Als ein aufmerksamer Mahner und Wächter betätigte er sich nach Ausbruch der Revolution mit seinen verschiedenen Zeitschriften, Zeitungen und Plakaten, die er zum größten Teil selbst verfasste. Mit *L'Ami du Peuple*, so der Titel der bekanntesten Zeitung, wurde er populär, geriet jedoch mit den Behörden oft in Konflikt. Seine Sorge über mögliche Konterrevolutionen und seine agressiven Stellungnahmen zwangen ihn mehrfach in den Untergrund zu gehen. Aber auch Zensur, Verurteilung und Gefängnis beeindruckten ihn in seiner unversöhnlichen Haltung nicht. Er betrachtete sich als den öffentlichen Zensor der Politik.

Als einflußreiches Mitglied des Club des Cordeliers betrat er seit September 1792 als Mitglied des Konvents auch als Redner immer stärker die Bühne der Politik. Wie seine politische Einstellung von vielen beurteilt wurde, ergibt sich eindrucksvoll aus einem Urteil von Fabre d'Eglantine: *Wir bedauern, daß Marat, immer zu sehr von sich selbst uberzeugt, Gefühle überschäumen läßt, die sich schwer mit der Tugend eines patriotischen Gesetzgebers vertragen. Die Ächtungslisten, die er von Zeit zu Zeit veröffentlicht, haben nicht immer den Charakter der Unparteilichkeit und der Gerechtigkeit, die bei so gewalttätigen Maßnahmen erforderlich sind. Manchmal vergißt sich Marat so weit, daß er den Eindruck erweckt, er strebe die Diktatur an ... Marat hat in seinem Verhalten auch nicht immer so viel Mut bewiesen, wie die Kühnheit seiner Pamphlete versprach. Er hat sich so sorgfältig verborgen, daß man ihn lange für ausgewandert oder tot hielt. Man kompromittiert die Wahrheit, wenn man ihre Orakel aus der Tiefe eines Kellers spricht.*[13]

Als Mitglied des Konvents löste er sich von den Cordeliers und kämpfte mit den Jakobinern als Montagnard gegen die gemäßigten Girondisten, die zunächst die Mehrheit in der Nationalversammlung hatten. Diese warfen ihm vor, er fordere Todesurteile und provoziere den Bürgerkrieg. Im Herbst 1792 sah er sich mit Robespierre vorübergehend gezwungen, sich in Sicherheit zu bringen. Die Hungersnöte des Winters 1792/93 verlagerten die Auseinandersetzungen auf die Straße, wo Marat durch seine Flugblätter und Zeitungen weiterhin Gehör fand. Nach dem Tod des Königs am 21. Januar 1793, dem katastrophalen Feldzug im Norden und dem Verrat von Dumouriez gerieten die Girondisten jedoch in Bedrängnis. Die Montagnards befürworteten nun eine Volksbewegung, für die sich Marat einsetzte. Im April 1793 erreichten die Girondisten durch Abstimmung im Konvent die Anklageerhebung gegen Marat, der sich aber der Verhaftung entzog. Zum Prozeß am 13. April erschien er jedoch und siegte mit einem Freispruch. *Ich gehöre dem Vaterland,* sollte er vor dem Gericht aussagen, *ich schulde mich dem Volk, dessen Auge ich bin.*[14] Marat wurde im Triumph in den Konvent getragen. Die Girondisten gingen ihrem Sturz entgegen.

Seit Juni 1793 erschien Marat kaum noch im Konvent, offenbar seiner Krankheit wegen. Er blieb jedoch als Mahner tätig und griff viele Mitglieder des Konvents direkt in seinen Schriften an. Immer wieder forderte er aus Armee und Verwaltung alle ehemaligen Adeligen auszuschließen, um Konterrevolutionen zu unterbinden. Den Abgeordneten warf er Unentschlossenheit vor. Das Attentat von Charlotte Corday erscheint in diesem Zusammenhang nachvollziehbar. In Caen, umgeben von Girondisten, konnte ihr Marat als der extremistische Volksvertreter erscheinen, der den Bruderkrieg entfesselte. Ihre Hoffnung, durch den Mord Frankreich zu befrieden und eine Beruhigung der angespannten Lage zu bewirken, sollte sich aber nicht bewahrheiten. Im Gegenteil, das Attentat beschleunigte die blutige Konfrontation in der Terrorherrschaft der folgenden Monate.

Bildreportagen des Attentats

Das Attentat auf Marat kann und muß unter verschiedenen Fragestellungen untersucht werden. Den Kunsthistoriker beschäftigen besonders die Bildquellen des Ereignisses. Wir werden dabei sehen, daß ihre Analyse durchaus den Ergebnissen der Geschichtswissenschaft verwandt sind, ja, sie in mancher Hinsicht bedingt durch das andere Medium, noch ergänzen.

Der Mord wurde in ganz Europa nicht nur durch schriftliche, sondern auch bildliche Berichterstattung verbreitet und kommentiert. Man kann dieses Bildmaterial nicht von seiner Funktion losgelöst beurteilen. Graphische Darstellungen dienten der im 18. Jahrhundert immer stärker an wachsenden Neugier nach sinnlicher Vergegenwärtigung aufregender Ereignisse.[15] Unsere Sensationspresse heute besitzt hier ihre Vorläufer.

Mit der Veröffentlichung der Vorgänge im Bild wußten Zeichner und Stecher gutes Geld zu machen. Der Informationswert der Bilder ist jedoch nicht höher einzuschätzen als der der heutigen Presse. Hierfür drei Beispiele, die unmittelbar nach dem Geschehen verbreitet wurden:

1. Anonym, 1793, *La mort du patriote Jean Paul Marat député à la convention nationale.* (Abb. 2) Charlotte Corday ist gerade dabei, dem in der Badewanne sitzenden Marat das Messer in die Brust zu stoßen. Links im Hintergrund eilt der Mitarbeiter Marats, Laurent Bas, in verzweifelter Gestik heran. Zwei Momente sind hier zusammengezogen: der Mord und nach dem Hilferuf Marats das Erscheinen des Mannes. Nach übereinstimmenden Zeugenaussagen war aber keineswegs Laurent Bas der erste, sondern Simonne Évrard. Nicht die historische Treue, sondern vielmehr die heimtückische Tat gegenüber der Hilflosigkeit des Opfers wird im Stich überliefert.

2. Louis Brion de la Tour, 1793, *Assassinat de J. P. Marat.* (Abb. 3) In dieser Fassung des Ereignisses ist der Moment geschildert, in dem Marat aus der Badewanne gehoben und zu seinem Bett getragen wird. Der Raum

ist mit vielen Gestalten gefüllt; Soldaten führen die gefesselte Charlotte Corday in der linken Bildhälfte ab

3. Marchand nach Claude Louis Desray, 1793, *Assassinat de J. P. Marat.* (Abb. 4) Etwa gleichzeitig entstand eine Darstellung, die einen späteren Moment des Vorganges festzuhalten scheint. Scheint, sagen wir, denn, nach Zeugenaussagen ist sicher, daß Marat sofort aus der Badewanne gehoben und auf sein Bett gelegt worden ist. Dort stellte der herbeigeholte Arzt den Tod fest. Unsere Graphik zeigt den Toten jedoch in der Wanne. Gestikulierende und trauernde Gestalten weisen auf ihn hin und scheinen dem herangeholten und an einem Tisch sitzenden Polizisten den Vorgang für das Protokoll zu diktieren. Am linken Bildrand wird Charlotte Corday abgeführt. Der Wahrheitscharakter auch dieser Darstellung ist fragwürdig, es sei denn man könne annehmen, der Leichnam sei in die Badewanne zurückgelegt worden.

Diese populären und künstlerisch nicht besonders hochstehenden Darstellungen erzählen. Sie ziehen verschiedene Handlungsmomente zusammen, wie es das Medium der bildenden Kunst verlangt, um einen zeitlichen Ablauf überliefern zu können. Dabei kommt es zu Unsicherheiten, die durch mangelnde Kenntnis über das Geschehen und die widersprüchliche Berichterstattung der gedruckten Presse vermittelt worden sind.

Davids Marat

Von ganz anderer Art ist das Gemälde Jacques-Louis Davids, das der Künstler gleich nach dem Tod Marats begann und in drei Monaten fertigstellte. Das Werk, das zunächst schlicht und unmittelbar einsichtig wirkt, stellt uns jedoch vor große interpretatorische Probleme, die mit den historischen Zusammenhängen des Attentats verbunden sind.

Dargestellt ist scheinbar der gerade ermordete Marat. Sichtbar ist nur der aus der Wanne herausragende Oberkörper mit der, trotz des Schattens, deutlich erkennbaren Wunde unter dem Hals, aus der Blut fließt. Der Kopf, turbanartig mit einem Tuch umwickelt, ist nach hinten gefallen, sein rechter Arm nach unten gesunken; die Hand hält noch die Schreibfeder; links daneben die blutige Mordwaffe. Der linke Arm ruht auf einem mit einer grünen Decke bedeckten Brett auf, das über der Wanne liegt. In der Hand hält er Charlotte Cordays Schreiben, das neben Blutflecken gut lesbar die Zeilen enthält: *du 13 juillet, 1793/Marieanne Charlotte Corday au citoyen Marat il suffit que je sois malheureuse pour avoir droit a votre bienveillance.*[16] In Wahrheit hat ihn dies Billet niemals erreicht! Die Badewanne ist mit einem weißen Tuch ausgelegt und von blutigem Wasser durchtränkt. Vor der Wanne steht ein einfacher Holzkasten, der als Ablage dient. Auf ihm befinden sich eine Feder und ein Tintenfaß, ein Brief und eine Assignate. Auch auf diesem Schreiben sind die Schriftzüge erkennbar:

Vous donnerez cet assignat à la mère de cinq enfants dont le mari est mort pour la défense de la patrie.[17] Auf der Kiste, dem Betracher direkt gegenübergestellt die Widmung: *À Marat, David* sowie die Jahresangabe *l'An Deux.* Ein gleichförmiger, leicht vibrierender, nach rechts heller werdender, braun-ockerer Hintergrund unterstützt die geradezu zeremonielle Aufbahrung. Obwohl Marat im Moment unmittelbar nach dem Todesstoß festgehalten zu sein scheint, hat der Künstler den Eindruck des Momentanen vermeiden wollen. Durch die strenge geometrische Komposition suchte er den Ausdruck des Statischen und Unveränderlichen zu bewirken. Darin liegt die besondere Spannung des Gemäldes. Das Licht gleitet von links vorn über den Körper und gibt ihm Plastizität, der Hintergrund bleibt hinter Marat jedoch im Dunkel, damit sich die Gestalt abhebt.

Marat erscheint auf wirklichkeitsgetreue Art im Moment des gerade eintretenden Todes begriffen und schon gleichzeitig aufgebahrt und dem Betrachter dargeboten.[18] Bei längerer Betrachtung erst erkennt man die Inszenierung, erkennt man den Regisseur. Ist Marat schon tot? Oder stirbt er gerade? Der Kopf eines Toten wäre wohl herab oder nach hinten gesunken. Der Tote hätte wohl auch nicht mehr das Blatt und die Feder halten können. Wie David selbst bei seiner Ankündigung der Vollendung des Gemäldes am 14. Oktober 1793 angab, schilderte er ihn *à son dernier soupir.*[19] Marat ist hingegeben und opferbereit während seines Martyriums geschildert. Marat ist wie ein Heiliger, wie ein Märtyrer zur Anbetung mit den Zeichen seiner Passion vor einem goldschimmernden Grund im Moment des Todes aufgebahrt. Der Maler bediente sich eines sanktionierten christlichen Bildtypus', für den Michelangelos Pieta in St. Peter oder Caravaggios Grablegung im Vatikan als Vorbilder dienen könnten.[20] Das Kunstwerk entstand nicht aus einem leidenschaftlichen Gefühlsausbruch heraus, es ist auch kein Bericht über einen Vorgang, sondern war Ergebnis gezielter Planung. David präsentierte Marat als einen Märtyrer der Revolution. Dieser von Klaus Lankheit bereits vor einigen Jahren vorgetragenen Deutung ist in den letzten Jahrzehnten heftig widersprochen worden, zu Unrecht, wie wir meinen.[21] Wir kommen darauf zurück.

Der Vergleich von Davids Gemälde mit dem Werk des Joseph Roques, ebenfalls aus dem Jahre 1793, belegt auf der einen Seite die Abhängigkeit des Malers aus Toulouse von Davids Bild.[22] (Abb. 5) Auf der anderen Seite wird jedoch auch die völlig veränderte Auffassung deutlich. Roques stellte den Toten dar. Marats Kopf ist nach hinten gefallen, die Augen sind gebrochen, seine Züge weisen ein etwas aufdringliches Lächeln auf, die Feder ist ihm aus der Hand geglitten. Das Gemälde erscheint wie eine Korrektur seinem Vorbild gegenüber. Alles ist genauer und wirklichkeitsgetreuer geschildert. Der Raum ist, wenn auch im Ausschnitt, deutlich gekennzeichnet, der Hut hängt an der Wand. Die Idealisierung und Überhöhung, die David mit seinem Bild bewirken wollte, ist preisgegeben. Während David Marat als Opfer und Märtyrer gestaltete, schilderte Roques eine Gestalt, die in den Farben der Trikolore sanft lächelnd in den Tod befördert wurde. Während David das Exemplum virtutis hervorhebt und an die Compassio des Betrachters appelliert, hält Roques in peinlicher Genauigkeit den greulichen Tod eines Menschen fest, von dem man sich eher abwenden möchte.[23]

David, Der Revolutionar

Die Wirkung des Attentats und die Deutung des Gemäldes sind aufs engste miteinander verbunden. Um diesen Zusammenhang begreiflich zu machen, muß man sich an die Rolle der Künste in der Französischen Revolution und diejenige, die ihr Hauptpropagator, Jacques-Louis David, in ihr spielte, vergegenwärtigen.

Seit dem Auftrag der *Société des Amis de la Constitution*, den späteren Jakobinern, an David, den *Schwur im Ballhaus* zu malen, hatte sich der Maler dieser politischen Vereinigung angenähert.[24] Im Herbst 1791 wurde er deren Mitglied und am 16. September zum Kommissar für die Künste ernannt. Ein Jahr später, am 6. September 1792, schlug Marat der *Assemblée électorale* die Kandidatur seines Freundes David als Abgeordneter für den neuen Nationalkonvent vor. Am nächsten Tag wurde auch Marat vorgeschlagen. Beide wurden gewählt. In der ersten Sitzung des Nationalkonvents wurde am 21. September 1792 die Abschaffung der Monarchie beschlossen. Der Prozeß gegen Ludwig XVI. begann im Dezember. Am 21. Januar 1793 starb der König unter der Guillotine.

David erhielt inzwischen weitere wichtige Ämter. Am 13. Oktober 1792 wurde er Mitglied des *Comité de l'Instruction publique* und damit entscheidend verantwortlich für alle repräsentativen Veranstaltungen der Regierung, insbesondere die Vorbereitung und Durchführung der Feste.[25] Im Juni 1793 erfolgte die Wahl Davids zum Präsidenten des Jakobinerclubs für einen Monat, und am 4. Juli 1793 wurde er mit den Vorbereitungen für das Verfassungsfest am 10. August beauftragt, mit dem die am 24. Juni veröffentlichte neue republikanische Konstitution gefeiert wurde, die vom 1.–14. Juli (in diese Tage fiel das Attentat) durch Referendum Rechtsgültigkeit erlangte. David gehörte also zu den Montagnards und war in den Jahren 1792–94 einer der einflußreichen Politiker der Jakobiner, später sogar Mitglied des *Comité de Sûreté général*, geworden.

Davids Le Peletier

In diesem Sinne hatte er auch am 19. Januar 1793 für den Tod des Königs gestimmt. Einen Tag vor der Hinrichtung bewegte Frankreich ein anderes

Attentat. Der Abgeordnete Michel Le Peletier de Saint-Fargeau, der ebenfalls für den Tod des Königs votiert hatte, wurde am 20. Januar 1793 von einem ehemaligen Mitglied der royalistischen Garde erstochen. Am 24. Januar, drei Tage nach dem Tod des Königs, ließ David Le Peletier auf der ehemaligen Place Louis-le-Grand (der heutigen Place Vendôme), damals Place des Piques, aufbahren. Der Sockel von Girardons gestürzter Reiterstatue Ludwigs XIV. diente der Inszenierung. David schlug ferner die Errichtung eines Marmordenkmals vor, das aber nicht ausgeführt wurde.

Vollendet wurde jedoch ein bedeutendes Gemälde von keinem anderen als David selbst, das Le Peletier auf dem Totenbett zeigte. Über ihm an der Wand ein Schwert, das an einem Haar hängt, und einen Zettel durchstößt, auf dem zu lesen war: *je vote la mort du tyran.* Das Gemälde ist verloren, wahrscheinlich wurde es nach der Revolution von der Familie vernichtet. Es ist uns aber durch eine Nachzeichnung von Anatole Devosge und durch einen fragmentarischen Nachstich von Tardieu überliefert. (Abb. 6)

Am 29. März überreichte der Maler das Kunstwerk dem Konvent. Dabei hielt er eine Rede, in der er einige Motive seines Bildes erläuterte. Es hieß dort:

> Mitbürger!
>
> Jeder von uns ist dem Vaterland gegenüber Rechenschaft schuldig über die Anwendung seiner von der Natur empfangenen Talente; mag auch die Form verschieden sein, der Zweck muß für alle derselbe sein. Der wahre Patriot muß begierig jedes Mittel, seine Mitburger aufzuklären, wahrnehmen und ihnen unaufhörlich die erhabenen Züge des Heldentums und der Tugend vor Augen führen. Das habe ich mich mit dieser Widmung zu tun bemüht, die ich in diesem Augenblick dem Nationalkonvent mit dem Bilde des Volksvertreters Michel Lepeletier darbringe, der, weil er für den Tod des Tyrannen stimmte, feige ermordet wurde.
>
> ... ich sähe meine Aufgabe erfüllt, wenn eines Tages ein alter Vater im Kreise seiner zahlreichen Familie spräche: Kommt, meine Kinder, seht den Volksvertreter, der als erster gestorben ist, um Euch die Freiheit zu geben; seht seine Züge, wie heiter sie sind; wer für sein Vaterland stirbt, braucht sich nichts vorzuwerfen. Seht Ihr diesen Degen über seinem Haupt schweben? Er hängt nur an einem einzigen Haar! Da seht ihr, meine Kinder, wieviel Mut Michel Le Peletier und auch seine großherzigen Kollegen haben mußten, um den ruchlosen Tyrannen, der uns so lange unterdrückte, zur Hinrichtung zu schicken, denn bei der geringsten Bewegung konnte dieses Haar reißen und sie alle wären unmenschlich hingeopfert worden.
>
> ...Wenn vor Euch jemals ein Ehrgeizling von einem Diktator, einem Tribun, einem Führer spräche oder versuchte, auch nur den geringsten Teil der Volkssouveränität zu usurpieren, oder ein Feigling es wagte, Euch einen König vorzuschlagen, dann kämpft oder sterbt wie Michel Le Peletier; laßt euch nur niemals übertölpeln: dann, meine Kinder, wird der Kranz der Unsterblichkeit Euer Lohn sein. Ich bitte den Nationalkonvent, die Huldigung meines schwachen Talents anzunehmen...[26]

Der Inhalt dieser Rede ist in vieler Hinsicht aufschlußreich. Es erscheint so, als habe David das Gemälde ohne Auftrag gemalt und dem Konvent und damit dem Volk gewidmet.[27] Deutlich ist ferner und das ist entscheidend, daß das Gemälde der propagandistischen Aufgabe dienen sollte, die Erinnerung an ein Opfer wachzuhalten. Das Ereignis wird durch diese Deutung in ihrem Sachverhalt umgedeutet. Le Peletier war ein Opfer eines Attentats, aber er opferte sich nicht. David machte jedoch aus dem Passivum ein Aktivum, aus dem Erleiden ein Sich-opfern. Dieser propagandistische Kunstgriff sollte die Opferbereitschaft der Bürger fördern. Hierzu war genug Gelegenheit gegeben, insbesondere in den im Frühjahr zunächst katastrophal verlaufenden Verteidigungskriegen der Republik. Das Attentat konnte somit nur vordergründig als Mord erscheinen. Der Mörder spielte eine unwesentliche, nicht einmal eine statistische Rolle. Im Bild, das handlungslos ist, kommt er gar nicht vor. Entscheidend ist die Deutung und Nutzung des Vorganges im Sinne der Ziele der Revolution. Das Gemälde appelliert an den Betrachter, in dem es ein Exemplum virtutis, einen Märtyrer für das Vaterland, darstellt.[28]

David spielte in seiner Rede aber noch deutlicher auf bestimmte Vorgänge an. Wenn er von dem Mut sprach, den Le Peletier und seine großherzigen Kollegen, zu denen sich David selbst zählen konnte, bewiesen, als sie den angeblich ruchlosen Tyrannen Ludwig XVI. zur Hinrichtung schickten. Er erinnerte daran, daß sich eine Mehrheit in der Abstimmung nur als äußerst knapp, nämlich um eine Stimme, ergeben sollte. Die Gefahr der Konterrevolution blieb also groß und erforderte Wachsamkeit. Das Gemälde konnte dazu dienen, diese Gefahr nicht aus den Augen zu verlieren.

Die besondere propagandistische Wirkung des Gemäldes ging von seiner realistischen Auffassung aus, die den Dargestellten geradezu als physisch-gegenwärtig wiedergab. Davids Kollege François André Vincent hatte demgegenüber ein Bild entworfen, das diese Ausstrahlung nicht erworben hätte.[29] Der Tod Le Peletiers ist bei ihm zu einer Allegorie mit verschiedenen erklärenden Attributen geworden. Der Tote ist nur ein Teil des vielfigurigen Bildgefüges. Dieser Vergleich macht die Vorstellung und Absicht Davids deutlich, eine gleichsam christliche Bildtradition und liturgische Funktion zu nutzen und mit einem neuen Inhalt zu füllen.

Das Gemälde Marats wurde von David ganz offenbar als Pendant zum Le Peletier konzipiert. Beide Gemälde wiesen dasselbe Format auf. Sie sind nach verschiedenen Seiten gelagert, aber aufeinander bezogen. Beide Märtyrer sind nicht nur als Opfer, sondern als sich für die revolutionäre Sache Opfernde festgehalten. Auf Handlung ist verzichtet. Das Attentat selbst, so wie es in den Stichen dargestellt ist, steht nicht im Zentrum. Nicht Erzählung, sondern Darbietung der Tugendhelden und Märtyrer ist die künstlerische und propagandistische Absicht.

Der Maratkult

Am Tage nach dem Attentat wurde Marat in seiner Wohnung zur Schau gestellt. David war für die Inszenierung verantwortlich. Unter seiner Präsidentschaft empfing der Jakobinerclub am selben Tag den Angestellten Marats, Laurent Bas, der über das Attentat berichten sollte. Am Abend wurde von der *Séction du Panthéon* die Aufnahme Marats ins Pantheon gefordert, während David von der *Séction du Contrat Social* gebeten wurde, Marat im Bilde festzuhalten.

Einen Tag später, am 15. Juli 1793, wurde bei den Jakobinern das von Laurent Bas unterschriebene Protokoll über den Mord verlesen und David schlug im Konvent vor, den Leichnam öffentlich auszustellen. Am 16. Juli begann der Prozeß gegen Charlotte Corday.

Von der öffentlichen Schaustellung Marats sah man wegen der schnell fortschreitenden Verwesung des Leichnams ab, zugunsten eines *Lit de mort.* Am Abend gegen fünf Uhr fand die Leichenprozession von Marats Wohnhaus zur Kirche der Cordeliers statt, wo der Tote mit stets neu befeuchteten Tüchern bedeckt auf dem Totenbett gezeigt wurde. Am Abend defilierten die Abgeordneten. In der Nacht wurde Marat im Garten der Cordeliers beigesetzt.[30]

Gleichzeitig wurde in Lyon Chalier von royalistischen Soldaten geköpft. Die Nation hatte ihren dritten Märtyrer.[31] Am folgenden Tag, dem 17. Juli wurde bereits Charlotte Corday zur Guillotine geführt.

Ein Grabmal wurde nach Davids Plänen errichtet. Ein Hügel von Steinblöcken sollte die Festigkeit symbolisieren, mit der Marat die Gegner der Revolution bekämpft hatte. Der Leichnam wurde in einer Gruft verschlossen, die an die Epoche der Verfolgungen Marats und seines Lebens im Untergrund erinnern sollten.[32] Über dieser Gruft erhob sich eine Pyramide, die von einer Urne bekrönt wurde.

Die zahlreichen Veranstaltungen zu Ehren des ermordeten Marat entfalteten sich zu pseudoreligiösen Kulthandlungen, an denen der Maler David nicht unwesentlich beteiligt war. Uns mögen die zeremoniellen Riten, mit denen Marat zu einer mythischen, ja geradezu gottähnlichen Gestalt stilisiert wurde, noch fremdartiger und grotesker erscheinen. So war von dem Chirurgen J.-F. L. Deschamps das Herz vom Körper getrennt einbalsamiert und in einer Urne über dem Eingang des Grabes im Garten der Cordeliers aufgestellt worden.[33] Über das Eigentum des Herzens brach jedoch zwischen Jakobinern und Cordeliers ein Streit aus, den letztere gewannen. Am 28. Juli wurde es in einem feierlichen Akt in Anlehnung an die Herz-Jesu-Verehrung auf einem Altar im Sitzungssaal der Cordeliers unter der Anwesenheit mehrerer Konventsmitglieder aufgestellt. Robespierre soll aus diesem Anlaß eine Rede gehalten haben. Dabei, wie das *Journal politique et historique* berichtet, ließ sich ein Redner, Brochet, zu dem Vergleich hinreißen: *ô cor Jésus, ô cor Marat; cœur sacré de Marat, cœur sacré de Jésus, vous avez les mêmes droits à nos hommages.*[34] Zunächst war das Herz in einer kostbaren Achatvase aufbewahrt, die aber im März 1794 dem staatlichen Möbellager zurückerstattet wurde. Immerhin zogen die Cordeliers mit dem Herzen durch Paris und forderten, das Herz unter dem Arm, am 20. Januar 1794, dem Todestag Le Peletiers, im Konvent den Neudruck der Schriften Marats.[35]

Damit waren aber die kultischen Handlungen und die memorialen Unternehmungen für Marat noch nicht abgeschlossen. Ende Juli wurde auf der Place du Carroussel ein monumentaler Holzobelisk errichtet, an der Stelle, die vorher die Guillotine einnahm, die nun auf der Place de la Concorde, damals Place de la Révolution, ihren Platz fand. Im Inneren des Obelisken fanden zwei Sarkophage Aufstellung, einer zu Ehren von Marat, dem auch noch die Badewanne, der Tisch, die Lampe und das Schreibzeug als Reliquien hinzugefügt wurden. Der andere Sarkophag erinnerte an den Polen Lazowski, der am 10. August wahrscheinlich mit Gift ermordet wurde.

Neben diesen gleichsam öffentlichen Ehrungen von Marat und Le Peletier fanden im ganzen Land gottesdienstähnliche Gedenkfeiern statt. Büsten von Marat wurden an vielen Plätzen aufgestellt, Stiche verbreitet. Der Maratkult gipfelte in einem Glaubensbekenntnis.[36] Nach Beginn der Schreckensherrschaft am 5. September 1793 ging der Kult Marats weiter.[37] David teilte am 14. Oktober dem Konvent mit, daß die *Section du Muséum* Le Peletier und Marat sogenannte *Honneurs funèbres* widmen würde. In der Cour carrée des Louvre wurden am 16. Oktober die beiden Bilder aufgestellt und feierliche Umzüge fanden vor ihnen statt, Reden wurden gehalten. Am Vormittag des Tages, als David seine beiden Gemälde aufstellen ließ und die Märtyrer der Revolution zum Mittelpunkt eines aufwendigen memorialen Gedenkens machen ließ, war Marie Antoinette geköpft worden. Diese Koinzidenz war wohl nicht zufällig.[38]

Als David, als Zeremonienmeister des Konvents, nach dem Attentat die Bestattungszeremonie vorbereitete, ließ er Marats Totenmaske abnehmen.[39] Sie wurde von Madame Tussaud angefertigt.[40] Die Totenmaske ist in der University Library in Princeton erhalten. Nicht ganz sicher ist, ob David seine Zeichnung des Kopfes des toten Marat nach der Totenmaske oder nach dem toten Marat selbst anfertigte. Diese Zeichnung diente als Vorlage für einen Stich, der weite Verbreitung fand. Der Onkel von Mme. Tussaud, Dr. Curtius, schuf dann eine Wachsfigur, die in ihrem Cabinet aus gestellt wurde. Ob die heutige, im Londoner Museum bewahrte Figur mit dieser identisch ist, ist nicht ganz sicher.

Aber nicht nur auf die getreue Bewahrung des Antlitzes des toten Märtyrers wurde von den Revolutionären Wert gelegt. Es ist wichtig, den posthumen Kult um Marat noch präziser zu fassen und in die propagandistischen Strategien zur Einführung eines politischen Glaubensbekenntnisses einzuordnen. Zu Recht ist bereits auf die königlichen Effigies aus Wachs verwiesen worden, die nach dem Tod der Könige angefertigt und öffentlich ausgestellt wurden. Sie repräsentierten die Unsterblichkeit des von Gott eingesetzten Königs. Beim Tode eines Herrschers gingen die Macht und die Würde automatisch auf den Nachfolger über. Die öffentlich präsentierten und in Umzügen dargebotenen wächsernen Effigies dokumentierten die Kontinuität des Königtums über den Tod eines einzelnen sterblichen Herrschers hinaus.[41]

Es ist unübersehbar, daß das Zeremoniell nach dem Tod des französischen Königs bei Davids Inszenierungen eine Rolle gespielt haben muß. Die Aufbahrung, die Prozessionen und die Anfertigung einer Wachsfigur folgen den royalistischen Gebräuchen. Dem Regisseur muß auch eine bewußte zeitliche Koordinierung zugetraut werden. Am 21. Januar 1793 wurde Ludwig XVI. guillotiniert. Seine Leiche wurde in ein Massengrab geworfen. Aber am 24. Januar wurde, gleichsam in seiner Stellvertretung, Le Peletier öffentlich aufgebahrt. Am Abend wurde er ins Pantheon überführt. St. Denis, die Grablege der französischen Könige, war durch eine Grablege der republikanischen Nation ersetzt worden. Der Bruch mit dem Königtum wurde sichtbar. Eine neue Tradition wurde begründet. Die Helden der Revolution, der Republik und der Freiheit traten an die Stelle der Herrscher.[42]

Von diesen Umständen ausgehend ist es nicht weit zu der Deutung der Gemälde Davids. Die beiden Märtyrer, von denen der Maler sicher nicht ohne Grund sagte, sie seien noch lebend dargestellt, hingen im Konvent wie die Effigies der französischen Könige. Sie vergegenwärtigten durch ihr Opfer die Kontinuität der Republik, zu deren Verteidigung der Einsatz, und sei es der ihres Lebens, jedes Abgeordneten gefordert werden muß.

Die Effigies der Könige aus Wachs, die uns leider nicht erhalten sind, weil sie durch Dekret der Nationalversammlung am 1. August 1793 zerstört wurden, zeichneten sich durch ihren Realismus aus. Ihr Sinn war die Vortäuschung des Lebens von Toten. Ihre Ähnlichkeit war somit Voraussetzung für ihre Funktion. Genau diesen Gedanken verwirklichten aber auch die Gemälde von David. Der von vielen Autoren immer wieder betonte Ausdruck von geradezu erschreckender Wirklichkeitstreue, die bis heute die Wirkung des Marat ausmacht, ist nicht als Reportage, sondern als der Versuch des Künstlers zu deuten, ihre ewige Gegenwart im Bild festzuhalten. Marat, um es paradox auszudrücken, kann nach davidscher und jakobinischer Propaganda nicht sterben. Er repräsentiert, ja sein Körper ist die Republik, so wie Henri IV. auf dem Totenbett das weiterlebende Königtum veranschaulichte.

Endlich am 14. November übergab David sein Gemälde dem Konvent. Wieder hielt er eine leidenschaftliche Rede, die in der Forderung gipfelte, Marat die Ehren des Pantheon zuzuweisen:

Mitbürger!

Das Volk wollte seinen Freund wiederhaben, es ließ verzweifelt seine Stimme erschallen und forderte meine Kunst; denn es wollte die Züge seines Freundes wiedersehen. Sie riefen: Nimm deinen Pinsel, David! Räche unseren Freund, räche Marat! Seine besiegten Feinde sollen erblassen vor dem Anblick seiner entstellten Züge; zwinge sie, das Los dessen zu beneiden, den sie nicht bestechen, sondern nur feige ermorden lassen konnten. Ich habe die Stimme des Volkes gehört, ich bin ihr gefolgt. Du aber, Marat, wirst in deinem Grabe jubeln und deinen Tod nicht mehr beklagen: Dein ruhmvolles Werk ist vollbracht, und das Volk wird dich, deine Taten abermals krönend, auf seinen Händen in das Pantheon tragen.

Euch, Kollegen, bringe ich die Huldigung meines Pinsels; wenn Eure Blicke auf den bleichen Zügen Marats ruhen, werdet ihr die Tugenden wieder lebendig vor euch sehen, die niemals aufhören dürfen, die Euren zu sein.[43]

Gegenüber der Rede Davids bei Abgabe des Le Peletier im Frühjahr 1793 war der Ton härter, aggressiver und unversöhnlicher geworden. Der Ruf nach Rache bestimmte nun den kompromißlosen Kampf gegen die Feinde der Republik. Der Konvent folgte dem Vorschlag Davids und beschloß, daß die beiden Bilder im Versammlungsraum aufgehängt werden sollten. Ferner sollten Stiche von den Gemälden angefertigt, und die Bilder auf diese Weise im Volk verbreitet werden. Wie sie je doch im Konvent ihren Platz gefunden haben, ist des engen Platzes wegen nicht ganz deutlich.[44]

Erst am 21. September 1794, über ein Jahr nach seiner Ermordung, wurde Marat in das Pantheon überführt, wie es David in seiner Rede im Jahr zuvor gefordert hatte. Wiederum war dies Anlaß für eine Prozession, nun auch mit der Wachsfigur, für Reden und Musik. Es dürfte sich so ähnlich abgespielt haben, wie bei der Pantheonisierung Voltaires. Wieder wurden pseudoreligiöse Litaneien gesungen: *Marat, l'ami du peuple, – Marat, le consolateur des affligés. – Marat, le père des mal heureux – Ayez pitié de nous.*[45]

Während Marat ins Pantheon überführt wurde, gelangte der Leichnam Mirabeaus durch eine Hintertür wieder aus dem Pantheon hinaus, um auf einem nahegelegenen Friedhof bestattet zu werden. Auch Marat war kein besseres Schicksal beschieden. Die Bevölkerung scheint den großen zeremoniellen Aufwand im Dezember 1794 bereits mit Zurückhaltung begleitet zu haben. Anfang 1795 war der Umschwung vollzogen. Jugendliche zogen mit einer Maratpuppe durch Paris und verbrannten sie vor dem Maratdenkmal. Bereits am 8. Februar 1795 wurde er aus dem Pantheon entfernt und auf dem Friedhof von Ste. Geneviève beigesetzt. Nur fünf Monate war ihm der Ruhm des Pantheon vergönnt.

Deutungen des Gemäldes in der Kunstgeschichte

Davids Gemälde hat in der Kunstgeschichte die unterschiedlichsten und zum Teil direkt entgegengesetzte Deutungen erfahren. Willibald Sauerländer widersprach 1983 der Interpretation Klaus Lankheits, David habe einen sakralen Bildtypus profaniert.[46] Die Auffassung, Marat sei zum Märtyrer der Revolution erhoben, lehnte er zwar nicht ab. Sauerländer betonte jedoch vielmehr die Kontinuität der Auseinandersetzung mit der Antike, insbesondere der griechischen und römischen Tugendhelden. Insofern seien die Darstellungen von Le Peletier und Marat vor allem die Fortführung von Gedanken und künstlerischen Formulierungen des Exemplum virtutis, wie der Maler es bereits in der Klage der Andromache gestaltet habe. Neu und modern sei allerdings der Umstand, daß nun die Helden aus der eigenen Gegenwart stammen. Die Faszination des Bildes sah Sauerländer in der scheinbar ganz trivialen Tatortreportage begründet.

Dieser These ist sofort widersprochen worden, noch im selben Jahr 1983 von Klaus Herding, der zwei verschiedene Adressaten des Bildes zu rekonstruieren versuchte.[47] Das Bild wende sich zum einen an die Abgeordneten des Konvents, die zumeist dem Bürgertum angehörten und in der Antike die Quellen für eine neue Gesellschaft erkannt hätten. Insofern kann er noch Sauerländers These zustimmen, die er aber verwirft oder ergänzt, wenn er ausführt, das Gemälde richte sich auch noch an das Volk ganz allgemein. Es sei ja im Konvent auf den Rängen gegenwärtig gewesen und durch die Verbreitung der Nachstiche ganz unmittelbar mit dem Werk vertraut gemacht worden. Im Volk wiederum sei das Christentum noch tief verwurzelt gewesen. David habe daher den Märtyrerkult christlicher Provenienz genutzt. Das Bild vergegenwärtige das Bestreben der Revolution, die christliche Religion zu überwinden und durch eine *religion civile* zu ersetzen. Wenn die Unterscheidung der beiden Rezeptionsebenen von Herding vielleicht auch zu systematisch vorgenommen scheint, so ist doch richtig, das Gemälde in die im Herbst 1793 sich immer stärker manifestierenden Bestrebungen nach einem pseudoreligiösen Revolutionskult einzuordnen, der in dem berühmten Fest zu Ehren des *Être suprême* im Sommer 1794 seinen Höhepunkt finden sollte.

In einer umfangreichen Studie hat Jörg Traeger die Entstehung des Bildes von David in ursächlichem Zusammenhang mit der Verabschiedung der neuen Verfassung gedeutet. Am 29. Mai hatte der Konvent die Neufassung der Menschenrechtsdeklaration angenommen. An der neuen Konstitution wurde weiter gearbeitet. Am 10. wurde sie in der Nationalversammlung verlesen und am 24. Juni veröffentlicht. Am 1.–14. Juli fand, wie bereits erwähnt, das Referendum und die Annahme der neuen Verfassung statt. Nach Traegers Interpretation hat den *geistigen Horizont des Bildes eben diese Jakobinerverfassung mit der Erklärung der Menschen-*

und Bürgerrechte am 24. Juni 1793 abgesteckt.[48] Für diese These lassen sich aber auch bei einer genauen Kontextanalyse keine ausreichenden Begründungen finden. Marat für die neue Verfassung in Anspruch zu nehmen, ist insofern fragwürdig, als er an der Formulierung nicht direkt mitgewirkt hat. Auch war seine Position zu Zeiten der Ausarbeitung gerade höchst umstritten. Sein Prozeß wurde in dem Moment geführt, als die neue Verfassung zur Diskussion stand. Marat sah als Zensor der Republik und als Freund des Volkes seine Rolle eher außerhalb der Auseinandersetzung über diese Konstitution.[49] Man wird ferner gegen Traeger einwenden können, daß dem Marat der Le Peletier vorausging, somit bereits eine Tradition der Darstellung revolutionärer Helden bestand, die David mit Marat fortsetzte. Es bedurfte zur Inszenierung des Toten nicht der Verfassungsdiskussion.

Traeger vermutete auch eine bewußte Inszenierung im Konvent, wenn die Verfassung vom 24. Juni 1793 über dem Marat von David aufgehängt war, während über Le Peletier die Menschenrechte angebracht waren. Ob dieser unmittelbare Bezug überzeugen kann, bleibe dahingestellt, zumal eine gewisse Unsicherheit über die Hängung der beiden Bilder fortbesteht. Genaue Ansichten des Konvents mit den beiden Bildern sind uns nicht erhalten.

Aber dieser, vielleicht äußerliche Grund ist weniger wichtig. Entscheidender erscheint, daß die Verfassung zwar verabschiedet und durch Referendum angenommen worden war, aber keine praktische Bedeutung hatte. Sie war vielmehr wegen der Kriegsbedingungen im In- und Ausland außer Kraft gesetzt. Sie besonders zu propagieren, konnte kaum im Interesse derjenigen sein, die gegenwärtig die Macht an sich zu reißen bestrebt waren. Die im September einsetzenden Verfolgungen und Massaker waren durch die Verfassung nicht gerechtfertigt. Zur Begründung des Terrors bedurfte es aber propagandistischer Maßnahmen. Die Herausstellung der Opfer, die im Dienste der Republik und Frankreichs ihr Leben gegeben hatten, schien eine überzeugende ideologische Perspektive. Parallel zur Schreckensherrschaft wurde daher ein Kult für das Vaterland initiiert. So wichtig das Verfassungsfest am 10. August, das David vorbereitete, auch gewesen sein mag, Marat und Le Peletier waren im Rahmen dieser Veranstaltung keine besonderen Rollen zugewiesen worden.[50] Von großer Konsequenz für alle Bürger war aber die *Levée en masse*, die am 23. August eingeführte Wehrpflicht. Jeder Bürger im Alter von 18 bis 25 Jahren sollte sich nun bereit finden, das Vaterland und die Republik nach außen zu verteidigen. Diesem Kampf gegen die äußeren Feinde wurde seit dem 5. September durch die Terreur der Kampf gegen die inneren Feinde entgegengesetzt. Mit den Attentaten auf Le Peletier und Marat sowie Chalier, dem Dreigestirn der Märtyrer, konnte die Terreur im Inneren begründet werden. Gleichzeitig vermochte man die Märtyrer aber auch als Sich-opfernde zu propagieren, insofern sie für die Ziele der Revolution und die Republik im Inneren ihr Leben gegeben hatten. Davids Propaganda nutzte die Opfer auf dialektische Weise.

Die Dialektik des Opfers für das Vaterland

Das Attentat auf Marat am 13. Juli 1793 bedeutete keine Wende im Verlauf der französischen Revolution, aber es hatte kaum vorhersehbare Konsequenzen zur Folge.[51] Die aus der Provinz angereiste Mörderin schätzte ihre Tat völlig falsch ein, wenn sie vor ihrer Exekution im Gefängnis schrieb – ein Brief, der dem Adressaten niemals zugestellt wurde und gleich in die Prozeßakten wanderte –, daß mit ihr eine neue Zeitrechnung, ein neues Jahr I begonnen habe, das des Friedens. Sie sollte sich gewaltig irren, wenn sie meinte, die Montagne könne nun nicht mehr ans Ruder kommen.[52] Sie leistete sogar ihrer schnelleren Machtergreifung Vorschub.

Am 23. August beschloß der Konvent die *Levée en masse*, die militärische Dienstpflicht. Mit dem Einsatz der ganzen Bevölkerung sollte das belagerte Frankreich befreit werden. Am 17. September wurde einem Gesetzentwurf zugestimmt, das den Beginn der sogenannten Schreckensherrschaft bedeutete. Wem ein *Certificat de civisme*, eine Unbedenklichkeitsbescheinigung, von den Behörden verweigert und wer damit als politisch suspekt angesehen wurde, war der Verfolgung und der staatlichen Willkür ausgesetzt. Das *Comité du Salut Public* und die Revolutionstribunale erhielten seit dem 10. Oktober fast unbeschränkte Vollmachten. Todesurteile waren an der Tagesordnung. Um diese Maßnahmen zu rechtfertigen wurden erhebliche propagandistische Anstrengungen unternommen. Der Kampf gegen die Kirche wurde – trotz der toleranten Einstellung von Robespierre verstärkt und durch pseudoreligiöse, dem Vaterland, dem Patriotismus gewidmete Kulte ersetzt. Die Vaterlandsliebe sollte, wie der Religionshistoriker Albert Mathiez ausführte, zu einem Glauben führen, der die Gegenrevolution verhindern könne.[53] Am 5. November 1793 hielt M.-J. Chenier im Konvent eine Rede, in der er vorschlug, den katholischen Glauben durch die *Religion de la patrie* zu ersetzen.[54] Auf derselben Sitzung wurde beschlossen, die Büste Marats im Konvent aufzustellen. In diesem politisch-propagandistischen Rahmen hatte der Maratkult seinen Platz. Das Attentat wurde zum Anlaß genommen, ein Opfer des Patriotismus zu heroisieren. Auch Davids berühmtes Gemälde diente dieser Absicht.

Ein kleines Detail des Bildes, durch das der Patriotismus als Tugend herausgestellt wird, vermag diesen Umstand nochmals ganz unmittelbar zu belegen. Die Assignate und der Brief auf der Holzkiste sind Davids Erfindung. In den Beschreibungen der Vorgänge und den Prozeßakten werden sie nicht erwähnt. Daß Marat einer Witwe Geld zukommen ließ, weil sie ihre Söhne im Krieg verloren hatte, wie die deutlich lesbare Inschrift auf dem Brief bezeugt, soll die Vaterlandsliebe des Opfers bezeugen. Während Marat noch in seinen letzten Stunden die Schmerzen lindern hilft, die durch den Kampf gegen die äußeren Feinde notwendigerweise entstehen, wird er – so die propagandistische Botschaft – selbst Opfer der inneren Feinde der Republik, gegen die mit Terror vorzugehen als notwendige Aufgabe des Staates erscheinen soll.[55]

Charlotte Corday hatte Marat jedoch nicht als Royalistin getötet, sondern sie erkannte die Gesetze und wohl auch die neue Verfassung an. In einer Art politischem Testament schrieb sie im Gefängnis: *O Frankreich, deine Ruhe hängt davon ab, daß das Gesetz befolgt wird, ich taste es durchaus nicht an, wenn ich Marat töte, der vom Universum verurteilt ist, er steht außerhalb der Gesetze.*[56] Sie empfand ihre Tat als ein Opfer für den Frieden und ihr Vaterland. *...wer das Vaterland rettet, achtet nicht auf das, was die Tat kostet*, heißt es in demselben Brief an den Girondisten Barbaroux in Caen. Charlotte Corday war von Patriotismus geleitet, nicht von Königstreue. Sie erinnerte in ihrem Testament die Franzosen an Brutus, den Brutus der frühen römischen Republik, der seine Söhne für das Vaterland und die Einhaltung der Gesetze hatte verurteilen lassen.[57] Ihren Zeitgenossen warf die Corday hingegen mangelnde Zivilcourage vor: *Was die Modernen angeht, schrieb sie, so gibt es wenige Patrioten, die für ihr Land zu sterben verstehen, fast alles ist Egoismus, was für ein trauriges Volk zur Begründung einer Republik.*[58] Es liegt eine wahre Paradoxie in der Geschichte des Attentats auf Marat. Während die Attentäterin die Tugend des Patriotismus, für den Frieden des Vaterlandes in den Tod zu gehen, mit Bewußtsein formulierte und in die Tat umsetzte, wird das gehasste Opfer von der propagandistischen Regie des Künstlers im Sinne der jakobinischen Politik zum Modell eben dieses Heldentums stilisiert.[59] So sind Opfer und Täter für die Nachwelt gleichsam in derselben Ideologie dialektisch miteinander verbunden.

Nachleben

Marat sollte im Frühjahr 1795 in anderen politischen Zeiten nach 5 Monaten wieder aus dem Pantheon entfernt werden. Nach Robespierres Sturz am 9. Thermidor, am 27. Juli 1794, sollte auch sein Anhänger David am 2. August ins Gefängnis wandern. Die Guillotine blieb ihm allerdings, fast ein Wunder, erspart. Der Maler erhielt ein Jahr später seine beiden Gemälde zurück. Charlotte Corday sollte in restaurativen Zeiten in hellerem Licht erscheinen. Nicht in jedem Fall in ihrem Sinne wurde sie als moderne Judith gefeiert, die Frankreich von einem Monster befreite. Das Gemälde von Paul Baudry aus dem Jahre 1860, wie eine Vielzahl von literarischen

Verarbeitungen ihrer Tat, sollten sie nun zu der wahren Heldin des Attentats stilisieren.[60] Aber auch Davids Gemälde wirkte bis in unsere Gegenwart hinein. Bei Edvard Munch wird der Tod Marats zum Gleichnis des grausamen, existentiellen Geschlechterkampfes, ein Thema, das auch bei Picasso und Valerio Adami, 1982, mit anderen malerischen Mitteln fortgeführt ist.[61] (Abb. 7) Während Janis Kounellis an David auf einer mahnenden Tafel aus dem Jahre 1969 an die politische Dimension des Attentats erinnerte, provozierten im Jahre 1990 Angelika Bader und Dietmar Tamperl in München einen Skandal, als sie das Gemälde Davids mit einem Großphoto des toten ehemaligen Ministerpräsidenten Barschel in der Badewanne konfrontierten.[62] Ein Selbstmord? Ein Attentat? Die Gegenüberstellung löste einen Sturm der Empörung aus. Sie wurde als indezent und schamlos empfunden. Den beiden Künstlern wurde der ihnen bereits zugeteilte Kunstförderungspreis wieder entzogen.

Provozierend und schamlos will uns aber eher unsere heutige Sensationspresse erscheinen, wenn das politische Scheitern und menschliche Drama eines Bürgers zwischen der Nachricht über den Transfer eines Fußballspielers und die im Vergleich völlig unerhebliche, über die Befreiung eines Gartens von Wühlmäusen den Leser zum perversen Voyeur erniedrigt.[63] (Abb. 8)

Von dieser Tatortreportage ist das Kunstwerk Davids weit entfernt. In der Badewanne ermordet zu werden oder Selbstmord zu begehen ist kein Umstand, der zu Heroisierung Anlaß gibt. David gelang es aber in seinem Meisterwerk, die Widerlichkeit der Umstände durch seine Kunst zu sublimieren, *cruel comme la nature, ce tableau a tout le parfum de l'idéal*, sollte Baudelaire sagen und damit politische und ästhetische Wirkung des Gemäldes voneinander trennen.[64] Diese Trennung sollte sich aber bis heute nicht konsequent durchsetzen. Vielmehr trug die Popularität des Gemäldes auch zur politischen Rezeption des Attentats bei, wie der Münchener Skandal belegt.

Charlotte Corday hatte in einem Brief aus dem Gefängnis ihre Tat mit Versen aus Voltaires Cäsar begründet und die fortdauernde Aktualität des Nachlebens ihres Attentates bereits vorausgesehen: Von Voltaire zitierte sie die Verse des Brutus:

> Laß diese große Tat der schreckenstarren Welt
> Ein Grauen sein, dem sich Bewunderung gesellt.
> Mein Geist, der nicht erwägt, ob Nachruhm ihm gebührt,
> Bleibt gegenüber Preis wie Vorwurf ungerührt.
> Zufrieden, Bürger stets und immerfrei zu sein,
> Kenn ich nur meine Pflicht, das übrige ist Schein.
> Geht, denkt nur noch, wie ihr der Sklaverei entflieht![65]

Die Fatalität des Attentats, an Cäsar, an Marat, vielleicht nicht an allen aber doch an manchen anderen, besteht darin, daß der Mörder und der Ermordete gleichermaßen als Opfer und als Täter gedeutet werden können. Dadurch unterscheidet sich in diesen Fällen das Attentat vom gewöhnlichen Mord. Man könnte von der Dialektik des Opfers sprechen. Beide Akteure sind im Nachleben politisch als Täter oder Opfer instrumentalisierbar, ja können sogar moralisch gerechtfertigt werden. Charlotte Corday identifizierte sich mit Voltaires Versen, *Geht, denkt nur noch, wie ihr der Sklaverei entflieht!* Den Kampf für die Freiheit führte jedoch, wohl mit den falschen Mitteln, auch ihr Opfer Marat.

Anmerkungen

Für Anregungen und Hinweise bei der Abfassung dieses Beitrages danke ich Andrea Meyer, Berlin.

[1] Das Gemälde, Öl auf Leinwand, H. 1,65; B. 1,28, befindet sich in den Musées Royaux in Brüssel. Vgl. Ausstellungskatalog: *Jacques-Louis David*, Paris, Musée du Louvre, 1989–90, S. 282, Nr. 118. Dort findet sich eine ausführliche Schilderung der Entstehungsgeschichte unter konsequenter kritischer Durchsicht der schriftlichen Quellen, der Vorstudien des Malers und der Literatur über das Gemälde.

[2] Zu dem Vergleich der Attentate an Marat und Kotzebue siehe Matthias Bleyl, *Marat: du portrait à la peinture d'histoire,* in: David contre David. Actes du colloque organisé au musée du Louvre par le service culturel du 6 au 10 decembre 1989, Bd. 1, Paris 1993, S. 383. Bleyl geht auf die unterschiedliche Bildproduktion nach den beiden politischen Morden ein.

[3] Vgl hierzu besonders Arnd Beise, *Charlotte Corday, Karriere einer Attentäterin, Marburger Studien zur Literatur,* Bd. 5, Marburg 1992.

[4] Die Fakten am klarsten zusammengestellt bei Jean Epois, *L'affaire Corday-Marat, Prélude de la Terreur*, (Editions le Cercle d'Or), 1980, S. 167 ff. und im Anhang die Prozeßakten, S. 215 ff.; ferner Gérard Walter, *Marat,* Paris 1933; Jean Massin, *Marat,* Paris 1960; Louis R. Gottschalk, *Jean Paul Marat, A Study in Radicalism*, Chicago-London 1967; Marie-Hélène Huet, *Rehearsing the Revolution, The Staging of Marat's Death*, 1793–97, London 1982; Jacques Guilhaumou, *La mort de Marat*, Brüssel 1989; Olivier Coquard, *Jean-Paul Marat*, Paris 1993.

[5] Jörg Traeger, *Der Tod des Marat, Revolution des Menschenbildes,* München 1986, S. 212. In dieser umfangreichen Monographie finden sich die weiteren wichtigen Quellennachweise und Literaturangaben. Das Buch wurde u.a. von Matthias Bleyl besprochen, in: Zeitschrift für Kunstgeschichte, Bd. 51, 1988, S. 292–296.

[6] Epois, op. cit., S. 174.

[7] Ebenda, S. 175.

[8] Ebenda, S. 143.

[9] *Je n'étais pas liée avec les députés du Calvados, mais je parlais à tous.* Ebenda. S. 143. Zu den historischen Zusammenhängen, vgl. u.a. Albert Soboul, *La Ire République* (1792–1804), Paris 1968, S. 53 ff.

[10] Epois, op. cit., S. 154.

[11] Vgl. hierzu *Marat homme de science?*, hrsg. von Jean Bernard, Jean-François Lemaire und Jean-Pierre Poirier, Paris 1993.

[12] Zum Verhältnis Marats zur Akademie vgl. Coquard, op. cit., S. 157 ff.

[13] Zitiert nach Jean Paul Marat, *Ich bin das Auge des Volkes, Ein Portrait in Reden und Schriften*, hrsg. von Aglaia I. Hartig, Berlin 1987, S. 31.

[14] Ebenda, S. 35

[15] Hierzu vor allem Klaus Herding und Rolf Reichhardt, *Die Bildpublizistik der Französischen Revolution*, Frankfurt 1989.

[16] David ersetzte das Wort *protection* durch *bienveillance*. Vgl. hierzu Traeger, op. cit., S. 95. Siehe zum Austausch der Wörter auch Klaus Herding, *La notion de temporalite chez David à partir du Marat,* in: David contre David, op. cit., S. 427. Herding bindet den Wortwechsel in seine Argumentation zweier Zeitebenen ein, die das Gemälde strukturieren. Der Begriff *protection* hätte nur die unmittelbare Zeit der Reaktion auf das Attentat ausgedrückt, während *bienveillance* die auf Dauer angelegte Nachwirkung des Vorfalls besser impliziere. Die Langzeitstruktur wiederum diene der Heroisierung des Revolutionärs.

[17] Traeger, op. cit., S. 87.

[18] Vgl. zur Präsentation von Marats Körper auch Bleyl, *Marat: du portrait à la peinture d'histoire,* op. cit., S. 393.

[19] Traeger, op. cit., S. 148. Die Darstellung des transitorischen Moments vom Leben in den Tod fügt sich in revolutionäre Strategien ein, die das Sterben und den Tod mildernd skizzieren. So erließ der Repräsentant Fouché für die Friedhöfe eines Departments das Motto: *Der Tod ist ewiger Schlaf...* Siehe hierzu Michel Vovelle, *Die Französische Revolution – Soziale Bewegung und Umbruch der Mentalitäten,* München-Wien 1982, S. 141.

[20] Als formales Vorbild konnte jedoch auch ein Sarkophagrelief dienen, auf das Hanno-Walter Kruft hingewiesen hat, *An antique model for David 's »Death of Marat«*, in: Burlington Magazine, CXXV, 1983, S . 605–607.

[21] Klaus Lankheit, *Jacques Louis David. Der Tod Marats,* Stuttgart 1962. Dagegen vor allem Willibald Sauerländer, *Davids »Marat à son dernier soupir«* oder *Malerei als Terreur,* in: Idea, Jahrbuch der Hamburger Kunsthalle, II, 1983, S, 49–88.

[22] Joseph Roques, *La Mort de Marat,* 1793, Öl auf Leinwand, H. 1,25; B. 1,61, Toulouse, Musée des Augustins.

[23] Siehe hierzu auch Gabriele Oberreuter-Kronabel, *Der Tod des Philosophen. Zum Sinngehalt eines Sterbebildtypus der französichen Malerei in der zweiten Halfte des 18. Jahrhunderts*. München 1986, S . 122 f. Die Autorin interpretiert Davids Komposition als Zusammenspiel eines spezifischen historischen Zitats und allgemeiner, auch den jetzigen Betrachter anregender Allusionen. Noch heute übt Davids Marat eine Wirkung aus, die ihre Intensität aus der Darstellung menschlicher Sterblichkeit bezieht. So wendet sich David mit seinem Porträt nicht nur an die Compassio seiner Zeitgenossen, sondern auch an die des heutigen Betrachters.

[24] Philippe Bordes, *Le Serment du Jeu de Paume de Jacques-Louis David, Le peintre, son milieu et son temps de 1789 à 1792*, Notes et Documents des Musées de France, 8, Paris 1983; Zu Kunst und Propaganda David L. Dowd, *Pageant Master of the Revolution*, Lincoln 1948; James A. Leith, *The Idea of Art as Propaganda,*

1750–1799, Toronto 1965; Diane Kelder, *Aspects of Official Painting and Philosophic Art, 1789–1799,* New York-London 1976.

[25] Zu den Festen gibt es eine ausführliche Literatur, vgl. u. a. den Ausstellungskatalog: *Fêtes et Révolution, Délégation à l'Action Artistique de la Ville de Paris et la Ville de Dijon,* Paris 1989; Mona Ozouf, *La fête révolutionnaire,* 1789–1799, Paris 1976; Marie-Louise Biver, *Fêtes révolutionnaires à Paris,* Paris 1979; Inge Baxmann, *Die Feste der Französischen Revolution, Inszenierung von Gesellschaft als Natur,* Weinheim und Basel 1989.

[26] Die Rede Davids ist abgedruckt bei Traeger, op. cit., S. 208. Die Übersetzung folgt im wesentlichen seiner Übertragung ebenda, S. 17–18. Eine frühere deutsche Version der Rede findet sich in *Von Brutus zu Marat, Kunst im Nationalkonvent 1789–1795,* hrsg. und übersetzt von Katharina Scheinfuß, Dresden 1973, S. 58–59.

[27] In der Tat fehlt jeder Beleg für einen Auftrag. Auf seine Kosten sollte der Maler jedoch durch die Nachstiche kommen, die von dem Werk angefertigt und in ganz Frankreich verbreitet werden sollten.

[28] Vgl. Martin Papenheim, *Erinnerung und Unsterblichkeit. Semantische Studien zum Totenkult in Frankreich (1715–1794),* Stuttgart 1992, S. 226 ff. Hier beschreibt Papenheim die Reden und den Trauermarsch anläßlich der Ermordung Le Peletiers. Es wird deutlich, daß Davids Gemälde genauestens den Bestrebungen der Revolutionäre entspricht, den Märtyrertod als vorbildhaft für die Bürger darzustellen.

[29] François-Andre Vincent, *Allegorie sur la mort de Le Peletier de Saint-Fargeau,* 1793, Federzeichnung mit Tinte, H. 0,267; B. 0,190, Paris, Bibliotheque Nationale. Abgebildet in dem Ausstellungskatalog *La Révolution Française et L'Europe 1789–1799,* Commissaire Général Jean-Rene Gaborit, Paris 1989, 2. Bd., S. 606.

[30] Die Quellen zusammengestellt bei Jean François Eugene Robinet, *Le mouvement religieux à Paris pendant la Révolution, Bd. 11, Préliminaires de la déchristianisation,* Paris 1898, S. 519-37; Siehe auch Papenheim, op. cit., S. 230 zur Aufbahrung Marats.

[31] Zum Kult der drei Märtyrer siehe Albert Soboul, *Les Sans-Culottes Parisiens en l'an II,* Paris 1958, S. 299 ff. und 307 ff. sowie Vovelle, op. cit., S. 123. Vovelle mutmaßt, daß die Trias der Märtyrer auch als neue Dreifaltigkeit bezeichnet werden könnte.

[32] Traeger, op. cit., S. 34.

[33] Vgl. Papenheim, op. cit., S. 13 und S. 76 ff. Die gesonderte Beisetzung von Herz und Körper von Angehörigen der königlichen Familie und anderen Hochadligen hat eine lange Tradition. Der Maratkult nutzt diese höfischen Trauerzeremonien für revolutionäre Zwecke.

[34] Klaus Herding, *Davids »Marat« als dernier appel à l'unité revolutionnaire,* in: Idea, op. cit., S. 100. Sauerländer weist zu Recht darauf hin, daß aus diesen grotesken und geschmacklosen Formulierungen nicht auf eine bewußte Gleichstellung von Marat–Christus geschlossen werden kann. Jedenfalls wehrte sich Brochet in seiner Rede gegen eine solche Auffassung, ging aber darüber hinaus, wenn er äußerte: *Jesus est un prophète, Marat est un dieu.* Vgl. Robinet, op. cit., S. 529–30. Zur kultischen Trauerveranstaltung und der Herz-Jesu-Verehrung siehe auch Hartig, op. cit., S. 39.

[35] Traeger, op. cit., S. 174.

[36] *Ich glaube an Marat den Allmächtigen, Schöpfer der Freiheit und der Gleichheit, unsere Hoffnung, den Schrecken der Aristokraten, der hervorgegangen ist aus dem Herzen derNation und offenbart ist in derRevolution, der ermordet ist von den Feinden der Republik, der ausgegossen hat über uns seinen Gleichheitsatem, der niedergefahren ist zu den Elysischen Feldern, von dannen er eines Tages kommen wird zu richten und zu verdammen die Aristokraten.* Revue de la Révolution, 4, 1884, II, S. 7, zitiert in der Übersetzung nach Lankheit, op. cit., S. 31. Der ehemalige Priester Lardeyrol in Arles verkündete, *nous ne devons avoir pour divinité que Marat.* Michel Vovelle, *La Révolution contre l'Eglise*, Paris 1988, S. 178. Vgl. auch derselbe, *Religion et Revolution, la Déchristianisation de l'an II*, Paris 1976, insbesondere S. 199 ff.

[37] Vgl. u.a. folgende Literatur zum Kult: *Les Fêtes de la Révolution,* Colloque de Clermont-Ferrand, Actes recueillis et présentés par Jean Ehrard et Paul Viallaneix, Paris 1974; Lankheit, op. cit., S. 21 ff.; Sauerländer, op. cit., S. 75 ff.; Soboul, *Sentiment religieux et cultes populaires pendant la révolution. Saintes patriotes et martyrs de la liberté*, in: Archives de Sociologie des Religions, 1, 1956, S. 78 ff.; Albert Aulard, *Le Culte de la Raison et le culte de l'Être suprême* (1793–1794), Paris 1909; Hartig, op. cit., S. 39 ff.

[38] Für die intendierte Beziehung zwischen Handlungen des Marat-Kultes und anderen Revolutionsaktionen spricht sich auch Gerhart von Graevenitz aus. Vgl. derselbe, *Mythologie des Festes – Bilder des Todes,* in: Das Fest, hrsg. von Walter Haug und Rainer Warning, München 1989, S. 529.

[39] Traeger, op. cit., S. 167 ff.; Helen E. Hinman, *Jacques-Louis David and Madame Tussaud,* in: Gazette des Beaux Arts 6, per. 66, 1965, S. 331–338.

[40] Siehe dazu John Theodore Tussaud, *The Romance of Madame Tussaud's*, London 1921 (2. Auflage), S. 54 f.

[41] Zum Effigiesbrauch vgl. z.B. Traeger, op. cit., S. 176 ff.

[42] Von Graevenitz, op. cit., S. 528 ff. äußerte sich ausführlich zu Übernahme der Bilder- und Festsprache des *ancien régimes*, deren Wirkungspotentiale auch bei ihrer Umkehr genutzt wurden, um die neue Ordnung der jakobinischen Republik zu definieren.

[43] Scheinfuß, op. cit., S. 60. Zur Interpretation der Rede Davids als Ergänzung der zeitlichen Doppelstruktur des Gemäldes siehe Herding, *La notion de temporalité*, op. cit., S. 424 ff.

[44] Lankheit, op. cit., S. 11, behauptet, daß die Gemälde neben dem Stuhl des Präsidenten im Konvent hingen. Vermutungen zur Hängung auch bei Traeger, op. cit., S. 50.

[45] Ebenda, S. 175

[46] Sauerländer, op. cit., S. 74 ff.

[47] Herding, *Davids »Marat« als dernier appel à l'unite révolutionnaire*, op. cit., S. 89–112 mit weiteren ausführlichen Quellenangaben. Eine Erweiterung seiner Argumentation um die Bindung zweier Zeitebenen durch das Bildganze und seiner Details lieferte Herding mit dem Beitrag *La notion de temporalité*, op. cit., S. 421–439. Diese duale Zeitstruktur folgt seiner früheren Argumentation, daß Davids Marat *assassiné* von vornherein zwei Betrachtergruppen anspreche.

[48] Traeger, op. cit., S. 193.

[49] Auch Herding, *La notion de temporalité*, op. cit., S. 428, spricht sich gegen Traegers Meinung aus. Herding fügt an, daß die Verfassung zu dem Zeitpunkt, als David an dem Totenbild Marats arbeitete, schon verabschiedet war.

[50] Vgl. z.B. die Darstellung des *Fête de l'Unité* bei Biver, op. cit., S. 70 ff. Von Graevenitz, op. cit., S. 529, weist daraufhin, daß dennoch die Revolutionsfeste und der Marat-Kult gleichzeitig inszeniert wurden und beide äußerlich getrennten Handlungen eine innere Beziehung eingehen. Darum konstituierten sie ein Gesamtsystem und verursachen eine *Ensemble-Wirkung*.

[51] Soboul, op. cit., S. 92.

[52] Der Brief findet sich in Übersetzung bei Gustav Landauer, *Briefe aus der Französischen Revolution*, Bd. 2, Frankfurt am Main 1922, S. 193–194.

[53] *Ils comprirent que le patriotisme, et par ce mot on entendait l'amour de la société idéale, fondée sur la justice, beaucoup plus que l'amour du sol national, ils comprient que le patriotisme était une foi, une vrai foi capable à elle seul de faire reculer la Contre-Révolution*, Albert Mathiez, *Contributions à l'histoire de la Révolution Française*, Paris 1907, S. 30. Vgl auch Vovelle, *La mentalité révolutionnaire, Société et mentalités sous la révolution française*, Paris 1985, S. 126 ff. sowie derselbe, op. cit., S. 129 ff. Vovelle argumentiert, daß die Einführung des Höchsten Wesens in der Wirkung auf die Volksmasse besonders effizient war.

[54] Albert Mathiez, *La Révolution et l'Église, Etudes critiques et documentaires*, Paris 1910, S. 75.

[55] Vgl. hierzu Traeger, op. cit., S. 28 f. und S. 153. Schon Chabot betonte in seinem Attentatsbericht die Opferrolle Marats und zeichnete Corday als Feindin der wahren Patrioten. Sehr dezidiert interpretiert Hartig, op. cit., S. 47, die Selbstinszenierung Marats als Opfer, die der bildlichen Darstellung Davids vorausging. Einhergehend mit dem nach Marats Tod einsetzenden Kult erscheine er als der *Reine* ohne Macht, der immer Gutes wollte und dabei selbst in Armut gelebt habe. Seine Selbslosigkeit verlange nach Rache und rechtfertige so die Terreur. Hartig schreibt: *Die letzte Weihe der Glaubwürdigkeit verleiht dem Volksfreund sein Opfertod, das eingelöste Versprechen, sein Blut bis zum letzten Tropfen dem Vaterland zu schenken.* Herding, in *La notion de temporalité*, op. cit., S. 426, stellt die Assignate und den Brief in sein Argumentationsschema der dualen Zeitebenen. Die Aussage des Briefes bezieht sich auf ein Ereignis vor dem Attentat, verweist also auf die Vergangenheit. Marats Aufforderung, der Witwe eine Assignate zu übergeben, bezieht sich auf die Zukunft. Herding schreibt: ... *au martyr se trouve assigné le statut d'un garant de l'avenir. Ce billet produit donc une jonction de l'avant et de l'apres, une sorte de circonscription temporelle de l'attentat.* Marats Großzügigkeit im Moment des Sich-Aufopferns erfährt eine Amplifikation durch den Gesichtsausdruck. Herding sieht ein kaum wahrzunehmendes Lächeln des Märtyrers, welches er als Lächeln der Vergebung interpretiert.

[56] Zitiert nach Landauer, op. cit., S. 183.

[57] David hatte den verzweifelten Brutus im Bilde (Paris, Musee du Louvre) festgehalten. Zur Deutung des Bildes siehe vor allem Robert Herbert, *David, Voltaire, Brutus and the French Revolution: an essay in art and politics*, London 1972.

[58] Zitiert nach Landauer, op. cit., S. 193. Ihr Brief an Barbaroux ist abgedruckt bei Guilhaumou, op. cit., S. 146 ff.

[59] Diese Ansicht teilt auch Papenheim, op. cit., S. 250: *Der Feind erreichte mit dem Attentat das genaue Gegenteil dessen, was er beabsichtigte. Die dem Helden zugefügten Wunden waren fruchtbar für die Republik.*

[60] Paul Baudry, *Charlotte Corday*, 1860, Öl auf Leinwand, H. 2,03; B. 1, 54, Nantes, Museé des Beaux-Arts.

[61] Edvard Munch, *Der Tod des Marat*, 1907, H. 1,52; B. 1,49, Oslo, Munch-Museet. Picasso variierte das Thema in mehreren Werken. Ein Beispiel ist *La Femme au stylet*, 1931, ein anderes *Etude pur »La femme au stylet d'après David ›la mort de Marat«‹*, 1934. Neil Cox argumentiert, daß neben dem Marat Davids Photographien hysterischer Frauen sowie surrealistische Konzepte der Frau als *femme-assassin* und *femme-fatale* in Picassos Bilder zum Attentat eingegangen seien. In *Etude pour 'La femme...* fällt auf, daß Picasso das männliche Opfer durch ein weibliches ersetzt hat. Vgl. hierzu Neil Cox, *Marat/Sade/Picasso,* in: Art History, Vol. 17, Nr. 3, September 1994, S. 383–417. Obwohl Adamis Werk *Marat assassiné*, 1982 (Sammlung Ralph Nash, Hamburg) nicht realistisch, sondern stark graphisch und durch die Comicsprache beeinflußt scheint, orientiert er sich teils an Davids Vorgabe. Auch er versieht die Bildoberfläche mit der Inschrift *à Marat*. Allerdings gibt er, wie andere o.a. historische Beispiele, in seiner Illustration des Attentats einen anderen Zeitpunkt als David wieder. Die Attentäterin Charlotte Corday ist anwesend. Vgl. auch Herding, *La notion de temporalité*, op. cit., S. 429. Er erwähnt weitere zeitgenössische Beispiele von Carlo Maria Mariani und Alfred Hrdlicka, die Davids *Marat* variieren. Herding stellt für alle Bildzitate ein Handlungsmoment fest, während Davids Gemälde *par l'absence de toute action* geprägt ist.

[62] Kounellis' Interpretation des Attentats an Marat ist nicht abbildend. Auf eine schwarze Metalltafel schrieb er mit weißer Kreide *Liberta o Morte, viva Marat, viva Robespierre*. Dieser Schriftzug ist illuminiert von einer brennenden Kerze. Baders und Tanterls *Es lebe der Tod* betitelte Werk von 1987 erinnert formal an einen Flügelaltar. In der Mitte der Cibachrome-Fotografien ist die Inschrift *Es lebe der Tod*, ein Zitat von Jean Paul Marat selbst, plaziert. Sie wird von Ausschnitten des Davidschen Marats links und von dem Porträt des toten Uwe Barschel rechts flankiert. Aufgrund der formalen Annäherung beider Bildzitate evoziert die Arbeit der Künstler eine medien- und gesellschaftskritische Haltung, die auf die Austauschbarkeit von Vorlagen im Angesicht des Todes abzielt. Vgl. hierzu Gabi Czöppan, *Angelika Bader, Dietmar Tanterl. Das Gesetz der guten Gestalt.* Rezension der Ausstellung in der Neuen Galerie am Landesmuseum Joanneum, in: Kunstforum, Bd. 94, April, Mai 1988, S. 314–315.

[63] Die Photographie Barschels in der Badewanne mit der Schlagzeile *Der Tote in der Wanne* ist eingerahmt von den o.g. Artikeln. In unserem Zusammenhang der Dialektik von Täter und Opfer verfügt die Barschel-Affäre und ihre noch heute präsente Nachgeschichte über einige Brisanz. Michael Hanfeld schreibt in *Kein Kommentar*, Frankfurter Allgemeine Zeitung, 13. Januar 1996, Nr. 11/2D, S. 1, daß Täter und Opfer bezüglich der Konstellation Barschel, Pfeiffer und Engholm die Rollen getauscht hätten. Aufgrund neuerer Einsichten des Kieler Untersuchungsausschusses könne man nicht unbedingt von einer Mitwissenschaft Barschels der Machenschaften Pfeiffers ausgehen. Pfeiffer, der direkt Zahlungen von dem SPD-Politiker Jansen erhielt, hätte auch auf Eigeninitiative handeln können. Wie im Fall Marats und Cordays scheint sich eine Umkehr, zumindest aber eine Abkehr, von

der unmittelbar zeitgenössischen Reaktion auf den Mord Marats und den umstrittenen Selbstmord Barschels vollzogen zu haben. Der historische Blick weicht die harten Konturen der Täter- und Opferbeziehung auf.

[64] Charles Baudelaire, *Le Musée classique du bazar Bonne-Nouvelle,* in: Œuvres Complètes, hrsg. von C. Pichois, 2 Bde., Paris 1976, II, S. 409. Vgl. hierzu ausführlich und sehr überzeugend Sauerländer, op. cit. S. 81–84.

[65] Zitiert nach Landauer, op. cit., S. 184.

Hagen Schulze

Sand, Kotzebue und das Blut des Verräters (1819)

Am 23. März 1819, vormittags um 10 Uhr, langte in Mannheim mit der Postkutsche aus Darmstadt ein junger Mann an, der wie viele seines Alters altdeutsche Tracht trug, also einen schwarzen Anzug mit roter Weste, darüber einen offenen Schillerkragen; in seinem geringfügigen Gepäck das Johannesevangelium, Theodor Körners Liedersammlung »Leyer und Schwert«, sowie zwei Dolche. Er nahm im Gasthof »Zum Weinberg« Quartier, trug sich als ein gewisser Heinrichs aus dem kurländischen Mitau ein und fragte nach der Wohnung des Staatsrates v. Kotzebue, wohin er sich alsbald begab. Dem öffnenden Diener erklärte er, aus dem russischen Kurland zu kommen und dem Herrn Staatsrat Briefe von dessen Mutter übergeben zu wollen. Ihm wurde bedeutet, er solle später wiederkommen, und so kehrte der junge Mann in das Wirtshaus zurück, wo er mit großem Appetit ein umfangreiches Mittagsmahl zu sich nahm und mit den übrigen Gästen aufs Angeregteste plauderte. Gegen 5 Uhr des Nachmittags erschien er wieder vor der Haustür des Staatsrates v. Kotzebue und wurde sogleich eingelassen. In einem Nebenzimmer wartete er einige Minuten; endlich trat der Staatsrat ein, ging auf den Besucher zu und fragte: »Sie sind also aus Mitau?« Der zog einen im linken Rockärmel verborgenen Dolch hervor und stieß mit den Worten: »Hier, Du Verräther des Vaterlandes!« mehrmals mit voller Kraft zu. Die Stiche drangen durch Rock, Weste, zwei Hemden und eine wollene Unterjacke, durchtrennten eine Rippe und durchbohrten das Herz. Der Getroffene griff nach dem Mörder und riß ihn im Fallen mit zu Boden; er war aber fast sofort tot.

Eigentlich hatte der Mörder geplant, sogleich zu fliehen, und wahrscheinlich wäre ihm das gelungen, denn niemand sonst war bei der Tat zugegen; aber der vierjährige Sohn Kotzebues erschien im Türrahmen, und in dem Mörder flammte wohl jähes Schuldgefühl auf, denn er stach sich den Dolch in die eigene Brust, blieb aber weniger erfolgreich als bei seinem Opfer. Er stürzte die Treppe hinab und aus dem Haus, kniete vor den herumstehenden Passanten nieder und stieß sich den Dolch mit den Worten: »Ich danke Dir Gott für diesen Sieg!« nochmals in die Brust. Er kippte bewußtlos zur Seite. Ins nahe Hospital gebracht, kam er jedoch wieder zu sich. Seine kräftige Konstitution ließ ihn seine schweren Verletzungen überleben, wenn er auch seitdem unter enormen Schmerzen litt und teilweise gelähmt war. Bald war er vernehmungsfähig, und er beantwortete alle Fragen, die an ihn gestellt wurden, wahrheitsgemäß und mit größtem Entgegenkommen.

Es ergab sich, daß er Karl Ludwig Sand hieß, 1795 in Wunsiedel im bayerischen Oberfranken geboren und Sohn eines ehemaligen ansbach-bayreuthischen, also preußischen Justizrates war. Als die französischen Truppen 1806 bayreuthisches Gebiet besetzt hatten, war die Pension des Vaters auf unbestimmte Zeit ausgesetzt worden; kein Wunder, daß der junge Sand voll Haß gegen Frankreich aufwuchs, ein stiller, etwas schwerfälliger Junge, der bereits in seiner Schulzeit zu Bayreuth und Regensburg zur Turnbewegung stieß und 1814 die Universität Tübingen, zwei Jahre darauf die von Erlangen bezog, um Theologie zu studieren. Zwischendurch, bei der Nachricht von der Rückkehr Napoleons von Elba, war Sand dem Freiwilligen Jägerkorps des Rezat-Kreises beigetreten. Die Truppe kam aber wegen der Kürze des Feldzugs von 1815 nicht an die Front, aus dem »Opfertod für das Vaterland«, von dem Sand in Briefen an seine Eltern schwärmte, wurde nichts, und Sand kehrte voll unerfüllten vaterländischen Tatendrangs in das Zivilleben zurück. Das Studium in Erlangen fand er mühsam und bitter, denn dort beherrschten die traditionellen Landsmannschaften das studentische Leben und tyrannisierten die wenigen auswärtigen Studenten, die den Idealen der deutschen Burschenschaft anhingen.

Die erste deutsche Burschenschaft war 1815 in Jena gegründet worden, sie beruhte auf dem nationalen Einheitserlebnis der Freiheitskriege und sollte an den deutschen Universitäten den Gleichheitsgedanken unter sämtlichen deutschen Studenten fördern, die nationale Erziehung vorantreiben und eine künftige nationale Führungselite ausbilden. Die »Ordnung und Einrichtung der deutschen Burschenschaften« verwarf die herkömmliche landsmannschaftliche Organisation der Studentenschaften an deutschen Universitäten und forderte an ihrer Stelle die Vereinigung sämtlicher Studenten an allen Hochschulen, um dem Partikularismus entgegenzuwirken. »Über alles hoch,« hieß es zu den Pflichten des Studenten, »muß ihm das deutsche Volk und das deutsche Vaterland gelten, und er muß deutsch sein in Worten, Werken und Leben.«[1] Man feierte mit Ernst Moritz Arndt das »teutsche Studententhum« als den »freiesten Staat im Staate« und betrachtete die »Universitas« als eine »Geburt germanischer Christen«, empfand sich, über allem Politischen stehend, durch Sprache und Sitten dem ganzen deutschen Volk verbunden, man lehnte Provinzialismus ebenso ab wie Kosmopolitismus und mochte keine Juden.

Während der Freiheitskriege von 1813 und 1815 hatten Studenten den Kern der Freiwilligeneinheiten gebildet, deren Aufgabe nicht in erster Linie in Kampfeinsätzen, sondern in ihrer propagandistischen Wirkung gelegen hatte. Die Freiwilligen fühlten sich als die »Nation in Waffen«, es wurde gedichtet und gesungen, und die Lyrik eines Theodor Körner, eines Max v. Schenkendorff, eines Ernst Moritz Arndt faßte die politischen Ziele der in den Freikorps zusammengekommenen Schüler und Studenten zusammen. Sie waren mit unerhörtem Enthusiasmus in den Krieg gezogen;

sie wurden nicht nur von einem erheblichen Aktionsdrang, von der Suche nach Erregung und nach einem neuen, abenteuerlichen Leben angetrieben, sondern sie vermochten auch ihr Erlebnis auf die Begriffe zu bringen: »Gott«, »Freiheit«, »Vaterland«, »Deutschland«, »Geweihte«, »Altar«, »Volk«, »heilig« – in den Liedern, die da gesungen und gedichtet wurden, entfaltete sich eine neue Sprache, stark, unmittelbar, mitreißend, die Vorstellungen von Harmonie und verschworener Gemeinschaft, von Opferbereitschaft und religiös gefärbter Transzendenz des Einzelnen in das Ganze der Nation hervorrief.

Das Bindemittel dieser weltanschaulichen Mixtur war Haß, Haß auf das »korsische Ungeheuer«, wie Napoleon gerne genannt wurde, und Haß auf Frankreich. Haß lieferte geradezu den gemeinsamen emotionalen Nenner jener Jahre, und kaum einer der großen deutschen Dichter der Zeit war sich zu schade, die Suche nach der blauen Blume der Romantik zu unterbrechen und schauerliche Totschlagslyrik zu liefern, wie selbst der sanfte Clemens von Brentano, der beispielsweise dichtete:

»Bajonette
Um die Wette
Stoßt die Kette
Nieder an des Flusses Bette,
Daß kein Deutschlands Feind sich rette.«

Und noch ein weiteres Element fällt auf: ein alles umfassender, zielloser Aktionismus. Die häufigste Satzform in der lyrischen Propaganda jener Jahre ist der Imperativ, der blanke Ermunterungsruf ohne Zielangabe, ein bloßes »Auf!«, »Frisch auf!«, »Drum auf«, »Wohlauf, in Not und Tod«. Theodor Körner dichtete: »Frisch auf, mein Volk, die Flammenzeichen rauchen«, die kompakte Losung der Lützower Jäger »Durch!« bildete die geradlinige Fortsetzung, und im Beinamen Blüchers als »Marschall Vorwärts« hat diese Haltung des Handelns um jeden Preis auch ohne klares Ziel einen programmatischen Ausdruck gefunden.

Diese Stimmung radikalisierte sich nun in den folgenden Jahren. Auf den enormen seelischen Aufschwung der Freiheitskriege folgte die Ernüchterung, die Poesie begann zu verblassen. Nach der Einnahme von Paris 1814 und dem abermaligen Sieg über Napoleon 1815 sollte der Rausch mit einemmal beendet sein, die jungen Leute sollten Vernunft annehmen, in ihre Hörsäle zurückkehren und der Weisheit der bürokratischen und fürstlichen Obrigkeit trauen, die in Wien daranging, die alte Ordnung Deutschlands und Europas zu restaurieren, die Träume der Jugend von der Einheit und Freiheit des Vaterlandes zu zerreden und, wie es manchem schien, zu verraten.

Die Proteststimmung manifestierte sich das erste Mal im Wartburgfest vom 18. Oktober 1817, anläßlich der dreihundertsten Wiederkehr des lutherischen Thesenanschlags zu Wittenberg. Es waren hauptsächlich Vertreter der deutschen Burschenschaft von allen protestantischen deutschsprachigen Universitäten, die sich an diesem Tag auf der Wartburg unter dem Vorläufermodell der schwarz-rot-goldenen Fahne versammelten, den Farben der Montur des fast nur aus Studenten bestehenden Lützow'schen Freikorps. Man feierte das Fest wie einen Gottesdienst, und seine expressive Symbolik war eindeutig: Mußte nicht wieder Deutschland durch eine kühne Tat reformiert werden? Ging es nicht erneut um die Freiheit von fremden, drückenden Mächten? Zum ersten Mal war nicht von der Freiheit vom korsischen Tyrannen die Rede, sondern von den vielen einheimischen Tyrannen, gestützt auf den wahrhaftigen Prototyp des Despotismus, den russischen Zaren. Eine Minderheit ging einen Schritt weiter: »Ein großer Korb ward jetzt ans Feuer gebracht,« so der Bericht eines Zeugen, »voll Bücher, die hier öffentlich, angesichts des deutschen Landes der Flamme übergeben wurden, im Namen der Gerechtigkeit, des Vaterlandes und des Gemeingeistes. Ein gerechtes Urteil sollte hier gehalten werden über die schlechten, das Vaterland entehrenden, unseren Volksgeist verderbenden Schriften; zum Schrecken aller Schlechtgesinnten und aller derjenigen, die mit ihrem seichten Wesen, leider! die alte keusche Volkssitte entstellt und entkräftet haben. Der Titel eines jeden Buches ward von einem Herold laut ausgerufen; dann erscholl jedes Mal ein lautes Geschrei der Anwesenden, ein Ausspruch ihres Unwillens: Ins Feuer! Ins Feuer! Zum Teufel mit demselben! Somit ward das corpus delictum den Flammen überantwortet.«[2]

Neben dem Feuer auf dem Hof der Wartburg stand auch Karl Ludwig Sand. Seine burschenschaftlichen Ideale hatten an der Universität Erlangen kaum Widerhall gefunden, er und die wenigen Gesinnungsgenossen hatten dort als ein Klub von Sonderlingen gegolten, und Sand hatte unter dem Spott und der Verfolgung gelitten, bis er es nicht mehr aushielt und sich im September 1817 im Mekka der Burschenschaft, in Jena, einschrieb. Die Universität Jena war die Landesuniversität des Großherzogtums Sachsen-Weimar, dessen Fürst Carl August, der Freund und Gönner Goethes, sich bemühte, ein liberales Musterland zu schaffen. Als erster Landesherr des Deutschen Bundes hatte Carl August am 5. Mai 1816 eine Verfassung erlassen, die zudem noch die »Preßfreiheit« garantierte, und in der Tat erschienen in keinem anderen Land des Deutschen Bundes so viele liberale und oppositionelle Blätter wie hier. Die Herrscher Europas allerdings betrachteten Sachsen-Weimar mit Mißtrauen; in der diplomatischen Korrespondenz der Zeit war von einem »Jacobinernest« die Rede. Die Universität Jena, an der noch vor kurzem Friedrich Schiller und Johann Gottlieb Fichte gelehrt hatten, war nun vollends zum Sammelbecken des aufrührerischen, so national wie freiheitlich gesonnenen Geistes in Deutschland geworden; Professoren wie der Naturphilosoph Lorenz Oken, der Philosoph Jakob Friedrich Fries oder der Historiker Heinrich Luden hatten gemeinsam mit ihren Studenten in den Freiwilligeneinheiten der Freiheitskriege gefochten, sympathisierten mit den Bestrebungen der Burschenschaften und überschritten den Rahmen herkömmlichen wissenschaftlichen Lehrbetriebs, um vom Katheder aus ein freies, von fürstlicher Willkür unabhängiges, konstitutionelles Deutschland zu predigen. Von dem Philosophen Fries beispielsweise bekamen die Studenten zu hören:

»Ich hasse die Knechtsfreude, die Sklavenfreude an edlen Prinzen sowie am Hofgepränge. Ich hasse diese Dienstwonnen der Residenzen. Ich hasse den Betrug im öffentlichen Leben. Die unsern halten es für Unrecht, den Nachbarn zu bestehlen, an dem nicht viel zu gewinnen ist, aber das Volk, an dem etwas zu gewinnen ist, plündert und bestiehlt mancher freche Staatsdiener ungestört...«[3] Daß Fries die von ihm beklagte Korruption des öffentlichen Lebens in Deutschland vor allem den Juden anlastete, gehört ins Bild; Sozialkritik, nationaler Idealismus und Antisemitismus waren weithin Bestandteile desselben Syndroms.

Man sieht, die konservative Angstvorstellung eines an den Universitäten wuchernden »Jakobinismus« war keineswegs aus der Luft gegriffen. Für Karl Ludwig Sand bedeutete Jena nach den stickig-beengten Verhältnissen in Tübingen und Erlangen ein rauschhaftes Freiheitserlebnis; er, der bisher zu einer bedrückten Minderheit gehört hatte, galt nun als geachteter Burschenschaftler und wurde sogleich nach seiner Ankunft in den Festausschuß des bevorstehenden Wartburgfests gewählt. Er hatte die Ehre, die Fahne bei dem »heiligen Zug« von Eisenach zur Wartburg hinauf begleiten zu dürfen. Er hielt keine Rede, denn das lag ihm nicht; stattdessen verteilte er ein selbst verfaßtes politisch-religiöses Manifest, ein merkwürdiges Gemisch von lutherischen Glaubenssätzen, Mittelalterschwärmerei, demokratischen Gleichheitsideen und vaterländischen Bekenntnissen, das in dem Gedanken gipfelt, eine wissenschaftliche wie bürgerliche Umwälzung bereite sich vor, die auf eine von Gott gegebene Idee des Hohen und Herrlichen hinauslaufe, die aber nicht von der Obrigkeit, sondern von einzelnen erleuchteten Männern verwirklicht werden müsse. Man konnte hier lesen: »Jedwedem Unreinen, Unehrlichen, Schlechten und wer nur immer seinen deutschen Namen entehrt, soll der Einzelne auf eigene Faust nach seiner hohen Freiheit zum offenen Kampfe entgegentreten, damit das Ganze des Rügens und Strafens mehr überhoben sei, und sein Wohl durch verwickelten Kampf nicht so leicht gefährdet werde.« Das ganze Pamphlet war in dieser schwerfälligen, unklaren Sprache abgefaßt, und so blieb es unbeachtet wie auch sein Autor. Sand wurde Rechnungsführer und zweiter Schreiber im Ausschuß der Jenaer Burschenschaft, ein stiller Mensch im Hintergrund, verschlossen und brütend, und wenn er auffiel, dann wegen seiner außerordentlichen Humorlosigkeit, aber ein zuverlässiger Kamerad, wenn man einen brauchte.

Sands eher dumpfer und ungezielter Tatendrang wäre vielleicht nicht zum Ausbruch gekommen, wenn er nicht den Juristen Karl Follen kennengelernt hätte, der sich auch Follenius nannte. Follen hatte wie alle anderen Bekannten Sands an den Freiheitskriegen als Freiwilliger teilgenommen und dann mit seinem Bruder Adolf an der Universität Gießen die dortige Burschenschaft gegründet. Er war von einem radikalen demokratisch-republikanischem Nationalismus erfüllt, von einer Entschiedenheit, die in diesen Jahren noch nicht oft zu finden war. Er war eine willensstarke, an Rousseau und den Jacobinern geschulte Robespierre-Natur, und unter seinem Einfluß fand sich innerhalb der Gießener Burschenschaft ein innerer, halb geheimer Zirkel zusammen, dessen Mitglieder sich die »Schwarzen« oder auch die »Unbedingten« nannten und revolutionäre Pläne ausheckten. Im Winter 1817/18 entwarf man in dieser Runde »Grundzüge für eine künftige Reichsverfassung«, in denen es hieß:

»Alle Deutschen sind untereinander an Rechten vollkommen gleich. Vorrechte kommen überall nirgends vor. Ihr Recht und Gesetz entsteht durch gleiche Abstimmung Aller nach Mehrzahl. Alle Macht der Beamten geht aus von des Volkes rechtlicher Allmacht und Alleinmacht, so wie alle Bestimmungen für das Ganze. – Seine gesetzgebende Gewalt übt das Volk aus durch von ihm selbst gewählte Vertreter. Wählbar ist jeder, der unbescholten und wehrhaft gemacht ist...«[4] Follen ließ keinen Zweifel daran, daß er seine politischen Ziele auf gewaltsam-revolutionärem Weg erreichen wollte; sein als Flugschrift weitverbreitetes »Großes Lied« von 1818 endet mit der Aufforderung: »Nieder mit Thronen, Kronen, Frohnen, Drohnen und Baronen! Sturm!«[5] Den hessischen Behörden war dieser Feuergeist nicht geheuer; 1818 mußte er Gießen verlassen und wandte sich nach Jena, wo ihm Fries eine juristische Privatdozentur verschaffte. Auch in Jena gründete Follen alsbald einen Kreis der »Unbedingten«, und in dieser Runde erschien auch Sand, von Follens glühender Vaterlandsliebe, seinem herostratischen Ehrgeiz und seiner Beredsamkeit angezogen wie die Motte vom Licht. Follens Brandreden brachten Sands unklare Gefühle endlich auf die Begriffe. Follen forderte nicht nur Volksaufstände, sondern auch politische Attentate; alle deutschen Fürsten müßten erschlagen werden, und dieses blutige Programm rechtfertigte er zum einen mit dem Satz, daß der Zweck das Mittel heilige, aber auch unter Rückgriff auf die Identitätsphilosophie Schellings mit der Behauptung, daß die befreiende Tat unter allen Umständen gerechtfertigt sei, wenn sie der tiefen, sittlichen Überzeugung des Täters entspringe. »Der Mensch darf alles tun, was nach seiner Überzeugung recht ist« – dieses Credo, das Sand aus Follens Lehren schöpfte, sollte später in dem Gerichtsverfahren gegen ihn eine Schlüsselrolle spielen.

Wann genau Sand den Vorsatz zu seiner Tat faßte, ist kaum festzustellen; in seinem schwerfälligen Gemüt wird der Plan langsam gereift sein. Das Opfer bot sich allerdings fast von selbst an. Nicht weit von Jena, in Weimar, wohnte der Schriftsteller August von Kotzebue. Kotzebue war nicht irgendjemand. Er war der erfolgreichste deutschsprachige Publizist seiner Zeit, Herausgeber politischer und literarischer Zeitschriften wie »Der Freimütige«, 1803–1807 in Berlin erschienen und dem Kampf gegen Goethe und die Romantiker gewidmet, oder »Die Biene«, die 1806–1810 in Königsberg erschien und gegen Napoleon gerichtet war. Seine Zeitgenossen kannten ihn aber vor allem als Verfasser von mehr als 200 effektvoll gebauten Dramen, mit denen er das Theater der Goethezeit beherrschte – der Grund für seinen Erfolg, der den Goethes oder Schillers in den Schatten stellte, wird aus seinem Spottnamen »Thränenschleusen-Director« ersichtlich. Goethe spottete über Kotzebues »niederträchtiges Zeug« und bescheinigte ihm ein »vorzügliches, aber schluderhaftes Talent«, Friedrich Schlegel regte sich über seine »sittliche Freigeisterei« auf, und Zacharias Werner warf ihm den Franzosen gleichende »Schamlosigkeit« vor.

Hinter dergleichen Verdikten steckte zu einem guten Teil Neid; schließlich hat Goethe trotz aller zur Schau getragenen Geringschätzung nicht weniger als 87 Stücke Kotzebues im Weimarer Theater aufgeführt. Aber zumindest bei den moralischen Verdikten der Jüngeren kam etwas anderes hinzu: Kotzebue war durch und durch ein Mann des Ancien Régimes, elegant, geistreich, witzig, frivol. Der jüngeren Generation, romantisch, tugendhaft und moralisch gestimmt, national wie religiös von tiefem Ernst durchdrungen, erschien eine solche Gestalt ganz anders: Kotzebue galt ihr als frech, korrupt und sittenlos – die Parallele zu den Hetzkampagnen gegen Christoph Martin Wieland, dem jetzt Ähnliches nachgesagt wurde, sind deutlich. Aber Kotzebue war in noch anderer Hinsicht Ancien Régime: Er war Gegner der Revolution, in Frankreich nicht weniger als in Deutschland. »Wenn man den Kindern Messer in die Hände gibt, so schneiden sie sich damit,« hatte er einmal geäußert. »Der Streit über Regierungsformen ist ein Streit um Bohnen. Auf das Ruder kömmt es nicht an, sondern auf den Steuermann.«[6] Die burschenschaftlichen Bestrebungen an den deutschen Universitäten beunruhigten ihn besonders, in seinen Pamphleten und in seiner Zeitschrift »Literarisches Wochenblatt« zog er witzig und ätzend über sie her, und die aufrührerischen Studenten fanden ihre ernstesten Anliegen, ihre edelsten Absichten der Lächerlichkeit preisgegeben.

Das wog um so schwerer, als Kotzebue in den Augen nationalgesinnter Bürger ein Verräter des Vaterlandes war, denn der Erzfeind aller nationalen und liberalen Bestrebungen in Europa, der russische Zar Alexander I., hatte ihn zum russischen Staatsrat ernannt. Wie alle Welt wußte, lieferte Kotzebue Berichte zur politischen und kulturellen Lage in Deutschland an den Hof in St. Petersburg, wofür ihn der Zar auch noch bezahlte: Eine Figur also, in der sich das moralische wie politische Feindbild der deutschen Nationalbewegung inkarnieren konnte wie in keiner anderen.

Kotzebue galt als »Inbegriff der politischen Reaktion, des Undeutschen, der Knechtung der deutschen Freiheit durch ausländische Mächte, der politischen Bestechung und des Landesverrats«[7]. So waren es neben anderen auch Kotzebues Schriften gewesen, die auf dem Wartburgfest ins Feuer gewandert waren, wie übrigens auch die burschenschaftskritische Schrift »Germanomania« des Berliner Juden Saul Ascher, mit dem Kotzebue gerne in Beziehung gesetzt wurde; noch der »Völkische Beobachter« konnte sich 1944 aus Anlaß des 125. Jahrestags des Sand'schen Attentats in einer Haßpolemik gegen Kotzebue auf dessen Nachbarschaft zu Ascher berufen.[8]

Nachdem der Gegner einmal markiert worden war, folgte Skandal auf Skandal. Am 16. Januar 1818 veröffentlichte Heinrich Luden in seiner Zeitschrift »Nemesis« Auszüge aus einem Bericht an den Zaren, der Kotzebue entwendet worden war, und die folgende Prozeßlawine, die der Bloßgestellte auslöste, heizte die Stimmung gegen ihn weiter an. Kaum war die Empörung verebbt, da erschien im Herbst 1818 die Denkschrift des Rumänen Alexander Stourdza »Mémoire sur l'état actuel de l'Allemagne«, und darin lange Abhandlungen über die Verhältnisse an den deutschen Universitäten, die als Brutstätten der Revolution bezeichnet wurden, was einen Sturm der Empörung auslöste. Und wieder war es Kotzebue, der diese Schrift in der Öffentlichkeit verteidigte und wie ein Winkelried alle Speere der Kritik auf sich zog.

Schon am 5. Mai 1818, also auf dem Höhepunkt der gerichtlichen Fehde zwischen Kotzebue und Luden, hatte Sand seinem Tagebuch anvertraut: »Wenn ich sinne, so denke ich oft, es sollte doch einer mutig über sich nehmen, dem Kotzebue oder sonst einem solchen Landesverräter das Schwert ins Gekröse zu stoßen.«[9] Jetzt, am 2. November 1818, nachdem Kotzebue sich zu Stourdzas Memorandum bekannt hatte, faßte Sand endgültig den Entschluß zu der, wie er meinte, »männlichen, rettenden Tat«. Unter diesem Datum findet sich der folgende Eintrag in seinem Tagebuch: »Sieg! Unendlicher Sieg! Aus eigener Überzeugung, in eigener Art leben wollen, mit unbedingtem Willen, außer welchem in der Welt vor Gott mir nichts eigen ist, im Volke den reinen Rechtszustand, d.i. den einzig gültigen, den Gott gesetzt hat, gegen alle Menschensatzung mit Leben und Tod zu vertheidigen, die reine Menschheit in mein deutsches Volk durch Predigen und Sterben einführen zu wollen, das dünkt mir ein unbedingt Anderes, als 'dem Leben, dem Volk entsagen'. Dank Dir, o Gott, für diese Gnade; o welche unendliche Kraft und Segen verspüre ich in meinem Willen; ich zittre nicht mehr! Dieß der Zustand der wahren Gottähnlichkeit! –«[10] Die gequälte, verquaste Sprache sagt viel über den Autor aus: ein unglücklicher Mensch, dem die Gabe versagt war, auszudrücken, was er fühlte, der von seinen geistig und sprachlich beweglicheren Freunden ständig zurückgesetzt und geringgeschätzt wurde, und der nun zu einem verzweifelten, einem außerordentlichen Mittel griff, um mit dem deutschen Volk auch seine eigene verworrene Seele zu befreien.

Das folgende Wintersemester 1818/19 nahm er an dem philosophischen Gesprächskreis bei Jakob Friedrich Fries teil, ferner an den Sitzungen der historisch-theologischen Gesellschaft des Privatdozenten Kästner, für die er eine Abhandlung über die Vereinigung aller christlichen Bekenntnisse zu einer einzigen deutsch-christlichen Gemeinde ausarbeitete; seine Lehrer gaben ihm später durchweg das Zeugnis eines auffallend fleißigen und ernsthaften Studenten, den sie nie anders als ruhig, verständig und bescheiden gekannt hätten. Zugleich bereitete sich Sand bis ins Kleinste auf den Mord an Kotzebue vor. Im Jahr zuvor hatte er bei einem Besuch bei den Berliner Turnern die Handhabung eines Dolchs erlernt; nun ließ er sich zwei Dolche anfertigen, und er belegte eine Anatomie-Vorlesung, um die Lage des Herzens zu studieren. Seinen engsten Freund überfiel er mit einem Holzstück in der Hand, als der sein Zimmer betrat, täuschte einen Schlag mit der Linken auf dessen Gesicht vor, so daß dieser instinktiv die Hände emporriß, und führte dann einen Stoß auf dessen linke Brust in Höhe des Herzens – genau so sollte er Kotzebue umbringen.

Vor allem bemühte sich Sand, die richtigen Worte zu finden, um seinen Freunden und der Öffentlichkeit seine Tat zu erklären. Er schrieb etwas, das man heute einen Bekennerbrief nennen würde, betitelt mit »Todesstoß dem August von Kotzebue«, eine Art Plakat, das er nach der Tat mit dem Dolch an eine Kirchentür annageln wollte. Der Text war wirr wie alles, was wir aus Sands Feder kennen; er lief darauf hinaus, daß die Tat als eine Art rächendes Femegericht im Auftrag des Volks verstanden werden sollte. »Ein Zeichen muß ich geben,« hieß es da, »muß mich erklären gegen die Feigheit und Feilheit der Gesinnung dieser Tage; – weiß nichts Edleres zu tun, als den Erzknecht und das Schutzbild dieser feilen Zeit, dich, Verräter und Verderber meines Volkes – August von Kotzebue, niederzustoßen.« Ordentlich und sorgfältig schrieb er an die Jenenser Burschenschaft, um seine Entlassung aus dem Bund zu beantragen – er wollte Freunde und Bundesbrüder nicht gefährden. An Freunde, Eltern und Geschwister verfaßte er Abschiedsbriefe, die er zum Teil in seinem Schreibpult, zum Teil bei einem Freund deponierte, damit sie nach Bekanntwerden seiner Tat gefunden wurden. Am 9. März 1819 machte er sich schließlich auf den Weg nach Mannheim; dorthin war Kotzebue von Weimar umgezogen, weil er einen Anschlag auf sein Leben fürchtete. Sand reiste ihm langsam nach, machte bei Freunden und Bekannten halt, ließ sich das nach Studentenart auf die Schultern herabfallende Haar abschneiden, um nicht von Kotzebue gleich als Student erkannt und abgewiesen zu werden. Schließlich, am 23. März, erreichte er Mannheim und sein Opfer.

Die Nachricht von Sands Tat wirkte außerordentlich. Seit 1308, als Johannes Parricida seinen Onkel König Albrecht I. ermordet hatte, hatte es in Deutschland kein prominentes Attentat mehr gegeben; der Mord an Wallenstein 1634 war ja immerhin auf ein kaiserliches Proskriptionsedikt hin geschehen. »Die Aufregung und Bestürzung über das furchtbare Ereignis war allgemein,« beobachtete Karl August Varnhagen von Ense, zu dieser Zeit preußischer Geschäftsträger am badischen Hof. »Wie gewöhnlich wußten die Leute im ersten Augenblicke nicht, was sie darüber denken und sagen sollten. Besonders verwirrte sie, daß der Mörder ohne alle Reue und sogar mit dem Scheine hoher Frömmigkeit sich seiner Tat rühmte, daß er die Kraft gehabt nach ihrer Vollbringung sich selber zu erstechen; dazu kam die Nachricht, in Mannheim sei fast die ganze Bevölkerung für ihn gestimmt, preise den begangenen Mord als die Heldentat eines edlen vaterländischen Jünglings, für den die heftigste Teilnahme, die heißesten Wünsche sich kundgäben; wie ein Märtyrer wurde er gefeiert, ihm wurden Blumen und Erfrischungen gesandt, das Volk sammelte sich vor dem Hospital und rief ihm Lebehoch und Beifall, eifrige Katholiken beteten öffentlich für sein Seelenheil, besonders aber sprachen die zahlreichen Engländer und Engländerinnen, die sich damals in Mannheim befanden, vielfach ihre Bewunderung der Tat und des Täters aus. In Karlsruhe [der großherzoglichen Residenzstadt] war diese Stimmung weniger und nur in den unteren Volksklassen merkbar; in den höheren Kreisen herrschte dumpfe Betroffenheit und angstvolle Spannung; die Großen, die Hofleute, die Diplomaten sahen sich aus ihrem weltlichen Behagen gräßlich aufgeschreckt, eine heilige Feme schien neu erstanden, jeder Student konnte der Vollstrecker ihrer Urteile sein, sie glaubten sich ihres Lebens nicht mehr sicher, einige jammerten und seufzten, andere schalten und tobten, und begehrten heftig Schutz und Abwehr gegen solche Gefahr.«[11]

Das Erschrecken der einen ist leicht einzusehen; die fast hysterische Freude in Teilen der Bevölkerung, die ans Religiöse streifende Glorifizierung Sands als Volksheld, die ausnahmslose Verachtung für sein Opfer dagegen sind nicht ohne weiteres verständlich. Mag sein, daß die langen Jahre der napoleonischen Kriege, die Leiden unter der wirtschaftlichen Ausbeutung, die Propaganda der Freiheitskriege eine Fanatisierung der öffentlichen Stimmung hervorgerufen haben, die dann durch die Enttäuschung über die Beschlüsse des Wiener Kongresses und die Restauration der politischen Verhältnisse in Deutschland noch zusätzlich genährt wurde. Dann wäre eine Absicht Sands tatsächlich verwirklicht worden – ein befreiendes Fanal zu setzen, mit dem der Rückfall in politische Lethargie aufgehalten wurde. Und waren nicht im Zeitalter des Neohellenismus, der alles durchdringenden klassischen Bildung die Tyrannenmörder der Antike allseits bewunderte, von vornherein moralisch überlegene Vorbilder? Hatte nicht Schiller noch kürzlich mit seinem »Wilhelm Tell« das Recht des Einzelnen auf Revolution und Tyrannenmord bekräftigt? Am Berliner Hoftheater kam es zwar zu einer Totenfeier zu Ehren Kotzebues, aber schon in Königsberg endete der Versuch einer öffentlichen Ehrung des Ermordeten als Mißerfolg. Sands Lehrer Lorenz Oken nannte seinen

Schüler in der Zeitschrift »Isis« einen der gesittetsten, männlichsten, fleißigsten und nachforschendsten Studenten, in dessen Tat höchstens Irrtum, nicht Verdorbenheit walten könne; der junge Herbart rühmte die Tat als hervorgegangen aus Gesinnungen einer wahren moralischen Energie, und Joseph Görres, schon längst nicht mehr jugendbewegt und durchaus zu nachdenklich-abgewogenem Urteil fähig, ließ sich vernehmen: Kotzebue sei »ein Mensch der alten Zeit« gewesen, und er habe zudem für sein »jämmerliches Treiben« – gemeint sind seine Berichte an den Zaren – auch noch »Lohn abgeschöpft«. Sand dagegen verkörpere »die neue Zeit«, »die ein einiges, freies, starkes, unabhängiges, wohl geordnetes und sicher gewährtes Teutsch sich versprochen, und der Reihe nach in allen ihren Hoffnungen aufs Grausamste sich getäuscht gefunden, und nun mit schmerzlichem Zorn im Herzen, vor dem Pfuhle unseres öffentlichen Lebens steht, der in seinen gähnenden Schlund und seinen bodenlosen Abgründen alle ihre Ansprüche, Erwartungen, Wünsche und Träume herabgeschlungen. Beide Zeiten [die alte und die neue] sind hier zum ersten Male blutig sich begegnet, der gewaltsam zurückgedrängte fressende Unmuth hat hier in die erste Gewaltthat sich entladen.«[12]

Aber das allein erklärt die verbreitete öffentliche Zustimmung zu Sands Tat nicht ausreichend. Ein anderes Motiv enthüllt sich heute deutlicher als damals: Die neue Idee von der Volksnation, wie sie in der Französischen Revolution zum Durchbruch und in den Jahren der napoleonischen Okkupation und besonders in der aufgepeitschten Massenstimmung der Freiheitskriege auch in Deutschland ins allgemeine Bewußtsein gekommen war, diese Idee also forderte die unbedingte Identifikation des Einzelnen mit seiner Nation. Aus dieser totalen Identifikation entstand jedoch mit der Gestalt des seinem Volk bis in den Tod getreuen »Teutschen« notwendigerweise auch dessen Gegenfigur in Gestalt des Verräters. Ob die Nation als Glaubens-, als Kultur- oder als Willensgemeinschaft gedacht war, sie umfaßte ihre Mitglieder, ihre Gläubigen und Jünger in allen Lebensbereichen, sie forderte vollständige Treue, und wer sich dieser Forderung entzog, war aus der nationalen Gemeinschaft ausgestoßen, unterlag den schwersten moralischen Verdikten und konnte unter bestimmten Umständen als vogelfrei gelten.

Das war noch nicht lange so; im Ancien Régime nahm man Dienste bei demjenigen Souverän, der die günstigsten Bedingungen anbot, diente seinen Kontrakt ab und war dann frei, eine neue Bindung zu einem anderen Herrn zu knüpfen. Eine Karriere konnte aussehen wie die des schottischen Adligen James Keith (1696–1758), der 1715 sein Land aus Anhänglichkeit an die katholischen Stuarts verließ, eine Zeitlang an deren Hof in Paris lebte, dann in spanische Dienste trat, wo er als Oberst an der Belagerung des britisch besetzten Gibraltar teilnahm, sich dann nach St. Petersburg begab, wo ihn Peter II. zum Kommandeur eines russischen Garderegiments ernannte, bis er schließlich 1747 seine Dienste dem Preußenkönig Friedrich II. anbot. Der machte ihn sogleich zum Feldmarschall und Gouverneur von Berlin; in der Schlacht von Hochkirch starb James Keith 1758 den Heldentod für die preußische Krone, ehrenvoll bestattet von seinem siegreichen Gegner, dem österreichischen General Lacy, der aus Irland stammte. Oder man denke an den französischen Physiker Maupertuis, Präsident der Preußischen Akademie der Wissenschaften, auch wenn Friedrich II. mit der französischen Krone im Krieg lag. Niemand wäre damals auf den Gedanken gekommen, solche Wechsel der Loyalitäten für einen Makel zu halten.

Aber solche Karrieren sollten jetzt, nach Revolution und napoleonischen Kriegen, nicht mehr möglich sein. Im Ancien Régime war Loyalität an Personen gebunden und in rechtliche Formen gekleidet; die Reichweite des Rechts war begrenzt und klar definiert, und der Souverän konnte gegen den Majestätsverbrecher jedenfalls Gnade walten lassen. Auch jetzt schuldete jedermann dem Souverän Loyalität, aber der Souverän war nicht mehr der Herrscher, sondern eine gesichtslose Gemeinschaft, das in der Nation zusammengefaßte Volk. Die Loyalitätspflicht der Nation gegenüber bestand nicht mehr in einer Rechtsbeziehung, sondern in einem letztbegründeten Prinzip, das lebenslang, total und unerbittlich galt und sakrale Züge trug. Nicht zufällig entspricht das Gegensatzpaar »treuer Deutscher« und »Verräter« dem des »gläubigen Christen« und des »Ketzers«, und die massiven religiösen Konnotationen der nationalen Symbolik bestätigen den Befund: die Idee der Nation schickte sich an, zur säkularen Religion des neuen Zeitalters aufzusteigen. Kotzebue war Deutscher, er schrieb Deutsch und für ein deutsches Publikum, zugleich aber war er dem russischen Zaren verbunden, trug einen russischen Titel und berichtete an den russischen Hof über deutsche Verhältnisse, insbesondere an den Universitäten. Kotzebue sah darin kein Problem, er fühlte sich als Mitglied einer *république des lettres*, die ganz Europa umfaßte, und er diente dem europaweiten Geist der Aufklärung, der guten alten Ordnung und der monarchischen Legitimität, ob in Deutschland oder in Rußland. Das aber konnte der neue Geist des Nationalismus nicht ertragen; im Entscheidungsfall galt der Ruf der französischen Freiwilligen von 1793: »Vive la nation! Vive la Mort!«

So war also der Mord an Kotzebue, wie Sand es gewollt hatte, eine Kriegserklärung an die »alte Zeit«, wie Joseph Görres gesagt hatte, und an deren Partei. Es war mehr als eine Kriegserklärung, es war eine Bürgerkriegserklärung, und auf der Seite der »alten Zeit« bestand durchaus Anlaß, die Kampfansage ernst zu nehmen, um so mehr, als es zu Anschlußdelikten kam; der Apothekergeselle Karl Löning versuchte am 1. Juli 1819 ein Attentat auf den nassauischen Regierungspräsidenten Karl Ibell, das allerdings fehlschlug, und der französische Botschafter in Berlin berichtete unter dem 24. Juli 1819 sehr alarmiert nach Paris über ein Mordkomplott gegen den Großherzog von Mecklenburg-Strelitz. Der österreichische Haus, Hof- und Staatskanzler Clemens Fürst von Metternich, der eigentliche Organisator der mitteleuropäischen Ordnung des Wiener Kongresses, hatte allerdings gleich die Chance erkannt, die ihm Sands Attentat in die Hände spielte; seinem Vertrauten Friedrich v. Gentz teilte er am 9. April 1819 mit: »Ich habe die Nachricht von der Ermordung Kotzebues mit allen vorläufigen Details erhalten... Ich für meinen Teil hege keinen Zweifel, daß der Mörder nicht aus eigenem Antriebe, sondern infolge eines geheimen Bundes handelte. Hier wird wahres Übel auch einiges Gute erzeugen, weil der arme Kotzebue nun einmal als argumentum ad hominem dasteht, welches selbst der liberale Herzog von Weimar nicht zu verteidigen vermag. – Meine Sorge geht dahin, der Sache die feste Folge zu geben, die möglichste Partie aus ihr zu ziehen, und in dieser Sorge werde ich nicht lau vorgehen...«[13]

So sprach der Kanzler, und so geschah es. Selten hat eine radikale Tat dermaßen entgegen den Absichten des Täters gewirkt wie die Ermordung Kotzebues. Noch während Sands Haftzeit wurden neben der eigentlichen Untersuchungskommission in Mannheim weitere Kommissionen in Darmstadt, Gießen und Weimar installiert, und das preußische Polizeiministerium schloß sich ihnen an; seit dem 8. November 1819 kam die vom Deutschen Bund eingerichtete Zentraluntersuchungskommission in Mainz hinzu, die nur mühsam des eklatanten Kompetenzenwirrwarrs der einander überschneidenden und behindernden Untersuchungs- und Strafverfolgungsbehörden Herr wurde. Aus den von Metternich ins böhmische Karlsbad einberufenen Ministerkonferenzen, an denen neben Österreich und Preußen acht weitere deutsche Staaten teilnahmen, erwuchsen die »Karlsbader Beschlüsse«, die am 20. September 1819 vom Bundestag in anfechtbarer Weise einstimmig als Bundesgesetze angenommen wurden. Ein Universitätsgesetz sah einen staatlichen Bevollmächtigten vor, der Studenten und Professoren schärfstens zu überwachen hatte. Ein Pressegesetz schrieb die Vorzensur für alle Schriften unter 20 Druckbogen vor, was die Produktion schlechter, aber voluminöser Romane erheblich beförderte. Zur Untersuchung »revolutionärer Umtriebe« wurde die bereits erwähnte Mainzer Untersuchungskommission gebildet, die bis 1828 ihres Amtes waltete, neben dem Bundestag die einzige Institution des Deutschen Bundes. Die »Provisorische Exekutionsordnung« schließlich gab dem Bund das Recht zur Bundesexekution gegen Gliedstaaten und die Möglichkeit der Intervention bei innerem Aufruhr. Artikel 13 der Deutschen Bundesakte, der »landständische Verfassungen« erlaubte, sollte fortan Repräsentativverfassungen ausschließen. Kein Punkt des Karlsbader Repressionsbündels war Metternich so wichtig wie dieser, viel wichtiger als der Kampf gegen aufrührerische Studenten und Professoren, aber gerade hier scheiterte er am Widerstand der liberalen süddeutschen Regierungen Württembergs, Bayerns und Badens.

Zugleich rollte eine Verhaftungswelle. In Bayern und Weimar traf es die engsten Bekannten Sands, in Preußen ging man weit darüberhinaus. Das burschenschaftliche Schwergewicht hatte sich seit 1818 von Jena nach Berlin verlagert; die dortige Polizei hatte offenbar längst Verhaftungs- und Durchsuchungslisten vorbereitet, und so wurden in den Julitagen 1819 die meisten Mitglieder der Burschenschaft in Berlin, aber auch in anderen preußischen Universitätsstädten festgenommen und oft in jahrelanger schikanöser Untersuchungshaft festgehalten; auch die geistigen Führer der Nationalbewegung, Friedrich Ludwig Jahn in Berlin, Ernst Moritz Arndt und die Brüder Welcker in Bonn wurden verhaftet, und Joseph Görres mußte aus Koblenz nach Straßburg fliehen.

In einem wesentlichen Punkt allerdings blieben die Untersuchungs- und Verfolgungsbehörden erfolglos: Die Existenz eines revolutionären Geheimbunds, einer mörderischen Verschwörung ließ sich nicht nachweisen. Insbesondere die Justizbehörden des Großherzogtums Hessen erzielten in dieser Richtung Teilerfolge; immerhin gab es ja den Geheimbund der »Schwarzen« an den Universitäten Gießen und Darmstadt, in dem von Umsturz und Mord geredet worden war. Aber eine direkte Verbindung zwischen den »Schwarzen« und Sands Tat ließ sich nicht nachweisen, und auch Karl Follen, der zunächst als Drahtzieher hinter dem Mord galt, und der ja auch tatsächlich zu den geistigen Urhebern des Attentats gehörte, mußte freigelassen werden. Ihm war nur nachzuweisen, daß er Sand Geld zu der Reise nach Mannheim vorgestreckt hatte, was aber nicht als strafrechtlicher Tatbestand gewertet werden konnte. Follen, den zumindest moralisch gesehen die größte Mitschuld an der Ermordung Kotzebues traf, traf es besser als die Berliner und Bonner Burschenschaftler, die mit der Tat überhaupt nichts zu tun gehabt hatten; er zog sich 1820 nach Basel zurück, um an der dortigen Universität Rechtswissenschaften zu lehren und weiterhin an Aufstandsplänen zu feilen, und entzog sich schließlich einem preußisch-österreichischen Auslieferungsantrag durch Flucht nach Amerika, wo er in Harvard lehrte, alljährlich auf der Gemeindewiese von Cambridge/Mass. einen Weihnachtsbaum aufstellte und 1840 bei einem Schiffsunglück ums Leben kam.

Doch eins bleibt merkwürdig: So entschlossen die Politiker sich erklärten, ein Komplott ausfindig machen zu wollen, so gering war die Energie, die die Untersuchungs- und Strafverfolgungsbehörden daran setzten. Ein einleuchtender Grund hierfür fand sich auf einer der ersten Sitzungen der Mainzer Untersuchungskommission Ende 1819. Der preußische Vertreter, Geheimer Regierungsrat Grano, verteilte Untersuchungsberichte über revolutionäre Geheimbünde in Preußen, und die übrigen Mitglieder staunten nicht schlecht, als sich darunter der Bericht eines gewissen Karl Borbstedt,

Agenten in preußischen Diensten, an Staatskanzler Hardenberg fand. Aus diesem Bericht ging einwandfrei hervor, daß eine in Hessen, Hannover, Braunschweig und Hessen-Nassau verbreitete Gesellschaft, genannt »Deutscher Bund«, die sich die Agitation für die deutsche Einheit zur Aufgabe gemacht hatte, 1815 im Auftrag und mit Unterstützung der preußischen Regierung ins Leben gerufen worden war. Ziel dieser Aktion war es gewesen, die aktivistischen Teile der deutschen Nationalbewegung, die sich bereits vor den Freiheitskriegen in französisch besetzten oder mit Frankreich verbündeten Regionen Deutschlands konspirativ zusammengeschlossen hatten, vor den Karren der preußischen Politik im Deutschen Bund zu spannen. Verfemte Namen wie Arndt und Jahn tauchten in diesem Bericht ebenso auf wie hochgeschätzte Personen, etwa General Graf Gneisenau, der Oberpräsident der Rheinprovinz Justus Gruner, der Freiherr vom Stein, die Staatsräte Stägemann und Schoen, ja selbst Staatskanzler Hardenberg.

Das eigentlich Pikante daran aber war, daß studentische Bünde wie die Gießener »Unbedingten« und »Schwarzen« mit jenem »Deutschen Bund« eng verflochten waren, so daß also die Suche nach Mitverschworenen zumindest indirekt die preußische Regierung in Mitleidenschaft ziehen mußte, obwohl diese sich mittlerweile weit von ihrem liberal-nationalen Kurs von 1814/15 entfernt hatte. Der unglückliche Geheimrat Grano ließ das Papier schnell wieder einsammeln, und die Episode blieb bis heute unbekannt, aber der hannoversche Gesandte Graf Münster hatte bereits eine Zusammenfassung des Inhalts angefertigt, und zumindest im engsten Kreise herrschte von nun an der Argwohn, daß die umfangreichen Verhaftungsaktionen in Preußen hauptsächlich Ablenkungsmanöver darstellten, dazu gedacht, die Verwicklung preußischer Behörden in konspirative Verbindungen zu verschleiern.[14]

Das alles ereignete sich, während Karl Ludwig Sand im Mannheimer Zuchthaus saß, wo er bevorzugt behandelt wurde; er hatte ein geräumiges Zimmer mit zwei Fenstern zur Verfügung, und Mithäftlinge hatten beim täglichen Hofgang die Ketten anzuheben, damit der prominente Gefangene nicht durch das Klirren gestört wurde. Sand seinerseits, obwohl von den Folgen seines Selbstmordversuchs dauernd gepeinigt, benahm sich musterhaft und entgegenkommend, legte lang und breit seine edlen Motive dar, berief sich auf die heroischen Vorbilder früherer Tyrannenmorde und wurde nur vorsichtig, wenn das Verhör sich seinen Freunden und möglichen Mitverschwörern zuwandte. Das Verfahren schleppte sich länger als ein Jahr dahin. Erst am 11. April 1820 stimmte das Hofgericht des Niederrheins einstimmig für die ordentliche Strafe der Enthauptung durch das Schwert; von dem erschwerenden Aufstecken des Kopfes auf einen Pfahl glaubte es absehen zu können. Am 5. Mai trat das Oberhofgericht als oberste Instanz diesem Urteil bei, das am 12. Mai 1819 vom Großherzog von Baden bestätigt wurde.

Sand empfing die Mittelung des Urteils mit großer Fassung; die Ärzte, die ihn untersuchten, um festzustellen, ob sein Gesundheitszustand die Hinrichtung aushalte, überzeugte er, indem er zehn Minuten lang so laut wie möglich Verse von Theodor Körner vortrug. Die Hinrichtung war auf Pfingstsamstag, den 20. Mai 1820 festgelegt. Die Anteilnahme der Bevölkerung war so groß, daß man Schwierigkeiten hatte, einen Wagen zu leihen, um Sand zur Richtstätte zu bringen. Die Straßen, durch die der Wagen fuhr, von einer Eskadron Kavallerie bedeckt, waren von Menschen überfüllt, die oft von weither gekommen waren. Sand lächelte und grüßte die Umstehenden, die ihm Lebewohl zuriefen, bestieg das Schafott ohne Hilfe und ließ sich, nachdem das Urteil nochmals verlesen worden war, ohne Widerstreben auf dem Hinrichtungsstuhl festbinden. Nach zwei Schwertstreichen fiel der Kopf, wurde der Menge gezeigt, zusammen mit dem Körper in den Sarg gelegt und unter militärischer Eskorte zum lutherischen Kirchhof verbracht, wo der Sarg begraben wurde.

Ein Augenzeuge berichtet: »Als der Sarg weggebracht, stürzt alles aufs Schafott, um Andenken zu erhalten. Das Tuch erhascht ein Student, wer hinzukann, taucht einen Rockzipfel oder ein Taschentuch... in Sands Blut und schon der kleinste Tropfe gilt als Reliquie. Die langen Haare Sands sind in des Nachrichters Händen, ... es ist unendliche Nachfrage danach, Spänchen von dem mit Sands Blut befleckten Gerüste werden von den Henkersknechten um hohe Preise verkauft.«[15] Sands Bekennerschreiben, das er in bewußt lutherischer Manier an eine Kirchtür hatte nageln wollen, gipfelte in den Sätzen: »Wir Deutschen – ein Reich und eine Kirche! Die Spaltung zwischen geistlich und weltlich sei vernichtet! Die Reformation muß vollendet werden!« Und: »Ein Christus kannst Du werden!« Der Reliquienkult, der jetzt um Sands Hinterlassenschaften entstand, bis hin zu den Splittern des wahren Schafotts und den Blutstropfen, die christusartige Ikonographie von Sands weit verbreiteten Portraits, der Wortlaut der dutzenden Bänkellieder, die vor allem in Südwestdeutschland umliefen, alles das steigerte die Erinnerung an die Bluttat im Namen der Nation ins Religiöse. Auf der Richtstätte fand man noch Jahrzehnte nach dem Todestag frische Blumen und Trauerweide; der Volksmund nannte diesen Ort »Sands Himmelfahrtswiese«.

Der Scharfrichter war von der Hinrichtung so erschüttert, daß er sein Amt aufgab. Aus den Balken der Richtstätte baute er in seinem Rebgarten über dem Neckar ein Weinberghäuschen, in dem die Heidelberger Burschenschaftler noch lange sonderbare Abendmahlsrituale feierten, in Sands blutigem Schafott, mit dem Wein seines Henkers.

Literatur

Abbühl, Ernst: Karl Ludwig Sand. Sein Bild in der historischen Forschung und in der Literatur. Eine vergleichende Analyse, masch. Diss. Bern 1978 (mit umfassender Bibliographie)

Benz, Ernst: Franz von Baader und Kotzebue. Das Rußlandbild der Restaurationszeit, in: Abhandlungen der Akademie der Wissenschaften und der Literatur Mainz. Geistes- und Sozialwissenschaftliche Klasse, Nr. 2, Mainz 1957

Brückner, Peter: »...bewahre uns Gott in Deutschland vor irgendeiner Revolution!« Die Ermordung des Staatsrats v. Kotzebue durch den Studenten Sand, Berlin 1975

Büssem, Eberhard: Die Karlsbader Beschlüsse von 1819, Hildesheim 1974

Heydemann, Günther: Carl Sand. Die Tat als Attentat, Hof 1985

Heydemann, Günther: Der Attentäter Karl Ludwig Sand. 20 Briefe und Dokumente aus den Erlanger und Jenaer Studienjahren, in: Darstellungen und Quellen zur Geschichte der deutschen Einheitsbewegung im 19. und 20. Jahrhundert, hrsg.v. Christian Hünemörder, Bd. XII, Heidelberg 1968, S. 7–77

Hodann, Michael und Wilhelm Koch: Die Urburschenschaft als Jugendbewegung, Jena 1917

Müller, Karl Alexander von: Karl Ludwig Sand, München 1925

Sammet, Gerald: Carl Ludwig Sand. Eine deutsche Rebellion, in: Zimmermann, Harro (Hrsg.): Schreckensmythen – Hoffnungsbilder, Frankfurt/M. 1989, S. 162–173

Steiger, Günter: Urburschenschaft und Wartburgfest. Aufbruch nach Deutschland, 2. erw. Aufl. Leipzig 1991

Stock, Frithjof: Kotzebue im literarischen Leben der Goethezeit, Düsseldorf 1971

Wentzke, Paul: Geschichte der deutschen Burschenschaft. Vor- und Frühzeit bis zu den Karlsbader Beschlüssen, Heidelberg 1919

Anmerkungen

[1] Nach Percy Stulz: Fremdherrschaft und Befreiungskampf, Berlin (Ost) 1960, S. 128.

[2] Nach Hodann, Michael und Wilhelm Koch: Die Urburschenschaft als Jugendbewegung, Jena 1917, S. 15 f.

[3] Fries, Jakob Friedrich: Glaubensbekenntnis, 1818, zit. nach Steiger, Günter: Urburschenschaft und Wartburgfest, 2, erw. Aufl. Leipzig 1991, S. 79.

[4] Nach Jarcke, C.E.: Carl Ludwig Sand und sein, an dem kaiserlich-russischen Staatsrath v. Kotzebue verübter Mord, Berlin 1831, S. 88 f.

[5] In: Geschichte der Universität Jena 1548/58–1958, hrsg.v. Günter Steiger, Bd. 1, Jena 1958, S. 344.

[6] Kotzebue, August v.: Die jüngsten Kinder meiner Laune, 2 Bde, Leipzig 1797, Bd. 1, S. 5

[7] Benz, Ernst: Franz von Baader und Kotzebue. Das Rußlandbild der Restaurationszeit, in: Abhandlungen der Akademie der Wissenschaften und der Literatur Mainz. Geistes- und Sozialwissenschaftliche Klasse, 1957, Nr. 2, S. 64

[8] Völkischer Beobachter, 23.3.1944.

[9] Carl Ludwig Sand, dargestellt durch seine Tagebücher und Briefe von einigen seiner Freunde, Altenburg 1821, S. 151

[10] Ebd., S. 170

[11] Varnhagen von Ense, Karl August: Denkwürdigkeiten des eignen Lebens, hrsg.v. Konrad Feilchenfeldt, Bd. 3, Frankfurt/M. 1987, S. 422 f.

[12] Görres, Joseph von: Kotzebue und was ihn gemordet, in: Politische Schriften, 1817–1822, Abt. 1, Bd.4, 1856, S. 54 f.

[13] Metternich an Gentz, Rom, 9.4.1819, in: Wittichen, Friedrich Carl und Ernst Salzer (Hrsg.): Briefe von und an Friedrich v. Gentz, Bd. 3/I, Berlin 1913, S. 388.

[14] Graf Münster an den britischen Prinzregenten, Wien, 1.1.1820, in: Public Record Office FO 34/14, fol. 64–69v.

[15] Anonym: Nachtrag zu den wichtigsten Lebensmomenten K.L. Sands aus Wunsiedel mit der vollständigen Erzählung seiner Hinrichtung. Nürnberg 1820, S. 92–94.

Ekkehart Krippendorff

Abraham Lincoln 1865

(mit Reflexion zu Itzhak Rabin, 4. November 1995)

Abraham Lincoln starb am Karfreitag-Abend 1865 von der Hand eines politisch motivierten Attentäters; sein klinischer Tod wurde am frühen Morgen des 15. April 1865 mitgeteilt. Zu diesem Zeitpunkt stand Lincoln auf dem Höhepunkt eines jeden denkbaren politischen Lebens, das der Emanzipation des Menschen aus den Banden der Unmündigkeit, der Fremdbestimmung, der Unfreiheit gewidmet war. 1860 war er zum 16. Präsidenten jenes Staates gewählt worden, der 1776 mit dem bis dahin unerhörten Anspruch auf die Bühne der Weltgeschichte getreten war, daß »alle Menschen gleich geschaffen« seien und darum auch den gleichen Anspruch auf die eigene Gestaltung ihres Glückes auf dieser Welt hätten; der elf Jahre später vereinbarte ›Gesellschaftsvertrag‹ der ersten republikanischen Verfassung der Neuzeit lieferte zu dieser Selbstbestimmung eines Zusammenlebens freier und gleicher Bürger den institutionellen Rahmen. So radikal neu und andersartig war diese Republik im Selbstverständnis ihrer Vertreter, daß u.a. auch so etwas wie der politische Mord hier undenkbar schien. Lincolns Staatssekretär William H. Seward z.B. hatte selbstbewußt erklärt, daß die geordnete demokratische Amtsablösung von Präsidenten ein Grund für nationalen Stolz sei: »Politischer Mord ist so unamerikanisch und gegen unsere Sitten, ist so bösartig und abscheulich, daß er unserem politischen System nicht aufgepfropft werden kann.« Aber eben dieses große – vielleicht größte – Experiment der politischen Freiheitsgeschichte, ob nämlich Selbstbestimmung und politische Gleichheit miteinander vereinbar waren, war in den 50er Jahren des 19. Jahrhunderts in eine Krise geraten. War es möglich, weiterhin in großen Teilen des Bundesstaates den schwarz-afrikanischen Sklaven die Gleichberechtigung als Bürger zu verwehren und damit das große humanitäre Pathos der Unabhängigkeitserklärung mit Füßen zu treten? War nicht der Zeitpunkt gekommen, diesen Geburtsmakel der Republik zu überwinden? Viele Amerikaner, vor allem diejenigen, für die die Sklaverei weder wirtschaftlich unabdingbar schien, noch zu ihrer alltäglichen paternalistischen Lebenskultur gehörte, waren dieser Meinung; andere – in den überwiegend agrarischen Südstaaten – sahen das ganz anders und waren eher bereit, die Union von 1787 aufzukündigen, als auf dieses historisch gewordene Institut zu verzichten, das ihnen nicht nur eine lebens- und liebenswerte Kultur bescherte, sondern ihnen auch menschlich gesehen überlegen schien gegenüber der zynischen Lohnsklaverei des Industrialismus. Auf diese Alternative hatten sich die Auseinandersetzungen Mitte des 19. Jahrhunderts zugespitzt. Aufgrund seiner öffentlichen Erklärungen als Gegner der Sklaverei wurde die Wahl Abraham Lincolns zum Präsidenten 1860 von den sklavenhaltenden Südstaaten als eine Art »Kriegserklärung« verstanden, die sie mit ihrer Sezession, d.h. dem Austritt aus der Union und der Gründung eines neuen Staatenbundes, der »Konföderierten« beantworteten.

Der neugewählte Präsident konnte sich, als der Bürgerkrieg ausbrach, nicht einmal auf eine eindeutige Mehrheitsentscheidung der amerikanischen Wähler stützen, war doch seine Wahl nur möglich gewesen, weil seine Gegner – die Demokratische Partei – untereinander zerstritten und mit zwei Kandidaten ins Rennen gegangen waren. Jetzt jedoch, vier bzw. fünf Jahre später, im April 1865, war dieser Bürgerkrieg gewonnen, war der Präsident mit einer eindeutigen Mehrheit wiedergewählt worden und hatte, am 4. März, die Einführung in seine zweite Amtszeit erlebt, die Krönung seiner politischen Karriere. Er war 56 Jahre alt und bei bester Gesundheit. Nach den bitteren Jahren des blutigen Krieges lagen vor ihm die »Mühen der Ebene« (Brecht), in denen sich beweisen mußte, ob die Fundamente, die er während der Konfliktzeit gelegt und gepflegt hatte, tragfähig waren für eine zweite Gründung der Republik aus dem Geiste von 1776.

Am 9. April 1865 hatte die südstaatliche Armee unter ihrem Oberbefehlshaber General Lee kapituliert, und die Kapitulation einiger weniger übriggebliebener versprengter Einheiten war nur noch eine Frage von Tagen, wenn nicht Stunden, als Abraham Lincoln sich am Morgen des 14. April entschloß, zur Entspannung den Abend im Theater zu verbringen und sich eine leichte, damals populäre Komödie anzusehen, »The American Cousin.« Der geschäftstüchtige Theatermanager hatte diese Nachricht sogleich an die lokale Presse weitergegeben, die die Notiz in ihren Nachmittagsausgaben brachte, so daß nicht nur das Publikum wußte, daß dieses keine gewöhnliche Vorstellung werden würde, sondern auch der planende Attentäter erfuhr davon ... Die faktischen Details des Attentats im Ford's Theatre von Washington sind vielfach minutiös rekonstruiert worden und für jeden Interessierten nachlesbar: dramatisch im Ablauf des Geschehens und eben darum ohne historischen Erkenntniswert. Gleichwohl sei der Vorgang hier stichwortartig referiert. Ähnlich wie im Fall von »Sarajewo 1914« handelte es sich hier um keine große politische Verschwörung sondern, entgegen allen Vermutungen und Verdächtigungen, um die Tat eines Einzelnen, der um sich eine kleine Gruppe Gleichgesinnter versammelt hatte. John Wilkes Booth, von dem später noch ausführlicher die Rede sein wird, hatte zunächst eine Entführung des Präsidenten geplant, durch die er die Unionsregierung zu einer Beendigung des Krieges erpressen wollte. Dieser Versuch war im März fehlgeschlagen

– eine dilettantische Unternehmung: statt des Präsidenten fand man nur den Kriegsminister Salmon P. Chase in der unbewachten Kutsche auf dem Wege zu einer Theateraufführung am Rande der Stadt. Jetzt, am 14. April, setzte Booth auf ein Attentat, wobei er den Präsidenten »übernahm«, die anderen vier Männer sollten den Vizepräsidenten Johnson und den bettlägerigen Staatssekretär Seward ermorden; einer – der auf Johnson angesetzt war – bekam in letzter Minute Gewissensbisse, der andere drang in Sewards Haus unter dem Vorwand, ein Medikament zu bringen und verletzte sein Opfer durch einen Pistolenschuß, während sein Komplize ihn draußen deckte. Der Vierte, ein südstaatlicher Spitzel, verschwand (und floh später nach Europa). Booth aber erreichte sein Opfer in der direkt neben der Bühne liegenden Theater-Loge, hatte allerdings damit gerechnet, dort auch noch General Grant zu erschießen, der in letzter Minute aber den Theaterbesuch abgesagt hatte. Booth gelang nach seinem Erfolg die Flucht aus dem verwirrten Theaterpublikum, er wurde 14 Tage später in einer Scheune in den Sümpfen von Maryland gestellt und kam, als man die Scheune ansteckte, um ihn und seinen Komplizen zur Übergabe zu zwingen, ums Leben – ob durch Selbstmord oder den Schuß eines aufgeregten Soldaten, wurde nie zweifelsfrei geklärt; wahrscheinlicher ist die letztere Erklärung. Den übrigen Mittätern wurde ein schneller Prozeß gemacht, bei dem keine Spur von irgendwelchen Hintermännern gefunden wurde (was auch spätere, bis in die Gegenwart fortgeführte Untersuchungen bestätigen) – alle wurden gehenkt, außerdem noch die Mutter des flüchtigen Spions Surratt als vermutete Mitwisserin, was allerdings wohl ein Justizmord war, denn sehr wahrscheinlich hatte sie nichts von der Sache selbst gewußt. Vier weitere Angeklagte erhielten Gefängnisstrafen und wurden später, ebenso wie der aus Ägypten an die USA ausgelieferte Mitverschwörer Surratt, von Präsident Johnson begnadigt – Aber gerade weil der Mord an Abraham Lincoln so durchsichtig und ohne einen Schatten des Zweifels hinsichtlich der Identität der Täter bzw. des Täters ist, führt er zu Fragen, die das Faktische der Tat selbst transzendieren und uns an die Grenze dessen stoßen lassen, was der historischen oder auch der politologischen Analyse methodisch zugänglich ist.

Zum einen zwingt uns dieses mehr als 100 Jahre zurückliegende Ereignis dazu, über die größte Herausforderung an unsere bewußte Existenz nachzudenken, über den Tod. Jeder Tod ist so einmalig wie das Leben. Aber während wir glauben, unser Leben selbst bestimmen zu können, kommt der Tod immer ungerufen, meist unerwartet, vielfach zum falschen Zeitpunkt. Märchen und Mythen sind voller lebensverlängerender Wunschträume. Und immer haben die Götter das letzte, unerbittliche Wort, nie wird der Lebensfaden an einem Punkte abgeschnitten, den wir betroffene Menschen für den richtigen halten. Der Tod ist gewissermaßen der radikalste Gegenbeweis gegen die Selbstbestimmung, die Selbstgestaltung unseres eigenen Lebens, weil er sich unserer Planung entzieht – es sei denn, wir planen den Suizid, den »Freitod«, den Selbstmord zum Beweis eben der radikalen Entscheidungs-Freiheit. Und vor dem Suizid scheuen wir in der Regel eben gerade darum zurück, weil wir nicht wissen können, was danach kommt und es insofern keine Wahl-Entscheidung zwischen Alternativen ist – »there's the rub«, wie Hamlet diese Extremsituation reflektiert. Als Abraham Lincoln im April 1865 über den Traum von seinem eigenen Tod nachdachte, den er gerade gehabt hatte, fielen ihm eben diese Hamlet-Verse aus dem berühmten »To be or not to be« Monolog ein: »To sleep, perchance to dream ... ay, there's the rub,« wobei er die drei letzten Worte besonders betonte.

Zum anderen zwingt uns der Tod Lincolns über Mord grundsätzlich nachzudenken. Das aber geht nicht, ohne zunächst zu differenzieren zwischen dem Mord und dem Mörder. In einem kleinen, wenig bekannten Text reflektiert Hegel über die Frage »wer denkt abstrakt« und exemplifiziert seine Antwort ausgerechnet am Phänomen des Mörders. Wer Mörder gleich Mörder setze, wer nicht zu sehen und zu verstehen vermöge, daß Motive, Umstände, spezifische Konstellationen, Zwecke und Konsequenzen einen jeweils erheblichen, um nicht zu sagen entscheidenden Unterschied ausmachten, der denke abstrakt. »Dieß heißt abstrakt gedacht, in dem Mörder nichts als dieß Abstrakte, daß er ein Mörder ist, zu sehen, und durch diese einfache Qualität alles übrige menschliche Wesen an ihm zu vertilgen.« Die Be- oder auch Verurteilung eines Mörders kann darum nicht absehen von diesen Konkretionen, auch und nicht zuletzt von den Zwecken und Zielen, die der Mörder verfolgte und die den primitiven Raubmord vom politisch motivierten Attentat qualitativ unterscheidet. Andererseits haben die Motive des Mörders für das Opfer keinerlei Bedeutung, da das Ergebnis – die Auslöschung eines Menschenlebens – in allen Fällen identisch ist. Wo aber ein Leben zuende kommt, da muß, eben weil der Tod das Letzte ist, die Sinnfrage gestellt werden dürfen – unabhängig von den beliebigen Beweggründen des Täters oder aber auch von anderen scheinbaren Zufälligkeiten, die einen gewaltsamen, »vorzeitigen« Tod zur Folge haben können. Gibt es den Zufall? Kein Zweifel, daß der Lincoln-Attentäter den Plan zu seiner Tat seit langem in sich trug; die Art und Weise aber, die Umstände, die ihm plötzlich die Gelegenheit dazu gaben, enthalten ein nach Wahrscheinlichkeitskriterien so abenteuerlich hohes Maß von ihm günstigen Umständen für die Ausführung der Tat, daß hier von »Zufällen« zu reden wissenschaftlich-methodisch gesprochen kaum mehr zulässig ist. Eine mathematisch begründete Theorie, derzufolge es ein Systemgesetz ist, daß, wenn in der Folge Risiko-kalkulierten gesellschaftlichen Handelns etwas schief gehen kann, dieses auch schief gehen wird, läßt sich als systematische Hypothese umkehren und zuende denken: wenn keine der vielen konkreten Möglichkeiten, die das Attentat bzw. den

Attentäter hätten verhindern können, eintrat, dann legt das den Schluß auf eine die Handlung konditionierende höhere Notwendigkeit nahe. Eine positivistische Wissenschaft wird sich weigern, die Vorstellung von »Schicksal« oder von »Prädestination«, von »Vorherbestimmung« ernst zu nehmen und verweist solche Erklärungsmuster in den Bereich nicht nur des Glaubens, sondern eher noch des Aberglaubens, Das aber macht sie strukturell blind für die eigentlich faszinierenden, aufregenden Fragen.

Dabei geht es hier keineswegs um religiöse Bekenntnisse, vielmehr um eine wissenschaftliche Methode, die sich nicht scheut, auch solche Gesamtzusammenhänge der historisch-empirischen Welt auszusprechen, die sich der materialen Quantifizierbarkeit qualitativ entziehen. Goethe, dessen Theorie-Schriften zur Methode wissenschaftlichen Beobachtens viel zu wenig bekannt sind, hat den, wie er meinte »kühn scheinenden Schritt gewagt« die »sämtlichen Welterscheinungen« in ihrer Verkettung kategorial in ihrem Zusammenhang zu fassen: »vom Ziegelstein, der dem Dache entstürzt, bis zum leuchtenden Geistesblick, der dir aufgeht.« Diese Herangehensweise ermöglicht es, im Falle des Lincoln-Attentats, die Frage nach der Schicksalshaftigkeit dieses Todes zu stellen, ohne sich deswegen in mystische Spekulationen zu verirren. Die Wahrheit über dieses Attentat kann sich schließlich, so wichtig das ist, nicht in der kriminalistischen Rekonstruktion des Tatverlaufs und der Täterbeschreibung erschöpfen. Das wäre ebenso banal wie die umgekehrte schlichte Unterstellung eines göttlichen Ratschlusses. Goethe: »Starre, scheidende Pedanterie und verflößender Mystizismus bringen beide gleiches Unheil.«

Zum dritten gilt die Differenzierung zwischen »Mörder« und »Mörder« auch für die scheinbar eindeutige Kategorie »Attentat«. Nur wer abstrakt, d.h. losgelöst von der Wirklichkeit denkt, kann es sich erlauben, alle Attentate gegen politisch exponierte Persönlichkeiten oder Repräsentanten auf dieselbe Ebene oder Stufe der Beurteilung zu stellen, sie unter eine Kategorie zu subsumieren. Jede ernsthafte Reflexion aber wird auch hier deutlich zu unterscheiden haben: Attentat ist nicht gleich Attentat. Um nur zwei mögliche, d.h. real vorkommende Formen zu unterscheiden: es wird berichtet, daß die Republik Venedig zwischen 1415 und 1525 ungefähr zweihundert politische Morde zur Durchsetzung ihrer außenpolitischen Interessen entweder plante oder erfolgreich durchführen ließ: »Unter den ausersehenen Opfern waren zwei Kaiser, zwei französische Könige und drei Sultane. Die Dokumente berichten von keinem Mordangebot, das die venezianische Regierung abgelehnt hätte. Von 1456 bis 1472 akzeptierte sie zwanzig Angebote, Sultan Mohamed II., den Hauptgegner Venedigs in dieser Zeit, umzubringen. 1514 bot ein gewisser Johannes von Ragusa sich an, für ein Jahresgehalt von 1500 Dukaten jeden von der Regierung Venedigs bestimmten Menschen zu vergiften. Der Mann wurde, wie wir heute sagen würden ›auf Probe‹ angestellt und sollte seine Fähigkeiten unter Beweis stellen mit Kaiser Maximilian.« Hans J. Morgenthau, der diese Fälle in seinem Standardwerk zur Außenpolitik berichtet, setzte – es waren die 50er Jahre – hinzu: »Offensichtlich werden solche Methoden zur Erreichung politischer Zwecke heute nicht mehr praktiziert.« Wie naiv-gutgläubig oder am vermeintlichen Fortschritt moderner Politik erblindet ist dieser optimistische Schlußstrich – denn, um den Sprung in die Gegenwart zu machen: die US-amerikanische Regierung Präsident Kennedys z.B. hat zumindest zwei nachweisliche Versuche unternommen, ihrer Außenpolitik feindselige Staatsoberhäupter durch Mord zu beseitigen – einer war erfolgreich (Lumumba/Kongo, 1961), der zweite nicht (Fidel Castro, 1962/63); an der Ermordung des südvietnamesischen Staatschefs Diem war die damalige amerikanische Regierung zumindest indirekt beteiligt. Auch das – fehlgeschlagene – Attentat auf Papst Johannes-Paul II., 1982, läßt sich auf konkrete strategische Überlegungen interessierter Regierungen mittels geheimdienstlicher Experten zurückführen und steht in einem unschwer rekonstruierbaren strategischen Zusamenhang sowjetischer Politik. Die materiellen Exekutoren sind dabei historisch ebenso uninteressant, wie die gedungenen Attentäter Venedigs.

Eine ganz andere Art des Attentats ist der »Tyrannenmord«, der seine eigene Geschichte hat und sich in den Motiven und Interessen deutlich und radikal unterscheidet von der geplanten Beseitigung eines (außen-)politischen Gegners im Kontext einer staatspolitischen Strategie. Beim Tyrannenmord handelt es sich immer um die Tat von Wenigen (wie immer groß oder klein der Kreis auch jeweils sein mag), die sich von der Herrschaft eines Einzelnen persönlich betroffen oder bedroht fühlen und die in dieser Herrschaft eine Bedrohung für die gesamte politische Gemeinschaft sehen. Dabei kann es sich – wie z.B. die zahlreichen Anschläge auf europäische Monarchen um die letzte Jahrhundertwende zeigen – auch um symbolische Opfer handeln, die nicht als besonders aggressive Individuen, sondern als Repräsentanten für ein verhaßtes und zu bekämpfendes System stehen, ja, das zu tötende Opfer mag sogar dem Attentäter menschlich nahe stehen – aber um des höheren Zwecks der Freiheit willen muß es sterben. Das klassische Vorbild dafür ist der Mord an Cäsar durch Brutus. Der Lincoln-Mörder John Wilkes Booth, der, aus einer bekannten Schauspieler-Familie stammend, zusammen mit seinen Brüdern noch fünf Monate vor dem Attentat im November 1864 im »Julius Cäsar« vor 3000 Menschen im New Yorker »Winter Garden Theatre« aufgetreten war (er selbst in der Rolle Marc Antons), sah sich selbst in eben dieser Rolle des Brutus: 1863, nach dem Unionssieg bei Gettysburg, der die Kriegswende signalisierte, prophezeite Booth einem Freunde: »Du wirst eines Tages Lincoln zum König von Amerika gemacht sehen.« Cäsar hatte bekanntlich die Königsrolle abgelehnt, aber seine Verschwörer-Gegner unterstellten ihm Unehrlichkeit und rechtfertigten damit den Mord. Booth, nach vollbrachter Tat auf der Flucht vor Polizei und Armee und verbittert über das allgemeine Entsetzen, das diese ausgelöst hatte, schrieb in sein Tagebuch: »Ich bin verzweifelt. Und warum? Weil ich das getan habe, wofür Brutus geehrt wurde und was Tell zu einem Helden machte. Aber ich, der ich einen größeren Tyrannen getötet habe, als sie je kennengelernt haben, werde als ein gemeiner Mörder betrachtet.« »Sic semper tyrannis«, ›so soll es allen Tyrannen ergehen‹ hatte er in das schreckensstarre Publikum gerufen, als er aus der Seitenloge, wo er den Präsidenten erschossen hatte, auf die Bühne gesprungen war und dann rasch durch den Hinterausgang verschwand. Kein Zweifel, der Attentäter Booth war kein Mörder aus niedrigen Motiven – allenfalls Ruhmsucht könnte man ihm vorwerfen, obwohl seine Schauspielkarriere durchaus erfolgreich zu nennen war, ja, er sich einer verdienten nationalen Prominenz, zusammen mit dem Vater und zwei Brüdern, als einer der größten amerikanischen Shakespeare-Interpreten seiner Zeit rühmen durfte. Übrigens hatte Lincoln ihn, wenn auch nicht in einer Shakespeare-Rolle, im November 1863 in dem Boulevard-Stück »Marble Heart« auf der Bühne gesehen.

Shakespeare stellt die geheime Verbindung her nicht nur zwischen dem Mörder und seinem Opfer, sondern vor allem zwischen Lincolns Schicksal und der Geschichte. Denn die Lincoln-Tragödie, die zugleich eine Lincoln-Apotheose ist, vollzieht sich wie ein Shakespeare'sches Drama und läßt sich durch Shakespeare sowohl politisch als auch kosmologisch entschlüsseln (sofern solches überhaupt möglich ist) oder doch wenigstens aufhellen. »Seine Stücke«, so Geothe »Zum Shakespeare-Tag«, »drehen sich alle um den geheimen Punkt (den noch kein Philosoph gesehen und bestimmt hat), in dem das Eigentümliche unsres Ichs, die prätentierte Freiheit unsres Wollens, mit dem notwendigen Gang des Ganzen zusamenstößt.« Abraham Lincoln war kein Kirchen-Christ, aber ein gläubiger Mensch, der zutiefst von der Schicksalshaftigkeit der Existenz überzeugt und insofern ein demütiger Mensch war, aber der zugleich auch wußte, daß er einen Auftrag, eine Mission vor der Geschichte zu erfüllen hatte: die Bewahrung der amerikanischen Union als der Bedingung der Möglichkeit des Überlebens einer selbstbestimmten Regierung freier und gleicher Bürger. Er war sich absolut sicher, daß die Erhaltung der Union um dieses hohen Zweckes willen jeden Einsatz – den des Krieges so gut wie den des eigenen Lebens – rechtfertigte und vor der Geschichte und für die Zukunft der Humanität mit allen verfügbaren Mitteln durchgekämpft werden müsse; aber er war sich nicht sicher, ob das auch gelingen würde, ob er bzw. die Sache, für die er stand, nicht militärisch oder politisch unterliegen würde. Militärisch war die Sache der Union seit dem Herbst 1864 nicht mehr zu verlieren – wie lange es bis zum tatsächlichen Sieg noch dauern würde, das war allerdings offen. Und politisch hatte die alles andere als sichere Wiederwahl Lincolns im November den Beweis erbracht, daß die Union auch nach innen gefestigt war: eine Wahlniederlage hätte wahrscheinlich zu einem Kompromißfrieden mit den Sezessionisten und damit auch zu einem Kompromiß in den Fragen der Sklaverei, also auf Kosten der rechtlich-politischen Gleichheit, geführt. Warum dann gerade in diesen Wochen Lincolns Düsternis und seine Depressionen, warum seine Todesahnungen, wo er doch vier schwere Kriegsjahre endlich hinter sich hatte? Es ist dies der Shakespeare'sche »geheime Punkt, den noch kein Philosoph gesehen und bestimmt hat«, wo der »Gang des Ganzen« sich verselbständigt, seine eigene Dynamik entwickelt, wo die Verantwortung für den konstruktiven Ausbau des Erreichten – die »Reconstruction« des bis in seine Grundfesten erschütterten und vom Bürgerkrieg physisch und psychisch zerissenen Gemeinwesens der Republik – des großen Ichs Abraham Lincoln vielleicht nicht mehr bedurfte, wo das freigesetzte, freigekämpfte »Regieren des Volkes, durch das Volk, für das Volk« (Gettysburg Address) sich ohne einen »honest Abe« bewähren mußte.

Das Attentat vom Karfreitag 1865 hat etwas Shakespeareanisches sowohl in der Dynamik des Handlungsablaufs, als auch in den die banalen Tatsachen überschreitenden Dimensionen. Shakespeare, der Dichter und größte Kenner der menschlichen Seele, konnte seine Geschöpfe das offen aussprechen lassen, was wir in der Regel verdrängen, weil wir zu wenig in uns hineinzuhören fähig sind: Dazu gehört auch die – im übrigen vielfach empirisch belegte – Vorahnung des eigenen Todes. Shakespeares politische Helden – Cäsar, Richard II., Macbeth, Heinrich IV. und viele andere mehr – sprechen diese offen aus, sie »wissen«, sie ahnen ihr Ende. Abraham Lincoln, obwohl in jeder Hinsicht Autodidakt (er war nur ein Jahr zur Schule gegangen), war nicht nur ein großer Shakespeare-Verehrer sondern auch ein wirklicher Shakespeare-Kenner: die Komödien sah er gern auf der Bühne, die Historien und Tragödien zog er hingegen vor, zu lesen und viele der großen Monologe kannte er auswendig und liebte es, sie zu rezitieren: schließlich war er ein Mann der Öffentlichkeit, der Politik, des Wortes und der Rede, so wie Shakespeares Menschen alle »redsam und redselig« sind; »das Geheimnis muß heraus, und sollten es die Steine verkünden.« (Goethe, »Shakespeare und kein Ende«) Es lag darum für Lincoln nahe, so wie er mit seinem Publikum durch gleichnishafte Geschichten kommunizierte, wofür er bekannt und berühmt war (noch in der Mordnacht improvisierte der Hauptdarsteller, natürlich wissend, daß der Präsident in der Loge saß, auf der Bühne den Zusatz: »This reminds me of a story, as Mr. Lincoln would say.«), daß er seine Todesahnungen in den poetischen Worten Shakespeares verschlüsselt mitteilte. Jede direkte Rede hätte die Freunde ganz unnütz alarmiert. Aber auch in weniger dramatisch-depressiven Momenten drückte er seinen tief religiösen Fatalismus – z.B. hinsichtlich seiner politischen Karriere im Gespräch mit einem Abgeordneten, noch ehe er Präsident wurde – mit Shakespeare aus, in diesem Falle war es Hamlet:

There's a divinity that shapes our ends
Rough-hew them how we will ...

(Da ist eine Gottheit da, die unsere Endzwecke gestaltet, wie immer wir sie auch im Groben vorentwerfen.)

Nur einmal, wenige Tage vor seinem Tode, erzählte er auf das Drängen seiner Frau und dreier anwesender Freunde, die über sein bedrücktes Aussehen besorgt waren, von einem Traum, den er kurz zuvor gehabt hatte, aber eigentlich nicht mitteilen wollte. In diesem Traum hatte er in dem völlig ruhigen Weißen Haus, das nur von Lauten des Schluchzens erfüllt war, im East Room einen Sarg mit militärischer Bewachung vorgefunden und auf die Frage, wer da gestorben sei, hatte man ihm geantwortet, der Präsident sei ermordet worden. Die erschrockene Reaktion von Frau und Freunden ließ ihn bedauern, die Geschichte überhaupt erzählt zu haben, sie verfolge ihn aber »wie der Geist Banquos«, des von Macbeth Ermordeten. Aber wie um dem Traum noch zusätzliches Gewicht zu geben, fügte Lincoln hinzu: nachdem er an dieser Stelle aufgewacht sei, habe er die Bibel gelesen und wo immer er sie aufschlug, sei da von Träumen die Rede gewesen ...

Es wird berichtet, daß Lincoln von den Historien vor allem den »Richard II.« schätzte, ein Stück, das bekanntlich mit der Ermordnung des legitimen Königs endet. Von den Tragödien aber liebte er besonders den »Macbeth«, jenes Stück, um das sich nicht nur aufführungsgeschichtlich sondern auch in der Wirkungsgeschichte auf Menschen eine Fülle von glaubwürdigen aber rational schwer unerklärbaren und seltsamen düsteren »Zufällen« ranken. In bestimmten Situationen depressiver Düsternis wird ihn da wohl diese besonders pessimistische Lebens- und Weltwahrheit angesprochen haben, die Macbeth kurz vor seinem Tode in poetische Bilder faßt, die nicht Ihresgleichen haben:

Out, out, brief candle!
Life's but a walking shadow; a poor player,
That struts and frets his hour upon the stage,
And then is heard no more: it is a tale
Told by an idiot, full of sound and fury,
Signifying nothing.

(Aus, aus, kurzes Licht! Das Leben ist nichts als ein wandelnder Schatten; ein armer Schauspieler, der seine Stunde auf der Bühne stolziert und sich quält und dann nicht mehr gehört wird: es ist eine Geschichte, von einem Idioten erzählt, voller Schall und Raserei, ohne Bedeutung.)

Schauspielen gehört mit zum Berufe des Politikers, auch er lebt seine Tätigkeit auf der Bühne, in der Öffentlichkeit und muß seine Rolle gestalten können. Lincoln hat das durchaus gewußt und getan, seine schon für damalige Verhältnisse große Gestalt (1,94 m) durch einen besonders hohen Zylinder noch imposanter erscheinen lassend, so wie er sich auch gerne öffentlich und von Privatphotografen photographieren ließ – wir verdanken dem einige überaus eindrucksvolle Porträts, das letzte noch einen Tag vor seinem Tode aufgenommen. Obwohl Lincoln von der historischen Bedeutung seiner politischen Aufgabe und von der moralischen Legitimität dieses furchtbaren Krieges gegen die sezessionistischen Südstaaten felsenfest überzeugt war, konnte er doch nicht umhin – und es sollte eigentlich niemand in so einer Situation und angesichts der Hekatomben von Toten und Verwundeten, von Elend und Zerstörung, die dieser »gerechte Krieg« bedeutete, umhin können – wenigstens für einen kurzen Moment über die Flüchtigkeit und Vergänglichkeit seines Tuns, der auf der öffentlichen Bühne vollbrachten Taten, zu reflektieren. Der handelnde Staatsmann, noch dazu in einer exponierten politischen Krisensituation, für die er Verantwortung übernommen hat, als ein armseliger Komödiant, der zwar, solange er auf der Bühne steht, sich bedeutend vorkommen mag, weil alle Augen auf ihn gerichtet sind, der aber bald wieder vergessen sein wird mit einem Lebens-Text voller Nichtigkeiten: darin sich bescheiden für Augenblicke wenigstens wiederzuerkennen, das macht wahre menschliche und politische Größe aus.

Während es zwar ganz und gar legitim ist, zu vermuten, daß der »Macbeth«-Kenner Lincoln diese prominente Textstelle mit der ihm eigenen Anteilnahme auch gesprochen haben wird, sind wir für eine andere Stelle nicht auf solche bloßen Vermutungen angewiesen – und diese nun reflektiert ganz unzweideutig die Todesahnung des Präsidenten. Einige Wochen vor der Ermordung hatte er, auf der Rückkehr von der Front auf dem Schiff seine Freunde mehrere Stunden lang mit Shakespeare unterhalten und, so berichteten diese anschließend, dabei zitierte er zweimal jene Rede des Macbeth, in der dieser, schuldbewußt und gewissensgeplagt, den von ihm ermordeten guten König Duncan um seine Ruhe im Grabe beneidet. Lincoln wußte sehr wohl, obgleich der Krieg zu diesem Zeitpunkt faktisch gewonnen war und er sich nach seiner Wiederwahl der Unterstützung der überwiegenden Mehrheit seiner Landsleute sicher sein konnte, daß er nicht nur viele politische Gegner hatte, sondern auch leidenschaftlich gehaßt wurde von denen, die seiner Politik die Zerstörung ihrer Existenz, ihres Hab und Guts, den Verlust von Leben zu verdanken hatten. Daß ihn nicht Wenige im Süden für »nothing but a god-damned Black nigger« hielten und daß z.B. eine Zeitung 100.000 Dollar für den Kopf dieses »elenden Verräters« ausgesetzt hatte, das war nicht vergessen. Lincoln war ein sehr langsamer Sprecher, wodurch er jedem seiner Worte ein zusätzliches Gewicht gab – und dies waren die Worte Shakespeare-Macbeths, die er sich so kurz vor seiner eigenen Ermordung zueigen gemacht hatte, in denen er sich wiedererkannte:

Duncan is in his grave;
After life's fitful fever he sleeps well;
Treason has done his worst: nor steel, nor poison,
Malice domestic, foreign levy, nothing
Can touch him further!

(Duncan ist in seinem Grab; nach des Lebens Fieberkrämpfen schläft er gut, Verrat hat sein Schlimmstes getan: weder Stahl noch Gift, Feindschaft im Innern, auswärtige Truppenaushebung, nichts kann ihn mehr berühren!)

Es ist ganz offensichtlich die tiefe Sehnsucht nach einer Ruhe, die sich, wie sie nur der Tod erfüllen konnte, hier ausspricht, nach der Ruhe vor der Politik. Jener König Duncan in Shakespeares Tragödie hatte soeben einen Krieg gegen einen auswärtigen Aggressor gewonnen, der aber auch zugleich durch Verrat eines der eigenen Edelleute ein Bürgerkrieg gewesen war; danach hatte er seine Nachfolge zu regeln versucht, damit der gewonnene Krieg in einen dauerhaften Frieden und eine stabile innere Ordnung überführt werden könne – in dieser Situation traf ihn die mörderische Hand Macbeths. Präsident Lincoln stand Anfang April 1865, wie König Duncan, auf dem Höhepunkt seiner politischen Karriere: er hatte – auch als verantwortlicher militärischer Oberbefehlshaber – einen Krieg gewonnen, dessen Ausgang trotz der enormen materiellen Überlegenheit der Union insofern alles andere als vorhersehbar gewesen war, als es keineswegs sicher war, ob die »innere Front« halten und die Kriegsmüden nicht einen Verhandlungsfrieden erzwingen würden; wie bereits bemerkt, galt die Wiederwahl Lincolns im November 1864 als keineswegs sicher. Und es war dies ein Krieg gewesen, bei dem aus der Sicht Abraham Lincolns nicht mehr und nicht weniger als die Zukunft der Menschheit auf dem Spiele stand: die Zukunft einer sich selbst in Freiheit regierenden und bestimmenden Menschheit von gleichen und freien Bürgern. Natürlich ist es unmöglich, in die Herzen und Köpfe von Millionen von Menschen zu sehen, die sich für diesen Krieg auf der Seite des Nordens, der Union engagierten – übrigens auch auf unserer Seite des Atlantik, wo er sehr intensiv und mit parteilicher Leidenschaft verfolgt und debattiert wurde, nicht zuletzt von den europäischen Arbeiterparteien. Die Motive der Parteinahme für die Sache der Nordstaaten dürften sehr vielfältig gewesen sein. Aber es darf behauptet werden, daß es allein Abraham Lincoln war, der von vornherein und mit der Unbeirrbarkeit einer moralisch-historischen Kompaßnadel auf der globalen, der menschheitlichen Dimension dieses scheinbar lokalamerikanischen Ereignisses bestand und daraus seine Energien und die Selbstsicherheit seines politischen Handelns bezog. Für ihn war die amerikanische Unabhängigkeitserklärung mit der durch keine Einschränkung qualifizierten eindeutigen Aussage, »that all men are created equal«, nicht nur der Fixstern der eigenen Orientierung, sondern auch die größte und kühnste Aussage, die Menschen über ihr Zusammenleben in einer Gemeinschaft hatten machen können. Und daß dieses von den Gründern der amerikanischen Republik formuliert worden war, auf deren Verfassung er seinen Amtseid geleistet hatte, war für ihn die größte denkbare Verpflichtung zur Erhaltung eben eines Staatswesens, das sich die Verwirklichung dieser hier erstmals formulierten Wahrheit zum Ziel gesetzt und dafür auch den institutionellen Rahmen, eben die Union der »Vereinigten Staaten«, geschaffen hatte. Wer den wahren Geist, den »Sinn« der amerikanischen Verfassung von 1787 verstehen oder ihn gar, wie im Falle des Präsidenten, politisch verteidigen wollte, der mußte ihn in jenem nobelsten aller politischen Gedanken aufsuchen, den Thomas Jefferson stellvertretend für die revolutionären Aufklärer seiner Zeitgenossen formuliert hatte (und worauf er Wert legte, daß dies allein auf seinem Grabstein verewigt würde: Verfasser der Unabhängigkeitserklärung).

Am 19. November 1863 hatte Abraham Lincoln zur Einweihung des Soldatenfriedhofes von Gettysburg, wo kurz zuvor die blutigste, verlustreichste Schlacht des Bürgerkrieges stattgefunden hatte, eine Rede gehalten, von der man behaupten darf, daß es die größte aller politischen Reden sei – und sie ist übrigens zugleich und nicht zufällig auch die kürzeste: nicht zufällig, weil Lincoln jedes Wort zu wägen wußte und er für sprachliche Präzision besonders sensibel war; daher auch seine Liebe für Shakespeare und dessen sprachkunstwerkliche Monologe. Diese als »Gettysburg Address« in die Geschichte eingegangene Rede hatte Lincoln begonnen mit dem Bezug auf eben die Unabhängigkeitserklärung:

> Fourscore and seven years ago our fathers brought forth upon this continent a new nation, conceived in Liberty, and dedicated to the proposition that all men are created equal.
>
> (Vor viermal zwanzig und sieben Jahren haben unsere Väter auf diesem Kontinent eine neue Nation ins Leben gerufen, in Freiheit gezeugt und dem Grundsatz verpflichtet, daß alle Menschen gleich geschaffen sind.)

Und er hatte sie beendet mit einer Formulierung der Kriegsziele, die diese zugleich zu Zielen für das politische Schicksal der Menschheit machten:

> that the government of the people, by the people, for the people, shall not perish from the earth.
>
> (daß das Regieren des Volkes durch das Volk und für das Volk von dieser Erde nicht wieder vergehen soll.)

Aus Lincolns Perspektive – und das sahen seine politischen Vertrauten ganz ähnlich – handelte es sich bei der Abspaltung der Sklavenhalterstaaten nicht um eine bloße Sezession, sondern um einen verschwörerischen

Vorgang mit Konsequenzen von alptraumhaften potentiellen Dimensionen: der Anfang wäre gemacht worden mit dem Verrat an den Idealen der Gründungsväter, die sich, so Lincolns Verständnis, zwar des Geburtsfehlers der Sklaverei bewußt gewesen seien, die aber fest damit gerechnet hätten, daß diese sich eines Tages von selbst überhole und absterbe; jetzt hingegen waren die Südstaaten im Begriff, das Institut der Sklaverei auch auf die neuen Unionsstaaten im Westen auszudehnen und die freien Staaten des Nordens würden bald mit einer Mehrheit von Sklavenstaaten innerhalb der Union konfrontiert sein. Der nächste Schritt könnte dann darin bestehen, daß pro-Sklaverei-Ideologen die Prinzipien der Unabhängigkeitserklärung diskreditierten und sukzessive durch eine Ideologie rassischer und gesellschaftlicher Ungleichheit ersetzten. Danach könnte die Sklaverei für die ganze Union rechtlich verbindlich gemacht werden und der Oberste Gerichtshof könnte nun seinerseits das Recht einzelner Staaten (die des Nordostens der USA), die Sklaverei nicht zuzulassen, bestreiten und bald würde diese sich somit wie ein Krebsgeschwür nach Illinois, Pennsylvania, New York und bis nach New England ausbreiten – bis schließlich die ganzen USA ein großer Sklavenhalterstaat würden. Damit aber nicht genug, würde aus der Herrenrassen-Ideologie bald die Ideologie der Rechtfertigung auch sozialer Ungleichheit hervorgehen, die Freiheit des Arbeitsmarktes und schließlich auch die Unabhängigkeitserklärung formal aufgehoben und eine Despotie der Klassenherrschaft mit neuer Aristokratie und modernen Formen der Leibeigenschaft errichtet werden – kurz: die gesamte Revolution von 1776 würde rückgängig gemacht und damit vor der Menschheit der Beweis gegen die Möglichkeit republikanischer Selbstbestimmung in Freiheit geführt werden.

Diese düstere Vision, die vielleicht nicht als Ganzes, wohl aber in einzelnen und da immer noch genügend gewichtigen Aspekten einer gewissen Plausibilität nicht ermangelte, war im April 1865 endgültig überwunden. Die Gefahr eines Rückfalls der Menschheit in feudalistische Verhältnisse, wozu ein Sieg der Sklavenwirtschaft das Signal gegeben hätte, war gebannt, das dem Fortschritt eine neue Chance gebende Ziel war erreicht worden, nach der Kapitulation der großen Südarmee kämpften nur noch einige versprengte Einheiten weiter und auch deren Aufgabe, so die letzten Nachrichten am Morgen des 14., stand unmittelbar bevor. Vor dem Präsidenten lag nun die Aufgabe der Rekonstruktion der kriegszerstörten Landesteile, vor allem aber die Rekonstruktion der republikanischen Institutionen und der gesellschaftlichen Beziehungen, die diese Institutionen mit neuem Leben zu füllen hatten. In vieler Hinsicht sind diese »Mühen der Ebene« schwerer zu bewältigen, als die Überquerung des großen Gebirges, die jetzt geschafft war: hier mußte sich der Politiker Lincoln beweisen in einer ganz anderen Rolle als der des unbeirrbaren Führers, militärischen Oberbefehlshabers und Symbols für Freiheit, Gleichheit und Selbstbestimmung.

Er mußte z.B. einerseits den befreiten Schwarzen das Stimmrecht geben (aber nicht allen und sofort, weil das seinen unionistischen Anhängern zu radikal erschienen wäre, viele von ihnen waren schließlich auf ihre Weise auch rassistisch), andererseits aber sollte eben dieses gleiche Stimmrecht, in dessen Namen ja der Krieg geführt worden war, allen auf Seiten der Konföderierten aktiv politisch Tätigen entzogen, die südstaatliche politische Führungsschicht also gesetzlich entmündigt werden. Wie war das mit dem unbedingten Postulat der Selbstregierung zu vereinbaren? Die Wunden, die die als »Reconstruction« bezeichnete Politik in den Südstaaten dann hinterlassen hat, sind lange Zeit nicht geheilt (und manche Beobachter meinen: bis heute nicht), und sie waren wohl eher tiefer noch als die des Bürgerkrieges selbst: den konnte man noch mit Würde und Opfern überstehen und die Niederlage war eine militärisch ehrenhafte; bei der »Reconstruction« aber waren die Besiegten wehrlos. Es ist eine offene Frage, welchen Unterschied es gemacht hätte, wenn Abraham Lincoln diesen Prozeß als Präsident noch hätte gestalten können: Ob er wirklich großmütiger, vergebender, in der Sache weniger hart gewesen wäre als viele seiner rachedurstigen republikanischen Parteifreunde, für die die Bestrafung der Rebellen erste Priorität hatte, darf man bezweifeln. Für Profiteure der Sklaverei – und das waren in seinen Augen alle Angehörigen der südstaatlichen Herrschaftsschicht – hatte er kein Verständnis und kein Mitgefühl, und er hätte es am liebsten gesehen, wenn sie freiwillig das Land verlassen hätten. Aber da wären wir bereits auf dem Wege zu einer in diesem Fall unfruchtbaren Spekulation, weil Lincolns gewaltsamer Tod zu diesem Zeitpunkt und nach den Umständen eben kein Zufall war, sondern einer durch keine positive Wissenschaft zu beweisenden – oder zu widerlegenden – höheren Logik und Bestimmung folgte.

Zum Attentat gehört aber auch der Attentäter, der in diesem Falle deshalb von Bedeutung ist, weil es sich nicht um einen angeheuerten Profi-Killer handelt, sondern um einen »Tyrannenmörder«. Daß John Wilkes Booth nicht allein agierte, sondern sich der Mithilfe von Freunden versicherte, die u.a. in derselben Nacht auch noch den Vizepräsidenten und den Staatssekretär ermorden sollten, und daß er darüber hinaus schon früher mit südstaatlichen Geheimdienststellen in Verbindung getreten war, als er noch eine bloße Entführung Lincolns geplant hatte, braucht uns hier im einzelnen nicht zu interessieren. Wichtig ist nur, daß dieser Attentäter ein Überzeugungstäter war, einer, der fest daran glaubte, das Land von einem schlimmen Tyrannen befreien zu müssen (»Sagt meiner Muter, ich starb für mein Land« waren seine letzten Worte im Tode). Er machte Lincoln nicht nur für das Elend verantwortlich, das der Bürgerkrieg über Hunderttausende gebracht hatte, sondern er sah auch die alten Freiheiten – des Südens – bedroht, ja vernichtet, die ungebildeten kapitalistischen Yankees würden über die südstaatliche Gentry triumphieren, das weiße Amerika im

Meer der Rassenmischung versinken, er, Booth, aber sei ein Instrument in der Hand Gottes, der in letzter Minute das schlimme Rad der Geschichte noch aufhalten könnte. Der Shakespeare-Schauspieler wollte seine größte Shakespeare-Rolle auf der Bühne der Wirklichkeit spielen. Als Richard III. hatte er mit 17 Jahren sein Debut gegeben, als ein Brutus hoffte er weltberühmt zu werden (auch berühmter als seine beiden begabten älteren Brüder, deren einer vom Schauspieler-Vater Junius den Namen Brutus erhalten hatte), und wenn sein Unternehmen fehlschlug, was es ja dann in der Konsequenz auch trotz des faktischen Erfolges tat, dann wollte er wie ein tragischer Shakespeare-Held sterben: als man ihm einmal auf der Flucht nicht die erwartete Unterstützung gab, hinterließ er empört ein bitteres Zitat aus »Macbeth«, und wie Macbeth selbst ließ er sich am Ende lieber in einem aussichtslosen Kampf umbringen, als sich feige zu ergeben. Auch er schließlich »a poor player, / That struts and frets his hour upon a stage, / And then is heard no more.« Ist es »Zufall«, daß Lincoln im »Hamlet« jenen Monolog besonders liebte und ihn als »einen der schönsten Ausdrücke der Natur, den es gibt« (»one of the finest touches of nature in the world«) bezeichnete, den Mörder-König Claudius spricht, nachdem seine Tat entdeckt worden war? Denn mit diesem Monolog holte Shakespeare den Mörder wieder zurück in unsere Gesellschaft, machte er deutlich, daß auch er noch Teil einer größeren Ordnung ist und ihren Gesetzen unterworfen – kein Ausgestoßener, sondern einer, der auch nur seinen ihm vorgegebenen Weg gegangen ist, gehen mußte.

Es steckt etwas Ominös-Symbiotisches in diesem Mord und in der Affinität von Mörder und Opfer, das sich den Kategorien der Historiographie ebenso entzieht wie denen der vergleichenden Politikanalyse, das aber der Sprache der Dichtung zugänglich ist – oder einer Wissenschaft, die, wie sie Goethe für die Zukunft erwartete, sich wieder mit der Dichtkunst vereinigte zur beiderseitigen Bereicherung. Bis aber das Lincoln-Attentat seinen dramatischen Dichter-Historiker gefunden haben wird (so wie Wallenstein seinen Schiller) können wir dieses geschichtsmächtige Ereignis wenigstens im Kontext der Shakespeare'schen Kosmologie zu begreifen versuchen.

Lincoln war, wenn ein Werturteil erlaubt ist, der größte demokratische Politiker, den die Welt hervorgebracht hat – eigentlich sogar der einzige Große. Könnte es sein, daß er deswegen nicht überlebensfähig war und so, wie er es ahnte, ›vor seiner Zeit‹ aber eben doch zu seiner Zeit sterben mußte, und das ausgerechnet an einem Karfreitag? Könnte es sein, daß seine Ermordung als eine Herausforderung zu verstehen ist an die demokratische Kultur nicht nur der USA, sondern an demokratische Kultur und Gesittung überall in der Welt, wo die Botschaft des »all men are created equal« und des »government of the people, by the people, for the people« ernst genommen wird? Wir erhalten aus der Geschichte immer nur dann Antworten, wenn wir klare Fragen stellen – und das gilt auch für ein so spektakuläres Ereignis wie das Lincoln-Attentat. Eine Antwort lautet dann allerdings, daß zumindest die amerikanische Gesellschaft keine Lehren aus dem Schock gezogen hat: im Gegenteil. Hier setzte der Mord, der so untypisch für die junge Republik zu sein schien, nun geradezu eine ganze Lawine von Morden frei (von 1867 bis 1877, also im ersten Jahrzehnt danach, kamen gleich 23 von 32 attackierten politischen Persönlichkeiten ums Leben, 1881 wurde der zweite Präsidentenmord – an James Garfield – verübt). Das Lincoln-Attentat eröffnete also eine Spirale politischer Gewalt, die bis heute nicht zum Stillstand gekommen ist. Und wie bemerkt, hat die amerikanische Regierung selbst in einigen Fällen sogar den Mord an auswärtigen Amtskollegen zur offiziellen Staatspolitik erhoben, offensichtlich ohne sich an ihre eigene Geschichte zu erinnern. Ja, wer kann kategorisch und mit absoluter Sicherheit ausschließen, daß der andere dramatische Präsidentenmord, der an John F. Kennedy 1963, nicht aus einem der Machtzentren Washingtons, sprich: von seiner eigenen Regierung geplant und organisiert worden ist? John F. Kennedys Bruder, der Justizminister Robert Kennedy, seinerseits ein aktiver Förderer der Castro-Attentatspläne und später selber Attentatsopfer, hat diese Möglichkeit jedenfalls nicht ausgeschlossen. Als Malcolm X den Mord mit dem Satz kommentierte: »The chickens come home to roost«, ging ein einstimmiger Aufschrei der Empörung über so viel vermeintlichen Zynismus durch die amerikanische Öffentlichkeit und auch Malcolm's Parteigänger distanzierten sich von ihm – dabei hatte er scharffühliger die tiefere Wahrheit dieses Attentats beim Namen genannt, als er sie selbst empirisch-konkret hatte wissen können. Um so mehr Grund besteht für uns, die wir nicht dem Regierungszynismus der Realpolitik unterworfen sind, an jene Geschichte vom Karfreitag 1865 zu erinnern: Sie markierte, biblisch gesprochen, den Sündenfall der amerikanischen Politik und damit, wenn wir diese an ihrem menschheitlichen Anspruch messen, auch den Sündenfall des demokratischen Politik-Entwurfs in der Geschichte. Dieser wurde damit zwar nicht prinzipiell diskreditiert, wohl aber erhält der Mord vom 14. April 1865 eine Dimension, die wie die Vertreibung aus dem Paradies anmutet. –

Obwohl der Abstand zur Ermordung Itzhak Rabins am 4. November 1995 für ein abgewogenes Urteil nicht ausreicht, scheint sie mir doch aus der Perspektive des Lincoln-Attentats Dimensionen aufzuweisen, die einen Vergleich, oder doch wenigstens einen Versuch zu einem solchen Vergleich legitimieren; denn es würde doch dem Sinn des Nachdenkens über die Rolle des Attentats in der Geschichte den Boden unter den Füßen entziehen, wenn wir nicht zumindest ansatzweise dazu Aussagen zu machen in der Lage wären. Wie im Falle Lincolns wurde Rabin das Opfer eines Bürgerkrieges – mit dem Unterschied natürlich, daß die USA diesen soeben militärisch-politisch hinter sich gebracht hatten, Israel jedoch sich seiner erst durch dieses Attentat bewußt wurde: eines Bürgerkrieges zwischen anscheinend unvereinbaren ideologischen Positionen innerhalb einer und derselben Gesellschaft, die bislang deswegen nicht als unvereinbare artikuliert werden konnten, weil sozusagen »nichts unwiderrufliches passiert« war – der Mord an Rabin hat diesen Rubikon überschritten. Die israelische Gesellschaft hat ihren – noch und hoffentlich auch in Zukunft nur politischen – Bürgerkrieg. Sie entdeckte am 4. November 1995 zum ersten Mal, daß dieser Staat nicht nur, wie es bisher schien, arabische, d.h. äußere, sondern eben auch innere israelische Feinde hat. So wie Attentäter Booth hatte auch der Rabin-Mörder Amir zwar nur einen kleinen Verschwörerkreis um sich, aber auch er war fanatisch davon überzeugt, einen von einer schweigenden Mehrheit, zumindest aber von einer großen schweigenden Minderheit gebilligten höheren Auftrag auszuführen, wofür ihm die Geschichte danken würde. Das Gegenteil war der Fall: Amir wurde auch von den Gegnern des Opfers sofort und (fast) ohne Ausnahme öffentlich geächtet und seine Tat verurteilt. Sie war politisch konterproduktiv. Zweitens markiert das Rabin-Attentat einen tiefen Einschnitt in der Geschichte Israels: auch wenn der latente Bürgerkrieg nicht offen ausbricht, oder gerade dann, wenn er nicht ausbricht, wird das israelische Selbstverständnis von der Sonderrolle jüdischer politischer Identität nicht mehr dasselbe sein können, wie zuvor. Auch Israel wurde gewissermaßen ›aus dem Paradies vertrieben‹, wurde sozusagen über Nacht ein normales Land, es wurde entzaubert und politisch säkularisiert. Die gesellschaftlich-ideologischen Konfliktlinien verlaufen von jetzt ab nicht mehr nur zwischen Juden und Arabern (bzw. Nicht-Juden), sondern zwischen Juden und Juden oder auch zwischen Juden und einigen Arabern einerseits und militanten Juden und militanten Arabern andererseits. Die größere Komplexität der Konfliktfronten produziert ein höheres Maß von Differenzierungen und damit von Enttheologisierung. Drittens aber ist das, was in und mit Israel geschieht, von ungleich größerer universalgeschichtlicher und universalpolitischer Bedeutung als einschneidende Ereignisse in vielen anderen Gesellschaften und Kulturen – mit sicherlich einer anderen Ausnahme, eben der USA. Die menschheitsgeschichtliche Dimension des Bürgerkriegs bzw. des amerikanischen Demokratie-Experiments, die das eigentliche Motiv Lincolns zur Rechtfertigung der Gewaltanwendung war, die darf man – mit anderen Parametern – auch dem Schicksal des jüdischen Volkes und des Staates Israel unterstellen, und das nicht wegen des furchtbaren und sich jeder Verbalisierung entziehenden Holocausts, sondern wegen der theologischen und kulturgeschichtlichen Bedeutung des Judentums für die europäisch-christliche und damit auch für die Weltkultur. Jene vermutete Säkularisierung israelischer Politik als Konsequenz des Rabin-Attentats, die kann nicht ohne langfristige und tiefgreifende Konsequenzen weit über Israel und die jüdische Diaspora hinaus bleiben. Das

Paradoxe daran ist, daß der Attentäter eben diese Säkularisierung, der er nun erst recht die Bahn geöffnet zu haben scheint, als »Verrat am Judentum« hat verhindern wollen. Es sieht alles so aus, als würde Rabin, obwohl als politischer Charakter mit dem großen Lincoln sicher nicht zu vergleichen, ebenso wie dieser als der große Märtyrer in die Kollektiv-Bewußtseinsgeschichte seines Landes eingehen.

Literatur

Clark, Champ, *The Assassination. Death of the President;* Alexandria, Virginia: Time-Life Books, 1987

Ford, Franklin L., *Der politische Mord von der Antike bis zur Gegenwart*; Hamburg 1992

Goethe, J.W., »Zum Shakespeare-Tag« und »Shakespeare und kein Ende«; Hamburger Ausgabe, Bd. 12

Hanchett, William, *The Lincoln Murder Conspiracies;* Urbana/Chicago: University of Illinois Press, 1983

Krippendorff, Ekkehart (Hrsg.), *Abraham Lincoln. Gettysburg Address;* Hamburg 1994

Krippendorff, Ekkehart (Hrsg.), *Goethes Anschauen der Welt. Schriften zur wissenschaftlichen Methode*; Frankfurt/M. 1994

Luthin, Reinhard H., *The Real Abraham Lincoln*; Englewood Cliffs, N.J.: Prentice Hall, 1960

Morgenthau, Hans J., *Politics Among Nations;* New York: Knopf, 1955

Oates, Stephen B., *Abraham Lincoln. The Man Behind the Myths;* New York: Harper Perennial, 1994

Randall, J.G. und Richard N. Current, *Lincoln the President;* New York: Dodd, Mead & Co., 1955

Robinson, Luther Emerson, *Abraham Lincoln As a Man of Letters*; New York/London: Putnam's, 1923

Sandbury, Carl, A*braham Lincoln. The War Years*, IV; New York: Harcourt, Brace, 1939

Snyder, Luis L. und Richard B. Morris (Hrsg.), »Hier hielt die Welt den Atem an«, dtv-Dokumente, München 1962

Tidwell, William A., *Come Retribution. The Confederate Secret Service and the Assassination of Lincoln*; Jackson/London: University Press of Mississippi, 1988

Hans-Joachim Torke

Die Narodniki und Zar Alexander II. (1881)

Ein Vorspiel zur Revolution

Der 1. März 1881 war nach dem russischen Kalender ein Sonntag. Kaiser Alexander II. nahm, nachdem er zweimal aus Furcht vor Anschlägen darauf verzichtet hatte, wieder die geliebte Sonntagvormittagsparade am St. Petersburger Ingenieurpalais ab. Er tat dies entgegen dem Rat seines Innenministers M.T. Loris-Melikov. Zwei Tage zuvor war nämlich A.I. Željabov, der Führer einer Terroristenorganisation, verhaftet worden und hatte trotzig geäußert, daß ungeachtet seiner Verhaftung die Attentatsversuche weitergehen würden. Aber der Kaiser verwarf die Warnung, weil er sich überzeugt zu haben glaubte, daß die Straßen gut bewacht würden, und weil ohnehin die Fahrtroute jedes Mal geändert und erst im letzten Moment bekanntgemacht wurde. Der Gefahr bewußt war er sich wohl: Am Vorabend des Attentats hatte er zufällig mit einem seiner Söhne über die Möglichkeit seines plötzlichen Todes gesprochen.

Es gehört zu den Paradoxien, welche die Geschichte immer parat hat, daß Alexander II. an jenem Sonntagmorgen vor dem Aufbruch zur Parade mit dem Vorsitzenden des Ministerkomitees, P.A. Valuev, besprach, wie eine von ihm einige Tage zuvor gebilligte verfassungsverändernde liberale Neuerung der Öffentlichkeit bekanntgemacht werden sollte. Im Zuge der »Diktatur des Herzens«, einer neuen Politik, mit der einerseits die Maßnahmen gegen die Terroristen verschärft, andererseits der Gesellschaft moderate Zugeständnisse gemacht werden sollten, hatte der Innenminister die Einsetzung von zwei Expertenkommissionen (für Verwaltung und Finanzen) vorgeschlagen. Zu den ernannten Mitgliedern dieser Gremien sollten die Selbstverwaltungsorgane der Provinz (zemstva) und die städtischen Räte ihrerseits Fachleute in eine gemeinsame Allgemeine Kommission hinzuwählen dürfen. Deren Vorschläge sollten dann an den Reichsrat gehen, in den nach einem nicht ganz klaren Verfahren ebenfalls gesellschaftliche Vertreter, fünfzehn an der Zahl, gewählt werden sollten.

Dieser bescheidene Schritt in Richtung auf eine beratende repräsentative Institution, der manchmal euphorisch und fälschlich als Loris-Melikovs Verfassungsplan bezeichnet worden ist, war also umsetzungsreif, als Alexander an jenem 1. März die Parade abnahm und auf dem Rückweg zum Nachmittagskaffee noch eine Cousine, die Großfürstin Katharina, im Michajlovskij-Palast besuchte, der er übrigens auch von seinem Entschluß berichtete, gewählte Vertreter auf der höchsten Ebene zuzulassen. Für den weiteren Weg in den Winterpalast wählte der Kutscher auf Drängen des Kaisers eine Abkürzung durch eine ruhige Straße, die deswegen nicht für das Publikum gesperrt worden war. Auch hier hatten sich daher an den Einmündungen der Nebenstraßen Terroristen, drei Männer und eine Frau, postieren können, und als die letztere, Sofija Perovskaja, mit dem Taschentuch die neue Route der Kutsche signalisiert hätte, konnte der Bergbaustudent N.I. Rysakov um 13.45 Uhr in der Nähe der Theaterbrücke seine Bombe werfen, die aber nur zwei Kosaken aus der Eskorte verletzte, denn die Kutsche war eine gepanzerte Spezialanfertigung aus Paris, die sich einst Napoléon III. wenige Wochen vor seinem Sturz bestellt hatte. Dann geschah das eigentliche Unglück: Entgegen dem Rat der Eskorte, schnell in einen der begleitenden Schlitten umzusteigen, bestand der Kaiser dasrauf, den Verletzten zu helfen. Als Umstehende ihn fragten, ob er selbst verletzt sei, antwortete Alexander, er sei gottlob unversehrt. »Es ist zu früh, Gott zu danken,« rief da ein anderer Terrorist, der polnische Student I.I. Hriniewicki vom Technologischen Institut, und warf seine Bombe Alexander direkt vor die Füße. Beide Beine wurden unterhalb der Knie zerschmettert, der Unterleib war aufgerissen, die rechte Hand zerfleischt, das Gesicht entstellt. Der Kaiser starb trotz der Notamputation der Beine um 15.35 Uhr im Winterpalast. Wer war das Opfer des Attentats eigentlich?

Das Opfer

Versuchte und erfolgreiche Attentate waren den russischen und in der Frühzeit ostslavischen Herrschern in ihrer gut tausendjährigen Geschichte nicht fremd. Eine französische Autorin (Hélène Carrère d'Encausse) hat den politischen Mord schlechthin als »malheur russe« bezeichnet, was in der englischen Übersetzung des Buches sogar zum »russischen Syndrom« geriet. Die letzte Ermordung vor dem hier vorgestellten Attentat lag nur achtzig Jahre zurück: Der Großvater Alexanders II., Paul I., fiel wegen seines Zusammengehens mit Napoléon und einer als tyrannisch empfundenen Innenpolitik dem Unmut der Hofaristokratie zum Opfer. Der Vater, Nikolaus I., sah sich dann 1825 bei der Thronbesteigung nicht nur der Eidesverweigerung, sondern auch den Mordplänen der Dekabristen, der ersten russischen Revolutionäre, gegenüber. Schließlich war auch, wie bereits angedeutet, Alexander II. selbst schon vor 1881 mehrmals das Ziel von Anschlägen gewesen: Am 4. April 1866 hatte der von der Kazaner Universität verwiesene Student D.V. Karakozov auf ihn im Wintergarten geschossen, und nur ein zufällig in der Nähe befindlicher Bauer hatte den Kaiser gerettet. Schon ein Jahr später hatte der Pole A.I. Berezowski in Paris auf den ohnehin durch die »Vive-la-Pologne!«-Rufe der Franzosen verärgerten Alexander geschossen. Am 2. April 1879 hatte A.K. Solov'ev in St. Petersburg trotz fünf Schüssen ebenfalls sein Ziel verfehlt. Im November 1879 waren drei Bombenanschläge auf den kaiserlichen Zug versucht worden, die aus verschiedenen Gründen fehlgeschlagen waren. Am 5. Februar 1880 war eine Bombe im Winterpalast explodiert, welche die Polizei nicht gefunden hatte, obwohl sie von der deutschen Polizei gewarnt worden war. Deponiert hatte die Bombe der im Palast beschäftigte Arbeiter St.N. Chalturin in einem Saal, in dem Fürst Alexander von Bulgarien empfangen werden sollte. Die gesamte kaiserliche Familie war nur verschont geblieben, weil sich der Zug des Battenbergers eine halbe Stunde verspätet hatte. Aber von den finnischen Gardesoldaten waren elf getötet und 56 andere Personen waren verwundet worden. Zahlreiche weitere Versuche waren im Ansatz steckengeblieben.

Die Häufung der Attentatsversuche seit 1879 blieb nicht ohne Wirkung auf die Regierung und Alexander selbst. Schon seit längerer Zeit beherrschte den Kaiser das Gefühl der Verbitterung, wenn er auf seine Regierung zurückblickte. Er, der einmal für kurze Zeit nach der Aufhebung der Leibeigenschaft als der »Befreier-Zar« gefeiert worden war, konnte seine Enttäuschung über die Undankbarkeit breiter Bevölkerungskreise, der übrigens nach dem Berliner Kongreß außenpolitisch auch eine Enttäuschung über die Undankbarkeit Deutschlands entsprach, dem er doch zur Einheit verholfen hatte, nicht verbergen. Diese Verbitterung ist in gewisser Weise berechtigt, denn das differenzierte Urteil des Historikers über diese Regierung muß, wenn man von den außenpolitischen Zusammenhängen hier einmal absieht, im Kontext der Geschichte des 19. Jahrhunderts und besonders im Hinblick auf die nachfolgenden Ereignisse keinesfalls negativ ausfallen.

Nachdem Alexander II. mitten im Krim-Krieg zur Herrschaft gelangt war, schaffte er noch 1855 die Zensur weitgehend ab, und am 30. März 1856, ein gutes Jahr nach der Thronbesteigung, sprach er jenen berühmten Satz, der das einleitete, was neuerdings als »der dramatischste Systemwechsel vor der bolschewistischen Revolution« (Löwe) bezeichnet worden ist. Vor einer Versammlung von Adelsmarschällen nahm er zu den Gerüchten Stellung, daß er die Leibeigenschaft der Bauern aufheben wolle: »Wir leben in einem solchen Jahrhundert, daß dies mit der Zeit geschehen muß. Ich glaube, daß Sie mit mir einer Meinung sind; infolgedessen ist es weit besser, daß das von oben geschieht als von unten« (Popel'nickij, S. 393). Zur Krönung folgte im August 1856 die Amnestie von 9000 politischen Gefangenen und Überwachten, darunter – nach dreißig Jahren – einiger noch nicht zurückgekehrter Dekabristen, – nach 25 Jahren – der Teilnehmer des polnischen November-Aufstandes und – nach sieben Jahren – der Petraševcy, der ersten russischen Sozialisten.

Dieser Auftakt der Regierung zielte in zwei Richtungen: auf eine nach dem Krim-Krieg fällige umfassende Reform und auf das Angebot an die

Gesellschaft zur Versöhnung. Die Tragik des Kaisers liegt darin, daß es ihm nicht gelungen ist, beides miteinander zu verbinden, denn weil das erstere, die Reform, schließlich eine Halbheit blieb, konnte auch das letztere nicht eintreten.

Dabei hatte alles so euphorisch begonnen! Die marxistischen Historiker haben sich schwer getan mit der Tatsache, daß bei den Großen Reformen der 60er/70er Jahre einmal der Staat der Gesellschaft vorangegangen ist und nicht, wie es sich ideologisch gehört hätte, die »fortschrittliche« Gesellschaft dem Staat. Sicherlich war die Zeit reif, aber ebenso sicher ist, daß Alexander selbst, unterstützt allerdings von einigen hervorragenden Beamten und besonders seinem Bruder Konstantin, Initiator und Motor des Reformwerks wurde und daß er den nach jener Ansprache noch lange zögernden Adel zur Bauernbefreiung drängte. Die Einzelheiten gehören nicht hierher, aber es muß wenigstens erwähnt werden, daß am 19. Febr. 1861 und mit den Nachfolgegesetzen von 1863 und 1866 84 % der russischen Bevölkerung, d.h. konkret ca. 42,5 Mio. Bauern, »befreit« wurden, während zur gleichen Zeit in den USA die Befreiung der nur vier Millionen Südstaatensklaven – weniger als ein Zehntel! – scheiterte und damit letztlich der Bürgerkrieg ausgelöst wurde. (Und noch bemerkenswerter ist vielleicht, daß die dann dort befreiten Sklaven im Gegensatz zu den russischen Bauern kein Land erhielten.)

Darüber hinaus blieb die Bauernbefreiung nicht die einzige Reform, sondern zog, darin den preußischen Reformen ein halbes Jahrhundert vorher nicht unähnlich, zwangsläufig Veränderungen praktisch des gesamten öffentlichen Lebens nach sich. Neben der Zensur wurden Universitäten und Schulen, ländliche und städtische Selbstverwaltung, Finanzen und Steuern sowie die Streitkräfte bis hin zur Einführung der allgemeinen Wehrpflicht reformiert, nicht zuletzt aber auch – und vielleicht am zweitwichtigsten – die Justiz. Gerade an der letzteren Reform, d.h. u.a. an der Einführung des öffentlichen mündlichen Prozesses mit Rechtsanwälten und Geschworenen, schieden und scheiden sich, ebenso wie am Bauerngesetz, die Geister. Dabei kann bei aller Unvollkommenheit mancher Bestimmung am rechtsstaatlichen Charakter besonders der Justizreform kein Zweifel bestehen, weil die Unabsetzbarkeit der Richter die erste tatsächliche Beschränkung der Autokratie bedeutete. Daß das Regime sich dann in der Praxis eine Zeitlang mit Sonder- und Militärgerichten half, ist auf die Dauer eher von untergeordneter Bedeutung gewesen.

Wenn wir heute sagen, daß mit dieser »Revolution von oben« in den 60er Jahren des 19. Jahrhunderts wahrscheinlich eine echte Revolution in Rußland verhindert wurde, so kann das freilich auch andererseits nicht heißen, daß die damalige Intelligencija zufriedengestellt worden wäre. Die Krönung des Reformwerks, die überregionale Beteiligung der Gesellschaft an der Regierung in welcher Form auch immer, also eine Art Verfassung, die tatsächlich einen dramatischen Systemwechsel bedeutet hätte, blieb aus, obwohl Valuev ein solches Projekt 1863 vorlegte. Als sich daher seit 1861 die Enttäuschung der Bauern mit der Entrüstung der Opposition über die Mängel des Emanzipationsmanifestes mischte, begann jener unheilvolle Zirkel des gegenseitigen Hochschaukelns von Protesten und Repressionen, der eben zum Wachstum der revolutionären Bewegung und gleichzeitig zu Alexanders Abkehr von liberalen Maßnahmen führte. Augenfällig wird diese Situation am Beispiel der Universitäten, deren liberales Statut den Studierenden eine solche Freiheit zu Protestdemonstrationen gab, daß die Hochschulen geschlossen wurden, was wiederum die Studenten erst recht in die revolutionäre Bewegung trieb.

Kein Wunder, daß der Kaiser ob solcher »Undankbarkeit« seines Volkes verbittert war, zumal gerade auch in bezug auf die Emanzipation nicht nur die Intellektuellen, sondern darüber hinaus die unmittelbar Betroffenen – Bauern und Adlige – unzufrieden waren. Schon im Sommer 1861 (15. August in Poltava), als die Bauern mit Aufständen reagierten, nachdem sie die in altertümlicher Sprache geschriebenen, komplizierten Befreiungsbestimmungen endlich halbwegs begriffen hatten, rief Alexander sie zum Gehorsam auf: »Es wird keine andere Freiheit geben als diejenige, die ich euch gegeben habe« (Zacharova, S. 67). Und im Gespräch mit dem preußischen Gesandten von Bismarck hatte er zu Beginn des Jahres (10. Jan.) geäußert, eine nationale Vertretung des Adels würde doch nur zur Folge haben, daß die Bauern den Glauben an den Monarchen als gottgesandten Vater verlieren würden: »Abdiquer la plénitude du pouvoir dont ma couronne est investie, ce serait porter atteinte à ce prestige qui domine la nation« (Bismarck, S. 130). Für Bismarck stand die Richtigkeit dieser Auffassung außer Zweifel.

Nach dem ersten Attentat von 1866 nahm Alexanders Verbitterung zu, und es kamen bald noch persönliche Umstände hinzu, die dem Kaiser das Leben eine Zeitlang zur Qual machten. Damit sind nicht so sehr die Tuberkulose und die sichtbare nervliche Belastung durch die Unruhen gemeint. Die große Liebe zu seiner Frau Marija, der ehemaligen Marie von Hessen-Darmstadt, um die er einst gegen den Willen seiner Eltern gekämpft hatte, war vergangen; Alexander hatte sich unabwendbar in Katharina Dolgorukaja verliebt, die er im Sommer 1866 zu seiner Geliebten machte. Er schwor ihr, sie eines Tages zu heiraten und sie schon jetzt vor Gott als seine Frau zu betrachten. Die Angehörige des alten Adelsgeschlechtes bekam einen Schlüssel zu einer Nebentür des Winterpalastes und kam drei- bis viermal pro Woche, was jeder wußte, aber nicht sagen durfte, so daß alle Beteiligten unter großer Anspannung lebten. 1872 schenkte die 25jährige dem fast dreißig Jahre älteren Alexander, der übrigens schon Großvater war, einen Sohn, womit die Affäre zum gesellschaftlich nicht mehr tolerierten Skandal wurde, und später noch drei weitere Kinder (von denen ein Junge starb). Das war selbst der Aristokratie zuviel, und man begann öffentlich zu diskutieren, zumal die Kaiserin – was Wunder – krank wurde und die Möglichkeit der zweiten Heirat tatsächlich bestand. Die Kritiker dieser Verhältnisse bzw. des Verhältnisses scharten sich um den Thronfolger, Alexander (III.), der seinen Vater scharf verurteilte. Kritiker waren natürlich die Konservativen, während die Liberalen die Affäre akzeptierten und sich naturgemäß mit der Dolgorukaja einließen, so daß die absurde Situation entstand, daß der Selbstherrscher, der keine Verfassung zulassen wollte, seine Freunde (Valuev, Abaza, Loris-Melikov) eher im liberalen Lager suchte. Dies wiederum begünstigte aber die revolutionäre Situation, denn die Mätresse setzte z.B. 1874 auch die Entlassung des reaktionären P. Šuvalov als Chef der Geheimpolizei durch.

Die Nebenfrau durfte schließlich wegen der Gefahr durch terroristische Anschläge mit ihren Kindern in den Palast ziehen, wo sie sorgfältig isoliert von der Kaiserin lebte. Doch das ganze Hofleben lag darnieder. Alexander sah in dieser Zeit sehr krank aus, wurde apathisch und zynisch, aber erst im Mai 1880 wurde sein sehnlichster Wunsch erfüllt: Die Kaiserin starb an Tuberkulose, nachdem sie auf dem Sterbebett in dem Zimmer über sich die Kinder der zweiten Familie ihres Mannes spielen gehört hatte. Alexander wartete nicht mehr als die vorgeschriebenen vierzig Trauertage ab, bevor er Katharina, die er zur Fürstin Jur'evskaja beförderte, heimlich morganatisch heiratete. Auf Grund der Herkunft der Dolgorukaja wäre die Krönung möglich gewesen, aber Alexander wagte sie angesichts der Stimmung in der Öffentlichkeit nicht. Im übrigen benahm sich der 63jährige plötzlich aber wie ein Jüngling und schwelgte im Glück, wie der Ausspruch zeigt: »Vierzehn Jahre habe ich diesen Tag erwartet; ich fürchte um mein Glück! Daß Gott es mir nur nicht zu früh nehme« (Barjatinskij).

Diese Hoffnung sollte sich eben nicht erfüllen, aber bevor Alexander II. dem Attentat zum Opfer fiel, machte sich seine neugewonnene Lebenslust doch wenige Monate in der Politik bemerkbar. Zum Innenminister und Chef der Geheimpolizei ernannte er nun Loris-Melikov, der wenige Monate zuvor, nach der Explosion im Winterpalast, Leiter einer »Obersten Exekutivkommission« zur Bekämpfung der Terroristen geworden war. Diese Kommission wurde jetzt abgeschafft, denn der ehemalige General Loris-Melikov, der Held des russisch-türkischen Krieges, hatte ein besonderes Rezept zu Bekämpfung des Übels, das er schon vorher als Generalgouverneur von Char'kov angewandt hatte: Unterdrückung des Terrorismus bei gleichzeitiger Heranziehung der Opposition, eben jenes System von Zuckerbrot und Peitsche, das schon eingangs als »Diktatur des Herzens« vorgestellt wurde. Damit sollten die liberalen Kräfte der Gesellschaft durch eine Milderung der Polizeimaßnahmen besänftigt und zur Mitarbeit herangezogen werden. Alexander II. mußte jene Zustimmung zu einem teilweise gewählten nationalen Beratungsorgan, die er dann kurz vor seiner Ermordung gab, freilich noch abgerungen werden.

Nach Mitteilungen aus der Umgebung der Fürstin Jur'evskaja geschah dies während des Sommerurlaubs des frisch vermählten Paares in Livadija auf der Krim. In langen Gesprächen ließ Loris-Melikov, die geheimen Wünsche des Kaisers kennend, durchblicken, wie glücklich das Volk doch über eine Krönung Katharinas wäre, um endlich einmal eine *russische* Kaiserin zu haben, nachdem die Herrscher fast 120 Jahre lang ausländische Frauen geheiratet hatten. Mit dieser Schmeichelei gewann Alexanders Traum Kontur: Krönung seiner Frau, Durchführung der unabwendbaren Reformen bzw. Abschluß seines gesamten Reformwerks, dann Abdankung zugunsten des Thronfolgers und »Ruhestand« in Nizza. Man sieht, wie wichtig manchmal die Einbeziehung des Privatlebens in die Aufmerksamkeit des Forschers ist, und das Schlagwort von der »Diktatur des Herzens« bekommt unter diesem Gesichtspunkt eine süffisante zweite Bedeutung. Doch darf man sich nicht täuschen: Alexander war zwar der Amtsgeschäfte müde, aber er wußte ganz genau, was er an jenem Morgen des 1. März 1881 tat. Nachdem er den Bericht der Geheimen Kommission abgezeichnet und zur Diskussion im Reichsrat angewiesen hatte, sagte er zu anwesenden Familienmitgliedern: »Ich habe mein Einverständnis zu dieser Vertretung gegeben, obwohl ich nicht verhehlen kann, daß wir auf dem Weg zu einer Verfassung sind« (Miljutin, S. 62). Dieser Ausspruch zeigt noch einmal, daß er im Grunde immer nur ein Reformer aus Einsicht in die Notwendigkeit, nicht aus Überzeugung gewesen ist.

An diesem Sonntag entschied sich viel für Rußlands Schicksal. Es entschied sich, daß die Fürstin Jur'evskaja bald allein nach Nizza reisen mußte, wo sie 1922 starb – Alexander hatte zwei Monate vor seinem Tode schon 3,5 Mio. Rubel auf ihren Namen in den Westen überwiesen; es entschied sich, daß Rußland nicht einmal das vorgesehene bescheidene Beratungsorgan (ganz zu schweigen von einer noch nicht geplanten Verfassung) bekam – auf der Sitzung des Reichsrates (am 8. März, vier Tage später als ursprünglich geplant) kam es zu heftigen Zusammenstößen zwischen den Liberalen und den schließlich siegreichen Reaktionären in Anwesenheit des neuen Kaisers und seiner Grauen Eminenz K.P. Pobedonoscev, der als Oberprokuror des Heiligsten Synods 24 Jahre lang das Zeitalter der Reaktion politisch bestimmen sollte; es entschied sich aber auch der Weg der revolutionären Bewegung, der letztlich zum Jahr 1917 führte.

Und damit ist es Zeit für die Frage, wer eigentlich die Attentäter waren.

Die Attentäter

Nach der versuchten Eidesverweigerung der ersten Revolutionäre, der erwähnten Dekabristen, im Jahre 1825 hatte die neue Generation der Oppositionellen und Revolutionäre, die mit der Thronbesteigung Alexanders II.

hervortrat, wenig mit diesen Anfängen gemein und war auch sozial anders zusammengesetzt: Sie waren nicht mehr vornehmlich adlig, sondern gehörten verschiedenen Schichten an. Chalturin, der die Bombe im Winterpalast plazierte, war Kunsttischler, und Sofija Perovskaja, die 1881 beim Attentat mitwirkte, die Tochter des Innenministers unter Nikolaus I. »Leute verschiedenen Standes« (raznočincy) nennt man sie deshalb im Russischen, aber besser wären sie mit »Leute verschiedener Herkunft« charakterisiert, denn bei allen Unterschieden des Elternhauses ist doch auffällig, daß sie in der Mehrheit dem gleichen akademischen »Stand« der Studenten, Professoren, Lehrer, Ärzte und Ingenieure angehörten. Nicht von ungefähr ist diese »Intelligencija« ein internationaler Begriff geworden, wobei natürlich nicht alle, die dazu gerechnet wurden, einen Umsturz wollten. Aber liberale Reformen und vor allem ein soziales Engagement waren ihre spezifischen Kennzeichen. Und sie glaubten, daß der Sozialismus in dem Land ohne Proletariat nicht in der Marxschen Form, sondern als »Bauernsozialismus«, wie ihn Alexander Herzen gepredigt hatte, auf der Grundlage der mythisierten Bauerngemeinde (mir) eingeführt werden müsse.

In den Einzelheiten kann hier der Weg der revolutionären Bewegung von den späten 50er Jahren bis 1881 nicht nachgezeichnet werden. Es sei nur gesagt, daß auf den Aufbruch während der »heißen« Sommer der Jahre 1861 bis 1863, d. h. nach der Enttäuschung über die unvollkommene Bauernbefreiung, ein Reifeprozeß theoretischer Vertiefung folgte, auf Grund dessen die Oppositionellen sich in Anhänger M.A. Bakunins, die den spontanen Aufruhr favorisierten (»buntari«), und Anhänger P.L. Lavrovs, die, um die Revolution vorzubereiten (daher »podgotoviteli«), erst eine Aufklärung des Volkes vorzogen, teilten. Die letzteren, die große Mehrzahl, gingen deshalb in den 70er Jahren »in das Volk« – daher ihr Name: »narodniki«. Aber diese Vorläufer der Partei der Sozialrevolutionäre scheiterten damals kläglich an den auch andernorts bekannten Verständigungsschwierigkeiten zwischen Intellektuellen und Bauern (oder anderswo Arbeitern). Die Folge war, beinahe zwangsläufig, eine Radikalisierung der Bewegung, zumindest die Spaltung in evolutionär gesinnte Gemäßigte und den Terror propagierende Radikale innerhalb der 1876 gegründeten Gruppe »Land und Freiheitswille« (Zemlja i volja).

Nachdem die von den Bauern selbst der Polizei übergebenen Narodniki 1877 in zwei Massenprozessen verurteilt worden waren, gab das Signal zu einer Welle von Terrorakten eine Frau, die gerade in den letzten Jahren in der Frauenforschung große Aufmerksamkeit gefunden hat: Vera Zasulič. Die Lehrerin adliger Herkunft gehörte schon ungefähr ein Jahrzehnt der Bewegung an, hatte Gefängnis und Verbannung überstanden und schoß im Januar 1878 aus eigener Initiative auf den allmächtigen St. Petersburger Polizeichef F.F. Trepov, weil er den verhafteten ehemaligen Studenten

Bogoljubov (A. Emel'janov) wegen Grußverweigerung hatte auspeitschen lassen. Die Sensation war freilich weniger dieser Attentatsversuch, durch den der Stadthauptmann schwer verletzt wurde, als vielmehr Vera Zasuličs Freispruch vor einem Geschworenengericht, übrigens unter dem Beifall des Publikums einschließlich hoher Beamter und Generäle. Auch dieses Urteil, das die Regierung vergeblich zu verhindern suchte, zeugt von der schon angesprochenen rechtsstaatlichen Qualität der Justizreform von 1864. Bezeichnend ist aber auch die Reaktion, der Beifall der Gesellschaft. Der deutsche Botschafter von Schweinitz hat beschrieben, wie gleichgültig sich die Öffentlichkeit sogar bei den Attentatsversuchen auf den Kaiser verhielt, z.B. anläßlich der Explosion im Winterpalast. Er charakterisierte diese Gesellschaft deshalb als moribund. Aber als der Kaiser tatsächlich ermordet worden war und immer noch eine »stumpfe Gleichgültigkeit« herrschte, wurde Schweinitz selbst gefragt, warum er den Tod seines Jagdgenossen nicht stärker betrauere. Seine Antwort lesen wir in seinen Erinnerungen: Durch die Beziehung zu dieser Frau – der Jur'evskaja – habe sich Alexander sehr verändert. Sein Tod sei ein Segen, weil Gott ihn davor bewahrt habe, noch mehr Würde und Selbstachtung zu verlieren. »Wir haben unsere Trauer schon vorher erledigt« (Nous en avons fait notre deuil) (Schweinitz, S. 152).

Zwischen der Tat von Vera Zasulič und der Ermordung des Kaisers ereigneten sich überall im Land zahlreiche Attentate auf hochgestellte Persönlichkeiten, nicht nur die eingangs geschilderten auf Alexander selbst. Einige waren erfolgreich, und einige Attentäter wurden gefaßt, aber von den Sondergerichten natürlich nun nicht mehr freigesprochen, sondern zu Verbannung und sogar zum Tode verurteilt. Um nur eine Auswahl zu geben: N.V. Mezencov, der Chef der Geheimpolizei, wurde am 4. Aug. 1878 von dem Schriftsteller S.M. Kravčinskij getötet, der ins Ausland fliehen konnte. Am 9. Febr. 1879 erschoß G.D. Gol'denberg den Gouverneur von Char'kov, A. Kropotkin, der übrigens ein Cousin des bekannten Anarchisten war, und er entkam. Einen Monat später (am 13. März) verfehlte L. F. Mirskij knapp den neuen Petersburger Polizeichef Drenteln und konnte ebenfalls fliehen.

Als gleich danach, am 9. April, Solov'ev, wie oben erwähnt, ebenfalls vergeblich, auf den Kaiser geschossen hatte, legte er vor seiner Hinrichtung gegenüber der Polizei, ohne seine Genossen zu verraten, seinen Werdegang und seine Motive dar, die als ziemlich repräsentativ erscheinen: Seine Tätigkeit als Schulrektor hatte ihn nicht befriedigt, weil die Schüler nur aus den Kreisen des Beamtentums und des Bürgertums stammten. Er aber wollte dem Volk, den Armen helfen. So verließ er den Dienst und hatte drei Jahre als Eisenbahntischler Gelegenheit, das Volk aufzuklären. Er lernte dabei die Ausbeutung der ärmeren durch die reichen Bauern kennen, ebenso die horrende Besteuerung und am eigenen Leib schließlich Arbeitslosigkeit, Obdachlosigkeit und Krankheit. Zum Schluß gab es für ihn nur noch den Ausweg, Alexander II. als »Feind des Volkes« zu töten.

Die Tat Solov'evs war der seit 1866 erste politisch begründete Attentatsversuch, während vorher jeweils nur Vergeltungsschläge ausgeführt worden waren, wie sie z.B. Vera Zasulič und Kravčinskij unternommen hatten und wie sie der letztere in seinem Aufruf »Tod um Tod« (Smert' za smert') gerechtfertigt hatte. Die Aktion Solov'evs löste deshalb nicht nur harte Regierungsmaßnahmen und Exekutionen aus, sondern auch innerhalb der revolutionären Bewegung heftige, sogar fieberhafte Diskussionen und führte dort zur nun auch organisatorischen Spaltung der Gruppe »Land und Freiheitswille« in Gemäßigte und Radikale. Die ersteren, die zuvörderst soziale Ziele verfolgten, sammelten sich um G.V. Plechanov und Vera Zasulič, die nun nicht mehr schießen wollte, in der »Schwarzen Umteilung« (Černyj peredel), so genannt nach der Landumverteilung in der Bauerngemeinde. Die Terroristen und alle, die politische Ziele in den Vordergrund stellten, gründeten den »Volksfreiheitswillen« (Narodnaja volja) um die gleichnamige Untergrundzeitung. Das Exekutivkomitee dieser Gruppe verhängte am 26. Aug. 1879 das Todesurteil über Alexander II.

Nachdem alle Anschläge auf den kaiserlichen Zug erfolglos gewesen waren, gründeten die Terroristen innerhalb des »Volksfreiheitswillens« eine Militärorganisation unter Leitung Željabovs, der sogar einige Offiziere angehörten. Sie gewannen damit Stützpunkte in Kronstadt und anderen Militärbasen. Auch programmatisch wurden 1880 Fortschritte gemacht, als man sich mehr der entstehenden Arbeiterklasse zuzuwenden begann. Im »Programm der Arbeitermitglieder« wurde die genossenschaftliche Produktion bei individueller Freiheit propagiert, und das Ackerland sollte weiter von der Gemeinde verwaltet werden, obwohl Privateigentum zugelassen wurde; politisch dachte man an eine Volksvertretung und eine »panrussische Föderation« mit Austrittsfreiheit für die nationalen Minderheiten. Freilich, die Realisten unter den Narodniki wußten, daß nach einem erfolgreichen Attentat noch nicht gleich die Revolution ausbrechen würde. Für sie sollte die Ermordung nur dazu dienen, die Unruhe im Lande zu schüren und den Boden für weitere Aktionen zu bereiten.

Daß der große Schlag am 1. März 1881 gelingen würde, war nach den vielen Mißerfolgen nicht ohne weiteres anzunehmen. Aber es war praktisch die letzte Möglichkeit für die Revolutionäre, denn die vorangegangenen sechs Attentatsversuche hatten ihre Kassen und auch ihr Anhängerreservoir erschöpft. Sie setzten diesmal alles auf eine Karte, ließen besondere Sorgfalt für eine quasi militärische Operation walten und planten gleich drei Todesarten – Sprengstoff, Bomben und Erschießung – ein. Sie gruben unter der vom Kaiser häufig benutzten Kleinen Gartenstraße einen Tunnel, wie sie es schon vorher einmal vergeblich in Odessa getan hatten, und füllten ihn mit Dynamit. Dies war möglich, weil zwei Revolutionäre

(Ju. Bogdanovič und A.V. Jakimova), als Ehepaar getarnt, hier ein Geschäft gemietet hatten, in dem sie offiziell Käse verkauften, aber heimlich den Tunnel gruben. Die Kunden merkten allerdings, daß die Ladeninhaber wenig von Käse verstanden und kaum am Gewinn interessiert schienen. Auf Grund einer Anzeige durch einen Geschäftsmann der Konkurrenz durchsuchte die Polizei den Laden, fand in einer Ecke die aufgehäufte frische Erde, gab sich jedoch mit der Erklärung zufrieden, darin werde frischer Käse gelagert. Nach dieser gerade noch vermiedenen Aufdeckung bedeutete die eingangs erwähnte Verhaftung Željabovs einen schweren Rückschlag. Er hatte für den Fall, daß beides, Sprengstoff und Bombenwurf, fehlschlagen würde, mit einer Pistole bereitstehen sollen, und er war vor allem für den politischen Aufruf an die Bevölkerung nach dem Attentat verantwortlich. Nun nahm seine Stelle Sofija Perovskaja ein. Sie brauchte nicht zu schießen, und das Dynamit konnte wegen der geänderten Fahrtroute nicht gezündet werden. Aber zwei der vier Bombenwerfer, zu denen außer den beiden Genannten noch T.M. Michajlov und I.P. Emel'janov gehörten, traten, wie schon geschildert, in Aktion. Ihre Bomben waren so konstruiert, daß sie nur in einem ganz geringen Umkreis Schaden anrichteten, damit nicht zu viele Umstehende getroffen würden. Das bedeutet aber auch, daß die Attentäter dicht an ihr Opfer herangehen mußten und selbst keine Chance hatten zu entkommen: Tod oder Verhaftung war ihr Schicksal. Sie waren aus einer beträchtlichen Zahl von Freiwilligen ausgesucht worden, und sie waren jung – Rysakov z.B. 19 Jahre –, weil man die Erfahrung der Älteren für den politischen Kampf brauchte. Außer dem Kaiser und dem Attentäter Hriniewicki starben noch drei weitere Personen, und 17 wurden verletzt – in bezug auf das Hauptopfer also ein »Erfolg«, aber was bedeutete er für die Geschichte Rußlands?

Die Bedeutung des Attentats

Historiographisch ist die Folge des Attentats längst geklärt: 1881 begann das Vierteljahrhundert der Reaktion, das die dreizehnjährige Regierung Alexanders III. und mehr als ein Jahrzehnt der Regierung Nikolaus' II. umfaßte. In der Tat wurden bis zur Revolution von 1905 viele Errungenschaften der Reformperiode eingeschränkt oder gar abgeschafft, z.B. die Studentenzahlen reduziert, das Wahlrecht für die Selbstverwaltungsorgane beschnitten und der Adel durch die Einführung des Landhauptmanns gegenüber den Bauern gestärkt und vieles mehr. Aber darauf soll hier nicht ausführlich eingegangen werden, denn es ist ja bei den Historikern sowieso ein beliebtes Spiel, für eine einmal abgestempelte Epoche so viele Ausnahmen und gegenteilige Beweise zu finden, daß der eingeführte Begriff zum Klischee verkommt. Man brauchte hier nur auf Positivposten wie die Arbeiterschutzgesetzgebung, die

Bauernlandbank, die Abschaffung der Kopfsteuer, die Frauenbildung und die bekannten Wissenschaftsfortschritte, auf die Leistungen der russischen Kultur, den Aufschwung der Industrie und die Modernisierungsdiskussion zu verweisen. Aber wichtiger scheint mir die Frage nach den Folgen des Attentats für die revolutionäre Bewegung und damit für Rußlands Schicksal nach der reaktionären Periode.

Bei den Narodniki folgte einer kurzen Euphorie das Erwachen. Der junge, unerfahrene Rysakov hielt den Verhören nicht stand und verriet alle Namen und Adressen, so daß schon am 3. März Verhaftungen stattfanden. Einen Tag später wurde der Käseladen aufgedeckt. Der schon, wie eingangs gesagt, vor dem Attentat verhaftete Željabov, der übrigens der Meinung war, daß man sofort auch Alexander III. ermorden sollte, fürchtete die Schwächung der Organisation durch einen Massenprozeß und nahm deshalb in einem Brief die alleinige Schuld auf sich. Doch dies nützte ebensowenig wie Rysakovs Reue. Am 26. März fand der viertägige Prozeß statt, am 3. April wurden fünf Verurteilte gehängt (Željabov, Rysakov, Michajlov, der Popensohn N. Kibal'čič, der die Bomben gebastelt hatte, und Sofija Perovskaja). Eine sechste Angeklagte, Gesia Gel'fman (Jeße Helfmann), entging der Hinrichtung, weil sie schwanger war und ihr Fall in ganz Europa öffentlich diskutiert wurde. (Das Kind starb später in einem Findelheim und sie selbst fünf Tage danach.) Im ganzen waren die Organisationen der Bewegung in beiden Hauptstädten vernichtet worden.

Die Übriggebliebenen bäumten sich noch einmal auf: Schon am Tag nach dem Attentat hatte sich das Exekutivkomitee des »Volksfreiheitswillens« an die Gläubigen und das ganze Volk mit einer Erklärung gewandt. Am 9. März verkündete L.A. Tichomirov eine Proklamation »An die europäische Gesellschaft« und schrieb einen Tag später einen bemerkenswert klugen Brief an Alexander III. Wenn man durch das revolutionäre Pathos und die Beschimpfung der Regierung als Kamarilla und Usurpatorenbande hindurchsieht, kommt aber auch die Schwäche der Organisation zum Vorschein. Der »Volksfreiheitswille« bot nämlich seine Auflösung an, wenn zwei Forderungen erfüllt würden: eine Amnestie für die politischen Gefangenen, also für die verhafteten Attentäter, und eine Volksvertretung auf der Grundlage freier Wahlen. Andernfalls werde am Ende die Revolution stehen. Letzteres sollte sich bewahrheiten, aber für ihre beiden Forderungen hatten die Narodniki keine Durchsetzungsmöglichkeiten. Viele saßen im Gefängnis, andere gingen verstärkt ins Ausland, und Tichomirov selbst schwor Ende der 80er Jahre ab und wurde Monarchist.

Die Volksvertretung, wie die Narodniki sie wollten, kam trotz des Attentats nicht und wäre auch ohne dieses nicht so bald gekommen, denn auch das Projekt Loris-Melikovs, das Alexander II. vor seinem Tod gebilligt hatte, sah ja eine solche nicht vor. Sein Beratungsgremium gewählter Gesellschaftsvertreter hätte vielleicht noch Anfang der 60er Jahre Unheil abgewendet, jetzt wäre es zu spät gekommen. Aber nun war natürlich nicht einmal mehr davon die Rede. Ende April waren die Liberalen in der Regierung endgültig zum Schweigen gebracht: In dem Manifest vom 29. April, das Pobedonoscev formuliert hatte, verkündete Alexander III. die Rückkehr zur uneingeschränkten Autokratie. Daraufhin erklärten Loris-Melikov, D.A. Miljutin und Abaza ihren erwarteten Rücktritt. Kurz davor hatten in Elizavetgrad in der Ukraine die ersten Judenpogrome begonnen, für die der antisemitische neue Kaiser Verständnis äußerte. Am 14. Aug. 1881 folgte sein zunächst nur für drei Jahre vorgesehenes, aber immer wieder ergänztes »Statut über Maßnahmen zur Bewahrung der staatlichen Sicherheit und der öffentlichen Ruhe«, mit dem Teile des Landes bis 1917 unter Ausnahmezustand gestellt werden konnten.

Daß die »narodničestvo«-Bewegung unter diesen Umständen auf einem Tiefpunkt angekommen war, ist nicht verwunderlich. Aber es wäre zu einfach, wenn man ihre Krise nur auf die resignative Erkenntnis zurückführen wollte, daß lediglich ein Autokrat durch einen andern – schlimmeren – ersetzt wurde, daß das Volk, statt zu rebellieren, lieber den toten Kaiser betrauerte und daß die Liberalen, die vorher die Revolutionäre geduldet hatten, nun durch die Bluttat abgeschreckt waren. Kluge Köpfe unter den Revolutionären, Plechanov z.B., hatten eine tiefer gehende Krise schon vorher gespürt und die Frage diskutiert, ob Rußland nicht doch vor einer Revolution durch das Stadium des Kapitalismus gehen müsse. Schon fast vier Wochen vor dem Attentat (am 16. Febr. 1881 N.S.) schrieb unter dem Eindruck ihrer Diskussionen mit den polnischen Sozialisten eine Russin in Genf an einen Deutschen in London – Vera Zasulič an den »Honoré Citoyen« Karl Marx – und stellte die »brennende Frage« der russischen Sozialisten, ob die russische Bauerngemeinde wirklich zum Untergang verurteilt sei, wenn Rußland auch die Phase des Kapitalismus durchlaufen müsse, ob also das »narodničestvo« überhaupt noch einen Sinn habe. Der nervenkranke Marx tat sich mit der Antwort schwer, stürzte sich noch einmal in umfangreiche Rußland-Studien und fertigte vier Entwürfe an, die immer kürzer wurden. Fünf Tage vor dem Attentat (am 8. März 1881 N.S.) schrieb er, ebenfalls französisch, jene komprimierte Antwort, die den Bauernsozialisten keine große Hilfe sein konnte und die er entgegen der ausdrücklichen Bitte seiner Korrespondentin nicht veröffentlicht sehen wollte: Zwar sei seine Lehre von der historischen Unvermeidbarkeit der kapitalistischen Entwicklung ausdrücklich auf Westeuropa beschränkt, aber die Bauerngemeinde könne durchaus zum Stützpunkt der sozialen Wiedergeburt Rußlands werden, wenn sie sich »natürlich« entwickeln könne. Doch der Brief ließ auch anklingen – und in den Entwürfen steht das noch deutlicher –, daß die störenden kapitalistischen Einflüsse bereits in die Gemeinde eingedrungen waren, nämlich durch die Art der Bauernbefreiung und die in den Gemeinden eingetretene soziale Differenzierung.

Die Schlußfolgerung, die aus diesem Brief zu ziehen war, ist das eigentliche, also schon vorher erahnte, aber erst danach richtig Wirkung zeigende Ergebnis des Attentats von 1881: Die größere Chance für die Verwirklichung revolutionärer Ziele lag im Marxismus, der nun erst zahlreiche Anhänger fand, obwohl das »Kommunistische Manifest« schon in den 60er Jahren übersetzt worden und der erste Band des »Kapitals« (1867) bereits 1872 auf Russisch herausgekommen war – in der ersten Übersetzung überhaupt. Der subjektive Grund für den Übergang zum Marxismus war, daß der Bauernsozialismus versagt hatte und daß der Marxismus dagegen einem Teil der verstörten Narodniki die Sicherheit sowohl einer gesetzmäßigen Entwicklung als auch der internationalen Gemeinschaft bot. Der objektive Grund lag in der dann doch merklich zunehmenden Industrialisierung und der Konzentration von Arbeitern an bestimmten Zentren. Nur zwei Jahre später gründete Plechanov im Todesjahr von Marx (1883) in Genf die erste russische marxistische Organisation, die »Gruppe ›Befreiung der Arbeit‹«, der sich auch Vera Zasulič anschloß. In den 90er Jahren entstanden die marxistischen Zirkel dann in Rußland, obwohl die Narodniki zu dieser Zeit eine Wiedergeburt erlebten.

Mit anderen Worten: Das Attentat vom 1. März 1881 hat den Beginn des Marxismus in Rußland herbeigeführt oder mindestens beschleunigt und war tatsächlich ein »Vorspiel zur Revolution«. Hätte es verhindert werden können? Wie kam es überhaupt zu dem scheinbaren Paradoxon, daß ausgerechnet dieser Reformer-Zar – ähnlich dem amerikanischen Präsidenten Abraham Lincoln – auf diese Weise ums Leben kam? Von Schweinitz hat diese Fragen bereits beantwortet, indem er auf die Eigendynamik der einmal in Gang gesetzten Bildungsreform verwies, als er sechs Tage nach dem Anschlag in sein Tagebuch schrieb: »Der verewigte Kaiser, von den besten Absichten beseelt, vereinigte zwanzig Jahre lang die Machtfülle des Selbstherrschers mit der Popularität des nivellierenden Reformators; dies ging solange, als die Befreiten nicht die Konsequenzen der ihnen übereilt gegebenen Freiheiten zogen. Die ältere Generation blieb dem Kaiser dankbar, die jüngere lehnte sich gegen ihn auf, mißbrauchte alle seine Wohltaten und ermordete ihn. Die unter seiner Regierung Geborenen und Aufgewachsenen, die Leute unter 25 Jahren, haben ihm seine Macht, die Liebe des Volkes und endlich sein Leben geraubt... Von allen wohlgemeinten Reformen des verewigten Kaisers hat... keine so verderbliche Früchte getragen wie die des Unterrichtswesens... Unzufrieden mit sich und der Welt, in welcher sie keinen ihren auf Halbbildung gestützten Ansprüchen genügenden Platz finden, richten diese Jünglinge ihren Haß gegen den Staat, der sie unentgeltlich zu viel lernen ließ, um genügsam zu bleiben, und nicht genug, um glücklich zu werden« (Schweinitz, S. 153 ff.)

Literatur

Barjatinskij, V., Ljubov' i prestol, in: »Novoe Russkoe Slovo« vom 25.12. 1976.
Bismarck, O.v., Die politischen Berichte des Fürsten Bismarck aus Petersburg und Paris (1859–1862), hrsg. von L. Raschdau, Bd. 2 (1861/62), Berlin 1920.
Carrère d'Encausse, H., Le malheur russe: Essai sur le meurtre politique, 1988; engl.: The Russian Syndrome. One Thousand Years of Political Murder, 1992.
Ėjdel'man, N., Revoljucija sverchu v Rossii, Moskau 1989.
Geierhos, W., Vera Zasulič und die russische revolutionäre Bewegung, München und Wien 1977.
Jakovlev, A.I., Aleksandr II i ego ėpocha, Moskau 1992.
Miljutin, D.A., Dnevnik D.A. Miljutina, Bd. 4, Moskau 1950.
Mosse, W.E., Alexander II and the Modernization of Russia, New York ²1962.
Popel'nickij, A. Reč' A–II, skarannaja 30–go marta 1856 g. moskovskim predvoditeljam dvorjanstva, in: Golos minuvšego, 1916, 5–6, S. 392–397.
Schweinitz, H.L.v., Denkwürdigkeiten des Botschafters General von Schweinitz, Berlin 1927.
Skorb' naroda: podrobnosti užasnogo prestuplenija protiv svjaščennoj osoby Gosudarja Imperatora Aleksandra II 1-go marta 1881 goda, St. Petersburg 1881.
Venturi, F., Roots of Revolution. A History of the Populist and Socialist Movements in Nineteenth Century Russia, New York 1960 (ital. Il Populismo Russo, 1952).
Zacharova, L.G., Aleksandr II, in: Voprosy Istorii, 1992, 6–7, S. 58–79.
Zajončkovskij, P.A., Krizis samoderžavija na rubeže 1870–1880 godov, Moskau 1964.

Barbara Demandt

Das Attentat auf Kaiserin Elisabeth von Österreich am 10. September 1898

Er hatte die Arme nach oben geworfen, Luftsprünge voller Fröhlichkeit gemacht und schließlich seine Mütze so fest in die Höhe geschleudert, daß diese ihr Bild traf und die Glassplitter klirrend auf den Boden des Klassenzimmers fielen. Alle hatten es gesehen und dem eintretenden Lehrer gemeldet: Es war der neunjährige Luigi gewesen, der das Bild der Kaiserin Elisabeth zerstört hatte. Sein Lehrer versicherte später, daß es rein zufällig geschehen sei und bestimmt auch ohne jede politische Absicht.

Als dieser Luigi eben 16 Jahre später, am Sonnabend, den 10. September 1898, wieder die Arme in die Höhe warf, Luftsprünge machte und die Rue des Alpes zum Genfer Bahnhof hinaufstürmte, hatte er sie wieder getroffen, rein zufällig, wie er immer betonte, aber mit politischer Absicht. Die alten Klassenkameraden hatten es voller Entsetzen gehört und erinnerten sich mit Grausen des alten Vorfalls. Welch ein Omen!

»Was ist denn jetzt mit mir geschehen?« (Sztáray S.249) waren Elisabeths letzte Worte gewesen. Das Unfaßbare hatte sie nicht begriffen und ihre Begleiterin erst später. Wie es geschehen konnte, war bald klar, warum es geschehen mußte, brachten die Untersuchungen nicht vollends zutage. Letzte Klarheit läßt sich wohl nie gewinnen. Was tat die Kaiserin von Österreich und Königin von Ungarn denn in Genf? Begleiten wir sie die letzten zehn Tage ihres Lebens und sehen, wie der Tageslauf einer Monarchin am Ende des vorigen Jahrhunderts verlief.

Das Vorspiel

Elisabeth hatte wieder einmal eine ihrer vielen Kuren gemacht, denn das Leben in der förmlichen Enge des Wiener Hofes bekam ihr immer weniger gut. Eine Herzschwäche war diagnostiziert und Bad Nauheim ihr als Kurort geraten worden, doch hatte sie sich dort wegen des lästigen Publikums und des strengen Badearztes gar nicht wohlgefühlt. Keiner aus ihrer Umgebung hat je erkannt, daß diese ewigen Krankheiten nur Fluchten vor Familie, Pflichten und später vor dem eigenen Ich waren.

Eine vierwöchige Nachkur wollte sie daher unbehelligt in schöner Natur genießen. Sie habe sich den ganzen Sommer über gewünscht, die Berge in der Schweiz zu genießen, vermerkte Elisabeths jüngste Tochter in ihrem

Tagebuch, eine Fundgrube für die Biographen Elisabeths, denn Valerie litt unter den Extravaganzen ihrer Mutter und der stummen Zurückhaltung ihres Vaters und schüttete ihrem Tagebuch ihr Herz aus (Hamann S. 597).

Zur Erholung wählte Elisabeth den ihr von früheren Aufenthalten bekannten Luftkurort Caux, der, nur aus zwei Hotels bestehend, in 1121 m Höhe über dem Genfer See liegt und viele Möglichkeiten zu wandern bietet. So waren von den 200 Zimmern des Grand Hotels im ersten Stock die üblichen drei für sie persönlich und zwölf weitere für ihr auf dieser Reise klein gehaltenes Gefolge von zwölf Personen bestellt.

Ihre Suite bestand aus dem Kämmerer General von Berzeviczy, einem Ungarn, dem Sekretär Dr. Kromar, dem englischen Vorleser Mr. Baker, zwei Kammerdienerinnen, zwei Lakaien und vier Zofen. Ihre ständige Begleiterin auf Reisen war seit August 1894 die 30jährige Ungarin Irma Gräfin Sztáray, der wir eine detaillierte Schilderung der Schweizer Tage verdanken.

Mit diesem Gefolge war die Kaiserin am 30. August 1898 von Nauheim aus mit einem Extrazug in Basel, dann mit dem fahrplanmäßigen Zug in Territet bei Montreux eingetroffen. 34 mal am Tag nahm eine hinter dem Bahnhof endende Drahtseilbahn Fahrgäste auf und brachte sie in 10 Minuten in das 680 m höher gelegene Dorf Glion, wo man in die Zahnradbahn nach Naye umsteigen mußte, um nach 2 km Fahrt zur Station von Caux zu gelangen.

Elisabeth nahm ihren gewohnten Tageslauf wieder auf: Morgens um 5 Uhr aufstehen, baden, ankleiden, frühstücken und spazierengehen. Mit hochgeknüpftem Rock, weißem Sonnenschirm und gelbem Lederfächer als Sonnen- und Sichtschutz in Begleitung des Vorlesers oder der Hofdame, manchmal auch allein, konnte sie den ganzen Tag wandern und die Natur genießen. Angesichts des herrlichen Aufenthaltes stieg ihre Stimmung dabei täglich. Sie fühlte sich endlich frei und beschloß, neben den Wanderungen jeden 2. Tag einen Ausflug zu machen. Die erste Fahrt sollte am 1. September nach Bex führen.

Das hübsche Städtchen mit etwas über 3000 Einwohnern liegt im oberen Rhonetal und wurde gern besucht wegen seiner Traubenkuren und der guten Aussicht auf die Berge. Diese stellte sich gerade ein, als die Damen vor dem »Hotel des Salines« der Kutsche entstiegen. Begeistert versenkten sie sich in den Anblick der aus dem dichten Nebel aufsteigenden Bergriesen des Dent du Midi und der Aiguille de Trient. Naturgewalten konnten die Kaiserin geradezu in religiöse Schwärmerei versetzen, deshalb beschloß sie spontan, hier ein paar Tage zu bleiben. Aber das schlechte Hotelessen nahm ihr wieder jede Lust, so daß die beiden Frauen nachmittags nach Caux zurückfuhren.

Zwei Tage später, am 3.9., brachte die Zahnradbahn sie von Caux nach Rochers de Naye. Die prachtvolle Aussicht über die Berge ringsum und den ganzen Genfer See begeisterte sie sehr. Elisabeth besaß als ein von ihrem Vater Herzog Max in Bayern geleitetes Naturkind eine gute Beobachtungsgabe sowie ein hinreichendes biologisches Wissen. Und aus einer »Sehnsucht nach Verschmelzung mit den Elementen« (Klages S. 184) liebte sie Natureindrücke, vor allem die gewaltiger, stürmischer und heroischer Elemente über alles.

Es sei so wunderschön hier, ließ sie in einem Brief vom 4. 9. den Kaiser wissen, er solle doch nach Caux kommen. Dessen Antwort vom 9. 9. hat sie nicht mehr erreicht. Franz Joseph fühlte sich nämlich wie fast immer unabkömmlich, obwohl er sich nach langer Trennung – er hatte sich am 15. Juli in Ischl von ihr verabschiedet – nach einem Wiedersehen sehnte.

Am 5. September wollten die Damen den Badeort Evian besuchen. Der lag in der seit 1860 französischen Landschaft Chablais, eine neutrale Freizone zwischen der Schweiz und Frankreich. In sie konnte man ohne Grenzformalitäten reisen. Die beiden Frauen nahmen also den Dampfer nach Genf. Der legte auch in Lausanne an. Das gut besetzte Schiff nahm weitere Fahrgäste auf, unter ihnen einen jungen Mann, den Italiener Luigi Lucheni, der am gleichen Tag von Lausanne nach Genf fuhr und dort gegen Mittag ankam, wie er später aussagte. Hatte er die schwarzgekleideten Damen auf dem Deck wandeln sehen und die ältere, welche die Leute aufmerksam beobachtete und dann mit der jüngeren ungeniert in Ungarisch über sie sprach, als die Kaiserin erkannt, deren Bild er einst in seinem Klassenzimmer zertrümmerte?

Von der Anlegestelle in Evian promenierten die Frauen durch den Badeort ohne Aufmerksamkeit für bekannte Badegäste. Nur die Hotels und die Kurverwaltung eines jeden Ortes waren daran interessiert, denn um ihr Renommee zu heben, veröffentlichten sie täglich eine Liste ihrer prominenten Gäste. An solchen Gesellschaftsnachrichten hatten auch Gegner der Aristokratie großes Interesse. Wie konnte Elisabeth ahnen, daß zwei Tage später dieser Lucheni nach Evian kam, um in der Fremdenliste nach ihr zu suchen?

Wahrscheinlich haben die unbekümmerten Ausflüglerinnen nur eingekauft oder sich ein Eis gegönnt, einen Genuß, den sich Elisabeth öfters gönnte. Am Nachmittag ging die Reise zurück, die Kaiserin genoß am Bug des Schiffes stehend trotz großer Hitze die Fahrt über den See.

Am 7. September war Haarwaschtag, also blieben die Damen im Hotel, denn das Haarewaschen dauerte einen ganzen Tag. Elisabeths Haare waren ihr ganzer Stolz. Nachgedunkelt auf kastanienbraun, noch in ihrem 50. Lebensjahr nirgendwo angegraut, reichte es bis an die Fersen. Für diese prächtige Haarfülle war ein riesiger Aufwand nötig, einmal im täglichen Fisieren, das stets drei Stunden dauerte, dann beim Waschen, das alle drei Wochen stattfand und – Shampoo gab es noch nicht– seinen Glanz mit Kognak und Eiern erhielt. Diese Haarfluten mußten lange trocknen, denn den Fön gab es noch nicht. Elisabeth litt öfters an Kopfschmerzen wegen der schweren Frisur, dann saß sie in ihrem Zimmer, und ringsum waren die Haarteile mit Bändern an der Decke aufgehängt, um ihren Kopf zu entlasten. Ihre aus dem Burgtheater wegengagierte Friseuse Fanny Angerer erfand für sie die typische Haarkrone, die von Elisabeth so genannte »Steckbrieffrisur«, die viele Damen nachahmten, aber nie erreichten.

Die nächste Reise sollte am Freitag, den 9.9. nach Pregny in das Rothschildsche Schloß am Nordufer des Genfer Sees führen. Elisabeth wollte die Baronin Rothschild besuchen, wobei sie Angenehmes mit dem Nützlichen verbinden konnte. Denn Elisabeths jüngere Schwester Marie, die Exkönigin von Neapel, betrieb ihren aufwendigen Lebensstil zumeist mit Rothschildschen Geldern. Zudem hatte Marie begeistert von den Schönheiten des Anwesens in Pregny erzählt. Was lag da im Familienkalkül näher, als daß die österreichische Kaiserin, an gepflegter Garten- und Parkkultur sehr interessiert, den reichen Aufsteigern, bei deren Bank sie selbst einen Teil ihres Vermögens in der Schweiz deponiert hatte, huldvoll einen Besuch abzustatten?

Die Baronin Rothschild zeigte sich über den Besuchswunsch hocherfreut und bot an, mit ihrer Privatjacht »Tsigane« die Kaiserin aus Territet holen zu lassen. Elisabeth lehnte jedoch ab, weil es dem Rothschildschen Personal verboten war, Trinkgelder anzunehmen. Deshalb wollte sie, die sich stets für ihr erwiesene Dienste einfachen Leuten gegenüber dankbar zeigte, lieber ohne Aufhebens in einem öffentlichen Verkehrsmittel, eben dem Passagierdampfer, fahren.

Es machte nämlich der Kaiserin von jeher Vergnügen, sich unerkannt unter Menschen zu bewegen und alle protokollarischen Verpflichtungen zu umgehen. Darum wollte sie diese vier Wochen in der Schweiz wieder unter ihrem Inkognito als Gräfin Hohenembs verbringen. ›Graf von Hohenembs‹ war einer der 48 Titel ihres Gemahls. Eines Inkognitos bedienten sich damals viele gekrönte Häupter. Solch ein Name versprach mehr unkonventionelle Freiheit und erlaubte dennoch, die Annehmlichkeiten der vornehmen Welt zu genießen. Außerdem hatte sich Elisabeth ausdrücklich jede Art von Bewachung durch die Schweizer Polizei verbeten. Selbst die Polizisten vor dem Hotel in Caux mußten sich auf ihren Wunsch hin entfernen. Wer tue schon einer alten Frau etwas, soll sie öfters gesagt haben.

Zudem wäre es eine politische Brüskierung gewesen, wenn sich die Kaiserin, selbst im Urlaub eine politische Person, öffentlich zu einem Besuch bei einer Jüdin eingefunden hätte, wo gerade das Für und Wider der Dreyfus-Affäre ganz Europa erregte, sich große Antisemitenkrawalle abspielten und der ultrakonservative französische Thronprätendent, Prinz Henri von Orléans, und seine Royalisten sich in einem vehementen Kampf gegen die Wiederaufnahme des Prozesses befanden.

Kurzum, allen Schwierigkeiten konnte Elisabeth mit einem Inkognito und einer unauffälligen Anreise nach Pregny leicht aus dem Weg gehen.

Es gab noch einige technische Probleme bei dieser Reise. Nach Pregny kam man nur mit der Eisenbahn, nicht mit dem Dampfer. Elisabeth liebte das Zugreisen nicht, weil es ihren Bewegungsspielraum einengte und wenig frische Luft versprach. Eine Schiffsreise war um vieles schöner, wie selbst die damaligen Reiseführer empfahlen, mußte aber bis Genf gehen. So entschied Elisabeth, daß nur vier aus ihrer Suite mitkommen sollten: Eine Zofe und Dr. Kromar sollten mit dem Zug schon am Freitagmorgen bis Genf vorfahren. Sie selbst wollte mit ihrer Hofdame und dem Lakaien Zeiler mit dem Schnelldampfer dorthin kommen und dann mit einer Kutsche auf der Landstraße die etwa 5 km am Nordufer des Sees zurück nach Pregny fahren.

Die Reise gestaltete sich bei dem sehr warmen Sommerwetter äußerst angenehm. Die Kaiserin genoß in ruhiger Seelenstimmung am Bug die Fahrt über den Leman, dessen berühmter, durch die Sonnenstrahlen erzeugter, flirrender Silberglanz die Umgebung des Sees wie hingehaucht erscheinen ließ. Sie fühlte sich wieder gesund und fing an zu schwärmen von ihren Reiseplänen nach den Kanarischen Inseln und ihrem verlassenen Achilleion in Korfu, wünschte sich den Kaiser herbei, damit er solche Schönheit genießen könne und freute sich, als am Ufer in Genf ihr Sekretär die so ersehnte Antwortdepesche auf den Glückwunsch zum Namenstag ihrer Tochter Valerie brachte.

An der Genfer Anlegestelle saß grübelnd auf einer Bank Luigi Lucheni und beobachtete um 1 Uhr Mittag eine offene Equipage, welche die beiden Damen und den Lakaien nach Pregny brachte, wo die Baronin Julie Rothschild mit auf dem Dach gehißter Habsburger Standarte die beiden hohen Besucherinnen begrüßte, einem Fautpax, den sie wegen des gelüfteten Inkognitos sogleich nach einem Hinweis der Sztáray beseitigen ließ. Bei einem auserlesenen Déjeuner mit Altwiener Porzellan – natürlich eine Hommage an die Gäste – spielte im Verborgenen ein Orchester liebliche italienische Weisen, die Hausfrau machte blendende Konversation, so daß die Stimmung ihrer Majestät aufs beste stieg und sie mit der Dame des Hauses mit einem Glas Champagner anstieß, eine der Hofdame auffallende, außergewöhnliche Seltenheit. Diese mußte denn auch sogleich nach Tisch die Menukarten bewahren, um sie dem Kaiser und Mathilde Trani, Elisabeths Schwester, zu senden, mit dem ausdrücklichen Hinweis, zu unterstreichen, was man gegessen und wie das Eis gemundet habe.

Elisabeth zeigte sich entzückt über das Schloß mit seinen Kunstgegenständen. Auch der Park gefiel ihr, noch mehr jedoch die Gewächshäuser. Am meisten begeisterte sie sich für die Orchideen. Besonders die weißen, zu denen sie immer wieder zurückkehrte, fand sie wunderschön und blieb lange wie gebannt vor ihnen stehen. Als hätte sie geahnt, daß sie keine drei Tage später von ebensolchen bedeckt sein würde.

Doch Gedanken an den Tod wurden durch die beiden Damen von der Kaiserin sorgfältig ferngehalten, denn das Gästebuch, in das sich Elisabeth mit großem Namenszug auf eine freie Seite eingetragen hatte, wurde auch der Sztáray überreicht. Als diese es irgendwo aufschlug, stand dort im gleichen Schwung geschrieben »Rudolf«, die Unterschrift des am 30. Januar 1889 in Mayerling umgekommenen einzigen Sohnes der Kaiserin. Mit einem wissenden Seitenblick auf die Baronin wurde das Buch sofort entfernt. Bloß keine schrecklichen Erinnerungen heraufbeschwören, war stets ein Ziel der Hofdame. Denn seit diesem Selbstmord, an dem sich Elisabeth als Trägerin ungesunden Erbgutes, aber nicht wegen ihres Fremdseins gegen den Sohn mitschuldig fühlte und der sie tief getroffen hatte, waren Trauer und Melancholie ihre ständigen Begleiterinnen. Sie glaubte sich vom Unglück verfolgt, wußte davon viele zu überzeugen und sprach von ihrer Todessehnsucht oft. Seitdem trug sie ausschließlich schwarze Kleider, auch bei den freudigsten Anlässen, zu denen sie sich noch zusätzlich schwarz verschleierte, so daß die Zeitgenossen sich nicht wenig darüber mokierten.

Auf der Rückfahrt nach Genf bedauerte die heiter gestimmte Kaiserin, nicht auf das Anerbieten der Baronin eingegangen zu sein, ein Erinnerungphoto zu machen. Elisabeth hatte abgelehnt, weil sie seit 30 Jahren ihren Vorsatz hochhielt, keine Photographie mehr von sich machen zu lassen. Vielleicht hätte endlich einmal ein frohes Gesicht in die Kamera geblickt. Doch sie gab zu, daß diese Weigerung nur ein Schutzwall ihrer eigenen Schwäche sei. Kein Fremder sollte das gealterte, faltige Gesicht einer Frau betrachten können, die in den 60er Jahren die schönste Europas gewesen war. Darum ließ sie auch keine Photographien mehr von sich machen, obwohl sie sich in der Blüte ihrer Schönheit gern hatte abbilden lassen, zwar nie mit dem Kaiser oder ihren Kindern, meistens allein oder mit ihren Hunden. So konnten die Photographen seit Ende der 60er Jahre nur noch die alten Bilder einer Dreißigjährigen auf ein höheres Lebensalter hin retouchieren, um dem Publikum sog. »letzte Aufnahmen« der Monarchin anzubieten. Diese Blickphobie hatte sie nur gegenüber Personen, die sie anstarrten. Wenn sie sich unerkannt wußte, sprach sie ohne Scheu mit jedem, besonders gern mit Kindern.

In Genf stiegen die beiden Damen im Hotel Beau-Rivage ab. Sie beschlossen, nach einer Stunde der Ruhe die Stadt zu besichtigen. Der Hofdame war dieser Besuch gar nicht recht gewesen. Ihr hatte die Stadt wegen des Gesindels schon bei ihrem ersten gemeinsamen Besuch 1895 mißfallen. Deshalb war auf ihr Drängen Sekretär Kromar mitgekommen. Der saß jedoch auf Wunsch Elisabeths nur im Hotel; ein völlig nutzloser Beschützer also. Die Kaiserin hatte sich ja schon alle Bewachung in Caux verbeten, auch ihre Reise war der Genfer Polizei nicht bekannt, darum wurde ihre Sorglosigkeit ihr später in der Presse allgemein vorgehalten.

Elisabeth war bester Stimmung, sie hatte schon lange keinen so hellen Tag wie diesen 9. September erlebt. Heiter ging sie in die Stadt, die sie nach ihrer eigenen Aussage sehr mochte, denn schon ihrem griechischen Vorleser Christomanos (S. 134) gegenüber hatte sie einmal geäußert, daß sie sich in Wien fremd fühle, jedoch gern in den Schweizer Städten flaniere, zumal in Genf. Allmählich schwanden auch der Hofdame alle Ängste angesichts der Freude der Kaiserin, die beim Bummel oft innehielt, um das herrliche Bild der Stadt und Umgebung zu betrachten. Die Straßen der Altstadt waren sehr belebt, die Damen kamen im Gedränge nur langsam vorwärts. So fielen ihnen auch nicht auf, wie später der städtische Gärtner Fiani bezeugte, daß zwei junge und ein grauhaariger, vollbärtiger Italiener ihnen in angemessenem Abstand folgten und dann in ein Café gingen, um sich dort beim Wein lange Zeit heftig, aber sehr leise zu besprechen. Die Damen selbst saßen beim für sein Eis berühmten Konditor Désarnod auf dem Boulevard du Théâtre und genossen den lauen Abend, bis es dunkel wurde.

Danach sollte ein letztes Vergnügen folgen: der Einkauf eines Intarsientischchens. Spielzeug oder teure Geschenke zu besorgen, gab es oft Grund, denn Elisabeths Töchter Gisela und Valerie waren wie ihre Mutter schon mit 16 Jahren verheiratet worden und hatten bereits eine beträchtliche Anzahl Kinder. Geld spielte dabei keine Rolle, denn die Kaiserin kannte seinen Wert nicht. Sie war bei ihrer Hochzeit im April 1854 mit einer jährlichen Apanage von 150 000 Gulden allein zu ihrem persönlichen Gebrauch ausgestattet worden. Dazu hatte von jeher der Kaiser selbst ihre teuersten Extravaganzen bezahlt. Erst seit dem 1875 erfolgten Tode des Kaisers Ferdinand I., der als Epileptiker und willensschwacher Mann 1848 zugunsten seines achtzehnjährigen Neffen Franz Joseph abgedankt hatte, war die Privatschatulle des Hauses Habsburg gut gefüllt wegen der reichen Krondomänen in Böhmen. Elisabeth erhielt damals 2 Millionen Gulden geschenkt, und ihre jährliche Apanage wurde auf 300 000 Gulden erhöht.

Ein Arbeiter, wenn er in dieser Zeit größter Arbeitslosigkeit überhaupt Arbeit hatte, verdiente jährlich 200–300 Gulden, Frauen die Hälfte, Kinder ein Viertel, bei einer täglichen Arbeitszeit von 12–14 Stunden. Das soziale Elend war damals erschreckend groß. Die Schere zwischen arm und reich klaffte weit auseinander. Wie ein großer Teil ihrer Untertanen, vor allem die Arbeiterschaft dahinkümmerte, ist Elisabeth selten bewußt geworden, denn davon war sie durch den Hof abgeschirmt und selbst wenig interessiert. Zwar war sie durchaus mildtätig, wie ihre zahlreichen Spendenquittungen beweisen, aber sie half eben nur privat und nicht öffentlich.

Auf dem Heimweg verfehlten die beiden Frauen die Brücke über die Rhone und verirrten sich in der nur spärlich beleuchteten Altstadt. Die Ungarin ergriff panische Angst, als hätte sie geahnt, daß sie nur 20 m neben der Schlafstätte des Luigi Lucheni in der Rue d'Enfer vorbeigingen, aber ihre Herrin fand sich bald zurecht, gelangte mit ihr über die Brücke und gegen 22 Uhr zum Hotel. Ein äußerst angenehmer Tag war für Elisabeth zu Ende gegangen. Während ihre Hofdame noch einen ausführlichen Brief über die Erlebnnisse des Tages an ihre Mutter schrieb – eben die Grundlage für ihr späteres Buch –, begab sich Elisabeth schnell zur Ruhe.

Sie wird nach so viel Schönem wohl nicht mehr an das Gespräch mit ihrer Hofdame auf der Kutschfahrt von Pregny nach Genf gedacht haben, wo die Gräfin auf ihren tiefen katholischen Glauben zu sprechen kam und wie trostvoll sie dem Tode entgegensehe. Elisabeth, die das Gespräch angeregt hatte, hielt sich selbst für nicht strenggläubig, mutmaßte aber, daß sie es noch werden könne. Nur über den Tod sprach sie ganz andere Gefühle aus: »Ich aber fürchte ihn, obschon ich ihn oft ersehne, doch diesen Übergang, diese Ungewißheit macht mich zittern, besonders der furchtbare Kampf, den man bestehen muß, ehe man dahin gelangt« (Sztáray S. 231 f.). Auf die trostreiche Antwort, daß im Jenseits Friede und Glückseligkeit herrsche, warf Elisabeth voller Skepsis ein, daß sei ungewiß, denn noch niemand sei von dort zurückgekehrt.

Die Damen hatten eine unruhige Nacht, italienische Straßensänger ließen keine Ruhe zu, der Leuchtturm wechselte dauernd seine Farben und gab dadurch dem Zimmer eine flackernde Unruhe, der Mond schien Elisabeth so grell ins Gesicht, daß sie davon erwachte, sich über die mystische Beleuchtung des Raumes wunderte und nicht wieder einschlafen konnte.

Die Sztáray fand ihre Seelenruhe wieder in der frühmorgendlichen Beichte; die Kaiserin, noch heiter gestimmt von den Erlebnissen des Vortages, hatte noch einen anregenden Einkauf vor. So gingen die Damen um 11 Uhr in die Rue Bonivard, wo Elisabeth im Laden eines Herrn Baecker ein Orchestrion zu hören wünschte. Adelina Patti, eine bekannte Wiener Sopranistin, besaß ein solches, von dem die Wiener Gesellschaft wahre Wunderdinge erzählte. Der Besitzer ließ sofort auf dem riesigen mechanischen Instrument Stücke aus Aida, Carmen, Rigoletto und Tannhäuser, Elisabeths Lieblingsoper, ertönen. Die begeisterte Kaiserin war entschlossen, es für ihre Tochter Valerie zu kaufen und suchte noch eigenhändig 24 Musikstücke aus. Sie war mit der Auswahl so beschäftigt, daß sie eine belgische Gräfin, die sie im Laden fortwährend fixierte, gar nicht wahrnahm. Solch indiskretes Interesse konnte sie überaus aufregen, und die Hofdame konnte die um Vorstellung bittende Dame mit kurzen Worten abwimmeln, um der Kaiserin den Aufenthalt nicht zu vergällen.

Auf dem Heimweg ins Hotel ging Elisabeth sehr langsam, den Sonnenschein und das bunte Leben auf den Straßen genießend, endlich von der Unruhe der Hofdame getrieben, ein wenig schneller, die Angst hatte, den Dampfer nach Territet zu verpassen. Es gingen nämlich täglich nur zwei Schnelldampfer über den See, der eine morgens um 9 Uhr 15, der zweite um 13 Uhr 40. Und mit diesem wollten die Frauen zurückkehren, während das Personal ohne den Lakaien schon um 12 Uhr mit dem Zug vorgefahren war. Aber Elisabeth trödelte auch im Hotel noch. Sie zog sich für die Rückreise um und nahm ihr Mittagessen zu sich, ein Glas Milch, das sie recht langsam trank, so daß die sichtlich nervöse Hofdame bat, den Lakaien an die Schiffsanlegestelle vorauszuschicken, um gegebenenfalls den Dampfer aufzuhalten. Der Lakai ging, und damit entblößten sich die ahnungslosen Frauen des allerletzten Schutzes.

Nun war der Aufenthalt in Genf wie alle anderen Tage vorher mit großer Zufriedenheit Elisabeths zu Ende gegeangen. Tage, angefüllt mit Vorsorge für Körperpflege und Gesundheit, Tage, verbracht mit Spaziergängen und Naturerlebnissen, Tage mit Aufenthalten in den besten Hotels, Restaurants und Cafés, Tage voller kleiner, abwechslungsreicher Genüsse, wie unzählige, pflichtenlose Damen der höheren Gesellschaft sie verbrachten, Tage zum Amüsement, Einkaufen und großen Geldausgaben, eigentlich langweilige Tage, wenn sie alle so verlaufen, Tage, die für den Soziologen aufschlußreich, aber für den Historiker uninteressant sind.

Aber von solchen Betrachtungen ließ sich Elisabeth, eine freie und selbst entscheidende Frau, natürlich nicht lenken. Aber die Kaiserin von Oesterreich war keine freie, selbständige Frau, sie war, selbst im Zustand größter Unabhängigkeit von allen Pflichten, eine politische Person. Für ihre 40 Millionen Untertanen war sie ein verehrtes Hoheitssymbol, nur für wenige Andersgesonnene eine kaiserliche Nichtstuerin. Darum galten auch die letzten fünf Minuten ihres Genfer Aufenthaltes nicht der ruhelosen sechzigjährigen Frau, sondern der Vertreterin der regierenden Hocharistokratie und der Repräsentantin eines politischen Systems. Tragisch war nur, daß Elisabeth dies nie sein wollte, schon längst nicht in der letzten Stunde ihres Lebens.

Das Attentat

Um 13 Uhr 35 traten die Damen eilends aus dem Hoteleingang am Quai des Pâquis, verabschiedet vom hinterherblickenden Portier. Bis zur Anlegestelle am Quai du Mont Blanc waren es knapp 200 m. In fünf Minuten sollte das Schiff ablegen. Doch Elisabeth, mit aufgespanntem Sonnenschirm und Fächer, bestaunte noch zwei in voller Blüte stehende Kastanienbäume mit der Bemerkung, der Kaiser habe ihr geschrieben, auch in Schönbrunn blühten im September Kastanien. (Das Phänomen läßt sich bei diesem in Nordeuropa nicht beheimateten Baum nach längerer Dormanz, bedingt durch Hitze und Trockenheit und anschließender warmer Feuchtigkeit, erklären.) Man könnte glauben, das beschauliche Umsehen und Bestaunen von Natur und Menschen an diesem Morgen sei das Abschiednehmen einer ahnenden Seele gewesen.

Die Schiffsglocke der »Genève«, eines der größten Dampfer, läutete, die Hofdame drängte und bemerkte voll Ärger ein neues Hindernis: In ziemlicher Entfernung sprang ein Mann wie gejagt hinter einem Baum hervor, lief zum nächsten, eilte von da zum Seegeländer, sodann abermals hinter einen Baum und so im Zickzack ihnen entgegen. Als er erneut das Geländer erreichte, stürmte er von dort schräg auf die Frauen zu, umsprang die Sztáray, die wie zum Schutz unwillkürlich einen Schritt vor die Kaiserin getan hatte, und fuhr mit einem heftigen Faustschlag dieser auf die Brust. Wie vom Blitz getroffen sank sie lautlos zurück auf den Gehsteig.

Die Szene dreier Gestalten, von denen die eine die Arme in die Luft warf und in wilden Sprüngen die Rue des Alpes zum Bahnhof hochjagte, die andere mit einem verzweifelten Aufschrei sich über eine dritte, leblos auf dem Boden liegende beugte, hatte die Menschen rundherum aufmerksam gemacht. Ein Kutscher lief von dem nahen Droschkenplatz herüber und half der Hofdame, die Gefallene aufzuheben. Elisabeth war vollkommen bei Bewußtsein, ihr Hut und die dichte Haarkrone hatten den Sturz abgemildert. Es sei ihr nichts geschehen, beteuerte sie allen inzwischen Herzugelaufenen dankend, gestattete dem Kutscher, ihr Seidenkleid abzubürsten und lehnte das Anerbieten des herbeigeeilten Portiers ab, doch wieder ins Beau-Rivage Hotel zurückzukehren: »Es ist ja nichts geschehen, eilen wir lieber aufs Schiff.«

Nachdem sie ihr Haar geordnet, den Hut aufgesetzt, Fächer und Schirm wieder an sich genommen hatte, ging sie elastisch neben der Hofdame einher, deren Arm sogar ablehnend. Dabei sinnierte sie, was wohl dieser Mensch von ihr gewollt habe. Sie glaubte schließlich, er habe ihr die Uhr rauben wollen. Mittlerweile kam der Portier ihnen nachgeeilt mit der Nachricht, zwei andere Kutscher hätten den Missetäter ergriffen. Das verstand die Kaiserin nicht mehr, und die Hofdame bemerkte, daß sie offensichtlich mit Schmerzen kämpfte. Auf deren erschrockene Bitte hin, gestand Elisabeth, es schmerze sie in der Brust. Indem gelangten sie an die Anlegestelle, die Kaiserin überschritt die Schiffsbrücke leichten Schrittes, sank aber dann zusammen. Die Hofdame rief nach einem Arzt. Sie dachte an einen Herzschlag wegen des soeben erlebten Überfalls, während ein Herr Tessey vorschlug, die kranke Dame wegen der Nähe der stinkenden Maschine lieber auf das Verdeck an die frische Luft zu bringen. Er und ein zweiter trugen die Kaiserin nach oben und legten sie auf eine Bank. Tessey verließ das Schiff. Auf die verzweifelten Rufe der Hofdame nach einem Arzt bot ein Herr Dardelle die Hilfe seiner Frau an, die Krankenpflegerin sei. Diese orderte Wasser und Eau de Cologne, das eine herbeigeeilte Nonne auf Elisabeths Schläfen zerrieb, während die Sztáray der Kaiserin die Miederschnüre auf dem Rücken zerschnitt, um es hervorzuziehen. Dabei bemerkte sie, daß diese versuchte, sich aufzurichten, und das mit Äther getränkte Zuckerstück in ihrem Mund zerbiß, also bei Bewußtsein war. Diese Belebungsversuche hatten Erfolg. Elisabeth öffnete die Augen, setzte sich mit Hilfe der Frauen langsam auf und bedankte sich mit einem leisen »Merci«. Ihr verschleierter Blick irrte umher, suchte den Himmel, blieb am Dent du Midi hängen, ruhte fragend auf der vor ihr knieenden Sztáray. »Was ist denn jetzt mit mir geschehen?« waren ihre letzten Worte, dann sank sie wieder bewußtlos zurück.

Die Hofdame versuchte ihrer Herrin weitere Erleichterung zu verschaffen, indem sie das scharze Seidenfigaro über der Brust öffnete. Als sie die Bänder auseinanderriß, sah sie auf dem Batisthemd darunter einen dunklen Fleck: Das Hemd beiseiteschiebend, entdeckte sie in der Herzgegend eine kleine dreieckige Wunde, an der ein Tropfen Blut klebte. Jetzt erst wurde ihr klar, daß dieser am Quai auf sie zurennende Mann nicht nur auf die Kaiserin eingeschlagen, sondern auch eingestochen hatte. War es verhängnisvoll zu spät? Nein. Wie sich später herausstellte, wäre Elisabeth selbst heutzutage unter den Umständen nicht zu retten gewesen.

Die Ungarin bat den herbeigerufenen Kapitän umzukehren, da die tödlich verwundete Kaiserin von Österreich auf seinem Schiff nicht ohne ärztlichen und priesterlichen Beistand sterben dürfe. Dann schrieb sie zwei Depeschen an den Kämmerer Berzeviczy und den Sekretär Kromar, die Herr Dardelle aufgeben wollte. Zurück im Hafen trugen sechs Matrosen die Kaiserin auf einer aus Stühlen improvisierten Bahre ins Hotel. Die Sztáray hatte ihren schwarzen Mantel über sie gebreitet, ein Herr hielt den weißen Sonnenschirm übers Gesicht, keiner der Herbeigelaufenen sollte die Sterbende erblicken. Man brachte sie in das soeben verlassene Zimmer, legte sie aufs Bett und überließ sie dem Arzt Golay, den der auf dem Schiff so hilfreiche Tessey, der die »Genève« umkehren sah, schon gerufen hatte. Der versuchte vergeblich, mit einer Sonde in die Wunde zu dringen, weil sich durch das Lösen des Mieders der Wundgang verschoben hatte. Es sei ganz hoffnungslos, ließen er und Dr. Mayor, ein weiterer Arzt, wissen. Ein Priester kam und gab die Generalabsolution. Die nur noch schwach atmende Elisabeth starb am Sonnabend, den 10. September 1898, um 14 Uhr 40.

Ihr Leben

Wenn es stimmt, daß einem Sterbenden angesichts des nahen Todes die Stationen seines Lebens noch einmal wie ein Film vor einem inneren Auge abrollen, so werden in dieser letzten Stunde wahrscheinlich viele traurige und nur wenige heitere Bilder Elisabeth erschienen sein. Vielleicht tauchte das Bild einer unbeschwerten Jugend im Kreise von 7 Geschwistern in München und Possenhofen auf, oder wie 1853 der scheuen 15jährigen ihr Cousin Franz Joseph einen Heiratsantrag machte. Vielleicht auch, wie sie sich ungücklich in einem goldenen Käfig, der Wiener »Kerkerburg«, unter der herrischen Aufsicht ihrer Schwiegermutter Sophie gefühlt hatte. Wie kurz das Glück ihrer Ehe nur gedauert und sie sich als Brutkasten für ihre zwei ersten Töchter Sophie und Gisela und den ersehnten Thronfolger Rudolf gefühlt hatte und zu diesen drei nie, nur zur jüngsten Tochter Valerie ein persönliches Verhältnis gewonnen hatte. Wie verhaßt ihr alle traditionellen Pflichten einer Kaiserin, das »Ins Geschirrnehmen«, die Repräsentation, das gesellschaftliche Leben oder Armen- und Krankenfürsorge gewesen waren. Vielleicht kamen ihr auch Bilder von ihren Triumphen als wagemutigste Parforcereiterin Europas, von ihrem liebevollen Umgang mit Pferden, Hunden und Affen oder von ihren innigen Freundschaften zu den drei ungarischen Hofdamen Lily Hunyadi, Ida Ferenczy, Marie Festetics, deren Tagebüchern die Nachwelt viele Aufschlüsse über Elisabeth verdankt.

Es mögen ihr auch Bilder erschienen sein von Zuständen, mit denen sie größere Aufmerksamkeit erreichte. Die Kaiserin wurde vergöttert wegen ihrer Schönheit, die sich in der Mitte der 60er Jahre voll entfaltete. Sie war nach ihrer Hochzeit 1854 noch gewachsen und mit 172 cm größer als ihr Mann, eine Tatsache, die alle Fotografen stets vertuschten. Ihre überschlanke Figur bewahrte sie sich durch viel Bewegung. In all ihren Schlössern waren Turngeräte in ihren Räumen installiert, ihre Wanderungen dauerten oft 8–9 Stunden, und dem verwegenen Reiten galt ihre ganze Leidenschaft. Zudem waren Hungerkuren fest eingeplant, um die rund 50 kg Körpergewicht und die berühmte Taillenweite von 50 cm zu halten, die jedoch durch die oft einstündige Prozedur des Einschnürens noch schmaler wurde. Ihre Garderobe, stets von auserlesener Eleganz, aber traditionell, machte ihre Erscheinung noch prächtiger. Sie wurde zum Schönheitsidol des ganzen Kaiserreiches, und die Menschen Europas hofften, besonders zur Wiener Weltausstellung 1873, sie einmal persönlich zu sehen. Aber sie litt mehr unter dieser Schönheit, als sie diese stolz genoß, denn deren Bewahrung kostete einen hohen Preis. Täglich drei Stunden zum Frisieren, ebenso lang dauerte das Ankleiden, weil sie sich nach dem Einschnüren oft in die Kleider einnähen ließ, auch wenn sie die bisweilen dreimal am Tag wechseln mußte. Die tägliche Gewichtskontrolle, ihre geringe Nahrung, wobei meistens ein Glas Milch eine ganze Mahlzeit ersetzte, hatten schlimme gesundheitliche Folgen. Hochgradige Nervosität, Gereiztheit, Melancholie und schwere Hungerödeme machten sie fast ständig krank. Die an Magersucht Leidende brauchte eine Kur nach der anderen, und doch schlug sie alle Beschwörungen der Ärzte, mehr zu essen, immer in den Wind. Infolgedessen war der Umgang mit ihr sehr schwierig, man hielt sie für eine überreizte, exzentrische Außenseiterin. Unwillkürlich hat sie für ihre ständige Begleitung nur Frauen mit großer Selbstbeherrschung und Ruhe ausgesucht. Böse Zungen behaupteten schon zu ihren Lebzeiten, am meisten hätte sie ihren Körper selbst geliebt und diesem Narzißmus sich gänzlich hingegeben. Da sie wegen ihrer schlechten Zähne den Mund nur ganz wenig öffnete und auch noch sehr leise sprach, hielten viele sie für schön, aber dumm. Glänzende Konversation zu machen, war ihr ohnehin nicht gegeben, all ihre Fragen an Besucher wirkten wie eingelernt.

Physische Kraft und vollkommene Schönheit sind vergänglich, auch wenn sie versuchte, mit immer mehr Torturen ihren Körper vor dem Verfall zu bewahren. Als ihre Zähne durch ein Gebiß ersetzt, ihre Haut durch Sonne und Hungern faltig geworden war, verbarg sie ihr Gesicht hinter Schleiern, Fächern und Sonnenschirmen. So blieb ihr Altersgesicht unbekannt, und sie konnte sich den Mythos einer unvergänglichen Schönheit bewahren.

Stolz wird Elisabeth wohl auf ihren einzigen politischen Erfolg gewesen sein. Ihr Interesse an Politik war nicht primär und wurde von ihrem Mann auch nicht unterstützt. Zwar hatte sie wenig Verständnis für das Auserwähltheitsgefühl der Habsburger und eine absolute Monarchie, vielmehr manches für die Freiheiten ihrer Völker, einen Verfassungsstaat und sogar für die Republik übrig, doch enthielt sie sich aller offenen Einflußnahme auf Regierungsgeschäfte. Sie betrieb nur ein einziges politisches Ziel, den Ausgleich mit Ungarn. Zielstrebig lernte sie neben Neu- und Altgriechisch seit 1863 Ungarisch, ließ sich von ihrer Vorleserin Ida Ferenczy über die Zustände im Land unterrichten, trat in engen Kontakt zu Franz Deák und Gyula Andrássy und machte aus persönlicher Sympathie zu letzterem die ungarischen Wünsche zu ihren eigenen. Ungarn war 1848 nach der Niederschlagung der Revolution mit russischer Hilfe aller politischen Privilegien beraubt worden, die Franz Joseph erst nach langen Verhandlungen im Februar 1867 wieder zustand. Seitdem gab es die konstitutionelle Doppelmonarchie Österreich-Ungarn, zwei Hauptstädte Wien und Ofen (1872 wurde erst Ofen mit Pest zu Budapest zusammengelegt), zwei Parlamente, zwei Kabinette, jedoch nur ein Kriegs-, Außen- und Finanzministerium. Die Dankbarkeit der Ungarn manifestierte sich in einer prunkvollen Krönung am 8. Juni 1867 in der Matthiaskirche und dem Geschenk des Schlosses Gödöllö, in dem sie seitdem oft verweilte. 1896 war Elisabeths letzter Auftritt zur Milleniumsfeier des Staates Ungarn. Schwarz verschleiert und unbeweglich nahm sie die Ovationen der dankbaren Untertanen entgegen, ein »schwarzer Tintenfleck auf einem schönen farbigen Gemälde«, wie der deutsche Gesandte Graf Eulenburg suffisant nach Berlin meldete (Mraz S. 17).

Verheimlicht hat sie den Zeitgenossen ihre Dichtungen. In strenger Nachfolge des von ihr wegen seiner Menschenverachtung und Traurigkeit verehrten Heinrich Heine und in Bewunderung für Carmen Sylva, alias Elisabeth Königin von Rumänien, hat sie mehrere Bände Gedichte hinterlassen in einem Schweizer Depot, mit der Maßgabe, sie ab 1951 zu veröffentlichen. Den erhofften Nachruhm einer großen Dichterin hat sie nicht erreicht, aber Einblick in ihre scharfsichtigen politischen Urteile und Stimmungen gewährt, wie sie die Kreaturen des Wiener Hofes verachtete und sich als Feenkönigin Titania in eine Traumwelt sehnte.

Die Tragik ihres Lebens war, daß aus einem warmherzigen, Gerechtigkeit liebenden und hochsensiblen Mädchen eine höfische Repräsentationsfigur stilisiert werden sollte. Sie hatte besondere Wittelsbacher Eigenschaften geerbt: hohe Intelligenz, übermäßige Empfindsamkeit und starken Freiheitsdrang, also eher ein unabhängiges, dazu hochgebildetes Individuum zu sein als ein in die Pflicht zu nehmendes Wesen. Im Gegensatz dazu stand ihr Mann, nach Elisabeths eigenen Worten der einzige Monarch Europas, der seine kaiserliche Person seinen Herrscherpflichten total unterordnete, ein vollendet erzogener, pflichtbewußter und überaus arbeitssamer, persönlich integrer, aber glückloser Mann, der politisch die Linie seiner Mutter vertrat: Gottesgnadentum der Könige, Alleinherrschaft des Monarchen, Niederringung jedes Volkswillens, Ablehnung des Parlamentarismus und enge Verbindung zwischen Staat und katholischer Kirche. Und Elisabeth, im tiefsten Herzen eine Liberale, sollte genau nach diesen Vorstellungen eine pflichtbewußte Landesmutter werden. Ihre Weigerung, die traditionellen Pflichten einer Frau, Mutter und Kaiserin zu erfüllen, brachten ihr zwar viel Freiheit, aber tragischerweise wußte sie – passiv und ohne Tatendrang – diesen Freiraum nicht sinnvoll zu füllen. Nach dem Tod ihres ihr so ähnlichen Sohnes wurde die Unglückliche rastlos, machte sich ihre Qualen zu eigen und ertrug sie wie eine Maske. Sie wurde, für alle sichtbar, die große, unglückliche Dulderin. Für ihre verwundete Seele suchte sie Tröstung in der Natur und in ihren zwei Asylstätten, der Hermesvilla in Lainz und in Korfu im Achilleion, dessen Namen sie nicht von der Tapferkeit des homerischen Helden, sondern von seiner Menschenverachtung und langen Trauer ableitete. Als aber diese Zufluchtsstätten mit teurem Inventar fertig ausgestattet waren, wurden sie ihr wie alle anderen zeitweiligen Passionen langweilig. In diesem Sinne war sie nicht mehr eine Frau ihres Jahrhunderts, aber auch noch nicht eine selbständige Intellektuelle des folgenden.

Der Übergang vom Leben zum Tod, vor dem sich Elisabeth noch am Vortage so gefürchtet hatte, war kurz und schmerzlos gewesen. Auch ihr inniger Wunsch, vor ihrem Mann zu sterben, war nun erfüllt. So war Elisabeth, die freie Privatperson, die sie immer sein wollte, gestorben. Auf dem Totenbett lag nun ihre Majestät, die Kaiserin von Österreich, eine wichtige, weil politische Tote. Alsbald begannen all die kalten Verfahrensweisen, die mit einem gewaltsamen Tod zusammenhängen und die zeremoniellen, die ihrer Stellung entsprachen.

Der letzte Dienst

Die Hofdame hatte nun verantwortungsvolle Stunden. Elisabeths Schlafzimmer wurde zu einem Sterbegemach hergerichtet: Rosenkränze, Kerzen, Blumen, Kränze, Kruzifixe, Trauerflore umgaben die Entschlafene. Der

Raum wurde schwarz ausgeschlagen, mit silbernen Sternen dekoriert. Der Totenbeschauer stellte den amtlichen Totenschein aus. Ein Bildhauer nahm eine Totenmaske ab. Eine Kommission fertigte ein Untersuchungsprotokoll des Leichnams an. Die Genfer Justiz begann das Verhör der Hofdame und forderte dringend eine Erlaubnis zur Obduktion an. Der katholische Bischof Deruaz von Fribourg kam, um an der Leiche der Kaiserin zu beten. Der Kaiser, die nächsten Familienangehörigen und schließlich das in Caux zurückgebliebene Personal mußten benachrichtigt werden. Graf Paar, dem Adjutanten des Kaisers, wurde in einer ersten Depesche mitgeteilt: »Ihre Majestät die Kaiserin wurde schwer verwundet, bitte dies Seiner Majestät dem Kaiser schonungsvoll zu melden« und in der zweiten kurz darauf: »Ihre Majestät die Kaiserin ist entschlummert.« – Derselbe Paar mußte 1914 auch die Nachricht vom Attentat in Sarajewo überbringen.

Abends kam das Personal aus Caux und bald darauf der österreichische Gesandte Graf Kuefstein aus Bern. Man bettete die Kaiserin in einen provisorischen Sarg und hielt eine gemeinsame Totenwache. Am nächstenTag kam die Erlaubnis aus Wien zur partiellen Obduktion: Der Stich des Attentäters mit einer Feile hatte die vierte Rippe durchbrochen und war durch die Lunge und ein vollkommen gesundes Herz hindurchgefahren. Da der achteinhalb cm lange Schnitt scharf und sehr klein war, drang das Blut nur langsam aus dem Herzmuskel in den Herzbeutel. Bis dieser ganz mit Blut gefüllt war, konnte Elisabeths Herz noch schlagen und sie leben. Deshalb war sie fähig, nach dem Sturz auf dem Gehsteig wiederaufzustehen, fast noch 100 m zum Schiff zu gehen und sich dort sogar noch auf der Bank aufzurichten. Allerdings bedurfte es hierbei einer bewundernswerten Selbstbeherrschung. Die Ärzte waren sich einig, daß der Tod erst allmählich und schmerzlos eingetreten war.

Danach erfolgte die Einbalsamierung. Einzelheiten sind davon nicht überliefert. Die uns heute makaber anmutende Sitte der Habsburger, sich an drei verschiedenen Stätten in Wien beerdigen zu lassen, unterblieb erst seit 1878, also wohl auch bei Elisabeth, denn seit 1637 wurde eines jeden Herz in der Augustinerkirche, die Eingeweide im Stephansdom und die eigentliche Leiche in der Kapuzinerkirche beigesetzt. Am Montag, den 12.9. 1898, kam für die Sztáray der letzte Dienst, die Einkleidung. Sie legte ihrer Herrin das am Tage des Attentates getragene Kleid aus schwarzer Seide an. Danach bedeckten Elisabeth in ihrem Sarg zahllose weiße Orchideen.

Es folgte der nächste Akt, den Elisabeth, hätte sie darüber zu bestimmen gehabt, ganz sicher gescheut hätte. Sie, die in den letzten Jahren die Öffentlichkeit immer mehr gemieden hatte, wurde plötzlich Mittelpunkt des allgemeinen Interesses. Das Entsetzen über das Attentat zog die Aufmerksamkeit ganz Europas auf sie. Da war zunächst die ungeheure Betroffenheit, daß solch ein Attentat in Genf, der »Stadt der Flüchtlinge« (NZZ 13.9.), ja auf Schweizer Boden stattfinden konnte. Der Berner Bundesrat ließ am 11.9. das tiefste Bedauern der Eidgenossenschaft gegenüber dem Kaiser ausdrücken und die umso größere Entrüstung, daß diese unselige Tat auf schweizerischem Gebiet erfolgte, wo die Hingeschiedene eigentlich Erholung finden wollte (NZZ 11.9.).

Eine schweigende Menge von verstörten Genfern sah schon seit dem 10. 9. vor dem Hotel stumm zum Eckzimmer des ersten Stocks hoch. (Ähnlich wie 89 Jahre später, wo Uwe Barschel am 11.10.1987 im gleichen Hotel verschied.) Der Genfer Staatsrat hatte zu einer Trauerkundgebung für den 12.9., Montag um 11 Uhr 30, aufgerufen; alle Geschäfte, Büros und Fabriken waren zu schließen. Etwa 30 000 Menschen fanden sich ein. Auf der Terasse des Hotels nahmen in Vertretung des Kaisers der österreichische Gesandte und die Suite der Kaiserin die Trauerkundgebung entgegen. Unter dem Geläut aller Kirchenglocken zogen alle Amtsträger, die Mitglieder der Ausländerkolonien, die Genfer Bürgerschaft und schließlich alle Arbeiter, Frauen in Trauerkleidung und Kinder vorüber und erst furchtsam, dann aber ehrfurchtsvoll auch viele italienische Arbeiter in stummer Anteilnahme. Eine solch »großartige, echt demokratische Volkskundgebung hatte die Schweiz noch nicht gesehen« (NZZ 12.9.).

Die allgemeine Trauer steigerte sich, als der aus Wien gesandte Hofsonderzug mit dem Hof-Salon-Leichenwagen in Genf eintraf und Elisabeths Leiche, nun in einen zweifenstrigen Sarkophag gebettet, am 14.9. nach Wien holte. Die Stadt Genf nahm in ergreifender Weise Abschied, während der vom Bischof von Fribourg ausgesegnete Sarg unter Glockengeläut im Beisein der gesamten eidgenössischen Regierung und zahlreicher ausländischer Gesandter vom Hotel durch ein extra errichtetes Trauerportal zum Zug geleitet wurde. Die Bahnhöfe von Lausanne, Freiburg, Bern, Aarau und Zürich konnten die schwarzgekleideten Menschenmassen nicht fassen, die schweigend im Geläut ihrer Stadtglocken der Kaiserin ihre letzte Referenz erwiesen. Auf der Habsburg wehte die eidgenössische Fahne auf Halbmast. Im Liechtensteinischen Buchs legte um Mitternacht das Königspaar von Rumänien – im Exil in Ragaz lebend – zwei riesige Kränze auf den Sarg. Im ganzen Fürstentum Liechtenstein läuteten die Glocken, während der Zug das Land passierte. In Österreich jedoch waren die Bahnhöfe voller Abgeordneter und Militärs, die ihrer Kaiserin die letzte Ehrenbezeugung entgegenbrachten, während die betroffene Bevölkerung stumm grüßend bis Wien an den Gleisen der Bahnstrecke stand, auf welcher der Zug langsam dahinfuhr.

Am Abend des 15. Septembers traf der Zug im Wiener Westbahnhof ein. Die Stadt hatte sich schwarz verhangen, überall wehten schwarze Fahnen, hingen Trauerflore, lagen schwarze Teppiche. Um 22 Uhr empfingen die Angehörigen des Hofes und die hohen Militärs den Zug auf dem Bahnsteig, der Sarg wurde auf den kaiserlichen Leichenwagen gehoben und von acht Rappen mit düsterem Gepränge in die Hofburg gefahren, wo Elisabeth in der Burgkapelle aufgebahrt wurde. Zehntausende von Wienern säumten die Straßen, deren Gaslaternen wie Fackeln in den Himmel loderten, weil man die Brenner und die Hauben der Lampen entfernt hatte.

Das war der inszensierte Abschied von der Kaiserin, während die spontane Volksversammlung am Abend des Mordtages dem Kaiser selbst gegolten hatte. Nachdem das Attentat in Extrablättern am Nachmittag verkündet worden war, hatten sich viele Tausende am Stephansplatz eingefunden, um ihr Mitgefühl dem vom Schicksal erneut getroffenen Herrscher kundzutun. Aus Solidarität zu ihm ordneten viele Souveräne Europas mehrwöchige Hoftrauer an.

Fernerhin waren am Abend des 10. Septembers die ersten Beileidstelegramme eingetroffen. Allein 15 kaiser- und königliche Kondolationen, dazu 17 von anderen Souveränen und Staaten wurden in der NFP (Neue Freie Presse) abgedruckt. Makabrerweise erlagen selbst einem Attentat später drei Kondolenten: Der italienische König Umberto I. am 20.7.1900 in Monza durch den Anarchisten Gaetano Bresci, der amerikanische Präsident William McKinley am 14. September 1901 und der Zar Nikolaus II am 16. 7. 1918 in Jekaterinburg.

Am Freitag und am Sonnabendvormittag konnten die Wiener am Sarg der Kaiserin vorbeidefilieren, am Nachmittag fand die Beisetzung statt. Die Souveräne Europas oder deren Vertreter waren anwesend. Kaiser Wilhelm II. war als einziger, weil ranghöchster Gast, von Franz Joseph auf dem Bahnhof empfangen worden. Die Presse rühmte die gegenseitige Reverenz in Bezug auf die Uniformen und die ergreifende Begrüßung. Militärs aller Grade und Couleur, Ritter und Mönche aller in Wien lebenden Orden und unzählige Wiener hatten sich vor der Kapuzinerkirche um 16 Uhr eingefunden, um die Trauerfeier mitzuerleben. Diese war ziemlich kurz, ohne persönliche Ansprache, quasi nur eine zeremonielle Aussegnung. Der eigentliche Abschied fand in der Gruft der Habsburger statt, in die Franz Joseph allein mit seinen Schwiegersöhnen hinabsteigen mußte. Elisabeths Sarg wurde neben den ihres vor 11 Jahren gestorbenen Sohnes Rudolf gestellt. Ihr Wunsch nach einem stillen Begräbnis im Achilleion in Korfu war damit nicht berücksichtigt.

Hoftrauer war bis zum 17. November angeordnet. Sie war bei fast allen Näherstehenden unterschiedlich. Der Kaiser hatte auf die zwei Telegramme aus Genf hin voller Schreck ausgerufen: »Mir bleibt doch gar nichts erspart auf dieser Welt.« Man hörte ihn einerseits klagen, daß keiner wisse, wie sehr sie sich geliebt hätten und andererseits mit dem Schicksal hadern, warum ausgerechnet eine unschuldige Frau umgebracht würde. Er hatte offenbar das Gefühl, daß ihm das Fatum ein neues Unglück in einer langen Kette von Schlägen aufbürdete, die er demütig zu tragen hätte, denn die Unglücksboten des fin du siècle hatten den 68jährigen Monarchen schon längere Zeit umzingelt: Da waren zuerst die großen militärischen Niederlagen 1859 in Italien, 1866 gegen Preußen, die den Militärfanatiker Franz Joseph tief kränkten und deren Gebietsverluste und die vielen Gefallenen ihn im Volk sehr unbeliebt machten. Dazu häuften sich aus der Verwandtschaft die Schreckensnachrichten: Sein Bruder Kaiser Maximilian I. war am 19. Juni 1867 in Mexiko erschossen worden, dessen Frau Charlotte hatte vor Kummer den Verstand verloren. Seine überaus geliebte Mutter starb am 27. Mai 1872, tiefbetrauert von ihrem Ältesten. Herzogin Sophie von Alençon, die Schwester seiner Frau und einstige Verlobte König Ludwigs II. von Bayern, war am 6. Mai 1897 in Paris während eines Bazars verbrannt, der bayrische König schon vorher am 13. Juni 1886 im Starnberger See ertrunken. Sein Schwager Graf Ludwig Trani, der Mann von Elisabeths Schwester Mathilde, nahm sich in Zürich das Leben, Erzherzog Giovanni von Toscana verzichtete auf seine Würden und ging im Meer unter, Erzherzog Wilhelm stürzte tödlich vom Pferd, Erzherzogin Mathilde verbrannte, und Erzherzog Ladislas kam bei einem Jagdunfall ums Leben. 1896 starb Franz Josephs zweiter Bruder, Erzherzog Karl Ludwig, an vergiftetem Jordanwasser. Des Kaisers Freund Graf Eduard Taafe war 1895 verschieden, und der schwerste Schlag traf ihn mit dem Selbstmord seines Sohnes in Mayerling am 30. 1. 1889. Auch Wiens große Musiker gingen dahin. 1896 war Anton Bruckner, ein Jahr später der Wahlwiener Brahms gestorben, 1898 wurde Hugo Wolff ins Irrenhaus gebracht, und 1899 verstarb Johann Strauß.

So hatte die Welt das Gefühl, daß der Untergang des Hauses Habsburg sich schon lange ankündigte, die tatenlose Kaiserin ihn nicht verzögert hatte und ihr Tod ein weiterer Schritt in den Abgrund war. Der Kaiser jedoch, vom unermüdlichem Pflichtgefühl aufrecht gehalten, von den Gesellschaft der Katharina Schratt getröstet, sprach bald gar nicht mehr von seiner Frau. Elisabeth hatte schon zu ihren Lebzeiten eine Kluft geschaffen und sie absichtlich mit der Freundschaft zu der Schauspielerin gefüllt, um ihrem Mann eine unterhaltsamere Gesellschaft als die ihre zu ermöglichen.

Daß ihre Mutter jetzt den ersehnten Frieden von all ihrer hektischen Unrast gefunden habe, glaubten die Töchter, nun reiche Erbinnen von 10 Millionen in Papieren angelegten Gulden, welche die Verstorbene zu je 2/5 ihnen und Rudolfs kleiner Tochter Elisabeth hinterlassen hatte. Ihren Schmuck, der durch die Geschenke Franz Josephs schon bei ihrer Hochzeit 90 000 Gulden wert war und später noch viel wertvoller wurde, – man denke nur an die 75 000 Gulden teure Perlenkette zu Rudolfs Geburt oder die Diamantsterne aus ihrer Frisur –, hatte Elisabeth weitgehend schon zu ihren Lebzeiten verschenkt.

Die Folgen

Es ist wahrscheinlich, daß der Attentäter sich wenig Gedanken über die Folgen seiner Tat gemacht hat. Die ungeheure allgemeine Empörung suchte Schuldige, deren Handlanger und die förderlichen Umstände anzuprangern und fand mehrere Ventile. Das eine, von der italienischen Presse schon am 11.9. geahnte, verbreitete Angst und Schrecken und schaffte Luchenis armen Landsleuten zusätzliches Leid, deren Elend er eigentlich rächen wollte. Überall, wo italienische Arbeiter sich einen kärglichen Lohn verdienen wollten, kam es zu Ausschreitungen gegen sie. Die ersten erfolgten schon am Abend des 10. September in Wien, wo die Polizei noch Schlimmstes verhinderte. Ähnlich ging es in Laibach und Sussak zu, als die Slowenen die Obstbuden aller Italiener zertrümmerten und sich gegen die italienischen Bahnarbeiter zusammenrotteten. Mehrtägige Ausschreitungen gab es in Triest, die größten nach einer friedlichen Trauerkundgebeung, wo sich am Abend des 13. September der kroatische Mob zusammenrottete, gegen alles Italienische vorging und schließlich allen antisemitischen Ressentiments freien Lauf ließ, jüdische Einrichtungen zertrümmerte und das Ghetto stürmte. Nicht nur in der ganzen österreich-ungarischen Doppelmonarchie gab es Gewaltsamkeiten, selbst aus Berlin wurden Demonstrationen gegen Italiener gemeldet. Den Haß spürten die Italiener natürlich auch in der Schweiz, wo u.a. ein Teil der italienischen Hotelangestellten des Beau-Rivage und des Grand Hotels in Caux verschwanden, weil sich der Verdacht auf sie lenken konnte, die Reisepläne der Kaiserin an anarchistische Gruppen verraten zu haben. Denn obwohl viele Aristokraten inkognito reisten, wünschten sie doch, in den Hotels standesgemäß bedient zu werden. Deshalb duldeten sie auch, daß die Hoteliers ihre Anwesenheit der Presse mitteilten. Und so hatte am 10. September morgens in zwei Genfer Zeitungen gestanden, daß die Kaiserin von Österreich im Hotel Beau-Rivage nächtige; und das gesamte Hotelpersonal wußte, wer die schwarzgekleidete Gräfin von Hohenembs wirklich war.

Das zweite Ventil entließ heftige Beschimpfungen auf die Schweiz. Doch aus Paris wies die Zeitung »Petite République« auf die eigentlichen Schuldigen: »Italien liefert alle Anarchisten und Mörder, weil das dortige Elend und die scharfe Reaktion die heftigsten Leidenschaften und den Zerstörungssinn bis zum Morde treiben« (NZZ 12. 9.). Zwar gestand auch ein Teil der italienische Presse zu, daß Italiens soziale Verhältnisse ein Nährboden für Anarchisten seien, denn ein Drittel aller Italiener lebte in bitterer Armut, doch das wahre Brutnest für Revoluzzer sei die Schweiz. Die andere ausländische Presse, vor allem die russische und französische, noch mehr die ultramontane Österreichs, wandte sich gegen das allzu liberale Schweizer Asylrecht, das sogar eine Anarchistenpresse in Neuchâtel erlaube, die Herausgabe der Anarchistenzeitung »L'Agitatore« und deren Versand in ganz Europa. Deshalb sei die Schweiz (neben England) Tummelplatz aller Nihilisten und Sozialisten und europäische Zentrale aller anarchistischen Machenschaften. Dies Attentat war nämlich innerhalb kurzer Zeit bereits das vierte durch italienische Anarchisten verübte: Das erste traf den französischen Präsidenten Carnot (1894), das zweite den spanischen Ministerpräsidenten Cánovas del Castillo (1897), das dritte, zwar fehlgeschlagene, richtete sich gegen den italienischen König Umberto I. und das vierte gegen die österreichische Kaiserin.

Zudem wurde heftig kritisiert, daß die Schweizer Presse ohne jegliche Zensur alle Intimitäten aus der Privatsphäre des Wiener Hofes respektlos breitträte, selbst das Mordinstrument in einer Zeitung veröffentliche, das Schweizer Strafrecht viel zu liberal sei und damit dies Land sich an der Zivilisation versündige. Dadurch kam die Schweizer Presse ständig unter Rechtfertigungszwang und die Berner Bundesregierung unter Handlungsdruck. Die Anarchistenpresse wurde geschlossen, die Redakteure verhaftet und 36 Anarchisten ausgewiesen. Aufgehetzt von den Parolen der Presse, der Anarchismus sei eine scheußliche Hydra und der Schandflecken der Zeit, setzte in ganz Europa eine erneute Anarchistenhatz ein. Viele flohen nach England, die meisten büßten jedoch ihre Anschauungen im Gefängnis.

Die dritte Welle glich einem Spektakel aus Empörung und heller Begeisterung. Glückwünsche aus aller Welt erreichten Lucheni von Anarchisten und deren Sympathisanten von Memel bis Irland, viele aus Genf selbst. Sie alle begrüßten – natürlich unter falschen Namen –, wie sehr seine Tat auf sie gewirkt hatte. Ferner kamen viele höhnische Bezichtigungs- und Verwirrbriefe, die falsche Spuren legen sollten, um die gerichtliche Aufklärung zu verhindern. Andere wütende Schreiber, meist aus Österreich, rieten der Genfer Justiz zur Folter. Die Justizhoheit war nämlich den Kantonen überlassen, und der Genfer besaß das liberalste Strafrecht der Schweiz. Untersuchungsgefangene genossen viel mehr Freiheiten als anderswo. Die Todesstrafe war bereits 1871 zugunsten der lebenslänglichen Haft abgeschafft, eine Tatsache, die Luchenis Selbstverständnis schwer belastete. Er wünschte sich eine öffentliche Hinrichtung, auf der er publikumswirksam für die Anarchie sein Leben lassen konnte. Mit dem Wunsch nach Überstellung wandte er sich an den Kanton Luzern, wo noch Enthauptungen vollstreckt wurden, – vergeblich.

Ebenso schwer tat sich die österreichische Justiz, die durch ihren höchsten Kriminalbeamten Jersabeck persönlich um Auslieferung Luchenis bat mit dem Argument, die Kaiserin sei eine Person von Exterritorialität gewesen, ihr Mörder sei daher in Österreich abzuurteilen. Auch viele Zeitungen stimmten ihm bei. Der Kanton Genf machte dagegen das Prinzip der Territorialität geltend und behielt Lucheni.

Der Prozeß

Am 10. November begann in Genf der Prozeß vor einem 12 köpfigen Geschworenengericht. 52 Zeugen und ein Dolmetscher waren geladen. Etwa 60 Korrespondenten und 400 Zuhörer saßen im Saal, eine größere Volksmenge wartete vor dem Gebäude. Es war Luchenis großer Tag. Stolz mit gelassener Heiterkeit und zynischer Theatralik stand er in seiner gedrungenen Gestalt vor den Richtern. Sein Aussehen sprach von harter Arbeit im Freien. Mit seinen lebhaften Augen machte er nicht den Eindruck eines geborenen Mörders oder raubtierhaften Ungeheuers, wie ihn alle Zeitungen beschrieben. Er nahm an der Verhandlung lebhaften Anteil.

Genau zwei Monate hatte Lucheni im Untersuchungsgefängnis St. Antoine gesessen. Der Antrieb für seine Tat war von ihm selbst klargestellt: Er sei Anarchist. Seine Vorbilder waren nicht so sehr die drei großen Theoretiker des Anarchismus, der Engländer William Godwin, der Franzose Proudhon und der Deutsche Max Stirner, sondern die Aktivisten des politischen Anarchismus, die Russen Bakunin, Kropotkin und Netschajew, der 1878 als glühender Fanatiker forderte, das von dem Franzosen Paul Brousse geprägte Schlagwort von der »Propaganda der Tat« umzusetzen, denn eine anarchistische Tat sei tausendmal stärker als jede Broschüre. Ihnen trat der Italiener Enrico Malatesta bei, von dem man argwöhnte, er habe die vier durch Italiener vollzogenen Attentate in Auftrag gegeben. Alle Anarchisten hatten zeitweilig in Genf gelebt, waren aber teilweise später nach England geflohen. Gemeinsam war ihnen die Forderung, daß der Weg zur Revolution nur durch die Brust der Könige gehe und ferner ihr Schicksal von Verbannung, Flucht und Gefängnis. So bewunderte Lucheni auch die Taten der französischen Anarchisten Ravachol, Valliant und Henry. Sie hatten unter der Guillotine ihr Leben für die Idee hingegeben. Emile Henrys Verteidigungsrede, eine einzige Anklage gegen die herrschende Unterdrückung, war auch Luchenis Bekenntnis. Man fand sie sauber abgeschrieben in seiner Bleibe in Lausanne, wo schon am 10. August ein Waadtländer Polizist Luchenis anarchistische Lieder konfisziert und nach Bern gesandt hatte. Dort führte man nämlich über alle Anarchisten eine Bundeskartei.

Die Verhöre hatte Untersuchungsrichter Léchet geführt. Lucheni antwortete bereitwillig, jedoch knapp und stolz auf seine Überzeugung. Er hielt an seiner Version der Tat fest: Eigentlich habe er sich am italienischen König Umberto I. für die brutale Niederschlagung des wegen zu hoher Brotpreise am 6. Mai 1898 entstandenen Mailänder Arbeiteraufstandes rächen wollen, aber kein Geld für eine Italienreise gehabt. Deshalb habe er sich entschlossen, den Prinzen von Orléans umzubringen und diesen vergeblich in Evian und Genf gesucht. Doch am Samstagmorgen, den 10.9., habe er zufällig durch die Zeitungen vom Aufenthalt der österreichischen Kaiserin im Hotel Beau-Rivage erfahren, ihr dort aufgelauert und sie erstochen. Planung und Ausführung seien spontan von ihm allein vorgenommen worden. Alle Gegenbeweise, alle Gegenüberstellungen von Zeugen, die ihn schon seit dem 8. 9. vor dem Hotel warten sahen, interpretierte er nach dieser Version um. Der Untersuchungsrichter jedoch war von einer genau vorbereiteten Verschwörung durch eine anarchistische italienische Gruppe auf Geheiß Malatestas überzeugt, darum dienten die zweimonatigen Zeugenvernehmungen nur der Suche nach Mitverschworenen und Hintermännern. Die zahlreich in Lausanne und Genf verhafteten italienischen Gelegenheitsarbeiter waren zwar alle verdächtig, aber nicht zu überführen. Erst langsam wurde klar, daß bei Anarchisten und deren Sympathisanten die gewohnten polizeilichen Methoden nicht griffen. Diese Männer wechselten nach Belieben Wohnung, Arbeit, Städte, Länder und Namen. An diesem Chaos falscher Existenzen, bewußt gelegter Irrwege und systematischer Lügen ist bis heute die Aufklärung des Verbrechens gescheitert.

Staatsanwalt Navazza hielt die Anklagerede und wies Lucheni Widersprüche über Widersprüche nach. Auch er war von einem Komplott überzeugt, dessen blindes Werkzeug Lucheni gewesen sei und dessen Genossen, »die Kathederanarchisten« (NZZ 10. 11.), im Hintergrund operierten, während er das anarchistische Verbrechen als neue Form des Selbstmordes inszenierte und sich aus falsch verstandenem Stolz vor seine Mittäter stellte. Die andere Hälfte der Anklagerede beschwor Luchenis Schuld, den Schweizer Boden besudelt zu haben und protestierte dagegen, daß die Schweiz zum Versuchsfeld für verwerfliche Theorien gemacht werde. Der Staatsanwalt beantragte eine Strafe ohne mildernde Umstände, da der Angeklagte keine Reue, sondern reinen Zynismus zeige.

Maître Pierre Moriaud, ein berühmter Genfer Anwalt, war Luchenis Pflichtverteidiger. Seine Rede, so schreibt die NZZ am 11.11.1898, »gestaltete sich zu furchtbaren Anklage gegen Italien und die schlechte Verwaltung«. Diese Gesellschaft habe ihre Pflichten gegen Lucheni vernachlässigt. Während der ganzen Rede rannen dem Angeklagten die Tränen übers Gesicht, denn in der Tat war der Lebenslauf des 25jährigen Lucheni das krasse Gegenbild von dem der Kaiserin Elisabeth. Und manchem war sein Tatmotiv verständlich, daß er, getrieben von seinem Elend, sich für sein Leben rächen wollte.

Luigi Lucheni wurde am 23. April 1873 in Paris geboren. Dorthin war seine Mutter Luigia geflohen, als sie sich in ihrem Dorf Albareto bei Parma vor der Schande eines unehelichen Kindes verbergen mußte. Der Vater Luigis hatte sich stets verleugnen lassen. Im Armenhospiz St. Antoine kam Luigi auf die Welt, doch der heilige Antonius von Padua hat dem Jungen kein Glück gebracht. Die Mutter gab ihn im Waisenhaus ab und ging nach Amerika. Im April 1874 wurde der damals Einjährige nach Parma geschickt und vom dortigen Findelhaus am 15. Oktober 1874 den Eheleuten Monici übergeben. 8 Franken pro Monat bezahlte der Staat für den Waisenjungen, das Pflegegeld war das eigentliche Geschäft. Im April 1881 gaben sie den Achtjährigen zurück, der ein halbes Jahr später dem Ehepaar Nicasi in Varano für 5 Franken überantwortet wurde. Dort schickte man ihn in die Schule, wo der aufgeweckte und intelligente Luigi einst das Bild der Kaiserin zertrümmerte, aber nebenbei beim Pfarrer des Nachbarortes als Hausbursche helfen mußte. Nach zwei Jahren nahmen ihn die Nicasis aus der Schule, der Zehnjährige sollte Geld verdienen und wurde Steinmetzgehilfe. Mit 16 verdingte er sich beim Trassenbau der Eisenbahnlinie Parma-Spezia. Je stärker er wurde, desto mehr Eisenbahnschwellen mußte er tragen. Im Herbst 1889 ging er nach Genua auf Arbeitssuche, nach einem Hungerwinter ins Tessin, um dort zwei Jahre beim Straßenbau zu karren. Im Frühjahr 1892 überquerte er nur mit Lumpen um die Füße den verschneiten Gotthard- und Furkapaß und half 10 Monate in Versoix, Straßen zu bauen. Anfang 1893 war er in Uetikon am Zürichsee als Maurer beschäftigt, dann auf dem Sonnenberg beim Bau einer großen Brücke. Auf die Hoffnungen eines Landsmannes, in Österreich Arbeit zu finden, ging er im Frühjahr 1894 mit diesem nach Wien und Budapest, vergebens. Von dort wurden sie mit Hilfe des italienischen Konsuls nach Fiume expediert. Lucheni ging nach Triest, wurde von der österreichischen Polizei aber nach Italien abgeschoben. Seit Mitte Juli mußte er dort die dreieinhalbjährige Militärzeit ableisten. Er kam in die 3. Eskadron des Kavallerie-Regiments Nr. 13 Monferrato, das in Caserta und Neapel stationiert war. Sein Kommandeur war der Prinz von Aragona. Zu einem militärischen Einsatz, der Schlacht bei Adua am 1.3.1896, kam sein Schiff mit weiteren 500 Kameraden zu spät: Die Schlacht gegen die Abessinier war mit 20 000 toten Italienern schon verloren. Trotzdem erhielt Lucheni einen Teilnahmeorden, den er meist verhöhnte. Mitte Dezember 1897 wurde er aus der Armee entlassen.

Seinem Kommandeur war Lucheni angenehm aufgefallen. Da er sich während seiner Militärzeit als guter Springreiter und gewissenhafter Soldat ausgezeichnet und sich nach dem Wehrdienst überall vergeblich um Arbeit beworben hatte, stellte ihn der Prinz als Diener ein. Wahrscheinlich um sich die Anerkennung seines Dienstherrn zu gewinnen, hatte Lucheni nach drei Monaten geäußert, er wolle doch lieber den Dienst quittieren, denn der Prinz sei bestimmt nicht zufrieden mit ihm. Anstatt zu widersprechen, entließ dieser verärgert über so wenig Dankbarkeit Lucheni sofort. Der jedoch bereute seine Rede schon am nächsten Tag und bat um Wiedereinstellung. Der Prinz blieb hart. So fuhr Lucheni am 1. April 1898 mit einem Lastensegler nach Genua, suchte vergeblich dort und in Turin Arbeit und fand erst nach der Überquerung des Großen Bernhard solche in Martigny in der Schweiz. Seit dem 20. Mai half er in Lausanne beim Bau der Post. Dabei verletzte er sich die linke Hand. Krankgeschrieben fuhr er am 5. September nach Genf auf dem gleichen Schiff wie die Kaiserin. Bei sich trug er eine dreikantige, geschliffene Feile, den Bajonetten der italienischen Kavallerie gleich, eine gefährliche Stichwaffe.

Die Absage des Rittmeisters verwand der völlig alleinstehende Lucheni nie. Er hatte seine Militärzeit als die schönste Zeit seines Lebens empfunden und wohl bei dem Prinzen ein Stück Heimat gefunden, einen Patron vielleicht, eine Nische in einem Sozialgefüge, in die er als gehorsamer und bescheidener Mensch seiner Einschätzung nach paßte. Deshalb litt er unter dem Rausschmiß, wurde schweigsam, unglücklich und ging zu den Anarchisten über. Denn aus dem einst fröhlichen, sangesfreudigen und gutartigen Luigi war durch Mißachtung, Vereinsamung und Elend des Wanderlebens ein düsterer Mann geworden, der sich für das Unglück seiner Klasse rächen wollte. *Chi non lavora non mangia* wurde seine Devise. Dennoch schrieb er dem Prinzen oder dessen Frau oft Briefe über seine Lebensumstände, stets mit der Bitte um Wiedereinstellung. Aragona stellte den Briefwechsel ein, als Lucheni anarchistisches Material an einen Kameraden in der Schwadron schickte.

Dies alles war von Aragona der Genfer Justiz berichtet und noch eine Postkarte hinzugefügt worden, die Lucheni an Aragonas Frau am 8. September aus Genf geschickt hatte. Auf der Karte war genau das Stück Ufer des Genfer Sees abgebildet, an dem Lucheni die Kaiserin zwei Tage später ermordete. Auf der Rückseite stand, daß er nicht erklären dürfe, warum er nicht nach Paris gefahren sei, aber am Sonnabend Genf verlasse. Den Richtern galt diese Karte als ein Produkt herostratischer Ruhmsucht und als letztes Indiz eines geplanten Attentates. Lucheni aber behauptete, genau an diesem Uferstück den Herzog von Orleans ermorden gewollt, aber eine Parisfahrt für den Sonnabend nicht geplant zu haben.

Abends um 19 Uhr wurde das Urteil für den Mord aus »Vorbedacht und Hinterlist« (NZZ 10.11.) verkündet: »Lebenslanges Zuchthaus unter Tragung der Kosten« (NZZ s.o.). Luchenis Ruf in den Zuschauerraum »Evviva l'Anarchia« verhallte ungehört. Zwei Tage später schrieb er an Aragona, daß er mit der Verteidigungsrede sehr zufrieden gewesen sei und jetzt ein gehorsamer Gefangener zur Zufriedenheit des Gefängnisdirektors sein werde. Die sechs verhafteten italienischen Verdächtigten wurden freigelassen und ausgewiesen.

Der Untersuchungsrichter beharrte darauf, Lucheni noch im Gefängnis Evechè nach einem Komplott zu fragen. Am 25. April 1899 gestand Lucheni, daß er das Mitglied einer Verschwörung gegen Elisabeth gewesen war. Die beiden wegen ihrer sichtbaren Nervosität einem Gepäckträger am Bahnhof aufgefallenen Italiener, nach denen gleich nach der Tat vergeblich gefahndet wurde, hätten ihn dort erwartet und eine Reise nach Paris mit ihm geplant. Ihre Namen habe er aber nicht gekannt. Der Untersuchungsrichter fühlte sich durch das Geständnis bestätigt und gab es der Presse weiter. Wenig später hatte man Lucheni vergessen. Als er sich am 19. Oktober 1910 in seiner Zelle mit seinem Gürtel erhängte, nahm kaum einer vom Ende dieses armseligen Lebens Notiz.

Das Nachleben

Das Andenken an die Kaiserin Elisabeth, die Sissi, lebte weiter. Die tragischen Umstände ihres plötzlichen Todes waren Anlaß zu ihrer Apotheose. Es entstand der Mythos von der einsamen, unverstandenen, wunderschönen Frau, deren tragisches, unstetes Leben, deren Reden und Träumereien man verstehen und deuten müsse. Vor allem Dichter wie Gabriele D'Annunzio, Giovanni Pascoli oder Stephan George empfanden in feinfühligen Oden ein Gefühl der Nähe zu ihr. Ludwig Klages und der Mysterienforscher Alfred Schuler oder Theodor Fontane hielten sie für eine ihnen verwandte Seele. Viele ihrer einst Vertrauten veröffentlichten ihre Erlebnisse oder Tagebücher, so daß das Bild ihrer einstigen Freundin prägnanter wurde. Es folgten viele Essays, Romane, Biographien, fast alle von Frauen geschrieben, fast alle unter dem Motto: Elisabeth, die seltsame, die unglückliche, die geheimnisvolle Frau, die im Innersten Einsame, die Kaiserin wider Willen. Aber außer der letzten Biographie von Brigitte Hamann sind alle unkritisch, voll schwärmerischer Verehrung für die Dargestellte. Selbst die Maler malten unzählige Bilder von ihr posthum und huldigten damit dem Mythos der unvergleichlich schönen Frau weiter.

In Ungarn betrauerte man den Tod Elisabeths am meisten. Unzählige fromme Gedenkblätter überschwemmten das Land. Am 11.9. waren Abgeordneten- und Magnatenhaus zu einer Trauersitzung zusammengetreten. Ein großes Denkmal wurde per Gesetz beschlossen, weil das »Andenken der Königin ein heiliges sei« (NZZ 12. 9.), doch schon am 12. September hatten innerhalb weniger Stunden die Ungarn 1,5 Millionen Kronen privat dafür gespendet. Es erfolgten von 1902 an fünf Ausschreibungen, doch erst 1931 wurde es in der Innenstadt am Donauufer aufgestellt. Noch heute liegen ständig Blumen im Schoß der sitzenden Königin. In fast allen ungarischen Dörfern wurden aus einer geradezu religiösen Schwärmerei ebenfalls Denkmäler aufgerichtet. Ferner konstituierte sich eine Königin-Elisabeth-Stiftung. Sie ließ eine Statue der Mater Dolorosa zwischen Elisabeths und Rudolfs Sarg und einen Altar mit einem Bronzekranz aufstellen. 1908 wurde im Schloß Buda ein Elisabeth-Gedächtnis-Museum eröffnet. Elisabeths Töchter waren um zahlreiche Erinnerungsstücke gebeten worden, darunter auch um ihr am Tag des Attentates getragenes Kleid. Das Museum wurde 1945 von den Russen zerstört. Seine geretteten Bestände sind heute im ungarischen Nationalmuseum.

Auch in München zeigt man in einem Privatmuseum Kleidungsstücke und Ähnliches von Sissi.

Das Gedenken an Elisabeth fand in Wien auf andere Art statt. Rührselige Blätter zeigten die Aufnahme der Kaiserin in den Himmel durch ihren dort bereits weilenden Sohn. Der Kaiser stiftete zur Erinnerung an seine Frau den Elisabeth-Orden in drei Klassen für Verdienste von Frauen und

Jungfrauen. Das Großkreuz mit dem Bild der hl. Elisabeth in Gold, umgeben von emaillierten Rosen, erhoffte sich als eine der ersten Katharina Schratt, doch vergeblich. Der Kaiser lehnte nämlich ab, denn er könne nicht als Freund seine Freundin dekorieren. 1918 wurde der Orden aufgehoben.

Ferner sollte in Wien auch ein Denkmal für Elisabeth errichtet werden, doch kam es zu langjährigen Pressefehden über das Wie und Wo. 1901 machte Karl Kraus dazu folgenden Vorschlag: »Übersieht man die Legion schmarotzender Aufdringlinge, von denen seit dem Tode der Kaiserin jeder einzelne jeden Tag uns glauben machen möchte, daß sie ihm gestorben sei, so würde man wohl im Sinne der Hohen handeln, wenn man auf die Frage, wie der Künstler sie darstellen soll, die Antwort erteilt: Mit dem Fächer vor dem Gesicht, wie sie bei Lebzeiten dem sie umkreischenden Pöbel sich zeigte.« (Die Fackel, Nr. 90, Dez. 1901, 24 f.). 1907 zu ihrem 70. Geburtstag wurde das Elisabeth-Denkmal von Bitterlich im Wiener Volksgarten eingeweiht.

Selbst die kleine Gemeinde Territet, in der Elisabeth in die Seilbahn nach Caux hinauf zu steigen pflegte, stellte 1902 neben der Station ein Elisabeth-Denkmal auf. In Deutschland wurden mit dem Bild einer natürlichen, lebenslustigen, und dann so unglücklichen Kaiserin 1955–57 drei Filme mit Romy Schneider gedreht, historisch ungenau, dafür von anrührender Sentimentalität, auf die hin alle Mädchen in einen wahren Sissi-Rausch verfielen.

Inzwischen läuft im Theater an der Wien seit über drei Jahren vor vollem Haus das Historical-Musical »Elisabeth«, das ihr Leben als einzige Todessehnsucht interpretiert. Vielleicht war es aber auch eine Art Hellsichtigkeit ihres Todes, was sie den »Zukunftsseelen« anvertraute, wie sie die Menschen des 20. Jahrhunderts ansprach. Diesen zukünftigen Seelen sind ihre in der Schweiz verwahrten Dichtungen gewidmet. 1951 fand sich in den Winterliedern (21), die sie nach 1880 geschrieben hatte, ein kleines, vielleicht ahnungsvolles Lied:

Schweizer, Ihr Gebirg ist herrlich!
Ihre Uhren gehen gut;
Doch für uns ist höchst gefährlich
Ihre Königsmörderbrut.

Literatur

Anonymus: Kaiser Franz Joseph I. und sein Hof. Wien 1984
Bokelberg, Werner, Hrsg, und Hamann, Brigitte: Sisis Fürstenalbum, Harenberg 1981
Bokelberg, Werner, Hrsg, und Hamann, Brigitte: Sisis Familienalbum, Harenberg 1985
Bourgoing, Jean de: Briefe Kaiser Franz Josephs an Frau Katharina Schratt. Wien 1949
Christomanos, Konstantin: Tagebuchblätter 1899, Neuauflage 1983 mit Essays von:
Klages, Ludwig: Der Mysterienforscher Alfred Schuler und die Kaiserin. S. 179–184
Barrès, Maurice: Eine Kaiserin der Einsamkeit. S. 185–189
Morand, Paul: Eine Frau unseres Jahrhunderts. S. 190–191
Cioran, E.M.: Sissi oder die Verwundbarkeit S. 193–207
Conte Corti, Egon Caesar: Elisabeth. Die seltsame Frau. Wien 1934
Hamann, Brigitte: Rudolf. Kronprinz und Rebell. Wien 1978
Hamann, Brigitte: Der Mord an Kaiserin Elisabeth, in: Leopold Spira (Hg): Attentate, die Österreich erschütterten. Wien 1981 S. 21–33
Hamann, Brigitte: Elisabeth, Kaiserin wider Willen, Wien 1982
Hamann, Brigitte: Elisabeth, Kaiserin von Österreich: Das poetische Tagebuch 1984
Hamann, Brigitte: Elisabeth, Bilder einer Kaiserin. Wien 1986
Hamann, Brigitte: Die Habsburger 1988
Haslip, Joan: Elisabeth von Österreich, München 1966
Lonyay, Stephanie Fürstin: Ich sollte Kaiserin werden. Leipzig 1935
Matray, Maria und Krüger, Answald: Der Tod der Kaiserin Elisabeth von Österreich oder die Tat des Anarchisten Lucheni. München 1970.
Matray, Maria und Krüger, Answald: Das Attentat. Der Tod der Kaiserin Elisabeth in Genf. Unveränderte Neuauflage als Taschenbuch, Ullstein 1991 mit vielen Abbildungen.
Mraz, Gerda: Elisabeth, Königin von Ungarn. Ausstellungskatalog Museum Eisenstadt, 1991
Nostitz-Rieneck, Georg, Hrsg: Briefe Kaiser Franz Josephs an Kaiserin Elisabeth, Wien 1966
Sztáray, Irma Gräfin: Aus den letzten Jahren der Kaiserin Elisabeth, Wien 1909
Tschudi, Clara: Elisabeth, Kaiserin von Österreich und Königin von Ungarn, Leipzig o.J.
Neue Zürcher Zeitung vom 12.9.1898 bis 11.11 1898, abgekürzt NZZ
Alle anderen Quellen sind bei Hamann,B., Matray M. und Krüger A. gut präsentiert.

Bernd Sösemann

Die Bereitschaft zum Krieg
Sarajevo 1914

Sarajevo ist längst zur Chiffre geworden. Der Ort hat zu Beginn unseres Jahrhunderts Geschichte gemacht und ist an seinem Ende weltweit bekannt. Zur historischen Bedeutung hat er eine aktuelle hinzugewonnen. Die kriegerischen Konflikte im ehemaligen Jugoslawien und der sog. Erste Weltkrieg verstellen den Blick auf das historische Ereignis, den Anschlag auf den österreichischen Thronfolger am 28. Juni 1914. Die Furcht vor einer Ausweitung der Konflikte im ehemaligen Jugoslawien provozierte in den vergangenen Jahren historische Vergleiche in Fülle und lebte von Erinnerungen an die Mordtaten auf dem Balkan. Im populären Verständnis und besonders im historischen Kurzkommentar etlicher Journalisten folgte aus dem Attentat auf Franz Ferdinand im Sommer 1914 der mehrjährige Weltkrieg, aus ihm der Vertrag von Versailles, aus ihm der Krieg Hitlers etc. etc.

Für diese Herleitungen bevorzugen viele den Begriff »*Erster Weltkrieg*«, um nach seiner unreflektierten Identifizierung mit dem »Zweiten« einen »Dritten« auf dem Balkan ebenso nachdrücklich anzukündigen wie seinerzeit 1991 bei der Besetzung Kuweits durch den Irak oder 1968 beim Einfall der Truppen des Warschauer Paktes in die Tschechoslowakei. Wie kann eine an Ordnungszahlen sich orientierende Betrachtung historischer Abläufe den Vorgängen gerecht werden? Sie suggeriert wie die aktuellen Analogiesetzungen der heutigen Medien Übereinstimmungen, Notwendigkeiten und Zwangsläufigkeiten, die im historischen Ablauf höchstens als Ausnahmen auftreten. Entsprechendes gilt für den Begriff »Zwischenkriegszeit« oder von der Annahme eines »dreißigjährigen« Kriegs, so der britische Premierminister am 8. Mai 1995 in Berlin, oder der Historiker Eric Hobsbawn (Das Zeitalter der Extreme, München 1995), der rechnerisch genauer, aber nicht weniger fehlinterpretierend, von einem »einunddreißigjährigen Krieg« spricht.

Damit bin ich bei meinem Thema »Die Bereitschaft zum Krieg: Sarajevo 1914«. Der vorangestellte Zusatz kündigt an, daß es nicht lediglich um einen mehr oder weniger spektakulären Mordfall geht. Unter diesem Gesichtspunkt wären andere Attentate von größerer Bedeutung. Zu erinnern ist an die in den sechs 1914 vorangehenden Jahren verübten Anschläge auf den französischen Sozialisten und Schriftsteller Jean Jaurès (*1859) durch einen Nationalisten am 31. Juli 1914, auf Georg I. von Griechenland

Wahrlich, der Sohn ist würdig seiner Mutter!

Karikatur der »Magdeburgischen Zeitung« (Nr. 322, 28.VI.1924): »Zum zehnten Jahrestag des Mordes von Serajewo«

(*24.XII.1845) durch einen vermutlich Geistesgestörten am 18. März 1913, auf den russischen Ministerpräsidenten Peter Stolypin (*1862) am 14. September 1911 – er erlag dem siebten Anschlag – oder das Attentat auf Karl I. von Portugal (*28.IX.1863), der das Parlament aufzulösen wagte und am 1. Februar 1908, zusammen mit dem Thronfolger, erschossen wurde.

Im Mittelpunkt meiner Ausführungen stehen deshalb nicht allein die Vorgänge um den Mord, sondern auch grundsätzliche historische, politische, gesellschaftliche und publizistische Fragen. Mit ihnen möchte ich auf das weite Feld der Vorstellungen, Beziehungen und Zusammenhänge sowie auf das Verhältnis von Historiographie zu Öffentlichkeit und Medien aufmerksam machen, die bis in unsere Tage hinein bedeutend und wirksam sind. Die zugehörigen themen- und problemorientierten Stichworte lauten: Das Programm der Reise des österreichischen Thronfolgers auf den Balkan und die Absichten der Beteiligten, die Tat am Appel-Kai in Sarajevo, die Tat in der Öffentlichkeit und in den Medien; die Opfer und die Täter im Kalkül der Verantwortlichen auf allen Seiten; die Wandlung von der unmittelbar-spontanen zu einer reflektierten Einschätzung des Attentats; die Bezüge zwischen zeitgenössischer Instrumentalisierung und späterer Ideologisierung; und die Beiträge von Geschichtswissenschaft, Medien und Publizisten zur Gestaltung von kollektiven Erinnerungen. Doch zuvor ist zu fragen:

Was geschah an jenem Sonntag in Sarajevo? Wie wurde die Tat vorbereitet? Welche direkten und welche mittelbaren Folgen hatten Bombenwurf und Pistolenschüsse der Attentäter? Wie reagierten Politiker, Öffentlichkeit und Medien?

Der Erzherzog Franz Ferdinand von Österreich-Este (*18.XII.1863) war als ältester Sohn des kaiserlichen Bruders Karl Ludwig und der Tochter des bourbonischen Königs von Sizilien ein Neffe des Kaisers Franz Joseph. Bereits als Kind sah er schwächlich aus, hatte Mühe, sich zu konzentrieren, blieb in den schulischen Leistungen zurück und war oft schlecht gelaunt. Mit Büchern hatte er wenig, mit der Jagd um so mehr im Sinn. Über Felix Dahns und Ludwig Ganghofers Romane kam er nicht hinaus. Der zukünftige Herrscher eines Vielvölkerstaats beherrschte keine der einschlägigen Sprachen gut, kämpfte mit dem Französischen und Italienischen, und sogar die schlichtesten Einführungen ins Ungarische peinigten ihn. Die Schießerei auf die vor seine Flinte getriebenen Tiere wuchs zum Exzeß. Franz Ferdinand beschäftigte dabei zwei Jäger, die ununterbrochen zu laden hatten, und ließ über die 274 889 von ihm niedergestreckten Tiere buchführen (Weissensteiner, S. 224). Seine Freunde sprachen von einem tiefsitzenden Selbstbestätigungsdrang, seine Feinde – sie waren zahlreicher – konstatierten einen gemeinen Charakter und eine abstoßende Leidenschaft, die zusammen mit der Unfähigkeit, Kritik zu ertragen, mit Arroganz, Jähzorn, tiefsitzendem Mißtrauen und Ungeduld den Kronprinzen zu einem unberechenbaren Zeitgenossen machten. Wer ihn aber in dem Kreis seiner Familie erlebt hatte, rühmte ihn als charmanten und entspannten Gastgeber. Seine leuchtend blauen Augen belebten sein wenig schönes Äußeres, das Mittelscheitel, Backen- und Schnurrbart bestimmten. Ein chronisches Asthma zwang ihn zu jahrelangen Kuren rund ums Mittelmeer.

Der wortkarge, in überalteter Umgebung regierende Kaiser verabscheute die Temperamentsausbrüche seines Neffen, hielt wenig von dessen Ratschlägen und empfing ihn so herablassend, daß Franz Ferdinand jeweils »nervös wie ein Schulbub« zur Audienz schlich (Cassels, S. 83). Die nicht standesgemäße Ehe belastete das Verhältnis zusätzlich. Erst fünf Jahre nach dem Selbstmord des Kronprinzen Rudolf (29./30.I.1889) erhielt Franz Ferdinand seine Ernennung zum präsumtiven und zwei Jahre später (1896) zum definitiven Thronfolger. Mit den politischen und ethnischen Verhältnissen auf dem Balkan war Franz Ferdinand nicht unvertraut, konnte dabei aber keineswegs zu dem Experten avancieren, für den ihn einige immer noch halten, da er das stete Aktenstudium haßte, vor der Lektüre schwieriger Texte kapitulierte und kein Denker, geschweige denn ein Theoretiker, Systematiker oder Stratege war. Der Chef des Generalstabs und kaiserliche Berater, Baron Max Wladimir Beck, hielt vom Kronprinzen ebenfalls wenig und traute ihm weder intellektuell noch physisch zu, das riesige und heterogene Reich einmal zu regieren. Wie kein anderer Staat Europas war die Doppelmonarchie mit einer Vielzahl struktureller gesellschaftlicher Probleme belastet. Das unkonventionelle Gefüge bestand aus 8 Nationalitäten und zahllosen Kulturen, die sich über achteinhalb Breitengrade und ebensoviel Längengrade erstreckten, aus 17 Ländern, 20 Volksvertretungen, 27 parlamentarischen Parteien und 2 Weltanschauungen. Der Kaiser beförderte Franz Ferdinand 1913 zum »Generalinspektor der gesamten bewaffneten Macht«. Im Sommer 1914 beabsichtigte jener, auf dem Balkan »Flagge zu zeigen«, seine erste Truppeninspektion vorzunehmen und sie mit einem offiziellen Besuchsprogramm zu verknüpfen. Der Kaiser hielt das Vorhaben für nicht falsch (4. Juni). Die Hofburg bereitete die Reise umständlich und schematisch, jedoch mit der Vorgabe des Thronfolgers vor, selbst an gefährlichen Orten keinesfalls eine dichte Doppelseite von Soldaten zu postieren, wie es bei kaiserlichen Besuchen praktiziert worden war, denn eine derartige Abschirmung sei abstoßend.

Bosnien und die Herzegowina hatten über fünfhundert Jahre unter osmanischer Herrschaft gestanden. Der Berliner Kongreß (1878) übertrug der Doppelmonarchie die Verwaltung, ohne daß der in Istanbul residierende Sultan in seiner Funktion als offizieller Staatschef abgelöst wurde. Dreißig Jahre später (5.X.1908) annektierte Wien mit türkischem Einverständnis die beiden Länder. Sie wurden vom Finanzministerium verwaltet, weil sie keiner der beiden Reichshälften, Cisleithanien und Transleithanien, direkt zugeschlagen werden sollten. Das bis 1878 ebenfalls von den Türken beherrschte Serbien war zunächst als Fürstentum und seit 1882 als Königreich selbständig. Seit der Ermordung des österreichfreundlichen, in affärenreicher Ehe kinderlos lebenden Königs Alexander I. von Serbien (*14.VIII.1876) durch seine eigenen höheren Offiziere im Jahr 1903 hatten sich die Beziehungen zwischen den beiden Staaten zunehmend verschlechtert. Serbien protestierte 1908 gegen die Annexion der beiden Provinzen, gegen den Bau von Eisenbahnlinien nach Griechenland und in die Türkei, gegen zollpolitische Maßnahmen und gegen die Behandlung der serbischen Mehrheit in Bosnien. Die Volkszählung von 1910 registrierte unter den 1,9 Millionen Bewohnern Bosniens und der Herzegowina ein knappes Drittel Moslems und ein Viertel Christen. Selbst wenn man ein Gutteil der Vorwürfe relativiert, bleibt doch festzuhalten, daß Österreich-Ungarn Minderheiten auf dem Balkan oftmals außerordentlich hart behandelte. Die gemäßigte »Vossische Zeitung« kam am 8. April 1914 (»Deutsche Balkanpolitik«) nicht umhin, Österreich der »niederträchtigsten Behandlung« von Serben und Montenegrinern zu zeihen.

Auf der Reise nach Sarajevo begleitete die 56jährige Sophie Herzogin von Hohenberg (*1. III.1868) den 50jährigen Thronfolger. Seit dreizehn Jahren war sie ihm in morganatischer Ehe verbunden. Sie hätte auf Grund des Familienstatus' von 1839 und einer schriftlich abgegebenen Verzichtserklärung lediglich »Kaiser-Gemahlin« werden können; ihre Kinder waren von der Thronfolge ausgeschlossen. Die Herzogin reiste jedoch nicht mit ihrem Mann am 23. Juli aus Wien ab, sondern folgte ihm, der sich neben der Bahn auch des Schiffes von Triest nach Metković bediente, einen Tag später mit der Eisenbahn auf dem direkten Weg. In Mostar begann der offizielle Teil. Politische, militärische und kirchliche Repräsentanten begrüßten den Erzherzog. An der Spitze der Delegation stand die oberste militärische und zivile Autorität, der Landeschef Feldzeugmeister Oskar Potiorek – er befehligte die Manövertruppen –, der Bischof, der Metropolit und der Mufti. In Ilidže, der nächsten Station, traf die Herzogin mit ihrem Gemahl zusammen. Das Ehepaar rief bei dem Landeschef noch am selben Tag Unmut hervor, als es die von ihm organisierten Sicherheitskräfte mit einem spontan unternommenen inoffiziellen Ausflug ins angeblich unruhige Sarajevo überraschte. Der Basar wurde besucht und die Fabrik »Das Orientalische Teppich-Haus« des Elias Kabilio. Franz Ferdinand kaufte zwar nur drei Mützen, doch der hochbeglückte Fabrikant sandte seinem hohen Kunden eine prächtige gedruckte Rechnung über 3 Kronen 60. Im Verlauf des Besuchs entstand bei allen Beteiligten der Eindruck, daß man wegen der offiziellen Fahrt durch Sarajevo im Anschluß an das Manöver keine Sicherheitsbedenken hegen müsse. Die Herzogin hielt sich übrigens auch an den folgenden beiden Tagen (26./27. Juni) in der Stadt auf. Dabei bemerkte der Dienstkämmerer, daß die Polizei ihren Dienst nachlässig verrichtete. Im Anschluß an die Inspektion der Manöver des XV. (Sarajevo) und XVI. (Ragusa) Korps der österreichisch-ungarischen Armee im Raum von Tarčin, gut dreißig Kilometer südwestlich von Sarajevo, verkündete der Erzherzog bei dem festlichen Abschlußmahl einen weiteren Einfall. Er eröffnete den erstaunten Tafelgenossen, er gedenke, vorzeitig nach Wien zurückzukehren. Eindringlich vorgetragene Vorstellungen seiner Begleitung ob dieser schwerwiegenden Provokation für die Würdenträger in Sarajevo retteten das offizielle Programm.

Am Vormittag des 28. Juni erhielten die Attentäter kurz nach 8 Uhr in der Sarajevoer Konditorei Vlajnić ihre Waffen. Einer von ihnen, der Student Gavrilo Princip, ging noch bis 9 Uhr – ausgerechnet mit dem Sohn des Staatsanwalts – spazieren. Eine knappe dreiviertel Stunde später, um 9.42 Uhr, bestieg der Erzherzog in der Paradeuniform eines Kavalleriegenerals mit seiner Gemahlin und ihrem Gefolge den Salonwagen der Schmalspurbahn nach Sarajevo. Die Gesellschaft sah bei strahlendem Sonnenschein auf eine landschaftlich wunderschön gelegene Stadt von 52.000 Einwohnern. Von den Bergen mit ihren alten Forts überblickte man die fein ziselierten schlanken Minarette der zahlreichen Moscheen, die Kirchen, das malerische Türkenviertel, den Basar und die Talmibauten der in einem eigenen Viertel lebenden »Schwabas« (Schwaben), wie Einheimische die zugereisten, wohlhabeneren Österreicher verspotteten. Der Fluß Miljačka war in den heißen Sommertagen zu einem kleinen Gewässer geworden, das sich jetzt mühelos durchwaten ließ. Der Hofsonderzug traf mit 17minütiger Verspätung, um 10.07 Uhr, in der Hauptstadt ein. Der Landeschef Potiorek begrüßte die hohen Herrschaften. Der Erzherzog schritt eine Ehrengarde ab. Die Weiterfahrt trat die Gesellschaft mit sieben privaten Wagen aus dem k.u.k. freiwilligen Automobilkorps an (Aichelburger, passim). Im dritten Fahrzeug, einem schwarzen hohen, rechtsgelenkten Gräf-&-Stift-Wagen mit dem Kennzeichen A III-118, nahmen der Thronfolger und seine Gemahlin Platz. Vor ihnen saßen auf Klappsitzen Potiorek und Graf Harrach als Besitzer des Wagens und vor jenen der Fahrer und ein Leibjäger. Vor ihnen, also an der Spitze des Konvois, fuhren der Polizeikommandant und Offiziere. Es folgte das Auto mit dem Bürgermeister von Sarajevo und dem stellvertretenden Regierungskommissär. Das vierte Fahrzeug benutzten der Obersthofmeister Karl Freiherr von Rumerskirch, die Hofdame der Herzogin und der Oberstleunant Erik von Merizzi, Flügeladjutant des Landeschefs. Der Stabsarzt, Verwaltungsbeamte und weitere Offiziere folgten zusammen mit dem Dienstkämmerer in drei weiteren Wagen. Die für die Sicherheit des herzoglichen Paares vorgesehenen Detektive fuhren nicht, wie im Programm vorgesehen, im ersten Wagen mit (Dedijer, 12).

Die Truppen hatte man auf dem Manöverfeld zurückgelassen; in die Stadt rückte lediglich eine kleine Vorausabteilung der Artillerie ein. Kräfte der städtischen Polizei, der zivilen Sicherheitswache und die Gruppe ungarischer Detektive aus der ständigen Begleitung des Thronfolgers übernahmen den innerörtlichen Schutz. Ihr Dienstreglement behinderte sie erheblich. Alle an der Route in keinesfalls ausreichend engem Abstand postierten Beamten hatten z.B. beim Nahen des Thronfolgers, also im Moment seines höchsten Schutzbedürfnisses, sich auf Äußerlichkeiten wie das korrekte Grüßen zu konzentrieren.

Nur wenige Minuten nach Fahrtantritt erreichte die Kolonne das Hauptpostamt. Dort stand ein junger Augenzeuge, Hans Fronius, Sohn eines Siebenbürger Arztes, der in Sarajevo als Sanitätsrat und Stadtphysikus praktizierte (Fronius, S. 15 ff.), um den hohen Herrschaften mit lauten »Zivio«-Rufen (»Lang lebe!«) zuzujubeln. Seine Geduld wurde unerwartet reich belohnt, als die Kolonne direkt vor dem Amt anhielt, weil der Postpräsident der Herzogin ein Telegramm ihrer Kinder persönlich überreichen wollte. Die sieben Automobile fuhren danach langsam – in einem

Tempo von knapp 20 km/Std. – den breiten, sich über einen halben Kilometer hinziehenden Appel-Kai weiter entlang. Vater und Sohn Fronius folgten im Schatten der Bäume auf dem Gehweg; der gegenüberliegende flußseitige lag in der Sonne und war nahezu menschenleer. Die Fahrzeuge rollten ahnungslos an dem ersten Mittäter, dem an der Kaimauer in der Sonne stehenden Tischler Muhamed Mehmedbasić (Nr. 1 auf der Skizze), vorbei, ohne daß dieser die vorbereitete Bombe zündete. Die Fahrroute im weiteren Bereich der Attentate und die Aufstellungsorte der beiden aktiv gewordenen und der vier weiteren Attentäter zeigt die Skizze auf der folgenden Seite.

Ebenso passierte der Konvoi den zweiten Attentäter, den 18jährigen Gymnasiasten Vaso Čubrilović (Nr. 2). Er erklärte später dem Untersuchungsrichter Leon Pfeffer, ursprünglich sei ihm in seinem Zorn darüber, daß er in der Schule durchgefallen, am Leben nichts mehr gelegen gewesen. Deshalb habe er sich zum Attentat bereiterklärt. Doch »als ich den Erzherzog sah, tat es mir leid, ihn zu töten. Anfangs hatte ich diese Absicht, weil ich in den Zeitungen gelesen hatte, daß er gegen die Slaven ungerecht sei [...], auch weiß ich nicht, aus welchem Motiv ich das Attentat begehen wollte« (Würthle, Spur, S. 18f.). Dem auf dem Gymnasium gescheiterten Čubrilović winkte später der Erfolg an der Universität: Der serbische Staat berief ihn auf eine Geschichtsprofessur in Belgrad.

Nur wenige Schritte von Čubrilović entfernt, insgesamt 130 Meter nach dem Halt am Hauptpostamt, lehnte der Schriftsetzer Nedeljko Čabrinović, Sohn eines Polizei-Spitzels, mit einer Zeitung in der Hand und einer Bombe unter der linken Achsel an der niedrigen Kaimauer. Anders als seine Mitverschwörer zögerte er nicht. An einem Straßenbahnmast zündete er seine Bombe, indem er sie mit der Kapsel gegen den Pfeiler schlug. Čabrinović schleuderte den Sprengkörper um 10.26 Uhr vom Gehsteig aus gegen das Auto des Thronfolgers. Dessen Fahrer sah die Bombe heranfliegen, beschleunigte geistesgegenwärtig den Wagen so stark, daß der Sprengkörper auf das nach hinten heruntergeschlagene Stoffdach fiel, von dort abrutschte, an der linken Hinterachse des etwa dreißig Meter hinterdrein fahrenden vierten Autos explodierte und ein 16 cm tiefes und 27x 29 cm breites Loch in die Straße riß. Etwa sechzig Splitter hatten den vierten Wagen zerstört und sogar den des Erzherzogs durch Splitter beschädigt. Oberstleutnant von Merizzi blutete stark aus einer Wunde am Hinterkopf – er wurde ins Militärkrankenhaus transportiert –, ein weiterer Offizier und etwa zwanzig Zuschauer erhielten leichtere Verletzungen. Ein Gegenstand, vermutlich die abgeschlagene Bombenkappe, hatte die Herzogin am Hals gestreift. Der Attentäter wurde im Fluß verhaftet. Dorthin war er nach der Tat gerannt, um eine der Zyankalikapseln herunterzuspülen, die jeder der Attentäter bei sich hatte. Die Detektive übergaben Čabrinović der Polizei und verhafteten zahlreiche Zuschauer. Ein Wach-

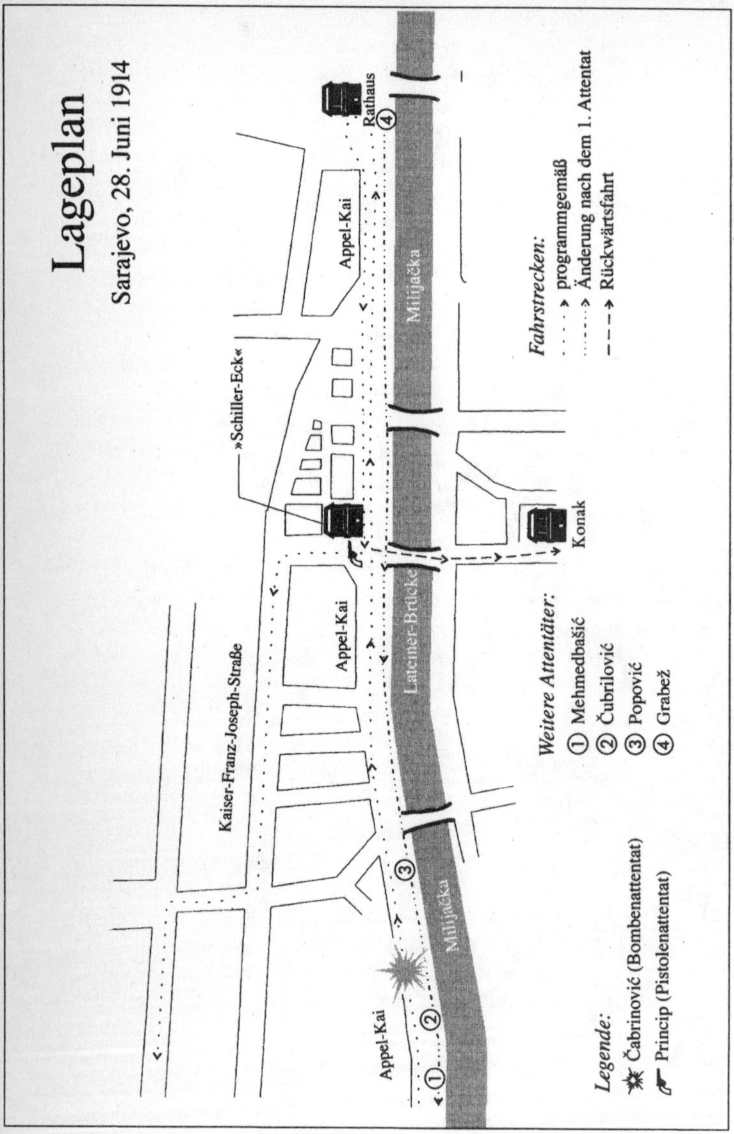
Lageplan
Sarajevo, 28. Juni 1914
»Schiller-Eck«
Rathaus
Appel-Kai
Appel-Kai
Appel-Kai
Miljačka
Miljačka
Lateiner-Brücke
Konak
Kaiser-Franz-Joseph-Straße
1
2
3
4
Fahrstrecken:
programmgemäß
Änderung nach dem 1. Attentat
Rückwärtsfahrt
Weitere Attentäter:
1 Mehmedbašić
2 Čubrilović
3 Popović
4 Grabež
Legende:
Čabrinović (Bombenattentat)
Princip (Pistolenattentat)

mann hatte sich mit seinem linken Schuh auf eine Abdeckung des kleinen Bombentrichters zu stellen (s. Abbildungsteil). Mit diesen umsichtigen Anordnungen waren die polizeilichen Aktivitäten im wesentlichen beendet. Vermindert um einen Wagen setzte die Kolonne ihre Fahrt, auf der Höhe Lateiner-Brücke den Attentäter Princip an der Flußseite passierend, zu dem Beledija, dem Rathaus, fort.

Die einzige Verstärkung der Sicherheitsmaßnahmen hatte darin bestanden, daß ein Leibjäger, der Kammerbüchsenspanner Gustav Schneiberg, auf dem Trittbrett neben dem Erzherzog mitfuhr. So war man, unbelästigt vom nächsten Mittäter, dem 18jährigen Schüler Četko Popović (Nr. 3), den Appel-Kai weiter entlang gefahren. Popović hatte nichts unternommen, obwohl das Automobil mit dem Erzherzog nach dem Bombenwurf fast genau vor ihm stehengeblieben war. Popović und die ersten beiden Mitverschwörer hatten sich übrigens so amateurhaft aufgestellt, daß sie von Čabrinović's Bombe leicht hätten getroffen werden können. Es ist rätselhaft, weshalb sie nicht geeignetere Plätze in den unübersichtlicheren Straßen der Altstadt gewählt hatten. Die Autokolonne war schließlich auch an dem auf der Höhe Lateiner-Brücke am Kai stehenden Princip unversehrt vorbeigefahren, da dem Attentäter einige Zuschauer die Sicht genommen hatten. Princip überquerte anschließend den Appel-Kai in Richtung auf das Schiller-Eck. Von dort aus wollte der bei der Rückfahrt – er hatte die Fahrtroute den Zeitungsmeldungen entnehmen können – einen zweiten Tötungsversuch unternehmen.

Um 10.29 Uhr kam die Gesellschaft vor dem im pseudomaurischen Stil erbauten Rathaus an. Es verwundert nicht, daß die Begrüßungszeremonie vor den Stadträten nur noch partiell dem offiziellen Programm folgte. Der Erzherzog hatte seine strahlende Laune verloren und soll die Ansprache des Bürgermeisters mit dem Satz »Das ist ja hübsch! Da kommt man zum Besuch in diese Stadt und wird mit Bomben empfangen!« unterbrochen haben. Später will man von ihm den Kommentar gehört haben: »Der Attentäter bekommt bei unseren Verhältnissen sicher noch das Goldene Verdienstkreuz. Ganz bestimmt wird er jedoch Hofrat werden« und: »Mir scheint, wir werden heute noch einige Kugeln bekommen.« Bei der Beratung, ob man die Fahrt ins Landesmuseum wie geplant fortsetzen könne, verwarfen Polizei- und Verwaltungsführung nachdrücklich alle Bedenken. Potiorek zeigte sich bei diesem Gespräch konfus und offensichtlich einer definitiven Entscheidung nicht mehr fähig, nachdem es entgegen seiner Beteuerungen in den vorangegangenen Tagen zu einem Attentat gekommen war. Der Vorschlag des Generalstabsmajors Paul Höger, alle Straßen räumen zu lassen, wurde verworfen. Da der Erzherzog den verletzten Offizier Merizzi im Garnisionshospital besuchen wollte, was man erreichen konnte, ohne die Altstadt durchqueren zu müssen, entschied man sich wenigstens dafür, an der Lateiner-Brücke, auf der Höhe des Delikatessengeschäfts von Moritz Schiller, nicht rechts zur Kaiser-Franz-Joseph-Straße abzubiegen, sondern dem Appel-Kai weiter zu folgen. Der Flügeladjudant resümierte die geänderte Wegplanung, und Oberst Karl Bardolff, Vorstand der Militärkanzlei des Erzherzogs, ersuchte Dr. Edmund Gerde, das Notwendige zu veranlassen, denn dieser war als ranghöchster Beamte für die Polizei verantwortlich. Die Herzogin erklärte ihrem Gemahl, seinen Vorschlag, getrennt weiterzufahren, nicht annehmen zu wollen, und fügte hinzu: »Solange der Erzherzog sich heute in der Öffentlichkeit zeigt, verlasse ich ihn nicht«. Man ging die Rathaustreppe hinunter und bestieg erneut die Automobile. Der nächste Attentäter, Trifko Graběz, ein 19jähriger Gymnasiast und Sohn eines Popen, verharrte ebenso untätig wie schon bei der Hinfahrt auf dem gegenüberliegenden Gehsteig.

Trotz des Protestes des Erzherzogs stellte sich Graf Harrach bei der Abfahrt vom Rathaus (etwa 10.45 Uhr) zum Schutz auf das linke Trittbrett. Die nach dem ersten Attentat angeordnete zusätzliche Deckung durch den Leibjäger Schneiberg hob man unverständlicherweise wieder auf. Für die nächsten 350 Straßen-Meter auf dem Appel-Kai und für den weiteren Ablauf folge ich dem ausführlichen Telegrammtext des Obersthofmeisters. Freiherr von Rumerskirch unterrichtete mit ihm um 2.15 Uhr den Kaiser, genauer: den Generaladjudanten Graf Paar im Hoflager in Bad Ischl. Das Dokument gibt den Ablauf der Fahrt zum zweiten Attentatsort weitgehend korrekt und knapp wieder. Richtigstellungen und Erläuterungen stehen in eckigen Klammern (Würthle, Dokumente, S. 24 f.):

> »Der vorausfahrende Bürgermeister [Curcic Fehim Effendi] mit dem Regierungskommissiär [Dr. Edmund Gerde war lediglich stellvertretender Regierungskommissär für die Landeshauptstadt Sarajevo] schlugen den Weg durch die Franz-Joseph-Straße und die Cemalusa ein.
>
> Kaum hatte [korrekt: war] das Automobil der Höchsten Herrschaften, in welchem außer dem Chauffeur der Landeschef F[eld]Z[eug]M[eister] Potiorek und Graf Harrach, welcher auf dem Trittbrette links von Seiner kaiserlichen Hoheit stand, sich befanden, um die Ecke Appel-Kai-Franz-Joseph-Straße gebogen, als von halbrechts der Fahrtrichtung rasch nacheinander mindestens 3 [es waren nur 2] Revolverschüsse fielen, von denen einer Seine Kaiserliche Hoheit am Halse [einen Zentimeter oberhalb des Schlüsselbeins; das Projektil blieb in der Wirbelsäule stecken], einer Ihre Hoheit rechts im Unterleibe traf.
>
> Ihre Hoheit fiel nach dem ersten Schuß bewußtlos mit dem Gesicht auf den Schoß Seiner kaisl. Hoheit, während Seine kaisl. Hoheit, aus dessen Munde sich Ströme von Blutes ergossen, erst nach wenigen Minuten das Bewußtsein verlor.
>
> Das Automobil reversierte unverzüglich über die Carevabrücke [nach zuverlässigen Berichten und der sehr kurzen Fahrzeit muß es die Lateiner-Brücke gewesen sein] und fuhr in den Konak [ursprünglich der Amtssitz des türkischen Vali; damals Wohnsitz des Landeschefs für Bosnien und die Herzegowina], welcher nach 2 Minuten erreicht war.

Bei dieser Fahrt leistete die erste Hilfe außer den Vorgenannten Obersthofmeister Baron Rumerskirch, Oberst Dr. Bardolff und Major Höger. Bei der Ankunft im Konak war bereits ärztliche Hilfe zur Stelle [...; es folgt hier die Aufzählung der Ärzte].

Bei der Ankunft im Konak war Seine kaisl. Hoheit in tiefster Bewußtlosigkeit, die Atmung war ganz oberflächlich, die Pupillen reagierten ganz schwach, das Herz schlug leise, der Puls war kaum tastbar; aus der Halswunde ergoß sich ein dünner Strahl Blut. Nach ca. 5 bis 6 Minuten trat der Tod ein (etwa 11 h v.m.).

Bei ihrer Hoheit war der Tod bei der Ankunft im Konak bereits eingetreten.

[Der Tod muß unmittelbar eingetreten sein, da das 9-mm-Stahlmantelgeschoß die Bauchschlagader aufgerissen hatte.] Der sofort herbeigerufene Geistliche [der Franziskanerprovinzial Lovro Mihacevic], Stadtpfarrer von Sarajevo, spendete die letzte Ölung.

Mittlerweile war Exzellenz Erzbischof Stadler mit der Geistlichkeit erschienen und verrichtete Gebete.

Die provisorische Aufbahrung der Leichen der höchsten Herrschaften erfolgte auf zwei Betten im Konak bis zum Eintreffen weiterer Befehle.«

An einer Stelle ist das sonst zuverlässige Telegramm des Obersthofmeisters aber unvollständig. Da vor der Abfahrt vom Rathaus die ursprüngliche Fahrtroute an der Lateiner-Brücke, an dem sog. Schiller-Eck, geändert worden war, verwundert die telegraphische, von einer vierzehnköpfigen Kommission rektifizierte und hier unerläutert gebliebene Feststellung, daß die ersten drei Wagen dort rechts, also in die bewußt geänderte Strecke, abgebogen seien. Wieso hat es zu diesem verhängnisvollen Irrtum kommen können? Bis heute gibt es keine befriedigende Antwort. Zur Erklärung gehört aber ein Hinweis auf die unübersehbare Inkompetenz, Unachtsamkeit und Schludrigkeit der wichtigsten Verantwortlichen. Weder der Landeschef Potiorek noch der stellvertretende Regierungskommissär Gerde oder der Adjudant informierten die Fahrer über die wichtige Änderung der Route. Erst als der im zweiten Auto sitzende Potiorek das verhängnisvolle Fahrmanöver an der Lateiner-Brücke registriert und lebhaft gestikulierend »Halt, was ist denn das? Wir fahren ja falsch!« gerufen hatte, konnte der Fahrer des dritten, des erzherzoglichen Wagens reagieren, sein Auto stoppen und den Rückwärtsgang einlegen. In diesem Moment, es war wohl 10.50 Uhr – zu dieser Zeit gab es im Alltag keine genau gehenden Uhren –, schoß der Student Gavrilo Princip nach kurzem Zögern mit abgewandtem Blick auf das Paar. Er hatte sich bemüht, den Erzherzog schnell zu erspähen, war durch dessen Gemahlin irritiert worden und hatte sich überlegt: »Sollte ich schießen oder nicht? [...] Ein sonderbares Gefühl veranlaßte mich, dann doch auf den Thronfolger zu zielen, und zwar vom Trottoir aus, wo ich stand. Das war keine Kunst, weil das Auto in der Kurve seine Fahrt verlangsamte. [...] Ich war aufgeregt und weiß nicht, wen ich traf und ob ich überhaupt jemanden traf.«

Der Schuß fiel also von dem Delikatessengeschäft Schiller her, mitten aus den dort dicht gedrängt stehenden Zuschauern heraus aus einer Nähe von rund zwei Metern (s. Abbildungsteil). Der Appel-Kai war hier 7,67 m breit. Die irrtümlich abgebogenen Fahrzeuge hatten sich durch die von ihnen ungewöhnlich eng durchfahrene, also geschnittene Kurve der Straßenseite des Attentäters stark genähert. Eine im vorgeschriebenen Linksverkehr korrekt gefahrene Rechtskurve hätte die Distanz zum Attentäter auf etwa neun Meter erhöht. Wieder stand Sohn Fronius rechtzeitig in unmittelbarer Nähe des Geschehens, eingekeilt von den vielen in »Hoch«-Rufe aufbrechenden Schaulustigen, denn das Programm und die genaue Fahrroute waren nicht geheimgehalten, sondern in den Zeitungen am 24. Juni mit der Aufforderung veröffentlicht worden, die hohen Herrschaften feierlich zu begrüßen, Straßen und Häuser zu schmücken.

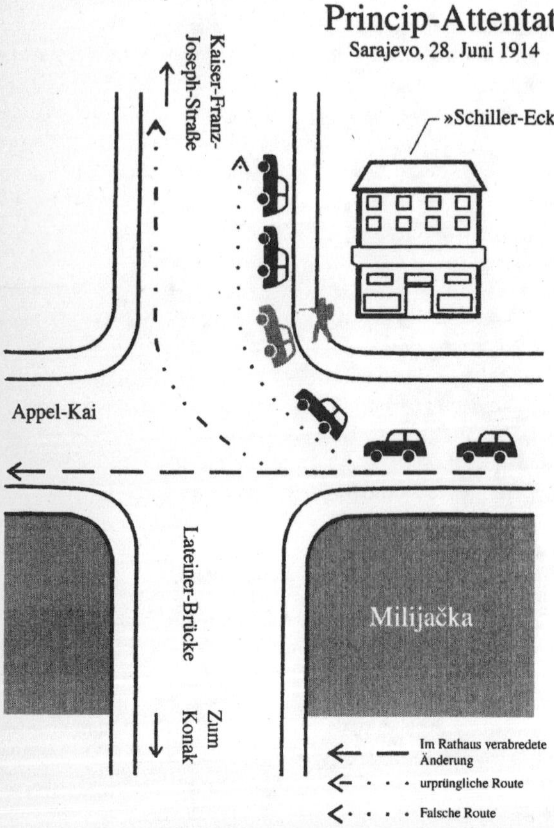

Es gibt keine Photographie des Attentats oder der sich direkt anschließenden Szenen. Augenzeugen kritzelten Faustskizzen auf Ansichts- oder Postkarten, hielten die Situation auch bildlich in ihren Tagebüchern und Briefen fest. Amateure wie der bosnisch-herzegowinische Postsparkassenbeamte Mikolji Vojko vertrieben in den folgenden Tagen gewinnbringend ihre Aufnahmen vom Tatort. Maler und Presse-Zeichner wie Felix Schormstädt haben sich zwar sogleich professionell des geschichtsträchtigem Moments bemächtigt, doch ihre dramatischen Gestaltungen schmeicheln eher der Phantasie der Künstler, als daß sie den Historiker zufriedenstellen könnten. Allein eine zeitgenössische Illustration – sie erschienen in der Wiener »Kronen-Zeitung« – rechtfertigt heute noch die Wiedergabe. Ihr Schöpfer, Ladislaus Tuszynski, war mit seinen ausdrucksstarken Gerichtssaal- und Kriegsbildern in Wien und in der ganzen Monarchie bekannt geworden. Über Österreichs Grenzen hinaus hatte er Berühmtheit mit seinen Illustrationen zum Untergang der »Titanic« erlangt (1912). »Tusch«, wie ihn die Wiener nannten, trug auch im Sommer 1914 mit dazu bei, daß die »Kronen-Zeitung« mit ihrer Sarajevo-Berichterstattung europaweit Beachtung fand. Sein Attentat-Bild gibt die Lokalität und die Positionen im großen und ganzen richtig wieder, doch ist auch seine Illustration nicht völlig frei von Ungereimtheiten und Fehlern. Denn er schmückt den Erzherzog mit einem Ordensband, läßt ihn, aufrecht im Auto stehend, dem Schützen fest ins Auge sehen und die bereits getroffene Herzogin ohnmächtig in den Polstern liegen – sie fiel vielmehr dem erstarrt sitzenden Gemahl auf den Schoß. Der abgebildete Leibjäger Schneiberg (Gestalt mit dem weißen Hut) war am Rathaus, wie erwähnt, nicht wieder zugestiegen; Franz Graf Harrach ist dagegen als Begleiter vergessen worden und Princip steht auf der Straße und nicht, was korrekt wäre, auf dem Bürgersteig.

Princip war schnell überwältigt. Da er zusammen mit Čabrinović und Graběz hatte Selbstmord begehen wollen, war er nicht geflüchtet. Dennoch mißhandelte man ihn schwer. Zu seinem Verhör um 11.15 Uhr führte man ihn mit einem Kopfverband. In dieser Situation sei er von den Schlägen so erschöpft gewesen, daß er kaum ein Wort habe hervorbringen können, berichtet ein Augenzeuge und fährt fort:

> »Er [Princip] war von kleinem Wuchs, ausgezehrt, kränklich, hatte scharfe Züge. Es war schwer sich vorzustellen, daß ein so harmlos aussehendes Wesen eine so schwere Tat begangen haben könnte. Auch in seinen klaren blauen Augen, die glühten, jedoch ernst in die Welt blickten, gab es nichts Gewalttätiges oder Kriminelles. Diese Augen verrieten vielmehr Intelligenz, ausdauernde und ausgeglichene Energie« (Dedijer, S. 590).

In dem unbeschreiblichen Tumult nach den Schüssen waren sogar Polizei und Offiziere aneinandergeraten. Der Dienstkämmerer Morsey erhielt dabei so heftige Schläge auf seinen Dragonerhelm, daß er verbogen war.

Ein Exemplar 4 Heller.
15. Jahrgang. Nr. 5204.

Illustrierte

Kronen Zeitung

Monatlich Krone 1.20
mit Zustellung ins Haus.

Verantw. Red.: R. Eisenmenger. Buchdruckerei und Zeitungsverlag G. Davis & Co., Wien, IX. Pramergasse 28. Verantwortl.: R. Eisenmenger.

Administration: IX/1, Pramergasse 28, Tel. 18744.
Stadtbureau: I., Schulerstraße 19, Teleph. 7927.

Wien, Dienstag, den 30. Juni 1914.
Redaktion: Wien, IX/1, Pramergasse 28.
Int.-urb. Tel. 13006. Lokal-Tel. 14088. Manuskripte werden nicht zurückgestellt.

Provinz-Abonnement vierteljährlich 4.5 Kronen.
Bestellungen für weniger als drei Monate werden nicht angenommen.

Das Standrecht in Sarajewo verhängt.

Große Demonstrationen gegen die Serben.

Das Attentat von Sarajewo. Die Ermordung des Thronfolgers und seiner Gemahlin.

Kronen-Zeitung, Nr. 5204, 30.VI.1914

Dafür schlug Morsey mit seinem stumpfen Säbel einen Wachmann nieder. Die Polizei bemerkte in dem Durcheinander nicht einmal, daß Princip eine Bombe verloren hatte; sie lag auf der Straße. Passanten griffen wiederholt in die Auseinandersetzungen ein, versuchten im wilden Zorn Princip zu schlagen, ja sogar zu lynchen. Diese öffentliche Erregung eskalierte. In den folgenden Stunden des Sonntags und am Montag zog der Mob randalierend und demolierend durch die Stadt, beglich hauptsächlich alte Rechnungen bei orthodoxen Bosniern, die man für Serbenfreunde hielt. Die aufgebrachte Menge warf Händlern, Hoteliers und Gastwirten, Unternehmern und Bankiers die Fensterscheiben ein und richtete Zerstörungen in der serbischen Schule an, in der Nationalbank und im Haus des serbischen Metropoliten. Die desorganisierte Polizei konnte die Wut der katholischen, jüdischen und mohammedanischen Aufrührer erst Stunden später eindämmen, als die Behörden Infanterieeinheiten einsetzten und das Standrecht verhängten. Zu ähnlichen Unruhen ist es an den beiden Tagen in ganz Bosnien und der Herzegowina gekommen. Die Polizei verhaftete serbische Geschäftsleute, Intellektuelle, Bauern und Priester. Diese und weitere offenkundige Repressalien verschlechterten die Atmosphäre erheblich. Allein in Sarajevo sollen mehr als zweihundert Serben in den ersten 48 Stunden nach dem Attentat inhaftiert worden sein.

Die Inkompetenz der Polizeibeamten kurz nach den Attentaten sowie die Nachlässigkeit der Polizeibehörden bei den Verhören und den öffentlichen Unruhen muß außerordentlich groß gewesen sein. Warnungen hatte man nicht beachtet, wichtige Informationen unausgewertet gelassen, Unterlagen in der Ablage vergessen, Berge beschriebenes Papier nicht einmal zu überblicken sich bemüht und Aktenmaterial vorschnell zur Registratur gegeben. Den ersten Attentäter verhörte die Polizei erst knapp vier Stunden nach seiner Tat. Čabrinović erwies sich dabei als so mitteilungsfreudig, daß bei normalem Diensteifer das zweite Attentat mit großer Wahrscheinlichkeit hätte verhindert werden können. Der ungarische Ministerpräsident rügte die Arbeit der Polizeibehörden öffentlich. Der mehrfach wiederaufgelegte Roman des in Ungarn geborenen Serben Milo Dor »Die Schüsse von Sarajevo« (1989) zeichnet, wenn auch mit einer gewissen literarischen Freiheit ein anschauliches Bild der spannungsreichen und chaotischen Situation. Die polizeilichen Untersuchungsakten existieren nicht mehr, aber die Akten der Justiz, persönliche schriftliche und mündliche Zeugnisse enthüllen Unfähigkeit, Korruptheit und ein auffallendes Desinteresse. Die überlieferten Dokumente erfordern ein hohes Maß quellenkritischer Fähigkeiten, da sie nicht frei von den Auswirkungen des heftigen Zwistes zwischen den Beamten der Polizei und der Staatsanwaltschaft geblieben sind. Zeitweise hatte die Staatsanwaltschaft selbst die Fakten sichern, Zeugen auffinden und zuverlässige Verhörprotokolle anfertigen müssen. Die Niederschriften der Justiz in serbokroatischer Sprache fehlen übrigens ebenfalls; wir verfügen immerhin über deutsche Übersetzungen. Der sogleich geäußerte Verdacht und die von höheren Polizeioffizieren offenkundig favorisierte Vermutung, die serbische Regierung sei direkt an dem Attentat beteiligt, ließen sich nicht bestätigen, wie der aus Wien nach Sarajevo entsandte Sektionschef Dr. Friedrich Ritter v. Wiesner in seinem offiziellen freimütigen Bericht feststellte, der nach ausführlicher Konsultation des die Voruntersuchungen leitenden Untersuchungsrichters Leon Pfeffer (*1877) entstanden war.

Der Schriftsetzer Nedeljko Čabrinović (*20.I.1895) und auch der schwächliche und kleinere Student Gavrilo Princip (*13.VII.1894) fühlten sich als Nationalhelden und hielten sich wie politische Attentäter aller Zeiten für »nicht schuldig«. Sie erklärten, sie hätten durch ihre Tat die Habsburgermonarchie zerstören wollen, bekannten sich zum Jugoslawismus und sahen im Erzherzog den gefährlichsten Feind der Slawen und der Serben im besonderen. Seine Ermordung hatte »den Weltenbrand« auslösen sollen. Čabrinović erklärte seine allgemeinen Motive mit den Hinweisen:

»Ich bin nämlich Anhänger der radikalen-anarchistischen Idee, welche darauf hinzielt, das heutige System durch Terrorismus zu vernichten, um an dessen Stelle das liberale System einzuführen. [...] Es ist zum Beispiel meine Überzeugung, daß der politische Mord der Vorgänger der Revolution ist. In Polen waren die politischen Morde die Vorboten der Revolution, auch in Rußland, das ein fauler Staat ist und das nur durch die Revolution gerettet werden kann, dann aber wird es eine der führenden Staaten sein, und für Österreich wird die Revolution ausreichen, um es vollständig zu vernichten« (Dedijer, S. 592, 612).

Der britische Konsul in Budapest berichtete: Es ist sicherlich eine Ironie des Schicksals, daß »der künftige Herrscher, der allgemein als der Verfechter der südslawischen Rechte galt, als Opfer einer verbrecherischen Propaganda der großserbischen Bewegung zum Opfer fallen mußte.« Princip bedauerte lediglich, die Herzogin versehentlich mit erschossen zu haben. Anfang Juli konnte die Polizei auf Grund der Geständnisse von Princip und Graběz fast alle Mittäter verhaften; bis zum 13. waren sämtliche Kontaktmänner, also die Vertrauensleute des serbischen Geheimdienstes, inhaftiert, ebenso einige Personen, die man beschuldigte, von den Mordplänen gewußt zu haben. Allein Mehmedbasić, dem einzigen bosnischen Mohammedaner unter den Verschwörern, gelang es, nach Montenegro zu flüchten.

Princip stammte aus einer armen Familie und erhielt gegen den Willen des Vaters eine Schulbildung. Den vorgesehenen militärischen Weg schlug er nicht ein, sondern besuchte in Sarajevo die Handelsschule. 1911 bekam er Kontakt mit oppositionellen Gruppen. Zuerst mit einer jungbosnischen Bewegung, der Mlada Bosna, dann mit der Serbokroatischen Fortschrittsorganisation (Srpsko-Hrvatska Napredna Organizacija), einem Schülerzirkel. Religiöser und nationalistischer Fanatismus, die Gedanken russischer Anarchisten und italienischer Revolutionäre und die Freiheitslyrik deutscher und russischer Klassiker berauschten auch Princip. Wegen seiner Teilnahme an einer regierungsfeindlichen Demonstration relegierte ihn im Februar 1912 die Schulleitung. Er ging noch im selben Monat zusammen mit seinem Vetter nach Belgrad und trat dort im Juni in das Gymnasium ein. Mit serbischen Freischärlern, den in den Balkankriegen ob ihrer Härte berühmt und berüchtigt gewordenen Komitadzi, hatte er Verbindung; ihre Anerkennung wollte er erringen. Als Princip sich der konspirativen Vereinigung »Einheit oder Tod« (Ujedinjenje ili Smrt) – sie ist unter dem Namen »Schwarze Hand« (Crna ruka) bekannt geworden – anschließen wollte, lehnte sie ihn als zu schwächlich ab. Diese Demütigung ließ ihn am Grab eines serbischen Attentäters pathetisch schwören, etwas Außerordentliches für sein Volk leisten zu wollen. In jener Zeit dachte Princip erstmals an ein Attentat. Er hielt den Landeschef General Oskar Potiorek für ein geeignetes Ziel, weil dieser die Verfassung suspendiert und die Hochschule in Mostar geschlossen hatte. Doch im März 1914 entschied er sich in Belgrad zusammen mit Milan Ciganović, Čabrinović und Graběz für die Ermordung von Erzherzog Franz Ferdinand (s. Abbildungsteil). Ciganović stand mit Major Vojislav Tankosić, dem Mitglied des Zentralkomitees der »Schwarzen Hand«, in Verbindung. Auf diesem Weg besorgte Ciganović den Attentätern die Ausrüstung. Kontaktpersonen wie der Bäcker Micic oder der serbische Zollwachtmeister Grbic ermöglichten den »Tyrannenmördern« – so nannten sie sich – den Grenzübertritt auf Schmugglerpfaden nach Österreich-Ungarn. Am 4. Juni trafen sie mit der Eisenbahn in Sarajevo ein, stiegen aus und warteten: Čabrinović bei seinem Vater, Graběz außerhalb der Stadt im Haus seiner Eltern, Princip bei seinem Bruder in Hadzici, dann zog er in die Stadt und meldete sich sogar polizeilich an. Die Waffen folgten später: vier belgische 9 mm-Pistolen, sechs Bomben serbischer Militär-Provenienz. Princip fertigte zusammen mit dem örtlichen Vertrauensmann des serbischen Geheimdienstes, Danilo Ilic, den Aufstellungsplan.

Der 28. Juni war ein denkwürdiger Tag. Es war der »Vivovdan«, also der des Hl. Veit. Er erinnerte an das Jahr 1389. An jenem Jahrestag hatten die Serben auf dem Amselfeld eine Entscheidungsschlacht gegen die Türken verloren. Serbien feierte diesen nationalen Trauertag festlich; in Bosnien und in der Herzegowina war er ein normaler Werktag. Im übrigen hatten die 45% Mohammedaner in Sarajevo keinen Anlaß, Ereignis und Datum als betrüblich anzusehen, da sie die fünfhundertjährige Oberherrschaft der Osmanen begründete. Anders als in der Literatur wiederholt nachdrücklich hervorgehoben und abweichend auch von dem mit einem Geleitwort des damaligen Bundespräsidenten, Gustav Heinemann, publizierten Kantorowicz-Gutachten (Gutachten zur Kriegsschuldfrage 1914, Frankfurt/M. 1967), hat der Tag des erzherzoglichen Besuchs in Sarajevo keine Rolle in der Motivation der Täter gespielt. Ganz zu schweigen davon, daß es im serbisch-orthodoxen Festkalender wohl kaum einen Tag gegeben hat, an dem nicht religiöse Gefühle hätten verletzt werden können.

Als der 84jährige Kaiser Franz Joseph die Nachricht von der Mordtat erhielt, soll er nur geseufzt haben: »Entsetzlich, mir bleibt doch nichts erspart!« (Neues Wiener Tagblatt, 29.VIII.1914). Große Rührung hat der Monarch nicht gezeigt; seine unmittelbare Umgebung registrierte vielmehr ein Gefühl des erleichterten Aufatmens; die drei Waisen – 10, 12 und 13 Jahre alt – empfing er nur kurz. Mehr Zeit nahm sich der Hof für die im Druck verbreitete »Hoftraueransage«, nach der noch in den letzten zwei Wochen, also bis zum 13. August, »die höchsten Frauen und dann die Damen in schwarzer Seide, mit Kopfputz und Garnituren von weißen Spitzen und mit echtem Schmucke, oder in grauem, eventuell weißem Kleide, mit schwarzen Spitzen und mit schwarzem Schmucke oder mit Perlen« zu erscheinen hatten.

Die serbische Presse und Öffentlichkeit zeigten unverhohlen Sympathie für die Attentäter. Die Regierung dagegen veranlaßte nach dem Anschlag sogleich Grenzsicherungsmaßnahmen, die illegale Übertritte wie die der Gruppe um Princip künftig verhindern sollten. Der serbische Ministerpräsident Pasic erklärte der Budapester Zeitung »Az Est«: »Die gegen ganz Serbien gerichteten Angriffe der Österreichischen Presse seien tief betrüblich. Serbien sei an dem Attentat nicht beteiligt. Das Attentat sei von österreichischen Bürgern, ja nicht einmal von Bürgern, sondern von wahnsinnigen Kindern verübt worden.« Österreich-Ungarn brachte sogleich die serbisch-patriotische Geheimorganisation »Landesverteidigung« (Narodna Odbrana) mit den Attentaten in Verbindung. Heute spricht im Gegenteil sehr viel für die Annahme, daß die Geheimorganisation das dilettantisch vorbereitete Unternehmen zu verhindern versucht hat. Unklar ist die Rolle des Chefs der Geheimorganisation »Einheit oder Tod«, Oberst Dragutin Dimitrijevic, genannt Apis. Entweder hat er die jugendlichen, nicht einmal im Schießen ausreichend eingeübten Attentäter ebenfalls von dem Anschlag abhalten wollen oder er hat die Opferung dieser Fanatiker zugunsten seiner weiterreichenden Pläne in Kauf genommen. Demnach soll sein eigentliches Angriffsziel die serbische Regierung gewesen sein, die er durch die Mordaktion in Bedrängnis zu bringen suchte. Alle Spekulationen über Hintermänner in Österreich-Ungarn, Deutschland, Ungarn oder Rußland können als ebenso widerlegt angesehen werden wie ein freimaurerischer Einfluß. Und schließlich muß man noch wissen, daß nach dem Weltkrieg von 1914/18 zahlreiche Angehörige der »Schwarzen Hand« in Wien leben, eine Zeitschrift herausgeben und den serbischen Ministerpräsidenten als Hauptschuldigen propagieren durften.

Die Öffentlichkeit im übrigen Europa war sich in ihrer Empörung über die Mordtat einig. Aber nicht einmal in Österreich-Ungarn gab es eine einheitliche Einschätzung des politischen Verlustes. Eine deutliche Mehrheit sieht in »dem Ende des Erzherzogs und seiner Frau eine glückliche Fügung« und sagt dem Thronfolger »die Fühllosigkeit und Grausamkeit eines asiatischen Despoten« nach, notierte der Monarchist, Politiker und Historiker Josef Redlich am 28. Juni 1914 in seinem Tagebuch. Redlich ist ein intelligenter, selbstkritischer und auch in Details zuverlässiger Zeuge. Er formuliert unmittelbar, will sich nicht rechtfertigen, hat weit gespannte Kontakte und leidet zumeist spürbar unter dem Gehörten, weil er abweichender Meinung ist:

> »Gegen den Erzherzog bestehen tiefe, in breite Volksschichten herabreichende Antipathien. Sein herrisches Wesen, seine Bigotterie, seine in Geldsachen ganz unglaublich kleinliche und unwürdige Art [...], seine jeden edleren Menschen tief verletzende Gewohnheit schimpflichen Mißtrauens, die ihn jeder Denunziation zugänglich machte; dies und die beschränkt-bigotte, intolerante, hochmütige, alles perturbierende Art seiner Gemahlin haben ihn weithin in Österreich und vollends in Ungarn höchst unbeliebt gemacht. [...] Vielleicht wird man sagen dürfen: ›Gott hat es gut gemeint mit Österreich, daß es ihm diesen Kaiser erspart hat‹ [...]« (Redlich, S. 324 f.).

Die Aufbahrung war zeitlich auffallend knapp angesetzt. Die Hofburg hatte Wichtigeres zu tun. Sie bereitete sich bereits auf eine kriegerische Auseinandersetzung vor. Der Außenminister dachte nicht daran, den Mord für einen solidarischen Schritt der regierenden Fürstenhäuser auszunutzen. Dies wäre leicht möglich und erfolgreich gewesen, wenn man in Wien den Bombenwurf und die Schüsse auf den Thronfolger als eine Attacke auf die Monarchie an sich interpretiert hätte. Damit wäre der Vorfall in den Rang eines Anschlags auf das monarchische Prinzip erhoben worden. Die übrigen Monarchen wären in den ersten Tagen an einer gemeinsamen Reaktion interessiert gewesen, die ihre Solidarität gegen Anarchisten und Revolutionäre eindrucksvoll demonstriert hätte. Doch Österreich-Ungarn verfolgte diesen Weg nicht. Auch die von den europäischen Mächten und von den Zeitungen erwartete Strafaktion Österreich-Ungarns gegen Serbien, also der begrenzte und kurze Konflikt, den man in der ersten Erregung geduldet hätte, unterblieb. Aus dem Blut Franz Ferdinands sollten, wie der Mitarbeiter des Außenministers, Baron Leopold Andrian-Werburg schwülstig, aber unmißverständlich erläuterte, »sehr kostbare Früchte für die Monarchie reifen« (Rauchensteiner, S. 68). Dazu benötigte man die Unterstützung des Deutschen Reiches und ein Untersuchungsergebnis aus Sarajevo, das Serbien als Schuldigen offenbarte. In konsequenter Verfolgung dieses Konzepts verbreitete man die Behauptung, hinter allen Aktionen stecke die serbische Regierung und versandte an die Staatsoberhäupter Europas nicht einmal eine Einladung zu den Begräbnisfeiern. Wien war nicht geneigt, sich durch den Staatspräsidenten

Frankreichs, den britischen König oder den Zaren in eine kollektive Verantwortung für den Frieden in Europa einbinden zu lassen. Der Dienstkämmerer nannte das Begräbnis drittklassig: »Hofbeamte, niedrigstes Schranzentum, elendes Natterngezücht, das vor dem Lebenden sich gewunden hatte, bekam jetzt den Kopf hoch [...]«.

Im Herbst 1914 fand trotz der Kriegszeit ein fairer rechtsstaatlicher Prozeß vor dem Kreisgericht von Sarajevo wegen Hochverrats statt. Die Staatsanwaltschaft beantragte, 25 Angeklagte vor das Gericht zu stellen und 80 Zeugen vorzuladen. Man verhandelte zwölf Tage öffentlich in serbokroatischer Sprache – das amtliche Protokoll der Hauptverhandlung gilt ebenfalls als verschollen (s. Abbildungsteil). Den Vorsitz hatte Oberlandesgerichtsrat Alois von Curinaldi, ein vorzüglich kroatisch sprechender Dalmatiner. Er verkündete das Urteil am 28. Oktober. Sieben Angeklagte wurden freigesprochen. Als noch Minderjährige erhielten die beiden Haupttäter und Trifko Grabĕz nicht die Todesstrafe, sondern jeweils zwanzig Jahre schweren Kerker unter verschärften Haftbedingungen in der böhmischen Festung Theresienstadt. Die Verschärfung bestand in einem Fasttag monatlich und einmal jährlich, am Mordtag, in einem harten Lager in einer Einzeldunkelzelle. Im Verlauf der Haftzeit verringerten sich Qualität und Ration des Essens deutlich; winters fror das Wasser in den Krügen ein; die Seifenzuteilung blieb schließlich völlig aus, und frische Wäsche gab es nur einmal monatlich. Franz Werfel berichtet in seinem Kriegstagebuch über einen Besuch bei Čabrinović im Militärkrankenhaus:

> »Ich sehe: Eine weiße, unsäglich schwindende Gestalt hält sich mit phosphorisierender Hand am Eisen der Bettstatt fest. Sie scheint ganz in eine gespenstisch weiße Leinwand gekleidet zu sein, die ihn eng umwindet. [...] Cabrinowitsch stützt die Hand aufs Kavalett und macht mit den Füßen die Bewegung eines Menschen, der stehend in sein Schuhwerk schlüpfen will. Doch tritt er sanft und hartnäckig in ein Nichts. Die übermäßig spitzen Knie stehen gegeneinander, die Beine zittern geschwind und in einem feinen Ausschlagwinkel. [...] Dies Gesicht dort in der Zelle, diese nicht einmal mehr schmerzliche Güte, diese schief geneigte Freundlichkeit, diese verklärte Schwäche, dies wußte ich erschüttert, war das wundervolle entrückte Gesicht des *Allerletzten* [so im Original], dessen, der aus der Mitte gestoßen ist, der am äußersten Rand der Menschheit steht« (Die Neue Rundschau, 2.V.1923).

Die drei Hauptattentäter starben nach kurzer Zeit an Tuberkulose; Čabrinović am 23. Januar 1916, Grabĕz am 21. Oktober 1916, Princip am 28. April 1918, nachdem ein Selbstmordversuch (Januar 1916) fehlgeschlagen und ihm ein Arm amputiert worden war (April 1916). Das Gericht verhängte 1914 außerdem noch elf weitere Kerkerstrafen – darunter waren mehrjährige an vier Schüler und zwei Handelsakademiker; ein 60jähriger Bauer, der Kontaktmann gewesen war, erhielt lebenslänglich. Drei der fünf

Todesurteile ließ der Staat vollstrecken. Das Gnadengesuch war bei zwei Kontaktmännern, den Landarbeitern Jakov Milović (43 Jahre) und Nedjo Kerović (28 Jahre), erfolgreich gewesen. Der Henker Alois Seefried vollzog das Urteil im Hof des sog. Defensivlagers von Sarajevo durch den Strang am 3. Februar 1915. Zuerst – dies galt als Milde – richtete er den 28jährigen Lehrer Veljko Čubrilović. Er war Bezirksvertrauensmann der »Landesverteidigung«, Militärspion und hatte die Waffen für die Attentäter transportiert. Als zweiter starb der 36jährige Kaufmann, Grundbesitzer und Bioskop-Inhaber Miško Jovanović aus Tusla. Er war ebenfalls als Mitglied der »Landesverteidigung« und Spion erkannt worden, hatte die Bomben aufbewahrt und in einer Zuckerschachtel transportiert. Zuletzt und damit strafverschärfend mußte der 24jährige Lehrer, Übersetzer und Journalist Danilo Ilic sterben. Er war Mitglied der »Schwarzen Hand« und galt als Hauptorganisator des Anschlags. Er hatte die Waffen verteilt, die Jugendlichen erst für den »Tyrannenmord« begeistert, sie dann aber an den Untersuchungsrichter verraten und schließlich beteuert, persönlich gegen das Attentat gewesen zu sein.

Die Wirkungsgeschichte der Attentate ist vielschichtiger und komplizierter als allgemein angenommen wird. Die Morde wurden von den verantwortlichen Politikern Österreich-Ungarns und des Deutschen Reiches frühzeitig uminterpretiert und instrumentalisert. Am 1. Juli erklärte der ungarische Ministerpräsident seinem Kaiser lapidar: »Ist einmal der Zeitpunkt zum Losschlagen gekommen, so kann man aus den verschiedenen Fragen einen Kriegsfall aufrollen.« Kaiser Franz Joseph behauptete in seinem Handschreiben an Wilhelm II. (2. VII. 1914), der Anschlag stelle ein »wohlorganisiertes Komplott« dar. Die Mordtat sollte dazu dienen, ältere Konflikte zu bereinigen und bereits länger bestehende internationale Schwierigkeiten machtvoll zu Gunsten der Mittelmächte zu beseitigen. Der österreichische Botschafter in Berlin hielt am 12. Juli »die politische Konstellation gegenwärtig für uns so günstig wie irgend möglich«, denn der deutsche Kaiser habe eine Woche zuvor seine Bundestreue uneingeschränkt zugesichert und zeige einen »unbegrenzten Enthusiasmus für unseren allergnädigsten Herrn«. Deshalb kann es nicht überraschen, daß die Attentate sogleich und später die Bereitschaft der Mittelmächte zum Krieg zu rechtfertigen hatten. Eine Kriegseuphorie in der Öffentlichkeit hat es in den Wochen vor dem Ultimatum Österreich-Ungarns an Serbien am 21. Juli ebensowenig gegeben wie eine allgemein verbreitete Furcht vor einem großen Krieg. Auf dem Balkan hatte es in der Vergangenheit zu häufig Krisen gegeben.

In einer Überblicksgeschichte zu Attentaten in der Weltgeschichte finden die »Morde von Sarajevo« ihren Platz vorrangig wegen ihrer direkt auf den Weltkrieg von 1914/18 bezogenen Wirkungsgeschichte. Die Namensgebung signalisiert bereits die fehlende Eigenständigkeit und relativiert den

Rang des Opfers. Das politische Attentat ist ein Fanal. Als Ausnahmeereignis trägt es einen Namen; nicht einen beliebigen, sondern einen bestimmten. Im Rechtsstaat ist es in der Regel der Name des Opfers. Der Getötete verschafft dem Vorgang seine spezifische Bedeutung. Sein Name besetzt fortan die Erinnerung und prägt die Interpretationen. Wir erinnern uns mit den Namen Rabin, Sadat und Kennedy an die Vorfälle, jedoch nicht in ähnlicher Intensität und im gleichen Maß an Jigal Amir, Chaled Ahmed Schawki el-Islambuli und Harwey Lee Oswald. Im Fall des Thronfolgers war es anders. Obwohl er das unschuldige Opfer einer politischen Fehleinschätzung und eines blinden Hasses gewesen war, schrieb die internationale Presse nur in den ersten Tagen »Der Mord an Franz Ferdinand«, »Das Attentat auf den Thronfolger« oder »... auf Erzherzog Franz Ferdinand«. Im Verlauf weniger Tage verwandte sie gleichrangig »Das Attentat von Sarajevo«, »Die Tragödie von Sarajevo« oder »Der Mord auf dem Balkan«, dann aber wählte man diese allgemeine Bezeichnung nahezu ausschließlich.

In der veränderten Wortwahl spiegeln sich die neue Argumentations- und Interpretationsebene. Mit der nach dem 20. Juli auch in der Öffentlichkeit zunehmend erkennbareren Verschärfung des österreichischen Kurses ging der terminologische Wechsel in der Publizistik einher. Der große Krieg wurde denkbar. Es ging nicht mehr hauptsächlich um Österreich und Serbien, sondern um die internationale Politik, um »ganz Europa« (Corriere della Sera) und das Bündnissystem (Figaro, Times). Die Person des Thronfolgers, sein Name und damit auch sein Schicksal verschwanden zu Gunsten des Ortes, dem Balkan, aus dem öffentlichen Gespräch, den Zeitungsartikeln und aus den Reden der Politiker. Politische Erwägungen und diplomatisches Kalkül beherrschten nunmehr das Terrain. Die Umbenennung rückte erfolgreich die geographische und politische Nähe zum gebranntmarkten Anstifter Serbien ins öffentliche Bewußtsein und verdeutlichte damit die enge Beziehung zum Thema »Großer Krieg«. Weil das öffentlich negativ profilierte Opfer keine »Vaterfigur« darstellte, konnte es schnell hinter die Staatsnotwendigkeiten zurücktreten. Nicht einmal seine Ermordung hatte Franz Ferdinand charismatischen Glanz verliehen. Mit seinem Tod schloß das Zeitalter Habsburgs auf eine gedämpft-spektakuläre Art. Von dem längst in erstarrter Routine regierenden Kaiser konnten keine Impulse mehr ausgehen. Die Vorbereitung der militärischen Auseinandersetzungen hatten Priorität. Ihr Erfolg führte in die wahre Katastrophe und beschleunigte den Untergang des Reiches.

Im Fall der Attentäter sind die publizistisch-politische Eliminierung des Namens und der Person noch auffallender und gravierender. In einem Rechtsstaat steht der Mörder grundsätzlich verfemt im Dunkeln. Der Leitartikler des »Potsdamer Intelligenzblatts« (146, 20.X.1898) artikulierte die vorherrschende öffentliche Meinung: »Wer der menschlichen Gefühle und

Empfindungen so bar ist wie der anarchistische Mörder, der hat seinen Anspruch darauf, als Mensch behandelt zu werden, verloren; wer der Menschheit mit demselben Blutdurst und derselben ungezähmten Wildheit gegenübertritt wie die unter der Tropensonne geborene Bestie [der Tiger], der kann sich nicht beklagen, wenn die Gesellschaft ihn auch als Bestie behandelt [...].« Der Mörder ist gemeinhin höchstens für Psychopathen und Revolutionäre, für Psychologen oder Historiker interessant. Seinen Namen marginalisiert die Geschichte. Er steht für eine Ideologie oder irgendeine Form des politischen Messianismus, für Fanatismus, Radikalismus oder schlicht für Irrsinn. Allein der Name des Ermordeten ruft in einem Rechtsstaat die Bluttat ins Bewußtsein. Er erinnert darüber hinaus auch an die historische Zäsur, an ein gescheitertes partei-, wirtschafts- oder gesellschaftspolitisches Programm, an zerstörte Visionen und an zerschlagene Hoffnungen.

Es dürfte aufschlußreich sein, einmal den Täter-, aber auch den Opfertypus systematisch zu untersuchen. Eine befriedigende wissenschaftliche Studie über das Attentat in der Geschichte gibt es nicht. Die Terminologie ist uneinheitlich und ungenau. Es wird nicht einmal zwischen Attentaten in einer demokratischen Rechtsordnung und in diktatorialen oder totalitären Systemen scharf unterschieden. In letzter Zeit hat ein Buch die Begriffsverwirrung noch gesteigert. Ich meine die Darstellung des Widerstands im deutschen Militär gegen Hitler. Der Autor, Joachim Fest, nennt das Attentat von Stauffenberg ohne nähere Begründung »Staatsstreich« (Berlin 1994), obwohl dieser Begriff verfassungsrechtlich und politisch klar konturiert und unstrittig ist. Das ebenfalls im Siedler-Verlag erschienene Sachbuch von Jörg Uthmann zum Attentat enttäuscht, weil es sprachlich gewandt, aber im sachlichen Detail als zu lässig über das weite Feld der Weltgeschichte streift und sich dabei vorrangig auf äußere Ereignisse beschränkt. Die Ereignisse stellt Uthmann bei wichtigen Vorgängen nicht korrekt dar – er läßt u.a. den Erzherzog am Tag vor dem Attentat in Sarajevo auftreten; außerdem beschreibt und bewertet er sie von einem unbefriedigenden Kenntnisstand aus. Anspruchsvollere und grundsätzliche erste Hinweise zu unserem Thema findet man in einer kleinen von dem amerikanischen Soziologen Eric Hofer publizierten Studie zum Agitator in der Massengesellschaft. Sie erschien 1965 in Rowohlts deutscher Enzyklopädie, ist aber längst vergriffen (Der Fanatiker, eine Pathologie des Parteigängers).

Im Rechtsstaat gewinnt der Attentäter also ausschließlich im Zusammenhang mit seinem Opfer eine ephemere Aufmerksamkeit. Selten führt dieser Absturz ins kollektive Ignorieren so weit wie bei den Attentätern von Sarajevo. Princips Mittäter vergaß die Öffentlichkeit am schnellsten. Sein Name blieb zwar im öffentlichen Bewußtsein länger verhaftet, doch nicht als Kennzeichnung seiner Person und Motive, sondern als Verweis auf die behauptete Verschwörung und damit zur Legitimierung der Entscheidung für den Krieg. Princips erinnerte man sich hauptsächlich wegen der emotionalisierten Debatte um die Kriegsschuldfragen. Der Attentäter als Person wurde dagegen nicht nur namen-, sondern auch konturenlos. Nicht einmal seinen Schritt in die Weltgeschichte, den spektakulären Mord, hielt man auf der biographisch-persönlichen Ebene für belangvoll. In Ermangelung einer Photographie von der Tat selbst begnügte man sich mit einer Situationsaufnahme aus den Minuten danach. Sie zeigt eine Verhaftungsszene. Jahrzehntelang interessierte sich offensichtlich niemand für eine zweifelsfreie Identifizierung (s. Abbildungsteil).

Die BBC-Timewatch verwendete das Photo in ihrem im Sommer 1994 in den europäischen Staaten, den USA und Japan ausgestrahlten Film »Seeds of War«. In den Zeitungen taucht diese bewußte Aufnahme immer wieder auf. Die deutsche Wochenzeitung »Die Zeit« ließ am 11. August vergangenen Jahres den Althistoriker Christian Meier Unterschiede zwischen der Situation auf dem Balkan von 1914 und 1995 ganzseitig herausarbeiten, um damit Ängsten vor einer Wiederkehr des weltweiten Völkermordens entgegentreten zu können. Die Redaktion schmückte den Artikel mit dieser Photographie, doch zeigt sie nicht, wie weithin angenommen, die Festnahme des Princip oder Čabrinović, sondern die eines unbedeutenden Mitverhafteten.

Die Attentate von Čabrinović und Princip sind an sich kein großes Thema. Erst in ihrer Verbindung zum Großen Krieg und der bis heute anhaltenden Debatte um die »Kriegsschuldfrage« erfuhren sie indirekt einen außerordentlichen Bedeutungsgewinn. Als das Ultimatum Österreichs der Öffentlichkeit massenwirksam vorgestellt wurde, war von einer Erschütterung über den Mordfall längst nichts mehr zu spüren. Vom Mord an dem ungeliebten Thronfolger führte kein direkter Weg in die Urkatastrophe unseres Jahrhunderts. Die Politiker haben den Krieg teils militärisch und politisch vorbereitet, teils in Kauf genommen, teils mit immer großzügiger werdenden politischen Zusagen »entfesselt«. Die »Ermordung des Thronfolgers« oder das »Attentat von Sarajevo« markieren oder begründen nicht den Weltkrieg von 1914/18. Der Mordtat vom 28. Juni kommt lediglich Symbolcharakter zu.

Alle Bemühungen um eine Aufhellung der Attentate waren von Versuchen begleitet, Dokumente zu unterdrücken oder sogar verschwinden zu lassen. Andere Akten sperrte man mit dem Hinweis, sie seien Kriegsbeute oder mit der Schuldfrage verquickt. Polizei- und Justizbehörden haben nicht nur 1914, sondern auch später – und dann unterstützt von Archivaren – die Tatsachenfeststellung erschwert. Das Hitler-Regime und die jugoslawischen Regierungen veranstalteten regelrechte »Archivalienjagden«. Serbische Historiker unterdrückten Aktenstücke, andere Historiker taten sich schwer dabei, Quellen auf ihre Authentizität hin zu prüfen und vorurteilslos zu interpretieren. Und diese Vorgänge spielten sich nicht nur »hinten auf dem Balkan« ab, sondern auch in Deutschland, als in der Auseinandersetzung mit der Auffassung von Fritz Fischer, das Deutsche Reich sei kriegsbereiter gewesen als bislang angenommen, Gegenargumente begehrt waren. An einem spektakulären Fall, der Edition der Tagebücher Kurt Riezlers aus der Julikrise von 1914, ließ sich aufdecken, wie selbst ein renommierter Kontrahent Fischers, Karl Dietrich Erdmann, flüchtig, unkritisch, fehlerhaft und mißverständlich Dokumente bearbeitet und exklusiv – im Bundesarchiv blieben sie sogar noch im Anschluß an die Publikation gesperrt – in die Debatte eingeführt hatte, um über eine scharf geschliffene Waffe gegen Fischer zu verfügen.

Das öffentliche Interesse an einer Aufhellung der Ursachen des Weltkriegs von 1914/18 hält bis heute an, weil mit ihr nicht nur Aufklärung über historische Vorgänge verbunden ist, sondern die kritische Vergewisserung unserer heutigen Situation in der Welt. Der Krieg zu Beginn des Jahrhunderts hat Probleme von Politik und Diplomatie sowie Fragen nach Verantwortung, Moral und Recht so prinzipiell aufgezeigt, daß sie, zusammen mit den sichtbaren Folgen, uns immer noch beschäftigen. Das Fachwissen über die Kriegsepoche ist groß, doch auch nach acht Jahrzehnten sind immer noch nicht alle Archivalien uneingeschränkt zugänglich. In einer breiteren Öffentlichkeit herrschen immer noch publikumswirksam aufbereitete Vereinfachungen vor. Wie wirkungsmächtig Vorurteile und Legenden sein können, beweist nicht nur die Lektüre geschichtlicher Darstellungen, sondern noch nachdrücklicher ein Blick auf die aktuelle Medienberichterstattung. Sogar der beste Kenner zum Thema »Sarajevo« spricht im Vorwort seines Buches in irreführender Weise von der »Kettenreaktion«, die das Attentat ausgelöst und zum Weltkrieg geführt habe (Würthle, Spur, S. 9). Journalisten zeigen bei dem Stichwort »Sarajevo« noch geringere Hemmungen. Sie demonstrieren an ihm immer wieder die drängende Gefahr eines weltweiten Krieges. Die Geschichtsklitterung könnte nicht größer sein. Denn in diesen Analogien rückt »Der Mord in Sarajevo« in einen unmittelbaren und direkten Zusammenhang mit dem Weltkrieg von 1914/18. Das Attentat auf den Erzherzog Franz Ferdinand auf dem Balkan Ende Juni 1914 führte nicht zur Politik des gewagten Handelns Ende Juli in Europa, aber es erleichterte die Planung der Staatsmänner, die den großen Krieg bewußt in ihr Kalkül mit einbezogen hatten. Die Kriegsbereitschaft der österreichischen und russischen Regierung und die Auffassung der deutschen Regierung, »einmal werde der Krieg ja doch kommen« und jetzt sei die Situation »sehr günstig« (Staatssekretär Gottlieb von Jagow zu dem Chefredakteur Theodor Wolff, 25.VII.1914), gründeten sich auf weitgespannte machtpolitische, wirtschaftliche und militärische Vorstellungen über eine Umgestaltung der europäischen Verhältnisse. Die österreichisch-serbische Szene ist nicht der erste Akt der europäischen Tragödie.

Literatur

Aichelburger, Wladimir: Sarajevo, 28. Juni 1914. Das Attentat auf Erzherzog Franz Franz Ferdinand von Österreich–Este in Bilddokumenten, Wien 1884.
Cassels, Lavender: Der Erzherzog und sein Mörder, Wien 1988.
Dedijer, Vladimir: Die Zeitbombe, Sarajevo 1914, Wien 1967.
Fischer, Fritz: Krieg der Illusionen. Die deutsche Politik von 1911 bis 1914, Düsseldorf 1969.
Fronius, Hans: Das Attentat von Sarajevo, Graz 1988
Gooß, Roderich: Das österreichisch-serbische Problem bis zur Kriegserklärung Österreichs-Ungarns an Serbien, Berlin 1930.
Kantorowicz, Hermann: Gutachten zur Kriegsschuldfrage 1914, hrsg. von Immanuel Geiss, Frankfurt/M. 1967.
Rauchensteiner, Manfried Der Tod des Doppeladlers. Österreich-Ungarn und der 1. Weltkrieg, Graz 1993.
Redlich, Josef: Das politische Tagebuch 1908–1919, hrsg von Fritz Fellner (Veröffentlichungen der Kommission für neuere Geschichte Österreichs 39), 2 Bde., Graz 1953.
Riezler, Kurt: Tagebücher, Aufsätze, Dokumente, hrsg. von Karl-Dietrich Erdmann (Deutsche Geschichtsquellen des 19. und 20. Jahrhunderts 48), Göttingen 1972.
Rohwer, Jürgen (Hrsg.): Neue Forschungen zum ersten Weltkrieg. Literaturberichte und Bibliographien, Koblenz 1985.
Sösemann, Bernd: Die Riezler-Tagebücher; in: Historische Zeitschriften 236 (1983), S. 327–369.
ders.: Medien und Öffentlichkeit in der Julikrise 1914; in: St. Kronenburg/H. Schichtel (Hrsg.), Aktualität der Geschichte. Historische Orientierung in der Mediengesellschaft, Gießen 1996, S. 193–232.
Weissensteiner, Friedrich: Franz Ferdinand. Der verhinderte Herrscher, Wien 1984.
Wolff, Theodor: Tagebücher 1914–1919, hrsg. von Bernd Sösemann (Deutsche Geschichtsquellen des 19. und 20. Jahrhunderts 54 I/II), 2 Bde., Boppard/Rh. 1984.
Würthle, Friedrich: Die Spur führt nach Belgrad. Die Hintergründe des Dramas von Sarajevo 1914, Wien 1975.
ders.: Dokumente zum Sarajevoprozeß. Ein Quellenbericht (Mitteilungen des österreichischen Staatsarchivs, Ergänzungsbd. 9). Wien 1978.

Martin Sabrow

Mord und Mythos

Das Komplott gegen Walther Rathenau 1922

I.

Aus der endlosen Kette politischer Gewalttaten in der Weimarer Republik ragt das Attentat auf Walther Rathenau am 24. Juni 1922 in eigentümlicher Weise hervor: Der Mord am deutschen Reichsaußenminister, der die junge Republik eines ihrer besten Köpfe beraubte, erregte in der deutschen Öffentlichkeit politische Anteilnahme wie nur wenige andere Ereignisse dieser vierzehn Jahre und blieb in ihren Umständen und Zusammenhängen gleichwohl bis in die Gegenwart von einem rätselhaften Schleier des Geheimnisses umgeben. Nur oberflächlich vermochte der zuständige Staatsgerichtshof in Leipzig im Oktober 1922 die Hintergründe des Anschlages zu erhellen, und er leistete auf diese Weise selbst den Mythenbildungen Vorschub, die die spätere Erinnerung der Nachwelt an das Verbrechen bestimmen sollten.

In die verborgenen Hintergründe des Mordkomplotts gegen Walther Rathenau und die Ursachen ihrer langanhaltenden Verdunkelung will ich im folgenden hineinzuleuchten versuchen[1] und mit der Schilderung eines Augenzeugen beginnen, der an diesem 24. Juni 1922 kurz vor elf Uhr morgens von einer Baustelle in der Berliner Koenigsallee aus beobachtete, daß sich aus Richtung Grunewald zwei Autos näherten: »In dem vorderen, langsamer fahrenden Wagen, der etwa die Mitte der Straße hielt, saß auf dem linken Rücksitz ein Herr, man konnte ihn genau erkennen, da der Wagen ganz offen, auch ohne Sommerverdeck war. In dem hinteren, ebenfalls ganz offenen Wagen, einem großen sechssitzigen, dunkelfeldgrau gestrichenen starkmotorigen Tourenwagen saßen zwei Herren in langen nagelneuen Ledermänteln mit ebensolchen Lederkappen, die nur eben noch das Gesichtsoval freiließen. Man sah, daß sie völlig bartlos waren, Autobrillen trugen sie nicht. Das größere Auto überholte den kleineren Wagen, der langsamer fast auf den Schienen der Straßenbahn fuhr, wohl weil er zu der großen S-Kurve der Königsallee ausholen wollte, auf der rechten Straßenseite und drängte ihn stark nach links, fast an unsere Straßenseite heran. Als der große Wagen etwa um eine halbe Wagenlänge voraus war und der einzelne Insasse des anderen Wagens nach rechts hinübersah, ob es wohl einen Zusammenstoß geben würde, bückte sich der eine Herr in dem feinen Ledermantel nach vorn, ergriff eine lange Pistole, deren Kolben er in die Achselhöhle einzog, und legte auf den Herrn in dem anderen Wagen an.«[2] Der dort an diesem regnerischen Sonnabendmorgen zigarrerauchend im offenen Fond seines NAG-Wagens saß, war Walther Rathenau – einer der bekanntesten Repräsentanten der jungen Republik, prominent gleichermaßen als AEG-Präsident, Sozialphilosoph und Staatsmann und seit dem 1. Februar des Jahres deutscher Außenminister. Vor kurzem erst war er von einer Konferenz der ehemaligen Kriegsgegner aus Genua zurückgekehrt, in deren Verlauf er ein Ausgleichsabkommen mit Sowjetrußland abgeschlossen hatte, das als Rapallo-Vertrag in die Geschichte einging und das faktische Ende der von ihm selbst konzipierten Verständigungspolitik mit der Entente bedeutete. Die Abkehr von einer Außenpolitik, die die Revision des Versailler Vertrag durch den ehrlichen Versuch seiner Erfüllung hatte erzwingen wollen, beschäftigte Rathenau noch in seinen letzten Lebensminuten. Bevor er sein Haus verließ, notierte er vielsagend und vieldeutig auf einem Schreibblock: »Gesamtrahmen d.[er] Pol.[itik]« – und darunter: »Unerfüllbar«.[3]

Zehn Minuten später sank er, von fünf Kugeln und einer Handgranate tödlich getroffen, in die Polster seines Wagens zurück, der in einer S-Kurve der Koenigsallee zum Stehen kam, während seine Mörder sich in rasender Fahrt durch die Wallotstraße von dem offenbar mit Bedacht gewählten Ort ihres Überfalls entfernten. Die Nachricht von dem Verbrechen verbreitete sich in Berlin wie ein Lauffeuer. Kurz nach elf Uhr erreichte ein Telefonanruf die Runde leitender Beamter des Auswärtigen Amts, die sich in Erwartung des Ministers zur üblichen Morgenbesprechung versammelt hatten. Um 11 Uhr 25 übermittelte der Reichskanzler die Nachricht dem Reichstag, zwei Stunden später erschienen in Berlin die ersten Extrablätter mit der amtlichen Mitteilung vom Tode des Ministers, und am Abend machten sämtliche Abendausgaben der zweimal täglich erscheinenden Berliner Zeitungen mit dem Rathenaumord auf.

Wie die Schreckensnachricht auf Zeitgenossen wirkte, überliefert Hermann Sudermann, der ebenfalls in der Villenkolonie Grunewald wohnte und gegen Mittag des 24. Juni aus der Stadt heimkehrte: »Straßenbahnschaffner sagt uns, ein Schupo habe ihn nach einem Auto mit 3 in Leder gekleideten Männern gefragt, in der Erdener Straße sei ein Mord geschehen, wahrscheinlich ein politischer. Und an der Ecke stehen Gruppen erregter Maurer. (...) In der Trabenerstraße sagt ein Schupo, von einem Mord in der Erdener Straße wisse er nichts, aber er habe zwei Frauen sagen hören, der ›Präsident‹ Rathenau sei ermordet. Ich eiskalt vor Entsetzen und hoffend, es sei nicht wahr, renne die paar Schritte zu Rathenaus Haus, sehe Autos zu Hauf und flüsternde Gruppen – frage – ja, es sei wahr. (...) Der Diener packt losweinend meine Hand. Und dann gehen wir ins Arbeitszimmer. Da liegt vorm Schreibtisch auf der Erde, mit weißem Laken bedeckt, ein längliches Etwas. Schlage das Laken zurück: Sein Gesicht, der rechte Unterkiefer durch eine drei Finger breit klaffende Wunde gespaltet, der weißgewordene Spitzbart durch darüber geronnenes Blut wieder braun.«[4]

Was Rathenaus Freunde in ohnmächtige Trauer versetzte, löste in der Öffentlichkeit eine in der Geschichte der ersten deutschen Republik beispiellose Erregung aus. Die politischen Reaktionen auf das Attentat sprengten jedes Maß, zeitweilig schien das Land am Rande des Bürgerkriegs. Auch ein so besonnener Beobachter wie Rathenaus späterer Biograph Harry Graf Kessler vertraute seinem Tagebuch an: »Ossietzky hat eben telefoniert, Rathenau ist ermordet. Ich war wie vom Schlag gerührt. Dann kam die Besinnung. Jetzt muß der Reichstag aufgelöst und endlich mit den Mördern von der Rechten wie Helfferich usw. abgerechnet werden. Helfferich ist der Mörder, der wirkliche, verantwortliche.«[5]

Tumultuarische Szenen spielten sich im Reichstag ab. Gelähmt verharrten die Volksvertreter, als Reichstagspräsident Löbe die eben eingelaufene Nachricht über den Anschlag auf den Außenminister mitteilte, der tags zuvor noch in einer Hetzrede seines deutschnationalen Feindes Karl Helfferich als Erfüllungspolitiker scharf angegriffen worden war. Dann brach ein Sturm los. Abgeordnete drangen auf den blaß in seiner Bank sitzenden Helfferich ein und schickten sich an, ihn unter »Mörder, Mörder«-Rufen aus dem Saal prügeln; Fraktionskollegen mußten Helfferich vor den Angriffen schützen, die ihren Höhepunkt erreichten, als ihm zu allem Überfluß ein deutschnationaler Verehrer einen Blumenstrauß mit schwarz-weiß-roter Kokarde auf das Pult legen ließ.

Diese Szenen, die sich in ähnlicher Form auch in mehreren Länderparlamenten wiederholten, waren der Ausdruck einer schlagartig entfachten Massenbewegung, die von der Arbeiterschaft bis weit in das bürgerliche Lager reichte. Millionen trieb die Empörung über den gegenrevolutionären Terror in den Tagen nach dem 24. Juni zu Protestkundgebungen und Trauerumzügen auf die Straße. Die Ohnmacht gegenüber einem Gegner, der sich im Dunkeln verbarg und nicht zu fassen war, ließ mancherorts Demonstranten Jagd auf rechtsstehende Politiker machen und anderswo auf schwarz-weiß-rote Fahnen oder königliche Hoflieferantenschilder. Wer monarchistisch dachte, duckte sich in diesen Tagen. Presseberichterstatter notierten, daß in den Straßenbahnen deutschnationale und erst recht völkische Abzeichen verschwunden waren. In Heidelberg wurde ein rechtsgerichteter Physiker, der die eintägige Arbeitsruhe zur Ehrung des Toten demonstrativ mißachtete, in Schutzhaft genommen, sein Seminar mit Gewalt gesprengt. Über alle politische Gegnerschaft hinweg fanden sich die beiden sozialdemokratischen Parteien und der Allgemeine Deutsche Gewerkschaftsbund mit der KPD im gemeinsamen Aufruf zu einem landesweiten Generalstreik für den 27. Juni, den Tag der Beisetzung Rathenaus, zusammen. Seine Wucht und Geschlossenheit übertraf die Erwartungen der einen, die Befürchtungen der anderen so sehr, daß ausländische Beobachter wie der englische Botschafter d'Abernon den Eindruck gewannen, daß Deutschland am Vorabend einer zweiten Revolution stehe.

Auch die Reichsregierung ließ keinen Zweifel daran, daß die Zeit des Lavierens vorbei sei. Reichskanzler Wirth nutzte seinen bewegenden Nachruf auf den toten Freund und Kollegen, um mit einer der Sozialdemokratie entlehnten und seither berühmt gewordenen Formulierung die Rechte im Reichstag *en bloc* auf die Anklagebank zu setzen: »Da steht der Feind, der sein Gift in die Wunden eines Volkes träufelt. – Da steht der Feind – und darüber ist kein Zweifel: dieser Feind steht rechts.«[6] Von der Bewegung, die diese leidenschaftliche Parteinahme des Kanzlers unter den Zuhörern auslöste, gibt noch das nüchterne Sitzungsprotokoll Auskunft: »Stürmischer, langanhaltender Beifall und Händeklatschen in der Mitte und links und auf sämtlichen Tribünen. Große, langandauernde Bewegung.« Wirths Rede wurde gemäß Reichstagsbeschluß im ganzen Reich als Plakat öffentlich angeschlagen. Es blieb nicht bei Worten. In schneller Folge traten Republikschutzverordnungen in Kraft, die später – in allerdings abgeschwächter Form – Gesetz wurden und zum Schutz der republikanischen Staatsform das Verbot von republikfeindlichen Vereinen, Versammlungen und Publikationen ebenso vorsahen wie die Aburteilung von Angriffen auf die Republik und ihre Repräsentanten vor einem neu zu errichtenden Staatsgerichtshof.

Aus dem Abstand des späteren Rückblicks scheint sich die Wucht der öffentlichen Erregung zwanglos aus der Bedeutung des Ermordeten zu erklären und aus dem Verlust, der dem Land durch den Tod des international respektierten Architekten der Verständigungspolitik mit den Siegermächten, des jüdischen Intellektuellen und des Weltgeltung genießenden *homme de lettres* erwachsen war. Doch solche Betrachtung verkennt, daß das in politische Teilkulturen zerfallene Deutschland der Nachkriegsjahre Rathenau zu seinen Lebzeiten weit weniger vorbehaltlos akzeptiert hatte, als es unter dem Schock seiner Ermordung scheinen mochte. Der 1867 geborene Sohn des späteren AEG-Gründers Emil Rathenau hatte schon früh erfahren müssen, daß auch die Zugehörigkeit zur wirtschaftlichen Elite in Deutschland nicht vor sozialer Diskriminierung schützte, als ihm nämlich wegen seiner jüdischen Herkunft die ersehnte Ernennung zum Reserveoffizier verwehrt blieb. Er hatte diese Verletzung zeitweilig mit einer Haltung kompensiert, die später gelegentlich – und überspitzt – als ›antijüdischer Selbsthaß‹ etikettiert werden sollte und mit seinem »Höre, Israel!« betitelten Erstlingsaufsatz 1897 in der Zukunft Maximilian Hardens ein Bild des nach Berlin und Preußen eingewanderten Ostjuden gezeichnet, das Antisemiten in der Folge genüßlich zitierten – und gegen ihren Autor verwendeten.

Mit seiner steilen Karriere in der AEG und in anderen Wirtschaftsunternehmungen, die ihn, den Inhaber von über 80 in- und ausländischen Aufsichtsratsmandaten, zu einem der mächtigsten Männer Deutschlands gemacht hatte, waren Rathenaus vielfältige Begabungen durchaus nicht erschöpft worden. Der Industrielle publizierte gleichzeitig sozialphilosophische Betrachtungen, die hohe Auflagen erreichten und ihm später die Ehre einer Gesamtausgabe im S. Fischer-Verlag eintrugen; er schwankte mehrfach, ob er sich nicht ganz seinen künstlerischen Neigungen widmen sollte, die er als Architekt seines Hauses in Grunewald ebenso bewiesen hatte wie bei der Restaurierung eines 1909 erworbenen Hohenzollernschlößchens in der Mark Brandenburg.

Mehrfach auch hatte Rathenau im kaiserlichen Deutschland zum Sprung in die Politik angesetzt, aber erst 1914 mit dem Auftrag zur Organisierung der deutschen Kriegsrohstoffversorgung ein öffentliches Amt erhalten. Dank seiner Verdienste um die deutsche Kriegführung im Ersten Weltkrieg, die er durch diese von ihm selbst angeregte Zentralbewirtschaftung aller kriegswichtigen Rohstoffe in mancher Hinsicht erst möglich gemacht hatte, genoß er um 1915/16 als Vater des ›wirtschaftliche Generalstabes‹ und ›zweiter Hindenburg‹ breiten Respekt und stieg sogar zum zeitweiligen Berater Ludendorffs auf.

Doch mit dem fallenden Kriegsglück sank auch sein Stern. Ludendorff verübelte ihm die Kritik am uneingeschränkten U-Bootkrieg; das anschwellende Lager der Antisemiten sah in ihm den Kriegsgewinnler, der seiner AEG in der Kriegsrohstoffversorgung ein Monopol verschafft habe. Vollends ein unglücklicher Aufruf zur *levée en masse* in der *Vossischen Zeitung* vom 7. Oktober 1918, mit der Rathenau die deutsche Verhandlungsposition in den kommenden Waffenstillstandsverhandlungen hatte stärken wollen, machte ihn im kriegsmüden Deutschland zur unmöglichen Figur. In der Revolution, die doch viele seiner sozialpolitischen Gedanken aufnahm, spielte er keine Rolle. Eine von Auslandsdeutschen angeregte Kandidatur zum Reichspräsidenten stieß in der Weimarer Nationalversammlung auf einen solchen Heiterkeitsausbruch, daß die Sitzung unterbrochen werden mußte, weil die Abgeordneten sich vor Lachen auf die Schenkel schlugen und »beseligt auf ihren Sitzen kugelten«, wie Rathenau verbittert notierte.[7] Erst als die Republik nach dem gescheiterten Kapp-Lüttwitz-Putsch vom März 1920 ihre Kräfte zu sammeln gezwungen war, trat er, der sich der Deutschen Demokratischen Partei (DDP) angeschlossen hatte, wieder politisch in Erscheinung, wurde vom Zentrumspolitiker und Reichskanzler Wirth im Mai 1921 zum Wiederaufbauminister und Ende Januar 1922 in das Amt berufen, das ihn fünf Monate später das Leben kosten sollte.

In der Zwischenzeit hatte die nach dem Krieg zunächst von links und rechts gleichermaßen starke Distanz zu dem jüdischen »Wirtschaftsdiktator«[8], »Schloßbesitzer und Mehrheitssozialisten«[9] Rathenau ihren Schwerpunkt eindeutig nach rechts verlagert. Verstummt war Tucholskys Spott auf »dieses geölte Diktaphon«, das sich mit byzantinischem Opportunismus zu allem und jedem äußere[10], vergessen der Protest, »daß aus einer

Grunewald-Villa heraus einem Volk, das fünfzig Monate lang diese ungeheuern Opfer gebracht hat, mit künstlich hären gemachter Stimme die Mahnung zugeschleudert« wurde, im Interesse der Kriegsgewinnler immer weiter sein Blut zu vergießen[11].

Während das Urteil der Linken milder wurde, schwoll unter dem Gefühl der erdrückenden Kriegsniederlage die konservative Gegnerschaft auf den Mann, der schon bei Kriegsausbruch gewußt haben wollte, daß der Deutsche Kaiser niemals »als Sieger der Welt, mit seinen Paladinen auf weißen Rossen durchs Brandenburger Tor zieht«[12], und selbst bekannt hatte: »Dreihundert Männer, von denen jeder jeden kennt, leiten die wirtschaftlichen Geschicke des Kontinents und suchen sich Nachfolger aus ihrer Umgebung.«[13] Auch die von Rathenau kreierte ›Erfüllungspolitik‹ bediente in den revanchedurstigen und realitätsblinden Kreisen der Rechten das Klischee des jüdischen Volksverderbers. Völkische Hetzredner und Zeitschriften geißelten den Juden, der eine antisemitische Schmähschrift verfaßt habe, den Blutsauger, der im Krieg als Leiter der Kriegsrohstoffabteilung das Land ruiniert habe, den »Fremdling aus Judaan«, der sich als »Gerichtsvollzieher der Entente« betätige.[14] Ludendorff berief sich 1919 vor dem Untersuchungsausschuß des Reichstags auf Rathenaus Prophezeiung, daß bei einem deutschen Sieg die Weltgeschichte ihren Sinn verloren hätte, um die Dolchstoßlegende zu untermauern und seinen einstigen Berater für die deutsche Niederlage verantwortlich zu machen.[15] Andere wollten wissen, daß Rathenau einer der ›Weisen von Zion‹ sei, daß er seine Schwester mit dem russischen Kommunisten Karl Radek verheiratet habe und das Land dem Bolschewismus ausliefern wolle. Als bekannt wurde, daß Rathenau Außenminister werden sollte, liefen aus München und anderen Städten drohende Protestresolutionen gegen seinen Einzug in das Auswärtige Amt ein.

In den letzten Wochen vor dem Attentat häuften sich Schmäh- und Drohbriefe derart, daß die Polizei Rathenau riet, das Haus nur noch bewaffnet zu verlassen, und ihm einen ständigen Personenschutz aufnötigte, dessen er sich freilich häufig zu entledigen trachtete und auf den er auch am Morgen des 24. Juni verzichten sollte. Seit dem Frühjahr 1922 erreichten Rathenau konkrete Attentatswarnungen. Im März hatte ein völkischer Fanatiker, als Hausierer verkleidet, sogar Zutritt zu Rathenaus Villa in Berlin-Grunewald zu gewinnen vermocht, doch war sein dilettantischer Attentatsplan schon an der resoluten Haltung von Rathenaus Haushälterin gescheitert. Und kurz vor dem tödlichen Anschlag schließlich wurde Reichskanzler Wirth von einem katholischen Priester aufgesucht, dem ein junger Mann zitternd gestanden habe, daß »er ausgelost sei, Rathenau zu ermorden«[16].

Schwerlich also konnte der Schock, den der Mord in Deutschland auslöste, allein auf Rathenaus anerkannter Bedeutung oder gar auf seiner Popularität als Politiker gründen. Nicht weniger stark wurden die Reaktionen der deutschen Öffentlichkeit durch den Eindruck bestimmt, daß der Mord in der Koenigsallee offenkundig nicht das Werk irrational handelnder Einzeltäter war, sondern allen Anzeichen nach von der bedrohlichen Macht einer geheimnisvollen Verbindung zeugte, die sich gegen die Republik selbst verschworen hatte. Für diese Vermutung sprach in den Augen vieler vor allem, daß das Verbrechen sich in eine nachgerade unheimliche Serie politischer Mordanschläge einordnete, die das Land schon seit mehr als einem Jahr erschütterten und sämtlich nach ähnlichem Muster ausgeführt worden waren, ohne daß man der eigentlichen Täter hätte habhaft werden können: Im Juni 1921 hatten zwei Unbekannte den bayerischen USPD-Abgeordneten Karl Gareis auf offener Straße umgebracht, nachdem er im bayerischen Landtag die Offenlegung der geheimen Waffenlager verlangt hatte, in denen paramilitärische Gruppen von rechts abgabepflichtige Waffen vor der Entente zu schützen versuchten. Am 28. August desselben Jahres war der Zentrumspolitiker und frühere Finanzminister Matthias Erzberger, der 1917 maßgeblich die Friedensresolution des Reichstags verantwortet und 1918 das Waffenstillstandsabkommen in Compiègne mitunterzeichnet hatte, auf einem Spaziergang am Kniebis im Schwarzwald von zwei Männern erschossen worden, die in München bei dem geflüchteten Freikorpsführer Hermann Ehrhardt arbeiteten, sich ihrer Verhaftung aber durch die Flucht ins Ausland zu entziehen gewußt hatten.

Am Pfingstsonntag 1922 dann war in einem Wald bei Kassel wieder von zwei Männern ein Blausäureattentat auf den Sozialdemokraten und ersten Ministerpräsidenten der Weimarer Republik, Philipp Scheidemann, verübt worden, das dieser nur überlebte, weil das aus einem Gummiball verprühte Giftgemisch sich infolge des herrschenden Windes sofort aufgelöst hatte und von dem bewußtlos zu Boden Sinkenden nur in einer nicht tödlichen Dosis eingeatmet worden war. Und wenige Tage nach dem Mord an Rathenau überfielen wiederum in Berlin-Grunewald zwei Männer den Publizisten und Herausgeber der *Zukunft*, Maximilian Harden, und verletzten ihn mit einem Totschläger lebensgefährlich. Anders als in den voraufgegangenen Fällen gelang es der Polizei diesmal allerdings, einen der Angreifer noch am Tatort festzusetzen und auch ihren unmittelbaren Auftraggeber, einen völkischen Buchhändler aus Oldenburg, zu fassen. Bei seiner Festnahme behauptete er, Geld und Auftrag von unbekannter Seite aus München erhalten zu haben. Besonders die liberale und sozialdemokratische Presse schloß aus diesen Indizien auf die Existenz einer geheimen Mordorganisation: »Vergleicht man alle kürzlich vollbrachten politischen Attentate, die gegen Rathenau, Scheidemann und Harden, so sieht man genau die einzig lenkende Hand dahinter. Überall Geldsummen aus München, überall versprochene Erfolgshonorare, voraussichtlich Sicherung für die Zukunft, eventuell im Staatsdienst, förmliche Verpflichtung durch Handschlag, die gleichen Verhaltensmaßregeln bei der Ausführung der

Tat, die gleiche Drohung: ›Den Verräter trifft die gleiche Strafe, die das Opfer erlitten hat‹ (das heißt der Tod).«[17]

In München aber operierte, wie sich bei der Fahndung nach den Mördern Erzbergers herausgestellt hatte, tatsächlich eine rechtsgerichtete Geheimorganisation, die sich zudem tatkräftiger Unterstützung des Münchener Polizeipräsidenten erfreuen konnte: die Organisation »Consul«, kurz O.C.. Aus einem Freikorps hervorgegangen und von einem zentralen Stab ehemaliger Marineoffiziere straff organisiert, glaubte die O.C. mit Hilfe eines über ganz Deutschland gebreiteten Netzes von Ortsgruppen und im Bund mit anderen rechtsgerichteten Vereinigungen binnen kürzester Frist eine beeindruckende Armee von Freikorpsmännern mobilisieren zu können, die der Reichswehr mindestens personell überlegen war. Die als »Bayerische Holzverwertungsgesellschaft« getarnte Organisation trug ihren Namen »Consul« nach einem Decknamen des früheren Korvettenkapitäns Hermann Ehrhardt, der mit seiner Brigade 1919 an der Niederwerfung der Münchener Räterepublik beteiligt war, im März 1920 die militärische Sicherung des Kapp-Lüttwitz-Putsches organisiert und sich anschließend nach Süden abgesetzt hatte, um von Salzburg und München aus den Marsch auf Berlin und die Absetzung der Reichsregierung als Voraussetzung zum Kampf gegen das »Versailler Diktat« vorzubereiten. In der Zwischenzeit hatte die O.C., die laut »Satzung« jedem »nationalgesinnten Deutschen« offenstand, »Juden und überhaupt jeden Fremdrassigen« hingegen ausschloß und in einem Femeparagraphen Verräter mit dem Tod bedrohte[18], sich bei der Bekämpfung polnischer Aufstände in Oberschlesien engagiert und im Inland eine Organisation aufgebaut, die nach der späteren Darstellung Ernst von Salomons nichts anderes darstellte als einen Ersatz für die von den Alliierten verbotene »Abwehr«.[19]

Allerdings war Ehrhardts geheime Vereinigung schon im September 1921 im Zuge der Fahndung nach den Erzbergermördern aufgeflogen und die Münchener Zentrale ausgehoben worden, so daß amtliche Stellen wie der Reichskommissar für Überwachung der öffentlichen Ordnung von ihrer endgültigen Zerschlagung überzeugt waren, wenn auch Ehrhardt selbst der Festnahme abermals entgangen war. War dieser Glauben trügerisch gewesen? Der in der konservativen Presse gern als »Klistierspritzenattentat« belächelte Überfall auf Scheidemann[20] hatte zunächst keine große Resonanz gezeitigt. Aber der kaltblütige Mordanschlag auf den Außenminister mitten in Berlin ließ in Deutschland schlagartig das Gefühl Raum greifen, daß im Hinterhalt ein gut gerüsteter, aber unsichtbarer Feind lauerte, gegen den es keinen Schutz gab.

Mit entsprechender Intensität verfolgte die Öffentlichkeit die Fahndung nach den zunächst spurlos verschwundenen Attentätern. Doch ungeachtet einer Reihe von Verhaftungen und Durchsuchungen im Umfeld rechtsgerichteter Vereinigungen blieben die Ermittlungen anfangs ohne greifbaren

Erfolg. Dann aber gelang es nach einigen Tagen der vom späteren Polizeivizepräsidenten Bernhard Weiß geleiteten Abteilung Ia des Berliner Polizeipräsidiums, über die Festnahme eines redseligen Renommisten, der sich vor Gesinnungsgenossen eines deutschnationalen Jugendbundes seiner Beteiligung an dem Verbrechen gebrüstet hatte, den in einer Berliner Großgarage nahe dem Tatort abgestellten Kraftwagen der Attentäter ausfindig zu machen. Kurz darauf konnte auch der Fahrer des Wagens gefaßt werden, ein 20jähriger Maschinenbaustudent aus Berlin namens Ernst Werner Techow, gleichfalls Mitglied in verschiedenen Vereinigungen der militanten Rechten. Zug um Zug enthüllte sich, daß der Anschlag Produkt eines vielköpfigen Verschwörernetzes war, dessen Fäden sich über das ganze Reich erstreckten: Aus Mecklenburg stammte die zum Mord verwendete Maschinenpistole, im sächsischen Freiberg war der eingesetzte Kraftwagen besorgt wurden. Die nach und nach festgenommenen Helfershelfer kamen aus Berlin und Frankfurt/Main, aber auch aus Dresden, Hamburg, Rostock und Schwerin.

Spurlos verschwunden blieben bald nur noch die Mordschützen selbst, die fünf Tage nach dem Verbrechen als der 23jährige Kieler Jurastudent Erwin Kern und der 26jährige Maschinenbauingenieur Hermann Fischer aus Chemnitz identifiziert werden konnten. Ihre Verfolgung wurde zum nationalen Ereignis, nachdem ermittelt worden war, daß sie sich im Anschluß an ihre Tat von Berlin erst nach Rostock und Wismar, dann aber bei Auftauchen der ersten Fahndungsplakate wieder nach Süden gewandt und in Neukloster bei Schwerin über einen Gesinnungsgenossen zwei Fahrräder zur weiteren Flucht beschafft hatten. Am 8. Juli wurden sie in Lenzen an der Elbe aufgespürt. Sie hatten dort bei einem Postsekretär Unterschlupf gefunden und sich gerade in einem Konfektionsgeschäft neu eingekleidet, als sie von einem Fluchthelfer an die Polizei verraten wurden, entkamen aber in letzter Minute mit einer Fähre über die Elbe, während ihre Verfolger ohnmächtig am Ufer zurückblieben. Die Polizei bot alle Kräfte auf und versuchte, die Altmark nördlich von Gardelegen abzuriegeln. Lückenlos wurden in weitem Umkreis Chausseen und Bahnstationen durch Polizeiposten überwacht; Fahrradstreifen durchkämmten das Gebiet; Bernhard Weiß persönlich eilte aus Berlin im sichergestellten Mercedes-Cabriolet der Attentäter nach Gardelegen, um die Verfolgung anzuleiten.

Vergebens. In rasender Fahrt waren Kern und Fischer auf ihren Fahrrädern abermals entkommen. Über eine unterwegs verlorene Landkarte und Zeugen, die von den Flüchtigen nach dem Weg gefragt worden waren, konnte ihre Fluchtroute rekonstruiert werden. Sie führte durch die Altmark schnurgerade auf den Harz zu und weiter nach Süden in Richtung Bayern. Mit Hilfe von Flugblattaktionen versuchte die Polizei, die örtliche Bevölkerung zur Mitwirkung zu gewinnen. Doch statt dessen wurde die Fahndung nun eher erschwert durch eine eigentümliche Häufung von

Radwanderern, die plötzlich paarweise auftauchten und den Steckbriefen der Gesuchten nach Alter und Kleidung so ähnelten, daß die in die Irre geführte Polizei sich an der Vielzahl von falschen Fährten aufrieb. Erst am 16. Juli konnte die Spur der Flüchtigen wieder ermittelt werden. Am Abend dieses Tages meldeten Wanderer, daß sie von der thüringischen Rudelsburg an der Saale aus auf der gegenüberliegenden Burg Saaleck Licht gesehen hätten, obwohl deren Bewohner sich drei Tage zuvor ganz überraschend zu einer verspäteten Hochzeitsreise nach Berlin verabschiedet hatte. Tatsächlich zeigten sich bei anschließenden Nachforschungen zwei Gestalten auf dem Burggelände, auf die die auch in Thüringen überall plakatierten Personenbeschreibungen der flüchtigen Attentäter zutreffen konnten. Hallesche Polizei umstellte tags darauf das Anwesen, wurde aber von weiterem Vordringen durch die Gesuchten abgehalten, die sich tatsächlich auf der Burg aufhielten und nun in einem der beiden Burgtürme verschanzten. Als ihnen ihre ausweglose Lage klar wurde, brachten sie von der Dachplattform der Burg ein Hoch auf Kapitän Ehrhardt aus, bevor Kern durch einen Zufallstreffer der auf das Turmfenster zielenden Polizei getötet wurde und Fischer sich anschließend selbst erschoß.

Die Wahrheit über die Hintergründe des Rathenaumordes nahmen sie mit sich ins Grab, aber im Oktober 1922 wurde ihren Komplicen der Prozeß gemacht. Der neugebildete Staatsgerichtshof in Leipzig nahm als Motiv des Attentats blindwütigen Judenhaß und völkische Verhetzung an. Er beschränkte sich auf die Erforschung des Tatbeitrages, den jeder einzelne Angeklagte zu verantworten habe, und ließ offen, ob hinter ihnen einer organisierte Verschwörung gestanden habe. Das Plädoyer des Oberreichsanwalts vermied jeden Bezug zur O.C. und deutete nur vage auf »gewisse Umstände« hin, die erkennen ließen, »daß die Täter mit gewissen Organisationen in Verbindung gebracht werden können, und daß diese Organisationen den Tätern den Gedanken zur Tat eingegeben haben«[21]. Desungeachtet zeigten weder er noch der Staatsgerichtshof selbst irgendeine Sympathie für Tat und Täter. Die Richter verhängten gegen zehn der dreizehn Angeklagten drastische Strafen, die schon die nachgewiesene Nichtanzeige des geplanten Verbrechens mit bis zu drei Jahren Gefängnis ahndeten. Ein juristisches Problem warf allein die Frage auf, ob der Fahrer Techow das Verbrechen als Mittäter aus eigenen Stücken betrieben oder nur im Auftrag Kerns und Fischers als seinen Vorgesetzten gehandelt hatte. Als ausschlaggebend erwies sich Techows verzeifeltes Geständnis am Schluß der Beweisaufnahme, Kern habe ihn zu töten gedroht, falls er nicht mitmache. Auch hatte die Mutter des Ermordeten einen bewegenden Brief an die Mutter Techows gerichtet, in dem sie dem Mörder ihres Sohnes verzieh und sich überzeugt zeigte, daß er die Mordwaffe eher gegen sich selbst gerichtet hätte, wenn er sein Opfer gekannt hätte. Das Gericht zeigte sich bewegter als Techows Mutter, die Mathilde Rathenau über ihren Anwalt nur eine kühle Empfangsbestätigung zukommen ließ, und ersparte dem Fahrer des Mordwagens die Todesstrafe. So wurde Techow nur wegen Beihilfe zum Mord verurteilt, bekam hier aber mit der Höchststrafe von 15 Jahren Zuchthaus die ganze Härte des Gesetzes zu spüren. Die entscheidende Frage allerdings, wer den Tätern die Waffe in die Hand gedrückt hatte, blieb ungeklärt: »Bei der Beurteilung der Handlung der Angeklagten (...) ist sich der Gerichtshof bewußt gewesen, daß hier nur bewiesene Tatsachen, nicht bloße Vermutungen zu Grunde zu legen sind. Daher ist die Annahme abgelehnt worden, daß der Ermordung Rathenaus das Komplott einer organisierten Mörderbande zu Grunde liegt, nach deren Anweisung jeder einzelne Beteiligte, nach vorher übernommener Gehorsamspflicht, jeder an der ihm bestimmten Stelle, gehandelt hat. Zwar ist die Möglichkeit vorhanden, daß eine solche Organisation, die den Mord Rathenaus betrieb, bestanden hat, bewiesen ist es jedoch bisher nicht.«[22]

Die historische Forschung ist heute klüger. Das Attentat auf Rathenau war das Werk einer generalstabsmäßig vorbereiteten Verschwörung gegen die Republik, und ihr Kopf hieß Hermann Ehrhardt. Auch ohne den verästelten Indizien und Spuren detailliert nachzugehen, die diese Schlußfolgerung zwingend machen, lassen sich die wesentlichen Argumente beweiskräftig zusammenfassen:

1. Zunächst sprechen schon die äußeren Umstände der Anschläge auf Rathenau, Erzberger und Scheidemann für einen gemeinsamen Tathintergrund: Alle drei wurden durch zwei Mordschützen überfallen; immer reisten die Täter aus anderen Gegenden an, immer verfügten sie über erhebliche Barmittel, und immer fanden sie auch in fremder Umgebung Helfer und Kuriere, die sich widerspruchslos ihrem Befehl unterstellten.

2. Auffallend homogen war weiterhin der Personenkreis, aus dem sich die Attentäter und ihre Komplicen rekrutierten. Ganz überwiegend handelte es sich um entlassene Weltkriegsoffiziere zwischen dem 20. und dem 25. Lebensjahr aus gutbürgerlichem Elternhaus, die in immer denselben rechtsgerichteten Vereinigungen aktiv waren. Fast ausnahmslos waren alle Täter zudem nach der Revolution in die Brigade Ehrhardt eingetreten und hatten in ihr auch den Kapp-Lüttwitz-Putsch in Berlin mitgemacht; einige der Angeklagten bekannten vor Gericht auch ohne Umschweife, mit Ehrhardts O.C.in Verbindung gestanden zu haben.

3. Unzweifelhaft waren zumindest die Anschläge auf Rathenau und Scheidemann von einem identischen Täterkreis begangen worden. Nicht zufällig führte die Fahndung nach den Mördern Rathenaus gleichzeitig zur Verhaftung der Attentäter Scheidemanns, und es stellte sich schnell heraus, daß der in Saaleck erschossene Erwin Kern auch als Drahtzieher des Pfingstüberfalls in Kassel eine entscheidende Rolle gespielt hatte. Von ihm stammte die Idee, den Kasseler Oberbürgermeister unter Zuhilfenahme von Blausäuregas umzubringen, und er war es gewesen, der nach dem miß-

lungenen Attentat von Kassel entschieden hatte, es beim nächsten Anschlag mit einem Auto-Überfall zu versuchen. Andeutungen dieses Planes hatte ein Mann bereits vor dem Anschlag auf Scheidemann bei der Kasseler Staatsanwaltschaft angezeigt, der sich in diese Terroristengruppe eingeschlichen hatte, um dann sein Wissen zu verkaufen und die bedrohten Politiker zu warnen. Doch im unmittelbaren Anschluß an seine Aussage war er aus unerklärlichen Gründen untergetaucht, so daß seine Warnungen von den Strafverfolgungsbehörden erst ernstgenommen wurden, nachdem sie sich zweimal bewahrheitet hatten.

4. Die Organisation, für die dieser Zuträger der Kasseler Staatsanwaltschaft tätig gewesen war, hatte dessen Angaben zufolge ihre Zentrale in München, und sie hatte ihren neuen Mitarbeiter mit der Ausspähung von Linksorganisationen beauftragt. Wie sich herausstellte, unterstand das Nachrichtenbüro, das an diesen Informationen interessiert war, dem Adjutanten Hermann Ehrhardts, der die Geschäfte seines Chefs während dessen Abwesenheit von München besorgte. Ohne es zu wissen, war der Spitzel in Kontakt mit Ehrhardts nur angeblich aufgelöster O.C. gekommen.

Der Freikorpsführer hatte das verflossene Jahr genutzt, um seinen Geheimverband zu reorganisieren, und unter anderem sogenannte »Aktivistengruppen« gebildet, die für die Verübung besonderer politischer Gewalttaten zur Verfügung stehen sollten. Tatsächlich hatten diese Terrorkommandos gleichzeitig mit den Überfällen auf Scheidemann und Rathenau offenbar eine ganze Reihe weiterer Anschläge vorbereitet, die gemäß den Aussagen verhafteter Komplicen des Rathenaumordes Reichskanzler Wirth ebenso gelten sollten wie dem sächsischen Minister Richard Lipinski und dem Hamburger Bankier Max Warburg. Aus den Aussagen von Tatbeteiligten und später veröffentlichten Erinnerungen wissen wir, daß unter den Verschwörern der O.C. eine ominöse Liste kursierte, auf der neben den genannten Namen auch Reichspräsident Friedrich Ebert und der spätere sächsische Ministerpräsident Erich Zeigner standen, daneben der Journalist Theodor Wolff und der Verfassungsjurist Walther Schücking.[23]

Nichts weist darauf hin, daß Antisemitismus das treibende Motiv dieser Opferauswahl war, die Juden ebenso wie Nicht-Juden umfaßte. Alles aber spricht dafür, daß die O.C. plante, im Frühsommer 1922 das Land mit einer ganzen Serie aufeinander abgestimmter politischer Gewalttaten zu überziehen, deren Zweck weit über die bloße Ausschaltung mißliebiger Repräsentanten der Republik hinauszielte. Die schnellen und umfassenden Fahndungserfolge der Polizei nach dem Rathenaumord jedoch lähmten die Akitivistengruppen der O.C. und machten die Ausführung ihrer weiteren geplanten Verbrechen unmöglich. Damit war auch die Strategie gescheitert, in deren Dienst sich Ehrhardts Terrorkommandos gestellt hatten. Sie bestand darin, durch fortgesetzte Angriffe auf Repräsentanten und Einrichtungen der verhaßten Republik den Staat so lange in seiner Ohnmacht vorzuführen, bis sich die immer heftiger gereizte Arbeiterschaft selbst erheben und das Land in Chaos und Bürgerkrieg versinken würde. Oder, in den Worten des Frankfurter O.C.-Aktivisten Friedrich Wilhelm Heinz: »Wir dürfen nicht zuerst losschlagen. Die Kommunisten müssen es tun! (...) Man muß sie dazu zwingen. (...) Man muß Scheidemann, Rathenau, Zeigner, Lipinski, Cohn, Ebert und die ganzen Novembermänner hintereinander killen. Dann wollen wir doch mal sehen, ob sie nicht hochgehen in Korona, die rote Armee, die USP, die KPD.«[24] Heinz, der nach dem Zweiten Weltkrieg seine O.C.-Erfahrungen für den Aufbau eines neuen Geheimdienstes – diesmal im Auftrag der Bundesregierung – nutzen sollte[25], äußerte sich nach dem Ende der Republik sogar noch offener über Ehrhardts »macchiavellistische Utopie [...], durch Rathenaus Tod die Kommunisten zum Losschlagen bewegen zu wollen, damit im Gegenschlag der schnell aufgestellten Freikorps Ehrhardt die Macht an sich reißen und die Diktatur verhängen könne«[26].

Diese Provokationsstrategie stellte eine Fortentwicklung der Putschpläne nach dem gescheiterten Kapp-Lüttwitz Putsch von 1920 dar. Sie hatte im »Kriegsfall A« auf einen kommenden Polenaufstand in Oberschlesien gesetzt, den statt der zur Untätigkeit verurteilten Reichswehr die rasch mobilisierten Ehrhardttruppen niederzuwerfen hofften, um dann im siegreichen Rückmarsch auch im Innern des Landes reinen Tisch zu machen und die Reichsregierung zu stürzen. Der »Fall B« hingegen konzentrierte sich ganz auf die innenpolitische Situation: »Wir wollen keine Revolution von rechts gegen die Verfassung und Regierung hervorrufen, sondern dann erst eingreifen und eine andere Verfassung herbeiführen, wenn die von uns erwartete Revolution von links kommt«, ließ sich Ehrhardts Stellvertreter schon im September 1921 über die Pläne der Münchener Zentrale entlocken.[27] Beide Pläne gingen von der Bedingung aus, daß anders als 1920 Ehrhardts Brigade nicht als Angreiferin dastehe, sondern als von der Regierung gerufene Garantin der eigentlichen Reichsinteressen. Nur unter dieser Voraussetzung konnte Ehrhardt hoffen, unter Vermeidung des Fehlers von 1920 die Reichswehr beim kommenden Marsch auf Berlin mitzureißen und damit das Gelingen des anvisierten Rechtsputsches überhaupt erst zu ermöglichen. Nachdem im Herbst 1921 aber das Eingreifen der badischen Ermittlungsbehörden den weiteren Aufbau einer Freischärlertruppe zum Schutz der Reichsgrenzen mit in Wahrheit gegenrevolutionärer Zielsetzung durchkreuzt hatte, setzte die Provokationsstrategie ganz auf eine Ausnützung der innenpolitischen Verhältnisse.

Die Hoffnung jedoch, durch gezielte Terroranschläge einen Linksaufstand zu provozieren und ihn anschließend zusammen mit Reichswehreinheiten niederzuschlagen, damit »dann allerdings mit unserer Hilfe (...) eine Regierung eingesetzt würde, die für sich das Prädikat ›national‹ in Anspruch nehmen kann«[28], diese Hoffnung konnte nur Wirklichkeit werden, wenn der Retter in der Not nicht als der Brandstifter selbst entlarvt würde. Oberstes Gebot der terroristischen Werkzeuge Ehrhardts mußte es daher sein, den Namen und die Verantwortung ihres Chefs unter allen Umständen zu verschweigen. Darum operierten die Attentäterkommandos so weitgehend selbständig und vermieden sie nach Möglichkeit jeden direkten Kontakt mit der Münchener O.C.-Leitung; darum auch schwiegen sich ihre Mitglieder vor Gericht über ihre Hintermänner aus und wahrten sie die Loyalität gegenüber Ehrhardt auch in ihren späteren Erinnerungen.

5. Kein O.C.-Mann hat Ehrhardt jemals belastet, und dennoch tritt die unmittelbare Verantwortung des O.C.-Chefs für die Attentatsserie verschiedentlich ganz direkt zutage: Nach 1945 gestanden die vor Gericht gestellten Erzbergermörder, daß sie seinerzeit nach Erledigung ihres Auftrags mit Ehrhardt zusammengetroffen waren: »Gemeldet haben wir Ehrhardt nichts, wir merkten jedoch, daß er im Bilde war.«[29] Bei Ehrhardt sprach nach eigener Auskunft Ernst von Salomon als Kurier nach dem Rathenau-Attentat zur Berichterstattung vor, an Ehrhardt sandten die eingekreisten Rathenaumörder ihren letzten Gruß von Burg Saaleck, und an Ehrhardt wandte sich der Besitzer der Burg, der zur gleichen Zeit vorgeblich auf Hochzeitsreise nach Berlin, in Wirklichkeit aber nach München gefahren war, um dem O.C.-Chef den Aufenthaltsort von Kern und Fischer zu melden und Anweisungen für ihre weitere Flucht entgegenzunehmen. Nach 1933 übernahm Ehrhardt offen die Verantwortung für seine Männer, als er Ernst Werner Techow auf Verlangen der NS-Behörden ein Zeugnis über die abgeleistete »Dienstzeit« in seiner Brigade ausstellte, das auch die Beteiligung am Rathenaumord einschloß. Hiernach war Techow »als Angehöriger der Brigade Ehrhardt durch Los an dieser Aktion beteiligt und hat sie nach einer Stellungnahme von Kapitän Ehrhardt mehr aus Angst als aus Vaterlandsliebe durchgeführt«[30].

Der Rathenaumord war nicht die unreife Tat völkisch verhetzter Jugendlicher, so sehr auch bei den einzelnen Tatbeteiligten antisemitische Motive mitgeschwungen haben mögen. Er war ein kühl kalkuliertes Element in der Putschstrategie eines rechtsradikalen Wehrverbandes, der unter seinem Leiter Hermann Ehrhardt und in wechselnder Gestalt zwischen dem Kapp-Lüttwitz-Putsch vom März 1920 und dem Hitler-Ludendorff-Putsch vom November 1923 eine in ihrer Bedeutung nie erkannte Rolle als Teil der deutschen Gegenrevolution nach 1918 gespielt hat. Daß die Weimarer Justiz diesen Komplex nicht zu ergründen vermocht hatte, lag nicht weniger an der konspirativen Stärke des Ehrhardt-Bundes als an den gesamtpolitischen Rahmenbedingungen, die dem Kampf gegen die Republik über eine allgemeine Sympathie in bürgerlichen Kreisen und staatlichen Führungseliten hinaus eine Operationsbasis in der Grauzone »lizensierter Illegalität« (Gotthard Jasper) verschafften. Wären die Verbindungen der O.C. zu staatlichen Stellen energischer untersucht worden, hätte sich gezeigt, daß ihr steckbrieflich verfolgter Chef Ehrhardt nicht nur unbehelligt im Münchener Polizeipräsidium ein- und ausging und sich guter Verbindungen zur bayerischen Staatsregierung erfreute. Überall im Land arbeitete seine Organisation bei der Sicherung von geheimen Waffenlagern wie bei der verdeckten militärischen Ausbildung ihrer Freikorpsgruppen mit der Reichswehr in gemeinsamer Frontstellung gegen die Entente und ihre Überwachungskommission zusammen. Im Benehmen mit örtlichen Reichswehrstellen sammelten O.C.-Gruppen Nachrichten über französische Spionageumtriebe, beobachteten sie innenpolitische Umsturzbewegungen von links und erledigten sie illegale Aufträge, die von verdeckten Waffenschiebungen über Sabotageaktionen in den französisch besetzten Gebieten bis zur Ausschaltung vermeintlicher Spitzel reichten. Wie gut diese Kooperation funktionierte, zeigte sich drastisch, als der Plan zur Ermordung Scheidemanns und Rathenaus unmittelbar vor den Anschlägen bei der Kasseler Staatsanwaltschaft angezeigt worden war. Die Aussage des O.C.-Verräters hatte den Dienstweg der Strafverfolgungsbehörde nicht schneller durcheilt als die Verbindungswege zwischen der Kasseler Reichswehr und den Ehrhardt-Leuten. Daß der Denunziant im Anschluß an seine Aussage vor dem Staatsanwalt sofort untertauchte, setzte seine Glaubwürdigkeit in den Augen der Justiz so entscheidend herab, daß er vom Kronzeugen zum Tatverdächtigen wurde. In Wahrheit aber hatte sich der abtrünnige Spitzel nur durch sein plötzliches Verschwinden vor der Rache der alarmierten O.C. zu retten vermocht.

Die Verbindung von Staat und Ehrhardtbund blieb nicht auf die Ebene örtlicher Reichswehrstellen beschränkt. Da die Reichsregierung von der Entente daran gehindert war, zur Abwehr polnischer Insurgenten im oberschlesischen Abstimmungsgebiet Reichswehrtruppen einzusetzen, hatte sie im Frühjahr 1921 die Unterstützung durch paramilitärische Freiwilligenverbände nur allzugern akzeptiert und auch die Aufstellung eines eigenen Regimentes von O.C-Leuten unter Führung von Ehrhardts damaligem Stellvertreter Manfred von Killinger finanziert. Das Geld dazu stammte aus Mitteln des Reichsaußenministeriums, und es erreichte seinen Adressaten pikanterweise während der Zeit der Untersuchungshaft, in der er seit Herbst 1921 unter dem Verdacht zur Anstiftung des Mordes an Erzberger saß. Trotz erdrückender Beweislast wurde von Killinger dann im Juni 1922 überraschend freigesprochen – genau elf Tage vor der Ermordung Rathenaus. Der Geschworenenspruch war ein Fehlurteil, wie sich nach 1945 aus den Aussagen der damals von Killinger beauftragten Täter erweisen sollte. Die Anschläge auf Erzberger, Scheidemann und Rathenau, vielleicht auch auf Gareis, gingen auf das Konto ein- und derselben Münchener Mordorganisation, während der Angriff gegen das Leben von Maximilian Harden das Werk von isolierten Anschlußtätern war, die sich mit ihrem Überfall ein Anrecht auf materielle Versorgung durch die O.C. hatten sichern wollen. Ehrhardts Truppe trug ein Janusgesicht. Als militärischer Wehrverband diente sie zum Schutz der Republik, aber als terroristische Vereinigung arbeitete sie auf deren Sturz hin, und in dieser mißgebildeten Doppelgesichtigkeit zeugte sie von der strukturellen Schwäche einer aus der militärischen Niederlage hervorgegangenen Republik, die die über dem Land schwebende Bedrohung in ihrem ganzen Ausmaß gar nicht zu erkennen, geschweige denn angemessen zu bewältigen imstande war.

II.

Soweit die nachträgliche Aufklärung, die die historische Forschung leisten kann. Geschichtsmächtiger als sie ist freilich das kollektive Gedächtnis, die Erinnerung, die Zeitgenossen und Nachwelt an das spektakuläre Verbrechen wahrten – oder neu formten. In der Tat weist das Bild, das die Nachlebenden sich von den damaligen Ereignissen aus dem Bedürfnis historischer Identitätsbildung in den deutschen Umbruchzeiten zwischen Demokratie und Diktatur machten, nicht weniger überraschende Züge auf als das Geschehen selbst.

Beginnen wir mit einem Blick auf das republikanische Gedenken an die Ermordung Rathenaus. Während der zehn verbleibenden Jahre der ersten deutschen Demokratie war der 24. Juni ein Tag öffentlicher Erinnerung. Das Auswärtige Amt, die DDP, verschiedenste republikanische Organisationen ehrten Rathenaus Todestag mit Gedenkzeremonien an der Mordstelle und anderswo. Im selben Maße, in dem allerdings die konservative Beteiligung an diesen jährlich wiederkehrenden Würdigungen nachließ, wuchs sie auf sozialdemokratischer Seite, und so wurde Rathenau von Jahr zu Jahr mehr ein Held der Arbeiterbewegung und das Familiengrab der Rathenaus in Berlin-Oberschöneweide am Todestag Aufmarschort des Reichsbanners Schwarz-Rot-Gold und später der Eisernen Front. Gleichzeitig stärkte Rathenaus gewaltsamer Tod die politische Bereitschaft in Deutschland, die Symbole der Republik zu akzeptieren: Das Deutschlandlied wurde in unmittelbarer Konsequenz des Attentates zur Nationalhymne erhoben und der 11. August zum Verfassungstag proklamiert. Der in der Gründungsphase der Demokratie noch als »Jesus im Frack« und »moderne(r) Franziskus von Assisi, das paradoxeste aller paradoxen Lebewesen des alten Deutschlands« titulierte Rathenau[31] verwandelte sich nach seinem Tod zu einem Symbol der bedrohten Republik. Unter diesem Licht traten die genauen Umstände des Anschlags und selbst die Identität der Täter weit in den Schatten der Geschichte, während Rathenaus Ermordung die Aura eines bewußten, ja bereitwillig auf sich genommenen Opfers für die Demokratie annahm. »Sein Tod«, so schrieb Ernst Gottlieb, Autor einer Rathenau-Bibliographie aus den späten zwanziger Jahren, »war eigentlich erst der Moment, die ganze Bedeutung seiner Gestalt zu rechter Würdigung gedeihen zu lassen.«[32] In derselben Weise sparte Etta Federn-Kohlhaas in ihrer zwei Jahre zuvor erschienenen Biographie des Verstorbenen eine nähere Betrachtung des Verbrechens bewußt aus: Die »Untersuchungen der Mordkommission, die Jagd nach den Mördern, die Aufregung im Reichstag, [...] das alles hat im letzten Grunde mit Walther Rathenau nichts mehr zu tun.«[33] Kondolenzbriefe an die Mutter Rathenaus erhoben das in den Tod führende Schicksal Rathenaus als Politiker zu einer freiwilligen Handlung in der Tradition eines größeren Vorgängers: »Sein Opfergang aus seinen Tempeln ins Feld der politischen Tat hat mich nicht überrascht«, schrieb ein katholischer Priester. »Es war Notwendigkeit seines Wesens und Lebens. Wenn ich [...] am Altar stehe und das Opfer unseres Jesus von Nazareth darbringe, sehe ich oft in Walthers Auge, und ich fühle sein Herz bei Gott.«[34]

Das Bild des sehend seiner Bestimmung entgegengehenden Märtyrers duldete keine kleinliche Sorge um das eigene Leben. Immer wieder betonten spätere Berichte über Rathenaus letzte Tage das furchtlose Benehmen eines Mannes, der sich in Gefahr wußte. »In dem stolzen Bewußtsein der Reinheit seines Wollens lehnte er jeden Versuch des Kanzlers und seiner Freunde ab, sich mit Wächtern umgeben zu lassen«, erinnerte sich Rathenaus persönlicher Referent Hugo-Ferdinand Simon[35], und Ernst Lemmer überlieferte, daß der Minister noch kurz vor seinem Tod Parteifreunden gegenüber erklärt hatte: »Ein Staatsmann muß – wenn es das Schicksal so will – auch zum Märtyrer bereit sein.«[36] Reichskanzler Wirth selbst schilderte eine Unterredung mit seinem Außenminister kurz vor dessen Tod über die offenbar als substantiiert empfundene Warnung des katholischen Priesters, der in Ausübung seines seelsorgerischen Amtes von dem bevorstehenden Mordanschlag erfahren haben wollte: »Meine Mitteilung machte auf Minister Rathenau einen tiefen Eindruck. Bleich und regungslos stand er wohl zwei Minuten vor mir. [...] Rathenaus Augen waren wie auf ein fernes Land gerichtet. Er kämpfte sichtlich lange mit sich. Plötzlich nahmen sein Gesicht und seine Augen den Ausdruck unendlicher Güte und Milde an. Mit einer Seelenruhe, wie ich sie nie an ihm gesehen hatte, [...] näherte er sich mir, legte beide Hände auf meine Schultern und sagte: ›Lieber Freund, es ist nichts. Wer sollte mir denn etwas tun?‹«[37]

Ganz andere Züge wies das Bild der nationalistischen und gegenrevolutionären Erinnerung an die Mordtat auf. Aus der Sicht der Täter dominierte allerdings weniger die naheliegende antisemitische Abwertung des Getöteten, sondern weit mehr die mystische Verklärung des Verbrechens zu einem Ringen zweier Mächte von historischer Dimension. Ernst von Salomon gestaltete das erste Zusammentreffen von Täter und Opfer gelegentlich einer Rede des Ministers in Frankfurt am Main so: »Rathenau sprach im Volksbildungheim. Es gelang Kern und mir nicht, im überfüllten Saale einen anderen Platz zu erhalten als einen Stehplatz an einer Säule, drei Meter vom Rednerpult entfernt. [...] Ich sah, wie Kern, halb vorgebeugt, nicht ganz drei Schritt von Rathenau entfernt, ihn in den Bannkreis seiner Augen zwang. Ich sah in seinen dunklen Augen metallisch grünen Schein, ich sah die Bleiche seiner Stirn, die Starre seiner Kraft, ich sah den Raum sich schnell verflüchtigen, daß nichts mehr blieb von ihm als dieser eine arme Kreis und in dem Kreis zwei Menschen nur. Der Minister aber wandte sich zögernd, sah flüchtig erst, verwirrt sodann nach jener Säule, stockte, suchte mühsam, fand sich dann und wischte fahrig mit der Hand sich von der Stirn, was ihm angeflogen war. Doch sprach er nun fortan zu Kern allein. Beschwörend fast, so richtete er seine Worte zu dem Mann an jener Säule und wurde langsam müde, als der die Haltung nicht veränderte. [...] Als wir uns durch den Ausgang drängten, gelangte Kern bis dicht vor den Minister. Rathenau [...] sah ihn fragend an. Doch Kern schob sich zögernd an ihm vorbei, und sein Gesicht schien augenlos.«[38]

Es versteht sich, daß in dieser Heroisierung des Geschehens Kern das Attentat nicht begehen konnte, ohne sein Opfer vorher ritterlich zu warnen: »Kern ging ans Telephon«, so schilderte es Techow später in seiner eigenen Rechtfertigungsschrift, »und ließ sich mit der Villa Rathenau verbinden; denn er könne Rathenau nicht so ahnungslos abschießen, er solle wissen, was ihm bevorstehe und sich schützen, wenn er wolle.«[39] Während der demokratische Diskurs Tatgeschehen und Täterflucht ausblendete, konzentrierte die nationalistische Erinnerung sich eben darauf und organisierte den Stoff der Tatsachen als Drama mit Konflikt und Peripetie, das schließlich zwei tragische Helden in der Katastrophe von Saaleck untergehen ließ. »Tu, was Du mußt. Sieg oder stirb und laß Gott die Entscheidung«, so lautete der Ausspruch Ernst Moritz Arndts auf dem Grabstein von Kern und Fischer in Saaleck, den Hermann Ehrhardt in einer feierlichen Zeremonie am 17. Juli 1933 enthüllte.

Das Ende des nationalsozialistischen Regimes 1945 entzog einer Deutung, die das Verbrechen als Auseinandersetzung zwischen jüdischer Furcht- und arischer Mutrasse konzipiert hatte, die weitere Artikulationsbasis. Doch an ihre Stelle trat eine Neubesinnung, die sich im Einklang mit dem starken Interesse nach Bewältigung und Reinigung der nationalsozialistischen Vergangenheit in Deutschland gleichfalls weniger auf den Mord an Rathenau selbst als vielmehr auf seine Folgen konzentrierte. Den passenden Stoff fand dieses Bedürfnis in einer Anekdote, die zuerst während des Zweiten Weltkrieges in den USA erschienen war und bis heute in Deutschland und anderswo unzählige Male nachgedruckt worden ist. Sie erzählt die sentimentale Geschichte Ernst Werner Techows, des in Leipzig zu 15 Jahren Zuchthaus verurteilten Fahrers des Mordwagens, der nach einer Amnestie vorzeitig aus der Haft entlassen worden und aus den Augen der Öffentlichkeit verschwunden war. Während des Kriegs aber war er, so konnte man im April 1943 in *Harper's magazine*[40] lesen, wieder aufgetaucht – als »Hauptmann Tessier« und stellvertretender Kommandant eines Forts der Fremdenlegion in der libyschen Wüste. Der Zufall habe gewollt, daß in eben dieses Fort Flatters ein aus Deutschland emigrierter Neffe Rathenaus hinkommandiert worden sei, der 1940 seiner Internierung in Frankreich nur durch Meldung zur Legion entgangen sei, und sich nun Tessier vorgestellt habe: »›Legionär Rathenau, Herr Chefadjutant!‹ Tessier sprang wie von der Tarantel gestochen auf und rief: ›Rathenau? Sind Sie zufällig mit dem verstorbenen deutschen Staatsmann verwandt?‹ – ›Ich bin sein Neffe‹ [...]. Darauf Totenstille. Kein Muskel verzog sich in Tessiers Gesicht, doch ich sah, wie er leichenblaß wurde. Nach einer Weile sagte er mit tonloser Stimme: ›Rathenau, ich muß Ihnen etwas gestehen. Sie stehen vor einem der Mörder Ihres Onkels [...], mein richtiger Name ist Werner Techow.‹ [...] Schließlich zog er einen leicht vergilbten Bogen hervor, auf dem in einer schönen Handschrift einige Zeilen standen. Es war ein Brief, den die Mutter Walter Rathenaus einige Tage nach dem Mord unter Überwindung jeden Rachegefühls an die Mutter Techows gerichtet hatte.[41]

Was die Mutter des Opfers der Mutter des Täters zu sagen hatte, trug nach dem Ende der nationalsozialistischen Herrschaft und angesichts des deutschen Zivilisationsbruchs der Shoa für deutsche Leser einen ganz neuen Sinn: »›In unfaßbarem Schmerz‹, hieß es, ›reiche ich Ihnen, der Bemitleidenswertesten aller Frauen, die Hand. Sagen Sie Ihrem Sohn im Namen und im Sinne dessen, den er ermordet hat, daß ich ihm vergebe, so wie Gott ihm vergeben möge‹«. Dieser Brief habe Techow zur Umkehr bewegt. »›Sehen Sie, Rathenau, mein kostbarster Besitz ist dieser Brief [...]. Er eröffnete mir den Weg zu einer neuen Welt. Im Gefängnis fing ich an, die Werke Ihres Onkels nacheinander zu lesen. Später in der Legion beschäftigte ich mich in meiner Freizeit mit dem Studium der hebräischen Frage. In Syrien lernte ich Hebräisch. Ich merkte, daß die Nazis die Wahrheit über die Juden gefälscht hatten, um einen Vorwand für ihre eigenen Übergriffe zu haben. Ich weiß, wie stark ihre barbarischen Regungen sind, denn ich war selbst einmal von ihnen besessen. Seit 18 Jahren versuche ich, die bösen Kräfte in meiner Seele zu bekämpfen.‹«

Eine Sicht, die den Nationalsozialismus als schwarzes Schicksal verstand, als triebhafte Eruption, die nur durch die läuternde Kraft sittlicher Erziehung zu unterdrücken war, konnte der deutschen Leserwelt der Nachkriegszeit einen Weg weisen, mit ihrer Vergangenheit ins Reine zu kommen und den Wertewandel der Gegenwart zu akzeptieren. Die Attraktivität der Tessier-Geschichte, die in den fünfziger Jahren in einer dramatisierten Fassung sogar die Berliner Vagantenbühne erobern sollte, lag in ihrer eingängigen Botschaft. Tessier formulierte sie selbst überdeutlich: »›Genau wie Frau Rathenau sich selbst bezwang, als sie diesen Brief schrieb, in dem sie mir verziehen hat, so habe auch ich versucht, mich zu bezwingen. Ich wünschte nur, einmal Gelegenheit zu haben, mein Unrecht wiedergutzumachen.‹«

Die Gelegenheit sollte bald kommen. Nur ein Jahr später wollte Autor George W. Herald den geheimnisvollen Techow/Tessier wiedergetroffen haben – in Marseille und in der offensichtlichen Tarnkleidung eines Hafen–arbeiters. »Alles, was er mich fragte, war: ›Kennen Sie Juden, denen ich helfen könnte, herauszukommen? Ich bin nämlich in der Lage, Ausreisevisen für Casablanca und verschiedene andere Orte zu besorgen.‹ [...] Meine Erkundigungen ergaben«, so schloß Heralds Bericht, »daß Techow damals schon über 700 Personen gerettet hatte. In Marseiller Flüchtlingskreisen war er als das ›Ein-Mann-Hilfswerk‹ bekannt, und überall wurde sein Name mit Dankbarkeit genannt. So hatte das Verzeihen Frau Rathenaus schließlich doch ihre Früchte getragen. Der erste Deutsche, der einen Juden aus rassischen Gründen umgebracht hatte, sollte der erste sein, der sein Verbrechen sühnte.«[42]

Es bedürfte kaum einer Erläuterung, daß an dieser Geschichte so ziemlich alles erfunden sein müsse, wenn sich nicht tatsächlich der emigrierte Sohn eines Vetters des ermordeten Ministers namens Hans Werner Rathenau seiner Verhaftung in Brüssel nach Kriegsausbruch nur durch Meldung zur Fremdenlegion hatte entziehen können. Er bestätigte nach dem Krieg auch, daß die dramatische Begegnung mit dem Mörder Rathenaus sich wirklich zugetragen habe, nämlich während eines ersten Appells im Festungshof von Fort St. Jean (Marseille). Nur habe der angebliche Techow nicht Tessier, sondern Veroff geheißen, und seinem Mordopfer alles andere als geläutert gegenübergestanden: »Wegen Ihres verfluchten Verwandten ist mein Leben in die Brüche gegangen.« Hans Rathenaus Erinnerung deckte sich mit Heralds Bericht – nur mit umgekehrtem Vorzeichen: »Seit Jahren«, so gab er Veroffs Äußerungen wieder, »studiere ich Hebräisch und lese alle jüdischen Schriften im Originaltext. Die Lektüre der Lehren des Talmud und anderer Schriften überzeugten mich, daß das Wesen des Judentums zerstörend und zersetzend ist. [...] Auf Grund ihrer Lehre könne Juden nie konstruktiv, sondern stets nur destruktiv denken und handeln. Wenn nötig, müssen sie daher gewaltsam an der Durchführung ihrer gefährlichen Absichten verhindert werden.«[43]

Hans Rathenau hatte Gelegenheit zu erfahren, daß Veroff diese Maxime auch in der Legion beherzigte. Weit davon entfernt, vom Saulus zu Paulus gewandelt zu sein, schikanierte er seinen untergebenen deutschen Legionär nach Kräften, bis dieser ins nordafrikanische Sidi-Bel-Abbès versetzt wurde und dort über sein Erlebnis berichtete. Von hier offenbar wanderte die Erzählung in charakteristischer Umformung in die Spalten von *Harper's Magazine*. Doch von der Wahrheit über den Rathenaumörder Techow waren beide Versionen gleich weit entfernt; auch Hans Rathenau war einer

Täuschung erlegen. Der wirkliche Techow schlug einen ganz anderen Lebensweg ein, nachdem er am 7. Januar 1930 aus dem Strafgefängnis Halle entlassen worden war. Zur Feier des Ereignisses hatte der örtliche »Stahlhelm« eine Musikkapelle aufgeboten, DNVP und NSDAP prominent besetzte Empfangskomitees geschickt. Zunächst vermittelte ihm sein früherer Vorgesetzter Ehrhardt einen Studienplatz in Jena, aber bald schloß Techow sich der NSDAP an und trat in die Redaktion von Goebbels' Berliner Kampfblatt »Angriff« ein, die in demselben Haus der Berliner Hedemannstraße untergebracht war, in dem eine Gedenktafel an Rathenaus Tätigkeit als Leiter der Kriegsrohstoffversorgung erinnerte. Im Zuge des sogenannten Stennes-Putsches stellte sich Techow dann aber gegen seinen Gönner Goebbels, der ihn mehrfach in der Haft besucht hatte. Im April 1931 aus der NSDAP ausgeschlossen, trat Techow nach der nationalsozialistischen Machtübernahme nur noch mit seiner Rechtfertigungsschrift über den Rathenaumord und einer Gedenkrede am Grabe seiner in Saaleck bestatteten Gesinnungsgenossen in Erscheinung. Bis zu seiner Einberufung in die Wehrmacht während des Zweiten Weltkrieges fristete er ein eher kümmerliches Dasein als Fotograf und Bankangestellter in Berlin.

Im Mai 1941 eingezogen und nach einer Ausbildung in der Marinepropaganda-Abteilung einer Marinekriegsberichter-Kompanie in Kiel zugeteilt, erlitt Techow im Jahr darauf bei einem Einsatz als Sonderführer auf einem Kriegsschiff im Finnischen Meerbusen schwere Brandverletzungen und wurde wegen Dienstunfähigkeit aus der Marine entlassen.[44] Statt, wie die Legende es wissen wollte, sein Verbrechen im Kampf gegen das Regime zu sühnen, dem seine Tat den Weg zu bahnen geholfen hatte, ging Techow schließlich mit ihm unter: In der letzten Phase des Zweiten Weltkrieges zum Volksturm einberufen, verteidigte er noch nach der Kapitulation einen Posten in einer Vorstadt von Dresden, bis er am 9. Mai 1945 von sowjetischen Soldaten entwaffnet wurde. »Eine Stunde nach seiner Gefangennahme trat er aus der Reihe der angetretenen Gefangenen, um einem verletzten Kameraden aufzuhelfen. Dabei wurde E. W. Techow von einem russischen Posten mit dem Spaten der Schädel eingeschlagen.«[45]

Dieses tödliche Mißverständnis eines russischen Postens setzte den Schlußpunkt unter ein Ereignis, das sich an historischer Eindeutigkeit nicht überbieten ließ und bei dem doch die Legende immer wieder geschichtsmächtiger war als die Wahrheit, Fiktivität mehr galt als Faktizität, Mord und Mythos untrennbar miteinander verwoben blieben.

Literatur

Brammer, Karl: Das politische Ergebnis des Rathenau-Prozesses, Berlin 1924.

Buddensieg, Tilmann u.a.: Ein Mann vieler Eigenschaften. Walther Rathenau und die Kultur der Moderne, Berlin 1990.

Epstein, Klaus: Matthias Erzberger und das Dilemma der deutschen Demokratie, Frankfurt a.M./Berlin 1962.

Federn-Kohlhaas, Etta: Walther Rathenau. Sein Leben und Wirken, Dresden 1927.

Gebhardt: Der Fall des Erzberger-Mörders Heinrich Tillessen, 1995.

Goldscheider, G.: Heinrich Tillessen und seine Welt, in: Frankfurter Hefte 1947, S. 349–357.

Hannover, Heinrich/Hannover-Drück, Elisabeth: Politische Justiz 1918–1933. Mit einem Vorwort von Joachim Perels, Bornheim-Merten 1987.

Harry Graf Kessler, Walther Rathenau. Sein Leben und sein Werk. Mit einem Nachwort und Anmerkungen versehen von Cornelia Blasberg, Frankfurt a.M. 1988.

Hellige, Hans Dieter (Hrsg.), Walther Rathenau/Maximilian Harden. Briefwechsel 1897–1920 (Walter Rathenau-Gesamtausgabe, Bd. VI), München/Heidelberg 1983.

Hellige, Hans Dieter: Generationskonflikt, Selbsthaß und die Entstehung antikapitalistischer Positionen im Judentum. Der Einfluß des Antisemitismus auf das Sozialverhalten jüdischer Kaufmanns- und Unternehmersöhne im Deutschen Kaiserreich und in der K.u.K.-Monarchie, in: Geschichte und Gesellschaft 5 (1979), S. 476–518.

Hoegner, Wilhelm: Der politische Radikalismus in Deutschland 1919–1933, München 1963.

Jasper, Gotthard: Aus den Akten der Prozesse gegen die Erzberger-Mörder, in: Vierteljahreshefte für Zeitgeschichte 10 (1962), S. 430–453.

Jasper, Gotthard: Der Schutz der Republik. Studien zur staatlichen Sicherung der Weimarer Republik 1922–1930, Tübingen 1963.

Krüger, Gabriele: Die Brigade Ehrhardt, Hamburg 1971.

Mader, Ursula: Wie das »Deutschlandlied« 1922 Nationalhymne wurde. Aus der Ministerialakte »Nationallied«, in: Zeitschrift für Geschichtswissenschaft 38 (1990), S. 1088–1100.

Meinl, Susanne/Krüger, Dieter: Der politische Weg von Friedrich Wilhelm Heinz. Vom Freikorpskämpfer zum Leiter des Nachrichtendienstes im Bundeskanzleramt, in: Vierteljahreshefte für Zeitgeschichte 42 (1994), S. 39–69.

Nagel, Irmela: Fememorde und Fememordprozesse in der Weimarer Republik, Köln 1991.

Rathenau, Walther: Gesammelte Schriften, 5 Bde., Berlin 1925.

Rathenau, Walther: Nachgelassene Schriften, 2 Bde., Berlin 1928.

Rathenau, Walther: Schriften aus Kriegs- und Nachkriegszeit, Berlin 1929.

Sabrow, Martin: Der Rathenaumord. Rekonstruktion einer Verschwörung gegen die Republik von Weimar, München 1994.

Salomon, Ernst von: Der Fragebogen, Hamburg 1951.

Salomon, Ernst von: Die Geächteten, Berlin 1931.

Schulin, Ernst (Hrsg.): Walther Rathenau. Hauptwerke und Gespräche (Walther Rathenau-Gesamtausgabe, Bd. II), München/Heidelberg 1977.

Schulin, Ernst: Walther Rathenau. Repräsentant, Kritiker und Opfer seiner Zeit, Göttingen/Zürich/Frankfurt a.M. 1979 (Neuausgabe...).

Stern, Howard N.: The Organisation Consul, in: Journal of Modern History 35 (1963), S. 20–32.

Thoß, Bruno: Der Ludendorff-Kreis 1919–1923. München als Zentrum der mitteleuropäischen Gegenrevolution zwischen Revolution und Hitler-Putsch, München 1978.

Thoß, Bruno: Nationale Rechte, militärische Führung und Diktaturfrage in Deutschland 1913–1923 in: Militärgeschichtliche Mitteilungen 1987, H. 2, S. 27–76.

Werthauer, Johannes: Das Blausäure-Attentat auf Scheidemann. Aktenmäßige Darstellung auf Grund der Verhandlung vor dem Staatsgerichtshof, Berlin 1923.

Wilderotter, Hans (Hg.): Die Extreme berühren sich. Walther Rathenau 1867–1922 (Berlin 1993).

Anmerkungen

[1] Sie stützt sich neben der im weiteren aufgeführten Literatur auf meine eigene Untersuchung: Der Rathenaumord. Rekonstruktion einer Verschwörung gegen die Republik von Weimar, München 1994.

[2] Vossische Zeitung, 25.6.1922.

[3] Walther Rathenau, Politische Briefe, Dresden 1929, S. 343.

[4] Deutsches Literaturarchiv Marbach, NL Sudermann, Tagebuch, Eintragung vom 24.6.1922.

[5] Harry Graf Kessler, Tagebücher 1918–1937, hg. von Wolfgang Pfeiffer-Belli, Frankfurt a.M. 1961, S. 322.

[6] Gegen den politischen Mord! Reichstagssitzung vom 25. Juni 1922, Berlin 1922, S. 25

[7] Walther Rathenau, Apologie, in: ders., Schriften aus Kriegs- und Nachkriegszeit, Berlin 1929, S. 455.

[8] Walther Lambach, Diktator Rathenau, Berlin/Leipzig 1918, S. 54.

[9] Die Republik, 19.12.1918.

[10] Kurt Tucholsky, Der Schnellmaler, in: Die Weltbühne, 29.5.1919, S. 616.

[11] Alfons Goldschmidt, Retter Rathenau, in: Die Weltbühne 17.10.1918, S. 374.

[12] Walther Rathenau, Der Kaiser, Berlin 1919, S. 28.

[13] Walther Rathenau, Unser Nachwuchs, in: Neue Freie Presse, Wien, 25.12.1909.

[14] Alfred Roth, Rathenau. »Der Kandidat des Auslandes«, Hamburg 1922, S. 9 u. 11.

[15] Vgl. Walther Rathenau, Was wird werden, in: ders., Schriften aus Kriegs- und Nachkriegszeit, S. 459.

[16] Harry Graf Kessler, Walther Rathenau. Sein Leben und sein Werk. Mit einem Nachwort und Anmerkungen versehen von Cornelia Blasberg, Frankfurt a.M. 1988, S. 315.

[17] Vorwärts, 13.12.1922.

[18] Gotthard Jasper, Aus den Akten der Prozesse gegen die Erzberger-Mörder, in: Vierteljahrshefte für Zeitgeschichte 10 (1962), S. 430–453, hier S. 439 f.

[19] Ernst von Salomon, Der Fragebogen, Hamburg 1951, S. 399

[20] Deutsche Tageszeitung, 6.6.1922. Vgl. Johannes Werthauer, Das Blausäure-Attentat auf Scheidemann. Aktenmäßige Darstellung auf Grund der Verhandlung vor dem Staatsgerichtshof, Berlin 1923, S. 44.

[21] Karl Brammer, Das politische Ergebnis des Rathenau-Prozesses, Berlin 1922.

[22] Sabrow, Der Rathenaumord, S. 8.

[23] Friedrich Wilhelm Heinz, Sprengstoff, Berlin 1930, S. 76; Salomon, Der Fragebogen, S. 130; Sabrow, Der Rathenaumord, S. 150 ff.

[24] Heinz, Sprengstoff, S. 76.

[25] Vgl. Susanne Meinl/Dieter Krüger, Der politische Weg von Friedrich Wilhelm Heinz. Vom Freikorpskämpfer zum Leiter des Nachrichtendienstes im Bundeskanzleramt, in: Vierteljahreshefte für Zeitgeschichte 42 (1994), S. 39–69

[26] Friedrich Wilhelm Heinz, Die Nation greift an. Geschichte und Kritik des soldatischen Nationalismus, Berlin 1933, S. 139.

[27] Sabrow, Der Rathenaumord, S. 40 f.

[28] Ebenda.

[29] Staatsarchiv Freiburg, Staatsanwaltschaft Offenburg 1984/153, Nr. 7, Aussage Heinrich Schulz, 11.5.1950.

[30] Die zitierte Wiedergabe des Zeugnisses von Ehrhardt findet sich in der SS-Personalakte eines jüngeren Bruders von Techow, der ebenfalls an der Verschwörung gegen Rathenau mitgewirkt hatte und dafür vom Staatsgerichtshof zu vier Jahren und einem Monat Gefängnis verurteilt worden war: Berlin Document Center, Personalakte H.-G. Techow, Gauleiter Stürtz an die Kanzlei des Führers der NSDAP, 13.7.1938.

[31] Die Republik, 19.12.1918.

[32] Ernst Gottlieb, Walther-Rathenau-Bibliographie, Berlin 1929, S. 40.

[33] Etta Federn-Kohlhaas, Walther Rathenau. Sein Leben und Wirken, Dresden 1927, S. 249.

[34] W. Ph. Englert an Mathilde Rathenau, 15.7.1922, in: Allgemeine Elektricitäts-Gesellschaft, Zum Gedächtnis an Walther Rathenau, o.O. u. o.J., S. 78.

[35] Hugo-Ferdinand Simon, Aus Rathenaus Leben, Dresden 1927, S. 28.

[36] Ernst Lemmer, Manches war doch anders, Frankfurt a.M. 1968, S. 96.

[37] Kessler, Rathenau, S. 340.

[38] Ernst von Salomon, Die Geächteten, Berlin 1931, S. 267 ff.

[39] Ernst Werner Techow, »Gemeiner Mörder?!« Das Rathenau-Attentat, Berlin 1934, S. 27.

[40] George W. Herald, My Favorite Assassine, in: Harper's Magazine, April 1943, S. 449–451.

[41] Zitiert nach der ersten deutschen Veröffentlichung von Heralds Geschichte in: Echo der Woche, 10.5.1952.

[42] Ebenda.

[43] Hans Werner Rathenau, Meine Begegnung mit Adjutant-Chef Veroff, alias Techow, auf dem Fort St. Jean der französischen Fremdenlegion im Jahre 1940, 27.12.1964 (Privatarchiv des Verfassers).

[44] Deutsche Dienststelle (WASt) Berlin, Marinestammrolle Ernst Werner Techow, Nr. 0.4170 K.

[45] Institut für Zeitgeschichte München, Zs 1849, Ernst von Salomon an den Direktor des Instituts für Zeitgeschichte, 23.2.1956.

Sven Felix Kellerhoff

Schüsse am Ballhausplatz

Der Putsch gegen Österreichs Kanzler Dollfuß 1934

I.

»Die Regierung Dollfuß ist zurückgetreten. Dr. Rintelen hat die Regierung übernommen!«[1] Der Sprecher von Radio Wien unterbrach am 25. Juli 1934 um 13.02 Uhr das Mittagskonzert; unmittelbar darauf folgten einige Takte Marschmusik, dann fielen Schüsse, und der Sender verstummte für mehrere Stunden. Die Durchsage war mit vorgehaltener Waffe erzwungen worden: Angeführt von einem SS-Untersturmführer hatten 15 österreichische Nationalsozialisten in Zivil in einem Handstreich das Studio der österreichischen »Radio- und Verkehrs AG« in der Johannesgasse besetzt und dabei einen Polizisten erschossen. So erfuhr die Öffentlichkeit von jenem Putsch, der die »österreichische Frage« lösen und den »Anschluß der Ostmark« schon 1934 herbeiführen sollte.

Beinahe gleichzeitig traf der erste Schuß Engelbert Dollfuß, den christsozialen Bundeskanzler der Alpenrepublik. Um 12.53 Uhr, nur neun Minuten vor der Rundfunkdurchsage, besetzte ein anderes Kommando aus 144 Männern der Wiener »SS-Standarte 89«, geführt von dem ehemaligen Unteroffizier Franz Holzweber, das Bundeskanzleramt am Ballhausplatz.[2] Die Posten am Tor wurden überrumpelt – sie vollzogen gerade ihren Wachwechsel. Als sogenannte »Ehrenwache« hatten die 30 Soldaten nicht einmal Munition in ihren Gewehren.[3] Während der größere Teil der in Heeres- und Polizei-Uniformen gekleideten Putschisten das Gebäude »sicherte«, etwa 150 Angestellte und Besucher zusammentrieb und Büros durchsuchte, hastete Otto Planetta, ein unehrenhaft entlassener Stabswachtmeister des österreichischen Bundesheeres, mit etwa zehn weiteren Putschisten in den ersten Stock und drang um 13.01 Uhr in die Arbeitsräume des Kanzlers ein.[4] Dollfuß versuchte, über einen angrenzenden Sitzungssaal und eine versteckte Wendeltreppe zu flüchten, die Putschisten aber holten ihn ein. Beim folgenden Handgemenge löste sich mindestens ein Schuß aus Planettas Pistole und traf den Bundeskanzler aus einem Abstand von nicht mehr als 15 Zentimetern links in den Nacken; das Geschoß vom Kaliber 9 mm durchtrennte den siebten Halswirbel und das Halsmark, drang in den Brustraum ein, zerschmetterte zwei Rippen und trat durch die rechte Achselhöhle des Opfers wieder aus. Der Schuß schlug also schräg von oben ein – Dollfuß war ausgesprochen klein, Planetta dagegen ein durchschnittlich großer Mann. Die Kugel lähmte den Kanzler sofort und verletzte ihn tödlich, doch er starb erst knapp drei Stunden später, um 15.45 Uhr. Ärztliche Hilfe oder geistlichen Beistand gewährten ihm die Putschisten trotz seiner Bitten nicht.[5]

Bis heute ist ungeklärt, wer jenen zweiten Schuß abgab, der Dollfuß knapp unterhalb der ersten Kugel, jedoch aus größerem Abstand von etwa einem Meter verletzte. Die Aussagen über die Vorgänge im Eckzimmer des Bundeskanzleramtes widersprechen einander; die meisten Zeugen beschworen jedoch, nur ein Schuß sei gefallen. Auch der Haupttäter Planetta gab an, er habe nur einmal geschossen, doch sei es möglich, daß seine Pistole einen »Doppler«, also zwei Schüsse abgegeben habe – das aber schloß der Waffenexperte beim Prozeß kategorisch aus.[6] Mysteriös wird der zweite Schuß schließlich dadurch, daß bei der oberflächlichen Obduktion des Mordopfers angeblich festgestellt wurde, es habe sich um ein kleineres Kaliber von 7,62 mm gehandelt.[7] An die zweite Kugel knüpfen sich deshalb Spekulationen: Ein weiterer Putschist könnte aus Wut über Vorwürfe des Kanzlers geschossen haben[8], oder einer der beteiligten aktiven Polizisten habe dem Opfer den Gnadenschuß geben wollen[9], vielleicht sogar Franz Holzweber, der Anführer des Sturmtrupps.[10] Eine abenteuerliche Verschwörungstheorie kursierte schon wenige Tage nach dem gescheiterten Putsch: Der von den Aufrührern im Kanzleramt festgesetzte Minister ohne Portefeuille Emil Fey, von Dollfuß am 10. Juli 1934 als Sicherheitschef abgesetzt, habe den zweiten, nach dieser Darstellung tödlichen Schuß auf den Verletzten abgegeben.[11] Fey hatte die Eskalation beim sogenannten »Februar-Aufstand« des republikanischen Schutzbundes 1934 mit 321 Toten[12] zu verantworten; er galt als grenzenlos ehrgeizig und skrupellos. Doch nicht einmal Feys persönlicher Feind und Nachfolger als Vizekanzler, der Heimwehrführer Ernst Rüdiger Starhemberg, wollte ihn für den zweiten Schuß verantwortlich machen.[13] Noch im Dezember 1938 erschien Gestapo-Chef Reinhard Heydrich die ominöse Kugel so wichtig, daß er Himmler vorschlug, den seit über vier Jahren begrabenen Leichnam Dollfuß' zu exhumieren und zu »durchröntgen«.[14]

Nur wenige Minuten nach dem Eindringen der Putschisten in das Bundeskanzleramt und Planettas Schuß auf den Kanzler, gegen 13.15 Uhr, rückte die Alarmabteilung der Wiener Polizei aus und sperrte den Ballhausplatz ab; kurze Zeit später kamen zwei Kompanien des paramilitärischen Heimatschutzes hinzu. Die Putschisten waren eingeschlossen, hatten keine Verbindung mit ihren politischen Führern außerhalb des Kanzleramtes und versuchten, Kontakt zu österreichischen Behörden aufzunehmen; als ihren Sprecher wählten sie Emil Fey, dessen Sympathie für die Nationalsozialisten bekannt und der in der Putschregierung als Sicherheitsminister vorgesehen war.[15] Mehrere Telefonate und ein dramatischer Auftritt Feys auf dem Balkon des Kanzleramtes, flankiert von Putschisten, führten zu keinem Ergebnis. Das Rumpfkabinett, unter Unterrichtsminister Schuschnigg im Kriegsministerium versammelt, versuchte zunächst, sich Klarheit über die Lage zu verschaffen.

Inzwischen hatte das Bundesheer die Absperrung des Kanzleramtes übernommen; obwohl der Wiener Stadtkommandant schon um 13.20 Uhr alarmiert worden war, rückte seine Truppe erst zwei Stunden später aus. Gegen 16.30 Uhr hatten die Soldaten dann genügend schwere Waffen – Maschinengewehre, Granatwerfer sowie zwei Panzerwagen – herangeschafft und meldeten sich zum Sturm auf das Kanzleramt bereit.[16] Daraufhin formulierte die Regierung ein Ultimatum: »Über Befehl des Herrn Bundespräsidenten werden die Aufrührer aufgefordert, innerhalb einer Viertelstunde das Ballhausgebäude zu räumen. Wenn kein Menschenleben auf Seiten der widerrechtlich ihrer Freiheit beraubten Mitglieder der Regierung zu beklagen ist, erklärt die Regierung, den Aufrührern freien Abzug und Überstellung über die Grenze [nach Deutschland] zuzusichern. Wenn die gestellte Frist fruchtlos verläuft, werden die Machtmittel des Staates eingesetzt werden. Schuschnigg.«[17]

Gegen 17.15 Uhr teilte der Sozialminister Odo Neustädter-Stürmer als Sprecher der Regierung den Putschisten das Ultimatum mit; allerdings ließ er die Bedingung weg, daß kein Regierungsangehöriger ums Leben gekommen sein dürfte. »Muß das wahrheitsgemäß feststellen, daß ich das den Leuten nicht hinaufgeschrieen habe. Damit wäre die ganze Aktion gescheitert gewesen«, hielt das Protokoll des Ministerrates seine Erklärung fest.[18] Inzwischen war nämlich durchgesickert, daß Dollfuß gestorben und das Angebot damit gegenstandslos geworden war. Da die Putschisten aber etwa 150 Menschen als Geiseln festhielten[19], beschloß die Regierung, den Aufrührern freies Geleit zuzusagen, dieses Versprechen später jedoch mit Hinweis auf den Tod von Dollfuß als gegenstandslos zu betrachten.[20] Die Nationalsozialisten im Kanzleramt hatten unterdessen erkannt, daß der Putsch gescheitert war: Ihr Kanzlerkandidat Anton Rintelen, der österreichische Gesandte in Rom, hatte sich auf Druck Schuschniggs von ihnen losgesagt.[21] Der Sturm auf das Gebäude des österreichischen Rundfunks begann gegen 13.45 Uhr; in den folgenden neunzig Minuten des Kampfes setzte die Wiener Polizei rücksichtslos auch Maschinengewehre und Handgranaten ein.[22] Franz Holzweber erreichte die politischen Führer noch immer nicht und versuchte nur noch, seine Leute und sich selbst in Sicherheit zu bringen. Doch er wußte nicht, daß Hitler bereits die Grenzen zwischen Österreich und Deutschland hatte sperren lassen.[23]

Nun begannen umständliche Verhandlungen über Formalitäten des Abzuges; Fey trat mehrmals auf den Balkon und verständigte sich mit Neustädter-Stürmer. Ein für 18.00 Uhr geplanter Sturmangriff wurde verschoben.[24] Weil die Regierung die Mitnahme von Geiseln als Faustpfand strikt ablehnte[25], rief »Hauptmann Friedrich« alias Holzweber den deutschen Gesandten in Wien, Kurt Rieth, an und ersuchte ihn, das freie Geleit zu garantieren. Nach Rücksprache mit Neustädter-Stürmer, nicht aber mit den Auswärtigen Amt in Berlin, sagte Rieth zu.[26]

Gegen 19.30 Uhr öffneten die Putschisten die Tore des Bundeskanzleramtes, gaben ihre Waffen ab und ließen sich mit Militärlastern abtransportieren.[27] Sie rechneten fest damit, nach Deutschland überstellt zu werden, doch statt dessen wurden sie in die Kaserne der Alarmeinheit der Wiener Polizei gebracht.[28] Wegen des Todes von Dollfuß verweigerte Schuschnigg den Abzug; allerdings hatten auch regierungstreue Milizionäre des Heimatschutzes mit der standrechtlichen Erschießung der Aufrührer oder einem Überfall auf ihren Zug gedroht, sollten die Nationalsozialisten abziehen dürfen.[29] Der Putsch in Wien war beendet.

II.

Der Anschluß Österreichs an das Deutsche Reich gehörte zu den Kernforderungen der NSDAP. Bereits in ihrem ersten und einzigen Parteiprogramm, den »25 Punkten« vom Februar 1920, galt der »Zusammenschluß aller Deutschen [...] zu einem Groß-Deutschland« als wichtigstes Ziel.[30] Auch Hitlers »Mein Kampf« verlangte den Anschluß an prominenter Stelle – auf der ersten Seite: »Deutschösterreich muß wieder zurück zum großen deutschen Mutterlande, und zwar nicht aus Gründen irgendwelcher wirtschaftlicher Erwägungen heraus. Nein, nein: Auch wenn diese Vereinigung, wirtschaftlich gedacht, gleichgültig, ja selbst wenn sie schädlich wäre, sie müßte dennoch stattfinden. Gleiches Blut gehört in ein gemeinsames Reich.«[31]

In Österreich fanden solche Parolen durchaus Resonanz – der größte Teil der Deutsch-Österreicher hatte die Degradierung der ehemaligen Großmacht zum Kleinstaat nicht verkraftet. Das erste Gesetz der Republik Österreich bestimmte am 12. November 1918: »Deutsch-Österreich ist ein Bestandteil der deutschen Republik.«[32] Der Frieden von St. Germain, das Pendant zum Vertrag von Versailles für Deutschland, erließ jedoch ein Anschluß-Verbot, das die durch gewaltige Gebietsverluste entstandene Belastung noch verschärfte: Die Erste Republik war »von Geburt an verkrüppelt.«[33] Im Gegensatz zu manchen anderen Klauseln der Pariser Vorortverträge blieben die europäischen Großmächte und der Völkerbund beim Anschluß-Verbot standhaft: Mehrfach waren Kredite für Österreich an den Verzicht auf eine Vereinigung mit dem Deutschen Reich geknüpft. Noch 1931 scheiterte eine deutsch-österreichische Zollunion an Frankreich und Italien.[34]

Österreich hatte in den späten zwanziger und frühen dreißiger Jahren ähnliche Probleme wie die Weimarer Republik; Weltwirtschaftskrise und

Lähmung des parlamentarischen Systems verschärften die Lage.[35] Nach ersten großen Erfolgen bei Landtagswahlen in Wien, Niederösterreich und Salzburg[36] und vor allem der »Machtergreifung« in Berlin hofften österreichische Nationalsozialisten deshalb auf einen raschen Anschluß. Tatsächlich war in Teilen des Bundesheeres, der Polizei und der Beamtenschaft Sympathie für die NS-Ziele verbreitet.[37] Die österreichischen Nationalsozialisten führten konkrete Verhandlungen mit Dollfuß über eine Regierungsbeteiligung, die aber an ihren überzogenen Forderungen – Parität im Kabinett, Vizekanzlerschaft für Landesleiter Habicht und scharfer Kampf gegen den österreichischen »Marxismus« nach deutschem Vorbild – scheiterten.[38] 1933 hatte nämlich das politische Establishment eine andere Meinung zur Anschlußfrage als 15 Jahre zuvor. Bundespräsident war inzwischen Wilhelm Miklas, der 1918 als einziger Abgeordneter gegen den Anschlußparagraphen gestimmt hatte.[39] Bundeskanzler Engelbert Dollfuß setzte gegen die schwarz-weiß-rote Hakenkreuzflagge das rot-weiß-rote Kruckenkreuz, ein altes Kreuzfahrersymbol, und gegen die Anschluß-Propaganda sein »Österreich erwache!«[40] Mit dem Konzept des klerikal-autoritären Ständestaates bot er eine freilich ebenfalls zutiefst antidemokratische Alternative zum nationalsozialistischen Großdeutschland. Unterstützt wurde der Kanzler von der »Vaterländischen Front« und den Heimwehren, der »faschistischen Konkurrenz« zur SA.[41]

Die Spannungen zwischen Berlin und Wien eskalierten, als Hitler am 26. Mai 1933 die sogenannte »Tausend-Mark-Sperre«[42] einführte: Für Visa nach Österreich mußten Reichsbürger nun ein Gebühr von 1000 Reichsmark entrichten, was die auf den Fremdenverkehr angewiesene österreichische Wirtschaft schwer traf.[43] Daraufhin verbot Dollfuß am 19. Juni 1933 die österreichische NSDAP, die bis dahin trotz politischer Gewalttaten geduldet worden war. Der »kalte Krieg« zwischen Hitler und Dollfuß hatte begonnen.[44]

Eine Welle von Terroranschlägen der illegalen NSDAP, stets aus Deutschland massiv unterstützt, setzte das Regime der Vaterländischen Front ebenso unter Druck wie der »erste Rundfunkkrieg der Geschichte«, der aus München gegen Österreich geführt wurde.[45] Beinahe täglich explodierten Bomben, wurden nationalsozialistische Terroristen mit Dynamit aus dem Reich festgenommen; ein Sprengsatz gelangte gar in den Amtssitz des Bundespräsidenten, konnte aber entschärft werden.[46] Am 3. Oktober 1933 verübte ein österreichischer Nationalsozialist im Parlament ein Pistolenattentat auf Dollfuß, der wie durch ein Wunder nur leichte Verletzungen erlitt: Eine Kugel traf ihn im Oberarm, die zweite genau in die Brust, prallte aber von einer Rippe ab. Der Täter war jedoch ein Einzelgänger; ein Auftrag von der NSDAP-Landesleitung jedenfalls konnte nicht nachgewiesen werden.[47]

Dollfuß reagierte mit immer engerer Anlehnung an Italien, die am 17. März 1934 in den »Römischen Protokollen« gipfelten, einer Garantie der Selbständigkeit Österreichs. Auch Hitlers Treffen mit Mussolini in Venedig am 14. und 15. Juni 1934 brachte den österreichischen Nationalsozialisten nicht das gewünschte Ergebnis: Der »Duce« lehnte den Sturz von Dollfuß und die Einsetzung einer Übergangsregierung unter Rintelen ab.[48] Nun gingen die Putschvorbereitungen, mit denen sich die österreichische SS bereits seit einem Jahr beschäftigte, in die konkrete Phase.

III.

Vier Personen waren die treibenden Kräfte hinter dem Putsch: Erstens der »Landesinspekteur« der österreichischen NSDAP Theodor Habicht, laut Starhemberg »ein kleines, embryoartiges Wesen [...], unscheinbar und schmächtig« mit einem »unverhältnismäßig großen Kopf mit großen Hornbrillen«[49], seit 1931 de facto, ein Jahr später auch formal Chef der österreichischen Nationalsozialisten.[50] Allerdings war der gebürtige Wiesbadener mit der Situation in Wien kaum vertraut; Starhemberg beklagte sich bei seinem letzten Gespräch mit Hitler im April 1932: »Ich glaube nicht, daß es gut ist, Leute wie Theo Habicht nach Österreich zu senden. Lassen Sie doch Österreich den Österreichern.«[51] Zweitens Otto Gustav Wächter, Sohn eines ehemaligen Kriegsministers, der als Anwalt den NS-Gau Wien vertrat und seit der Ausweisung Habichts als sein Vertreter amtierte.[52] Drittens Rudolf Weydenhammer, im 1. Weltkrieg Hauptmann im königlich bayrischen Heer, später Vorstand und Aufsichtsrat verschiedener österreichischer Banken und Versicherungen, »einer der maßgeblichen Vertreter deutscher Wirtschaftsinteressen in Österreich« sowie 1933/34 Stabschef Habichts.[53] Schließlich Fridolin Glass, ein zu Himmler übergelaufener ehemaliger SA-Führer, der im Frühjahr 1934 die Wiener SS-Standarte 89 bildete. Er war wegen staatsfeindlicher Aktivität unehrenhaft aus dem österreichischen Heer entlassen worden und galt als »Führer der nationalsozialistischen Soldaten Österreichs«.[54]

Am 25. Juni 1934 trafen sich diese vier Männer in Zürich und beschlossen einen Putschplan, den Glass ausgearbeitet hatte: Das österreichische Kabinett sollte bei einer Sitzung im Bundeskanzleramt geschlossen festgenommen werden; gleichzeitig sollte ein weiteres Kommando den Bundespräsidenten Miklas verhaften und die Ernennung des ehemaligen Landeshauptmanns der Steiermark und Kultusministers, Anton Rintelen, zum Kanzler erzwingen. Rintelen, von Beruf Jura-Professor, war im November 1933 wegen seiner Sympathie für das »Dritte Reich« als Botschafter nach Rom abgeschoben worden und spielte im Putschplan eine entscheidende Rolle: Als altgedienter christsozialer Politiker sollte er ein »Kabinett der nationalen Konzentration« bilden, das nach angemessener Zeit den Anschluß an das Deutsche Reich vollziehen könnte. Weitere Putschisten hatten Radio Wien, die Stadtkommandantur und das Haupttelegraphenamt zu besetzen. Der Plan rechnete mit Unterstützung durch Teile der Polizei und des Heeres; regierungstreue Truppen, vor allem Starhembergs Heimwehren, sollten durch Aufstände von SA und nationalsozialistischen Milizeinheiten in den Bundesländern gebunden werden.[55]

Als Führer des Sturmangriffs auf das Kanzleramt wurden zwei enge Mitarbeiter von Fridolin Glass bestimmt: Franz Holzweber und Otto Planetta.[56] Die Besetzung von Radio Wien sollte ein weiterer Vertrauter des SS-Sturmführers leiten. Für die Festnahme des Bundespräsidenten wurde ein erfahrener Terrorist der illegalen NSDAP namens Max Grillmayr ausgewählt. Er sollte bei seinem Schlag in Velden am Wörthersee, dem Urlaubsort von Wilhelm Miklas, von dem »Parteigenossen« und praktischen Arzt Dr. Walter Ott aus Wien und örtlichen SS-Einheiten unterstützt werden.[57] Die Erfolgsaussichten schienen durch Verhandlungen zwischen Fey und Wächter zu wachsen, bei denen ein Staatsstreich der Heimwehren gegen Dollfuß ebenso besprochen wurde wie die Bildung eines nationalen Übergangskabinetts. Am 18. Juli 1934, eine Woche nach seiner Absetzung als Sicherheitsminister, bot Fey der Wiener NS-Gauleitung eine »enge Zusammenarbeit« an.[58]

Als Termin für den Angriff auf das Kanzleramt setzten Weydenhammer, Wächter und Glass den 24. Juli 1934 um 17.30 Uhr fest.[59] Doch gegen 14.50 Uhr erfuhr der Stabschef bei einem Besuch Rintelens, der im Wiener Hotel Imperial abgestiegen war und auf seine Berufung zum Kanzler wartete[60], daß die Ministerratssitzung auf den nächsten Vormittag verlegt worden war. Die bereits angelaufene Aktion wurde unterbrochen und auf den folgenden Morgen verschoben. Nun mußten Glass, Holzweber und Planetta improvisieren, weil die für den späten Nachmittag – nach Dienstschluß der meisten Soldaten – geplante Besetzung der Stadtkommandantur am Vormittag unmöglich erschien. Trotzdem lief der Putsch am 25. Juli gegen 6.30 Uhr an; mittags versammelten sich die SS-Leute der Standarte 89 in einer Turnhalle.[61]

Zu diesem Zeitpunkt war ein wichtiges Element des Planes bereits gescheitert: Das auf Bundespräsident Miklas angesetzte Kommando unter Grillmayr und Ott war verraten worden. Ein anonymer Anruf machte die Polizei auf den Mietwagen aufmerksam, mit dem die beiden Attentäter zusammen mit dem Bruder von Walter Ott, Rudolf, nach Klagenfurt unterwegs waren. Die Polizei verhaftete zunächst Rudolf Ott, später auch seinen Bruder, als der sich auf einem Polizeirevier nach dem Verbleib Rudolfs erkundigte. Grillmayr flüchtete über die Grenze nach Jugoslawien.[62] Vom Putsch ließen die Gebrüder Ott nichts verlauten.

Das war aber auch gar nicht nötig, denn die Wiener Sicherheitsbehörden verfügten am Vormittag des 25. Juli 1934 über drei voneinander unabhängige Hinweise. Zwei Putschisten hatten sich offenbart: Der Holzhändler

Paul Hudl[63] hatte gegenüber einem Bekannten bereits am Tag zuvor geredet; der aktive Polizist Johann Dobler wählte den Weg über einen Offizier der Wiener Heimwehren direkt zu Fey, weil er wußte, wie sehr die Polizei mit Nazi-Sympathisanten durchsetzt war.[64] Der dritte Hinweis stammte von Gewährsleuten aus der Wiener SA, die nur drei Wochen nach dem sogenannten »Röhm-Putsch« in Deutschland die Aktion der österreichischen SS sabotieren wollten.[65]

Spätestens um 11.00 Uhr[66] war Emil Fey über den Putsch in groben Zügen informiert, doch erst gut eine Stunde später unterrichtete er den Kanzler. Statt dessen ließ er einige Polizisten zur Beobachtung der Turnhalle schicken, in der sich die Putschisten österreichische Heeres- und Polizeiuniformen anzogen, und alarmierte ihm treu ergebene Heimwehren. Offensichtlich hatte Fey einen »fatalen Plan«.[67] Als »Retter des Vaterlandes« wollte er, so sein Gegenspieler Starhemberg, den Putsch niederwerfen, seine Position als Vizekanzler und Sicherheitsminister zurückerobern und »starker Mann« der Regierung werden.[68] Zwischen 11.54 Uhr und 12.10 Uhr informierte Fey endlich Dollfuß, der die Kabinettssitzung unterbrach und die Minister aus dem Kanzleramt schickte.[69] Dennoch wurden keinerlei Vorkehrungen getroffen; die Wache am Tor wurde nicht informiert. So konnten die Putschisten um 12.53 Uhr ohne Schwierigkeiten das Gebäude besetzen.

IV.

Der Angriff auf das Bundeskanzleramt, mehr noch aber der Mord an Dollfuß riefen heftige Reaktionen hervor. Vom Abend des 25. Juli an liefen erregte Telegramme aus den Botschaften in Wien nach London, Washington und Paris.[70] Die europäische Presse reagierte ebenfalls scharf; allgemein wurde die NSDAP und damit Hitler für den Putsch verantwortlich gemacht. Französische Blätter stellten »eine besorgniserregende Zuspitzung« in Europa fest; der »Figaro« sah sich am »Vorabend einer neuen Epoche, wo der Kampf zwischen Ordnung und Unordnung, zwischen Zivilisation und Barbarei in aller Klarheit begonnen hat.«[71] Noch schärfer reagierte, auf direkte Anweisung des »Duce«, die italienische Presse; ein faschistisches Blatt überschrieb seinen Leitartikel: »Gewehr bei Fuß«.[72]

Tatsächlich mobilisierte Mussolini vier Divisionen und ließ sie am Brenner und in den Julischen Alpen aufmarschieren. Damit stieg die Stärke der italienischen Armee an der österreichischen Grenze auf fast 100000 Mann.[73] Die Truppenkonzentration sollte Hitler von einem Eingreifen abschrecken und den faschistischen Heimwehren den Rücken stärken, die in heftigen Kämpfen vor allem in Kärnten und der Steiermark unkoordinierte Aufstände nationalsozialistischer Milizen niederwarfen, bei denen insgesamt 269 Menschen starben.[74] Noch acht Jahre später meinte Hitler, diese Mobilmachung sei der »einzig politisch falsche Entschluß seines [Mussolinis] Lebens« gewesen.[75]

Der deutsche Gesandte in Wien, Kurt Rieth, wurde abberufen, weil er ohne Rücksprache mit Berlin den Putschisten freies Geleit garantiert hatte. Das Auswärtige Amt wollte mit diesem Opfer die deutsche Mißbilligung des Putsches ausdrücken, doch Rieth wehrte sich durch die Veröffentlichung seiner eigenen Darstellung in der »Frankfurter Zeitung«, die dem Bericht an seinen Vorgesetzten im wesentlichen entsprach – ein sehr ungewöhnliches Verhalten für einen Karrierediplomaten.[76] Der deutsche Militärattaché in Wien beeilte sich, seine Ablehnung des geplanten Putsches, von dem er offensichtlich mindestens teilweise unterrichtet gewesen war, schriftlich niederzulegen.[77]

Hitler distanzierte sich von dem Putsch, sandte ein Beileidstelegramm zum Tode von Dollfuß an Wilhelm Miklas und schickte seinen Staatssekretär Heinrich Lammers nach Gut Neudeck zum todkranken Reichspräsidenten Hindenburg, um ihn zu beruhigen.[78] Außerdem entließ er Habicht als »Landesinspekteur« der österreichischen NSDAP.[79] Doch wie bei anderen Gelegenheiten konnte Hitler auch hier die Niederlage mindestens teilweise zu seinen Gunsten ausschlachten: Er ernannte nämlich in einem pathetischen Brief Franz von Papen zum Sondergesandten in Wien und lobte so den Vertrauten Hindenburgs und ehemaligen Vizekanzler fort. Papen sollte die deutsch-österreichischen Beziehungen wieder »in normale und freundschaftliche Bahnen« lenken – eine »heuchlerische Erklärung sondergleichen«, meinte Starhemberg.[80]

In Wien kam es inzwischen zum Streit um Dollfuß' Nachfolge, den Bundespräsident Miklas durch die Ernennung Schuschniggs am 30. Juli 1934 beendete.[81] Ein eigens errichteter Militärgerichtshof verurteilte Holzweber als Rädelsführer und Planetta als Kanzlermörder zum Tode, ebenso die fünf am Putsch beteiligten aktiven Soldaten und Polizisten wegen Hochverrats. Die Urteile wurden vollstreckt.[82] Die übrigen Putschisten und Tausende nationalsozialistische Aufständische aus Kärnten und der Steiermark erhielten Haftstrafen und wurden meist in sogenannte »Anhaltelager« eingewiesen, die sich aber von deutschen Konzentrationslagern stark unterschieden. Rintelen hatte sich bei einem Selbstmordversuch schwer verletzt; er wurde später zu lebenslangem Gefängnis verurteilt. Kein Putschist saß seine Strafe vollständig ab: Seit November 1934 wurden sie nach und nach entlassen; einige flohen auch aus den Lagern. Die letzten Putschisten kamen durch die Generalamnestie vom Februar 1938 frei, die Hitler von Schuschnigg erpreßte. Wächter, Weydenhammer und Glass flohen nach der Niederschlagung des Putsches nach Deutschland und wurden nie gerichtlich verfolgt, allerdings auch nicht offiziell geehrt.[83]

Die Gründe für das Scheitern des Juli-Putsches zu klären erschien Heinrich Himmler, dem »Reichsführer SS«, so wichtig, daß er im April 1938 eine »Historische Kommission« einsetzte, die in einem halben Jahr einen zwar tendenziösen, doch ungewöhnlich aussagekräftigen Bericht erarbeitete. Das einzige erhaltene Exemplar des »streng geheimen« Reports wurde 1964 zusammen mit anderen SS-Dokumenten in einer Kiste in einem See im Böhmerwald gefunden.[84]

V.

Der Juli-Putsch wurde bald für politische Auseinandersetzungen instrumentalisiert. Die Regierung Schuschnigg verbreitete ihre Version, in der die Verantwortung von Fey vertuscht, dagegen ein Mordauftrag durch Hitler bewiesen werden sollte.[85] NS-Autoren hielten dagegen, verstärkt nach dem Anschluß 1938.[86] Die österreichische Zeitgeschichtsforschung hat sich nach 1945 intensiv mit den Ereignissen am Ballhausplatz beschäftigt. Umstritten blieben vor allem drei Fragen: Fand die Aktion auf Befehl Hitlers statt? War der Mord an Dollfuß geplant oder eher ein »Unfall«? Schließlich: Hatte der Aufstand Aussicht auf »Erfolg«?

Hitler wußte, daß am 25. Juli 1934 ein Putsch in Wien stattfinden sollte. Doch er ging offensichtlich davon aus, daß es sich um einen Aufstand des Bundesheeres und der Polizei gegen Dollfuß handeln würde.[87] Als bekannt wurde, daß der Bundeskanzler tot war und der Putsch keine aktive Unterstützung durch Heer und Polizei erhielt, bekam Hitler einen seiner gefürchteten Wutanfälle. Göring erklärte vor dem Nürnberger Gerichtshof 1946, der »Führer« habe Habicht vorgeworfen, »ihn falsch unterrichtet und hintergangen und betrogen« zu haben.[88] Tatsächlich bereiteten Habicht und seine Vertrauten Wächter, Weydenhammer und Glass den Putsch auf eigene Verantwortung[89] vor; sie nutzten die Möglichkeiten, die ihnen Hitlers Art der Herrschaft gab.[90] Der »Führer« ließ der österreichischen NSDAP »weitgehend freie Hand«.[91] Die Aktion am Ballhausplatz fand also nicht auf direkten Befehl Hitlers statt.

Die Quellen geben keine eindeutige Auskunft über die Frage, ob der Mord an Dollfuß von Anfang an geplant war. Der Bericht der SS bestreitet das entschieden.[92] Jedenfalls spricht der Schuß, der den Kanzler tötete, nicht für eine regelrechte Hinrichtung. Auch führte sein Tod zu breiter Solidarität in Österreich. Andererseits jedoch hätte ein lebender Dollfuß den Erfolg des Putsches nahezu unmöglich gemacht. Außerdem plante ein weiteres SS-Kommando angeblich unabhängig von Glass, Dollfuß am 25. Juli 1934 zu ermorden.[93] Habicht und seine Mitverschwörer haben den Tod des Kanzlers wohl nicht nur billigend in Kauf genommen. Sie hielten ihn anscheinend für nötig, um den Erfolg des Putsches zu gewährleisten.

Schließlich ist zu klären, ob der Putsch Aussichten auf Erfolg gehabt hätte: War es ein »stümperhaftes Unternehmen, dilettantisch vorbereitet und durchgeführt«?[94] Waren Habicht und seine Kumpanen »ihrer eigenen Propaganda zum Opfer gefallen«?[95] War schließlich die Abwehr des Putsches ein Werk der »ersten staatlich organisierten Résistancebewegung gegen den nationalsozialistischen Imperialismus«?[96]

Ein Vergleich mit dem wirklich stümperhaften und improvisierten Hitler-Putsch von 1923, der »eher in das Reich der Burleske«[97] gehört, zeigt: Der Plan von Glass war außergewöhnlich gut durchdacht. Die Putschisten hatten viele Kontake zu österreichischen Stellen geknüpft. Wären die Verhaftung des Kabinetts und die Aktion gegen Präsident Miklas gelungen, hätten die Aufrührer gute Chancen für die Einsetzung einer Regierung Rintelen – Fey gehabt. Dagegen hätte auch Mussolini wenig ausrichten können. Zumal schon wenige Tage später in London bewußte Zurückhaltung aus Sorge um den Frieden geübt, »Appeasement-Politik« betrieben wurde.[98]

Auch innerhalb Österreichs war die Haltung gegenüber dem Putsch keineswegs eindeutig ablehnend. Der Vizekanzler Starhemberg jedenfalls glaubte, daß das Bundesheer am 25. Juli erst einmal abwarten wollte, ob der Anschlag Erfolg haben würde. Erst als sein Scheitern offensichtlich wurde, griff das Militär ein.[99] Nach seinem Tode wurde Dollfuß zwar sehr schnell zur Symbolfigur der österreichischen Unabhängigskeitsbewegung, die jedoch durchaus schwach war, wie sich im März 1938 zeigte. Von einer »Résistancebewegung« gegen den Anschluß im Juli 1934 kann jedenfalls keine Rede sein. Der Staatsstreich scheiterte durch Verrat und für die Aufrührer widrige Umstände. Auf die NS-Außenpolitik wirkte sich der 25. Juli 1934 – keine vier Wochen nach den Morden an Röhm, Schleicher und anderen – verheerend aus. Hitler mußte akzeptieren, daß es für den Anschluß zu früh war. Die Entscheidung würde in Berlin und vor allem in Rom fallen, nicht durch Schüsse am Ballhausplatz.

Literatur

Akten zur deutschen Auswärtigen Politik. Serie C: Das Dritte Reich: Die ersten Jahre, Bd. 3,1 Göttingen 1973

Akten der Reichskanzlei. Regierung Hitler. Teil I: 1933/34. Boppard 1983

Auerbach, Hellmut: Eine nationalsozialistische Stimme zum Wiener Putsch vom 25. Juli 1934. in: VZG 12 (1964), S. 201–218

Beiträge zur Vorgeschichte und Geschichte der Julirevolte. Herausgegeben auf Grund amtlicher Quellen. Wien 1934

Binder, Dieter Anton: Dollfuß und Hitler. Über die Außenpolitik des autoritären Ständestaates in den Jahren 1933/34. Phil. Diss. Universität Graz 1976

Botz, Gerhard: Gewalt in der Politik. Attentate, Zusammenstöße, Putschversuche, Unruhen in Österreich 1918–1938. 2. Aufl. München 1983

Broszat, Martin: Der Staat Hitlers. Grundlegung und Entwicklung seiner inneren Verfassung. München 1969

Deutschlandberichte der SoPaDe 1934–1940, Bd. 1. Frankfurt / Main 1980
Documents on British Foreign Policy 1919–1939, Serie 2, Bd. 6. London 1957
Documents Diplomatiques Françaises 1932–1939, Serie 1, Bd. 6 und Bd. 7. Paris 1972–1979
Dollfuß an Österreich! Eines Mannes Wort und Ziel. Wien 1935
Die Erhebung der österreichischen Nationalsozialisten im Juli 1934. Akten der Historischen Kommission des Reichsführers SS. Hrsg. von Ludwig Jedlicka. Wien, München 1965
Fest, Joachim C.: Hitler. Eine Biographie. Frankfurt / Main, Berlin 1973
Foreign Relations of the United States, 1934, Bd. 2. Washington 1952
Goldinger, Walter: Der geschichtliche Ablauf. In: Geschichte der Republik Österreich. München 1954, S. 15–288
Goldner, Franz: Dollfuß im Spiegel der US-Akten. St. Pölten 1979
Hartlieb, Wladimir von: Parole: Das Reich. Eine historische Darstellung der politischen Entwicklung in Österreich von März 1933 bis März 1938. Wien, Leipzig 1938
Hitler, Adolf: Mein Kampf. 479.–483. Auflage. München 1939
Hoch, Anton und Hermann Weiß: Die Erinnerungen des Generalobersten Wilhelm Adam. In: Miscellanea. FS für Helmut Krausnick. Stuttgart 1980, S. 32–62
Jagschitz, Gerhard: Bundeskanzler Dollfuß und der Juli 1934, in: Österreich 1927 bis 1938. München 1973, S. 150–160
ders.: Der Putsch. Die Nationalsozialisten 1934 in Österreich. Graz, Wien, Köln 1976
Kernbauer, Hans u. a.: Die wirtschaftliche Entwicklung. In: Österreich 1918–1938. Geschichte der Ersten Republik. Wien 1983, Bd. 1, S. 343–379
Kershaw, Ian: Der NS-Staat. Geschichtsinterpretationen und Kontroversen im Überblick. 2. überarbeitete Aufl. Reinbek 1994
Kindermann, Gottfried Karl: Hitlers Niederlage in Österreich. Bewaffneter NS-Putsch, Kanzlermord und Österreichs Abwehrsieg von 1934. Hamburg 1984
Meissner, Otto: Ebert, Hindeburg, Hitler. Erinnerungen eines Staatssekretärs 1918–1945. Überarbeitete Neuauflage Esslingen, München 1991
Pauley, Bruce F.: Der Weg in den Nationalsozialismus. Ursprünge und Entwicklung in Österreich. Wien 1988
Picker, Henry: Hitlers Tischgespräche. Stuttgart 1951
Protokolle, des Ministerrates der Ersten Republik. Hrsg. von Isabella Ackerl und Rudolf Neck. Abteilung VIII. Wien 1980 ff
Der Prozeß gegen die Hauptkriegsverbrecher vor dem Internationalen Gerichtshof, Bd. 9. Nürnberg 1947
Schausberger, Norbert: Der Griff nach Österreich. Der Anschluß. Wien, München 1978
Schuschnigg, Kurt von: Dreimal Österreich. Wien 1937
Starhemberg, Ernst Rüdiger: Memoiren. Wien, München 1971
Steinert, Marlies: Hitler. München 1994
Survey of International Affairs 1934, Oxford 1935.
Tyrell, Albrecht: Führer befiehl… Selbstzeugnisse aus der Kampfzeit der NSDAP. Düsseldorf 1969

Anmerkungen

[1] Zit. nach: Die Erhebung der österreichischen Nationalsozialisten im Juli 1934. Akten der Historischen Kommission des Reichsführers SS. Hrsg. von Ludwig Jedlicka. Wien, München 1965 (künftig: Erhebung), S. 109 f.

[2] Amtlicher Bericht, in: Archiv der Gegenwart (künftig: AdG) 1934, S. 1544 f. Andere Berichte sprechen von 154 Putschisten; diese Zahl übernahmen auch die Nationalsozialisten. Aussage des Angeklagten Holzweber vor dem Militärgerichtshof, 30. Juli 1934, in: Erhebung, S. 162.

[3] Beiträge zur Vorgeschichte und Geschichte der Julirevolte. Herausgegeben auf Grund amtlicher Quellen. Wien 1934 (künftig: Julirevolte), S. 68 f. sowie Gerhard Jagschitz: Der Putsch. Die Nationalsozialisten 1934 in Österreich. Graz, Wien, Köln 1976 (künftig: Jagschitz, Putsch), S. 112.

[4] Aussage des Angeklagten Planetta vor dem Militärgerichtshof, in: Erhebung, S. 157–160; Zeitlicher Bericht, in: ebd., S. 147. Vgl. Julirevolte, S. 70.

[5] Gutachten des Gerichtsmediziners Dr. Karl Sekely, in: Erhebung, S. 180; Julirevolte, S. 72; amtlicher Bericht, in: AdG 1934, S. 1545.

[6] Aussage Planetta und Gutachten des Schießsachverständigen Leo Pummerer, in: Erhebung, S. 160 f. und S. 189 f.

[7] Jagschitz, Putsch, S. 120 und S. 223.

[8] Bericht der Historischen Kommission des Reichsführers SS (künftig: Hist. Komm. SS), in: Erhebung, S. 102 f.

[9] Jagschitz, Putsch, S. 120 und S. 223 unter Berufung auf das Geständnis des mutmaßlichen Täters bei der ersten Vernehmung am selben Abend. Diese Aussage ist nicht erhalten; auch sein Name ist unbekannt. Jagschitz vermutet eine bewußte Vertuschung durch Polizeioffiziere.

[10] So der damalige Polizeivizepräsident von Wien, Michael Skubl, laut Erich Zöllner, in: Österreich 1927 bis 1938. München 1973, S. 161.

[11] Jagschitz, Putsch, S. 121. In Deutschland fand diese Theorie Resonanz, etwa bei der »Frankfurter Tageszeitung« vom 30. Juli 1934, vgl. Deutschlandberichte der SoPaDe 1934–1940. 7 Bde. Frankfurt / Main 1980, Bd. 1 (1934), S. 296. Diese Deutung lehnte auch die Hist. Komm. SS ab, in: Erhebung, S. 142.

[12] Walter Goldinger: Der geschichtliche Ablauf. In: Geschichte der Republik Österreich. München 1954 (künftig: Goldinger, Ablauf), S. 214–218.

[13] Ernst Rüdiger Starhemberg: Memoiren. Wien, München 1971 (künftig: Starhemberg, Memoiren), S. 192–199.

[14] Heydrich an Himmler, 9. Dezember 1938, in: Erhebung, S. 60 f.

[15] Bericht des Gesandten Kurt Rieth, 23. Juli 1934, in: Akten zur deutschen Auswärtigen Politik (künftig: ADAP), Serie C, Bd. 3,1, S. 215–220 sowie Hist. Komm. SS, in: Erhebung, S. 111–113.

[16] Jagschitz, Putsch, S. 132.

[17] Protokolle, des Ministerrates der Ersten Republik. Hrsg. von Isabella Ackerl und Rudolf Neck. Wien 1980 ff. (künftig: Protokolle), Abt. VIII, Bd. 7, S. 640.

[18] Protokolle, S. 637. Vgl. Neustädter-Stürmers Bericht, in: Erhebung, S. 152.

[19] Julirevolte, S. 73–77; Hist. Komm. SS in: Erhebung, S. 111–119.

[20] Protokolle, S. 643–645.

[21] Jagschitz. Putsch, S. 127.

[22] Hist. Komm. SS, in: Erhebung, S. 128–130. Jagschitz, Putsch, S. 130. Völkischer Beobachter, Norddeutsche Ausgabe, 27. Juli 1934.

[23] Frankfurter Zeitung, 26. Juli 1934, 2. Morgenausgabe (Meldung des DNB).

[24] Julirevolte, S. 77 f.; Hist. Komm. SS, in: Erhebung, S. 121–123

[25] Jagschitz, Putsch, S. 133.

[26] Aktennotiz des Staatssekretärs von Bülow, in: ADAP Serie C, Bd. 3,1, S. 228–232; Telegramm von Rieth an das Auswärtige Amt, in: ebd., S. 238–241; Protokolle, S. 634 f.

[27] Julirevolte, S. 79 f.

[28] Hist. Komm. SS, in: Erhebung, S. 125–127.

[29] Jagschitz, Putsch, S. 135.

[30] 25-Punkte-Programm vom 24. Februar 1920, in: Albrecht Tyrell: Führer befiehl... Selbstzeugnisse aus der Kampfzeit der NSDAP. Düsseldorf 1969, S. 23.

[31] Adolf Hitler: Mein Kampf. 479.–483. Auflage. München 1939, S. 1.

[32] Norbert Schausberger: Der Griff nach Österreich. Der Anschluß. Wien, München 1978 (künftig: Schausberger, Griff), S. 53–58.

[33] Bruce F. Pauley: Der Weg in den Nationalsozialismus. Ursprünge und Entwicklung in Österreich. Wien 1988 (künftig: Pauley, Weg), S. 18.

[34] Gottfried-Karl Kindermann: Hitlers Niederlage in Österreich. Bewaffneter NS-Putsch, Kanzlermord und Österreichs Abwehrsieg von 1934. Hamburg 1984 (künftig: Kindermann, Niederlage), S. 19–30; Pauley, Weg, S. 23 f.

[35] Hans Kernbauer u. a.: Die wirtschaftliche Entwicklung. In: Österreich 1918–1938. Geschichte der Ersten Republik. Wien 1983, Bd. 1, S. 366–372; Goldinger, Ablauf, S. 192–202.

[36] Pauley, Weg, S. 81.

[37] Jagschitz, Putsch, S. 205, Anm. 75 sowie Starhemberg. Memoiren, S. 136.

[38] Pauley, Weg, S. 123 f. sowie Starhemberg, Memoiren, S. 155 f.

[39] Kindermann, Niederlage, S. 24.

[40] Dollfuß an Österreich! Eines Mannes Wort und Ziel. Wien 1935, S. 39 f.

[41] Pauley, Weg, S. 77–79; Starhemberg, Memoiren, S. 150–157.

[42] Akten der Reichskanzlei. Regierung Hitler. Teil I: 1933/34, Bd. 1, S. 491–494.

[43] Julirevolte, S. 22.

[44] Kindermann, Niederlage, S. 10 und S. 36.

[45] Julirevolte, S. 11–16, S. 25–28 und S. 44–46; Pauley, Weg, S. 106 f.; Schausberger, Anschluß, S. 248.

[46] Starhemberg, Memoiren, S. 172–174.

[47] Polizeibericht vom 17. Oktober 1933 und Aussage des Attentäters im Prozeß, in: Gerhard Botz: Gewalt in der Politik. Attentate, Zusammenstöße, Putschversuche, Unruhen in Österreich 1918–1938. 2. Aufl. München 1983, S. 430–440 sowie Jagschitz, Putsch, S. 116.

[48] Dieter Anton Binder: Dollfuß und Hitler. Über die Außenpolitik des autoritären Ständestaates in den Jahren 1933/34. Phil. Diss. Universität Graz 1976, S. 236–250 und S. 267–274.

[49] Starhemberg, Memoiren, S. 113.

[50] Pauley, Weg, S. 74 f.

[51] Starhemberg, Memoiren, S. 123.

[52] Pauley, Weg, S. 126 sowie Otto-Ernst Wächter: Bericht. In: Hellmut Auerbach: Eine nationalsozialistische Stimme zum Wiener Putsch vom 25. Juli 1934. in: VZG 12 (1964), S. 201–218 (künftig: Wächter-Bericht)

[53] Jagschitz, Putsch, S. 76.

[54] Hist. Komm. SS, in: Erhebung, S. 67–69.

[55] Jagschitz, Putsch, S. 74–89 und S. 138–144; Hist. Komm. SS, in: Erhebung, S. 71–77; Wächter-Bericht, S. 209 f.

[56] Hist. Komm. SS, in: Erhebung, S. 68.

[57] Julirevolte, S. 80–82 und Hist. Komm. SS, in: Erhebung, S. 130 f. Die privaten Memoiren von Walter Ott enthalten eine Fülle bislang unbekannter Details zum Juli-Putsch. Frau Maria Ott stellte dem Verfasser dankenswerter Weise eine Kopie zur Verfügung. Eine Publikation wird vorbereitet.

[58] Jagschitz, Putsch, S. 64 f.

[59] Hist. Komm. SS, in: Erhebung, S. 79 f. sowie Julirevolte, S. 61 f.

[60] Wächter-Bericht, S. 211; Hist. Komm. SS, in: Erhebung, S. 77; Jagschitz, Putsch, S. 102.

[61] Hist. Komm. SS, in: Erhebung, S. 79 f.

[62] Julirevolte, S. 80–82 und Hist. Komm. SS, in: Erhebung, S. 130 f. sowie Jagschitz, Putsch, S. 97.

[63] Akte »Betr.: Hudl, Paul, SS-Untersturmführer«, in: Erhebung, S. 41–43 sowie Julirevolte, S. 61.

[64] Hist. Komm. SS, in: Erhebung, S. 82 f.

[65] Wächter-Bericht, S. 214–217.

[66] Jagschitz, Putsch, S. 100 f., S. 103 f. und S. 108.

[67] Kindermann, Niederlage, S. 154 f.

[68] Starhemberg, Memoiren, S. 196 f.

[69] Protokolle, S. 633. Die Zeiten schwanken; vgl. Zeitlicher Bericht, in: Erhebung, S. 146 sowie Hist. Komm. SS, in: ebd., S. 85; Jagschitz, Putsch, S. 106.

[70] Documents on British Foreign Policy 1919–1939, Serie 2, Bd. 6, S. 864–875 und S. 991–996; Foreign Relations of the United States, 1934, Bd. 2, S. 29 f. und S. 32–34. Documents Diplomatiques Françaises 1932–1939, Serie 1, Bd. 6, S. 1032–1034 und 1042–1052 sowie Bd. 7, S. 1–14.

[71] Zit. n. Frankfurter Zeitung, 27. Juli 1934, 1. Morgenausgabe.

[72] Zit. n. Völkischer Beobachter, Norddeutsche Ausgabe, 28. Juli 1934. Vgl. Jens Petersen: Hitler–Mussolini. Die Entstehung der Achse Berlin–Rom 1933 bis 1936. Tübingen 1973, S. 361–366 und Frankfurter Zeitung, 28. Juli 1934, 1. Morgenausgabe.

[73] Survey of International Affairs 1934, S. 475 sowie Kindermann, Niederlage, S. 174. Vgl. Frankfurter Zeitung, 28. Juli 1934, 1. Morgenausgabe und Ludolf Herbst: Das nationalsozialistische Deutschland 1933–1945. Frankfurt / Main 1996, S. 132–137.

[74] Julirevolte, S. 87–121; Jagschitz, Putsch, S. 145–167.

[75] Henry Picker: Hitlers Tischgespräche. Stuttgart 1951, S. 264.

[76] Aktennotiz des Staatssekretärs von Bülow, in: ADAP, Serie C, Bd. 3,1, hier S. 231 f.; Frankfurter Zeitung, 28. Juli 1934, 2. Morgenausgabe; Bericht Rieths, in: ADAP, Serie C, Bd.- 3,1, S. 238–241. Vgl. AdG 1934, S. 1547.

[77] Bericht 16/34 von Muff an Bülow, in: ADAP, Serie C, Bd. 3,1, S. 248 f.

[78] Otto Meissner: Ebert, Hindeburg, Hitler. Erinnerungen eines Staatssekretärs 1918–1945. Überarbeitete Neuauflage Esslingen, München 1991, S. 363.

[79] Aufzeichnung des Gesandtschaftsrates Hüffer, in: ADAP, Serie C, Bd. 3,1, S. 285 f. sowie Pauley, Weg, S. 133–148.

[80] Hitler an Papen, 27. Juli 1934, in: Völkischer Beobachter, Norddeutsche Ausgabe, 28. Juli 1934. Starhemberg, Memoiren, S. 216.

[81] Kurt von Schuschnigg: Dreimal Österreich. Wien 1937, S. 260–268 sowie AdG 1934, S. 1553.

[82] Urteil des Militärgerichtshofes, in: Erhebung, S. 193 f. sowie Jagschitz, Putsch, S., 171 f. und Protokolle, S. 643–652.

[83] Jagschitz, Putsch, S. 171–176 und S. 180–184.

[84] Jedlicka, Einleitung, in: Erhebung, S. 10 f.

[85] Julirevolte, passim sowie die amtlichen Berichte, in AdG 1934, S. 1544–1571.

[86] Etwa Wladimir von Hartlieb: Parole: Das Reich. Eine historische Darstellung der politischen Entwicklung in Österreich von März 1933 bis März 1938. Wien, Leipzig 1938, S. 255–288.

[87] Anton Hoch und Hermann Weiß: Die Erinnerungen des Generalobersten Wilhelm Adam. In: Miscellanea. FS für Helmut Krausnick. Stuttgart 1980, S. 47 f.

[88] Der Prozeß gegen die Hauptkriegsverbrecher vor dem Internationalen Gerichtshof. Nürnberg 1947, Bd. 9, S. 330 f.

[89] Hellmut Auerbach, Einleitung zu: Wächter-Bericht, S. 206.

[90] Vgl. Marlies Steinert: Hitler. München 1994 (künftig: Steinert, Hitler), S. 332 f. sowie Ian Kershaw: Der NS-Staat. Geschichtsinterpretationen und Kontroversen im Überblick. 2. überarbeitete Aufl. Reinbek 1994, S. 130–142.

[91] Pauley, Weg, S. 135; Martin Broszat: Der Staat Hitlers. Grundlegung und Entwicklung seiner inneren Verfassung. München 1969, S. 282.

[92] Hist. Komm., in: Erhebung, S. 141.

[93] Akte »Michaelerplatzaktion«, in: Erhebung, S. 44 f.; Jagschitz, Putsch, S. 109 f.

[94] Gerhard Jagschitz: Bundeskanzler Dollfuß und der Juli 1934, in: Österreich 1927 bis 1938. München 1973, S. 150.

[95] Pauley, Weg, S. 132.

[96] Kindermann, Niederlage, S. 10.

[97] Steinert, Hitler, S. 165. Vgl. Joachim C. Fest: Hitler. Eine Biographie. Frankfurt / Main, Berlin, S. 266–273.

[98] Amerikanische Botschaft in London an das State Department, 31. Juli 1934, zit. nach Franz Goldner: Dollfuß im Spiegel der US-Akten. St. Pölten 1979, S. 141.

[99] Starhemberg, Memoiren, S. 189 f.

Peter Steinbach

Der 20. Juli 1944

Wohl kein in eine Katastrophe mündendes Ereignis deutscher Geschichte, und ganz sicher kein weiteres aus der deutschen Zeitgeschichte, ist in der Weise als ein entscheidendes Datum deutscher Geschichte gedeutet worden wie der mißlungene Anschlag, den Claus Graf Schenk von Stauffenberg am 20. Juli 1944 auf Hitler verübt hat. Das Attentat scheiterte endgültig schon wenige Stunden nach seiner Ausführung. Dennoch wird es immer wieder als ein Glanzpunkt deutscher Geschichte bezeichnet. Dies ist nur dann nicht überraschend, wenn man sich bewußt macht, daß die Rezeption dieses verhängnisvoll gescheiterten Bombenanschlags derjenigen vieler anderer Attentate ähnlich ist, die nicht zu ihrem Ziel geführt haben und dennoch einen festen Platz in der kollektiven Erinnerung von Nationen und Gesellschaften finden konnten.

Probleme der Würdigung

Überraschend hingegen bleibt am Anschlag des 20. Juli 1944 die besonders große Diskrepanz zwischen Ereignis, Wirkung und Erinnerung, welche das Spannungsverhältnis zwischen der tatsächlichen Bedeutung dieses Tages und einer würdigenden Deutung durch die Nachlebenden ausmacht. Dies gilt besonders angesichts der Katastrophe, die sich in Europa während des Zweiten Weltkrieges vollzogen hat. Denn angesichts dessen, was in den weiteren Monaten folgte, muß man den beachsichtigten möglichen Erfolg des Anschlags dast unausweichlich zum Maßstab historischer Urteilsbildung machen. Die Umsturzbemühungen der Beteiligten hatten überdies Weiterungen: Sie mündeten bekanntlich nicht in einem völligen Fehlschlag, sondern in dem Blutbad, das die NS-Führung durch den Volksgerichtshof unter den Regimegegnern anrichtete. So ist der Anschlag mit der Ausschaltung des Kerns einer nationalsozialistischen Gegenelite verbunden, deren Angehörige ein Gutteil der Erneuerungskraft repräsentierten. Sie konnten so zugleich dem weiteren Verlauf der Dinge vor und nach der bedingungslosen Kapitulation der deutschen Wehrmacht keine Wendung geben.

Markierten die Ereignisse des 20. Juli 1944 aber wirklich nur eine weitere Etappe auf dem Weg in die Niederlage, machten sie tatsächlich nur die Trostlosigkeit eines unaufhaltsamen Sturzes in einen Abgrund deutlich?

Oder läßt sich der Fehlschlag auch anders interpretieren? Dies hat man zu allen Zeiten und immer wieder nach 1945 versucht. Deshalb sind die Stereotype dieser Argumentation gut bekannt. Sprachen die Nationalsozialisten mit Hitler in den Tagen nach dem Umsturz zunächst »von ehrgeizzerfressenen und ehrlosen Verrätern«, die sich gegen die »Vorsehung« gestellt hätten, so wollten manche Deutschen in den Regimegegnern bald nach 1945 vor allem die Vertreter eines »anderen Deutschland«, sogar »Gerechte« im Sinne des Alten Testaments, zumindest aber Repräsentanten eines diese »aufrechten Patrioten« bevollmächtigenden Gewissens sehen. Sie seien im Einklang mit ihrer nicht nur selbstlos, sondern bald radikal wahrgenommenen historischen Verantwortung geradezu mit einer »Vollmacht« ausgestattet gewesen und hätten einfach angesichts der von ihnen empfundenen Verantwortung »aufstehen« müssen.

Dankbar griff man deshalb ein oftmals zitiertes, mit Sicherheit aber nicht authentisches Zitat von Winston Churchill[1] aus dem Herbst 1946 auf, das aus einer – nur mit dem Attribut »angeblich« zu versehenden – Unterhausrede im Widerstand gegen den Nationalsozialismus stammen sollte und im Widerstand die Voraussetzung für die Rückkehr aller Deutschen in den Kreis der zivilisierten Nationen gesehen hätte[2]. Churchills Ausspruch läßt sich trotz systematischer Suche nicht zeitursprünglich belegen[3] und somit als authentisch nachweisen, aber er stellte durch dessen ständige Wiederholung bei Gedenkveranstaltungen bald wesentlich mehr als ein Zitat dar: Er wurde fast zu einer ganz unbezweifelbaren oder doch nur herbeigeredeten Wirklichkeit.

Heroisierungen geschichtlicher Ereignisse und Personen lassen sich aber niemals dauerhaft begründen. Deshalb verdunkelte eine kritische zeitgeschichtliche Forschung schon bald nach Kriegsende das so verklärend gezeichnete Bild des Widerstandes. Zeithistoriker entdeckten anfang der sechziger Jahre zahlreiche, demokratietheoretisch gesehen, höchst bedenkliche Aussagen der Regimegegner, betonten immer wieder die Verstrickungen mancher von ihnen in das NS-System und bezweifelten schließlich sogar generell die moralische Lauterkeit mancher ihrer Entscheidungen. Sie maßen die Regimegegner dabei letztlich aber doch nur an einem anderen Modell als dem so oft beschworenen »anderen« und »besseren« Deutschland, nämlich an dem Bild des »aufrechten Demokraten«, der zu allen Zeiten fest auf dem Boden der – ohne Zweifel vorkonstititutionell gedachten – freiheitlich-demokratischen, parlamentarischen Grundordnung gestanden haben müßte[4].

Hinzu kamen die Stammtischstrategen, die natürlich, versteht sich, alles viel besser gemacht hätten als die Attentäter selbst. Ganz unterschiedliche Argumente waren zu vernehmen. Sie reichten von der Beschwörung der kameradschaftlichen Opferbereitschaft des Soldaten, auch seiner Tapferkeit, die »man« selbst bis zum Kriegsende bewiesen hätte (wobei verklärt wurde, daß viele auf diese Weise bis zum letzten Tag zu jener Fahne standen, die Stauffenberg und seine Freunde ablehnten) bis zur Kritik an der Vorbereitung und Durchführung der Aktion selbst, und dies alles wurde gepaart mit einem kräftigen Schuß Kritik an den Offizieren, die eigentlich »nur ihre Haut zu retten versucht« hätten. Die erwähnten Positionen wurden geprägt durch das Selbstbewußtsein rückwärtsgewandter Propheten, die allein aus dem Wissen um den Ausgang einer Sache die Sicherheit ableiten wollten, den Anschlag besser als die eigentlich Handelnden geplant und durchgeführt zu haben.

Eine Fortsetzung dieser Debatten ist nicht das Ziel dieses Beitrags. Mit ihm soll vielmehr versucht werden, den Blick ganz bewußt auf den Anschlag selbst zu lenken, auf dessen unmittelbare Vorbereitung und auf seinen Verlauf. Besonderer Nachdruck wird dabei auf die Gleichzeitigkeit macher Ereignisse gelegt, die allerdings nur nacheinander geschildert werden können, um so zu versuchen, nicht nur das Attentat selbst, sondern auch die Komplexität der dadurch bestimmten Verkettungen an ganz unterschiedlichen Zentren der Macht und des Umsturzes ernster zunehmen. Das Ereignis des Anschlags selbst soll also, und dies sei hier ganz deutlich betont, in den Mittelpunkt der Betrachtung gerückt werden, nicht aber eine Auseinandersetzung mit moralischen Implikationen des Attentats. Deutlich gesagt: Hier soll *nicht über* das Ereignis, sondern *von ihm* gesprochen werden. Damit ist zugleich die Absicht verbunden, daß Fragen ethischer Würdigung und ihrer Problematik ausdrücklich nicht im Mittelpunkt stehen sollen.

Gewiß ist der Attentatsversuch vom 20. Juli 1944 historisch trotz seines Fehlschlages bemerkenswert. Für manche Historiker gilt dies, weil die deutsche Geschichte nur wenige markante Beispiele eines ähnlich konsequenzen Übergriffs nationaler oder konservativer Kreise auf die Obrigkeit aufweist. Attentate werden in der Regel von Angehörigen unterschiedlich motivierter Gruppen verübt, die sich oftmals extremen Kräften zurechnen oder diesen zugeordnet werden können und rücksichtslos ihre Gruppenziele durchsetzen wollen, aber nicht beabsichtigen, »den Bestand der Nation« – wie Ludwig Beck schon 1938 betont hatte – durch einen Anschlag zu retten. Der deutsche Widerstand war hingegen in der Tat unübersehbar »nationalkonservativ« geprägt, vor allem im Umfeld des 20. Juli 1944, und er zeichnete sich dabei durch die gelungene Integration unterschiedlicher Gruppen und Ziele aus. Die Betonung der nationalkonservativen Substanz des Widerstands führte zuweilen sogar zu neuen Überhöhungen des Widerstands, die weniger aus der Zeit seines Handelns als aus dem politisch-moralischen Impetus der Nachlebenden erklärt werden können.

So schrieb etwa der angesehene Kieler Historiker Karl-Dietrich Erdmann, die Tatsache, daß »der Putsch überhaupt unternommen« wurde, habe »der ältesten und opferreichsten Widerstandsbewegung in Europa ihren historischen Rang« gegeben[5], obwohl im Grunde keine Hoffnung mehr bestanden hätte, »hierdurch Deutschland vor dem militärischen Zusammenbruch retten« zu können. In einem einzigen Satz finden sich hier alle Elemente historiographischer Überhöhung, denn es ist fraglich, ob die Lage wirklich so hoffnungslos war, es ist fragwürdig, ob die Verhinderung des militärischen Zusammenbruchs wirklich das zentrale Ziel des Widerstands darstellte, und schließlich ist es gewiß trotz aller Sympathie für die Regimegegner nicht richtig, gar von der ältesten oder opferreichsten europäischen Widerstandsbewegung zu sprechen.

Hans Rothfels, der Nestor der Zeitgeschichtsforschung, hatte wenige Jahre vor Erdmann die Bedeutung des gescheiterten Umsturzversuches zurückhaltender darin gesehen, daß das Attentat zumindest dem Ziel zumindest »denkbar nahe«[6] gekommen sei, Hitler auszuschalten. Andere Historiker wiederum hatten das Ereignis dieses Tages hervorgehoben, weil sie in der Tat Stauffenbergs den Ansatz für eine moralische Entlastung des deutschen Volkes sehen wollten. Auch hier wurde wiederum ein Deutungszusammenhang deutlich, der den Blick auf die Aktion verstellte, indem grundsätzliche Dimensionen der Tat und ihres Umfeldes hervorgehoben wurden, die politisch-ethische Bereiche berührten und so den Historiker mit den Herausforderungen des Gedenkredners konfrontierten. Auf eine unvergleichliche Weise hat Thykidides[7] diese wohl grundsätzliche Schwierigkeit eines angemessenen Erinnern angesichts der Überlebenden Perikles in der ersten großen Totenrede in den Munde gelegt. Alle Deutungen, die sich um andere vermehren ließen, stecken aber nur den Rahmen einer möglichen Beleuchtung ab, in dem es zum einen um die Bewertung des Ereignisses, zum anderen um die Beurteilung seiner Nachwirkung gehen muß.

Dem von Rothfels beschworenen Ziel war übrigens fünf Jahre früher als Stauffenberg bereits ein anderer Attentäter nahegekommen, der jedoch im Unterschied zu jenem erst 50 Jahre später Eingang in die offiziellen Gedenkreden fand[8]. Elser war gewiß ebenso erfolgreich – oder auch erfolglos – wie Stauffenberg, als er am 8. November 1939 im Keller des Münchener Bürgerbräu-Kellers einen Anschlag auf die Person Hitlers zu verüben vermochte. Sein langfristig vorbereiteter Anschlag zeitigte ebensolche Wirkungen wie Stauffenbergs Attentatsversuch: mehrere Tote, eine beträchtliche Zahl von Verletzten. Übrigens hinterließ er in der zeitgenössischen Reflexion nur wenige Spuren, nicht einmal bei den Regimegegnern, die angeblich im November 1939 viele Gedanken auf die Beseitigung von Hitlers Regierung gerichtet hätten.

Stauffenbergs Tat und die Erinnerung an seinen Kreis hat hingegen seit den fünfziger Jahren einen unbestreitbar festen Platz in der deutschen Erinnerungskultur und Gedenkpolitik und damit auch im zunächst westdeutschen Geschichtsbewußtsein gefunden. Selbst in der DDR versuchte man, ihn, wenngleich auf eine viel problematischere Art, zu würdigen[9]. Dem Schreiner Elser aber ist eine vergleichbare Anerkennung niemals zuteil geworden. Dabei handelt es sich bei ihm um einen Attentäter aus dem Volk, der als Einzelgänger eine Bombe konstruierte und zielstrebig im Münchener Bürgerbräukeller placieren konnte, wo Hitler regelmäßig zur Erinnerung an die genannten »Blutzeugen« seiner »Bewegung« und an den 1923 fehlgeschlagenen Marsch auf die Feldherrenhalle sprach. Man verzichtete nicht nur auf die Ehrung Elsers, sondern man diffamierte ihn sogar, denn er galt lange Zeit als eine Art von Provokateur, als fremdgesteuert, sei es durch den englischen Geheimdienst, die Strasser-Front oder den SD oder die SS, als ein dubioser Einzelgänger, und er wurde so recht erst durch einen Spielfilm rehabilitiert. Dies belegt zugleich auf beeindruckende Weise den engen Zusammenhang zwischen Widerstandshistorie, Erinnerung an den Widerstand und geschichtspolitisch begünstigter Fiktion.[10]

Dies gilt auch für andere Gruppen des Widerstands wie die »Weiße Rose« und den »20. Juli 1944«, bei denen es uns schwer fällt, Fiktion und Wirklichkeit auseinanderzuhalten oder gar die historische Überlieferung gegen Geschichtsbilder zu bewahren, die durch Fiktionen geschaffen worden sind und so tendenziell Imaginationen zum entscheidenden Kriterium gelungener geschichtswissenschaftlicher Rekonstruktionsversuche machen. Es gibt ja nicht nur die ungeschehene Geschichte, die uns herausfordert, also das *»was wäre wenn«*, sondern es gibt eben auch auch die fiktive Historie des *»als ob«*.

Probleme der Überlieferung

Das eigentliche Problem der Widerstandsgeschichte liegt aber in der Bedeutung der mündlichen Überlieferung und damit der nicht durch Schriftquellen abgestützten Erinnerung. Alle, die sich mit Oral History befaßt haben, wissen, daß sich in der Erinnerung von »Zeitzeugen« alles das niederschlägt, was sie gelesen, gehört und gesehen haben. Deshalb wird wohl kein Bereich der Zeitgeschichte derart durch Vorstellungen, durch Bilder im Kopf, durch vorwissenschaftliche Kriterien bestimmt wie der Widerstand gegen den Nationalsozialismus. Denn er wird geradezu durch Erinnerungen konstituiert. Vor allem darin scheint mir in unserem Zusammenhang die Herausforderung des Historikers zu liegen, der im Bereich der Widerstandsgeschichte große Schwierigkeiten zu bewältigen hat, weil ein wichtiger Teil der Überlieferung, soweit sie nicht von den Untersuchungskommissionen des SD und der Gestapo stammt, Ergebnis des Erinnerns und des Gedenkens der Beteiligten, ihrer Nachfahren oder der Zeitgenossen ist, die sich selbst – häufig erst nach Jahren – präzise erinnern wollen und in die Tradition des Widerstands zu stellen versuchen.

Die unmittelbare Überlieferung der Vorbereitung des Attentats vom 20.Juli 1944 ist rudimentär und vor allem durch die Dokumente der Verfolgungsreinrichtungen geprägt. Reichlich wurden aber Überlieferungslücken in den Akten und Nachlässen bis in die jüngste Zeit durch Erinnerungen von Nachlebenden ersetzt. Diese Erinnerungen sind auf vielfältige Weise abhängig: vom Erinnerungsvermögen des einzelnen, von den Bewertungen individuellen Verhaltens der Regimegegner in der Nachkriegszeit, von unmittelbaren politischen Einflüssen, die nicht selten Interpretationslinien vorgeben und durchsetzen wollten und im geschichtspolitischen Konflikt ebenso andere Überlieferungen überdeckten. Deshalb gilt für die Widerstandsgeschichte in besonderer Weise, daß die Überlieferung durch eine Kritik der Rezeption dieser Geschichte überprüft werden muß.

Die Erinnerung an den 20. Juli 1944 setzte bereits 1945/46 und damit sehr früh ein. Immer entschiedener erinnerten Freunde und Anhänger schon in den späten vierziger Jahren an dieses Ereignis. Richtige öffentliche Anerkennung fanden die Beteiligten aber erst durch eine Gedenkrede, die Theodor Heuss im Juli 1954 im Auditorium Maximum der Freien Universität hielt[11]. Hier wurde jener würdigende Argumentationsstrang vorbereitet, der sich übrigens zuerst auf Briefmarken fand, welche die Alliierten über Deutschland nach dem Anschlag abwarfen. Neben einem Porträt von General Erwin von Witzleben las man auf einer Marke, die die Nationalsozialisten ursprünglich der Beschwörung der »Blutzeugen« vom 9.11. 1923 gewidmet hatten, den Ausspruch: »Und ihr habt doch gesiegt«. Um diese Bestätigung kreiste immer wieder das Gedenken.

Seit den fünfziger Jahren wurde der Widerstand in die kollektive Erinnerung der Deutschen integriert, allerdings auf eine hüben wie drüben ganz unterschiedliche Weise, aber doch mit ganz ähnlicher Motivation. Denn jeder der beiden deutschen Teilstaaten empfand sich auf seine Weise als eine besondere Verwirklichung der Ziele des Widerstands, in dessen Tradition das jeweilige deutsche Staatswesen gestellt wurde.

Zunächst hat jede Geschichte des 20. Juli 1944 von zwei Grundannahmen auszugehen: neben dem Faktum des Scheiterns auch von der Tatsache der vergleichweise langen, aber als Ereignisverkettung keineswegs kontinuierlichen Vorgeschichte des Attentats. Nicht nur Elsers einzelgängerisch verübter Anschlag hatte 1939 sein Ziel verfehlt, sondern auch viele andere geplante Anschlagsversuche, die 1942/43 vorbereitet wurden, in den Archiven allerdings als Nichtereignisse keine Spuren hinterlassen konnten. Sie lebten vor allem aus den sich wandelnden Texten jener Erinnerungsliteratur, die nach 1950 erschienen war und zunehmend die Absicht mancher Autoren spiegelte, an der wachsenden moralischen Reputation des Widerstands teilzuhaben. Besonders deutlich läßt sich die Auswirkung zeitspezifischer Deutung an den Erinnerungen des späteren Verfassungsrichters Fabian von Schlabrendorff deutlich machen, der seinen Bericht über die Bestrebungen und Motive der »Offiziere gegen Hitler«[12] besonders früh publiziert hatte und Tresckow mit dessen engsten Vertrauten aus dessen Stab in der Heeresgruppe Mitte in die Wahrnehmung der Nachwelt rückte. Sein Bericht veränderte sich von Auflage zu Auflage und verlangt deshalb geradezu die Findigkeit des Mediävisten, wenn es darum geht, den wirklichen Quellenwert dieses Zeitzeugenberichts zu bewerten. Auch die sehr frühe Darstellung aus der Feder des deutschen Abwehrangehörigen Gisevius[13] verwischte offensichtlich die Grenzen zwischen Erlebtem und Gehörtem, wenn nicht zwischen Fiktion und Wirklichkeit.

So sehr sich Schlabrendorff und Gisevius auf den Widerstand von Militärs, der Abwehr und diesen Kreisen nahestehender Nichtmilitärs konzentrierten, so überraschend ist, daß Historiker insgesamt wohl weit über vierzig Attentatsversuche gezählt haben. Dazu rechnen wir in der Regel aber nicht nur die gescheiterten oder in letzter Minute vereitelten Anschläge, etwa von Beppo Römer[14] oder von Bavaud, sondern bereits die fehlgeschlagenen oder im Sand der Zeit verlaufenden Absichten von Zeitgenossen, Hitler aus dem Wege zu räumen. Manche der Attentatspläne waren zu phantastisch, andere scheiterten aber lediglich an den Maßnahmen zur Erhöhung der Sicherheit des Diktators. Manche Planungen waren eine Folge moralischer Empörung, andere spiegelten vor allem Reaktionen auf die erwarteten Folgen von Hitlers Kriegsentscheidungen und einige konzentrierten sich darauf, die politischen Konsequenzen von Hitlers Kriegsplänen zu verdeutlichen, etwa, indem deutsche Oppositionelle ausländische Regierungen aufforderte, der deutschen Regierung die Risiken ihres Krieges deutlich zu machen.

Im Zentrum der Widerstandsgeschichte steht allerdings ganz unverrückbar der Anschlag, den Stauffenberg verübt hat. Dieser Tat wurden deshalb mancherlei andere oppositionellen Bestrebungen zugeordnet, sei es als Teil einer Vorgeschichte dieser Tat, sei es als Teil ihrer Entscheidungs- oder Motivationsgeschichte, sei es schließlich als Teil einer komplexen Beziehungsgeschichte zwischen ganz unterschiedlichen Gruppen von Regimegegnern, die erst durch die Zuordnung zum 20. Juli 1944 in einen angeblichen historischen Zusammenhang gerückt worden waren. So lassen sich wohl manche Projektionen deuten, die sich aus der einfachen Tatsache der Nähe mancher Überlebenden zu den Regimegegnern oder Attentätern erklären sollen

Der Anschlag Stauffenbergs scheint vielen Untersuchungen des Widerstands zufolge den Abschluß von langjährigen Bemühungen hoher Verwaltungsbeamter und Militärs darzustellen, die aus dem Zentrum der bewaffneten Macht heraus durch eine Beseitigung Hitlers dem Krieg eine andere Wendung geben wollten. Im Umkreis dieses Anschlags lassen sich allerdings auch Teilnehmer identifizieren, die ein andere Motivationslage hatten. Manche hatten sich bereits zusammengefunden, ehe der Krieg begonnen hatte. Sie reagierten auf außenpolitische Risiken und suchten nach alternativen Optionen, um eine gewaltsame Auseinandersetzung um die Hegemonie in der

Mitte Europas zu vermeiden. Andere wiederum reagierten auf rechtswidrige Übergriffe. Zu ihnen gehörte mit Sicherheit ein Regimegegner wie der Berliner Abwehrmann Hans Oster. Andere wiederum bereiteten sich früh durch Diskussionen mit Gleichgesinnten auf die Grundfragen einer Neuordnung der Verfassung, wichtiger politisch zu gestaltender Bereiche der Gesellschaft wie der Universitäten, der Schule und der Parteien oder der außenpolitischen Strukturen vor[15]. Die wichtigste Gruppe war in dieser Hinsicht der Freundeskreis um Moltke und Yorck.[16] Viele ganz unabhängig voneinander entstandene Kreise und oftmals auch isoliert nebeneinander verlaufende Entwicklungslinien werden so vielfach erst im Nachhinein zu einem Handlungsgefüge konstruiert, das sein Ziel in einem Kulminationspunkt erhält, auf das alle Ereignisse, Kontakte und Bestrebungen hinzulaufen scheinen.

So sehr deshalb der Anschlag vom 20. Juli 1944 im Zusammenhang mit den vorangegangenen Umsturzversuchen und Anschlagsversuchen gesehen werden werden muß, die seit Anfang 1943 mit dem Ziel, einen Staatstreich zu einzuleiten, an der Ostfront im Stab der Heeresgruppe Mitte 1943 vorbereitet wurden und mit dem Namen von Henning von Tresckow verbunden bleiben, so deutlich muß sich der Historiker bewußt machen, daß er immer wieder in der besonderen Gefahr steht, das jeweils unabhängig voneinander Verlaufende zu verknüpfen.

Auch Anstöße, Verantwortlichkeiten und Leistungen für den Widerstand und die Tat lassen sich nach vielen Jahren aus der reinen Erinnerung nicht mehr zuverlässig benennen, weil bereits unmittelbar nach der Tat die Überlieferung das Tatsächliche zu überlagern und zu verformen beginnt. So ist sicher, daß Beteiligte bei den Verhören jeweils die Hingerichteten zu belasten suchen, daß sie zugleich versuchten, ihre eigene Tatbeteiligung zu relativieren, daß sie sich dabei nicht selten sogar auf eine gemeinsame Grundlage mit den Nationalsozialisten beriefen. Dies ist für den quellenkritisch analysierenden und überdies hermeneutisch aufgeschlossenen Historiker kein Problem, wohl aber für den moralisch rigoroser argumentierenden Zeitgenossen. Stellt für den einen gerade das Verhältnis von Kooperation und Konfrontation eine Herausforderung dar, so läßt sich der andere gerade nicht auf Zwischenlagen und Zwischentöne ein; dann wird nicht mehr interpretiert, sondern jede Überlieferung für die Wirklichkeit selbst gehalten.

Für den Historiker lösen sich durch seine Methode nun keineswegs die Probleme, sondern sie spitzen sich nicht selten zu. Manchmal sind Überformungen der zeitgenössischen Überlieferung offensichtlich, manchmal nimmt der Historiker aus Pietät Überlieferungen hin, ohne sie kritisch zu befragen. Manchmal muß er sich dem »Zeitzeugen« entgegenstellen und dessen Anspruch auf zeitursprünglich-athentische Überlieferung infragestellen. Und allzu oft hat er sich gleichzeitig gegen öffentlich vertretene, nicht selten modische Deutungen oder kritische Ansätze zu stellen, die nur eines verraten: die Distanz unserer Zeit gegenüber der Vergangenheit als Folge schlichter Differenz zwischen dem Damals und dem Jetzt. In diesen Zusammenhang einer zu problematisierenden Überlieferung muß gewiß auch der Versuch eines Anschlags durch Gerstorff auf Hitler während einer Besichtigung erbeuteter sowjetischer Waffen gestellt werden, ebenso wie der Versuch des Hauptmanns Axel Freiherr von dem Bussche, sich, einer Bitte Stauffenbergs entsprechend, bei der Präsentation neuer Uniformen mit Hitler durch einen Handgranatenanschlag zu töten. Und in diesen Zusammenhang gehört auch der Versuch, Hitlers beim Rückflug von einem Besuch beim Stab der Heeresgruppe Mitte bei einem Flugzeugabsturz zu töten, der durch eine Bombenexplosion verursacht werden sollte. Alle diese Anschläge wurden nur vorbereitet, nicht aber ausgeführt. Dies macht ihre Deutung so schwierig.

Dies ist aber auch geeignet, den Anschlag vom 20.Juli 1944 als markantes Ereignis hervorzuheben und macht ihn geradezu zum Ereignis von historischem Rang, obwohl auch er nicht zum Ziel führte. Nüchtern betrachtet, spricht eigentlich wenig für diese Überhöhung. Denn durch diese Tat erhielten die Nationalsozialisten Gelegenheit, die seit langem vorbereitete Ausschaltung ihrer potentiellen Gegenelite zu betreiben. Die Aktion »Gitter«, zuweilen auch »Gewitter« genannt, hatte etwa 5000 Verhaftungen zur Folge, von denen immer wieder in der zeithistorischen Forschung die Rede war. Die Herrschaftsstrukturen des Regime verfestigten sich so nach der Tat merklich; strikt genommen läßt sich sagen, daß durch sie noch einmal die NS-Herrschaft stabilisiert worden ist. Diese mentalen Auswirkungen griffen tiefer in die Geschichte der Deutschen ein, als die unmittelbaren Folgen des Fehlschlags ahnen lassen.

Bekannt ist, daß Hitler überlebte und Deutschland erst Ende April 1945 von sich befreite, indem er Selbstmord verübte. Zuvor hatte er in seinem »Testament« den Deutschen noch einmal bestätigt, daß sie nicht zum Herrenvolk taugten und historisch auch kaum noch ein Existenzrecht hätten. Bekannt ist auch, daß die hohen Wehrmachtsoffiziere sich durch den Fehlschlag des Attentats nicht eidfrei fühlten, sondern daß sie vor allem in den Abendstunden des 20. Juli 1944 ihre angebliche moralische Verpflichtung zum eidgemäßen soldatischen Gehorsam entdeckten. Sie schlossen sich gerade deshalb nicht ihren wagemutigen Kameraden an, die fast bis zum letzten Augenblick ihres Lebens im Berliner Bendlerblock verzweifelt eine Wende erhofften und erst in den späten Abendstunden wie Stauffenberg erkannten, daß ihn ja »alle im Stich gelassen« hätten[17].

Die Vorbereitung

Dies ist zu betonen, ehe man über die Vorbereitung und Durchführung des Anschlags reflektiert, denn dieser scheiterte nicht, weil Stauffenberg versagt hatte, sondern weil diejenigen, auf die er und seine Freunde gesetzt hatten, in menschlich oftmals geradezu jämmerlicher Weise versagten. Die Attentäter hatten unter den Bedingungen der Diktatur, in der ein Staatsstreich nur aus dem Zentrum der Macht heraus erfolgen konnte, in der sie keinen Zugang zur Öffentlichkeit hatten und sich streng an die Regeln aktiver Konspiration halten mußten, nur die Möglichkeit, zur Vorbereitung des Umsturzes jene Wege des Zugangs zum Diktator zu nutzen, die unauffällig waren. Deshalb konnte ein kalkulierbarer Anschlag nur dort erfolgen, wo Hitler mit größter Sicherheit zum Ziel eines Anschlags werden konnte: im Führerhauptquartier oder auf dem Obersalzberg anläßlich einer Lagebesprechung. Der Anschlag war nur der Beginn des Umsturzes, denn er sollte die Situation schaffen, in der ein zweiter Mechanismus greifen konnte, der während des Krieges unter dem Stichwort »Walküre« entwickelt worden war. Diese Planung »Walküre« ging von der Annahme innerer Unruhen aus.

Diese Befürchtungen waren eine Folge der mehr als sieben Millionen Kriegsgefangenen, Fremd- und Zwangsarbeiter, die sich in Deutschland befanden und die Kriegsproduktion zu einem großen Teil trugen. Innere Unruhen[18] waren geradezu der Alpdruck der NS-Führung, die sich stets an den fast pathologisch übersteigerten Erfahrungen aus dem Ersten Weltkrieg orientierte und dabei auf die »Dolchstoßlegende« des Jahres 1918 fixiert blieb, d.h. auf die Erklärung der militärischen Niederlage im Ersten Weltkrieg als Verrat der Heimat an der bewaffneten Macht. Die Erwartung von Aufständen im Inneren ließ nach Möglichkeiten Ausschau halten, die den führenden Militärs ebenso wie der Führung unter dem Begriff des Belagerungszustandes bekannt und vor allem auch vertraut waren. Der Belagerungszustand war seit 1933 nicht mehr die Stunde der Exekutive, denn dieser Anspruch war bereits der höchste Rechtfertigungszweck der Diktatur, die sich als »Maßnahmestaat« definierte. Sondern die im Zuge nur fiktiv behaupteter innerer Unruhen zu ergreifenden Maßnahmen brachten in der Umsetzung der »Walküre-Pläne« das Militär wieder ins innenpolitische Spiel, sofern öffentlich wirklich glaubhaft gemacht werden konnte, daß unidentifizierbare – man sprach von »parteifremden« – Elemente einen Umsturzversuch unternommen hätte.

War das Militär erst einmal in der Lage, in Berlin zentrale Machtpositionen zu besetzen, dann, so hoffte man in den Kreisen der Umstürzler, könne der Mechanismus genutzt werden, den zu erfüllen geradezu die höchste Tugend des Militärs ausmachte: *Loyal den Zusammenhang zwischen Pflicht und Tat, zwischen Befehl und Gehorsam* herzustellen. Dies könnte dann zu einer Stabilisierung der Verhältnisse zumindest im Reich führen. Die Frontbereiche erschienen hingegen als weniger problematisch, denn hier waren alle Kräfte durch die Notwendigkeiten des Abwehrkampfes gebunden. Deshalb war es von großer Bedeutung, sich in den Stunden nach dem Umsturz der einzelnen Wehrkreiskommandos zu bemächtigen und zumindest sicherzustellen, daß von dort aus kein Gegenschlag vorbereitet werden konnte. Danach hoffte man, Verbindungen zu den Westalliierten knüpfen zu können und zu einem Interessenausgleich zu kommen, der den Krieg beendet und die Substanz der Nation zumindest in territorialer Hinsicht unversehrt gelassen hätte.

Der Umsturzplan, der die Vorbereitung von »Walküre« ausnutzte, war unter den Bedingungen der nationalsozialistischen Diktatur nicht ohne Chancen. Auf keinen Fall läßt er sich als dilletantisch geplant bezeichnen. Er enthielt einige Risiken und Unwägbarkeiten, und wie jeder Umsturzversuch waren auch Zufallsmomente vorhanden. Er hatte aber den Vorteil, daß er zumindest in der Startphase keinen großen Kreis von Mitwissern voraussetzte, daß er sich als Planung für einen angenommenen Ernstfall tarnen ließ, auf den vorzubereiten nicht nur legitim, sondern sogar verantwortungsvoll war: Innere Unruhen, aus denen sich eine brisante Lage entwickeln konnte, die den Spielraum der Kriegsführung durch innenpolitische Zwänge eingrenzte.

Neben der Vorbereitung der Pläne und Befehle für die Stunde X war auch der kalkulierbare und in entscheidender Stunde sicher gewährleistete Zugang zum Diktator entscheidend für den Erfolg des angestrebten »Staatsstreiches«, aus dem sich dann in kurzer Zeit ein »Umbruch« entwickeln sollte. Stauffenberg hatte als Chef des Stabes beim Befehlshaber des Ersatzheeres Zugang zur Lagebesprechung im Führerhauptquartier, damit zum Diktator. Er hatte durch diese Funktion auch die Möglichkeit genutzt, die dortigen Sicherheitskräfte an seine Person zu gewöhnen. Stauffenberg galt als vertrauenswürdig und hatte deshalb keine scharfen Personenkontrollen zu gewärtigen. Er wurde so zur Schlüsselfigur, denn er kannte die für den Fall innerer Unruhen vorgesehenen Pläne, die berühmten Walküre-Planungen, die der Chef des Allgemeinen Heeresamtes (AHA) General Friedrich Olbricht hatte ausarbeiten lassen. Er hatte nur die Voraussetzung für ihre Auslösung zu schaffen. Stauffenberg war Stabschef bei Olbricht gewesen und hatte die Walküre-Pläne selbst modifiziert. Zugleich war er der einzige aus dem Kreis der Attentäter, der sicher bis zu Hitler vordringen konnte. Damit war zugleich aber ein Risiko verbunden, denn die Notwendigkeit, an zwei Orten gleichzeitig sein zu müssen, machte Stauffenberg zunächst in Rastenburg, eigentlich aber schon Minuten später in Berlin unverzichtbar. Denn dort mußten die Vorbereitungen für die Verlagerung der Machtzentren getroffen und entscheidende Weichen gestellt werden.

Das Allgemeine Heeresamt, das sich im Bendlerblock befand, war zweifellos wichtig als Planungszentrale. Ebeneso entscheidend war aber der rasche Zugang der Verschwörer zu den aktiven Verbänden im Reichsgebiet und insbesondere im Umland von Berlin. Der Wechsel Stauffenbergs vom Posten des Stabschefs im AHA in die Funktion des Stabschefs beim Befehlshaber des Ersatzheeres ließ so die Chance wachsen, die Planung der Operation Walküre zu verbessern und ihre Realisierung vorzubereiten, um so mehr, als es den Verschwörern im Bendlerblock bei Stauffenbergs Wechsel in seine neue Verwendung gelungen war, einige Räume weiter einen Vertrauten auf den früheren Posten des Stabschefs im Allgemeinen Heeresamt setzen können, mit dem im weiteren Verlauf des Umsturzes eine geradezu symbiotische Verständigung möglich war: Albrecht Ritter Mertz von Quirnheim.

Alles hing jedoch im weiteren Verlauf der Stunden nach der Stunde X von der Möglichkeit ab, klare, nicht ernsthaft in Frage zu stellende Befehle aus der Zentrale des Befehlshabers des Ersatzheeres abzusetzen, zentrale Parteistellen auszuschalten und Zugang zur Öffentlichkeit zu schaffen. Hitlers Tod wurde dabei von den Attentätern vorausgesetzt. Entscheidend war deshalb die militärische und vor allem nachrichtenmäßige Isolierung des Führerhauptquartiers in Ostpreußen. Dazu benötigte man die Kontrolle über das Fernmeldewesen zumindest in Rastenburg. Denn der Schwerpunkt des Umsturzes sollte nach dem Anschlag in Berlin liegen. Deshalb brauchte man Kontakt zu den Befehlshabern der Polizei. Graf Helldorf als Berliner Polizeipräsident und Arthur Nebe als Leiter der Abt.V des Reichssicherheitshauptamtes, d.h. des Reichskriminalpolizeiamtes, waren von großer Bedeutung. In Berlin befanden sich die wichtigsten Rundfunkeinrichtungen, weiterhin das Reichspropagandaministerium, das isoliert werden sollte, schließlich das Haus des Rundfunks, nicht zuletzt auch der Reichssender in Jüterbog. Die Verfügung über diesen überregional ausstrahlenden Sender war um so wichtiger, als die Verschwörer viel auf die Aufklärung der deutschen Öffentlichkeit setzten. Entscheidend war zugleich aber auch, daß die Machthaber nach dem Anschlag unverzüglich jeden Zugang zum Rundfunk verloren.

Weiterhin mußte möglichst rasch eine schlagkräftige neue Befehlsstruktur geschaffen und eine sowohl handlungsfähige, d.h. erfahrene, als auch eine in kurzer Zeit erfolgreiche, d.h. effektive Regierung und militärische Führung eingesetzt werden. Dies setzte voraus, daß Stunden nach dem Umsturz regierungs- und führungserfahrene Persönlichkeiten zur Verfügung standen, denen von der Öffentlichkeit Vertrauen entgegengebracht wurde und die sich in längerer Sicht auch auf breite Kreise der Bevölkerung stützen konnten. Beck, Witzleben, Hoepner und Goerdeler waren bekannt. Ihr gemeinsames Handeln setzte aber Klarheit in den politischen Zielen, ihre Akzeptanz in der Bevölkerung sowie eine Verbindung zu den traditionellen politischen Kräften voraus, die seit 1933 von jeder politischen Wirksamkeit ausgeschlossen waren und dennoch die Grundlage für eine neue Massenbewegung schaffen sollten. Sie erst hätten aus dem *Widerstand ohne Volk* eine *breite Auflehnung* gegen die NS-Führung *aus dem Volk* gemacht.

Dabei war nicht nur an die Verhältnisse in der Hauptstadt, sondern auch im Reich zu denken. Dies bedeutete, daß auch politische Beauftragte als Helfer bei der Konsolidierung des Umsturzes in den Wehrkreisen zu suchen und zu finden, vorzubereiten, zu informieren und in der Stunde X einzusetzen waren. Ein weiteres Problem war die Übernahme der politischen Verantwortung unmittelbar nach dem Umsturz. Denn mit militärischen Mitteln ließen sich nur die Nationalsozialisten ausschalten, vielleicht fernhalten. Der Umsturz sollte aber nicht »Politik« ersetzen, sondern sie gerade ermöglichen. Deshalb brauchte man in den Schlüsselministerien Vertraute und Helfer, die in der Stunde X bereitstanden. Dies galt auch für einzelne Gaue und Länder, dessen Existenz geradezu vorausgesetzt wurde. Von entscheidender Bedeutung für den tatsächlichen Erfolg, den Krieg rasch zu beenden und auf diese Weise den »Bestand des Reiches« zu sichern, war die Reaktion der Gegnermächte.

Obwohl es eine Fülle von Kontakten der deutschen Opposition zur amerikanischen, britischen und selbst zur sowjetischen Seite in Stockholm, in der Schweiz und anderen Orten, nicht zuletzt auch im Vatikan gab, erfolgten jedoch nach der Tat Stauffenbergs keinerlei unterstützende Reaktionen aus den Kreisen der Alliierten. Gewiß bleiben angesichts der Forderung, die deutsche Wehrmacht müsse bedingungslos kapitulieren, die Aussichten mehr als vage, die Regierungen der Gegnermächte könnten durch die bloße Signalisierung ihrer Verhandlungsbereitschaft zum Gelingen des Umsturzes beitragen können. Dennoch sind auch diese Rahmenbedingungen bei der Vorbereitung, der Durchführung und der Erklärung des Scheiterns dieses Umsturzes zu berücksichtigen.

Diese Planung der »Operation Walküre« setzte nach dem gelungenen Anschlag also die völlige und konsequente Isolation der nationalsozialistischen Machtzentralen, die Herrschaft über den Rundfunk, die alleinige Verfügung über entscheidende Befehlswege der Wehrmacht, die unverzügliche Neubildung einer neuen und von der NSDAP völlig unabhängigen militärischen und politischen Führung sowie die Ausschaltung nationalsozialistischer Reaktionszentren voraus. In den Tagen unmittelbar nach dem Umsturz kam es darauf an, sehr rasch langfristig die Entstehung eines neuen politischen Konsenses der NS-Gegner selbst zu sichern. Sie mußten eine eigene Basis in der Bevölkerung suchen und deren Stimmung sowie Opferbereitschaft mobilisieren. Erst danach ließ sich an die Klärung der außenpolitischen Fragen denken, die den Bestand der Nation berührten.

In diesem Aufgabenkatalog werden neben den Chancen aber auch die Schwierigkeiten, Unwägbarkeiten und schließlich die Ursachen des Scheiterns des Umsturzes deutlich. Stauffenberg war gewiß die entscheidende und zentrale Gestalt. Er mußte den Anschlag in Ostpreußen ausführen und fast gleichzeitig im Berliner Bendlerblock sein, um die Operation Walküre auszuführen. Er mußte zivile und militärische Kreise mobilisieren, die

Lage im Bendlerblock beurteilen und zugleich außerhalb um Unterstützung nachsuchen – dies alles förmlich einwandfrei, also durch korrekt abgesetzte und ordnungsmäßig unterzeichnete Befehle gesichert, bei Schwierigkeiten aber auch durch persönliche Interventionen, vor allem durch telefonische Aufforderungen, den Umsturz zu unterstützen.

Die Planungen der »Operation Walküre« mußten unverzüglich mit dem Anschlag realisiert werden. Dies mußte komplikationslos ablaufen. Gegenaktionen von höchster Ebene war entschieden entgegengetreten, zugleich auch bestimmt und doch vertrauenserweckend. Entscheidend war der Zugriff auf die Berliner Einrichtungen, auf Rundfunk und Polizei, ebenso entscheidend war die Isolierung der Berliner Machtzentralen. Die offene Frage war aber weniger der Ablauf der Operationen in der Stadt und im unmittelbaren Umland, sondern die Sicherung einer tragfähigen politischen Basis. Deshalb waren auch Nichtmilitärs in die Steigerung des Anschlags zum Umbruch in den ersten Stunden nach der Detonation der Bombe einzubeziehen. Die Einsetzung einer neuen politischen Führung war der erste, die Unterstützung in der Bevölkerung der zweite Schritt nach der militärisch durchgeführten Ausschaltung Hitlers.

Aus allem wird deutlich: Mit dem Umsturz, der auf die Pläne der »Operation Walküre« zurückging und durch das Attentat nur die Voraussetzung für die Auslösung dieser Gegenaktion schaffen wollte, wurde keineswegs eine dilletantisch vorbereitete Umsturzaktion in Szene gesetzt. Die Beteiligten wußten ohne Ausnahme, was sie riskierten. Es gab für sie keine Alternative, vor allem aber kein Zurück mehr. Sie hatten nicht nur auf soldatische Tugenden und militärische Mechanismen gesetzt, sondern auch auf das Vertrauen einzelner Kameraden und Vorgesetzter. Deshalb fühlten sich alle Beteiligten in den Abendstunden, als das Scheitern des Umsturzes nicht mehr zu leugnen war, zunehmend, wie Stauffenberg, von den eigenen Leuten so hoffnungslos verraten.

Das Ereignis

20. Juli 1944[19]: Gegen 6 Uhr morgens wird der Chef des Stabes beim Befehlshaber des Ersatzheeres an der Tür seines Privathauses in der Tristanstraße 8 des Stadtteils Berlin-Nikolassee von seinem Fahrer abgeholt und zum Flugplatz Rangsdorf gefahren. Stauffenberg soll dort, wie bereits eine Woche zuvor, an der Lagebesprechung teilnehmen. Etwa eine Stunde später stößt der Adjutant des Stabschef Stauffenberg, Leutnant Werner von Haeften, auf dem Flughafen Rangsdorf hinzu. Haeften führt eine Tasche mit sich, in der sich diesmal nicht nur Unterlagen und persönliche Gegenstände, sondern auch eine beträchtliche Menge Sprengstoff und zwei Zünder befinden. Die Maschine startet kurze Zeit später mit dem Ziel Führer-

hauptquartier Wolfschanze in Ostpreußen. Sie landet gegen 10 Uhr in unmittelbarer Nähe von Rastenburg. Ein Dienstwagen steht bereit und bringt Stauffenberg mit Haeften unverzüglich zur Wolfschanze. Gegen halb elf Uhr nehmen beide ein Frühstück vor dem Casino ein. Dies dauert eine knappe Stunde. Gegen halb zwölf meldet sich Stauffenberg beim Oberbefehlshaber der Wehrmacht, Genereralfeldmarschall Wilhelm Keitel.

Die Lagebesprechung findet nicht in einem Bunker, sondern in einer leicht gebauten Baracke statt. Unmittelbar vor dem Beginn der Besprechung bittet Stauffenberg darum, sich zurückzuziehen zu dürfen, um ein frisches Hemd anzuziehen. Stauffenberg nutzt diese Gelegenheit, um die Zünder der beiden Bomben zu schärfen, die sich in seiner Tasche befinden. Dazu bedient er sich speziell verformter Werkzeuge und der Hilfe seines Adjutanten. Nach wenigen Augenblicken werden beide Offiziere durch einen Feldwebel gestört, der Stauffenberg in die Besprechung ruft. So kann nur eine Sprengladung scharf gemacht und in Stauffenbergs Mappe umgepackt werden. Das zweite Sprengstoffpäckchen hält Haeften zurück. Stauffenberg hat etwa 400 Meter zu gehen und betritt den Raum erst, nachdem die Besprechung begonnen hat. Es ist 12.37. Generalleutnant Heusinger skizziert gerade die Lage an der Ostfront, als Stauffenberg den Raum betritt, in dem sich mehr als zwanzig weitere Personen befinden. Er wird Hitler von Keitel vorgestellt und placiert wohl bei dieser Gelegenheit seine Tasche an einem Tischbein in unmittelbarer Nähe des Diktators. Bereits drei Minuten später verläßt Stauffenberg den Raum, indem er vorgibt, noch ein wichtiges Telefonat führen zu müssen. Er eilt in die Adjutantur und trifft sich im Zimmer eines Nachrichtenoffiziers mit seinem Adjutanten Werner von Haeften. Stauffenberg sieht bei dieser Gelegenheit auch den General der Nachrichtentruppe Fellgiebel, der wenig später eine absolute Unterbrechung aller Nachrichtenverbindungen des Hauptquartiers verhängt.

Stauffenberg und Haeften können noch beobachten, wie die deponierte Bombe detoniert; sie lassen sich aber wegen ihres angeblich wichtigen Termins nicht aufhalten, besteigen das bereitstehende Auto und können den unverzüglich geschlossenen Sperrkreis I so noch um 12.44 verlassen, Sekunden vor der völligen Zernierung. Eine Minute später gelingt ihnen dies erneut beim Verlassen des 2. Sperrkreises. Auf dem Weg zum Flugplatz wirft Haeften das zweite Päckchen mit Sprengstoff aus dem Fenster. Es wird später gefunden. Bereits eine knappe halbe Stunde später, gegen 13.15 Uhr, startet Stauffenbergs Maschine nach Berlin. Gegen 15.00 landet man wieder in Rangsdorf. Stauffenberg telefoniert noch am Flugplatz mit Gesinnungsfreunden und trifft eine gute halbe Stunde später im Bendlerblock ein. Das Ziel, den Anschlag auszuführen und denkbar kurze Zeit später die Umsturzplanungen von Berlin aus realisieren zu können, ist auf eine Weise, die sich nur als so gut wie nur möglich bezeichnen läßt, erreicht worden.

Die Rekonstruktion der Ereignisse, die mit dem Bombenanschlag zusammen hängen, beschränkt sich allerdings nicht nur auf die Aktion Stauffenbergs in den Mittagsstunden des 20. Juli 1944. Zur Ereignisgeschichte gehört auch die Fülle von parallelen Aktivitäten, die insgesamt aus dem Anschlag einen Staatstreich und aus diesem einen Umsturz gemacht hätten. Verschiedene *Kräftezentren* sind in diesem Zusammenhang in den Blick zu nehmen: Zum einen ist von entscheidender Bedeutung die weitere Entwicklung im *Führerhauptquartier* selbst. Zum anderen müssen die Aktivitäten in den Berliner Kräftezentren beleuchtet werden: im *Bendlerblock* als dem Zentrum der Attentäter und ihrer Freunde, in den *Berliner Zentralen der NSDAP und der SS*, der *Wehrmacht* und der *Polizei.* Und schließlich ist auch das weit in den Westen ausgreifende *Netzwerk* zu beleuchten, das von den Attentätern in jahrelanger Arbeit vorbereitet worden war und das sich angesichts der bald einsetzenden Gegenmaßnahmen der Anhänger Hitlers zu bewähren hatte.

In der *Lagebaracke der Wolfschanze* hatte der Anschlag verheerende Folgen gezeitigt. Opfer des Anschlags waren zunächst einmal vier Menschen, die ihr Leben ließen, und fast zwanzig Verletzte. Hitler selbst aber wurde nur leicht verletzt. Er konnte bereits wenige Stunden später den italienischen Duce Benito Mussolini auf dem Bahnhof seines Führerhauptquartiers empfanden und ihn sogar persönlich zum Ort des Anschlags führen. Prellungen, eine Armverletzung und eine leichte Hörstörung wurden von Hitler beklagt. Damit war seine Ausschaltung nicht gelungen.

Die Detonation der Bombe löst zunächst in beiden Sperrkreisen Alarm aus. Das Führerhauptquartier wird abgesperrt. Fellgiebel, der Generel der Nachrichtentruppe, verhängt eine Nachrichtensperre, die allerdings nicht die SS betrifft und auch ansonsten nicht greift. Aus diesem Grunde kann Goebbels, der sich in Berlin befindet, bereits andeutungsweise um 13.00 Uhr über den Anschlag informiert werden, was bedeutet: eine Viertelstunde vor den Vertrauensleuten des Attentäters in Berlin. Um diese Zeit übernimmt der Leiter der Parteikanzlei Martin Bormann in Rastenburg die Initiative, eine halbe Stunde vor Himmler, der kurz vor zwei Uhr am Detonationsort eintrifft. Himmler leitet unverzüglich die kriminalpolizeilichen Maßnahmen ein. Bereits zu dieser Zeit richtet sich der erste Verdacht gegen Stauffenberg, nachdem man zunächt Mitarbeiter der Organisation Todt verdächtigt hatte. Himmler befiehlt, Stauffenberg bei der Landung in Berlin zu verhaften. Gegen 16 Uhr wird die Nachrichtensperre aufgehoben. Nun werden alle Wehrkreiskommandos über den Anschlag informiert, damit aber auch vom Überleben Hitlers. Gegenbefehle werden vorbereitet.

Kurz vor vier Uhr hatte ein Anruf des Berliner General Fromm Aufmerksamkeit erregt, mit dem er sich Klarheit über die Folgen des Anschlag verschaffen wollte. Keitel untersagt Fromm, die Walküre-Befehle abzusetzen, die für den Fall von Unruhen im Heimatgebiet vorbereitet worden waren. Eine Stunde später ordnet Himmler erneut die unverzügliche Verhaftung von Stauffenberg an. Alle Augenblicke gehen zwischen 16.00 und 17.00 Uhr in Rastenburg Anfragen der Wehrkreisbefehlshaber ein, die sich erkundigen, ob Hitler lebe. Gegen 17.00 Uhr wird entschieden, im Rundfunk zu melden, Hitler habe einen Mordanschlag überlebt. Zwanzig Minuten später verständigt Hitler den in Berlin weilenden Goebbels und ordnet an, entsprechende Meldungen zu veranlassen. Erstmals können die Deutschen um 17.42, dann um 18.28, zehn Minuten später erneut, dann sogar nach weiteren vier Minuten, schließlich um 19.01, um 19.15, um 20.00 und um 22.00 entsprechende Nachrichten hören.

Gegen 6.00 Uhr verläßt Mussolini das Führerhauptquartier. Wenige Minuten später wird Himmler zum Befehlshaber des Ersatzheeres ernannt. Dies bedeutet, daß im Reich die vollziehende Gewalt, die im Zuge eines Belagerungszustandes auf die bewaffnete Macht übergehen sollte, auf Himmler übertragen wird. Damit droht ein unmittelbarer Konflikt zwischen Wehrmacht und SS. Auch ein neuer Generalstabschef wird mit Waldemar Guderian ernannt. Er ist Hitler treu ergeben. Gegen 8.00 Uhr werden alle Befehle der Verschwörer für ungültig erklärt. Damit schien die unmittelbare Gefahr eines Umsturzes gebannt. Denn auch im Berliner Bendlerblock verloren die Verschwörer zunehmend die Initiative.

Die Ereignisse in Berlin

Nach allem, was über die Entwicklungen im Bendlerblock bekannt ist, hatten sich die Verschwörer bereits im Laufe des Vormittags endgültig auf den Umsturz eingestellt. Sie mußten zwar nach einem schon wenige Tage zuvor begonnenen, dann aber abgebrochenen Umsturzversuch, bei dem Bereits die »Operation Walküre« ausgelöst worden war, besondere Vorsicht walten lassen. Gegen 11.00 wird der Berliner Polizeipräsident Graf Helldorf, eine Stunde später der Berliner Stadtkommandant Paul von Hase über das Attentat informiert. Etwa eine Viertelstunde vor der Detonation laufen die unmittelbaren Vorbereitungen an. Aus dem Bendlerblock fordert gegen 12.30 Uhr Albrecht Ritter Mertz von Quirnheim, als Stabschef des Allgemeinen Heeresamtes unter General Friedrich Olbricht der unmittelbare Nachfolger Stauffenbergs in diesem Amt, über Hase einige Kriminalbeamte an, die mit den Verhältnissen in verschiedenen Ministerien vertraut sind. Gleichzeitig treffen enge politische Vertraute und Mitverschwörer, unter ihnen Hoepner, Beck, Yorck, Gerstenmaier und Stauffenbergs Bruder Bertold im Bendlerblock ein. In wichtigen Ministerien, vor allem dem Auswärtigen Amt, halten sich Vertrauensleute wie Hans-Bernd von Haeften und Adam von Trott zu Solz bereit, andere informieren die wenigen eingeweihten Beauftragten in den Wehrkreisen rund um Berlin.

Eigentlich war von den Verschwörern beabsichtigt gewesen, in der Mittagszeit etwa zum Zeitpunkt des Anschlags durch Olbricht die Operation Walküre auszulösen. Offiziell sollte behauptet werden, parteifremde Elemente hätten versucht, sich der Regierungsgewalt zu bemächtigen, wodurch die Voraussetzungen für die Auslösung der Walküre-Operation gegegeben schienen. Man strebte an, den Eindruck zu erwecken, es sei angesichts der unübersichtlichen Lage doch besonders verantwortungsvoll, wenn die Berliner militärische Spitze Maßnahmen ergriff, die für den Fall eines Aufstands von Zwangs- und Fremdarbeitern im Reichsgebiet entwickelt worden waren und eine Neuauflage sozialer Unruhen zu verhindern hatte. Diese Befehle sollten Unruhen eindämmen oder sogar ihren Ausbruch verhindern und mußten so für jeden Offizier einleuchtend sein, denn sie knüpften eigentlich an Ereignisse an, die zur Verhängung des Belagerungszustandes, damit zur Übernahme der Exekutive durch das Militär und zu größerer Sicherheit der Verhältnisse führen sollten.

Wir wissen nicht, weshalb die Initiierung des »Falles Walküre« des mittags um wenige, allerdings entscheidende, Stunden verzögert wurde. Vermutlich war nach Berlin durchgesickert, daß das Attentat Hitlers Leben nicht ausgelöscht hatte. Jedenfalls soll Arthur Nebe noch kurz vor 14.00 telefonisch Kontakt mit dem Führterhauptquartier bekommen haben. Die Walküre-Befehle werden jedenfalls erst gegen 15.50 Uhr, also lange nach der Landung Stauffenbergs in Rangsdorf, ausgelöst. Und dies sollte in der Weise geschehen, daß Olbricht den Befehlshaber des Ersatzheeres Generaloberst Friedrich Fromm aufforderte, die Walküre-Befehle telegraphisch abzusetzen. Fromm vergewisserte sich allerdings in Rastenburg zuvor bei Keitel über den Stand der Dinge und erfuhr, daß Hitler den Anschlag überlebt hatte. Er weigerte sich nun, der Aufforderung Olbrichts zu folgen, mehr noch: Er untersagte die Ausgabe der Walküre-Befehle. Damit war der Mechanismus von Befehl und Gehorsam erstmals entscheidend unterbrochen.

Daraufhin setzen die Verschwörer die Walküre-Befehle auf eigene Verantwortung ab. Eine der ersten Einheiten, die die Walküre-Befehle übermittelt bekommt, ist das Berliner Wachbataillon Großdeutschland, dessen Aufgabe darin bestehen soll, zentrale Stellen der Partei und der Regierung im Zentrum von Berlin zu umstellen und hermetisch von der Außenwelt abzuschließen. Der Kommandeur des Wachbataillons, Major Ernst Remer, begibt sich zunächst auch umgehend in die Stadtkommandantur, um weitere Weisungen entgegenzunehmen. Etwa gleichzeitig trifft der pensionierte Generalstabschef Ludwig Beck im Bendlerblock ein, eine gute halbe Stunde vor Stauffenberg und Haeften. Stauffenberg erstattet Fromm Meldung und gibt sich als Attentäter zu erkennen. Olbricht informiert Fromm über die Auslösung der »Operation Walküre« und veranlaßt die Verhaftung von Fromm[20], der sich strikt weigert, die Verschwörer zu unterstützen.

Zwischen 16.30 Uhr und 17.30 werden weitere Walküre-Befehle unter Hinweis auf bevorstehende drohende »innere Unruhen« abgesetzt. Weitere Wehrmachtseinheiten, die vermutlich bis gegen halb sechs Uhr informiert werden, sind die Landesschützenbataillone 310 und 320 sowie die Heeresfeuerwerkerschule, die Heereswaffenmeisterschule, die Panzergrenadier-Ersatzbrigade Großdeutschland und vor allem die Panzer-Ersatzbrigade in Döberitz. Weiterhin werden Ausbildungseinheiten, die gleichzeitig Ersatzverbände sind, an der Infanterieschule Döberitz, der Panzertruppenschule Wünsdorf, der Artillerieschule Jüterbog und der Schule für Schnelle Truppen Krampnitz alamiert. Damit verfügen die Verschwörer, welche die Kommandeure der um Unterstützung gebetenen Verbände allerdings nicht über die Hintergründe des Anschlags informieren, sondern auf die Bereitschaft zum Ausführen scheinbar ordentlich gegebener Befehle setzen, über motorisierte Verbände, die sich auf die Stadt zubewegen. Aus Cottbus rücken überdies Verbände auf den Deutschlandsender in Königswusterhausen vor.

Zu dieser Zeit, kurz vor 5 Uhr, kehrt Remer bereits zu seinem Bataillon zurück, um den an ihn ergangenen Befehl auszuführen, das Regierungsviertel abzuriegeln. Ein zufällig in den Räumen des Wachbataillons anwesender Referent aus dem Propagandaministerium, der einen Vortrag über nationalsozialistische Führungsfragen zu halten hatte, bittet Remer, sich vor der Anordnung weiterer Maßnahmen direkt in seinem Ministerium über die Voraussetzungen der Operation Walküre informieren zu können. Er informiert seinen Minister Goebbels über die Lage, der daraufhin Remer zu sich beordert. Remer, der befehlsgemäß bis gegen 18.30 das Regierungsviertel abgeriegelt hat, trifft gegen 19.00 im Propagandaministerium ein, wird von Goebbels direkt mit dem Führerhauptquartier verbunden und erfährt, daß er ab sofort Hitler direkt unterstellt sei und den »Putsch«, wie Hitler sagt, niederzuschlagen habe. Die so präzise vollzogene Abriegelung des Regierungsviertels richtet sich jetzt gegen die Verschwörer.

Nun spitzt sich die Lage im Bendlerblock zu. Zum einen wird der dorthin beorderte SS-Oberführer Dr. Achamer-Pifrader, der seinen Dienstsitz in der Prinz-Albrecht-Straße 8 hat, festgenommen. Er sollte die Befehle Himmlers ausführen und Stauffenberg verhaften. Damit wird den Verschwörern zugleich deutlich gemacht, daß nunmehr die Gegner des Umsturzes aktiv werden. Eine weitere Gefahr wird sichtbar, als sich der Befehlhaber im Berliner Wehrkreis, General von Kortzfleisch, weigert, den Befehlen der Verschwörer Folge zu leisten. Er wird daraufhin kurzerhand von Beck abgesetzt, der couragiert erklärt, sich so verhalten zu wollen, als sei Hitler tot. Wenige Augenblicke später werden weitere Amtsgruppenchefs festgenommen, darunter auch der Kommandeur der Panzertruppenschule II in Kampnitz, dessen Verbände im Zuge der Operation Walküre alarmiert und bereits in Bewegung gesetzt werden konnten. Diese Verhaftungen klären die Lage in der Berliner Zentrale, denn gleichzeitig wird Hoepner von Beck zum Befehlshaber des Ersatzheeres ernannt.

Die Verschwörer beginnen nun einen immer verzweifelter werdenden Wettlauf gegen die Zeit. Etwa um 18.30 Uhr informieren sie die meisten Wehrkreiskommandos darüber, daß die »vollziehende Gewalt« an die Vertreter der Wehrmacht übergeht. Damit wird die zweite Phase der Operation Walküre eingeleitet. Eine Stunde später trifft Erwin von Witzleben im Bendlerblock ein und hat eine Unterredung mit Beck. Witzleben, der den Umsturz offensichtlich für gescheitert hält, verläßt jedoch bereits eine knappe Stunde später den Bendlerblock. Eine dramatische Wende tritt zu diesem Zeitpunkt auf dem Fehrbelliner Platz in Berlin-Wilmersdorf ein, der inzwischen von der Panzer-Ersatzbrigade besetzt worden ist. Denn der Panzergeneral Thomale ordnet die gewaltsame Niederschlagung des Putsches an und beschwört damit die Gefahr einer bürgerkriegsartigen Auseinandersetzung zwischen militärischen Verbänden in Berlin herauf.

Im Vorzimmer von Goebbels hat Remer zur dieser Zeit seinen Kommandostand eingerichtet. Auch der SD wird jetzt eingeschaltet, nachdem Kaltenbrunner mit Goebbels unmittelbaren Kontakt hat. Damit wird deutlich, daß die erhoffte Ausschaltung von Gegenkräften nicht gelungen ist. Zur gleichen Zeit wird die Nachrichtenlage immer unübersichtlicher, denn die aus dem Führerhauptquartier und aus dem Bendlerblock ausgehenden Befehle widersprechen sich nun offensichtlich. Zur selben Zeit, als die Verschwörer immer wieder beteuern, Hitler sei tot, spricht dieser im Rundfunk. Während immer wieder aus dem Bendlerblock die Übernahme der vollziehenden Gewalt als Voraussetzung für die Wiederherstellung von Ruhe und Ordnung befohlen wird, gehen aus dem Führerhauptquartier Weisungen ein, unter keinen Umständen den ungültigen Befehlen aus Berlin Folge zu leisten. Deshalb werden von dort aus die vorbereiteten Standrechtsverordnungen nicht mehr abgesetzt.

Die Verschwörer können nur noch versuchen, einzelne Wehrkreiskommandos zu erreichen und dort den Übergang der vollziehenden Gewalt auf einzelne ihrer Wehrkreisbeauftragten und Politischen Beauftragten zu forcieren. Dadurch splittern sich aber ihre Aktionen immer mehr auf. Denn seit 21.00 ist der Bendlerblock von Soldaten des Wachbataillons umstellt, die ebenso wie die Stadtkommandantur von Goebbels, welcher die Initiative wiedererringt, dem General Hermann Reinecke unterstellt worden sind. Paul von Hase wird nun verhaftet, und auch die Nachrichtenzentrale des Bendlerblocks übernimmt seit 21.30 Uhr wieder alle Befehle, die aus der Wolfschanze kommen. Damit ist deutlich, daß die Attentäter ihr Ziel nicht erreicht haben, einige Stunden des Befehlsvakuums für sich zu nutzen.

Dennoch spitzt sich die Situation noch einmal zu. Denn obwohl Stauffenberg seit zehn Uhr abends erkennen mußte, daß das Attentat mißlungen und der Umsturzversuch fehlgeschlagen ist, ergeben sich die Verschwörer noch nicht. Olbricht ordnet gegen 22.30 die Bewachung der Eingänge durch sechs Generalstabsoffiziere an. Über einen Nebeneingang gelangt aber ein kleiner Trupp von Offizieren in das Gebäude und versucht, einen »bewaffneten Gegenstoß« durchzuführen. Wie unübersichtlich die Lage ist, zeigt die überraschende Meldung des Schulkommandeurs von Döberitz bei den Verschwörern, der den gegen 17.00 eingegangenen Alarm erst gegen halb neun, nach seiner Rückkehr von einem Außendienstposten, erhalten, sich in den Bendlerblock aufgemacht und dort die schriftliche Weisung erbeten hatte, das – inzwischen allerdings schon von der SS besetzte – Haus des Rundfunks besetzen zu sollen. Olbricht gibt ihm diesen Befehl schriftlich, worauf Müller nach Döberitz zurückkehrt, um alles weitere zu veranlassen.

Fünf Minuten, nachdem Müller das Gebäude verlassen hatte, führt der »bewaffnete Gegenstoß« Hitler ergebener Einheiten zur Befreiung von Fromm. Dieser fordert wenige Augenblicke später Beck auf, Hand an sich zu legen und einen Selbstmord zu verüben. Beck versucht Minuten später auch, seinem Leben selbst ein Ende zu setzen, verletzt sich aber lediglich schwer und wird von einem Feldwebel getötet. Fromm, aus welchen Gründen auch immer, betreibt nun, aus welchen Gründen auch immer, entschlossen die Ermordung von Stauffenberg, Olbricht, Haeften und Mertz. Kurz vor Mitternacht besetzt die 4. Kompanie des Wachbataillons unter Befehl des Oberleutnants Schlee den Bendlerblock. Eine halbe Stunde später fanden die Hinrichtungen im Innenhof des Bendlerblocks statt. Die letzten Fernschreiben des Tages tragen wieder die Unterschrift von Fromm: »Putschversuch blutig niedergeschlagen«. Fromm, der seinen Kopf nicht retten konnte und Monate später in Brandenburg-Goerden hingerichtet wurde, spricht diesmal die Wahrheit und kündigt denjenigen den zukünftigen Schrecken der Verfolgung an, die in dieser Nacht nicht, wie die ihnen nahestehenden Angehörigen sich später oftmals tröstend sagen, im Widerstand gegen Hitler gefallen sind.

Ereignisse in Paris und den Wehrkreisen

Hatten sich in Berlin die Entwicklungen verschränkt, die bisher im Blick auf die Verschwörer und ihre Gegner beleuchtet worden sind, so bestand noch eine gewisse Chance, durch die Entwicklung in den *Wehrkreisen* den Umsturz voranzutreiben. Deutschland war in zahlreiche Wehrkreise gegliedert, von denen aus die Verschwörer im Zuge der »Operation Walküre« den Umsturz auf eine festere organisatorische Grundlage stellen wollten. Sie hatten deshalb in fast jedem Wehrkreis einen militärischen und einen politischen Beauftragten bestimmt und zugleich einen Kreis von Vertrauensleuten geschaffen, der als zuverlässig galt und dem engsten Verschwörerkreis als vertrauenswürdig bekannt war. Allerdings setzten sie auch in den Wehrkreisen zu einem guten Teil zumindest im militärischen Bereich auf den Mechanismus von Befehl und Gehorsam, bis vollendete Tatsachen geschaffen seien. Entscheidend für die außenpolitischen und militärischen Folgen des Umsturzversuches mußte aber vor allem die Entwicklung in Frankreich, an der *Westfront*, sein. Hier waren die Alliierten am 6. Juni 1944 gelandet und hatten eine neue Front errichten können, die sich rasch nach Westen verlagerte. Paris war zugleich der Dienstsitz engster Vertrauter der Berliner Verschwörer. Bereits am Morgen war aus dem Umkreis der Verschwörer das Stichwort »Übung« in den Stab des Oberbefehlshabers West Günther von Kluge vermittelt worden. Etwa vier oder fünf Stunden später, gegen halb drei Uhr nachmittags, wurde das Stichwort »abgelaufen« übermittelt. Damit war klar, daß nun von den Eingeweihten endgültige Entscheidungen im Westen herbeizuführen waren, welche die durch den Anschlag geschaffene Situation in einen Umsturz auch im Westen zu verwandeln hatten.

Eine Stunde später, also eine Viertelstunde vor dem Auslösen der »Operation Walküre« im Reich, wird dem Chef des Generalstabs beim Oberbefehlshaber West, Generalleutnant Blumentritt, der Tod Hitler gemeldet und die Bildung einer neuen Regierung angekündigt. Auch Stauffenberg scheint noch vor der Rückkehr in den Bendlerblock mit seinem in Paris dienenden Cousin Caesar von Hofacker telefoniert zu haben. Dies ist auch verständlich, denn neben Berlin mußten die Ereignisse in Paris von entscheidender Bedeutung für den angestrebten Erfolg des Umsturzversuches sein.

Gegen 17.00 Uhr beginnen die Maßnahmen, durch welche mit Ausnahme der Verbindungen nach Berlin die Funkkontakte zwischen Paris und Deutschland unterbrochen werden sollen. Zur entscheidenden Kraft wird neben Hofacker der deutsche Militärbefehlshaber in Frankreich Karl Heinrich von Stülpnagel, der unverzüglich den Pariser Stadtkommandanten zu sich bestellt. Der Oberbefehlshaber West Günther von Kluge wird gegen 17.00 durch seinen Generalstabschef General von Speidel informiert, verlangt aber vor seiner Entscheidung über seine Mitwirkung weitere Aufklärung. Kluge spiegelt so die ganze Ambivalenz eines unentschlossenen Militärs[21]. Er war über die Absichten der Regimegegner informiert, denn er hatte sich lange im Umkreis der Gruppe um Henning von Tresckow aufgehalten, die sich im Generalstab der Heeresgruppe Mitte gebildet hatte und den Sturz Hitlers an der Ostfront vorbereiten wollte. Aber Kluge war niemals festzulegen, sondern zeigte notorisch eine schwankende Haltung. Ganz unabhängig von den Gesprächen, die Kluge noch zu führen beabsichtigte, wird jedoch beim Sicherungsregiment Nr.1, das in der Ecole Militaire stationiert ist, Alarm ausgelöst. In den späten Abendstunden soll die Pariser Zentrale von SD und SS besetzt werden, ohne daß allzu großes Aufsehen erregt wird. Im Bendlerblock festigt sich so der Eindruck, daß man sich ganz auf die Verbündeten der Verschwörer in Paris verlassen kann.

Gegen 19.00 stimmen Stülpnagel und Beck die geplanten Aktionen gegen die SS und den SD in Paris ab, und Stülpnagel entscheidet sich nun ganz unabhängig von der Haltung des militärischen Oberbefehlshabers West, der auf das Drängen der Verschwörer auf Beteiligung immer wieder von den Sympathisanten des Umsturzversuches völlige Sicherheit über den Tod Hitlers verlangt. Beck, der sich in den frühen Abendstunden endgültig entschieden hatte, unbeeinflußt von einem möglichen Überleben Hitlers den Umsturz zu betreiben, versucht Kluge nun durch einen Befehl zu beeindrucken, den Witzleben unterzeichnet. Möglicherweise denkt man in den Verschwörerkreisen immer entschiedener an die Möglichkeit eines separaten Waffenstillstands im West.

Etwa zur gleichen Zeit, gegen acht Uhr, rücken Kommandos des Pariser Sicherungsregiments aus, um die geplanten Verhaftungen führender SS- und SD-Leute vorzunehmen und deren Räumlichkeiten zu besetzen. Kluge wird durch Stülpnagel offensichtlich aber erst nachträglich über die angelaufenen Aktionen informiert. Vielleicht hofft er, seinen Oberbefehlshaber West durch vollendete Tatsachen aus seiner abwartenden Haltung locken zu können. Über Stunden zieht sich das Ringen um Kluge hin. Es spiegelt allerdings kaum die Dramatik dieser Stunden, sondern eigentlich nur die geradezu krampfhafte Bemühung um den Anschein einer Normalität, die geradezu gespentisch anmutet. Denn Kluge setzt das Essen fort, zu dem er geladen hat, er gibt sich ganz unaufgeregt und ruhig und läßt kaum erkennen, daß er alle Möglichkeiten durchdenkt und auch nach Gelegenheiten sucht, den negativen Auswirkungen seiner Fehlentscheidungen zu entgehen.

Eine Zuspitzung tritt gegen neun Uhr abends mit der Enthebung Stülpnagels von seinem Posten ein. Sie hält diesen aber keineswegs ab, im Sinne der Planungen der Verschwörer die Entmachtung der Partei- und Polizeiorgane in Paris weiterhin zu betreiben. Gegen zehn Uhr abends soll Stauffenberg telephonisch seine Pariser Vertrauten über das Scheitern des Umsturzversuches informiert haben. Dennoch beginnt eine halbe Stunde später die Besetzung der SS- und SD-Unterkünfte: Insgesamt befinden sich gegen 23.00 Uhr weit über 1000 Personen im Gewahrsam der Verschwörer und werden in verschiedene Gefängnisse der Stadt eingewiesen. Gegen Mitternacht kehrt Stülpnagel in seinen Pariser Dienstsitz zurück und entschließt sich eine knappe Stunde später in Kenntnis des Ausgangs der Berliner Entwicklungen, die Verhafteten freizulassen. Er erklärt sein Verhalten mit Mißverständnissen und wirkt offensichtlich derart überzeugend, daß sich die Inhaftierten sogar bereiterklären, ihre Ausschaltung durch Wehrmachtsverbände der Öffentlichkeit als Teil einer »Übung« zu erklären. Am frühen Morgen, gegen 3.00 Uhr in der früh, betreten SD- und SS-Angehörig erneut die Räume, aus denen sie nicht einmal fünf Stunden früher abgeführt worden waren.

In der Geschichte des Umsturzversuches spielten die Pariser Ereignisse stets eine ganz besondere Rolle. Denn hier zeigte sich, wie weit die Verschwörer durch ein beherztes Handeln kommen konnten, das sich nicht mehr durch irgendwelche Rücksichtnahme auf bestehende oder plötzlich in kritischer Lage betonte Loyalitäten lähmen ließ. Für einige Stunden schien es so, als sei in einem für den weiteren Kriegsverlauf entscheidenden Bereich das Gesetz des Handelns an die Verschwörer gefallen sei. Vermutungen haben immer wieder die Diskussion über den Fehlschlag dieses »Aufstands der Generäle« bestimmt. Vor allem wurde dabei die Rolle des über hohe Anerkennung in der deutschen Bevölkerung verfügenden Erwin Rommel erörtert, der ebenso wie Kluge lange Zeit geschwankt hatte, sich aber schließlich doch entschieden hatte, sich gegen Hitler zu stellen. Durch einen Zufall war Rommel schließlich daran gehindert, unmittelbar in die Ereignisse verstrickt zu werden.

Aber nicht nur in Paris, sondern auch in anderen Zentren der Militärverwaltung des Reiches waren als Reaktion auf Stauffenbergs Anschlag Entwicklungen zu beobachten, die durchaus im Sinne einer Unterstützung des mit dem Anschlag auf Hitler angestrebten Umsturzes gedeutet werden können. Vergleichweise günstig im Sinne der Verschwörer verliefen die Aktionen in Wien, auch in Prag, in einzelnen Fällen überdies noch in einigen anderen Wehrkreisen. Dies zeigt, daß die Überlegungen der Verschwörer durchaus realistisch waren, insofern sie sich entschlossen hatten, nicht alle, die den Umsturz ermöglichen sollten, über Hintergründe und Ziele zu informieren.

Mit der Übermittlung der Walküre-Befehle war in dieser Hinsicht aber mit Erfolgen zu rechnen, was bedeutete, daß erst gegen 18.00 Uhr in den Wehrkreisen Aktionen auf der Grundlage dieser Befehle anlaufen konnten. Sie wurden in ihrer Wirksamkeit durch die Gegenaktionen aus dem Führerhauptquartier konterkariert. Dies war auf besonders deutliche Weise in Wien der Fall. Hier ordnete der kommandierende General Freiherr von Esebeck das Erscheinen der politischen Führung des Gaus einschließlich des SS- und Polizeiführers, des Führers der Sicherheitspolizei und die Sicherheitsdienstets an und konnte sie gegen acht Uhr festnehmen lassen. Selbst der Gauleiter Baldur von Schirach und der Statthalter im Gau Niederdonau Hugo Jury wären verhaftet worden, denn sie wurden nach dem Eingang der entsprechenden Befehle ebenfalls umgehend einbestellt, hielten sich zu dieser Zeit allerdings nicht in der Stadt auf. In Wien geht die Taktik der Verschwörer deshalb auf, die zunächst darauf gesetzt hatten, daß ohne Rückfragen ihren Befehlen gefolgt würde. Als aber in Wien gegen 21.00 Uhr die Gegenbefehle aus Rastenburg eingingen, vergewisserte sich Esebeck der Lage und sprach mit Hoepner, ohne daß dieser das Gewicht Keitels, der gegen 22.00 mit den verantwortlichen für die Aktion spricht, aufheben konnte. Gegen 22.00 Uhr erkennen die Verantwortlichen in Wien, daß ihre Alarmierung auf der Grundlage der Walküre-Befehle nur die Kaschierung eines Putschversuches gewesen ist. Sie stoppen die Verhaftungsaktion, korrigieren die Alarmmeldungen und erklären gegen 5.00 Uhr morgens, daß die Lage wieder normal sei.

In Prag waren die ersten Befehle der Verschwörer, die in Berlin kurz vor 17.00 Uhr abgesetzt worden waren, gegen 18.30 Uhr und damit eine halbe Stunde später als in Wien eingegangen. Durch eine kurze Rücksprache des Panzergenerals Schaal mit Stauffenberg gelten etwa 19.15 Uhr die ungewöhnlichen Befehle, deren Sinn man nicht recht durchschaut, aber als bestätigt. Schaal läßt sich von Stauffenberg beeindrucken, der erklärt, die vollziehende Gewalt sei mit allen Mitteln in die Hand zu nehmen und Ruhe und Ordnung zu gewährleisten. Insbesondere dringt Stauffenberg auf Aktionen gegen den SD. Schaal bittet daraufhin gegen 19.30 den Staatsminister für Böhmen und Mähren Karl-Hermann Frank zu sich. An dessen Stelle erscheint allerdings, übrigens zur selben Zeit wie die hohen Parteivertreter in Wien, Franks Vertreter, der SS-Standartenführer Gies. Er wird festgesetzt. Eine gute halbe Stunde setzt sich Schaal mit Hoepner in Verbindung und bittet um die Genehmigung, mit Frank eine gesonderte Vereinbarung treffen zu können, die der kritischeren Sicherheitslage im »Protektorat« Rechnung tragen soll. Etwa sechzig Minuten später muß Hoepner Schaal dann über die Lage in Berlin aufklären; Gies wird daraufhin freigelassen, Schaal selbst begibt sich nun auf die Burg zu Frank und veranlaßt auf dessen Anordnung gegen 22.30 die Aufhebung des Alarms.

Die Abstufung der Entwicklung in den Wehrkreiskommandos wird gerade im Vergleich von Paris, Wien und Prag deutlich. Während in Paris Wehrmachtsverbände gegen die SS und den SD vorgehen und führende Militärs das Risiko eines möglichen Fehlverhaltens bewußt eingehen, verhält sich die Führung in Wien und in Prag zunächst völlig befehlsgemäß. Den ersten Walküre-Befehlen wird dabei zwar Folge geleistet, womit sich die Erwartungen der Verschwörer erfüllen, daß gerade das militärische Gefühl für Befehl und Gehorsam ihnen gestatten würden, Einheiten in Marsch zu setzen, ohne sie über die Zusammenhänge des Umsturzes aufzuklären. Aber die Bindung an die Kommandostrukturen selbst ist nicht erschüttert.

Aber auch in Paris, Wien und Prag enden die zwar nicht ganz planmäßig, aber doch überraschend gut angelaufenen Aktionen ohne ein nachwirkendes Ergebnis. Der Krieg wurde insbesondere wegen des Scheiterns im Westen nicht durch den gewaltsamen Sturz Hitlers beendet. Es kam auch nicht zu dem angestrebten Waffenstillstand und schon gar nicht zu den Gesprächen zwischen den Deutschen und den alliierten Mächten über die außen- und machtpolitischen Interessen des Reiches, die durch den Tod Hitlers ermöglicht werden sollten. Nach dem Scheitern war klar, daß nun bis zum »bitteren Ende« weitergekämpft und weitergelitten werden mußte. Insbesondere wurde auch der immer mehr zum Ersatzkriegsziel gewordene Völkermord an den Juden systematisch fortgesetzt. Die moralische Substanz der Deutschen war längst zerstört. Die territoriale Substanz, wie man sagte, des deutschen Nationalstaates konnte durch einen gelungenen Sturz Hitlers und einen Umbruch des Systems nicht mehr gesichert werden. Hitler und Goebbels proklamierten die Strategie der »verbrannten Erde« auch für das Reich, dessen Westgrenze erstmals zwei Monate später von amerikanischen Truppen überschritten wurde.

Übrig blieb für Nachlebenden so eigentlich nur noch der Versuch, die Tatsache der Auflehnung als Ausdruck moralischer Selbstbehauptung einer Gruppe von Deutschen zu deuten, die zumindest die Ziele innerlich überwanden, die sie vielleicht sogar einmal mit den Nationalsozialisten geteilt haben mochten. Was dem fehlgeschlagenen Anschlag lediglich folgen konnte, war die bedingungslose Kapitulation, zu der sich die Alliierten 1943 auf der Konferenz von Casablanca bekannt hatten. Und diese Forderung der militärischen Gegner Deutschlands bedeutete angesichts des Willens der NS-Führung: Bis zum eigenen Untergang zu kämpfen, und sei es, um die rassenpolitischen »Ersatzkriegsziele« mit aller Entschiedenheit zu verfolgen.

Zur Bilanz

Die historische Bilanz des Fehlschlags ist nur schwer vorstellbar, denn nach dem 20. Juli 1944 starben bis zum Kriegsende fast ebensoviele Menschen wie in all den Kriegsjahren zuvor. Auch die innenpolitischen Folgen des Anschlags werden oftmals übersehen: Himmler etwa, der einen Tag nach dem Anschlag zum Befehlshaber des Ersatzheeres ernannt wurde, gelangte erst als Folge des Anschlags auf den absoluten Höhepunkt seiner Macht. Hitler selbst schließlich ist nach allem, was wir über die Stimmung der Deutschen in dieser Zeit wissen, niemals zuvor in dem Maße zum Objekt der Verehrung der Deutschen geworden und als positiv gedeuteter Begünstigter einer »Vorsehung« verehrt worden wie in den Tagen des Juli und August 1944, als die pronationalsozialistische Stimmung vieler Deutscher noch einmal gesteigert wurde. Denjenigen Nationalsozialisten, denen die Überreste der alten Elitenstrukturen des Adels und des Großbürgertums stets anstößig waren, bot sich nach dem Scheitern des Anschlags nun letztmalig die Möglichkeit, den deutschen Adel pauschal zu diffamieren und seine endgültige Verdrängung aus der »deutschen Volksgemeinschaft«, wie es hieß, nicht nur zu fordern, sondern auch zu betreiben.

Als Ereignis, das die Wende im Weltkrieg gebracht oder auch nur seinen weiteren Verlauf beeinflußt hätte, ist der 20. Juli 1944 also ganz augenscheinlich bedeutungslos. Manche trösteten sich später mit der Feststellung, dieser Krieg hätte in seinen Folgen bis zum Scheitern im »bitteren Ende« von den Deutschen getragen werden müssen und kleideten diese Überzeugung in die Metapher, der Kelch hätte wohl unausweichlich von den Deutschen ganz geleert werden müssen. Andere Beobachter äußerten die Befürchtung, ein Gelingen des Anschlags hätte möglicherweise zu bürgerkriegsähnlichen Auseinandersetzungen geführt. Dabei verwies man auch auf Gefahren, die von einer neuen Dolchstoßlegende ausgegangen wären. Letztlich handelt es sich bei vielen dieser Überlegungen um Spekulationen, die sich angesichts der außerordentlichen Verluste zu bewähren haben, die nach dem 20. Juli 1944 noch eintraten. Sie sind nicht von der Hand zu weisen, können aber auch nicht die Schwierigkeiten einer Entscheidung relativieren, vor die sich die Attentäter gestellt sahen.

Seine volle Wirkung entfaltete dieser Tag erst viele Jahre später, seit der zweiten Hälfte der fünfziger Jahre. Denn der Tag des Anschlags wurde seit dieser Zeit zunehmend zum Mittelpunkt von Deutungen, d.h. von Versuchen, seine »eigentliche« Bedeutung für die deutsche Geschichte und die Nachkriegszeit zu bestimmen. Damit spiegelte sich im 20. Juli 1944 und in der Tat Stauffenbergs ebenso wie in seinen Nachwirkungen vieles ganz Unterschiedliche: Zum einen bleibt das Ereignis selbst zu beleuchten, also der Versuch eines Staatsstreiches gegen das NS-Regime und die Herrschaft Hitlers, der aus dem Zentrum der Macht heraus erfolgte. Zum anderen aber ist die Vorgeschichte dieses Umsturzversuches zu berücksichtigen. Es gab nicht nur den 20. Juli 1944 als Ausdruck des Widerstands, und dies ist oftmals betont worden, um über den militärischen Widerstand, der sich mit bürgerlichem Widerstand verband, hinaus den Widerstand aus den Arbeiterbewegungen und den Kirchen, den Widerstand von Künstlern und Jugendlichen, von Häftlingen und Menschen im Alltag zu betonen. Aber, so ist diesen gewiß berechtigten Ausweitungsbestrebungen entgegenzuhalten: Es gab auch den Widerstand von Militärs und Bürgerlichen, von Verwaltungsbeamten und von Menschen, die zwar aufgrund ihrer Funktion und nicht selten gerade wegen ihrer Denktraditionen sehr auf den Staat fixiert waren und deshalb gewiß ihre eigentümlichen Schwierigkeiten hatten, die politischen Ziele zu überwinden, die sie ursprünglich vielleicht einmal mit den Nationalsozialisten geteilt hatten. Sie entschieden sich für den Gegensatz zum Regime, weil sie es nicht mit dem Staat gleichsetzten oder weil sie Gewissensnormen zur Leitschnur ihres Handelns machten.

Manche der Personen, die den 20. Juli 1944 mittrugen, waren ohne Zweifel erschreckend tief verstrickt in die nationalsozialistischen Untaten und Verbrechen. Wir finden im Umfeld von Stauffenberg und seinen Freunden gewiß nicht nur moralisch völlig integere und intellektuell kompromißlose Helfer, sondern auch Belastete und tief Verstrickte wie Graf Helldorf, der seit 1933 in Berlin die Position eines Polizeipräsidenten ausübte, oder gar Arthur Nebe, der nicht nur in den Verfolgungsbehörden eine furchtbare Rolle spielte, sondern sogar an der Ermordung von mit Sicherheit 45000 Wehrlosen als Leiter einer Einsatzgruppe beteiligt war. Wir finden hier Militärs, die den Nationalsozialisten lange willig gedient hatten, und zwar aus zugleich tiefer Überzeugung und innerer Übereinstimmung. Dies läßt sich vielleicht durch ihre Zeitverhaftung erklären, aber es läßt kaum hinwegreden, weil es zu gleicher Zeit viele andere Regimegegner gab, die das System und seine verbrecherische Struktur von Anbeginn durchschaut hatten und sich eben nicht einmal ansatzweise darauf einließen.

Für manche der Regimegegner war der Weg zur Tat in der Tat lang, er war nicht konsequent und kontinuierlich, und er war schon gar nicht gradlinig, sondern führte auf dem schmalen Grad entlang, der Kooperation von der Konfrontation trennte. Die Geschichte des militärischen und bürgerlichen Widerstands zeichnet sich durch ein ständiges Auf und Ab, durch unzählige neue Anfänge und Anknüpfungen, aber nicht durch eine Steigerung zur Tat aus, die schließlich aus der aktiven Konspiation heraus ohne jede Deckung durch rechtfertigende Institutionen und Traditionen zum entscheidenden Wurf ansetzte. Die Rekonstruktion dieses Weges lohnt sich. Sie kann im Mittelpunkt weiterer Überlegungen stehen, die allerdings ihr Ziel verfehlen müßten, wenn sich dadurch wiederum der Eindruck verstärkte, daß der 20. Juli 1944 der reinste Ausdruck des Widerstands und sein markantes Symbol war. Deshalb ist auch nach der Deutung dieses Tages im Urteil der Nachlebenden zu fragen. Und immer ist der Zusammenhang zwischen Forschung und Politik als Beispiel einer Politik mit der Geschichte oder einer Politisierung der Vergangenheit in den Deutungen der Nachlebenden anzusprechen.

Denn die Deutung des 20. Juli 1944 bleibt eine Aufgabe für den Historiker, weniger in der Weise, daß er sich an einer Auseinandersetzung um letztlich politisch motivierte Interpretationen beteiligt. Viel wichtiger ist nämlich die kritische Auseinandersetzung mit der Rezeption dieser Tat. Sie bestimmt sowohl unser Bild vom Ereignis selbst als auch unsere Fähigkeit, öffentliche Würdigungen als das einzuschätzen, was sie sind: Annäherungen an die Vergangenheit aus den Horizonten unserer Gegenwart. Damit wird nicht selten aus der Erinnerung an den Widerstand im Umkreis des 20. Juli 1944 im offiziellen Gedenken der Nachlebenden ein Politikum.

Eines aber ist wichtig zu betonen: Es sollte deutlich geworden sein, daß es schwierig war, diesen Umsturz zu planen, durchzuführen und schließlich auch sein Scheitern zu bewältigen. Hier waren keine Dilettanten am Werk. Unter den Bedingungen des NS-Staates handelte es sich vielmehr um eine durchaus realistische Vorbereitung eines Umsturzes. Die Tragödie der Verfolgung vollzog sich hier in Berlin. Die Geschichte dieses Widerstands gegen den Nationalsozialismus umgreift mehr als den 20. Juli 1944, gewiß. Aber dieser Widerstand von Militärs und Bürgern, die nationalkonservativ geprägt waren, gehörte auch dazu, geleistet von Frauen und

Männern, die die Gräben ihrer politischen Vorurteile überwanden, die Menschen aus anderen Lagern vertrauten und deshalb im 20. Juli 1944 mehr sahen als nur den Versuch, die Politik wieder in ihr Recht zu setzen.

Literatur

Wolfgang Benz /Walter H. Pehle, Hg., Lexikon des deutschen Widerstandes, Frankfrt/M. 1994

Joachim C. Fest, Staatsstreich, Berlin 1994

Hermann Graml, Widerstand im Dritten Reich, Frankfurt/M. 1994

Peter Hoffmann, Widerstand, Staatsstreich, Attentat. Der Kampf der Opposition gegen Hitler, München 1979 (3.erw.Aufl.)

Ders., Claus Schenk Graf von Stauffenberg und seine Brüder, Stuttgart 1992

Hans-Adolf Jacobsen, Hg., »Spiegelbild einer Verschwörung«: Die Opposition gegen Hitler und der Staatsstreich vom 20. Juli 1944 in der SD-Berichterstattung, 2 Bde., erweiterte Aufl., Stuttgart 1984

Klaus Jürgen Müller, Hg., Der deutsche Widerstand 1933-1945, Paderborn 1986 (2.Aufl.)

Militärgeschichtliches Forschungsamt, Hg., Aufstand des Gewissens: Militärischer Widerstand gegen Hitler und das NS-Regime 1933-1945, Herford u. Bonn 1994 (4.erw. u. veränd. Aufl.)

Gerhard Ritter, Carl Goerdeler und die deutsche Widerstandsbewegung, Stuttgart 1984 (4.Aufl.)

Hans Rothfels, Deutsche Opposition gegen Hitler: Eine Würdigung, neue erw. Ausg. eingeleitet v. Hermann Graml, Frankfurt/M. 1986

Bodo Scheurig, Henning von Tresckow: Reine Biographie, Oldenburg u. Hamburg 1973

Peter Steinbach, Widerstand im Widerstreit, Paderborn 1996 (2.Aufl)

ders. u. Johannes Tuchel, Hg., Widerstand gegen den Nationalsozialismus, Berlin 1994

Diess., Hg., Widerstand in Deutschland 1933-1945: Ein Lesebuch, München 1994

Diess., Hg., Lexikon des Widerstands, München 1994

Jürgen Schmädeke/Peter Steinbach, Hg., Der Widerstand gegen den Nationalsozialismus und die deutsche Gesellschaft, München 1994 (3.Aufl.)

Gerd R. Ueberschär, Hg., Der 20. Juli 1944: Bewertung und Rezeption des deutschen Widerstandes gegen das NS-Regime, Köln 1994

Eberhard Zeller, Geist der Freiheit: Der 20. Juli München 1963 (4. überarb. Aufl.)

Ders., Oberst Claus Graf von Stauffenberg: Ein Lebensbild, Paderborn 1994

Anmerkungen

[1] Vgl. zum Gesamtkomplex Klaus-Jürgen Müller/David N.Dilks, Hgg., Großbritannien und der deutsche Widerstand 1933-1944, Paderborn 1994.

[2] Das Zitat lautete wörtlich: »In Deutschland lebte eine Opposition, die durch ihre Opfer und eine entnervende internationale Politik immer schwächer wurde, aber zu dem Edelsten und Größten gehört, was in der politischen Geschichte alle Völker je hervorgebracht wurde. Diese Männer kämpften ohne eine Hilfe von innen oder außen – einzig getrieben von der Unruhe ihres Gewissens. So lange sie lebten, waren sie für uns unsichtbar und unerkennbar, weil sie sich tarnen mußten. Aber an den Toten ist der Widerstand sichtbar geworden. Diese Toten vermögen nicht alles zu rechtfertigen, was in Deutschland geschah. Aber ihre Taten und Opfer sind das Fundament eines neuen Aufbaus. Wir hoffen auf die Zeit, in der das heroische Kapitel der innerdeutschen Geschichte eine gerechte Würdigung finden wird.« Zit. nach 20. Juli 1944, Köln 1953, S. 177, einer Buchausgabe der erweiterten Sonderausgabe der Wochenzeitung »Das Parlament« zum 20. Juli 1944 im Jahre 1952.

[3] Hans Rothfels erwähnt das Zitat 1948 noch nicht und setzt sich auch in den folgenden Auflagen seines Buches nicht damit auseinander. Dies ist zumindest ein Hinweis auf die spürbare Zurückhaltung gegenüber diesem Zitat, das m.E. erstmals 1952 in der Sonderausgabe der Wochenzeitung »Das Parlament« publiziert wurde.

[4] Vgl. allgemein Peter Steinbach, Widerstand gegen den Nationalsozialismus in der zeitgeschichtlichen Auseinandersetzung, Berlin 1995.

[5] Gebhardt, Handbuch der deutschen Geschichte IV, Stuttgart 1976, S. 578; Erdmann steht mit dieser Formulierung unverkennbar unter dem Eindruck des Churchill-Zitats.

[6] Hans Rothfels, Die deutsche Opposition gegen Hitler, Frankfurt/M. 1958. Diese Neuausgabe ging auf einen 1947 in Chicago gehaltenen, ein Jahr später zum Buch erweiterten (Hinsdale Ill.) Vortrag zurück, das 1949 auch in deutscher Übersetzung (Krefeld) erschienen war und 1958 dann in einer erweiterten Taschenbuchausgabe erschien, die innerhalb von sechs Jahren in mehr als 120 000 Exemplaren verbreitet wurde.

[7] »Es ist nämlich schwer, das rechte Maß der Rede zu treffen, wo man auch die Vorstellungen, die jeder sich von der Wahrheit macht, kaum bestätigen kann: denn der wohlwollende Hörer, der dabei war, wird leicht finden, die Darstellung bliebe hinter seinem Wunsch und Wissen zurück, und der unkundige, es sei doch manches übertrieben, aus Neid, wenn er von Dingen hört, die seine Kraft übersteigen. Denn so weit ist das Lob erträglich, das andern gespendet wird, als jeder sich fähig dünkt, wie er's gehört hat, auch zu handeln; was darüber hinausgeht, wird aus Neid auch nicht mehr geglaubt.« Thukydides, Geschichte des Peleponnesischen Krieges, II 35.

[8] Helmut Kohl wies erstmals nachdrücklich im Rahmen einer offiziellen Gedenkveranstaltung in seiner Rede zum 20.6.1994 auf Elser hin.

[9] Kurt Finker, Stauffenberg und der 20. Juli 1944, Berlin (Ost) 1967

[10] Steinbach, Johann Georg Elser: Der einsame Attentäter, in: Zeitgeschichte 17, 1990, S.349–363

[11] Theodor Heuss, Der 20. Juli 1944, in: Der 20. Juli 1944: Reden zu einem Tag der deutschen Geschichte, Bd.1, hg. v. Informationszentrum Berlin, Berlin 1984, S. 51–62

[12] Fabian von Schlabrendorff, Offiziere gegen Hitler: Erlebnisbericht, Zürich 1946, Frankfurt/M. 1950

[13] Gisevius, Bis zum bitteren Ende, Zürich 1946

[14] Peter Steinbach, Beppo Römer in der Geschichte des Widerstands gegen den Nationalsozialismus, in: Oswald Bindrich u. Susanne Römer, Beppo Römer: Ein Leben zwischen Revolution und Nation, Berlin 1991, S. 7 ff.

[15] Detlef von Schwerin, »Dann sind's die besten Köpfe, die man henkt«: Die junge Generation im deutschen Widerstand, München u. Zürich 1991

[16] Ger van Roon, Neuordnung im Widerstand, München 1967

[17] Hoffmann, Widerstand, Staatsstreich, Attentat: Der Kampf der Opposition gegen Hitler, München 1979, S. 622.

[18] Ulrich Herbert, Von der »Arbeitsbummelei« zum »Bandenkampf«: Opposition und Widerstand der ausländischen Zwangsarbeiter in Deutschland 1939–1945, in: Müller/Dilks, Widerstand (wie Anm.1), S. 245–260

[19] Ich verdanke viele Hinweise für die genaue Rekonstruktion der Ereignisverläufe Herrn Fregattenkapitan Dr.phil. Heinrich Walle, Bonn, dem ich hier herzlich für seine zuverlässige Hilfsbereitschaft in den zurückliegenden Jahren danken möchte.

[20] Zu Fromm vgl. jetzt Bernhard R. Kroener, Generaloberst Fritz Fromm und der deutsche Widerstand – Annäherung an eine umstrittene Persönlichkeit, in: Militärgeschichtliches Forschungsamt, hg., Aufstand des Gewissens, Herford 1994, S. 557 ff.

[21] Peter Steinbach, »Kinder ihr habt mich«. Generalfeldmarschall Günther von Kluge, in: Bengt von zur Mühlen u.a., Hg., Der 20. Juli 1944 in Paris, Berlin-Kleinmachnow1995, S. 104 ff.

Jürgen Lütt

»The Light has Gone out of our Lives«

Die Ermordung Mahatma Gandhis am 30. Januar 1948

»Unser Leben hat sein Licht verloren« – so könnte man dieses Zitat frei ins Deutsche übersetzen. Es ist eine der unzähligen Äußerungen der Betroffenheit über die Ermordung Mohandas Karamchand Gandhis (genannt der Mahatma) am 30. Januar 1948 in Delhi. Der das gesagt hat, war Jawaharlal Nehru, – seit knapp einem halben Jahr erster Ministerpräsident des unabhängigen Indiens und von Gandhi als sein »Kronprinz« bezeichnet. Daß Indien am 15. August 1947 seine Unabhängigkeit erlangt hatte, schrieb alle Welt in erster Linie Mahatma Gandhi zu, da er die überragende Führungsgestalt des gewaltlosen Kampfes gegen die britische Kolonialmacht gewesen war. Bei den indischen Massen und weltweit galt er als die Verkörperung Indiens, seine Landsleute gaben ihm den Ehrentitel »Vater der Nation«.

Aber es wäre falsch, Mahatma Gandhis Bedeutung auf Indien zu beschränken. In den Tagen und Wochen nach dem 30. Januar 1948 wurde deutlich, daß den Zeitgenossen in der ganzen Welt sehr wohl bewußt war, welche Statur und Bedeutung der Ermordete gehabt hatte. Praktisch alle führenden Staatsmänner der damaligen Zeit gaben offizielle und zum Teil sehr persönlich gefärbte Beileidsbekundungen ab.[1]

Ohne Zweifel gehört Mahatma Gandhi zu den herausragenden Persönlichkeiten dieses Jahrhunderts, die als Staatsmänner ihre Zeit maßgeblich geprägt und weit über ihre Epoche hinausgewirkt haben. Wenn man sich vergegenwärtigt, wer diese Persönlichkeiten gewesen sind, wird einem sofort klar, welche besondere Stellung Gandhi in dieser Kategorie einnimmt. Auf der einen Seite sehen wir Figuren wie Lenin, Stalin, Hitler, Mao, aber auch die etwas gemäßigteren Roosevelt und Churchill, auf der anderen Seite Mahatma Gandhi. Die einen kann man ohne Übertreibung wahre Ungeheuer nennen, Inbegriffe von Zerstörung und Massenmord, auf der anderen Seite steht der kleine »halbnackte Fakir«, wie Winston Churchill ihn Anfang der dreißiger Jahre abschätzig zu nennen beliebte, oder »irgendein asiatischer Gaukler«, wie es in »Mein Kampf« steht, womit Hitler mit ziemlicher Sicherheit Gandhi gemeint hat. Millionen von Menschen mobilisiert, Reiche errichtet und gestürzt haben beide Seiten, aber die einen mit Hekatomben von Opfern, Gandhi durch Gewaltlosigkeit und moralische Überzeugungskraft.

Schon in den zwanziger Jahren wurde darauf hingewiesen, daß sich mit Lenin und Gandhi zwei Prinzipien, zwei Grundpositionen der Politik gegenüberstanden.[2] Lenin steht für das politische Prinzip: »Der Zweck heiligt die Mittel«, Gandhi steht für die Maxime: »Der Weg ist das Ziel«. Aber darüber hinaus trennen Lenin und Gandhi natürlich Welten. Der eine wollte die »materiellen Verhältnisse« ändern, um die Menschheit glücklich zu machen, der andere setzte auf moralische Bekehrung des Einzelnen. Lenin und Gandhi stehen für Zwang und Terror einerseits, Überzeugung und Vorbildhaftigkeit andererseits, die Pole Lenin und Gandhi bedeuten Materialismus und Rationalismus gegen Religion und »innere Stimme«, Klassenkampf gegen Brüderlichkeit aller Menschen, in der Wirtschaftspolitik Enteignung und Verstaatlichung gegen Trusteeship und Bread Labour.[3]

Zu Lebzeiten hat Gandhi außerhalb Indiens kaum Nachahmer in der Politik gefunden, aber es sei auf einen Prominenten hingewiesen, der von Lenin und Stalin zu Gandhi überlief: Louis Fischer, der als Kommunist begann, aus Überzeugung seine Heimat Amerika verließ und in die Sowjetunion überwechselte, um dort am Aufbau des sozialistischen Paradieses mitzuarbeiten, aber dann angesichts der Greuel, der »Säuberungen«, Gandhi-Anhänger wurde, nach Indien ging und dort in nächster Nähe Gandhis lebte. Wir verdanken ihm zwei hervorragende biographische Bücher über Gandhi, die heute zur Standardliteratur gehören, und außerdem ein Buch mit dem Titel »Gandhi und Stalin«[4]

Das Attentat auf Gandhi wäre uns heute – nach fast fünfzig Jahren – wohl ziemlich fern, zumal in Deutschland, das damals von der Welt abgeschnitten und mit sich selbst beschäftigt war, wenn es nicht durch das Buch »Um Mitternacht die Freiheit« von Larry Collins und Dominique Lapierre (1975) und durch den darauf beruhenden Film von Attenborough (1983) eine Darstellung gefunden hätte, die in den letzten 20 Jahren Millionen von Menschen in aller Welt erreicht hat. Der Film war einer der größten Erfolge der Filmgeschichte. Das Attentat auf Gandhi leitet den Film ein und beschließt ihn auch wieder.

Das Attentat fand am 30. Januar 1948, einem Freitag, nachmittags um 17.17 Uhr, im Garten der Villa des Großindustriellen Birla im vornehmen Villenviertel von Neu Delhi statt. Der Mörder war ein gewisser Nathuram Godse, ein 39jähriger Brahmane aus Poona (heute Pune) in Maharashtra, einer Stadt auf dem Dekkan, 100 km östlich von Bombay. Nathuram Godse war einer aus einer Verschwörergruppe von sieben militanten Hindu-Nationalisten, die Gandhi seine Versöhnungspolitik gegenüber den Muslims verübelten. Sie glaubten, daß Gandhi an der Teilung Indiens schuld sei und, nachdem Pakistan einmal geschaffen war, dieses auch noch auf Kosten von Restindien unterstützte.

Politischer Hintergrund

Der Mord an Gandhi muß vor dem Hintergrund der Situation auf dem indischen Subkontinent ganz allgemein und in der Hauptstadt Delhi im besonderen gesehen werden. Die Unabhängigkeit am 15. August 1947 bedeutete zugleich die Teilung der bisherigen Kolonie Britisch-Indien in die beiden souveränen Staaten Pakistan und Republik Indien (Bharat). Den Entschluß zur Teilung des Landes hatte der letzte britische Vizekönig Louis Montbatten gefaßt, nachdem jahrelange Versuche, einen modus vivendi zwischen der Kongreß-Partei, die einen indischen Gesamtstaat wollte, und der Muslim-Liga, die einen eigenen Staat für die indischen Muslims anstrebte, gescheitert waren. Die blutigen Zusammenstöße zwischen Hindus und Muslims, die die gespannte Lage in Indien spätestens seit dem 19. Jahrhundert kennzeichneten, hatten sich in letzter Zeit verschärft, vor allem seit dem 6. August 1946, als Jinnah, der Führer der Muslim-Liga, mit seiner Ausrufung der »direct action« seinem Beharren auf einem eigenen Muslim-Staat Nachdruck verliehen hatte.[5] Als nun die Schaffung Pakistans und damit die Teilung des Landes beschlossene Sache war, steigerten sich die Spannungen zu einer einzigen Mord- und Zerstörungsorgie. Die schiere Ankündigung der Teilungen begann einen gigantischen Bevölkerungsaustausch in Gange zu setzen. Hindus und Sikhs flohen aus dem Gebiet des zukünftigen Pakistans, Muslims aus dem verbliebenen Rest Indiens.

Genaue Zahlen weiß man nicht, aber man schätzt die Zahl der Entwurzelten auf bis zu 12 Millionen. Mit der Massenmigration waren die entsetzlichsten Verbrechen und Greuel verbunden, die wiederum den gegenseitigen Haß und die Rachegefühle zwischen den religiösen Gruppen steigerten. In Delhi selbst hatte sich die Bevölkerung von knapp einer Million innerhalb der sechs Monate seit Ankündigung der Teilung durch den Zustrom der Flüchtlinge aus dem Nordwesten mehr als verdoppelt. Unter den entwurzelten Menschen herrschte Verbitterung und Verzweiflung. Zu den Flüchtlingen gehörte auch einer der späteren Verschwörer, die Gandhi umbringen würden: Madanlal Pahwa. In seinen Aussagen während des Gerichtsprozesses schilderte er ausführlich die Greuel, die auch an ihm und seiner Familie während ihrer Flucht aus dem Pandschab verübt worden waren. Es war eine Geschichte von Mord und Totschlag, Vergewaltigungen und Entführungen der Frauen und Mädchen, Verstümmelungen und Demütigungen. Grob geschätzt, waren 7 Millionen Flüchtlinge nach Indien gekommen, davon etwa eine Million nach Dehli. Dort wurden sie in unzureichend eingerichteten Lagern zusammengepfercht.

Kaum waren die beiden Staaten Indien und Pakistan geboren, da brach auch schon ein Krieg zwischen ihnen aus: über Kaschmir. Der Herrscher dieses indischen Fürstenstaates hatte sich weder Indien noch Pakistan angeschlossen, sondern strebte einen selbständigen Staat Kaschmir an. Da drangen Ende Oktober 1947 »Freischärler« aus pakistanischem Gebiet in Kaschmir ein, um es Pakistan anzuschließen. In dieser Notlage nun rief der Maharadscha von Kaschmir Indien zu Hilfe. Im Nu wurden indische

Truppen nach Kaschmir verlegt, die die »Freischärler«, die, wie sich herausstellte, von der pakistansichen Armee unterstützt wurden, am weiteren Vordringen hinderten.

Ein drittes Thema heizte die politischen Leidenschaften zusätzlich an. Das gemeinsame Staatsvermögen aus britischer Zeit sollte auf die beiden Nachfolgestaaten aufgeteilt werden. Aus den Geldreserven standen Pakistan 550 Millionen Rupien (= 40 Millionen Pfund Sterling) zu. Angesichts des Krieges mit Pakistan um Kaschmir weigerte sich die indische Regierung, diese Summe an Pakistan zu überweisen.

Wie reagierte nun Gandhi auf diese Situation? Als er mit ansehen mußte, wie die Hindu-Flüchtlinge ihren Zorn und ihre Verbitterung an den alteingesessenen Muslim-Bewohnern Delhis ausließen und wie sich die einheimischen Hindus und Sikhs ihren Religionsgenossen aus dem Pandschab bei ihrem Tun anschlossen, stellte er sich schützend vor die Muslims. Die Hindu-Flüchtlinge forderte er auf, in ihre Heimat zurückzukehren, die in Delhi verbliebenen Muslims, in ihrer angestammten Heimat zu bleiben. Er glaubte, daß nur durch Rückgängigmachen der gegenseitigen Vertreibung in Zukunft ein erträgliches Verhältnis zwischen den beiden Religionsgruppen gewährleistet werden könne. Was den Anteil Pakistans am Staatsschatz anging, forderte er die indische Regierung auf, ihn ordnungsgemäß an Pakistan abzuliefern.

Um zu zeigen, wie ernst es ihm war, griff Gandhi zur schärfsten Waffe, die ihm in seinem Arsenal der Gewaltlosigkeit zur Verfügung stand: zu einem Fasten auf unbestimmte Zeit. Diese Waffe hatte er im Laufe seiner politischen Karriere 16 mal angewandt. Das moralische Gewicht seiner Persönlichkeit war bei den indischen Massen so stark, daß es ihm meistens gelang, mit dem Fasten einerseits seine Gegner von der Ernsthaftigkeit seines Anliegens zu überzeugen, andererseits seine eigenen Angänger zu disziplinieren.[6] Diesmal sollte sein Fasten so lange dauern, bis die Vertreter der wichtigsten Religionsgruppen und Parteien ihre Unterschrift unter ein Dokument der Versöhnung gesetzt hätten und die indische Regierung die Pakistan zustehende Summe überwiesen hätte.

Gandhi begann sein Fasten am 13. Januar 1948, 11.55 Uhr. Am 15. Januar beschloß die indische Regierung, das Geld an Pakistan zu überweisen. Bis zum Morgen des 18. Januars dauerte es, bis das Dokument der Versöhnung unterzeichnet wurde, so daß Gandhi um 12.45 sein Fasten abbrechen konnte. Wieder einmal hatte Gandhi die Mehrheit seiner Landsleute mit seiner moralischen Waffe bezwungen. Es war ihm gelungen, den Frieden zwischen den Religionsgruppen, wie prekär auch immer, wiederherzustellen. Die Hindu Mahasabha, die Partei der Hindu-Nationalisten, allerdings distanzierte sich ausdrücklich von dem Versöhnungdokument und tadelte diejenigen Hindus, die unterschrieben hatten. Aus ihren Reihen kamen die Mörder Gandhis.

Die Mörder

Die Männer, die später wegen Verschwörung zum Mord an Gandhi vor Gericht gestellt wurden, stammten alle außer dem schon erwähnten Flüchtling Pahwa aus den Reihen oder zumindest dem Umkreis der Hindu Mahasabha und waren rein ideologisch motiviert. Und alle bis auf Pahwa stammten auch aus Maharashtra, der Hochburg der Partei der Hindu-Nationalisten. Ja, unter den Angeklagten war sogar der Führer der Hindu Mahasabha selbst: Vinayak Damodar Savarkar, von seinen Anhängern Veer Savarkar, Held Savarkar, genannt.

Der Todesschütze Nathuram Godse war ursprünglich ein Gandhi-Anhänger gewesen, hatte für ihn sogar im Gefängnis gesessen. Aus Enttäuschung über Gandhi war er zum erbitterten Gegner geworden und zu den Hindu-Nationalisten übergelaufen. Jahrelang stand er unter dem persönlichen Einfluß Savarkars, ja er war eine Zeit lang sogar sein Sekretär gewesen. (Auf diese Tatsache stützte sich die Anklage gegen ihn). Nathuram Godse, der seinen Lebensunterhalt als Schneider bestritt, verwendete seine Hauptenergie darauf, eine hindu-nationalistische Zeitung zu redigieren. Herausgegeben wurde diese Zeitung von Narayan Dattatreya Apte, ebenfalls Brahmane und, im Gegensatz zu Godse, Absolvent der Universität mit dem Grad eines B.A., der ihn zur Ausübung des Lehrerberufs befähigte. Er war der eigentliche Drahtzieher des Mordkomplotts. Weitere Angeklagte waren: der schon erwähnte Madanlal Pahwa; die beiden Waffensammler und -händler Vishnu Karkare und Digamber Badge, die die Mordwaffen lieferten, von denen letzterer jedoch als Kronzeuge sich die Freiheit erkaufte. Der fünfte war Gopal Godse, ein Bruder des Todesschützen. Badges Diener Shanker Kistaya und ein gewisser Dattatray Parchure spielten keine nennenswerte Rolle. Schließlich, wie schon erwähnt: V.D. Savarkar. Daß er in den Mord verwickelt sein sollte, war der eigentliche politische Skandal: ein Gegenspieler Gandhis seit gemeinsamen Tagen in London 1906, 1909 als Terrorist für 50 Jahre auf die Andamanen verbannt, nach dem Ersten Weltkrieg vorzeitig entlassen, doch mit der Auflage, sich nicht politisch zu betätigen. Als dieser Vorbehalt 1937 aufgehoben wurde, übernahm Savarkar sofort die Führung der Hindu Mahasabha, seit 1922 eine Plattform der Hindu-Nationalisten, und wandelte sie konsequent zu einer radikalen politischen Partei um, die sich als Alternative zur Kongreß-Partei und als Hindu-Pendant zur Muslim-Liga profilierte. Savarkar war ein Gegner aller Grundsätze Gandhis: gegen Gewaltlosigkeit als Prinzip der Politik, gegen Versöhnungspolitik gegenüber den Muslims, gegen Gandhis Antimodernismus. Savarkar machte die Hindu Mahasabha zwar zu einem wichtigen Faktor der indischen Politik, konnte aber keine größeren Wahlerfolge erringen.

Die Tat

Das Attentat am 30. Januar war bereits der zweite Versuch, nachdem ein erster fehlgeschlagen war.[7] Schon am 20. Januar, einem Dienstag, hatten die Verschwörer versucht, Gandhi bei seinem Gang zum Abendgebet zu töten. Hinter der Mauer des Gartens, wo Gandhi inmitten seiner engeren Anhänger und wechselnder Gäste Punkt 17 Uhr sein Abendgebet zu halten pflegte, lagen die Dienerunterkünfte des Birlaanwesens. Am Morgen des 20. Januar besichtigten Apte und Badge unbehelligt das Gelände, wo sie den Mord ausführen wollten. In der Mauer, die den Garten begrenzte und zugleich die Rückwand der Dienerunterkünfte bildete, waren Fenster, von denen sich eines direkt vor dem Mikrofon befand, über das Gandhi seine Gebete und Ansprachen zu sprechen pflegte. Zwischen Fenster und Gandhis Hinterkopf wären es nur drei Meter gewesen. Die Verschwörer planten, zugleich mit dem Schuß aus der Pistole eine Handgranate in Richtung Gandhi zu schleudern. Außerdem sollte am äußeren Rand der Ziegelmauer, nahe dem Gebetsplatz eine Zeitbombe plaziert werden. Die Explosion dieser Bombe sollte als Startsignal dienen und die darauf zu erwartende Panik das Attentat erleichtern. Um ganz sicher zu gehen, sollte ein vierter Verschwörer sich mit einer Handgranate unter die Gläubigen mischen und vor Gandhi postieren. Also eine Pistole, zwei Handgranaten und eine Bombe. In dem Augenblick, in dem die Zeitbombe hochginge, sollte Badge mit seiner Pistole das Feuer auf Gandhi eröffnen und Gopal Godse neben ihm seine Handgranate durch das Gitter werfen.

Die Attentäter nahmen den Tod Unschuldiger bewußt in Kauf, ein paar Tote mehr seien der Preis, den Indien für den Tod des Mannes zahlen müsse, der an der Niedermetzelung so vieler Hunderttausender Hindus im Pandschab schuldig sei.

Die Bewohner der Dienerunterkunft, von der aus das Attentat ausgeführt werden sollte, hatte man mit zehn Rupien zum Verlassen ihres Raumes bewogen, aber es geschah etwas Unerwartetes: als Badge den Raum betrat, sah er einen Einäugigen dort sitzen, eines der schlimmsten Omina in Indien. Verwirrt kehrte er um, so daß nur Gopal Godse in den Raum ging. Auch dieser erlebte eine böse Überraschung: das Gitter, durch das Godse seine Handgranate werfen sollte, befand sich fast 2,5 m über dem Fußboden. Apte hatte bei seiner Besichtigung am Morgen nicht begriffen, daß der Rasen des Gebetsplatzes beträchtlich höher lag als der Hof, in dem sich die Unterkünfte des Personals befanden. Selbst wenn Gopal Godse die Arme in ganzer Länge ausstreckte, reichten seine Fingerspitzen kaum bis zum unteren Rand des Gitters. Auch wenn er sich auf das Bettgestell stellte, konnte er nicht über den unteren Rand der Öffnung schauen. Es wäre ihm nichts anderes übriggeblieben, als die Handgranate blind durch das Gitter zu stoßen und sie auf diejenigen fallen zu lassen, die gerade dort saßen. Verwirrt gab er seinen Plan auf. Inzwischen explodierte tatsächlich die Zeitbombe im Garten. Dies sollte das Signal für die anderen sein. Aber als der mit der zweiten Handgranate im Garten weder einen Pistolenlauf noch eine Handgranate aus dem Gitter kommen sah, tat er auch nichts. Die drei sahen, daß ihr Unternehmen gescheitert war und verließen den Ort unbemerkt mit dem Taxi, in dem einer von ihnen gekommen war. Der mit der Zeitbombe war jedoch von einer Frau beobachtet worden, die sofort durch lautes Schreien die Polizei auf ihn aufmerksam machte. Er wurde überwältigt und verhaftet: es war Madanlal Pahwa, der 20jährige Flüchtling aus dem Pandschab.

Die Polizei hatte also immerhin einen der Verschwörer gefaßt. Man sollte meinen, daß es nun nicht schwer gewesen wäre, die ganze Verschwörung aufzudecken, die anderen Attentäter zu verhaften und sie damit unschädlich zu machen und somit Gandhis Leben vor ihren weiteren Anschlägen zu retten. Was aber tatsächlich in den nächsten Tagen geschah, ist eine bis heute unbegreifliche Geschichte der Versäumnisse und Verzögerungen. Das Verhalten der Polizei hat schon früh Empörung und Verwunderung ausgelöst und zu den wildesten Gerüchten Anlaß gegeben. Das Gerücht, daß höchste Kreise diese Versäumnisse vielleicht bewußt veranlaßt haben könnten, um Gandhi loszuwerden, war so stark, daß in den späten sechziger Jahren eigens eine Kommission unter Vorsitz des Richters am Obersten Gerichtshof J.L. Kapur eingesetzt wurde, die die Vorgänge untersuchen sollte. Aber eine Verwickelung höchster Kreise konnte nicht nachgewiesen werden, und auch die beiden Autoren Collins und Lapierre mußten diese Frage offenlassen.

Der verhaftete Madanlal Pahwa kannte zwar nicht die Namen seiner Mitverschwörer, gab aber trotzdem einige Einzelheiten preis, die ohne große Schwierigkeiten relativ schnell auf die Spur der anderen hätten führen können. Doch die Ermittlungen wurden so inkompetent und langsam, geradezu dilatorisch behandelt, daß die Täter genug Zeit hatten, einen zweiten Versuch zu wagen. Es war einer der Hauptirrtümer des leitenden Polizeiermittlers, daß die Attentäter nach diesem gescheiterten Versuch keinen zweiten unternehmen würden. Diese hingegen kalkulierten genau umgekehrt: da sie sicher waren, daß die Polizei ihnen auf die Spur kommen würde, mußten sie sich beeilen, um ihr Ziel, Gandhi zu töten, doch noch zu erreichen, wenn die zu erwartende Strafe nicht völlig umsonst sein sollte. Kurz und salopp gesagt, wenn sie schon geschnappt würden, wollten sie wenigstens auch die Tat erfolgreich begangen haben. Ihre Folgerung lautete: beim zweiten Versuch würden sie nicht wie ein konfuser Haufen agieren, sondern dem klassischen Muster des politischen Attentats folgen: one man, one weapon, ein Mann, eine Waffe. Ein einzelner fanatisch entschlossener Mann mußte sein Leben opfern, um das Attentat erfolgreich auszuführen. So geschah es denn auch. Den fanatischen Willen zu dieser Einzeltäterschaft hatte Nathuram Godse.

Zehn Tage nach dem gescheiterten ersten Versuch trat Nathuram Godse mit einer automatischen Berettapistole, die zwanzig Schuß enthielt, direkt auf Gandhi zu und schoß ihm mehrere Kugeln mitten in die Brust.

Daß das Attentat diesmal gelingen konnte, hatte aber noch andere Gründe. Nach der Explosion der Bombe am 20. Januar wollten Nehru und sein Innenminister Vallabhbhai Patel erhöhten Polizeischutz für Gandhi anordnen, Gandhi lehnte jedoch kategorisch ab. Wenn er nur einen Polizisten in Uniform auf dem Gelände erblicken sollte, würde er ein Fasten bis zum Tode beginnen. Nur Gott könne sein Leben schützen, meinte er, ließ allerdings zu, daß ein höherer Polizeibeamter, der als ausgezeichneter Pistolenscharfschütze galt, in Zivil in seiner nächsten Nähe sein durfte. Ausgerechnet am 30. Januar fehlte dieser Beamte, weil er zu einer anderen dringenden Aufgabe abgeordnet war.

Der Gandhi-Mord im Gefüge der indischen Innenpolitik.

In den ersten Minuten nach dem Mord lag das Gerücht in der Luft, der Mörder sei ein Muslim. Mountbatten höchstpersönlich und daraufhin die indische Regierung beeilten sich aber, in einer wohlabgewogenen Erklärung über All India Radio der Bevölkerung klar zu machen, daß der Mörder ein Hindu, und zwar ein Brahmane, sei. Wäre der Mörder ein Muslim gewesen, hätte es wohl ein zweites Mal ein Blutbad zwischen Hindus und Muslims in Indien und Pakistan gegeben, vergleichbar dem ersten unmittelbar vor und nach dem 15. August 1947.

Was bedeutet es nun, daß ausgerechnet ein Hindu Gandhi ermordet hat, wo doch Gandhi selbst als die Verkörperung von Hindu-Indien gilt? Und wie kommt es, daß sich bis heute das Gerücht gehalten hat, auch die indische Regierung, also Gandhis eigene Kampfgefährten, hätten ein Interesse daran gehabt, Gandhi sterben zu lassen? Um diese beiden Fragen zu beantworten, muß man auf die Grundkonstellationen der modernen indischen Politk seit dem späten 19. Jahrhundert eingehen.

Seit ihren Anfängen in der zweiten Hälfte des 19. Jh. ist die indische Nationalbewegung über der Frage gespalten, auf welchem Nationskonzept sie aufbauen solle. Die im Jahre 1885 gegründete Kongreßpartei trat mit dem Anspruch auf, alle Inder zu vertreten, gleich welcher Religion, Sprache oder Rasse sie seien. Tatsächlich aber überwogen von Anfang an die Hindus. Schon damals weigerten sich die Muslims in ihrer Mehrheit, der Kongreßpartei beizutreten, gemeinsam mit den übrigen Indern gegen die Briten zu kämpfen und eine moderne indische Nation aufzubauen. Zur Begründung argumentierten ihre Führer, daß in einem parlamentarischen Regierungssystem, wie es die Kongreßpartei ja anstrebte, die Muslims permanent zur Minderheit verdammt wären. Indien mit seinen verschiedenen

Völkerschaften sei für ein demokratisches System mit seinen Mehrheitsbeschlüssen ungeeignet. Bei dem Prinzip »one man, one vote« seien die Hindus gegenüber den Muslims und den anderen Minderheiten immer zahlenmäßig im Vorteil.

Diese Sichtweise der Muslimführer wurde von den Politikern der Kongreßpartei bestritten. Sie betonten dagegen, daß in einem zukünftigen Indien die Religionszugehörigkeit keine Rolle spielen solle: Alle Inder sollten gleichberechtigte Bürger eines modernen Staates sein. Von Anfang an bemühte sich die Kongreßpartei, die Muslims für eine gemeinsame Politik zu gewinnen, und war auch bereit, dafür Konzessionen zu machen. Doch das alles nützte nichts: 1906 gründeten indische Muslims ihre eigene Partei: die Muslim-Liga. Prompt kam es im folgenden Jahr zur Gründung einer entsprechenden Hindu-Organisation, zunächst nur im Pandschab, seit 1915 aber für ganz Indien: die Hindu Sabha, später Hindu Mahasabha. (HMS)

Die indische Politik spaltete sich also in drei Lager bzw. Parteien: Die Kongreß-Partei, die Muslim-Liga und die Hindu Mahasabha. Nur zweien von ihnen sollte es gelingen, ihre Vorstellungen von einem künftigen Staat durchzusetzen: der Kongreßpartei und der Muslim-Liga. Aus ihren rivalisierenden Nationalismen sind schließlich 1947 zwei ganz unterschiedliche Staaten auf dem Boden Britisch-Indiens hervorgegangen: Indien und Pakistan. Jeder dieser Staaten repräsentiert ein anderes Nationskonzept: Während der Staat der Kongreß-Partei – das heutige Indien – auf dem Territorialprinzip beruht, also jeder Bewohner des vorgegebenen Territoriums (von Britisch-Indien) gleichberechtigter Angehöriger der Nation ist ungeachtet aller sonstigen Unterschiede, beruht der Staat der Muslim-Liga auf dem Kulturprinzip: das heißt, diejenigen, die durch die gemeinsame Kultur des indischen Islams miteinander verbunden sind, bilden die Nation. Um zum Nationalstaat zu werden, brauchten sie ihr eigenes Territorium: Pakistan.

Dem Muslim-Nationalismus entspricht auf Hindu-Seite ein Hindu-Nationalismus. Aber im Gegensatz zu seinem Muslim-Pendant hat er sein Ziel, nämlich einen Hindu-Staat auf indischem Boden, nicht erreicht. Das ist vor allem Gandhi und Nehru zu verdanken, die allerdings ganz unterschiedliche Beweggründe dafür hatten. Gemeinsam war beiden die Einsicht, daß im antikolonialistischen Kampf gegen die Briten eine Spaltung der indischen Nationalbewegung unbedingt vermieden werden müsse. Bei Gandhi kam hinzu, daß er an die fundamentale Einheit aller Religionen glaubte. Eine Polarisierung der indischen Politik in Hindu-Indien und Muslim-Indien hätte jede Chance für ein harmonisches Zusammenleben der beiden Religionen für immer blockiert. Muslims und Hindus müßten durch »Bekehrung des Herzens«, durch Einsicht zueinander finden. Für den Agnostiker und Labour-Sozialisten Nehru hingegen war jeder Bezug auf Religion in der Politik von Übel, ein Zeichen von mangelnder Aufgeklärtheit.

Vor allem dank dem Einfluß Gandhis und Nehrus führte der Hindu-Nationalismus während des Unabhängigkeitskampfes ein Schattendasein. Nur einmal schien er in Gestalt der Hindu Mahasabha die Kongreßpartei als politische Vertretung der Hindus abzulösen: zwischen 1922 und 1925, als Mahatma Gandhi seine erste große Kampagne der Nicht-Zusammenarbeit abgebrochen und sich für einige Jahre zurückgezogen hatte. Damals trat die Hindu Mahasabha plötzlich ins Rampenlicht und schien das politische Vakuum auszufüllen. Daß sie dann doch wieder zurückfiel, lag an ihrer Unfähigkeit, ein Dilemma zu lösen, das den Hindu-Nationalismus bis heute plagt: nämlich konservative und reformierte Hindus zusammenzuhalten.

Wie ist Nationalismus mit einer Religion wie dem Hinduismus überhaupt vereinbar? Hinduismus ist der Sammelbegriff für eine verwirrende Vielzahl der verschiedensten Glaubensinhalte und religiösen Bräuche. Einen einheitlichen Kanon des Hinduismus gibt es nicht, auch keine zentrale Organisation oder Autorität. Nicht die Frage nach dem Kanon führt zum Verständnis des Hinduismus, sondern eine soziologische Definition: danach ist Hindu, wer einer Kaste angehört und die Brahmanen als höchste Kaste anerkennt.

Im frühen 19. Jahrhundert wurde der Hinduismus zur Zielscheibe von europäischer Aufklärung und protestantischer Mission. Für sie war Hinduismus der Inbegriff von Götzendienst, Priestertrug und Obskurantismus. In Abwehr dieser Angriffe und in Auseinandersetzung mit den neuen Ideen aus dem Westen hat sich im Laufe des 19. Jahrhunderts ein neuer Hinduismus herausgebildet, ein Reform-Hinduismus oder Neo-Hinduismus, der viele Elemente seiner Gegner übernahm, indem er sie zum wahren Hinduismus erklärte, während alles andere als spätere Koruption und Verfälschung verworfen wurde. Dieser Neo-Hinduismus ist in der Regel monotheistisch, sozial-ethisch orientiert und universalistisch. Daraus folgt, wenn auch selten ausgesprochen, die Ablehnung des Kastensystems.

Soziologisch gesehen, war der Neo-Hinduismus schon im 19. Jahrhundert die Form des Hinduismus, die für die anglisierte neue Intelligenz akzeptabel und geeignet war: man konnte, indem man sich zu ihm bekannte, modern sein und trotzdem mit Stolz Hindu bleiben. Zugleich bot der Neo-Hinduismus eine mögliche geistige Grundlage für das erwachende Nationalbewußtsein. Die Neo-Hindus bildeten prozentual einen geringen Teil der Bevölkerung, waren aber geistig und politisch sehr einflußreich: Sie bildeten die neue Elite des Landes, die Träger der Modernisierung und der antibritischen Nationalbewegung.

Tatsächlich gab es schon vor Gründung der Kongreßpartei nationalistische Bestrebungen auf dem Boden des Neo-Hinduismus. Doch wie wir gehört haben, verwarf die Kongreßpartei das Modell des Kulturnationalismus bewußt, denn sie wollte ja alle Bewohner Britisch-Indiens in die Nationalbewegung mit einschließen. Ein reiner Hindu-Nationalismus hätte die anderen Religionsgruppen, vor allem die Muslims, ausgeschlossen.

Nun ergab sich aber bald ein Dilemma für das territoriale Nationsmodell der Kongreßpartei. Mit ihren abstrakten Ideen von Liberalismus, Demokratie, Fortschritt und Entwicklung vermochte sie es nicht, die indischen Massen, die in ihrer traditionellen Kultur und Lebensweise befangen waren, anzusprechen und politisch zu mobilisieren. Hingegen war das mit Symbolen und Begriffen aus dem religiösen Bereich sehr wohl möglich.

Tatsächlich benutzten seit den 90er Jahren des 19. Jahrhunderts immer mehr Politiker hinduistische Symbole und Begriffe, um größere Kreise der Bevölkerung für die indische Nationalbewegung zu moblisieren. Diese sog. Extremisten wurden aber 1907 aus der Kongreßpartei ausgestoßen. Ein Teil fand sich in der Hindu Mahasabha wieder.

Das Dilemma der Hindu Mahasabha bestand nun darin, einerseits einen modernen Hinduismus als Basis eines Nationalgefühls zu propagieren, andererseits alle Hindus, also auch die konservativen, die am Kastensystem festhielten, zu erfassen (und dieses Dilemma gilt für den Hindu-Nationalismus bis heute). Da Nationalismus per definitionem die politische und soziale Gleichheit aller Mitglieder der Nation postuliert, ist das Kastensystem mit dem Hindu-Nationalismus unvereinbar. So war Savarkar, der Führer der Hindu Mahasabha seit 1937 , nur konsequent, wenn er in seiner Definition des Hindu-Nationalismus die Kasten eliminierte. Aber wenn nicht die Kaste, was macht dann einen Hindu aus? Es ist also nur folgerichtig für den modernen Hinduismus und den Hindu-Nationalismus, daß er eine inhaltliche Definition des Hinduismus sucht: ein Credo, ein Dogma, eine Doktrin.

Dank diesem Dilemma des Hindu-Nationalismus und dank dem Einfluß der überragenden Persönlichkeiten Gandhi und Nehru hatte der Hindu-Nationalismus während der Nationalbewegung keine Chance in der Politik. Doch wie so oft, wenn eine politische Richtung geächtet und tabuisiert wird, äußert sie sich extremistisch und militant. So auch die Hindu Mahasabha und die anderen Organisationen des Hindu-Nationalismus. 1925 wurde eine streng wie ein Orden geführte, paramilitärische Organisation gegründet: Der Rashtriya Svayamsevak Sangh (RSS). Der Mörder Gandhis gehörte sowohl der RSS als auch der Hindu Mahasabha an. Statt des territorialen Nationskonzepts propagierte Savarkar also einen auf dem Hinduismus basierenden Kulturnationalismus, für den er den Begriff »Hindutwa« (=Hindutum) prägte. Der Kongreß-Partei hielt er vor, sie beschwichtige die Muslims und schädige dadurch Indien. Und schließlich richtete sich sein Hohn und Zorn gegen Gandhis Politik der Gewaltlosigkeit und seinen Antimodernismus. Der Slogan der Hindu Mahasabha in den Wahlkämpfen der dreißiger und vierziger Jahre lautete: »Militarise Hinduism and hinduise politics.«

Tatsächlich war Mahatma Gandhi nicht nur der Apostel der Gewaltlosigkeit, sondern auch ein entschiedener Gegner der modernen Zivilisation, wie sie sich mit der Industriellen Revolution entwickelt hatte. Schon 1909 hatte er in seiner Schrift Hind Swaraj alle Erscheinungsformen der europäischen Moderne wie Industrie, Eisenbahnen, moderne Medizin, modernes Rechtswesen, das Schulsystem, aber auch Parlamentarismus und Pressewesen kompromißlos abgelehnt.[8]

Mit dieser Position stand Gandhi innerhalb der indischen Nationalbewegung allein auf weiter Flur. Denn die indische Nationalbewegung in allen ihren Erscheinungsformen war eine modernistische Bewegung. Ihre Träger waren englisch gebildete Inder, für die England nicht nur Gegner, sondern auch Vorbild war, und die ihr Ziel in einem modernen Nationalstaat nach europäischem Muster sahen. Es ist also zunächst einmal verblüffend, daß ausgerechnet ein Mann wie Gandhi die Führung der Kongreß-Partei übernehmen konnte. Vielen der anglisierten Inder mußte er als skurriler Außenseiter erscheinen.

Es war der Erfolg seiner politischen Methode des gewaltlosen Kampfes in Südafrika, der ihn zum Führer des Kampfes auch in Indien werden ließ. Und auch das nur für eine begrenzte Zeit: zwischen 1920 und 1934 bzw. 1942.

Schon nach seiner zweiten großen Kampagne, dem Salzmarsch von 1930 und der anschließenden Kampagne des Zivilien Ungehorsams, wurde sein Einfluß in der Führungsriege der Kongreß-Partei immer schwächer, nicht so allerdings bei den Massen. Für die Massen war Gandhi bis zu seinem Tode die unbestrittene Führungsgestalt. Sie sahen in ihm die Verkörperung des idealen Hindus und brachten ihm nahezu göttliche Verehrung entgegen. Die leitenden Politiker der Kongreß-Partei hingegen distanzierten sich mit dem Näherrücken der Unabhängigkeit immer mehr von den Grundpositionen Gandhis, also seinem Anti-Modernismus und seiner Gewaltlosigkeit, läßt sich doch, wie sie meinten, mit solchen Tugenden kein moderner Staat aufbauen, aber offen fallenlassen konnten sie ihn auch nicht, weil nur seine Gestalt und sein Name für Wahlerfolg bei den Massen sorgte.

Es mag zynisch klingen, aber der Tod Gandhis war für den Start des jungen Staates Indien in zweierlei Hinsicht ein Segen: Da die Mörder Hindu-Nationalisten waren, war diese politische Kraft in der indischen Politik bis auf weiteres völlig diskreditiert und bildete keine ernsthafte Alternative mehr für das territoriale und säkularistische Nationskonzept der Kongreß-Partei. Zweitens war Nehru und die übrige Führung der Kongreß-Partei den lästigen Gegner einer energischen und schnellen Industrialisierung und den Apostel der Gewaltlosigkeit los. Das wurde natürlich niemals ausgesprochen, vielleicht war man sich dessen sogar nicht einmal bewußt. Man hob den toten Gandhi vielmehr auf das Podest eines »Vaters der Nation« und feierte ihn bei allen festlichen Anlässen als Ikone des neuen Staates. International konnte Nehru mit dem moralischen Gewicht, das Gandhi angesammelt hatte, frei wuchern, indem er als Führer der Blockfreien-Bewegung den Weltmächten, vor allem den USA, immer wieder die Leviten las.

Nehru blieb Ministerpräsident bis zu seinem Tode 1964. Seine Nachfolger waren seine Tochter Indira und dann deren Sohn Rajiv, beide trugen auch den Namen Gandhi, und beide kamen durch Attentate ums Leben, Indira Gandhi am 30. Oktober 1984, Rajiv am 22. Mai 1991. Also drei Führer Indiens mit dem Namen Gandhi sind innerhalb knapp eines halben Jahrhunderts durch Attentat ums Leben gekommen. Aber man kann sich keinen größeren Unterschied als zwischen diesen drei Personen und den Umständen und Hintergründen des jeweiligen Attentats vorstellen. Die ausdrückliche Feststellung, daß Indira und Rajiv Gandhi nicht mit dem Mahatma verwandt waren, ist nötig, da es darüber nicht nur hierzulande und in anderen Teilen der Welt, sondern sogar in Indien selbst immer wieder Mißverständnisse gegeben hat. Indira und Rajiv Gandhi gehörten zur Nehru-Familie, um nicht zu sagen zur Nehru-Dynastie, und trugen nur durch Zufall, vielleicht gewollten Zufall, da politisch außerordentlich nützlich, den Familien-Namen des Mahatma.[9] Indiras Ermordung durch einen ihrer Leibwächter war Folge ihrer Politik gegenüber den Sikhs, Rajiv starb durch ein Selbstmörderkommando der Tamil-Tiger, deren Politik er mit seiner Interventionspolitik auf Sri Lanka gestört hatte.

Seit den 80er Jahren werden die Grundpfeiler der Nehruschen Politik, Säkularismus und halbsozialistische Staatswirtschaft, immer mehr in Frage gestellt: Der Hindu-Nationalismus hat sich von seinem Trauma, den Mord an Mahatma Gandhi verantworten zu müssen, erholt und ist innerhalb weniger Jahre zur kommenden Macht Indiens herangewachsen. Sein zentraler Begriff lautet »Hindutwa«, Hindutum, er stammt von niemand anders als Savarkar, einem der Angeklagten im Gandhi-Mordprozeß.

Der Prozeß gegen die Verschwörer begann im Roten Fort in Delhi am 27.Mai 1948. Acht Männer waren angeklagt, sich zum Mord an Gandhi verschworen zu haben. Einer der Beteiligten, Badge, saß nicht mit auf der Anklagebank, er hatte sich zum »Kronzeugen« (Informer) erklärt und war vom Gericht schon vor der Verhandlung von der Anklage ausgenommen worden. Am 10. Februar 1949 wurde das Urteil verkündet: Nathuram Godse und N.D.Apte wurden zum Tode verurteilt. Savarkar konnte eine aktive Beteiligung nicht nachgewiesen werden, und er wurde daher freigesprochen. Die Untersuchungshaft und der Prozeß hatten ihn aber so sehr geschwächt, daß er nie mehr seine alte Energie zurückerlangte. Er starb 1966 mit 83 Jahren. Die übrigen fünf wurden zu lebenslanger Haft verurteilt. Alle legten Berufung ein. Daraufhin wurden Parchure und

Shankar freigesprochen, die übrigen Urteile bestätigt. Die Hinrichtung Nathuram Godses und N.D.Aptes durch Erhängen fand am 15. November 1949 im Gefängnishof der Stadt Ambala, nördlich von Delhi, statt. Die vier zu lebenslänglicher Haft Verurteilten wurden Ende der sechziger Jahre entlassen, sie kehrten ins bürgerliche Leben zurück. Der Schriftsteller Malgonkar und die beiden Journalisten Collins und Lapierre haben sie nach ihrer Entlassung ausführlich befragt. Nicht zuletzt auf Grund ihrer Aussagen konnten die Hintergründe und der Ablauf des Attentats auf Mahatma Gandhi in den Werken der Genannten so genau dargestellt werden.

Literatur

Collins, Larry, und Dominique Lapierre: Um Mitternacht die Freiheit. München, Gütersloh, Wien 1976. Original: Freedom at Midnight. 1976.

Fischer, Louis: Das Leben des Mahatma. München 1951. Amerikanische Originalausgabe: The Life of Mahatma Gandhi. New York 1951.

Fischer, Louis: Gandhi. Prophet der Gewaltlosigkeit. München 1983. (= HEYNE-Buch Nr. 12/109) Amerikanische Originalausgabe: Gandhi, his Life and Message for the World. New York 1954.

Fischer, Louis: Gandhi and Stalin. New York 1954.

Fülöp-Miller, René: Lenin und Gandhi. 1927.

Gandhi Murder Trial. New Delhi, 1949.

Gauba, K.L.: The Assassination of Mahatma Gandhi. Bombay 1969.

Ghosh, Tapan: Gandhi Murder Trial. Bombay etc. 1974.

Godse, Gopal (Hrsg.): May it Please Your Honour. Statement of Nathuram Godse. Bombay 1977, 2. Auflage 1978.

Jain, J.C.: The Murder of Mahatma Gandhi. Prelude and Aftermath. Bombay 1961.

Khosla, G.D.: Murder of the Mahatma and other Cases from a Judge's Note-Book. London 1963. Darin Kapitel 10: The Crime of Nathuram Godse, p. 252.

Malgonkar, Manohar: The Men who Killed Gandhi. Delhi 1961.

Ohne Bezug auf die Ausgabe von 1961 erschien 1978 abermals ein Buch unter demselben Titel vom selben Autor, aber erweitert.

Report of Commission of Inquiry in to (sic) Conspiracy to Murder Mahatma Gandhi. Von J.L.Kapur, Richter am Supreme Court von Indien, Government of India Press, Neu-Delhi 1970. (= »Kapur Report«)

Wolpert, Stanley: Nine Hours to Rama. London 1962.

Ziegler, Philip: Mountbatten. The Official Biography. London 1985.

Anmerkungen

[1] Eine Auswahl bei Louis Fischer, Das Leben des Mahatma Gandhi. München 1951, S. 16-19.

[2] René Fülöp-Miller: Lenin und Gandhi. 1927. Siehe auch Jayantanuja Bandyopadhyaya: Mao Tse-tung and Gandhi: Perspectives on Social Transformation. Bombay 1973.

[3] Trusteeship bedeutet, daß die »Kapitalisten« bzw. Reichen ihr Vermögen nur in »Treuhandschaft« für die übrigen Menchen halten. Bread Labour ist ein Begriff, den Gandhi von Tolstoy übernommen hat. Er bedeutet, daß jeder nur das verbrauchen soll, was er mit eigenen Händen bzw. Anstrengungen erarbeitet hat.

[4] Siehe Literaturliste.

[5] Der Aufruf zur »direkten Aktion« am 6. August 1946 führte zu gegenseitigen Massakern zwischen Hindus und Muslims in Kalkutta, bei denen mehrere tausend Menschen zu Tode kamen.

[6] Ausführlich: J.Lütt: Gandhis Fasten als politische Waffe. In: Internationales Asienforum, vol. 14 (1983), No. 4, p. 381-397

[7] Das folgende weitgehend nach Collins und Lapierre, Um Mitternacht die Freiheit, S. 478 ff. Vergl. auch M.Malgonkar, The Men Who Killed Gandhi, passim.

[8] Ausführlich: J.Lütt: Mahatma Gandhis Kritik an der modernen Zivilisation. In: Saeculum, Bd. 37, Jahrgang 1986, Heft 1, S. 96-112.

[9] Indira hatte einen Parsen namens Feroz Gandhi geheiratet und ihm zwei Söhne geboren, Sanjay, der durch einen Flugzeugabsturz ums Leben kommen sollte, und Rajiv, der nach ihrem gewaltsamen Tod ihr Nachfolger wurde. Die Ehe zwischen Indira und Feroz war offenbar nicht glücklich und de facto von kurzer Dauer. Indira verließ ihren Ehemann sehr bald und war fortan Begleiterin und politische Schülerin ihres Vaters Jawaharlal Nehru, bis sie 1966 selbst Premierministerin wurde.

Knud Krakau

John F. Kennedy: 22. November 1963

Im November 1963 warb Präsident Kennedy auf einer Reise durch den Süden der USA für sein Regierungsprogramm, das im Kongreß insbesondere wegen der Opposition in den Südstaaten ins Stocken geraten war. Der Aufenthalt in der texanischen Metropole Dallas war deshalb für ihn besonders wichtig. Am 22. November 1963 kam Kennedy gegen 11 Uhr auf dem Flugplatz an und fuhr in einer Wagenkolonne in die Innenstadt weiter. Dort war im Handelszentrum eine Rede geplant. Wegen des jetzt sonnigen Wetters – nach einigem Regen am frühen Morgen – hatte man das kugelsichere Dach von der Präsidentenlimousine abgenommen. Die Bevölkerung reagierte freundlich. Kurz nachdem der Wagen des Präsidenten im Zentrum von Dallas von der Houston Street scharf und deshalb sehr langsam in die Elm Street eingebogen war, fielen um 12.30 Uhr die Schüsse, die den Präsidenten töteten und Governor Tom Connally/Texas verletzten. Gegen 13 Uhr wurde im Krankenhaus der Tod des Präsidenten bekanntgegeben. Wenig später leistete der bisherige Vizepräsident Lyndon B. Johnson im Flugzeug auf dem Rückweg nach Washington seinen Amtseid als neuer Präsident der Vereinigten Staaten von Amerika.

Lee Harvey Oswald hat aus dem Fenster im 6. Stock des Texas School Book Depository nach Ansicht der meisten Fachleute und Untersuchungen dreimal geschossen. Er fehlte einmal; die zweite Kugel durchschlug Schulter und Hals des Präsidenten und verletzte den vor ihm sitzenden Connally; die dritte Kugel verursachte die tödliche Kopfverletzung. Bei der Analyse dieser Vorgänge war der Amateur-Film des Abraham Zapruder hilfreich. – Oswald konnte das Schulbuch-Gebäude verlassen, noch bevor die Polizei es binnen weniger Minuten abriegelte. Er begegnete dabei mehreren Personen, die, nachdem man Oswalds Gewehr gefunden hatte, eine Beschreibung des nunmehr verdächtigen Oswald gaben. Dieser suchte kurz sein nicht weit entfernt gelegenes gemietetes Zimmer auf. Mit der dort eingesteckten Pistole erschoß er wenig später einige Blocks entfernt einen Streifenwagen-Polizisten, der ihn nach der über Funk verbreiteten Personenbeschreibung angesprochen hatte. Oswalds Fluchtweg wurde von mehreren Personen beobachtet, er führte in ein Kino, wo die Polizei ihn kurz darauf festnahm. Oswald leugnete seine Täterschaft. Weniger als 48 Stunden später wurde er im Souterrain des Polizeigefängnisses, als er von dort in ein Bundesgefängnis überführt werden sollte, vor laufenden Kameras anwesender Journalisten von Jack Ruby erschossen, der sich unter die Zuschauer gedrängt hatte. Ruby war ein kleiner Nachtclubbesitzer, in Ganoven- und Polizeikreisen bekannt. Er wurde verurteilt und starb im Gefängnis an Krebs.

Es wird nicht oder kaum mehr bezweifelt, daß Oswald geschossen hat. Über seine Motive gibt es aber nicht mehr als Spekulationen, die allerdings durch seine rekonstruierte Lebensgeschichte und psychologische Erkenntnisse gestützt werden. – Daneben lauten die wichtigsten Fragen: Hat Oswald allein gehandelt oder mit anderen oder für andere, also im Rahmen einer Verschwörung? Gab es noch einen weiteren Schuß (oder weitere Schüsse) von vorn, wie immer wieder behauptet wird, von dem kleinen Grashügel (grassy knoll) oder der Eisenbahnbrücke? Auch wenn er der einzige Schütze war, könnte Oswald im Rahmen einer Verschwörung gehandelt haben, könnte er Mittäter, Helfer oder Auftraggeber gehabt haben. Weiter: handelte Ruby allein wie er behauptete – aus »Verehrung« für die Kennedys – oder ebenfalls »im Auftrage«, um den Täter und Mitwisser zum Schweigen zu bringen?

Diese und viele weitere Fragen sind bis heute nicht befriedigend geklärt, weder durch die von Präsident Johnson sofort einberufene Untersuchungskommission, nach ihrem Vorsitzenden, dem *Chief Justice des Supreme Court* Earl Warren kurz Warren-Kommission genannt (Abschlußbericht September 1964); noch durch das 1976 vom Abgeordnetenhaus des Kongresses eingesetzte *House Select Committee on Assassinations* (Abschlußbericht 17. Juli 1979); noch haben die vielen ausgezeichneten und sorgfältigen historischen und journalistischen Analysen (s. bibliographischer Anhang) diese Probleme lösen können. Neue Erkenntnisse mögen sich im Zuge der allmählich erfolgenden Freigabe der zunächst von staatlicher Seite blockierten Dokumente ergeben.

Mich interessiert im folgenden weniger der Tathergang im einzelnen. Ich konzentriere mich statt dessen auf die Mythisierung der Person Kennedys und darauf, wie die amerikanische Gesellschaft mit diesem traumatischen Ereignis umgegangen ist, welche Wirkungen es auf Politik, Gesellschaft und kollektive Psyche der Vereinigten Staaten gehabt hat.

John F. Kennedy – die Erinnerung an das Attentat in Dallas, Texas, an jenem Freitag vor nunmehr über 30 Jahren, und zwar ganz konkret an die Bilder des Attentats, ist den damals schon Erwachsenen noch immer unmittelbar gegenwärtig, auch hier in Europa oder sonst weit entfernt von Amerika. Sie wissen noch heute genau, was sie damals gerade taten, als die Nachricht, in Sekunden um den Erdball verbreitet, sie traf. Für die Menschen in den Vereinigten Staaten war dies kein Ereignis nur in jener fernen Welt der Politik oder »der Regierenden«. Es betraf, es traf die ganze Nation kollektiv, fast jeden Bürger. Die spontanen Reaktionen waren Schock, Entsetzen, Trauer, man weinte, vor Fremden, in der Öffentlichkeit. Lähmung deckte das Land, die sich nur langsam wieder löste. »Now the light was gone from our lives (schrieb W. Manchester), and I was left to grope in the darkness of the dead past.« (Bei W.E. Leuchtenburg 51). Ähnliche Reaktionen weit jenseits der Grenzen: Sékou Touré in Guinea: »I have lost my only true friend in the outside world.« (ibid.). Oder Ben Bellah in Algerien: »Believe me, I'd rather it happen to me than to him.« (ibid.). Auch wenn wir das nicht wörtlich nehmen müssen – hier wird ein ungewöhnliches Maß an persönlicher Betroffenheit ausgedrückt.

Wie ist das zu erklären? Die folgenden Überlegungen dazu beschränken sich aber auf die Vereinigten Staaten. Die Verhältnisse dort sind kompliziert genug. Herrschten dort besondere Nähe und Übereinstimmung zwischen dem Volk und den Regierenden, verkörpert durch den Präsidenten? War dieser Präsident »einer von ihnen«, ein Mann aus dem Volk? War seine Politik so außergewöhnlich erfolgreich? Alle diese Fragen sind ziemlich eindeutig zu verneinen. Hat unser Phänomen deshalb vielleicht zu tun mit der zentralen Bedeutung des Amtes, das als einziges im amerikanischen Verfassungssystem die ganze Nation symbolisch repräsentiert? Einzig sein Inhaber wird vom ganzen Volk gewählt. Das sicher auch. Aber wir wissen zwar einerseits von ähnlichen Reaktionen nach der Ermordung Lincolns; im Falle Garfields oder McKinleys wird aber wenig Vergleichbares berichtet. Also hat die Frage mit der Person des Präsidenten zu tun oder mit dem Bild, das man sich von ihm macht, von seinen Maßstäben, den Voraussetzungen und Zielen seiner Politik, seinen Erfolgen. Und die Frage hat natürlich mit dem Zeitkontext zu tun.

Sichtbare große politische Erfolge sind zu Lebzeiten Kennedys nicht auszumachen. Seine Bewunderer können vom Gegenteil nicht überzeugen. Sein innenpolitisches Reformprogramm, insbesondere im Bereich der Bürgerrechte, spät auf den Weg gebracht, wurde von der konservativen Kongreßmehrheit blockiert. Was in der Außenpolitik zunächst Erfolg schien – so immer wieder die Handhabung der Raketenkrise 1962 – ist später sehr problematisiert worden. Ich komme darauf noch zurück. Gleichwohl waren schon zu Lebzeiten Erwartungen und Zustimmung der Bürger fast gleichbleibend hoch. Zustimmungsraten blieben nie unter knapp 60 Prozent. Das war unerreichbar für alle Nachfolger, von der Frühphase Johnsons abgesehen.

Hier deutet sich bereits Mythisierung an. Sie beginnt mit Kennedys Wahlkampf, den Fernsehdebatten mit Nixon, der berühmten Inauguralbotschaft, dem Rekurs auf das tief in der kollektiven amerikanischen Psyche verankerte mythologische Repertoire mit dem Schlagwort von der »new frontier« (das Kennedy selbst übrigens nicht mochte). Sie wird bestärkt durch Kennedys lockeren, selbstsicheren Habitus, die elegante Frau an seiner Seite und »the best and the brightest« des intellektuellen Establishment als Berater in seiner Umgebung. Aus all diesen Elementen entsteht sehr schnell dieses Bild: der neue Präsident repräsentiert Jugend,

Aktivismus, Dynamik, Reformwillen und Toleranz (der erste katholische Präsident), eine ganz neue Verbindung von Macht mit Intellektualität und Witz, mit Kunst und Kultur – der Glaube schließlich, mit einem solchen Präsidenten in diesem Amt werde Amerika fähig sein, seine Zukunft – ja die Zukunft der Menschheit – zu gestalten und zu meistern: Kennedy »lit the skies of this land bright with hope and promise« (B.C. Bradlee 10).

Damit sieht man in Kennedy vor allem die befreiende Kontrastfigur zu dem Konsens- und Konformitätsdruck des McCarthyismus und seiner Nachwehen, zur geistig-politischen Erstarrung und Verkrustung, zum Antiintellektualismus und zur Mediokrität der Eisenhower-Jahre, die im »other-directed« Typus der *Lonely Crowd* (David Riesman 1950) oder im *Organization Man* (William Wythe 1956) ihre symbolische Darstellung fanden.

Dieses im Zeitpunkt seines Todes trotz ausbleibender Politik-Erfolge noch ungebrochen positive Bild Kennedys wird durch eben den dramatischen Tod gewissermaßen eingefroren und von der unterliegenden politischen Realität vollends abgehoben. Und die schon damals im Ansatz erkennbare mythische Qualität entwickelt sich weiter – als kontrapunktische, nostalgisch verklärte (verklärende) Vergangenheit gegen eine als immer bedrohlicher empfundene neue Gegenwart in den späten Johnson-Jahren und der Nixon-Ära. So gerinnt das Bild Kennedys vollends zu einem Mythos.

Der Prozeß der Mythisierung hängt engstens mit dem Attentat und seinen Umständen zusammen, aber auch mit der Art und Weise, wie Amerika mit diesem traumatischen Ereignis umgegangen ist.

John F. Kennedy, der telegene erste moderne Medienpräsident, der seinen hauchdünnen Wahlsieg dem Fernsehen verdankt und seine große Popularität zum guten Teil seinem souveränen Umgang mit diesem Medium, wurde fernsehgerecht aus dieser Welt verabschiedet. Von der Überführung des Sarges nach Washington, seiner Aufbahrung in der Rotunde des Capitols, über den Trauerzug mit dem reiterlosen gesattelten Pferd hinter der Lafette mit dem schmucklosen Sarg bis zum Entzünden der ewigen Flamme auf dem National- und Heldenfriedhof Arlington durch Jacqueline Kennedy – all dies war eine großartige, würdevolle Inszenierung, die sich in fünfundsiebzig Fernsehstunden in das Gedächtnis jedes auch nur halbwegs erwachsenen Amerikaners eingebrannt hat. Später werden Schreine und Tempel errichtet, nicht mehr im buchstäblichen Sinne wie für Jefferson und Lincoln. Aber sie sind ebenso bedeutend, gerade weil sie konkrete Aspekte seines Lebens und seiner Politik – oder doch des öffentlichen Bildes von ihnen – symbolisieren, nämlich sein Engagement für Künste, Wissenschaft, Erziehung: das *Kennedy Center for the Performing Arts* in Washington, das mit der auf den Tod Kennedys komponierten »Messe« von Leonard Bernstein eingeweiht wurde, das *Kennedy Space*

Center (Cape Canaveral, jetzt wieder so zurückbenannt), die *Kennedy School of Government* der Harvard University, die *Kennedy Library* in Boston – nicht zuletzt das Kennedy-Institut der Freie Universität, bis hin zu den unvermeidlichen Scheußlichkeiten der Kennedy-Devotionalien, die den großen Gedanken in kleiner Münze verscherbeln. – All dies sind Bausteine im Gebäude des Kennedy-Mythos, zu dessen Konstruktion die Witwe, der Familienklan, Freunde, Mitarbeiter und Bewunderer sehr bewußt beigetragen haben.

Wir müssen aber noch anderen Aspekten des Umganges der Amerikaner mit dem Attentat nachgehen, um seine Folgen zu verstehen. Unmittelbar nach der Tat fällt zunächst die institutionelle Stabilität auf. Le roi est mort – vive le roi. Das Bild Lyndon Johnsons, der im Präsidenten-Flugzeug kurz nach dem Mord auf dem Weg nach Washington den Amtseid ablegt, Kennedys Witwe im blutbefleckten Kostüm neben sich, ist noch vor aller Augen.

Dahinter verbergen sich jedoch zunächst Angst, Sorge, Unsicherheit. Was bedeutete der Mord? Gab es weitergehende, internationale Zusammenhänge, war er die Einleitung zu einem Putsch oder einer Attacke von außen, etwa durch die Sowjetunion? Aber auch in den endlosen Diskussionen um das Attentat ist bis heute kein Ereignis bekannt geworden, das je in diese Richtung gedeutet hätte. Außerdem hatte die Regierung ja »ihren« eindeutig identifizierten, wenn auch alsbald schon wieder ermordeten Mörder, Lee Harvey Oswald. Aber gerade in seiner Person lag zugleich ein Problem. Man wußte sehr bald, daß er freiwillig seinen Abschied aus dem *Marine Corps* genommen, dann für gut zwei Jahre in Moskau gelebt und erst vor kurzem mit einer russischen Frau in die Vereinigten Staaten zurückgekommen war. Er war was man einen *defector* nannte, nicht im rechtstechnischen Sinne Hochverräter, aber doch mindestens ein Abtrünniger, der die amerikanischen Ideale verraten hatte. Natürlich knüpften sich sofort beunruhigende Spekulationen an die dramatischen Ereignisse und an seine Person. War er ein sowjetischer Agent? Hatte er im Auftrage sowjetischer oder anderer Machthaber gehandelt? Gab es da nicht eine Verbindung nach Kuba? Aber ein klares, nachvollziehbares Motiv aus der Person Oswalds heraus war nicht erkennbar. Konnten, mußten solche Spekulationen die amerikanische Nation nicht im innersten aufwühlen, ja zerreißen? Hatten nicht die weit weniger weitgehenden Verdächtigungen eines McCarthy nur wenige Jahre zuvor die Nation an den Rand des moralischen Zusammenbruchs getrieben? Es scheint, daß die auf Betreiben von *Attorney General* Katzenbach schon am 26. November 1963 von Präsident Johnson eingesetzte Kommission zur Untersuchung des Attentats – die sogenannte Warren-Kommission – vor allem die Aufgabe hatte, diesen Spekulationen und der Beunruhigung der Bevölkerung entgegenzuwirken. Sie sollte durch endgültige Feststellung der gewissermaßen

»amtlichen Wahrheit« – nämlich daß Oswald der alleinige Täter sei – befriedend wirken. Diese Zielsetzung war ganz unabhängig davon, ob Johnson und seine Berater von der Alleintäterschaft Oswalds überzeugt waren oder nicht,was wir nicht wissen. Die politisch-psychologische Aufgabe der Kommission wird in einem Memorandum Katzenbachs erkennbar, in dem er ausführt: »The public trust must be satisfied that Oswald was the assassin; that he did not have confederates who are still at large, ... Speculation about Oswald's motivation ought to be cut off.« (Newsweek 1993, 46)

Der im September 1964 vorgelegte Kommissions-Bericht erreichte dieses Ziel indessen nicht. Nicht daß er die Lawine von Verschwörungstheorien zum Kennedy-Mord erst ausgelöst hätte. Aber er konnte sie nicht verhindern und er begünstigte sie sogar. Er hätte sein Ziel vielleicht erreichen können, wenn die Kommission absolute Verfahrensintegrität gewahrt und überzeugend versucht hätte, Widersprüche aufzulösen und allen denkbaren Szenarios nachzugehen. Die Kommission ist diesen Erwartungen nicht gerecht geworden. Sie hat Verfahren gewählt, die amerikanischer *due process*-Tradition in wichtigen Punkten nicht entsprechen: Der »Angeklagte« Oswald hatte praktisch keinen rechtlichen Fürsprecher; Verfahren und Argumentationsduktus liefen inquisitorisch auf die Etablierung der Alleintäterschaft Oswalds hinaus, statt im klassischen *adversarial process* – z.B. mittels Kreuzverhör – nach dem Ergebnis zu suchen. Keine der sechs Unterkommissionen hatte die Kernfrage zum Gegenstand: »Wer tötete den Präsidenten?« Statt dessen gingen sie von der Täterschaft Oswalds aus und fragten nach Tatumständen, Hintergrund, Motiven und allenfalls nach der Person Jack Rubys. Das Urteil des Historikers C. Lasch, »... the commission arrived at its conclusions before conducting its investigation,« erscheint nicht übertrieben (C. Lasch 35). Ferner: Mitglied der Kommission war u.a. Allen Dulles, der von Kennedy entlassene Direktor der CIA, die ihrerseits möglicherweise in Attentatszusammenhänge im weiteren Sinne involviert war, auf die ich zurückkommen werde. War er unabhängig, unbefangen? Alle Kommissionsmitglieder gehörten der Machtspitze des staatlichen Apparates an. Und weiter: Die Kommission hat in wichtigen Fragen nicht selbst ermittelt, sondern sich auf Erkenntnisse von FBI und CIA gestützt, die durchaus problematisch waren, so etwa bei der Rekonstruktion der Schüsse aus der angeblichen Mordwaffe von Oswalds vermutlichem Standort aus. Sie hat nicht nachgestoßen, inhaltliche Widersprüche nicht aufgelöst und ist offenen Fragen nicht nachgegangen: z.B. der Schießgeschwindigkeit innerhalb jener berühmten 8,4 Sekunden durch den mittelmäßigen Schützen Oswald; dem Umstand, daß die auf »einer« Bahre gefundene Kugel, die gleichzeitig Kennedy und Governor Connally in höchst ungewöhnlicher Schußbahn mehrfach verletzt haben sollte, praktisch wie neu aussah; der Größe der Kopfverletzung im Verhältnis zur angeblichen Mordwaffe; dem von vielen behaupteten weiteren Schuß aus anderer Richtung; den Verbindungen Rubys mit der Unterwelt und kubanischen Exilantenkreisen usw. Soweit die Kommission selbst Zeugen hörte, erfolgte die Vernehmung nicht-öffentlich. Und noch die Forderung des Zeugen Mark Lane, diese Vernehmungen zu veröffentlichen, wurde für *top secret* erklärt.

Was folgt daraus: lediglich, daß die Warren-Kommission ihr Ziel, die Diskussion über den Präsidentenmord durch die Präsentation einer allseits überzeugenden Erklärung zu beenden, verfehlt hat. Die Folge allerdings war, daß das drängende, quälende Bedürfnis nach »Erklärung« für das traumatische Mord-Ereignis jetzt nicht mehr auf kanalisierende Schranken stieß. Dieses Bedürfnis war seit dem Mordtage nur gewachsen. Der Präsident, Repräsentant der mächtigsten, modernsten, zivilisatorisch am weitesten entwickelten Nation der Erde, dazu der beste oder einer der besten Präsidenten, den diese Nation je hatte, bewacht von einem mit dem modernsten Gerät ausgestatteten geradezu legendären *Secret Service* – dieser Präsident, ermordet von einem einzelgängerischen jungen Mann, mit einem Versandkatalog-Gewehr für 23 Dollar, kontaktschwach, mit etwas wirren politischen Ideen, dunklen Erfahrungen als »Abtrünniger« in der Sowjetunion, mit einer russischen Ehefrau, engagiert für Castro-Kuba, mit mysteriösen Kontakten zur sowjetischen und kubanischen Botschaft in Mexico City, ein Mord also ohne erkennbares, nachvollziehbares Motiv – diese Inkongruenz war schwer zu ertragen. Sie verlangte nach Auflösung durch »heilende« Erklärung. Da die Warren-Kommission das nicht leisten konnte, schuf sich dieses Verlangen seine eigenen Entlastungsmechanismen: es produzierte Verschwörungstheorien. In immer wildere, verzweigtere, verschlungenere Richtungen gehend, lieferten sie die verlangten »Erklärungen«.

Dieses Bedürfnis traf auf einen gut funktionierenden Produktions- und Marktmechanismus. So entstand eine blühende Verschwörungstheorien-Industrie. Schon vor Jahren verzeichnete eine Spezialbibliographie weit über tausend Titel. Heute dürften es Tausende sein. Eine genaue Übersicht ist nicht mehr möglich. In dem Roman *Libra* sitzt dreißig Jahre »danach« ein CIA-Agent in einer abgeschlossenen Studierstube, um die bisherigen Unterlagen des Kennedy-Mordes aufzuarbeiten. Er sitzt dort bereits fünf Jahre, Mitarbeiter bringen täglich neue Berge von unaufgearbeiteten Büchern, Dokumenten, Akten ... .

Die Tendenz zur Produktion von Verschwörungsszenarios, ausgelöst durch das allzu begreifliche Verlangen nach »Erklärung«, wird durch zwei historische Erfahrungen Amerikas bestärkt. Die eine kommt aus amerikanischer Geschichte allgemein, die andere aus den spezifischen politisch-sozialen Entwicklungen nach dem Mord; beide verschränken sich. Seit Richard Hofstadters berühmtem Aufsatz »The Paranoid Style in American Politics« (1964, paperback New York 1967) ist der Hinweis auf paranoide

Elemente im kollektiven Verhalten der Vereinigten Staaten (nicht nur dort) fast zum Gemeinplatz geworden. Ihr »central image is that of a vast and sinister conspiracy, a gigantic and yet subtle machinery of influence set in motion to undermine and destroy a way of life.« (29) Solche »Verschwörungen« werden besonders in Zeiten konstruiert, die von sozialen Spannungen, Katastrophen oder Furcht vor Katastrophen und von »anxiety« geprägt sind und in denen die Menschen, wie wir ergänzen können, die Ursachen für die Bedrohungen anders, d.h. »rational« nicht erklären können (p. 30, 39). Hofstadter geht solchen Wellen oder Phasen von Verschwörungsinterpretationen rückwärts bis in die 1790er Jahre nach. Das nimmt James Hutson, in der Annahme, Hofstadter wolle die gewissermaßen »heilige« Revolution vor dem Verdacht der Paranoia bewahren, in einem faszinierenden Essay (»The Origins of ›The Paranoid Style in American Politics‹: Public Jealousy from the Age of Walpole to the Age of Jackson«, in: D. Hall, J.M. Murrin und T.W. Tate, Hg., Saints and Revolutionaries: Essays on Early American History, New York 1984, 332–372) zum Anlaß, das Phänomen bis ins 18. Jahrhundert der amerikanischen Revolution zurück zu verfolgen. Paranoia wird hier im Kontext des Diskurses der letzten zwanzig Jahre seit Pocock über die republikanische Tugendideologie positiv gewendet als *jealousy*: das bedeutet Mißtrauen, Wachsamkeit als republikanische *Whig-*, *Country-* oder Bürgertugend gegenüber dem immer anzunehmenden und kritisch zu beobachtenden Machthunger der Krone oder der Mächtigen. Diese *jealousy/paranoia* als Kernbereich revolutionärer Ideologie wird Hutson zufolge erst mit der Stabilisierung der politischen Verhältnisse in der Jackson-Ära der 1830er Jahre marginalisiert; danach tritt sie dann nur noch phasenweise als soziale Pathologie im Sinne Hofstadters in Erscheinung, zu dem Hutson gewissermaßen überleitet. Also: Republikanisch-tugendhafte allgemeine *jealousy* als Urform einer später marginalisierten, nur noch in Krisenphasen auftretenden sozial-pathologischen Paranoia. David Brian Davis (Hg. und Autor, The Fear of Conspiracy: Images of Un-American Subversion from the Revolution to the Present, Ithaca NY 1971) hat diese Phänomene für die *Antebellum*-Zeit bis zum Bürgerkrieg näher untersucht, während Ursula Brumm sie kürzlich in einem anregenden Essay in das puritanische 17. Jahrhundert zurückverfolgt hat (»Consensus and Conspiracy in American Literature,« in: Yearbook of Research in English and American Literature 11 [1995] 29–41).

Zurück zu 1963/64: Eine unerhörte, anderweitig nicht befriedigend »erklärte« Katastrophe – der Präsidentenmord – löst die paranoide Suche nach konspiratorischen Erklärungen aus.

Diese Tendenz wird – und dies ist die andere oben gemeinte historische Erfahrung Amerikas – durch außen- und innenpolitische und soziale Entwicklungen verstärkt, die alsbald nach dem Mord einsetzen. Sie nehmen unter Präsident Johnson nach der kurzen Euphorie, die die erfolgreiche Verabschiedung der großen Gesetzesprojekte zur *Great Society*, zu den Bürgerrechten und zum Wahlrecht 1964/65 ausgelöst hatte, eine dramatisch-negative Wendung. Nur wenige Tage nach Unterzeichnung des Wahlrechtsgesetzes, das den hundertjährigen Kampf der Afro-Amerikaner um die endgültige und effektive Anerkennung ihres Wahlrechtes mit Erfolg krönte, begannen die Ghettos der Großstädte zu brennen. Die Amerikanisierung des Vietnamkrieges seit 1965 führte zu einem immer wachsenden inneramerikanischen Protest, in dessen Verlauf der Staat nicht zögerte, auf die eigenen Bürger zu schießen und zu töten. In einem Klima wachsender Gewaltbereitschaft wurden Martin Luther King und Robert F. Kennedy ermordet. Aber sie waren nur die prominentesten Opfer. Recherchen einer bemerkenswert aktiven und unabhängigen Presse, aber auch einiger Kongreßausschüsse machten in den folgenden Jahren zur Gewißheit, daß auf seiten der Regierung planvolle Täuschung und Lüge gegenüber der Öffentlichkeit, Rechts- und Verfassungsbruch zur Durchsetzung außen- und innenpolitischer Ziele, für Machterhalt und Wiederwahl, daß Manipulation und Sturz fremder Regierungen, Sabotageakte und Mordversuche durch die CIA in Kooperation mit Mob, Mafia, oder Unterwelt und mit den Exilkubanern gewissermaßen normale und alltägliche Elemente staatlichen Handelns wurden. Ebenso »selbstverständlich« und offenbar akzeptiert war das Leugnen, Verdunkeln, Vertuschen, das durch die Vielfalt der staatlichen Dienste und Agenturen und den Kompetenzwirrwarr innerhalb und zwischen ihnen sowie durch das allseits praktizierte Prinzip der *plausible deniability* erleichtert wurde. Alle diese Dinge geschahen – aber niemand war verantwortlich. Das klassische Politikmodell – planmäßig-rationales Handeln im öffentlichen Raum zum Wohle aller – schien sich in eine *world of randomness* (DeLillo) aufzulösen.

Der Typus jener sogenannten *covert activities* geht schon auf Eisenhower zurück. Sie wurden durch die erfolgreichen Umsturzunternehmungen der CIA in Guatemala und im Iran kanonisiert. Kennedy setzte sie nur fort. Später führten sie, innerhalb und außerhalb der USA angewandt, zu Watergate, dem Iran-Contra-Skandal oder zur Kooperation mit Panamas Noriega. Werteverlust und Zynismus amerikanischer Außenpolitik wurden hier besonders deutlich. Die CIA benutzte und bezahlte Noriega in Kenntnis seiner Drogengeschäfte, solange er als Waffenvermittler für die »Contras« in Nicaragua diente, die Reagan das »Äquivalent der amerikanischen Gründerväter« nannte. Als Noriega diese Kooperation aufkündigte, wurde er mit Hilfe von 20.000 »Sheriffs« und bei vermutlich Tausenden von Opfern in Panama wegen Vergehens gegen amerikanische Drogengesetze vor ein amerikanisches Gericht geholt und dort auch verurteilt – »that justice be done« (Präsident Bush).

Kennedy war ein aktives Glied in der Kette jener Entwicklung. Diese vielfach gesicherte historische Erkenntnis hat jedoch auf die allgemeine öffentliche Wertschätzung für ihn keinen Einfluß gehabt. Im öffentlichen Bewußtsein werden diese Politikdeformationen erst der Zeit nach ihm zugeschrieben. Kennedy selbst erstrahlt in umso reinerem Licht – als Mythos. Erst nach Kennedy beginnt das zynische Zeitalter. In ihm verstärkt sich das Gefühl von Angst und drohender Katastrophe, von Ausgeliefertsein an Mächte, die weder »erklärt« noch mit traditionellen demokratischen Mitteln kontrolliert werden können. Diese böse Zeit wird als »culture of violence« (M. Raskin), als Zeit der »Politics of Lying, Government Deception, Secrecy, and Power« (David Wise, New York 1973) charakterisiert. In der Verunsicherung wächst auch das daraus resultierende Bedürfnis nach – *faute de mieux* konspiratorischen – »Erklärungen«. Sie bildet den klassischen Nährboden, der Verschwörungstheorien produziert: »In a rootless environment shaken by bewildering social change«, schreibt D.B. Davis über die Nativisten, findet der Verunsicherte »unity and meaning by conspiring against imaginary conspiracies.« (22). Und die *culture of violence* beeinflußt gleichzeitig auch den Inhalt der Verschwörungstheorien. Da der Staat keine moralischen und rechtlichen Grenzen für sein Handeln mehr zu kennen scheint, traut man ihm auch im Hinblick auf den Kennedy-Mord alles zu.

Diese Erklärungen gehen üblicherweise nicht von der Empirie aus, sondern von der Frage: zu wessen Nutzen? Sie suchen dann aus der Masse der inzwischen bekannten gesicherten Fakten einige heraus und basteln sie in klassisch paranoider Manier zu einer durchaus (pseudo-)rationalen, ja »wissenschaftlichen« Kette (Hofstadter) zusammen, die mit großem Erklärungsanspruch auftritt, aber dann doch meist nur eigene Ängste oder alternative Politik-Szenarios auf die Mordsituation projiziert. Hier einige Beispiele von Komplott-Konstruktionen, die durchaus ernsthaft ins Spiel gebracht werden.

Ich beginne mit den wilderen Spekulationen, die die Verantwortung charakteristischerweise in den Bereich der eigenen Regierung verlegen. Das beginnt mit Johnson, dem Nachfolger des gemordeten »Königs«, der überdies aus Texas stammt. – Dann »das Militär«: Es habe den Verlust seiner Bewährungsschance in Vietnam sowie Mittelkürzungen befürchtet, denn Kennedy habe die vollständige Vietnamisierung des Konfliktes bis spätestens 1965 nach seiner erwarteten Wiederwahl sowie weitgehende Abrüstungsvereinbarungen mit der Sowjetunion geplant. Nun ist der immer wieder behauptete Plan oder zumindest die Absicht eines Rückzuges aus Vietnam bekanntlich umstritten, nicht gelöst und vermutlich nie lösbar; sicher ist jedoch, daß die Rüstungsausgaben im Nuklear-, Raketen- und konventionellen Bereich – hier z.B. für neuartige militärische Einheiten wie *Special Forces, Green Berets* usw. – unter Kennedy gewaltige Steigerungen erfuhren, 15 Prozent im ersten Jahr (D. Ball, Politics and Force Levels: The Strategic Missile Program of the Kennedy Administration, Berkeley 1981; Hist. Statistics Ser. Y 457–460; Hist. Abstracts 1980 No. 594 S. 366 f.); diese Rüstungsmaßnahmen verbrauchten einen größeren Teil des jährlichen Bruttosozialproduktes als später das Hochrüstungsprogramm unter Ronald Reagan; sie legten die Grundlage für das atomare overkill und versetzten der Rüstungsdynamik einen Schub, der mindestens bis zu Reagan reichte; die Abrüstungsfrage war auch nach dem Teststop-Abkommen 1963 völlig offen, außerdem hatte Kennedy mit dem Vorbehalt unterirdischer Versuche einen hohen Preis bezahlt. Zu erwähnen wäre hier auch noch das Industrie-fördernde Mondlandeprogramm. Wo lägen also die Motive des Militärisch-Industriellen Komplexes, um die hier angesprochenen Konspiratoren mit Eisenhowers berühmter Formel zusammenzufassen? Natürlich ist in charakteristischer Verschwörungsmanier immer nur sehr unbestimmt und unspezifisch von *they, them, high up in the government* usw. die Rede; jede genauere Lokalisierung angeblicher Verantwortung unterbleibt. – Als weitere Verschwörer-Kandidaten werden genannt: Die CIA, weil JFK nach dem Schweinebucht-Desaster beschlossen habe, sie zu entmachten oder zu zerschlagen; Oswald sei überhaupt eine CIA-Kreation gewesen, nach anderer Version ein FBI-Agent, oder es habe »Oswald« überhaupt nicht gegeben, es sei ganz offen, wen Ruby erschossen habe. – Ferner kommen die Ideologen wie Rusk, Bundy, Rostow ins Spiel, die sich nicht von ihren Lieblingstheorien wie Domino, München-Syndrom, *test of will* usw. hätten trennen können, oder Strategen wie Maxwell Taylor, die ihre Strategien wie *flexible response, limited war, counter insurgency* hätten testen wollen. Das habe die »Taube« Kennedy verhindern wollen. Deshalb habe er beseitigt werden müssen. –

Weitere Plot-Kandidaten außerhalb der Regierung: »Die Öl-Oligarchie« in Texas, weil die von Kennedy betriebene Abrüstung und Détente die von texanischer Energie gespeiste Industrie zerstört und zur Enteignung der ausländischen Ölinvestitionen geführt hätte (T.G. Buchanan, Who Killed Kennedy, London 1964, Ausz. in D.B. Davis, 349–354). – Als weitere Täter werden diskutiert: Rechtsradikale, weil Kennedy in deren Augen als Agent des »internationalen Kommunismus«in der Raketenkrise, mit dem Teststop-Abkommen und in Wien die amerikanischen Interessen verraten habe. Oder man macht auch hier den »internationalen Kommunismus« selbst für den Mord verantwortlich, obwohl Kennedy und das ganze liberale Establishment doch schon für ihn arbeiteten – aber eben nicht schnell genug. Dann das Argument der Rechten: Der Mord sei die Vorbereitung für eine Machtergreifung von links gewesen und zugleich so organisiert worden, daß der Verdacht auf die »Rechtsextremisten« fallen sollte, ein Begriff, der stets nur ein »Code-Wort der Liberalen für *informed and loyal Americans*« gewesen sei. Diese These stammt interessanterweise von einem

Professor für Altphilologie an der University of Illinois, einem Angehörigen der rechtsextremen John Birch Society (»Marxmanship in Dallas«, in: *American Opinion* Feb. 1964, 13–24, nach D.B. Davis, 341–348). – Weitere Kandidaten: Anti-Castro-Exilkubaner, weil Kennedy sie in der Schweinebucht im Stich gelassen habe; Oswald sei ihr Agent, sein (tatsächliches) Engagement für Castro und Kuba lediglich Tarnung gewesen. Oder eine Variante dieser Zuschreibung: Der Mord sei ein von der CIA unterstütztes »fehlgeschlagenes«, d.h. nur versehentlich tödlich verlaufenes, tatsächlich als Schein-Attentat geplantes Unternehmen der CIA und der Exilkubaner gewesen, die aber als Castro-Anhänger hätten auftreten sollen, um die amerikanische Vergeltungswut gegen Castro zu lenken. Weitere Variante: Diese Leute seien von der CIA *malgré eux* für das echte Attentat benutzt worden. – Oder: Echte Castro-Kubaner, als Vergeltung für die (inzwischen erwiesenen) Mordversuche gegen Castro. – Und schließlich: Die organisierte Kriminalität (Mafia, Mob), weil der Bruder des Präsidenten, Robert Kennedy, als Justizminister mit seinen Feldzügen gegen das organisierte Verbrechen zunehmend Erfolg gehabt und die Mafia sich deshalb von den Kennedys verraten gefühlt habe, nachdem sie doch deren Wahlkampf ebenso wie die Anschläge gegen Castro aktiv unterstützt habe (so immer wieder die seriöse Literatur, zuletzt Goldfarb 1995). Dabei habe die Mafia möglicherweise wiederum mit den verschiedenen Gruppen von Exilkubanern kooperiert; Ruby habe Oswald im Auftrag der Mafia ermordet, weil dieser jedenfalls Verbindung zu ihr gehabt habe. – Das sind nur einige der interessanteren Kostproben. Es mag damit sein Bewenden haben. Bereits im Dezember 1966 zählte ein *Esquire*-Artikel dreißig Verschwörungs- und Mordvarianten.

Nach wie vor ist die Mehrheit der Amerikaner – 74 Prozent im November 1983 – davon überzeugt, daß es eine Verschwörung gab, daß Oswald nicht der alleinige Täter war. »Kaum jemand glaubt noch« die These der Warren-Kommission (Newsweek Nov. 1983). Diese Zweifel haben zu weiteren öffentlichen Untersuchungen geführt. Hier ist insbesondere das *Select Committee on Assassinations* des Abgeordnetenhauses zu erwähnen. Es hat zweieinhalb Jahre lang die Morde an J. F. Kennedy und an Martin Luther King untersucht. Sein Abschlußbericht von 1979 äußert sich weniger apodiktisch als fünfzehn Jahre zuvor die Warren-Kommission und kritisiert deren Arbeit nachdrücklich als »seriously flawed.« Aber er wirft mehr neue Fragen auf als er beantwortet. Er hält eine Verschwörung für wahrscheinlich, ohne sie identifizieren zu können; verneint eine direkte Beteiligung des organisierten Verbrechertums oder der Exilkubaner jeweils als Gruppe, schließt aber die Beteiligung einzelner aus diesen Milieus nicht aus. Die akustischen Tests, die dem Ausschuß einen vierten Schuß, damit einen weiteren Schützen und die Verschwörung nahegelegt hatten, wurden 1982 von einem Untersuchungsausschuß der *National Science Foundation* wiederum in Frage gestellt. Die Historiographie und seriöse Publizistik neigen im Ergebnis dazu, die Alleintäterschaft Oswalds anzunehmen – und sei es auch nur, weil alle Alternativen noch weniger überzeugen (so zuletzt Norman Mailer; G. Posner).

Von dieser Prämisse aus ist noch einmal auf die Warren-Kommission zurückzukommen. Auch wenn sie nicht ein Komplott des einen oder anderen Akteurs verdecken sollte oder verdeckt hat wie die Verschwörungstheorien konsequenterweise behaupten, war sie doch wie oben beschrieben in vielfacher Weise locker, eilig, unselbständig verfahren, weniger an umfassender Klärung als an der Etablierung der Alleinschuld Oswalds interessiert. Dadurch gab sie den beteiligten Institutionen, Regierungsstellen und Individuen Gelegenheit, ihre Beteiligung zwar nicht am Präsidentenmord, aber doch an anderen höchst problematischen Aktivitäten und Zusammenhängen oder auch nur schlicht ihre Inkompetenz und ihr Versagen zu verschleiern. Das erklärt ihr gemeinsames Interesse, insgesamt wenig zur Aufklärung beizutragen.

Dies gilt einmal für die CIA. Einige ihrer Subeinheiten waren geradezu besessen von dem, was sie als ihren »Auftrag« verstanden: Castro zu beseitigen, das System in Kuba zu destabilisieren (Operation »Mongoose«) – allein oder mit Hilfe von Exilkubanern oder der Mafia, mit allen Mitteln, d.h. auch mit Mord. Ob der Präsident oder Robert Kennedy einen solchen Auftrag gegeben haben, wie weit sie im einzelnen oder allgemein davon wußten, steht nicht eindeutig fest. Derartige Aktivitäten werden – Grundprinzip bei *covert activities* – so organisiert, daß der *Chief* sie jederzeit plausibel leugnen kann: *plausible deniability* (T. Reeves, 336 f., 616 f.). Die CIA war in zum Teil streng voneinander abgeschirmte Abteilungen gegliedert, die sich untereinander mißtrauisch und mit Verschwörermentalität beargwöhnten, sich nicht gegenseitig und erst recht nicht allgemein »die Vorgesetzten«, den Kongreß oder gar die Öffentlichkeit informierten. Lyndon B. Johnson meinte 1971 dazu in mehr oder weniger ungläubigem Staunen: »We had been operating a damned Murder Inc. in the Caribbean.« Die zum Teil albern wirkenden, aber »tod«-ernstgemeinten Mordanschläge wurden weitergeführt noch nachdem Kennedy die Operation *Mongoose* untersagt und vorsichtige Fühler zu Castro ausgestreckt hatte. »Anschläge« auf Castro waren nicht ausdrücklich verboten worden – wußte Kennedy von ihnen? Sie waren begonnen worden, als Allen Dulles noch CIA-Direktor war, jetzt Mitglied der Warren-Kommission. Wußte er davon? Daß die anderen Kommissions-Mitglieder damals ahnungslos waren, ist zu vermuten. Wie dem auch sei, die CIA enthielt der Warren-Kommission diese Informationen vor, die erst 1975 durch die Untersuchungen des Church-*Committee* ans Licht kamen, obwohl bzw. weil diese Tatsachen doch den Mord, die Agency, die Exilkubaner in den USA, die Mafia, Oswald und Ruby in einem anderen, vielleicht zusammenhängenden, jedenfalls aber die Rolle der CIA in einem zweifelhaften Licht hätten erscheinen lassen.

Ähnliches gilt für das FBI. Es hatte einen Kontakt zu Oswald gehabt, aber die Warren-Kommission darüber nicht informiert und sogar die Unterlage darüber vernichtet. Verschwörungsfanatiker machen deshalb aus Oswald einen FBI-Agenten. Ebenso verschwieg das FBI der Kommission die Aktivitäten rechtsradikaler Kubaner in den USA, Rubys Kuba-Reisen und angebliche Waffengeschäfte mit Anti-Castro-Gruppen, seine Kontakte in diesem Zusammenhang mit der Mafia, möglicherweise mit Oswald. Das FBI verschwieg diese Umtände, so wird behauptet, weil es nachlässig recherchiert und dadurch seine Reputation gefährdet habe, wie es auch die Kampagnen Robert Kennedys gegen das organisierte Verbrechen nur höchst zögerlich unterstützt habe. Warum? Es wird weiter vermutet: Hoover habe sich wegen seiner Homosexualität von der Mafia erpreßbar gefühlt; die Warren-Kommission habe er als Komplott der Kennedy-Liberalen gegen das FBI und sich selbst gesehen; er habe gefürchtet, seine Beamten könnten vom Mob korrumpiert werden; oder er selbst sei durch seine Kontakte mit Mobster Frank Costello bereits korrumpiert worden; oder er habe von der Verwicklung der Kennedy-Brüder in die Anti-Castro-Aktivitäten gewußt. Er habe die verfügbaren Informationen der Warren-Kommission vorenthalten, um sich, seine Agency oder die Kennedy-Brüder zu schützen. – Schließlich der *Secret Service*: er hatte ein Interesse daran, sein Versagen beim Schutz des Präsidenten nicht öffentlich zur Schau zu stellen.

Als alle diese Dinge bekannt wurden, zerstörten sie nicht nur den Kredit der Warren-Kommission, gering wie er eh gewesen war. Wenn dort so viel unterdrückt, getäuscht, gelogen worden war – welcher Aussage, Person, Institution war dann überhaupt noch zu trauen? Mit anderen Worten, diese speziell von den Fehlleistungen der Warren-Kommission ausgehenden Wirkungen fügen sich ein in und verstärken den schon angedeuteten Prozeß der Delegitimierung der Institutionen, des wachsenden Gefühls, im Gefolge der innergesellschaftlichen und außenpolitischen Entwicklungen und Entwurzelungen nach 1963/65 in einer *world of randomness* zu leben. Ein solcher Prozeß, einmal angestoßen, trägt und beschleunigt sich selbst. Die amerikanische Öffentlichkeit begann »a plot behind every act of American statecraft« zu vermuten, Lüge noch hinter jeder Lüge. Die gutgemeinte Beruhigungsabsicht hinter und in der Warren-Kommission wurde deshalb mit dem Preis dreißigjähriger Zweifel nicht nur am Mord des Präsidenten, sondern an der Integrität und dem »ultimate purpose of American government« bezahlt (M. Beschloss, »The Day that Changed America«, Newsweek 1993, 61–62).

Die desillusionierend-delegitimierende Wirkung war deshalb besonders groß, weil diese Erfahrung für Amerika irgendwie neu schien, weil der alte

Glaube an den amerikanischen Exzeptionalismus, den »New American Man« (Crevecœur) vielleicht zum ersten Male wirklich erschüttert wurde. In Europa oder in der Welt sonst, ja, dort wären diese Vorgänge gewissermaßen natürlich weil geschichtsimmanent. Amerika, das neue, »geschichtslose«, wollte immer noch (und wieder) an seine eigene Mission als »Stadt auf dem Hügel« glauben – »that the city of man can be built in the image of the City of God on this earth« (H. Fairlie 362). Das Scheitern mußte dann »große« Gründe haben, nicht nur Mord, sondern mindestens Verschwörung hinter dem Mord. – Zum andern: In der Rückschau verkörpert Kennedy wiederum die Reinheit und die Chance des alten Glaubens.

Die Delegitimierung der staatlichen Institutionen nach 1963/65 traf insbesondere das Präsidentenamt. Der New Deal-Liberalismus von Roosevelt bis zu Kennedy hatte im Präsidenten die entscheidende Quelle für Reform- und Forschrittsimpulse gesehen. Geradezu lyrisch beschreibt Clinton Rossiter noch 1960 diese Einschätzung: »We need no special gift of prophecy to predict a long and exciting future for the American Presidency ... its present state of power and glory will continue (to work) in the future« (C. Rossiter, The American Presidency, rev. ed., New York 1962, 228). Im Rückblick erscheint Kennedy um so mehr in diesem glühenden Licht wunderwirkender präsidentieller Macht als dieses Licht sich über seinen Nachfolgern verdunkelt und Amerika den Glauben an seine staatlich-politischen Institutionen, insbesondere den Präsidenten zu verlieren scheint, mit Ausnahme der Müllabfuhr, wie es damals einmal sarkastisch heißt – aber das war wohl vor dem bald darauf folgenden großen Müllarbeiterstreik in New York City.

Der Kennedy-Mord wird so zur historischen Zäsur. In den Augen vieler haben die negativen Entwicklungen der Folgejahre hier ihre Ursache, weil die mit der Person Kennedys verbundenen positiven Möglichkeiten gewaltsam abgeschnitten wurden. »It's like the future dies,« schreibt die feministische Autorin Gloria Steinem, »it was ... the only time we felt connected to the government. Since then I have never felt that the government belonged to me.« (Newsweek 1983, 38). Ähnliche Formulierungen, welche die Stimmungslage nicht nur zum Zeitpunkt des Attentats, sondern noch Jahrzehnte danach spiegeln: »hope died with Kennedy, [or] innocence ... confidence ... purpose ... trust in the honor [and] efficacy of government« (ibid. 35).

Wenn der Mord die Ursache für diese negativen Entwicklungen wäre, wie zwei Drittel der Amerikaner das jedenfalls 1983 sahen (Newsweek 1983, 64), dann müßte bewiesen werden können, daß Kennedy, hätte er gelebt, sie hätte vermeiden können: die Amerikanisierung des Vietnamkrieges, die Explosion der Rassenkonflikte nach der Annahme der Bürgerrechts- und anderer Reformgesetze im Kongreß, nach Kennedys Wiederwahl... Es lohnt sich nicht, darüber zu spekulieren, »Was wäre wenn...«.

Der Kennedy-Mythos beruht auf dieser alternativen, allzu selbstgewissen »Was wäre wenn«-Geschichte. Als Tatsache bleibt jedoch: Im Rückblick wird Kennedy zum Mythos überhöht. Er wächst zum »König« von Amerika. Die von der Witwe in einem Interview geschickt lancierte Camelot-Fabel wird begierig aufgegriffen und zur Charakterisierung seiner Regierungszeit schlechthin verwendet. Weiter tauchen vermutlich archetypische Elemente des Königsmythos auf: einerseits wird der Mord zum zugleich sakrilegischen Akt; sodann das Kyffhäuser- oder in englischer Version King Arthur-Motiv, das sich mit dem Christus Symbol vermengt: Kennedy ist nicht eigentlich ermordet, sondern lebt im Geheimen und Verborgenen; eines Tages wird er wieder hervortreten und – unmittelbar oder in einer Reinkarnation: »a Kennedy is going to run again« – Amerika von der bösen Herrschaft befreien (Bruce A. Rosenberg: »Kennedy in Camelot: The Arthurian Legend in America«, Western Folklore 35 [Jan. 1976] 52–59).

Immer wieder aber berühren die nagenden Zweifel – hinsichtlich des Mordes, der Hintergründe, der Täterschaft, der verschütteten Möglichkeiten – tiefe Schichten der amerikanischen Psyche. Sie haben auch die fiktionale Literatur und den Film zu Auseinandersetzungen mit der Problematik inspiriert. Don DeLillos *Libra* (Oswalds Sternkreiszeichen »Waage«) ist eine faszinierende Chiffre für die Vielschichtigkeit komplexer Zusammenhänge und die Vielfalt von Deutungsmöglichkeiten, die sich nicht im Sinne linearer Handlungslogik gegenseitig ausschließen und auf einen Nenner bringen lassen. – Oliver Stones dreistündiger Film *JFK* thematisiert einige der oben angedeuteten konspirativen Handlungsstränge und fügt ihnen ein homophobes Motiv aus dem homosexuellen Mafia- oder Exilkubaner-Milieu in New Orleans hinzu. Ein Film der Multivalenzen. Ein großer Erfolg. Mit am eindrucksvollsten das etwa halbstündige dramatisch-melodramatische Schlußplädoyer des Staatsanwalts. Er beschwört alle großen klassischen amerikanischen Werte, rührt damit das Publikum, die Jury und nicht zuletzt sich selbst fast zu Tränen – aber doch vergeblich. Die Jury spricht frei. Weil diese Werte nichts mehr gelten? Ist das die Botschaft des Films? Die fast hundert Jahre alte *American Historical Review* widmete dem Film ein ausführliches »Forum«, das die »filmische Argumentation« sorgfältig analysierte und auch »historisch widerlegte« (M. Raskin, M. Rogin, R.A. Rosenstone 1992). Interessant ist die Erfolgsgeschichte dieses Films aber wohl nicht deshalb, weil er als unmittelbare historische Dokumentation genommen wird. Sollten die vielen Millionen Betrachter seine konspiratorischen Erklärungsangebote als historische Evidenz annehmen, wäre er gefährlich. Immerhin sahen ihn vermutlich sehr viel mehr Menschen als je die vielen Verschwörungsbücher gelesen haben. Aber dafür sind die Verschwörungsfäden im Film zu verwirrend, bizarr, ist der Film streckenweise zu schnell geschnitten; das ist filmisch kunstvoll, hat aber auch verfremdende, desorientierende Wirkung. Der Film demonstriert jedoch einmal die Lebendigkeit des Kennedy-Mythos dreißig Jahre »danach«. Und sein Erfolg beruht offenbar auf der Bereitschaft sehr vieler Amerikaner, an die »große Verschwörung von oben« zu glauben: an die Bedrohung der öffentlichen Ordnung durch Komplotte, die das organisierte Verbrechen, der Militärisch-Industrielle Komplex, die staatlichen Sicherheitsbehörden oder »hoch oben« plazierte Politiker bis zum Nachfolger Johnson angezettelt haben. Darin drückt sich fundamentales Mißtrauen gegen Staat und Regierung und deren offizielle Geschichtsversion aus. Aber ist das angesichts der Entwicklungen seit 1963 wirklich so irrational, paranoid? Führt das nicht vielmehr zu dem radikal-demokratischen Gedankengut der Revolution zurück – »government as a conspiracy against the people themselves«? Dieser 1983 geschriebene Satz (Lasch 38–39) klingt nach achtzehntem Jahrhundert. Wir hätten *paranoia* damit wieder auf ihre oben dargestellte historische Wurzel als *jealousy* zurückgeführt.

Das Bild Kennedys in der Historiographie ist durch das Attentat zweifach belastet worden. Der Mord hat die kritische Auseinandersetzung zunächst retardiert – und natürlich auch erschwert. Ist zum Beispiel Kennedys politische Erfolglosigkeit seinem persönlichen, konzeptuellen oder handwerklichen Politikversagen zuzuschreiben – oder dem gewaltsamen Abbruch einer hoffnungsvollen Karriere? Um diese Fragen, bezogen auf die verschiedenen inneren und äußeren Politikbereiche, wird in dem fortdauernden Dialog zwischen apologetisch-hagiographischen (A.M. Schesinger Jr.; T. Sorensen; W. Manchester 1967 und 1983; C.M. Brauer; jüngst wieder I. Bernstein), revisionistisch-kritischen (T.G. Paterson; R. Reeves; T. Reeves; H. Fairlie) und post-revisionistischen oder vermittelnden Positionen (T. Brown; H.S. Parmet; J.N. Giglio; H. Wofford) kontrovers diskutiert. – Ich will die damit aufgeworfenen Fragen kurz andeuten.

Kennedy selbst hatte Unabhängigkeit des Denkens und konsequentes Eintreten für die auf diese Weise gewonnenen politischen Positionen auch gegen Widerstände, selbst die der eigenen Gruppe oder Partei, zur Meßlatte für den genuinen Politiker erklärt (Kennedy 1956; dazu J.W. Ward, Red, White, and Blue: Men, Books, and Ideas in American Culture, New York 1969, Kap. III). Ist er diesen seinen eigenen Maßstäben gerecht geworden, etwa in der zentralen Rassen- und Bürgerrechtsfrage? Hat er überhaupt eigene Postionen dazu entwickelt? Und wenn ja: Hat er die angesichts des knappen Wahlsieges und der konservativen Kongreßkoalition sicher engen Handlungsspielräume maximal genutzt oder hat er doch immer nur reagiert; war mit anderen Worten das nur punktuelle Eintreten für die Bürgerrechte in den ersten zweieinhalb Jahren seiner Amtszeit Ausdruck von Konzeptlosigkeit und fehlendem Engagement oder planmäßiges Vorgehen, um einen größeren Konsens gegen konservative Widerstände aufzubauen? Hat Kennedy moralisch-politisch geführt oder ist er den »Geführten« nur nachgelaufen? Hat er die tatsächlich spät eingebrachten Reformprojekte der Bürgerrechte (Kongreßbotschaft vom Februar und Gesetzesvorlage vom Juni 1963) und in der Sozial- und Wirtschaftspolitik wirklich auf den Weg gebracht, so daß Johnson nur die Ernte einzufahren brauchte, oder hat erst der Tod Kennedys ein Bedürfnis nach kollektiver Wiedergutmachung ausgelöst, das dem zu Lebzeiten praktisch gescheiterten Programm dann posthum noch zum Erfolg verholfen hat? War er der *supreme politician*, der im Interesse langfristiger Ziele einen *cautious pragmatism* pflegte, so M. Beschloss, oder überzeugt vielmehr H. Fairlies Urteil, daß angesichts hochfliegender Rhetorik Kennedy »achieved so little that the people could hardly be blamed if they concluded that their political processes [and institutions] were inadequate to their tasks.« Oder Fairlie weiter: Die Tatsache, daß Kennedy »was not, from day to day, exercising any political leadership ... went unnoticed« (Fairlie 344). Ist der vielbemühte »Stil« Kennedys eine sachliche Politikkategorie oder kaschiert er nur das Fehlen inhaltlicher Konzepte? Sagt der oft gegebene Hinweis, Kennedy habe »aus Fehlern gelernt« und sei entsprechend »gewachsen«, etwas über Politikqualität und -inhalte aus oder soll er nur gegen Kritik immunisieren? War Kennedy der (im amerikanischen Sinn) liberale Reformpolitiker, stand er wirklich hinter dem liberalen Image der »new frontier« oder war dieses Bild nur ein *public relations*-Produkt? T. Sorensen behauptet, Kennedy habe sich selbst nie als »liberal« definiert, vielmehr hätten »they«, d.h. die Liberalen, ihn lediglich nach seinem Tode als solchen reklamiert (Newsweek 1983, 40).

Weitergehende Kritik der *radical left* (B. Miroff, dazu Degler), daß Kennedy das amerikanische System, dem er ja entstammt, nicht revolutioniert habe, können wir ignorieren. Ernster zu nehmende Kritik hat aber nicht nur das strahlende »Königs«-Bild Kennedys um dunklere persönliche Seiten ergänzt (R. Reeves; dazu G.W. Ball, »Kennedy Up Close«, New York Rev. of Books, 3. Febr. 1994, 17–20; T. Reeves; B.C. Bradlee). Einige davon sind unmittelbar Politik-relevant: Kennedys angeblich extremer *machismo* hat möglicherweise den Umgang mit seinen Gegnern beeinflußt (intern im Stahlpreiskonflikt; nach außen im Verhältnis zu Castro/Kuba und in der Raketenkrise). Seine amourösen Affairen sind nicht nur Privatsphäre oder Charakterfrage, sondern reichen in die Politik bis in die Mord- und Komplottfrage hinein. Das gilt sicher für seine von Frank Sinatra vermittelte Beziehung zu Judith Campbell verheirateter Exner, die gleichzeitig die Maitresse des Gangsterbosses Sam Momo Giancana in Chicago war, der von der CIA in das Komplott gegen Castro eingebunden werden sollte und sich schon bei der Wahlkampffinanzierung für Kennedy verdient gemacht hatte.

Dies sind die zentralen Fragen, welche die Kennedy-Historiographie im innenpolitischen Bereich diskutiert. Die von ihr eingenommenen Positionen zu Kennedy pendeln, grob zusammengefaßt, zwischen unkritischer Bewunderung oder Erfolgschronik und radikal-revisionistischer Behauptung des Versagens: Kennedy »... simply an optical illusion« (I. F. Stone). Sie münden schließlich in einer vermittelnden Position, welche das Konzept der Grenzen betont und differenzierend herausarbeitet: Grenzen in Gestalt der Ideen, Haltungen, Erwartungen und Institutionen seiner Zeit, innerhalb derer Kennedy operierte.

Ähnlich kontroverse Urteile gibt es zu Kennedys Außenpolitik. Hier steht auf der einen Seite der Friedens- und Freiheitswahrer: Er habe das Schweinebucht-Desaster nur geerbt, die Raketenkrise mit rationalem Krisenmanagement gemeistert, danach die ideologischen und Rüstungs-Fronten mit der *American University*-Rede und dem Teststopvertrag zu lockern begonnen und mit *Peace Corps* und Allianz für den Fortschritt eine neue Dimension in das Verhältnis zur 3.Welt eingeführt, schließlich einen vorsichtigen Dialog mit Castro eingeleitet und den Rückzug aus Vietnam geplant.

Diesem Kennedy stellen revisionistische Kritiker den »most dangerous cold warrior that we have had since the end of World War II« entgegen (R. J. Walton, Newsweek 1983, 42). Eine universalistische Rhetorik, welche die globale Verantwortung der USA betonte, habe seine Politik seit der berühmten Inauguralbotschaft charakterisiert. Die Rüstungspolitik habe die internationale Rüstungsdynamik für viele Jahre angeheizt, obwohl die behauptete Raketenlücke nicht bzw. nur zu Lasten der Sowjetunion existiert habe; Strategien und Theorien wie *domino, flexible response, counterinsurgency*, München-Syndrom, hätten die Vereinigten Staaten immer wieder dazu verführt, lokale oder regionale Probleme als Momente eines globalen Konfliktes zu sehen, in dem kein Fußbreit Bodens preisgegeben werden durfte, wenn sich die USA nicht selbst oder die »freie Welt« aufgeben wollten; daraus resultiere Vietnam und der geringe Stellenwert von gelegentlichen Rückzugserwägungen; der globale Antikommunismus erkläre auch die obsessive Politik gegen Kuba und Castro, verstärkt durch den ganz persönlichen Kompensationswunsch für die Schweinebuchtniederlage. Die Raketenkrise, durch die vorerwähnten Momente mit provoziert, erscheint dann als mit Glück und verbliebenem *common sense* auf beiden Seiten gerade noch vermiedene Nuklearkatastrophe. Und wir wissen heute, daß wir ihr noch näher waren als wir seinerzeit schon befürchtet hatten.

Auch hier sollten vermittelnde Hinweise auf während der Amtszeit gemachte Erfahrungen, auf Zwänge, innerhalb derer auch ein amerikanischer Präsident handelt, und auf neue Ansätze als realistische Analyseversuche verstanden und nicht voreilig als wohlfeile Apologetik abgetan werden. Ein Präsident handelt immer zunächst durch Worte. Deshalb ist die Rede vor der *American University* wichtig, wie es die vorsichtigen (geheimen) Kontaktversuche zu Castro und natürlich der Teststop-Vertrag sind.

Gleichwohl fällt es hier noch schwerer als im Bereich der Innenpolitik, den positiven oder auch nur mittleren Positionen zu folgen. George F. Kennan meinte sarkastisch: »One speech is not enough.« Die vorsichtigen Fühler und Formulierungen haben an der grundsätzlichen Freund-Feind-Fixierung nichts geändert. Sie wurde durch gewaltige Rüstungsanstrengungen untermauert. Die Dritte Welt wurde in sie einbezogen, Neutralität oder politischer Neutralismus blieben Anathema, Allianz für den Fortschritt, Friedenscorps und *counterinsurgency* dienten diesem selben Ziel. Zwar endete *Operation Mongoose* zunächst nach der Raketenkrise; Sabotageakte und Mordversuche gegen Kuba und Castro wurden jedoch im Sommer 1963 wieder aufgenommen; lediglich eine Invasion Kubas schied jetzt aus. Dann bedeuteten auch die vagen Andeutungen eines Vietnam-Rückzuges keine Zieländerung, sondern lediglich die zweck-, d.h. wahloptimistische Hoffnung, daß Südvietnam allein in der Lage sein würde, Südostasien »dem Kommunismus« zu versagen. Die Rückzugsandeutung stand aber unter eben diesem Vorbehalt. »[H]e never gave any indication that he would allow Saigon to lose« (R. Steel 8). Die Konstanz der Rhetorik des Kalten Krieges sagt vermutlich mehr als die punktuelle Abweichung von ihr vor der *American University*. Diese Konstanz wird von den beiden letzten für den 22. November geplanten, nicht mehr gehaltenen Reden Kennedys erhärtet: Er stellte dort die gewaltigen amerikanischen Rüstungsanstrengungen als Verdienst seiner Administration dar; sie hätten zu einer Überlegenheit über die Sowjetunion auf fast allen Gebieten geführt; er betonte die amerikanische Führungsverantwortung wie in Südostasien, auch wenn sie »painful, risky, and costly« sei, aber Amerika dürfe nicht müde werden. Er betonte Amerikas »mission in the world«, seine Aufgabe »to carry our message of truth and freedom to all the far corners of the earth,« er pries die »righteousness of our cause«, und schließlich: »We in this country are – by destiny rather than choice – the watchmen on the walls of world freedom.«

Diese Kontroversen haben das Bild professioneller Historiker von Kennedy geprägt. Er galt einer Umfrage unter ihnen im Jahre 1988 zufolge als die am meisten überschätzte Figur des öffentlichen Lebens in der amerikanischen Geschichte (R. Paasch, »Ermordet unsterblich: Die Legendenbildung um John F. Kennedy,« Frankfurter Rundschau 20.11.1988). Im Jahre 1992 plazierten sie ihn auf Platz 13 nach den *great* oder *near great* in die Gruppe der *above average* bewerteten Präsidenten (Journal of American History, Dezember 1994, 952).

Auf das positive Bild Kennedys in der amerikanischen Öffentlichkeit hatte das keinen Einfluß. Für sie ist er einer der größten Präsidenten Amerikas, wenn nicht der größte. Sein Konkurrent ist einzig Lincoln. Laut Newsweek (1983, 64) wünschten sich im Jahre 1983 etwa 30 Prozent der Befragten Kennedy als Präsidenten, 10 Prozent wollten F. D. Roosevelt, weit abgeschlagen alle anderen; 31 Prozent hielten Kennedy für einen »großen«, 44 Prozent für einen guten Präsidenten; in einer Gallup-Umfrage 1985 war er gar der »größte« in der Geschichte Amerikas. In einer Umfrage 1992 nach den am meisten bewunderten Personen der letzten tausend Jahre stand unter den dort genannten Amerikanern Lincoln mit 12 Prozent an erster Stelle, danach aber gleich mit 9 Prozent Kennedy, weit abgeschlagen Martin Luther King mit 5 Prozent und alle anderen blieben unter 2 Prozent. Unter den fünf von amerikanischen Historikern Erstplazierten tauchte dagegen Kennedy gar nicht auf. In dieser Verehrung drückt sich vermutlich als nostalgische Wunschprojektion aus, was real in der Zeit seither verlorengegangen ist: ein »almost childish faith in the wonder-working powers of presidential leadership« (Brown 101). Kennedy verkörpert eine Wunschvergangenheit, die es nie gegeben hat. Zugleich scheint es, daß ganz Amerika sich seiner – seines Bildes, nicht seiner Realität – bemächtigt und ihn sich angeeignet hat, in einer politisch ganz unspezifischen Weise. Anders wäre es nicht zu verstehen, wenn Politiker von so unterschiedlichen politisch-ideologischen Standorten aus wie Richard Nixon, Ronald Reagan, Jeane Kirkpatrick und Bill Clinton sich auf ihn berufen, sie und andere immer wieder versuchen, wie Kennedy auszusehen, sich wie er zu geben, dieselben telegenen Gesten zu verwenden: Dan Quayle, Gerry Hart, Jack Kemp, oder Rudolph Guiliani und David Dinkins als Bürgermeister in New York. Ein inhaltsleer gewordener Mythos JFK steht für allseitige Verwendung zur Verfügung.

Literatur

Bernstein, Irving, Promises Kept: John F. Kennedy's New Frontier, New York 1991

Beschloss, Michael, »The Day that Changed America«, Newsweek 22. Nov. 1993, 23–24

Bradlee, Benjamin C., Conversations with Kennedy, New York 1975

Brauer, Carl M., John F. Kennedy and the Second Reconstruction, New York 1977

Brown, Thomas, JFK: History of an Image, Bloomington IN 1988

Degler, Carl N., »Johnson and Kennedy: The Public View«, in: Reviews in American History 5 (1977), 130–136

DeLillo, Don, Libra, New York 1988

Fairlie, Henry, The Kennedy Promise: The Politics of Expectation, Garden City NY 1973

Giglio, James N., The Presidency of John F. Kennedy, Lawrence KS 1991

Goldfarb, Ronald L., Perfect Villains, Imperfect Heroes: Robert F. Kennedy's War Against Organized Crime, New York 1995

Kennedy, John F., Profiles in Courage, New York 1956

Lasch, Christopher, »The Life of Kennedy's Death«, in: Harper's Magazine, Okt. 1983, 32–40
Leuchtenburg, William E., »John F. Kennedy: Twenty Years Later«, in: American Heritage 35 (Dez. 1983), 50–59
Mailer, Norman, Oswald's Tale: An American Mystery, New York 1995
Manchester, William, Death of a President, New York 1967
Manchester, William, One Brief Shining Moment: Remembering Kennedy, Boston 1983
Matusow, Allen J., The Unraveling of America: A History of Liberalism in the 1960s, New York 1984
Miroff, Bruce, Pragmatic Illusions: The Presidential Politics of John F. Kennedy, New York 1976
Newsweek 1983, 28. Nov., »Kennedy Remembered: After 20 Years, a Man Lost in His Legend,« 33–47
Newsweek 1993, 22. Nov., »JFK«, 32–50
Parmet, Herbert S., JFK: The Presidency of John F. Kennedy, New York 1983
Paterson, Thomas G., »Kennedy's Quest for Victory and Global Crisis«, in: ders., Hg., Kennedy's Quest for Victory and American Foreign Policy, 1961–1963, New York 1989, 3–23
Posner, Gerald, Case Closed: Lee Harvey Oswald and the Assassination of JFK, New York 1993
Prouty, L. Fletcher, *JFK:* The CIA, Vietnam, and the Plot to Assassinate John F. Kennedy, New York 1992
Raskin, Marcus, »*JFK* and the Culture of Violence«, *AHR Forum*, in: American Historical Review 97 (April 1992) 487–499; das *Forum* zu *JFK* hatte noch zwei weitere Beiträge von Michael Rogin und Robert A. Rosenstone; ib. 500–511
Reeves, Richard, President Kennedy: Profile of Power, New York 1993
Reeves, Thomas C., A Question of Character: A Life of John F. Kennedy, New York 1991
Report of the President's Commission on the Assassination of President John F. Kennedy, Washington DC 1964
Schlesinger Jr., Arthur M., A Thousand Days: John F. Kennedy in the White House, Boston 1965
Sorensen, Theodore C., Kennedy, New York 1965
Steel, Ronald, »The Kennedy Fantasy«, in: New York Review of Books, 19. Nov. 1970, 3–11
Wofford, Harris, Of Kennedys and Kings: Making Sense of the Sixties, New York 1980

Friedemann Büttner

Anwar el-Sadat 1981

Die »Beseitigung des ungerechten Pharao«

Ich habe den Pharao getötet
und fürchte nicht den Tod
Khaled el-Islambuli
während des Attentats

Vorrede: Kabale und Haß?

Am 4. November 1995, wenige Tage, bevor die Vorlesung über das Attentat auf Anwar el-Sadat gehalten werden sollte, wurde der israelische Ministerpräsident Yitzhak Rabin ermordet. Zum zweiten Mal mußte damit ein herausragender Politiker im Nahen Osten sein Engagement für Frieden und Aussöhnung zwischen Israel und seinen arabischen Nachbarn mit dem Leben bezahlen. Wie die Täter und Verschwörer beim Sadat-Attentat kamen auch diesmal der Mörder und seine Mitwisser aus dem Kreis jener radikalen Gruppen, deren politisch-ideologische Zielsetzungen so durch religiöse Begründungen überhöht sind, daß die Attentäter ihre Tat als gottgewollten Akt verstehen und mit äußerster Kaltblütigkeit ausführen konnten.

Für seine Politik der Aussöhnung war Rabin, wie vor ihm Sadat, mit dem Friedensnobelpreis ausgezeichnet worden. Die Attentate unterstrichen jedoch, daß ihre Politik nur ein Beitrag zu einem langen Prozeß gewesen ist und daß Haß und Gewalt, gezielte Attentate und ungezielter Terror, ihre Rolle im Palästina- und Nahost-Konflikt keineswegs ausgespielt haben. Genau besehen haben beide den Nobelpreis vor allem auch für ihre Bereitschaft bekommen, selbst den Weg der Gewalt zu verlassen und friedliche Wege der Konfliktlösung zu beschreiten.

Das wird besonders deutlich an jenen beiden Politikern, die mit ihnen gemeinsam den Friedensnobelpreis bekommen haben: Rabins Partner Yasir Arafat hatte als PLO-Vorsitzender so viele Anschläge zu verantworten, daß ihn nicht nur viele Israelis selbst dann noch ausschließlich als Terroristen bezeichneten, als er die Palästinenser längst auf den Weg zu einem Verhandlungsfrieden führte. Sadats Partner Menachem Begin wiederum war für Terroranschläge im britischen Mandatsgebiet Palästina vor der Staatsgründung Israels verantwortlich gewesen und hatte deswegen in Großbritannien als »unerwünschte Person« immer noch Einreiseverbot, als er israelischer Ministerpräsident wurde und sich bald darauf auf den Friedensprozeß mit Sadat einließ.

Aber auch Sadats und Rabins Karrieren waren begleitet von politisch motivierter Gewalt. So war Sadat an einem »erfolgreichen« Attentat persönlich beteiligt und Rabin wahrscheinlich noch wenige Tage vor seinem Tod für ein anderes politisch verantwortlich: Obwohl Sadat später nach einem langen Prozeß freigesprochen wurde, besteht kaum Zweifel daran, daß er – mit Unterstützung aus der unmittelbaren Umgebung von König Faruk – das Attentat am 6. Januar 1946 auf den ehemaligen Finanzminister Amin Osman organisiert hatte, der als »Verräter« galt, weil er 1942 Mitglied einer Regierung geworden war, deren Einsetzung die Briten mit Panzergewalt erzwungen hatten. Und Rabin trug als Ministerpräsident die politische Verantwortung für die Ermordung des Führers der palästinensischen Jihad-Organisation, Fathi Shakaki, am 26. Oktober 1995 auf Malta – falls diese, wie kaum bestritten wird, vom israelischen Geheimdienst inszeniert worden ist.

Mit diesem Mord sollte die Jihad-Organisation getroffen werden, die viele Terroranschläge in Israel organisiert hatte, welche sich über die unmittelbaren Opfer hinaus letztlich gegen die Friedenspolitik Rabins wie Arafats richteten. »*Al-Jihad*«, der »heilige Krieg« gegen die Ungläubigen, war zu einem Symbol für den gewaltsamen Sturz der bestehenden politischen Ordnungen geworden, seit Mitglieder einer anderen Jihad-Organisation 1981 Sadat ermordet hatten. Diese Jihad-Organisation ist die radikalste unter verschiedenen islamistischen Gruppen, die aus Abspaltungen von der Muslimbruderschaft hervorgegangen sind. Die Muslimbruderschaft wiederum, die älteste und wichtigste Organisation des politischen Islam in Ägypten, war von Sadat geduldet, ja eine Zeit lang sogar als Gegengewicht gegen Nasseristen und Linke mehr oder weniger offen unterstützt worden, nachdem sie zuvor von seinem Amtsvorgänger Gamal Abdel Nasser seit 1954 verboten und unterdrückt worden war.

Mit dem Verbot der Muslimbruderschaft hatte Nasser auf einen Attentatsversuch reagiert, bei dem ein Mitglied der Bruderschaft während einer Großkundgebung fünf Schüsse auf ihn abgegeben hatte – allerdings ohne ihn zu treffen... Schon einmal zuvor, im Dezember 1948, war die Muslimbruderschaft nach einer Serie von Attentaten verboten worden, wofür sich Mitglieder der Bruderschaft noch im selben Monat mit einem Attentat auf den Premierminister Mahmud Fahmi Nuqrashi gerächt hatten. Dem Gründer der Bruderschaft, Hasan el-Banna, hatte es danach nicht genützt, daß er sich von diesem Mord distanzierte: Am 12. Februar 1949 wurde er selbst Opfer eines lange unaufgeklärten Attentats, das Angehörige der politischen Polizei geplant und durchgeführt hatten.

Politik und Macht im Nahen Osten als schwer durchschaubares Geflecht von politischen Kabalen, von Gewalt und Mord im Namen der Religion?

Während der Vorbereitung dieser Vorlesungsreihe soll ein Kollege den Vorschlag gemacht haben, doch einen Abend für das »nächste Attentat« frei zu halten. Hätte man mich gefragt, wo denn wohl am ehesten dieses nächste Attentat zu erwarten sei, hätte ich dem Nahen Osten hohe Priorität eingeräumt: Schließlich war da gerade erst am 26. Juni 1995 Ägyptens Präsident Hosni Mubarak auf der Fahrt zu einer Konferenz der OAU in Addis Abeba mit knapper Not einem Attentat radikaler Islamisten entgangen.

Der hohe Stellenwert von Gewalt in der Politik im Nahen Osten ist nicht zu leugnen – erklärt ist damit aber nichts, vielmehr bedarf die hohe Gewaltbereitschaft selbst der Erklärung, denn jedes dieser Ereignisse steht in seinem spezifischen Kontext. So auch die Ermordung Sadats.

1. Einleitung: Der 6. Oktober 1981

Wie gewohnt stand Anwar el-Sadat erst gegen 9 Uhr auf, ließ sich massieren, duschte und nahm ein leichtes Frühstück zu sich. Dann legte er die neugeschneiderte Gala-Uniform an und drapierte sie mit der »Grünen Schärpe der Gerechtigkeit«, einer erst kürzlich von ihm geschaffenen Auszeichnung. Die kugelsichere Weste, die ihn weniger schlank und elegant erscheinen lassen würde, ließ er beiseite. Auch bestand er darauf, im offenen Wagen zu der Militärparade zu fahren, mit der Regierung und Streitkräfte wie jedes Jahr am 6. Oktober den Erfolg im »Oktober-Krieg« 1973 gegen Israel feiern würden.

Warum sollte sich der Präsident Sorgen um seine Sicherheit machen? Von außen betrachtet, befand er sich auf der Höhe seiner Macht. Seit seinem Friedensschluß mit Israel genoß er, insbesondere unter den neuen Freunden Ägyptens im Westen, höchstes Ansehen. Als »Friedensdividende« flossen allein von den USA jährlich fast 3 Mrd. Dollar ins Land. Für die Streitkräfte, die an diesem Tag voller Stolz auf ihre großen Leistungen zurückblickten, würden die neuen Beziehungen auf besondere Weise sinnfällig sein: Erstmals sollten bei der Parade modernste Waffen westlicher Herkunft auch quantitativ die allmählich veraltenden sowjetischen Waffen überwiegen, mit denen der Oktober-Krieg noch geführt worden war. Wenn Sadat sich irgendwo sicher fühlen konnte, dann heute bei »seinen« Soldaten.

Sicher fühlen konnte Sadat sich auch vor der Opposition. Nach Monaten wachsender, zunehmend religiös artikulierter Spannungen und nach mehreren blutigen Zusammenstößen zwischen radikalen Islamisten und militanten Kopten hatte Sadat in der Nacht zum 6. September auf einen Schlag alle »Unruhestifter« verhaften lassen: vor allem Islamisten, aber auch zahlreiche Kopten, darunter bekannte Shaikhs und Geistliche, zudem führende Vertreter der Oppositionsparteien, Funktionsträger von Berufsverbänden, Journalisten und Intellektuelle, die sich kritisch über Sadats Politik geäußert hatten. Selbst der Papst der koptischen Kirche, Shenuda III., einer seiner schärfsten Gegner, war in ein Wüstenkloster verbannt und durch ein Patriarchatskomitee ersetzt worden. Insgesamt über 3.000 Oppositionelle saßen schließlich in Haft. Darunter waren all jene, die mit einer ersten, 1.500 Personen umfassenden Liste gesucht worden waren – alle, bis auf einen hohen Offizier des militärischen Geheimdienstes, Oberstleutnant Abbud el-Zumur, der wegen seiner Verbindungen zur radikal-islamistischen Jihad-Organisation verhaftet werden sollte, aber rechtzeitig in den Untergrund abgetaucht war.

Nicht alles hatte sich seitdem zu Sadats Zufriedenheit entwickelt. Im Ausland war sein Versuch, in Ägypten wieder Ruhe und Ordnung herzustellen, keineswegs so positiv aufgenommen worden, wie er erwartet hatte. Auch seine Rechtfertigungsversuche im ägyptischen Fernsehen waren ihm zum Teil mißglückt, weil er auf manche Fragen gereizt reagiert und sich zu langen Tiraden gegen einige der Verhafteten hatte hinreißen lassen. Beunruhigt muß ihn auch die Gefahr haben, die von Abbud el-Zumur ausgehen konnte, denn in einer Fernsehansprache hatte er diesen direkt erwähnt: »Ich weiß, daß da noch ein Offizier auf freiem Fuß ist, der mir jetzt sicher zuschaut... Ich warne ihn, daß wir auch ihn erwischen werden.«

Doch das schien alles vergessen, als Sadat in aufgeräumter Stimmung am Paradeplatz erschien. Neben Vizepräsident Hosni Mubarak, umgeben von den Spitzen der Streitkräfte und der Regierung, nahm Sadat auf der Tribüne Platz. Auch der Shaikh el-Azhar als höchster Repräsentant des Islam und Bischof Samuel als Vorsitzender des Patriarchatskomitees mußten ganz in der Nähe Sadats sitzen, um den Fernsehzuschauern zu demonstrieren, daß seine Maßnahmen sich nicht gegen die religiösen Institutionen, sondern eben nur gegen Extremisten gerichtet hatten. Um des guten Eindrucks willen waren auch die für den Schutz des Präsidenten verantwortlichen Soldaten, die einer von der amerikanischen CIA eigens ausgebildeten Sondereinheit zur Bekämpfung des internationalen Terrorismus angehörten, hinter der Tribüne postiert worden.

Nachdem die Luftwaffe ihre Kunstflugnummern mit den neuen Phantom- und Mirage-Flugzeugen beendet hatte und damit der spektakulärste Teil der Parade vorüber war, kam der Vorbeimarsch der Artillerie. Was sich dann in Minutenschnelle vor laufenden Fernsehkameras abspielte, ist wieder und wieder gesendet worden, so daß es hier kaum berichtet zu werden bräuchte: Eine Zugmaschine scherte plötzlich aus der Kolonne aus und hielt. Vier Soldaten sprangen auf, zwei Handgranaten flogen in Richtung Tribüne, und dann fielen die ersten Schüsse. Aus Maschinenpistolen in die Menge feuernd, rannten die Attentäter auf die Tribüne zu. Bis die Präsidentengarde reagierte bzw. die Soldaten der Sondereinheit zum Ort des Geschehens gelangen konnten, waren Präsident Sadat und sieben weitere Männer in seiner Umgebung, darunter Bischof Samuel, tot und viele weitere verletzt. Drei der Täter wurden überwältigt; der vierte konnte im hektischen Durcheinander entkommen und wurde erst zwei Tage später, am 8. Oktober, verhaftet.

Am selben 8. Oktober stürmten in der mittelägyptischen Provinzstadt Assiut bewaffnete Islamisten mehrere Polizeistationen, die wegen des Opferfestes (*Idh al-Adha*), des an diesem Tag beginnenden höchsten islamischen Feiertags, nur schwach besetzt waren. Die Angreifer massakrierten die Polizisten, riefen zum allgemeinen Volksaufstand gegen das Regime auf und konnten die Stadt zunächst auch in ihre Gewalt bekommen. Erst nach zwei Tagen heftiger Kämpfe gelang es aus Kairo herangeholten Spezialeinheiten, die Regierungskontrolle wiederherzustellen. Die von den Islamisten erhoffte allgemeine Erhebung nach dem Muster der iranischen Revolution aber war ausgeblieben...

Der Mord an Sadat wurde nicht zum Fanal. Aber er offenbarte tiefe Risse in der Wahrnehmung und Bewertung der Leistungen Sadats. Wie stets, wenn das unerwartet Schreckliche geschieht, schienen alle zunächst wie »gelähmt«. Doch während im Ausland bald lange Sondersendungen Sadat als einen der bedeutendsten Politiker des letzten Jahrzehnts würdigten, der seinen Mut zu Frieden und Aussöhnung mit dem Leben bezahlt hatte, sendeten Radio und Fernsehen in Ägypten zunächst einmal nur Koranrezitationen. Während sich Staatsmänner in aller Welt auf die Reise zu den Beisetzungsfeierlichkeiten nach Kairo begaben, schienen die Menschen in Ägypten seltsam unberührt und abwartend. Die Straßen der Zehnmillionenstadt Kairo waren wie leergefegt, Fabriken, Büros und die meisten Geschäfte geschlossen. Das ist allerdings in den Tagen um das Opferfest immer so.

Doch auch am 10. Oktober, dem Tag der Beisetzung, blieb die Stadt gespenstisch leer. Eine große Zahl von Staatsgästen folgte der Lafette mit dem Sarg – allein drei US-Präsidenten, der amtierende und zwei frühere, waren darunter sowie auch Israels Ministerpräsident Menachem Begin. Die anderen Nachbarn Ägyptens dagegen fehlten: Nur drei arabische Staaten waren durch hochrangige Delegationen vertreten. Vor allem aber fehlte die Bevölkerung.

Fünf bis acht Millionen Menschen hatten sich weinend und schreiend in den Straßen Kairos gedrängt, als 1970 Sadats Amtsvorgänger Nasser beigesetzt worden war. Vorgeblich, um ein ähnliches Chaos zu vermeiden, hatte die Regierung diesmal die Bevölkerung von den Trauerfeierlichkeiten ausgesperrt. Doch die Verantwortlichen wußten nur zu gut, daß um Sadat kaum jemand trauerte. Im Gegenteil, die meisten Menschen schienen eher erleichtert und viele ganz offen froh. Damit die Menschen nicht gar nächtliche Freudenfeste feierten, war in einigen ärmeren Stadtvierteln Kairos in den Tagen nach dem Attentat der Strom abgeschaltet worden. Bei Wohlhabenderen sollen später Video-Aufzeichnungen des Attentats zu einer Art Party-Hit geworden sein.

Was war geschehen, daß das Sadat-Bild im westlichen Ausland so anders sein konnte als in Ägypten?

2. Die Öffnung Ägyptens

Sadat zog gerne Zwischenbilanz und verwies dann stolz auf die Kette seiner Leistungen, für die in jedem Jahr ein »Durchbruch« stand: Im Jahr nach seinem Amtsantritt war dies die »Korrektivrevolution« vom 15. Mai 1971, als es ihm mit einem Coup von oben gelang, seine Machtkonkurrenten auszuschalten. Diese hatten ihn als schwachen Nachfolger Nassers geduldet, solange noch nicht erkennbar war, wer von ihnen das Rennen machen könnte.

Im Amt des Staatspräsidenten danach unbestritten, konzentrierte sich Sadat nun darauf, die Konsequenzen der katastrophalen Niederlage im Sechs-Tage-Krieg 1967 gegen Israel zu überwinden. Dazu war es nötig, sich aus der einseitigen Abhängigkeit von der Unterstützung durch die Sowjetunion zu lösen, Israel zu Konzessionen, vor allem zum Rückzug vom Suez-Kanal, zu bewegen und schließlich das Land wieder stärker an Partner im Westen heranzuführen und dabei die Wirtschaft so zu liberalisieren, daß Ägypten für ausländische Investoren wieder interessant wurde. In diesem Zusammenhang stand Sadats Durchbruch des Jahres 1972: die Ausweisung der 17.000 sowjetischen Militärberater ab dem 18. Juli. Dem folgte als wohl wichtigster Durchbruch der Oktober-Krieg 1973, in dem Ägyptens Streitkräfte mit der Bar Lev-Linie am Suez-Kanal zugleich den Mythos der israelischen Unbesiegbarkeit zerstörten. Auch wenn sich nach der ersten Überraschung das Kriegsglück wieder zugunsten Israels wendete, schufen die militärischen Erfolge der ägyptischen Streitkräfte die notwendigen Voraussetzungen dafür, daß Sadat politisch dem Prinzip eines Verhandlungsfriedens zustimmen konnte. Nach der Wiederaufnahme diplomatischer Beziehungen mit den USA im November 1973 konnte US-Außenminister Henry Kissinger mit seiner Pendeldiplomatie zunächst eine Truppenentflechtung und später einen israelischen Rückzug vom Suez-Kanal arrangieren.

Am 8. April 1974 legte Sadat im sog. Oktober-Papier die Prinzipien seiner »Öffnungspolitik« (»*Infitah*«) vor, die zunächst mit wirtschaftlicher Liberalisierung begann (Investitionsgesetz von 1974), dann aber auch zunehmend von innenpolitischer Liberalisierung mit größerer Presse- und Meinungsfreiheit begleitet wurde. Ihre Höhepunkte erreichte diese Phase der Politik mit den Durchbrüchen der beiden folgenden Jahre: Am 5. Juni 1975, dem achten Jahrestag des Kriegsbeginns von 1967, eröffnete Sadat feierlich den Suez-Kanal, dessen politische Bedeutung als Symbol für die Normalisierung der ägyptischen Außenbeziehungen sehr schnell noch von seiner wirtschaftlichen Bedeutung übertroffen wurde: Bereits nach der Wiedereröffnung waren die Deviseneinnahmen aus dem Kanal höher als die Einnahmen für Ägyptens wichtigste traditionelle Exportprodukte Baumwolle und Textilien. Nach den Parlamentswahlen im Herbst 1976 (28.10./4.11), den ersten halbwegs freien Wahlen seit der Revolution von 1952, ließ Sadat zu, daß sich die »Meinungsforen« innerhalb der Arabischen Sozialistischen Union (ASU), die mit unterschiedlichen Reformkonzepten Kandidaten für die Wahlen aufgestellt hatten, als selbständige politische Parteien konstituieren konnten (Parteiengesetz von 1977).

Da die indirekten Verhandlungen mit Israel seit dem zweiten Truppenentflechtungsabkommen von 1975 stagnierten, entschloß sich Sadat zu direkten Verhandlungen, die mit seiner dramatischen Reise nach Jerusalem vom 19. bis 21. November 1977 begannen. Die schwierigen, immer wieder unterbrochenen Verhandlungen mit Israel zogen sich hin, bis es dem amerikanischen Präsidenten Jimmy Carter im September 1978 nach tagelangen Verhandlungen in Camp David gelang, den Durchbruch zu vermitteln. Auf der Grundlage der am 19. September 1978 in Washington unterzeichneten Rahmenabkommen für eine Nahost-Friedenslösung schlossen Ägypten und Israel nach erneut schwierigen Verhandlungen und wiederum persönlichen Vermittlungsbemühungen Carters einen Friedensvertrag, der am 26. März 1979 in Washington von Präsident Sadat, Ministerpräsident Begin und Präsident Carter als Zeuge unterzeichnet wurde.

1980 gab es keinen vergleichbaren Durchbruch mehr; und 1981 blickte Sadat vor allem voraus auf den endgültigen Rückzug Israels von der Sinai-Halbinsel im März 1982. Nach der damit verbundenen Erfüllung des Friedensvertrages wollte Sadat dann, wie er mehrfach angekündigt hat, als Präsident einem Jüngeren Platz machen.

Die positiven Wirkungen der Sadatschen Politik sind unbestreitbar. Nach Jahren der wirtschaftlichen Stagnation und psychischen Blockierung der Menschen durch die Erfahrung der Katastrophe von 1967 hat Sadat Ägypten grundlegend verändert: Der Oktober-Krieg hat nicht nur das Selbstbewußtsein der Streitkräfte wiederhergestellt, sondern der Bevölkerung insgesamt wieder Zutrauen in die eigenen Fähigkeiten gegeben. Die wirtschaftliche Öffnung löste als erstes einen Importboom aus, der es großen Teilen der Bevölkerung ermöglichte, lange unterdrückte Konsumwünsche zu befriedigen – wenn in diesem armen Land für die meisten auch nur in bescheidenem Umfang. Für die Industrie bedeutete der Abbau der Devisenbewirtschaftung und der Importrestriktionen die Möglichkeit, Maschinen und Ersatzteile zu importieren und so seit langem brachliegende Kapazitäten wieder zu nutzen. Diese Entwicklung und die Impulse, die von arabischem und bald auch anderem Kapital ausgingen, das mit der

Öffnungspolitik in großem Umfang ins Land zu strömen begann, ließen das Bruttoinlandsprodukt in der zweiten Hälfte der 70er Jahre jährlich real um durchschnittlich neun Prozent anwachsen. Die Einnahmen aus den Suez-Kanal-Gebühren und den stark expandierenden Erdölexporten, die Überweisungen ägyptischer Gastarbeiter aus Libyen und den Golfstaaten und schließlich die Devisen, die ein wieder boomender Tourismus nach Ägypten brachte, eröffneten neue wirtschaftliche Perspektiven.

Mit den Prozessen gegen die 1971 ausgebooteten »Machtzentren« hatte eine offene Diskussion über Machtmißbrauch in der Nasser-Zeit begonnen, was zum Ansatzpunkt für die innenpolitische Liberalisierung und für Hoffnungen auf eine allmähliche Demokratisierung des Landes wurde. Mit den Wahlen von 1976 und den Parteigründungen schienen sich diese Hoffnungen zu materialisieren, so daß Sadat Ende 1976 auf der Höhe seiner öffentlichen Anerkennung stand. Auch die Reise nach Jerusalem 1977 stärkte zunächst noch einmal seine innenpolitische Stellung, weil die Bevölkerung sich von einem Frieden weiteren wirtschaftlichen Aufschwung und damit eine rasche Verbesserung der Lebensumstände erhoffte.

3. Die andere Seite der Medaille

Es sind die Durchbrüche und die damit zweifellos verbundenen herausragenden Erfolge seiner Politik, die Sadats Bild im Westen geprägt haben. Diese Politik hatte aber auch ihre Kehrseite, die im Ausland sehr viel weniger wahrgenommen, im Inland dagegen von Jahr zu Jahr umso stärker gespürt wurde.

Die *Infitah*-Politik verwandelte Ägypten schnell in ein Mekka der Spekulanten. Wer früh ins Importgeschäft eingestiegen war, wurde schnell reich. Und wer Beziehungen zu Regierungskreisen oder in die Bürokratie hatte und Geschäfte zu vermitteln verstand, gehörte bald zu den »fetten Katzen«, wie die Bevölkerung die neureiche *Infitah*-Bourgeoisie nannte. Da die Investoren der Leistungsfähigkeit der ägyptischen Wirtschaft mißtrauten, flossen die Mittel hauptsächlich in kurzfristig profitable Bereiche des tertiären Sektors, in Banken, Handel und Versicherungen, in Hotels und Tourismus sowie in den Wohnungsbau. In langfristig produktive Vorhaben, vor allem in die Industrie, wurde, vom Erdölsektor abgesehen, dagegen zunächst nur wenig privates Kapital investiert. Da der überbürokratisierte und nach 15 Jahren zentraler Planung inflexible öffentliche Sektor der Wirtschaft, zu dem alle modernen Zweige der Industrie gehörten, im Rahmen der Öffnungspolitik nicht grundlegend reformiert wurde, kumulierten schnell die negativen Auswirkungen beider Wirtschaftssysteme: Der Importboom wurde von einer hohen importierten Inflation begleitet, deren Wirkungen der starre staatliche Sektor nicht auffangen konnte.

Sinkende Realeinkommen für Millionen Arbeiter und Angestellte im Staatsdienst bzw. im öffentlichen Sektor waren die Folge. Für viele schwächten zwar eine zweite und oft auch noch eine dritte Beschäftigung am Nachmittag und Abend sowie die Arbeitsmigration von Familienmitgliedern ins Ausland die Wirkungen ab; da aber andererseits die Zahl der reichen und superreichen *Infitah*-Profiteure für jeden sichtbar wuchs, wuchs auch die Unzufriedenheit mit der neuen Politik, weitete sich die Finanzkrise des Staates schnell in eine soziale und schließlich auch politische Krise aus.

Unübersehbare Begleiterscheinung der *Infitah*-Politik war eine in ihren Ausmaßen abenteuerliche Korruption, die die Legitimität des Regimes zu untergraben begann, da sie bis in die unmittelbare Umgebung des Präsidenten reichte. Einige der größten Korruptionsskandale sind zwar erst in den Jahren nach Sadats Tod aufgedeckt worden – so die *Infitah*-Karriere seines Bruders Esmat, der 1974 mit wenig mehr als seinem prominenten Familiennamen begonnen hatte und dessen beschlagnahmtes Vermögen sich nach seiner Verhaftung sieben Jahre später auf umgerechnet etwa DM 440 Millionen belief. Aber auch ehe solche Details bekannt wurden, wußte jeder in Ägypten, daß der mit Sadat eng befreundete und spä-ter auch verschwägerte reichste Unternehmer Ägyptens, Osman Ahmed Osman, seine Position als Bauminister u.a. dazu benutzte, einen Großteil der entsprechenden staatlichen Investitionsmittel an die Firmen des von ihm aufgebauten und inzwischen von seinen Verwandten geführten Konzerns *Arab Contractors* zu vergeben. Nicht weniger aufschlußreich waren die Geschichten, die man über den mit Sadat ebenfalls verschwägerten Parlamentspräsidenten und ASU-Generalsekretär Sayed Marei zu erzählen wußte. Und selbst der Name von Sadats Frau Jehan tauchte in Gerüchten beispielsweise über den zollfreien Import von Autobussen für die öffentlichen Verkehrsbetriebe auf.

Es dauerte nicht lange, bis sich die soziale Krise als kulturelle artikulierte: Bereits die Niederlage 1967 hatte die Religiosität in der Bevölkerung, unter Kopten nicht minder als unter Muslimen, sichtlich verstärkt. Die Entlassung der unter Nasser inhaftierten Muslimbrüder verstärkte diesen Trend, vor allem als zahlreiche andere Muslimbrüder mit zum Teil erheblichen Vermögen aus dem Exil zurückkehrten und in Ägypten Betriebe aufbauten, in denen sie nur fromme Muslime beschäftigten, und zugleich Sozialdienste organisierten, die wiederum vor allem für fromme Muslime gedacht waren. Da Saudi-Arabien seine massive finanzielle Unterstützung für Ägypten wohl auch von einer Duldung der Muslimbrüder abhängig gemacht und Sadat zudem ein Gegengewicht zu Nasseristen und Linken gesucht hatte, war ihm dieser Trend zunächst nicht unwillkommen. An den Universitäten wurden islamische Gruppen sogar aktiv unterstützt, bis sie Mitte der 70er Jahre die Studentenvertretungen an allen ägyptischen Universitäten erobert hatten.

Je mehr Ägypter aber unter den wirtschaftlichen und sozialen Folgen der Öffnungspolitik zu leiden hatten, desto mehr Menschen fanden sich bereit, islamistischen Kritikern dieser Politik bzw. ganz allgemein der gesellschaftlichen Zustände zuzuhören oder sich gar in den »Islamischen Gemeinschaften« (*al-jamaʿat al-islamiya*), den zunächst an den Universitäten entstandenen, bald aber über diese hinaus aktiven Basisgruppen eines politisierten Islam, zu engagieren. Es wäre zu leicht zu sagen, daß die Menschen mit religiösen Begründungen ein Konsumverhalten ablehnten, das für sie selbst immer unerreichbarer wurde, aber in der Wirkung lief es darauf hinaus: Den aus dem Westen, vor allem aus Amerika, übernommenen Normen und Verhaltensweisen, wie sie insbesondere eine aggressive Fernsehwerbung in jedes Haus trug, wurden die ethischen Werte einer islamischen Gesellschaft entgegengesetzt, von der sich das Regime Sadats immer weiter entfernte.

In der Kritik an den gesellschaftlichen Verhältnissen und zunehmend auch am Regime Sadats schwang sicher Frömmelei und auch Heuchelei mit, doch das Bedürfnis, in einer authentischeren Gesellschaft zu leben, mit deren Zielen sich der einzelne identifizieren kann, war tief und weit über diejenigen hinaus verbreitet, die sich dem islamischen Trend anschlossen. So bröckelte die Legitimität Sadats bereits ehe er nach Jerusalem reiste und den Frieden mit Israel auszuhandeln begann. Je mehr sich bei diesen Verhandlungen zeigte, daß nur ein Separatfrieden auf Kosten der Palästinenser herauskommen würde, desto mehr schwand Sadats Legitimität. Nationalistische und linke Intellektuelle vermochten nicht zu begreifen, warum Sadat für seine neue Freundschaft mit den USA und für einen US-vermittelten Frieden mit Israel die Beziehungen zu allen arabischen Nachbarstaaten aufs Spiel setzte.

Rückschauend läßt sich heute leicht argumentieren, daß Sadat damals mit der Unterstützung der anderen arabischen Staaten bei Begin mehr für die Palästinenser hätte herausholen können, als was ihnen heute Yitzhak Rabin und nach dessen Ermordung Shimon Peres zu geben bereit scheinen. Damals stellte sich die Situation jedoch nicht nur für oppositionelle Kritiker anders dar: Immerhin sind zwei Außenminister – Ismail Fahmy und Mohamed Riad – aus Protest gegen Sadats Konzessionsbereitschaft während der Verhandlungen zurückgetreten, und auch Mohamed Ibrahim Kamel, der das Außenministerium nach einer Interimsperiode unter der Leitung von Staatsminister Boutros Boutros-Ghali übernahm, ging zunehmend auf Distanz zu Sadat.

Im Diskurs der Islamisten erhielt die Kritik an der Friedenspolitik Sadats noch eine zusätzliche Dimension. Da Israel, gegen das vor wenigen Jahren noch ein Jihad, ein »heiliger Krieg«, geführt worden war, weiterhin einen Teil des »Territoriums des Islam« (*dar al-islam*) – darunter sogar in Jerusalem die nach Mekka und Medina heiligsten Stätten der Muslime – besetzt hielt, war der Friedensvertrag für sie null und nichtig. Nur ein vorübergehender Waffenstillstand wäre nach ihrer Auffassung von islamischem Recht und islamischer Geschichte zulässig gewesen.

Die Unzufriedenheit mit den wirtschaftlichen und sozialen Konsequenzen der Sadatschen Politik äußerten sich schon bald in Kritik und offenem Protest. Dies veranlaßte Sadat zu immer schärferen Gegenreaktionen, mit denen er Schritt für Schritt jene Liberalisierungen wieder zurücknahm, die die Anfänge seiner Politik begleitet hatten. Nach dem Höhepunkt des Jahres 1976 kam nun eine Kette von Rückschlägen, für die ebenfalls Jahr für Jahr ein besonderes Ereignis stand:

Nur wenige Wochen nach den Parlamentswahlen mußte Sadat auf Druck des Internationalen Währungsfonds Subventionen abbauen, die den ägyptischen Staatshaushalt inzwischen mit mehreren Milliarden Dollar pro Jahr belasteten. Als deswegen am 18. Januar 1977 Preiserhöhungen von zum Teil über 50 % für Brot, Speiseöl, Zucker und andere subventionierte Güter des Massenbedarfs bekanntgegeben wurden, kam es zu spontanen Demonstrationen, die sich in den nächsten beiden Tagen zu blutigen »Brotunruhen« ausweiteten. Nachdem die Sicherheitskräfte Ruhe und Ordnung wiederhergestellt hatten, wurden die Preiserhöhungen zwar weitgehend zurückgenommen, in einem Referendum ließ sich jedoch Sadat mit den für seine Amtszeit typischen 98 % der Stimmen ein Gesetz bestätigen, das Demonstrationen und Streiks faktisch verbot und deren illegale Organisation unter hohe Strafen, einschließlich der Todesstrafe, stellte.

Wachsende Kritik an seinen Verhandlungen mit Israel und schließlich die berechtigte Sorge, daß diese Kritik zur Gründung neuer Oppositionsparteien führen könnte, veranlaßten Sadat im Mai 1978 sich in einem weiteren Referenden um »Sechs Prinzipien« der Politik bestätigen zu lassen, mit denen liberalen und nationalistischen Kräften aus der Zeit vor der Revolution von 1952 sowie Marxisten und anderen Linken politische und journalistische Betätigung unmöglich gemacht werden sollte. Als die Kritik trotzdem nicht verstummte und 15 Unabhängige im Parlament im Frühjahr 1979 dem Friedensvertrag ihre Zustimmung verweigerten, löste Sadat das Parlament auf, ließ sich den Vertrag – mit diesmal 99,9 % der Stimmen – vom Volk absegnen und sorgte über ein von ihm dekretiertes Wahlgesetz dafür, daß die Unabhängigen nicht mehr ins Parlament zurückkehren konnten.

Wachsender Einfluß islamischer Kräfte, nicht nur in der radikaler werdenden Opposition sondern auch innerhalb der Regierung, die sich, gestützt auf die Institutionen des »offiziellen« Islam, v.a. auf die Azhar-Universität, eine eigene islamische Legitimität aufzubauen versuchten, führte immer häufiger zu Spannungen mit der koptischen Kirche, da als praktische Konsequenz der »Islamisierung« des öffentlichen Lebens die Benachteiligungen der christlichen Minderheit zunahmen. Noch ehe sich diese

Spannungen in gewaltsamen Auseinandersetzungen zwischen Muslimen und Kopten entluden, ließ sich Sadat im Mai 1980 – erneut per Referendum – ein »Gesetz zum Schutz der Werte vor der Schande« absegnen, mit dem er einerseits Forderungen der Islamisten entgegenkam, andererseits aber sich ein Instrument zur weiteren Disziplinierung von Opposition schuf.

Die Verhaftungswelle im September 1981 war in dieser Kette das letzte Glied. Zugleich markierte dieser Rundumschlag gegen jegliche Opposition den Anfang vom Ende Sadats.

4. Der Diskurs der Beseitigung

Die Radikalisierung innerhalb des politischen Islam begann bereits in den 60er Jahren, als sich die unter Nasser verfolgten Muslimbrüder in den Gefängnissen fragen mußten, ob eine Gesellschaft, die fromme Muslime nur wegen ihrer Überzeugungen quält und foltert, noch islamisch ist. Während die Mehrheit zwischen ungerechter Herrschaft und einer im Prinzip guten, zumindest reformierbaren Gesellschaft zu unterscheiden vermochte, sah eine Minderheit – im Anschluß an ihren 1966 hingerichteten Vordenker Sayed Qutb – die ägyptische Gesellschaft im Zustand der *jahiliya*, der (religiösen) Unwissenheit, wie sie im vorislamischen Heidentum geherrscht hatte.

Nachdem Präsident Sadat Anfang der 70er Jahre die Muslimbrüder aus den Gefängnissen entlassen hatte, bildete sich um diese Interpretation, teils als Abspaltungen von der Bruderschaft, teils als Neugründungen vor allem an den Universitäten eine kaum überschaubare Vielfalt von Gruppen, deren gemeinsame Grundposition hier nur sehr vereinfacht zusammengefaßt werden kann: Da die bestehende Gesellschaft als heidnisch erfahren wird, muß man sie nicht nur wegen ihres Unglaubens verurteilen (*takfir*), sondern man muß – nach dem Vorbild von Muhammads Emigration (*hijra*) von Mekka nach Medina – auch aus ihr ausziehen, um die (wahre) »Islamische Gemeinschaft« (*al-jamaʿa al-islamiya*) zu begründen. Eine radikal-islamistische Gruppe, die die Absonderung von der Gesellschaft auch durch physischen Rückzug in eigene Kommunen zu vollziehen versuchte, wurde von den Sicherheitsoffizieren, die Mitglieder der Gruppe nach Anschlägen verhört hatten, die »*al-Takfir wa'l-Hijra*«-Gruppe genannt.

Diese Gruppe galt als radikaler, als sie in Wirklichkeit war, weswegen sich innerhalb der Islamischen Gemeinschaften aus all denjenigen, die sich nicht mit der Kritik zufrieden geben wollten, sondern die die direkte Aktion suchten, ein Netzwerk von Gruppen mit dem programmatischen Namen »*al-Jihad*« herausbildete: Nachdem die wahre Gemeinschaft der Muslime konstituiert sei, gelte es dann, aus dieser heraus die ungläubige

Gesellschaft und insbesondere das diese aufrechterhaltende Herrschaftssystem zu bekämpfen. Dieser Kampf, arabisch: »das Sich-Abmühen auf dem Pfade Gottes« (*jihad fi-sabil Allah*) kann – wie beim »*jihad*« in der klassisch-islamischen Tradition – zwei Formen annehmen: den Versuch, die anderen durch vorbildliche Lebensführung zu überzeugen, oder aber den Versuch, sie mit militärischer Gewalt zu überwinden.

In einer dieser Gruppen gab es einen jungen Ingenieur, der besonders unter der Passivität der Muslime litt und eine Schrift verfaßte, die er auf Geheiß seiner eigenen Mitstreiter vernichten mußte, nachdem erst wenige Exemplare verteilt worden waren, und die heute wohl vergessen wäre, wenn der Autor nicht eine zentrale Rolle beim Attentat auf Sadat gespielt hätte. In seiner Schrift »Die unerfüllte Pflicht« (*al-farida al-gha'iba*) begründet Abdel Salam Farag die Notwendigkeit des Jihad als Pflicht der Gemeinschaft, aber auch als Pflicht jedes einzelnen, wenn die islamische Gemeinschaft bedroht ist. Das war für Farag besonders dann gegeben, wenn die Herrschaft verderbt ist. Denn, so argumentierte er im Anschluß an den mittelalterlichen Theologen Ibn Taimiya, so wie der Kopf für den menschlichen Körper sei der Herrscher der wichtigste Teil im Gesellschaftskörper. Erwiesen sich die Herrschenden als unechte Muslime, wie im Beispielfall Ibn Taimiyas die Tataren in Mossul, dann mußten diese »beseitigt« werden. Wenn der falsche Herrscher beseitigt ist, würde sich die Masse des Volkes als im Kern gesund und unverdorben erweisen.

5. Der Prozeß gegen Pharao

Der 24-jährige Leutnant der Artillerie Khaled el-Islambuli, der das Attentat geplant und die Durchführung organisiert hatte, und seine drei Helfer wurden in den Tagen und ersten Wochen nach ihrer Verhaftung schwer mißhandelt. Auch ihren Mitverschworenen – v.a. dem militärischen Führer und leitenden Offizier der Gruppe Oberstleutnant Abbud el-Zumur und ihrem Islam- und Rechtsexperten Abdel Salam Farag –, die alle in den Tagen nach dem Attentat verhaftet wurden, ging es nicht besser. Um ein Geständnis zu bekommen, hätte es allerdings der Folter nicht bedurft, denn alle Attentäter waren zutiefst davon überzeugt, das Richtige getan, ja, als Werkzeuge Gottes gehandelt zu haben. »Der Wille des Herrn soll geschehen«, soll Islambuli geantwortet haben, als er, gegen seinen Wunsch, zur Teilnahme an der Parade eingeteilt wurde und in diesem Moment blitzartig die Chance für ein Attentat erkannte.

Anders als geheime Zellen etwa kommunistischer Parteien waren die Mitglieder der Jihad-Organisation in lockeren »Trauben« (*unqud*) organisiert, deren Mitglieder sich nicht alle untereinander kannten, was die Sicherheit der Organisation erhöhte. Islambuli war von Abdel Salam Farag angeheuert worden und hatte dessen Schrift »Die unerfüllte Pflicht« tief in sich aufgesogen. Für Islambuli war Präsident Sadat einer jener ungläubigen Herrscher, die es zu »beseitigen« galt, und er wußte auch, daß Sadat unter den Islamischen Gemeinschaften seit Anfang des Jahres als zum Tode verurteilt galt. Dem blinden Shaikh Omar Abdel Rahman, in dem die Islamischen Gemeinschaften und die Jihad-Organisation ihren geistlichen Führer und Rechtsgutachter sahen, war nämlich die Frage vorgelegt worden, ob es gerecht sei, das Blut eines Herrschers zu vergießen, der nicht nach den Geboten Gottes regiert. Omar Abdel Rahman hatte diese Frage in einem Rechtsgutachten (*fatwa*) bejaht, sich aber später einer klaren Antwort auf die weitergehende Frage entzogen, ob Sadat die Grenze zur Ungläubigkeit überschritten habe. Für die Verschwörer war Abdel Rahman danach uninteressant geworden – weswegen ihn denn auch das Gericht im Prozeß gegen die Sadat-Attentäter freigesprochen hat. (Abdel Rahmans zwielichtige Rolle als Rechtsgutachter und Prediger von Gewalt war damit allerdings keineswegs zu Ende: Wegen seiner Beteiligung an der Vorbereitung des Anschlags auf das World Trade Center in New York sitzt er heute in den USA im Gefängnis.) Die Verschwörer hatten jedoch ihr eigenes Urteil aus Abdel Rahmans Fatwa abgeleitet.

Haupt der Verschwörer war Abbud el-Zumur – eben jener hohe Offizier, den Sadat über das Fernsehen angesprochen hatte, nachdem er sich der Verhaftung am 3. September hatte entziehen können. Obwohl Zumur zu seiner eigenen »Traube« gehörte, kannte Islambuli ihn noch nicht, als der Plan zum Attentat in ihm reifte; über Farag konnte er jedoch den Kontakt aufnehmen. Zumur bereitete seit längerer Zeit einen allgemeinen Aufstand gegen das Regime vor und hielt die Attentatspläne für verfrüht. Er mußte sich jedoch dem Urteil des Islam-Experten Farag und dem jugendlichen Feuer Islambulis beugen. Zumur, der auch später beim Prozeß am ruhigsten und rationalsten argumentierte, sollte mit seiner Einschätzung Recht behalten: Zwar gelang es ihm in Zusammenarbeit mit der Jihad-Gruppe von Assiut, den dortigen Aufstandsversuch am Tag des Opferfestes vorzubereiten. Der andere Plan, nach erfolgreichem Attentat im Rundfunk einen Aufruf zum Volksaufstand auch in Kairo verlesen zu lassen, scheiterte jedoch kläglich.

Der Attentatsplan Islambulis, der sich als Vollstrecker des Urteils gegen den ungerechten Pharao sah, war denkbar einfach und ließ sich erstaunlich glatt organisieren: Innerhalb von 24 Stunden gelang es Farag, die drei Helfer zu gewinnen, die Islambuli für erforderlich hielt. Islambuli wiederum gelang es erstaunlich glatt, diese drei als angebliche Sicherheitsleute in seine Gruppe bei der Parade einzuschleusen und dafür drei Soldaten mit unterschiedlichen Begründungen von ihren Aufgaben zu entbinden. Als problemlos erwies es sich auch, im islamistischen Untergrund Munition, Handgranaten und zusätzliche Pistolen zu erwerben. Da Islambuli in seiner Einheit dafür verantwortlich war, daß alle Bolzen aus den bei der Parade getragenen Waffen entfernt wurden, hatte er zudem die Gelegenheit, unkontrolliert schußfertige Maschinenpistolen zur Parade mitzunehmen.

Beim Prozeß gegen die Attentäter, der bereits nach einem Monat begann, sich dann allerdings mehrere Monate hinzog, wurden die eklatanten Sicherheitsmängel deutlich, die das Attentat so einfach gemacht hatten. Da dem Militär auf der anderen Seite sehr daran lag, den Prozeß vor einem Militärgericht abzuwickeln, weil bei einer Abgabe des Prozesses an den Staatssicherheitsgerichtshof eine Untersuchung über die Zustände in den Streitkräften zu fürchten war, wurden manche Hintergründe der Tat im Dunkeln gelassen.

Nicht im Dunkeln blieben jedoch die Motive der Attentäter, die mit immer neuen Aussagen, Zwischenrufen und laut hinausgeschrieenen Parolen das Prozeßgeschehen beherrschten. Es gelang ihnen dabei – z.T. vor laufenden Fernsehkameras – immer wieder, die »Missetaten« Sadats und seines Regimes in den Mittelpunkt zu stellen: Die sozialen Auswirkungen der *Infitah*-Politik, die Korruption des Regimes, die Bedrohung der Werte einer muslimischen Gesellschaft durch die Hinwendung zu fremden Normen, die Abhängigkeit von und Unterwürfigkeit gegenüber Amerika und nicht zuletzt der Frieden mit Israel, der Verkauf von heiligem islamischen Boden an die Zionisten und der Verrat an den Palästinensern. So wie Moses als Bote Gottes vor Pharao stand und so wie Gott Pharao schließlich für seinen Hochmut gestraft hat, so fühlten sich die Angeklagten ohne Schuld und auch ohne Haß, denn was sie getan hatten, war für sie ja Gottes Wille gewesen.

Nicht nur der Prozeß konnte offen verfolgt werden, auch die Protokolle der Beweisaufnahme sind später veröffentlicht worden. Dort kann man beispielsweise nachlesen, wie Abbas Mohamed, der mehrfach Armeemeister im Schießen gewesen war und der den ersten, wahrscheinlich bereits tödlichen, Schuß auf Sadat abgegeben hatte, zu seiner Tat stand: »Ich war schon zu der Ansicht gelangt, daß dieser Mann getötet werden mußte, bevor man mich bat, an der Verschwörung teilzunehmen, und ich habe zu Gott gebetet, daß mir die Ehre zuteil würde, den Tyrannen für seine Sünden zur Rechenschaft zu ziehen.« Gefragt, ob er Haß gegen den Präsidenten empfunden habe, antwortete er: »Nein. Ich hege keinen Haß gegen ihn. Ich bin ein Moslem, und ich halte das Gebet. Meine Sorge gilt einzig dem Islam« (zit. nach Haikal 1984, S. 288).

Am 6. März 1982 wurden die sechs Hauptangeklagten zum Tode verurteilt und am 15. April hingerichtet. Die anderen Angeklagten erhielten überwiegend langjährige Haftstrafen.

Über ein Jahr später folgte ein lang hingezogener zweiter Prozeß gegen 302 Mitglieder der Jihad-Organisation. Bei diesem Prozeß gegen das Umfeld der Verschwörer wiederholte sich das Gleiche, was schon beim ersten

Prozeß viele Beobachter – so beispielsweise auch Sadats Frau Jehan – so erschreckt hatte: Aus dem Prozeß gegen die Mörder war letztlich ein Prozeß gegen ihr Opfer geworden.

Literatur

Abu Isma'il, Salah: Das Zeugnis. Die Zeugenaussage von Shaikh Salah Abu Isma'il im Prozeß gegen die Jihad-Organisation (arab.), Kairo 1984.

Davis, Eric: Ideology, Social Class and Islamic Radicalism in Modern Egypt, in: Said A. Arjomand (Hrsg.): From Nationalism to Revolutionary Islam, London 1984, S. 134–157.

Ders.: Religion against the State. A Political Economy of Religious Radicalism in Egypt and Israel, in: Richard T. Antoun/Mary Elaine Hegland (Hrsg.): Religious Resurgence, New York 1987, S. 145–166

Farah, Nadia Ramsis: Religious Strife in Egypt. Crisis and Ideological Conflict in the Seventies, New York etc. 1986.

Guenena, Nemat: The ›Jihad‹. An ›Islamic Alternative‹ in Egypt, Cairo 1986 (= Cairo Papers in Social Science, vol. 9, no. 2).

Hamuda, Adil: Die Ermordung eines Präsidenten. Nach den Dokumenten: Unbekanntes über die Ermordung Anwar el-Sadats (arab.), Kairo 1985.

Ders.: Kugeln und Korane. Der Prozeß gegen die Jihad-Organisation (arab.), Kairo 1986.

Hanafi, Hassan: The Relevance of the Islamic Alternative in Egypt, in: Arab Studies Quarterly, Nr. 4, 1982, S. 54–74.

Haykal, Hassanein: Autumn of Fury, London 1983; dt. Übers.: Heikal, Mohamed: Sadat. Das Ende eines Pharao, Düsseldorf 1984 [arab. Ausgaben: Beirut 1984; Kairo 1988].

Hirst, David/Irene Beeson: Sadat, London 1981.

Ibrahim, Saad Eddin: Islamic Militancy as a Social Movement. The Case of Two Groups in Egypt, in: Ali E.H. Dessouki (Hrsg.): The Islamic Resurgence in the Arab World, New York 1982, S. 117–137.

Israeli, Raphael: Man of Defiance. A Political Biography of Anwar Sadat, London 1985.

Jansen, Johannes J.G.: The Neglected Duty. The Creed of Sadat's Assassins and Islamic Resurgence in the Middle East, New York 1986.

Kepel, Gilles: Le Prophète et Pharaon, Paris 1984; engl. Übers.: The Prophet and Pharao. Muslim Extremism in Egypt, London 1985.

Khalid, Shauqi: Der Prozeß gegen den Pharao. Hintergründe des Gerichtsverfahrens gegen die Mörder Sadats (arab.), Kairo 1986.

Kogelmann, Franz: Die Islamisten Ägyptens in der Regierungszeit von Anwar el-Sadat (1970–1981), Berlin 1994.

El-Sadat, Anwar: Révolte sur le Nil, Paris 1957; dt. Übers.: Geheimtagebuch der ägyptischen Revolution, Düsseldorf 1957 (Neuausg.: Die ägyptische Revolution, Düsseldorf 1970).

Ders.: Die Suche nach der Identität. Die Geschichte meines Lebens (arab.), Kairo 1978; dt. Übers.: Unterwegs zur Gerechtigkeit. Auf der Suche nach Identität: Die Geschichte meines Lebens, München 1978.

Ders.: Mein Vermächtnis (arab.), Kairo 1982.

Ders.: Those I Have Known, New York 1984.

Sadat, Jehan: A Woman of Egypt, New York etc. 1987.

Shoukri, Ghali: Egypt: Portrait of a President. Sadat's Road to Jerusalem, London 1981.

Waterbury, John: The Egypt of Nasser and Sadat. The Political Economy of Two Regimes, Princeton, N.J. 21984.

Alexander Demandt

Das Attentat als Ereignis

1. Begriff

Das deutsche Wort »Attentat« hat nichts mit »Tat«, »Attentäter« nichts mit »Täter« zu tun. Es ist seit dem 16. Jahrhundert im Deutschen bezeugt, kommt aus dem Französischen und geht zurück auf das spätantike Latein. *Attentatio* ist der sowohl bei Symmachus (ep. VI 9) als auch im »Codex Theodosianus« (X 3,5) bezeugte Begriff für den Versuch eines Rechtsbruches. Zugrunde liegt *attemptare*, ein verstärktes *temptare* – »versuchen, anpacken, angreifen«, stets mit dem Unterton des Überraschenden, Gewagten, vielfach auch des Ungesetzlichen.

Damit sind die Bedeutungsgehalte auch des deutschen Wortes »Attentat« im wesentlichen bereits angesprochen. Es ist der von Einzelnen oder Verschwörergruppen mit geringen Mitteln unternommene, durch Geheimhaltung, List und Überraschung aussichtsreiche und dennoch unkalkulierbare Anschlag auf eine führende Persönlichkeit oder eine Versammlung, auf ein repräsentatives Bauwerk oder Fahrzeug, meist mit Tötungsabsicht, selten ohne Todesfolge. Das Motiv ist gewöhnlich im weiteren Sinne politisch, bisweilen Ruhmsucht oder einfach Rache.

Der gezielte Terrorakt begegnet uns als Instrument der Kleinen gegen die Großen, insbesondere als Gegengewalt im Widerstand gegen »Tyrannen«, weiterhin als deren Kampfmittel gegen wirkliche oder vermeintliche Konkurrenten oder gegen mißliebige Bürger. Attentat, politischer Mord und Überfall, Anschlag, Sabotage und Putsch, Staatsstreich und Palastrevolution gehen ineinander über. Wo Machthaber dieses Mittel verwenden, verzichten sie auf ein ordentliches Gerichtsverfahren. Das Attentat ist formlos, widerrechtlich und hinterhältig, anders als die konventionalisierten Konflikte des vereinbarten Duells oder des erklärten Kriegs. Wenn Privatleute Attentate verüben, reflektieren sie auf ein »höheres« Recht, sehen sie sich im Dienste einer »Idee«. Scheitern sie für eine gute Sache, so werden sie Märtyrer; haben sie Erfolg, so werden sie Helden; beidesmal erhalten sie Standbilder. War das Opfer unschuldig, wird dieses verklärt. Sein Tod wird zum Fanal.

Das Attentat liegt auf der Grenze zwischen Politik und Kriminalität und ist auf der Skala zwischen Heimtücke und Notwehr, zwischen Abscheu und Bewunderung unterschiedlichsten Deutungen ausgesetzt. Die Tyrannenmörder von Athen wurden schon von den Griechen kontrovers beurteilt: eine Tat für die Freiheit oder Rache aus Eifersucht? Die Caesarmörder werden bei Dante neben Judas als Erzverräter im letzten Kreis der Hölle im Rachen Luzifers zermalmt, in der Französischen Revolution dagegen genossen sie geradezu kultische Ehren. Unter der Herrschaft der Kommunisten waren die Attentäter im Namen des russischen »Volkswillens« (1877–1881) Helden, und Helden waren in den Augen der Nationalsozialisten die Mörder von Erzberger (1921) und Rathenau (1922). Sie alle verloren aber diese Glorie mit dem nächsten Systemwechsel.

Das Attentat gehört zu jenen Ereignissen, die es zu allen Zeiten in allen Ländern und Systemen gegeben hat und geben wird. Zwar ist die Hemmschwelle nach Völkern und Zeiten unterschiedlich hoch, doch wird sie überschritten, solange noch irgendwo Gewalt regiert und Haß aufkommt. Die Verbreitung des Attentats entspricht der von Krieg, Empörung und Revolution: es ist eine Form des Konfliktes, die aus der ewigen Unzufriedenheit mit den Machtverhältnissen entspringt, aber mit fairen Mitteln nicht lösbar scheint. Wo immer hochgestellte Persönlichkeiten von einer Leibwache umgeben sind, rechnen sie mit einem Anschlag: nicht nur in antiken Monarchien, sondern auch in modernen Demokratien. In Berlin sah man am 12. Juni 1987 einen amerikanischen Präsidenten im kugelsicheren Glaskäfig zur Bevölkerung sprechen.

2. Formen

Eine Klassifizierung des Attentats kann sich an den Tätern, den Opfern und an den Zielen orientieren. Unter den Attentätern fällt ein bestimmter Typus ins Auge: der junge Mann, der eine traurige Jugend hatte, dem im bürgerlichen Leben der Erfolg versagt blieb, im Beruf wie in der Liebe, der als Einzelgänger und Eigenbrötler lebte, sich in eine Traumwelt hineinphantasierte und nun Rache am Schicksal nehmen will, indem er alles auf eine Karte setzt, sein Leben riskiert und einmal die Blicke der Welt auf sich lenkt. Ihm ist weniger an einem bestimmten Opfer als an einem großen Echo gelegen. Er will ein Zeichen setzen. Ein solches psychopathisches Herostratentum dürfen wir bereits bei dem namengebenden Brandstifter annehmen, der im Jahre der Geburt Alexanders d. Gr., 356 v. Chr., den Artemistempel von Ephesos, eines der Sieben Weltwunder, anzündete, nur um berühmt zu werden. Hier liegt ein Grenzfall der Attentats-Typologie vor. Unzutreffend aber wäre es wohl, den Einzeltäter im Normalfall so wie einen Amokläufer als Psychopathen hinzustellen. Damit bescheinigt man ihm eine verminderte Zurechnungsfähigkeit, was mit dem rationalen Kalkül und der technischen Leistung eines gelungenen Attentats unvereinbar ist und den Täter als Menschen disqualifiziert. Er hat das Recht, ernst genommen zu werden, denn auch er nimmt sein Opfer ernst. Die unglückliche Jugend dürfte sich kaum als Regelfall herausstellen: die marxistisch-sozialrevolutionären Terroristen kamen überwiegend aus gutbürgerlichem Hause.

Frauen waren unter den Attentätern die Ausnahme. Die Geschichte von Judith und Holofernes in der Bibel und der Tod von Jürg Jenatsch 1639 durch die Hand der Lucretia Planta bei Conrad Ferdinand Meyer (1876) sind legendär. Das männliche Monopol auf Gewalt endet mit der Emanzipation der Frau: Charlotte Corday (1793) und Wera Sassulitsch (1878) sind in gewisser Weise Vorläuferinnen Ulrike Meinhof und Gudrun Ensslin. Alte Männer begegnen unter den Attentätern nicht, Verwegenheit legt sich mit den Jahren.

Politischer Mord durch revolutionäre Massen oder Standgerichte, wie im Falle von Johan und Cornelis de Witt 1672 in Den Haag oder dem von Elena und Nicolae Ceauşescu 1989 in Bukarest läßt sich nicht als Attentat einordnen. Anders dort, wo Attentate von Verschwörern ausgeführt werden. Diese handeln zumeist wohlüberlegt und verantwortungsbewußt, denken wir an die Gegner Caesars oder Hitlers. Sie zeichnen sich durch Mut aus, ihr Erfolg hängt ab von Umsicht, Opferbereitschaft und Schnelligkeit. So konnte Darius mit seinen Freunden den »Usurpator« Smerdis beseitigen, wogegen Nero 65 n. Chr. die pisonische Verschwörung überlebte: die Attentäter hatten gezaudert, den Kaiser beim Besuch in einer ihrer Villen zu töten, sie wollten das Gastrecht nicht verletzen.

Hatte man den Täter ergriffen, so erhielt er in der Regel einen formal korrekten Prozeß. Ein Justizmord hätte den Attentäter heroisiert, aber ein Schauprozeß bietet der Staatsgewalt die Gelegenheit, ihre Gefährdung zu dementieren. Den Delinquenten und seine Helfer trifft die Härte des Gesetzes, sofern diese nicht, wie beim Mord an Thomas Becket oder Wallenstein, im Einvernehmen mit der Regierung gehandelt haben. Dann kann das Verfahren zur Farce entarten. Die Täter sind gewöhnlich geständig, zeigen aber keine Reue, sondern bekräftigen das Recht zur Tat. Auch sie nutzen das Tribunal für ihre Sache. Das Gericht kontert dann mit einer entehrenden Strafe in der Absicht, abzuschrecken.

Zum Wesen des Attentats gehört der hohe Rang des Opfers. Zumeist ist es ein Machthaber, der klassische Fall ist der Tyrann. Genaueres Zusehen freilich zeigt, daß der Getroffene oft – von Figuren wie Idi Amin und Ceauşescu abgesehen – nur aus der Sicht seiner Gegner als Tyrann erscheint, ja daß der Tyrannenbegriff zum Klischee verkommt. Schon der von Darius gestürzte Smerdis war kein dynastiefremder Betrüger, kein »Lügenkönig«, sondern wurde zu einem solchen umgestempelt, um den Täter zu legitimieren. Auch der von Harmodios und Aristogeiton erschlagene Hipparch war nicht Tyrann, sondern nur der Bruder eines solchen, und Caesar hatte sein Diktatorenamt durch Volksbeschluß erhalten. In allen nachantiken Fällen ist der Tyrannenbegriff ohnedies metaphorisch und allemal kontrovers. Er bezieht seine Pathetik aus dem Freiheitsstolz, der bereits in der Antike lächerliche Formen angenommen hat, wenn etwa das kleinasiatische Städtchen Ilion um 280 v. Chr. auf dem Markte eine lange Inschrift aufstellen ließ, in der zum Tyrannenmord aufgerufen wird und dem Attentäter Ehren und Preise versprochen werden. Es ist der erste Fall von Kopfgeld für ein Attentat.

Das Opfer eines Attentats ist in aller Regel eine führende Persönlichkeit: ein weltlicher oder geistlicher Herrscher (wie Papst Bonifaz VIII 1303 oder Johannes Paul II 1981), eine Schlüsselfigur in dem verhaßten System (wie Rathenau 1922 oder Schleyer 1977) oder auch nur eine Symbolgestalt, die so bürgerlich bieder war wie der deutsche Dichter und russische »Agent« August von Kotzebue als »Bannerträger der Reaktion«, oder so harmlos wie eine Elisabeth von Österreich, die das monarchische Prinzip wider Willen verkörperte. Die Akte von Lynchjustiz, wie sie der Ku Klux Klan in den Südstaaten gegen Neger, Juden und Katholiken beging, sind wegen der fehlenden Prominenz der Getöteten keine Attentate. Deren Opfer ist eine Reizfigur, es repräsentiert ein System und zeichnet sich durch Bekanntheit aus, wie immer auch diese erworben wurde.

Am Rande der erforderlichen Prominenz stehen die Professoren, die Opfer von ideologisch motivierten Anschlägen wurden. Wenigsten drei starben für ihre Überzeugung durch Anschläge. Am 31. August 1933 wurde in Marienbad für eine in Deutschland ausgesetzte Prämie von 80.000 Mark der jüdische Philosoph Theodor Lessing erschossen, der als Pazifist schon 1925 in Hannover studentische Tumulte hatte hinnehmen müssen. Sein Buch »Geschichte als Sinngebung des Sinnlosen« (1916) ist noch immer eine Herausforderung an die Zunft. Am 22. Juni 1936 starb Moritz Schlick, der Begründer des Wiener Kreises der neopositivistischen Philosophie, in der Universität Wien durch die Kugel eines als Psychopath eingestuften Studenten, der Schlick »Kulturzersetzung« vorwarf, und am 24. Januar 1984 wurde in Köln der katholische Judaist Hermann Greive im Hörsaal von einer zum Judentum übergetretenen Studentin erschossen, die meinte, nur gläubige Juden dürften die Wissenschaft vom Judentum lehren.

Der durch das Attentat angestrebte Effekt wird auch erzielt, wenn es einem Bauwerk von hohem Symbolwert gilt. Bei Herostrat war es das bloße Ansehen des Heiligtums, das seine pervertierte Ruhmsucht reizte. In den neuzeitlichen Parallelfällen jedoch steht das ausgewählte Monument für eine bestimmte Richtung, eine Gruppe, die man treffen will. Bevor Marinus van der Lubbe 1933 den Reichstag in Brand setzte, versuchte er sich erfolglos am Roten Rathaus und am Stadtschloß – die Sinnbilder des Klassenfeindes waren auswechselbar. Der Sprengstoffanschlag des jüdischen Fanatikers Allan Goodman auf den Jerusalemer Felsendom 1982 hätte auch der Al Aksa-Moschee oder der Kaaba in Mekka gelten können.

Je weiter die Ziele des Attentäters reichen, desto beliebiger werden seine Opfer. Wenn es um das Ende des Elends auf Erden geht, das der bürgerlichen Gesellschaftsordnung angelastet wird, dann spielt es keine Rolle mehr, ob die »aufrüttelnde Wirkung« vom Anschlag auf ein Gemälde von Rembrandt oder Rubens, auf ein Kaufhaus in Frankfurt, auf eine Untergrundbahn in Tokyo (1995) oder auf das *World Trade Center* in New York (1993) ausgeht. Man probiert einen Hahnenschrei, auch wenn Unschuldige und Unbeteiligte sterben müssen.

Wohl bei jedem Attentat spricht Rachsucht mit. Im weiteren Sinne äußert sie sich als Haß des Kleinen auf den Großen, als Geltungsdrang, der sich im Genuß an der fulminanten Aktion austobt. Hinter den Morden an Kennedy (1963), Lennon (1980) und Palme (1986) ist ein Programm nicht notwendig zu vermuten. Rache steht hinter dem ältesten Königsmord in der europäischen Überlieferung: der Ermordung des aus Troja siegreich heimgekehrten Agamemnon durch Klytaimestra und ihren Buhlen – als Vergeltung dafür, daß der König auf Befehl der Artemis in Aulis ihre gemeinsame Tochter Iphigenie zu opfern bereit war. Die tragische Gestalt ist hier Orest, der daraufhin den Vater an der Mutter rächen muß, während im germanischen Pendant, dem Nibelungenlied, Hagen die tragische Rolle zufällt, der den heimtückischen Mord an Siegfried auf sich nimmt, um seiner Gefolgschaftspflicht zu genügen und die gekränkte Brunhilde zu rächen. In die Geschichte treten wir ein mit dem Racheakt, dem 336 v. Chr. Philipp II von Makedonien, der Vater Alexanders, zum Opfer fiel. Opfer von Rachsucht wurde 1208 König Philipp von Schwaben, dem Otto von Wittelsbach ein aufgelöstes Verlöbnis verargte; und hundert Jahre später König Albrecht I, gegen den sein Neffe Johann Parricida Erbansprüche erhob. Hier ist das Attentat eine Form der Selbstjustiz.

Wo nicht nur Geltungstrieb und Rachegelüste den Attentäter inspirieren, verfolgt er eine Politik im Namen einer höheren Absicht: er kämpft für Freiheit und Fortschritt, für Gott und Gerechtigkeit, für Volk und Vaterland. Die Macht, die er treffen will, wird als Verkörperung des Unrechts, die Macht, die er erstrebt, als Verwirklichung des Rechts betrachtet. Der Gegner verkörpert das Böse, gegen das jedes Mittel erlaubt, ja gefordert scheint. Der Zweck heiligt dem Attentäter die Mittel. Denn es geht ums Prinzip, um Sein oder Nichtsein, kompromißlos. Der Dialog, die Überlegung wird beendet, jetzt wird zur Tat geschritten, jetzt beginnt die Existenzpolitik. In diesem Sinne rechtfertigte Hitler (Kampf 104 f.) den bewaffneten Widerstand: »Wenn durch die Hilfsmittel der Regierungsgewalt ein Volkstum dem Untergang entgegengeführt wird, dann ist die Rebellion eines jeden Angehörigen eines solchen Volkes nicht nur Recht, sondern Pflicht ... Menschenrecht bricht Staatsrecht«. Die rechtsradikalen Mörder von Erzberger und Rathenau beriefen sich auf ein Femegericht, benannt nach den geheimen Freischöffen im mittelalterlichen Westfalen.

Die ungewöhnliche Risikobereitschaft des Attentäters rückt seine Handlung in eine religiöse Sphäre. Er greift dem Rad der Geschichte in die Speichen, selbst auf die Gefahr hin, überrollt zu werden. Indem er als Kleiner einem Großen gegenübertritt und sein Opfer tötet, ist er bereit, sich selbst zum Opfer zu bringen. Demgemäß ist religiöser Fanatismus eine häufig belegte Grundhaltung von Attentätern. In allen Erlösungsreligionen ist der wahre Glaube ein höheres Gut als das irdische Leben, in dem das Paradies verdient werden muß. Daher handeln jüdische und christliche, mohammedanische und hinduistische Mörder vielfach aus religiöser Überzeugung, während dieses Motiv unter den zahlreichen, bei Aristoteles (Politik 1311/12) aufgeführten Beweggründen für Tyrannenmörder fehlt. Gotteslästerung war auch in der griechisch-römischen Antike verwerflich, doch glaubte man, daß die beleidigten Olympier sich selber rächen würden, wie die Sage von Niobe lehrt. Dem Attentäter winkte im Jenseits keine Belohnung.

Politischer Mord begegnet im Judentum sowohl in der biblischen Überlieferung – denken wir an Joab und Absalom, Jehu und Joram, Judith und Holofernes – als auch in der historischen Zeit, so bei den Zeloten (Eiferern) und Sikariern (Sichelmännern), die Meuchelmord nicht nur gegen Römer, sondern ebenso gegen andersdenkende Glaubensgenossen betrieben. Auch Paulus wurde verdächtigt, zu ihnen zu gehören (Apg. 23, 12 ff.). Bei den Juden verbinden sich religiöse Ziele mit nationalpolitischen, so zuletzt bei dem Mörder Rabins, in dessen Umkreis an der Bar Ilan-Universität in Ramat Gan der Terror im Namen Gottes mit dem Alten Testament gerechtfertigt wird. Jahwe befahl Völkermord (5.Mose 20,10 ff; Josua 10 ff.).

In der christlichen Tradition steht dem Tyrannenmord das Pauluswort »Seid untertan der Obrigkeit« (Römer 13) entgegen, das sich damals auf den Kaiser Nero bezog. Dem Christen war in der Nachfolge des Herrn das Martyrium vorgeschrieben. So dauerte es bis zu Johann von Salisbury und Thomas von Aquino, bis diese das Attentat unter bestimmten Bedingungen rechtfertigten. Nicht erst seit der Schrift »De rege et regis institutione« des Jesuiten Juan de Mariana (1599) ist dessen Orden mit der Beseitigung »unchristlicher« Herrscher befaßt; das größte Opfer der *Societas Jesu* ist wohl Wilhelm I von Nassau-Oranien, 1584 gegen 25.000 Kronen Kopfgeld aus Spanien in Delft erschossen. Seit dem Übergang der Thronfolge an Heinrich von Navarra im gleichen Jahre predigten die Jesuiten Gewalt gegen Calvinisten. König Heinrich III wurde 1589 in Paris von einem Dominikaner ermordet. Auch der Mörder Heinrichs IV im Jahre 1610 glaubte, seiner Kirche einen Dienst zu tun, der ihm das Paradies garantiere. Ebenso war 1634 bei dem Geheimprozeß gegen den bereits entmachteten Wallenstein dessen Bereitschaft, die Protestanten zu dulden, ein wesentlicher Anklagepunkt.

Religiös motivierte Attentate sind im Orient geläufig seit der Ermordung von Mohammeds Nachfolger, dem Kalifen Ali 661 n. Chr.durch einen Fanatiker. Mord in höherem Auftrag ist im 12. Jh. bei den ismaelitischen Assassinen zum System erhoben worden und richtete sich einerseits gegen sunnitische Staatsmänner, andererseits gegen Kreuzritter.Den Täter erwarten im Paradies gemäß der 56. Sure des Koran »großäugige Huris, gleich verborgenen Perlen, als Lohn für ihr Tun«. Zielscheibe von islamischen, hinduistischen und jüdischen Fundamentalisten waren liberale Staatsmänner, die wie Gandhi persönlichen Glauben und zugleich religiöse Toleranz predigten, wie Sadat westlichen Lebensstil mit einer diktatorischen Herrschaftspraxis verbanden oder wie Rabin Frieden mit dem Erbfeind schließen wollten. Eine ungebrochene Jenseitshoffnung, verbunden mit konsequent verfolgten politischen Zielen, ist eine psychologische Basis für Attentäter.

In Europa treten religiöse Motive bei Mordanschlägen seit der Aufklärung zurück, doch tragen die modernen totalitären Systeme Züge politischer Religionen. Hitler hat seine Partei als einen »Orden« begriffen und bewußt Formen kultischer Emotionalität gepflegt. So wurde der rechte Totalitarismus sowohl der Nährboden als auch die Zielscheibe von Attentaten, aktiv in der Ermordung von Eisner (1919), Erzberger (1921),Rathenau (1922), Röhm und Dollfuß (1934), passiv zumal in den Anschlägen auf Hitler.

Eine längere Serie von Attentaten entstammt dem Geiste des Kommunismus, der als universale Heilslehre in noch höherem Grade religiöse Elemente aufgenommen hatte. Ziele waren Wilhelm I (1861, 1878), Bismarck (1866,1874) und Alexander II (das sechste: 1881). Stalin hat politische Anschläge inner- wie außerhalb seines Machtbereichs verüben lassen, Trotzki (1940) und dessen Anhänger wurden in der ganzen Welt beseitigt. In der Zeit des Kalten Krieges verführte eine säkularisierte Jenseitshoffnung, eine gesellschaftliche Zukunftsvision kommunistische Terroristen dazu, ihren Haß gegen bürgerlich-kapitalistische Ausbeuter durch Pars-pro-toto-Anschläge auf führende Vertreter von Politik und Wirtschaft gezielt, und ungezielt gegen Eisenbahnen und Kaufhäuser auszutoben. Ihre subjektiv politische Motivation stand in einem solch krassen Mißverhältnis zu ihrer objektiven sozialrevolutionären Chancenarmut, und die von ihnen angestrebte Umwälzung wäre derart gigantisch, daß ihre Hoffnung utopisch wirkt und ihr Glaube an deren Verwirklichung quasireligiösen Charakter zeigt. Solche Pläne gedeihen in Konventikeln und verlieren ihre Dynamik nur, wenn sie zur gewaltfreien Auseinandersetzung mit Andersdenkenden gebracht werden können.

Attentate gab es immer, doch wechseln die Formen und Ziele. Während der Tyrannenmord in Griechenland, zumindest in der staatsrechtlichen Literatur, nicht der Person, sondern dem System galt – man wollte die

Freiheit, die auch die Caesarmörder noch im Munde führten –, zielten die Anschläge gegen die römischen Kaiser, von denen die Mehrzahl gewaltsam gestorben ist, auf die Person, nicht auf das Kaisertum als solches. Der Mord galt dem schlechten Kaiser, den man durch einen guten ersetzen wollte. Eine Instanz zur Amtsenthebung gab es nicht. Insofern war der Kaisermord in Rom ein staatserhaltender Rechtsbruch, bzw. ein gesetzwidriger Akt der Staatsräson. Die Attentate im Mittelalter und in der Neuzeit sind vielfach ebenfalls »legitimierter Hochverrat« (Kellerhoff), in Bolivien mit seinen über zweihundert Staatsstreichen beinahe schon Gewohnheitsrecht. Die historisch aufschlußreichen Fälle jedoch entstammen Prinzipienkonflikten zwischen weltlicher und geistlicher Macht, zwischen religiös gebundener und liberal-indifferenter Staatsführung, zwischen progressivem Denken und konservativen Mächten, zwischen linken und rechten Ideologien.

3. Bedeutung

Fragen wir nach der historischen Bedeutung der Attentate, so zeigt sich ein scheinbares Mißverhältnis zwischen dem weithin sichtbaren Fanal und den oft geringfügigen Folgen. Am eklatantesten ist dies bei den in der Attentatsgeschichte häufigen Einzeltätern. Sie werden zum Kern weitreichender Spekulationen. Den Grund dafür liefert die Rezeptionspsychologie.

Das Ungleichgewicht zwischen der aufsehenerregenden Tat und dem unscheinbaren Täter stört unser Symmetriegefühl, es enttäuscht unser Kausalbedürfnis. Ein Einzelgänger wird darum zur Spitze eines Eisbergs, und diese Erwartung führte dann schon bei den Zeitgenossen häufig zur Annahme großer Verschwörungen, deren Beseitigung im Interesse der Ankläger lag. In diese Kategorie gehört Marinus van der Lubbe, hinter dem Göring (1933) eine kommunistische Konspiration, Dimitroff eine nationalsozialistische Provokation witterte. Als Agenten unsichtbarer Drahtzieher erschienen ebenso die Mörder der Kaiserin Elisabeth 1898 und des Präsidenten Kennedy 1963, dessen Tod wie kein anderes Ereignis die Phantasie Amerikas in Bewegung gebracht hat – mehr als zweitausend Bücher sind über ihn geschrieben worden, kaum einer irgendwo mißliebigen Gruppe ist er nicht zur Last gelegt worden.

Die objektiven Wirkungen der meisten Attentate waren gering. Soweit ihre Urheber geglaubt hatten, den Gang der Dinge aufzuhalten oder umzuwenden, haben sie sich in aller Regel getäuscht. Durch Nacht- und Nebelaktionen läßt sich der Lauf der Geschichte nicht bestimmen. Der Tyrannenmord beseitigt den Tyrannen, aber nicht die Tyrannis; der Terrorakt stürzt kein System. Die Mörder von Sarajewo haben den Ersten Weltkrieg nicht verursacht.Die spektakuläre Aktion diente als Anlaß für den Ausbruch des Konflikts, der nur auf den Auslöser gewartet hatte. Bisweilen wirkt Terror kontraproduktiv, weil er zwar die Furchtsamen einschüchtert, die Entschlossenen aber zu Gegenmaßnahmen bewegt, mit denen die beabsichtigte Bewegung zurückgeworfen wird. Das zeigen die unmittelbaren Folgen der Morde an Hipparch, Marat, Kotzebue und Alexander II – sie förderten die Gegenrichtung. Für den 20. Juli 1944 gilt dies nicht nur wegen seines Scheiterns: Eine Machtübernahme der Verschwörer hätte einen Bürgerkrieg ausgelöst, die Tat wäre als Dolchstoß ausgelegt worden.

Vielfach erscheinen aus späterer Perspektive Attentate als Vorspiel zu größeren Entscheidungen und lagen damit in der Richtung der bevorstehenden Entwicklung. So verwies der Tyrannenmord 514 in Athen auf die Erneuerung der Demokratie, der Tod von Thomas Becket 1170 und der Überfall von Anagni 1303 auf den Niedergang der weltlichen Macht der Kirche, der Anschlag von Sand auf Kotzebue 1819 auf die deutsche Einheit, die Morde der Anarchisten und Sozialisten im ausgehenden 19. Jh. auf die Russische Revolution.Die Attentate auf Elisabeth 1898 und auf Franz Ferdinand 1914 läuteten den Untergang Habsburgs ein, die auf Eisner (1919), Erzberger (1921) und Rathenau (1922) den Aufstieg Hitlers.

Schließlich gibt es das Attentat als Nachspiel, als Trotzreaktion auf die – zumindest aus historischer Sicht – verlorene Sache. Dazu zählen die Caesarmörder, die »mit dem Mut von Männern, aber mit dem Verstand von Kindern« (Cicero) vorgingen und eine längst nicht mehr funktionsfähige Verfassung mit Gewalt wiederherstellen wollten. Weiterhin gehören dazu die von den Erfolgen der Reformation entsetzten, von einer Rekatholisierung träumenden Jesuiten, namentlich die Veranstalter der Pariser Bluthochzeit in der Bartholomäusnacht 1572 mit ihren Tausenden von toten Hugenotten, ferner die Drahtzieher der 1605 in London mißlungenen Pulververschwörung sowie die frommen Mörder Heinrichs IV von Frankreich und die ebenso gläubigen Richter Wallensteins. Ihrer Zeit hinterherhinkten die Racheakte 1865 an Lincoln, der die Sklaven befreit hatte, 1948 an Gandhi, der Pakistan anerkannt, und 1968 an Martin Luther King, der für Gleichberechtigung gepredigt hatte. Bei den kommunistischen Sprengstoffattentätern nach 1968 sprach gleichfalls Enttäuschung mit. Voraussichtlich wird man in diese Rubrik der unverbesserlichen Nachzügler auch die islamischen und jüdischen Fundamentalisten rechnen können, die noch immer von der Idee einer geschlossenen Gesellschaft besessen sind und die Politik der offenen Tür mit Nitroglyzerin und Trinitrotoluol bekämpfen.

Die auf der Ereignisebene geringe historische Bedeutung von Attentaten ist auf der Bewußtseinsebene entschieden größer. Dies zeigt sich in ihrer Funktion für die Entwicklung des Widerstandsrechtes. In der Antike haben Harmodios und Aristogeiton kanonischen Rang als *exempla classica* für den Tyrannenmord erhalten, der von Philosphen und Rhetoren gefeiert wurde. Das Beispiel des Brutus hat sodann seit der Humanistenzeit Vorbildcharakter gewonnen. Für die staatsrechtliche Diskussion wurden die Attentate auf Ludwig von Orleans 1407 und auf Johann von Burgund 1419, die Revanche dafür, Anlaß für eine umfangreiche Literatur über das Recht auf Beseitigung ungerechter Herrschaft. Es wurde am entschiedensten nach der Batholomäusnacht 1572 von den »Monarchomachen« in Frankreich vertreten. Die calvinistischen Autoren beriefen sich dabei auf die Volkssouveränität, die katholischen auf ein Naturrecht.

Historisch bedeutsam wurden Attentate vornehmlich durch ihre Mythisierung. Als legendenbildende Faktoren gewinnen sie mittelbar doch Einfluß auf das Geschehen: denn wo zwei Mythen aufeinanderstoßen, gibt es ein historisches Ereignis. Die Mythisierung gilt dem Opfer wie dem Täter. Zunächst zu ersterem. Der Angegriffene hat das Recht des Verteidigers für sich, sein Tod im Attentat verleiht ihm eine Gloriole, denn Opfer sind *prima facie* unschuldig. Das Attentat erhöht die Prominenz des Getöteten, es krönt seine Laufbahn mit dem Siegerkranz des Märtyrers – im religiösen Sinne bei Thomas Becket und Mahatma Gandhi, im politischen bei Lincoln und Kennedy. Daß Caesar bei der Rückkehr nach Rom seine Leibwache entließ, spricht sicher für seine Seelengröße, vielleicht sogar für seine Todesbereitschaft. Wollte er das Los des Pompeius vermeiden, der sich, wie Cicero (Tusc. I 86) schrieb, selbst überlebt hatte? Wären Napoleon und Hitler auf dem Gipfel ihres Erfolges einem Anschlag erlegen, so hätten auch sie ihren Nimbus. Die Form des Todes prägt das Bild des Lebens. Die geraubten Jahre verklären die gelebten – das zeigt sich nirgends krasser als bei Kennedy, dessen Popularität gegen die Kritik der Fachwelt gefeit scheint.

Mythisiert wird ebensooft der Täter. Die spektakuläre, heroische Handlung des Mörders, der sich nicht feige versteckt, sondern sein eigenes Leben bewußt in die Schanze geschlagen hat, bietet Anlaß, ihn ideologisch zu instrumentalisieren. Wieder zeigen sich enge Parallelen zwischen antiken und modernen Vorgängen. Nachdem Harmodios und Aristogeiton 514 Hipparch, den Bruder des Tyrannen Hippias, erschlagen hatten und dieser selbst vier Jahre später durch ein Bündnis des mächtigen Adelsgeschlechts der Alkmeoniden mit den Spartanern vertrieben worden war, stellte der Alkmeonide Kleisthenes die Demokratie wieder her. Eine wachsende Spannung mit Sparta machte die Erinnerung an dessen Hilfe unerwünscht, auch die Alkmeoniden verloren an Ansehen – und so wurden die beiden »Tyrannenmörder« zu Freiheitshelden und Vorkämpfern der Demokratie stilisiert. Herodot, Thukydides und Aristoteles verwiesen auf die durchaus privaten Motive der beiden Männer – doch fanden sie damit keinen Anklang in der Öffentlichkeit, die ihre Helden haben wollte. Dieser Vorgang erinnert in mancher Hinsicht an die Rezeption des Attentats vom 20. Juli 1944 nach dem Kriegsende, zumal in der jungen Bundesrepublik.

In dem Bestreben, das aufrechte Deutschland in der Hitlerzeit zu dokumentieren, wurde die Verschwörung nicht nur von Hans Rothfels in einer Form dargestellt, die an politische Hagiographie grenzte und von historischer Kritik wenig spüren ließ. Hinter dem hehren Bild des Grafen Stauffenberg verschwanden alle übrigen Verschwörer und Attentäter, die sich weniger gut den Erfordernissen einer liberaldemokratischen Traditionsbildung einfügten.

In einzelnen Fällen hat das ideologische Interesse an heroischen Tätern in der eigenen Geschichte nicht nur zur Uminterpretation, sondern sogar zur Erfindung der Tat geführt. Die berühmtesten Beispiele dafür sind wohl das unter den Apokryphen des Alten Testaments überlieferte Buch Judith, das erzählt, wie diese schöne Jüdin sich bei dem feindlichen Heerführer Holofernes einschleicht und ihn nach dem Beilager tötet, so daß der Angriff des (historisch unbekannten) Assyrerkönigs Nebukadnezar von Niniveh abgeschlagen wird. Diese patriotische Legende stammt aus dem Makkabäeraufstand 167 bis 163 v. Chr. und sollte den Widerstand gegen die Seleukiden anfeuern. Ein zweites Exempel ist die Erzählung von Gaius Mucius Scaevola, der den Etruskerkönig Porsenna erdolchen soll, während dieser Rom belagert, aber gefaßt wird und seine Rechte in einem Kohlenbecken verschmoren läßt, um dem Feinde seinen und seiner angeblich Mitverschworenen Mut zu beweisen, so daß Porsenna abzieht. Diese Anekdote gehört vermutlich zu den in der späten Republik häufigen Geschlechtersagen. Ein dritter Fall ist Wilhelm Tell, der historisch ebensowenig faßbar ist wie der Landvogt Geßler. Der Apfelschuß ist ein Wandermotiv, die spätere Verbindung mit dem Rütli-Schwur spiegelt die habsburgfeindliche Haltung der Eidgenossen im späten 15. Jh. Mitunter werden rätselhafte Todesfälle großer Persönlichkeiten in Attentate umstilisiert, so wie man unerklärte Großfeuer mißliebigen Brandstiftern anlastet. Das lehrt die Romanlegende vom Giftmord an Alexander durch Antipater, seinen Statthalter in Makedonien, der nach seinem Zwist mit Olympias, der Mutter des Königs, um seine Position fürchtete. Antipater schickte Alexander nach Babylon tödliches Wasser aus dem Styx, das so kalt war, daß es nur in einem hohlen Eselshuf befördert werden konnte. Als Kaiser Julian 363 im Perserkrieg gefallen war, kam sofort die Legende auf, er sei wegen seiner heidenfreundlichen Haltung von einem christlichen Römer im Getümmel ermordet worden, und als der Hunnenkönig Attila 453 an einem Blutsturz gestorben war, machte die germanische Heldensage daraus einen Racheakt seiner gotischen Geliebten Hildiko, die man weinend am Bette des Toten gefunden hatte. Der legendäre Tod im Attentat ist »Sinngebung des Sinnlosen«.

Die Relevanz des Attentats auf der Bewußtseinsebene beschränkt sich nicht auf die objektiven Vorgänge in der Geschichte, sondern berührt ebenso den subjektiven Erkenntnisprozeß des Historikers. Sie verraten ihm etwas über Unterströmungen, die sich gewaltsam Licht verschaffen. Ihre Bedeutung liegt in ihrem Symptomcharakter, der dem Historiker Aufschlüsse liefert. An den Iden des März manifestiert sich die Senatsopposition gegen die auf die Legionen und das Stadtvolk Roms gestützte Diktatur. Im Mord an Thomas Becket und im Überfall von Anagni präsentiert sich der Unwille gegenüber dem säkularen Machtanspruch der Geistlichkeit. Die fundamentalistischen Attentate unserer Zeit verraten Gruppenresistenz gegen westlichen Liberalismus und kapitalistischen Kosmopolitismus, der dem Identitätsbedürfnis von Gemeinden und Völkern, von Religionen und Kulturen nicht nur in unterentwickelten Ländern entgegensteht, wo Zivilisation vorwiegend in unbewältigten Müllproblemen sichtbar wird. Das zeigen die Untaten der Aum-Sekte in Japan, der Roten Armee Fraktion in Deutschland, der baskischen ETA und des provisorischen Flügels der *Irish Republican Army*.

4. Interesse

Attentate haben immer besondere Aufmerksamkeit gefunden, wie bei ihren Zeitgenossen so auch bei der Nachwelt. Das liegt schon in der Grundkonstellation. Die ungleiche Verteilung von Macht und Recht, ob nun ein Häuflein Aufrechter gegen den Großtyrann oder ein einzelner Fanatiker gegen das legitime und legale Staatsoberhaupt angeht. Diese Spannung im Geschehen überträgt sich auf den Betrachter. Seine Anteilnahme wächst durch das scheinbar klare Gegenüber von Gut und Böse, die zur Identifizierung einladende Sympathie mit dem tapferen Täter oder dem schuldlosen Opfer bzw. die zur Distanzierung zwingende Entrüstung über den infamen Meuchelmörder oder den skrupellosen Machthaber. Unser moralisches Gefühl zieht uns hinein, wir sind Partei, wir sind dabei.

Das Attentat ist ein sensationelles Ereignis. Die erstrebte Resonanz in der Öffentlichkeit wird in der Regel erreicht. Die Struktur des Vorgangs ist von klassischer Klarheit: Es gibt zwei Hauptrollen, eine aktive und eine passive, und mehrere Nebenrollen. Der Ablauf der Handlung ist klar gegliedert. Sie kulminiert in einem Höhepunkt, einem Stich, einem Schuß, einer Explosion. Alles führt darauf hin, alles geht nun von dort aus. Das kaum weniger aufregende Nachspiel beginnt sofort: die Verfolgung, die Verhaftung, das Verfahren vor Gericht. Die kriminalistische Ermittlung leitet die historische Forschung ein, diese setzt jene fort. Wo sonst gehen Leben und Wissenschaft, Praxis und Theorie so nahtlos ineinander über?

Brisanz gewinnt das Attentat durch die hier so manifeste Rolle des Zufalls in der Geschichte. Obschon eine große Sache auf dem Spiel steht, hängt der Ausgang in höchstem Grade von unkalkulierbaren Kleinigkeiten ab. Minutiöse Momente entscheiden über Leben und Tod, es geht um

Sekunden und Zentimeter. Hätte Caesar den ihm zugesteckten Warnbrief rechtzeitig gelesen, oder wäre der erste Attentäter in Sarajewo sofort verhört worden, hätte Hitler den Bürgerbräukeller nicht vorzeitig verlassen oder wäre Stauffenbergs Aktentasche stehengeblieben – so wäre alles anders gekommen. Wir fragen: wie? und entwickeln kontrafaktische Alternativen, denken ungeschehene Geschichte. Rechtzeitig gewarnt, hätte Caesar überlebt, und die nach seinem Tode im Bürgerkrieg eingesetzten 75 Legionen hätten stattdessen gegen äußere Feinde geführt werden können: damit konnte er Mesopotamien und Mitteleuropa erobern. Beizeiten verhört, hätte der erste, erfolglose Attentäter in Sarajewo den letzten, schließlich erfolgreichen Mitverschworenen verraten, und der Thronfolger wäre davongekommen: der Kriegsausbruch wäre sicher verzögert, vielleicht am Ende doch noch vermieden worden. Daß eine Kriegsbereitschaft, daß ein Wettrüsten zwischen Großmächten, die auf unvereinbaren Universalprinzipien beruhen, keineswegs zum Konflikt führen muß, das wissen wir, nachdem sich, entgegen der Prophezeiung von Mao-tse Tung, der Dritte Weltkrieg hat vermeiden lassen. Demgemäß ist es auch denkbar, daß uns die beiden vorangegangenen hätten erspart werden können. Dazu hätte allerdings mehr gehört als eine veränderte Erfolgsbilanz von Attentaten.

Jedes Attentat verläuft dramatisch und endet tragisch. Es erfüllt die aristotelischen Forderungen an den Stoff eines guten Dramas: Einheit des Ortes, der Zeit und der Handlung. Kein Wunder, daß Attentate immer wieder für die Bühne bearbeitet wurden: denken wir an Shakespeares »Macbeth« (1611), an »Wilhelm Tell« (1804) und »Wallenstein« (1798/99) von Schiller oder an die Thomas Becket-Dramen von Eliot (1935) und Anouilh (1959). Ein großer Dichter zeigt einen ausgewogenen Konflikt im Für und Wider entweder zwischen Täter und Opfer oder in der Seele des Täters. Er macht es dem Zuschauer schwer, Partei zu ergreifen – und eben dies vermeidet ein Historiker, der von Thukydides oder Ranke berührt ist. Als Opern besitzen wir den »Tell« von Rossini (1829), die »Hugenotten« von Meyerbeer (1836), die der Bartholomäusnacht gewidmet sind, und »Gustav oder Der Maskenball« von Auber (1833) für Gustav III von Schweden, der 1792 auf einer Redoute ermordet wurde, weil er die Rechte des Adels beschnitten hatte. Verdi hat 1859 den Stoff in seinem »Maskenball« verbürgerlicht. Das Musical »Sissi« präsentiert eine lebensmüde Kaiserin, die der Dolch erlöst. An Novellen und Romanen über historische Attentate ist schließlich auch kein Mangel: Conrad Ferdinand Meyer über Thomas Becket (1879), Thornton Wilder über die Iden des März (1948) und Heinrich Mann über Henri Quatre (1938) mögen für alle anderen stehen.

Begreiflicherweise haben sich auch die bildenden Künste unserer Thematik angenommen. Harmodios und Aristogeiton standen, von Kritios und Nesiotes in Bronze gegossen, mit gezücktem Schwert auf der Agora in

Athen. Eine römische Darstellung vom Mord an Caesar gibt es nicht, doch hat Brutus zwei Dolche und die Freiheitskappe mit der Umschrift EID MAR (Idibus Martiis) auf seine Münzen geprägt. Von den mittelalterlichen Attentaten ist das auf Thomas Becket in Reliefs und Buchillustrationen dargestellt worden, sobald er 1173 heilig gesprochen war. Nach den bereits zeitgenössischen Bildern zum Tode Wallensteins ist kein Bild so mit dem Thema Attentat verbunden wie das Gemälde des toten Marat durch Jacques Louis David. Er hat den Ermordeten nach der Natur wiedergegeben.

Die für das 20. Jahrhundert kennzeichnende Rezeption von Geschichte bietet der Film. Die großen Attentate seit der Bartholomäusnacht und dem auf Heinrich IV von Frankreich sind über die Leinwand gegangen. Die Sissi-Filme freilich sparen das Ende aus und sind der wahren Geschichte kaum näher als Oliver Stones »JFK«, der ebenso spekulativ wie nationalromantisch die Emotionen der Kinogänger vermarktet.

Das Attentat genügt allen Forderungen, die ein Geschichtsereignis erfüllen muß, um Interesse zu wecken, Anteilnahme zu verdienen und Einsichten zu vermitteln. Hier haben wir *historia in nuce,* hier wird Geschichte auf des Messers Schneide serviert. Das Phänomen Attentat mit seinen gleichbleibenden und veränderlichen Seiten vom Tod Agamemnons im Bade bis zur Ermordung von Itzhak Rabin durch die Jahrtausende zu verfolgen, lohnt: es zeigt uns den Menschen als immer neuen und immer denselben zugleich. *Tat twam asi.*

Literatur

F. v. Bezold, Zur Geschichte des politischen Meuchelmordes, in: ders., Aus Mittelalter und Renaissance. Kulturgeschichtliche Studien, 1918, S. 271–293

E. Flaig, Den Kaiser herausfordern. Die Usurpation im römischen Reich, 1992

F. L. Ford, Political Murder. From Tyrannicide to Terrorism, 1985 (deutsch: Der Politische Mord. Von der Antike bis zur Gegenwart, 1990 und 1992)

H. Friedel, Der Tyrannenmord in Gesetzgebung und Volksmeinung der Griechen, 1937

O. Jaszi und J. D. Lewis: Against the Tyrants. The Tradition and Theory of Tyrannicide, 1957

Jean Paul, Über Charlotte Corday. Ein Halbgespräch am 17. Juli. In: P. und U. Nettelbeck (Hg.), Charlotte Corday, 1987, S. 146 ff.

E. Luttwak, Coup d'Etat. A Practical Handbook, 1979

A. Nobel, Der Mord in der Politik, 1931

W. Plat, Attentate. Zur Sozialgeschichte des politischen Mordes, 1982

E. Régis, Les régicides dans l'histoire et dans le présent, 1890

H. G. Schmidt-Lilienberg, Die Lehre vom Tyrannenmord, 1901

J. v. Uthmann, Attentat. Mord aus gutem Gewissen, 1996

E. Zimmermann, Krisen, Staatsstreiche und Revolutionen, 1981

area

präsentiert:

Sachbücher, die Geschichte schrieben

Kenneth C. Davis
Wieso fließt der Nil bergauf?

ISBN 3-89996-027-0

Kenneth C. Davis
Was dachte sich Gott, als er den Menschen erschuf?

ISBN 3-89996-028-9

Carl von Clausewitz
Vom Kriege

ISBN 3-89996-014-9

L. Günther
Die deutsche Gaunersprache

J. K. von Train
Wörterbuch der Gauner- und Diebessprache

ISBN 3-89996-016-5

A. Lecanu
Geschichte des Satans

ISBN 3-89996-013-0

Féréal
Geheimnisse der Inquisition

ISBN 3-89996-015-7

Wilhelm Vollmer
Wörterbuch der Mythologie

ISBN 3-89996-068-8

Jakob Sprenger
Heinrich Institoris
Der Hexenhammer

ISBN 3-89996-069-6

Hermann Weber
Geschichte der DDR

ISBN 3-89996-026-2